Ekkehard Felder/Andreas Gardt (Hg.)
Wirklichkeit oder Konstruktion?

Wirklichkeit oder Konstruktion?

Sprachtheoretische und interdisziplinäre Aspekte
einer brisanten Alternative

Herausgegeben von
Ekkehard Felder und Andreas Gardt

DE GRUYTER

ISBN 978-3-11-056342-9
e-ISBN (PDF) 978-3-11-056343-6
e-ISBN (EPUB) 978-3-11-056358-0

Dieses Werk ist lizenziert unter der Creative Commons Attribution-NonCommercial-NoDerivatives 4.0 Lizenz. Weitere Informationen finden Sie unter
http://creativecommons.org/licenses/by-nc-nd/4.0/.

Library of Congress Control Number: 2018946961

Bibliografische Information der Deutschen Nationalbibliothek
Die Deutsche Nationalbibliothek verzeichnet diese Publikation in der Deutschen Nationalbibliografie; detaillierte bibliografische Daten sind im Internet über http://dnb.dnb.de abrufbar.

© 2018 Ekkehard Felder/Andreas Gardt, publiziert von Walter De Gruyter GmbH, Berlin/Boston.
Dieses Buch ist als Open-Access-Publikation verfügbar über www.degruyter.com.

Satz: Dörlemann Satz, Lemförde
Druck und Bindung: CPI books GmbH, Leck

www.degruyter.com

Vorwort

Die Leitfrage dieses Bandes ist eine der zentralen Fragen nicht nur der Wissenschaft, sondern auch unseres alltäglichen Lebens: Haben wir tatsächlich einen Zugang zur Wirklichkeit oder sind wir lediglich in unseren eigenen Konstruktionen der Wirklichkeit befangen? Ist die Wirklichkeit ein unverrückbarer Maßstab, an dem wir unser Erkennen orientieren, bei aller Möglichkeit des Irrtums? Oder schaffen wir uns unsere Bilder von der Welt selbst, sei es bewusst oder unbewusst, sodass die Welt dann so ist, wie wir sie uns gemacht haben?

Überträgt man diese Fragen auf erkenntnistheoretische Positionen, dann entsprechen sie dem Begriffspaar von *Realismus* und *Konstruktivismus*. Die Kontroverse zwischen diesen Positionen ist alt und hat zugleich nie an Bedeutung verloren, ist aktuell in der Auseinandersetzung um den Neuen Realismus auch von den Medien aufgegriffen worden. In weiten Teilen der Wissenschaft hat sich der Konstruktivismus als das herrschende Paradigma etabliert, in besonderem Maße in den Geistes- und den Gesellschaftswissenschaften, aber keineswegs nur dort. In den sehr engagiert geführten Diskussionen um einen adäquaten Wirklichkeitsbegriff wird dem Konstruktivismus mitunter vorgeworfen, die Existenz von Tatsachen ganz und gar zu leugnen. Aber ließe sich eine solch radikale Position überhaupt begründen?

Als Antwort und zugleich Kompromiss bietet sich der Weg über die Sprache an. In nahezu allen konstruktivistischen Darstellungen spielt sie eine wichtige Rolle. Danach bezeichnen die Wörter nicht die Dinge an sich, sondern tun dies immer aus einer bestimmten Perspektive. Um ein Beispiel von René Zimmer zu zitieren: Was für den einen unter *therapeutisches Klonen* fällt, ist für den anderen *Forschungsklonen* und für wieder andere ein *Vergehen an der Schöpfung Gottes*. Wie wir die Welt wahrnehmen, ist entscheidend von einer der Sprache innewohnenden Perspektive geprägt.

Diesen Gedanken zu akzeptieren fällt leichter als den oben zitierten. Denn er gesteht immerhin zu, dass es eine Wirklichkeit ‚an sich' gibt, allerdings eine, die wir als solche nicht erkennen können. Nur als perspektivisch gebundene ist sie uns zugänglich, und in ihr gibt es entweder *therapeutisches Klonen* oder eben *Forschungsklonen* etc. *Verba res secant* nannte das bereits im 17. Jahrhundert der englische Philosoph Francis Bacon: *Die Wörter zerteilen die Dinge*. Deshalb sei es müßig, so die konstruktivistische Argumentation, der Wirklichkeit ‚als solcher' nachzujagen: Es mag sie geben, aber wenn sie ohnehin nicht erkennbar ist, kann sie uns gleichgültig sein. Als wichtig gilt das Aufspüren der Perspektiven, nicht selten in aufklärerischer Absicht, wenn etwa Formulierungen wie die von der *Größe eines Volkes*, der *historischen Bestimmung der Nation* oder auch der *Natur des Geschlechts* kritisch hinterfragt werden.

Diesen Versuchen, die Wirklichkeit als interessengeleitet konstruierte auszuweisen, wird häufig mit dem Argument begegnet, der (vermeintliche) Akt der Aufklärung diene letztlich nur dazu, die jeweils eigene Position als die ‚eigentlich richtige' durchzusetzen. Außerdem widerspreche die Annahme eines umfassenden Konstruiertseins unserer Wirklichkeitsbilder jeder Alltagserfahrung von der Präsenz und Widerständigkeit der Welt.

In diesem Spannungsfeld ist der vorliegende Band verortet. Der Blick auf die Autoren und die Disziplinen, die sie vertreten, lässt auf einen Schlag das Umfassende der Debatte erkennen: Sprachwissenschaft (auf ihr liegt ein Schwerpunkt), Philosophie, Theologie, Soziologie, Medienwissenschaft, Kommunikationswissenschaft, Wirtschaftswissenschaft, Rechtswissenschaft, Neurobiologie und Psychiatrie. Die Gliederung im Band versucht einen Ausgleich zwischen der fachlichen Zuordnung der Autoren und thematischen Akzenten der Beiträge. Dass die Beschäftigung mit der Sprache als eine Klammer gesehen werden kann, wird auch durch die Platzierung der sprachwissenschaftlichen Beiträge der Herausgeber an Anfang und Ende des Bandes angezeigt.

An dieser Stelle soll auf eine kommende Publikation verwiesen werden. Sie wird sich mit der Frage nach „Authentizität zwischen Wahrhaftigkeit und Inszenierung" befassen, in gewisser Weise als eine Fortsetzung des hier vorgelegten Bandes. Während die Frage nach „Wirklichkeit oder Konstruktion?" als Standortbestimmung unterschiedlicher wissenschaftlicher Disziplinen behandelt wird, soll die Frage nach der Wahrhaftigkeit oder Inszenierung von Authentizität auch vor dem Hintergrund konkreter gesellschaftlicher Handlungsfelder diskutiert werden.

Die Herausgeber danken Christine Goldhofer und Laura Kleitsch für die redaktionelle Einrichtung der Beiträge, danken auch den Mitarbeitern des Verlags De Guyter für die gute Zusammenarbeit, insbesondere Daniel Gietz für die ebenso kompetente wie angenehme lektoratsseitige Begleitung bei der Entstehung des Bandes, Albina Töws für die zusätzliche Betreuung in der Endphase sowie Stefan Diezmann für die Umsetzung in den Druck.

Ekkehard Felder, Andreas Gardt   Heidelberg und Kassel, im Juli 2018

Inhaltsverzeichnis

Andreas Gardt (Sprachwissenschaft)
Wort und Welt. Konstruktivismus und Realismus in der Sprachtheorie —— 1

Markus Gabriel (Philosophie)
Der Neue Realismus zwischen Konstruktion und Wirklichkeit —— 45

John R. Searle (Philosophie)
The Philosophy of Perception and the Bad Argument —— 66

Bernhard Pörksen (Medienwissenschaft)
Der Blick des Kritikers
Die Debatte über den Konstruktivismus in der deutschsprachigen Kommunikationswissenschaft – ein Beispiel für die Auseinandersetzung zwischen realistischen und relativistischen Wissenschaftlern —— 77

Siegfried J. Schmidt (Kommunikations- und Medienwissenschaft)
Wie wirklich ist die Wirklichkeit? —— 102

Heinz Bude (Soziologie)
Realitäten in der Wirklichkeit —— 118

Paul Kirchhof (Rechtswissenschaft)
Rechtssprache zwischen Ideal und Wirklichkeit —— 126

Paul-Gerhard Klumbies (Theologie)
Gott – bewusst gemacht oder bewusstgemacht?
Eine theologische Rückmeldung zu Konstruktivismus und Neuem Realismus —— 146

Wolf-Andreas Liebert (Sprachwissenschaft)
Können wir mit Engeln sprechen?
Über die eigenartige (Un-)Wirklichkeit der Verständigung im Religiösen —— 162

Gerhard Roth (Neurobiologie)
Wahrnehmung und Erkenntnis:
Grundzüge einer neurobiologisch fundierten Erkenntnistheorie —— 194

Thomas Fuchs (Psychiatrie/Philosophie)
Die gemeinsame Wahrnehmung der Wirklichkeit
Skizze eines enaktiven Realismus —— 220

Alexander Ziem/Björn Fritsche (Sprachwissenschaft)
Von der Sprache zur (Konstruktion von) Wirklichkeit:
Die konstruktivistische Perspektive der Kognitiven Linguistik —— 243

Max Düsterhöft/Robert Jacob/Marco Lehmann-Waffenschmidt
(Wirtschaftswissenschaft)
Konstruiert oder real?
Die konstruierte Alltagswirklichkeit des Geldes —— 277

Ludwig Jäger (Sprachwissenschaft)
„Outthereness"
Über das Problem des Wirklichkeitsbezugs von Zeichen —— 301

Matthias Attig (Sprachwissenschaft)
Begriffsrealismus als sprachwissenschaftliches Problem
Überlegungen zur kategorialen Eigenart von Termini —— 324

Josef Klein (Sprachwissenschaft)
‚Betrachten der Wirklichkeit' und politisches Framing
Am Beispiel der CDU-Wahlkampagne 2013 —— 344

Ekkehard Felder (Sprachwissenschaft)
Wahrheit und Wissen zwischen Wirklichkeit und Konstruktion: Freiheiten und Zwänge beim sprachlichen Handeln —— 371

Kurzbiographien —— 399

Andreas Gardt
Wort und Welt. Konstruktivismus und Realismus in der Sprachtheorie

1 Die Präsenz konstruktivistischen Denkens in der Sprachtheorie

Unter *Konstruktivismus* – in seiner auf Sprache bezogenen Form – sei im Folgenden die Auffassung von der sprachlichen Gebundenheit des Weltzugangs und der wirklichkeitskonstituierenden Kraft der Sprache verstanden.[1] Danach bezeichnen Wörter und Sätze nicht die Dinge an sich, sondern tun dies immer aus einer bestimmten Perspektive. Diese Perspektive ist nicht nur die des individuellen Sprechers, sondern ist auch der Sprache bereits inhärent: Wir eignen uns die Welt entlang der lexikalischen Kategorien und grammatischen Strukturen an, die wir in der Sprache vorfinden und die wir neu in ihr schaffen. Indem Sprache die Dinge der Welt nicht einfach passiv abbildet, sondern unseren geistigen Zugang zu ihnen leitet, prägt sie unser Bild von der Wirklichkeit. In der Trias von Sprache, Denken und Wirklichkeit kommt damit der Sprache das Apriori zu. Je nach Radikalität des linguistischen Konstruktivismus wird diese sprachliche Prägung des Wirklichkeitsbildes als partiell oder als absolut verstanden. Im letzteren Fall ist ein Denken ‚an der Sprache vorbei', ein sprachfreies Erkennen der Welt, nicht möglich.

Dabei scheint sich die lexikalische Dimension der Sprache in besonderer Weise zu konstruktivistischen Argumentationen anzubieten, weil Wörter aufgrund ihrer semantischen Eigenschaften sehr leicht zu Sachverhalten in Bezug gesetzt werden können. Dass mit der Wahl eines Ausdrucks wie *Verteidigungsminister* die Wirklichkeit als etwas sehr anderes präsentiert wird als durch den Ausdruck *Kriegsminister*, wie er noch zu Beginn des 20. Jahrhunderts üblich war, ist offensichtlich.[2]

Wenn eine sprachfreie Erkenntnis der Wirklichkeit unmöglich ist, dann lässt sich, etwas pointiert, sagen, dass die Sprache mit dem für uns einzig verfügbaren

---

[1] Der Beitrag resümiert Überlegungen des Verfassers zu diesem Thema (erstmals umfassend 1994 und 1999, zuletzt Felder/Gardt 2015, Gardt 2017 und Gardt 2018) und führt sie weiter.
[2] Ein aktuelleres Beispiel ist die Alternative von *Freisetzung* (von Arbeitskräften) und *Entlassung*. *Freisetzung* war 1994 einer der Kandidaten bei der Wahl zum „Unwort des Jahres" [http://www.unwortdesjahres.net/index.php?id=33].

Bild von der Wirklichkeit in gewisser Weise die Wirklichkeit selbst für uns hervorbringt.[3] Jenseits der sprachlich konstituierten Wirklichkeit gibt es – *für uns als erkennende Subjekte* – keine Wirklichkeit. Was wie eine Einschränkung klingen mag – „*für uns als erkennende Subjekte*" – beschreibt eher eine erkenntnistheoretische Erleichterung, denn wenn keine andere Wirklichkeit als die sprachlich konstituierte erkennbar ist, ist es müßig, eine wie auch immer geartete ‚Wirklichkeit an sich' in unsere Überlegungen einzubeziehen: Wir sind von der Aufgabe entbunden, objektive Beschreibungen von ihr zu liefern, können uns ganz auf die Beschreibung der Konstruktionen konzentrieren.

Der Gedanke der sprachlichen Konstitution der Wirklichkeit (oder auch: Konstruktion, die Ausdrücke werden hier synonym verwendet, wobei *Konstruktion* den Blick stärker auf den Agens lenkt) begegnet in zahlreichen sprachwissenschaftlichen Publikationen. Im Folgenden seien einige charakteristische Formulierungen aus sprachwissenschaftlichen Arbeiten aufgeführt:[4]

> *realitätskonstituierende Macht der Wörter*, *gegenstandskonstitutive Rolle von Sprache*, *zentrale Rolle der Sprache im Prozess der Gegenstandssetzung/-prägung/-konstitution*, *Sachverhaltskonstitution durch Sprache*, *sprachliche Konstruktion von Wirklichkeit durch Medien*, *wirklichkeitskonstitutive Kraft der Kommunikation*, *Realitäten werden sprachlich konstituiert*, *mit Sprache werden Realitäten konstruiert*, *Sprache wirkt konstitutiv in den Prozessen der Erkenntnisgewinnung mit*, *Sprache bildet Außersprachliches nicht einfach ab, vielmehr trägt (der oft strategische Einsatz von) Sprache selbst dazu bei, ‚Wirklichkeit' zu schaffen* usw.

Formulierungen dieser Art finden sich, wie erwähnt, in großer Zahl. Die angeführten Belege sind den Beiträgen eines einzigen Sammelbandes entnommen. Er ist von dem Verfasser dieser Zeilen mit herausgegeben (Felder/Gardt 2015a) und der Verfasser bezieht sein eigenes Arbeiten ausdrücklich in diese Form der Argumentation ein.

In linguistischen Arbeiten begegnen Äußerungen dieses Zuschnitts gehäuft in den Feldern Semantik, Lexikologie, Text-/Gesprächsanalyse und Diskursanalyse. Oft wird die konstruktivistische Position explizit im Titel von Arbeiten angesprochen: *Sprachliche Konstruktion von Krisen*; *Spracheinstellungen und Identitätskonstruktion*; *Sprachliche Konstruktionen von Geschlechtsidentität*; *Faktizitätsher-*

---

3 Die Beschränkung auf die Sprache als Faktor der Wirklichkeitskonstruktion ist der Fragestellung dieses Beitrags geschuldet, tatsächlich spielen die unterschiedlichsten Faktoren eine Rolle. Die Sprachwissenschaft bezieht zunehmend multimodale Aspekte ein, darunter vor allem Text-Bild-Kombinationen, aber keineswegs nur diese (s. z. B. Klug 2016; Klug/Stöckl 2016).
4 Sie erscheinen nicht als Zitate, weil sie orthographisch und flexionsmorphologisch angeglichen wurden, ansonsten sind sie unverändert.

stellung in Diskursen; *Korpuslinguistik, Hermeneutik und die soziale Konstruktion der Wirklichkeit* usw.[5] Als Gegenstände sprachlicher Konstruktion unterhalb der Ebene von *Wirklichkeit* bzw. *Realität* als pauschal genannten Größen begegnen z. B. *Identität* – oft als „Geschlechtsidentität" (s. o.), aber auch als *soziale Identität*,[6] *nationale Identität*,[7] *organisationale Identität*[8] usw. –, *Bildung*,[9] *Wissen*[10] und andere Kategorien der Lebenswelt.[11]

Konstruktivistisches Denken ist natürlich nicht auf die Sprachwissenschaft oder die Philologien beschränkt, Titel wie *Sprachliche Konstruktion der Wirklichkeit: Metaphern in Therapiegesprächen*[12] oder *Konstruktion von Wirklichkeit: Beiträge aus geschichtstheoretischer, philosophischer und theologischer Perspektive*[13] illustrieren es. Eine besondere Rolle spielt die Philosophie, in der konstruktivistisches Denken eine lange Tradition hat, auch wenn die Bezeichnung „Konstruktivismus" vergleichsweise neu ist.[14] Wo dabei Sprache eine Rolle spielt, bestehen erhebliche Überschneidungen zur linguistischen Theoriebildung, wie im Folgenden deutlich werden wird.

Deutliche Übergänge finden sich auch zur sozialwissenschaftlichen Forschung. Ein zentraler Bezugstext für die Linguistik und die Sozialwissenschaften gleichermaßen ist Peter L. Bergers und Thomas Luckmanns *Die gesellschaftliche Konstruktion der Wirklichkeit* von 1969.

---

5 Wengeler/Ziem 2013; König 2014; Günthner/Hüpper/Spieß 2012; Felder 2013a; Teubert 2006. Grundlegend zu dieser Thematik auch Köller (2004).
6 Zur sozialhistorischen Forschung s. u.
7 Z. B. Gardt 2002.
8 Habscheid u. a. 2015, 396.
9 Z. B. Brouër/Kilian/Lüttenberg 2015, 547.
10 Z. B. Busse 2006.
11 Nicht nur die Sprache der Gegenwart wird unter konstruktivistischer Perspektive analysiert, auch in sprachhistorischen Arbeiten ist die Rede von der „gesellschaftskonstituierende[n] Funktion von Sprache und Sprechen" (Linke 2014, 30, vor dem Hintergrund einer Differenzierung in eine *Sprachgeschichte als Kommunikationsgeschichte, Kulturgeschichte, Mentalitätsgeschichte, Diskursgeschichte, Gesellschaftsgeschichte, Geschichte des Sprachgebrauchs*). Die wissenschaftliche Erforschung sprachhistorischer Phänomene beschreibe diese Phänomene nicht einfach, sondern schaffe ein *sinnstiftendes Bild* von der Sprache und bringe dabei die Gegenstände der Beschreibung selbst hervor, denn die sprachlichen Phänomene seien keine „vorsprachliche[n] und vorkognitive[n] Grundlagen einer irgendwie verstandenen Repräsentation von Vorgegebenem, sondern Größen, die ihre Existenz ausschließlich der Sprachgeschichtsschreibung als einem Konstruktionsakt verdanken" (Reichmann 1998, 1).
12 Roderburg 1998.
13 Schröter/Eddelbüttel 2004.
14 Häufig wird auf konstruktivistische Zusammenhänge mit anderen Bezeichnungen referiert, u. a. mit „Idealismus" und „Relativismus", wobei die Ausdrücke nicht bedeutungsgleich sind.

Zugleich sind naturwissenschaftliche Inhalte und Arbeitsweisen Gegenstand konstruktivistischer Diskussion, etwa im *Neurobiologischen Konstruktivismus*,[15] stehen dabei ihrerseits wieder in je eigenen Traditionen, z. B. des *Radikalen Konstruktivismus* (dazu s. u.).[16] Die kognitive Linguistik lässt vor allem in ihren empirisch ausgerichteten Teilen entsprechende Berührungspunkte erkennen (zu diesen Positionen s. auch unten).

2 Traditionen des linguistischen Konstruktivismus

Ein locus classicus der Geschichte konstruktivistischen Denkens in der Sprachtheorie ist diese Stelle aus dem Werk Wilhelm von Humboldts (Humboldt 1836/1992, 53 f.):

> In jeder Sprache liegt eine eigentümliche Weltansicht. Wie der einzelne Laut zwischen den Gegenstand und den Menschen, so tritt die ganze Sprache zwischen ihn und die innerlich und äußerlich auf ihn einwirkende Natur. [...] Der Mensch lebt mit den Gegenständen hauptsächlich, ja, da Empfinden und Handeln in ihm von seinen Vorstellungen abhängen, sogar ausschließlich so, wie die Sprache sie ihm zuführt. Durch denselben Akt, vermöge dessen er die Sprache aus sich herausspinnt, spinnt er sich in dieselbe ein, und jede zieht um das Volk, welchem sie angehört, einen Kreis, aus dem es nur insofern hinauszugehen möglich ist, als man zugleich in den Kreis einer andren hinübertritt. Die Erlernung einer fremden Sprache sollte daher die Gewinnung eines neuen Standpunkts in der bisherigen Weltansicht sein [...].

Die Passage ist Humboldts Schrift *Über die Verschiedenheit des menschlichen Sprachbaues und ihren Einfluß auf die geistige Entwicklung des Menschengeschlechts* entnommen, der Einleitung zu seiner Beschreibung der Kawi-Sprache auf Java (Humboldt 1836/1992, 53 f.). Auffallend ist die Formulierung „hauptsächlich, ja, [...] sogar ausschließlich". In einem Gespräch vorgetragen, würde die Steigerung von „hauptsächlich" zu „ausschließlich", vermittelt durch das „ja", ein Einhalten im Fluss der Rede anzeigen, etwa im Sinne von ‚bei nochmaligem Nachdenken', ‚im Grunde'. Bei einem schriftlichen Text jedoch fragt man sich, wieso

---

15 Z. B. Roth (1997; 2003 u. in diesem Band); Siefer/Weber 2006; zur Kritik s. Fuchs (2011 u. in diesem Band).
16 Z. B. von Glasersfeld 1996; von Foerster/von Glasersfeld/Hejl 1992; Maturana/Varela 1987; Rusch/Schmidt 1992. Zu wichtigen Positionen im Überblick s. Pörksen (2015).

der Verfasser den sprachlichen Weltzugang nicht ohne rhetorischen Umweg, also unmittelbar als „ausschließlich" bezeichnet.

Tatsächlich ist Humboldts Zögern ganz und gar charakteristisch für die auf Sprache bezogene Konstruktivismusdebatte, und zwar bis in die Gegenwart. Ausgehend von der alltäglichen Erfahrung, dass wir in eine jeweilige Muttersprache hineingeboren werden und diese Sprache in Wortschatz und Grammatik bereits eine Gliederung der Welt enthält, beschreibt Humboldt unseren kognitiven Zugang zur Welt als grundsätzlich sprachgebunden: Unsere „Vorstellungen" von den „Gegenständen" sind so, wie die Sprache sie uns „zuführt". Alles für den Menschen Relevante in der Welt besitzt entweder bereits eine Bezeichnung oder es wird durch einen neuen Akt des Bezeichnens, der sich wiederum der Mittel der bereits vorhandenen Sprache bedient, sogleich der Sprache zugeführt. Ein sprachfreier Raum, in dem sich die Vorstellungen des Menschen bilden könnten, ist nicht erkennbar, daher die Rede von der *Ausschließlichkeit* des sprachlichen Weltzugangs.

Ganz und gar sicher scheint sich Humboldt aber nicht zu sein, wie sein Zögern zeigt. In der Tat ist die Feststellung der *Ausschließlichkeit* des sprachlichen Weltzugangs zunächst nicht mehr als eine Behauptung: Dass Sprache beim Erkennen der Welt eine entscheidende Rolle spielt, ist eine Alltagserfahrung, aber die *Ausschließlichkeit* ihres epistemologischen Wirkens ist damit keineswegs bewiesen. Der Punkt wird an anderer Stelle erneut aufgegriffen werden.

Zunächst bleibt festzustellen: Humboldts Äußerung ist für eine Ausprägung konstruktivistischer Theoriebildung charakteristisch, die nicht nur einen prägenden Einfluss der Sprache auf die Erkenntnis annimmt, sondern zugleich tendenziell deterministisch argumentiert, im Extremfall den Menschen als in der Sprache „gefangen" (Humboldt um 1810–11/1992, 15) sieht, weil er sich wie in einen Kokon in sie *hineinspinnt*. Genau an diesem Punkt unterscheiden sich, wie zu zeigen sein wird, die sprachkonstruktivistischen Ansätze: in der Annahme des Ausmaßes der sprachlichen Determiniertheit des Weltzugangs. Allen konstruktivistischen Ansätzen gemeinsam aber ist die grundsätzliche Überzeugung von der epistemologischen Qualität der Sprache. Dabei begibt sich die Humboldt'sche Linie – pars pro toto will ich sie so bezeichnen, auch wenn sie bereits vor Humboldt einsetzt und bis in die unmittelbare Gegenwart führt – vollständig in die Sprache hinein, betrachtet sie als eine *conditio sine qua non* des Zugangs des Menschen zur Welt. Neben der Aufgabe der Kommunikation kommt der Sprache damit auch bzw. sogar zuallererst die Funktion zu, dem Menschen die Welt kognitiv verfügbar zu machen.

Positionen, die das Verhältnis von Sprache und Denken in diesem Sinne fassen, begegnen gehäuft seit dem späten 18. Jahrhundert. Johann Gottfried Herder etwa schreibt in seiner Abhandlung über den Sprachursprung (Herder 1771/1985, 725):

> [D]er Wilde, der Einsame im Walde hätte Sprache für sich selbst erfinden müssen; hätte er sie auch nie geredet.

Ähnlich August Wilhelm Schlegel (Schlegel 1798–1803/1989, 399):

> Das Bedürfniß der Sprache als Gedanken-Organs, als eines Mittels, selbst zur Besinnung zu gelangen, geht in der philosophischen Ordnung dem Bedürfnisse der geselligen Mittheilung nothwendig vorher.

Die Formulierung „zur Besinnung [...] gelangen" zeigt, dass das Subjekt diese Vorgänge nicht wirklich zu kontrollieren vermag. Schlegel kann also, wie später Humboldt, zuspitzen, wenn er feststellt, dass die Muttersprache, „uns unbewußt, über unsern Geist [herrscht]" (Schlegel 1801–1802/1989, 417).

Die Belege illustrieren auch, was bereits angedeutet wurde: dass sprachkonstruktivistische Argumentationen meist einzelsprachlich ausgerichtet sind. Jede Sprache repräsentiert eine ganz bestimmte Perspektive auf die Wirklichkeit und wirkt durch sie prägend auf das Denken ihrer Sprecher. Nicht selten geht mit dieser Auffassung noch im 19. und frühen 20. Jahrhundert eine Hypostasierung von Sprache einher, indem ihr eine vom Subjekt unabhängige gestaltende Kraft zugesprochen wird, wie sie in deutschsprachigen Texten bisweilen in der Rede vom *Sprachgeist* anklingt (in Texten anderer Sprachen: *genius linguae, genius of the language, génie de la langue*).

Diese einzelsprachliche Ausrichtung aber ist nicht zwingend, möglich ist auch eine universalistische Position, wonach sich die Strukturen der Einzelsprachen auf eine Art Urform rückführen lassen, die ihrerseits mit den Strukturen des Bewusstseins korreliert. Universalistische Überlegungen begegnen ebenfalls bereits früh, vor allem dort, wo das Lateinische als universale Sprache gilt. Charakteristisch ist diese Passage aus einem anonymen Traktat des 14. Jahrhunderts (Thurot 1869/1964, 125; es handelt sich um einen Text aus dem Umfeld der modistischen Grammatik):

> Ob allen Sprachen eine einzige Grammatik zugrunde liegt? Ja, denn die Natur der Sachen, der Seinsweisen und der Auffassungsweisen sind für alle bzw. bei allen Menschen ähnlich.

Im 18. Jahrhundert schließlich findet eine Auseinandersetzung über den *ordo naturalis* statt, die das Verhältnis zwischen den Sachverhalten der Wirklichkeit, ihren kognitiven Abbildern und ihren sprachlichen Fassungen diskutiert. Gefragt wird, in welcher Sprache die Anordnung der Satzglieder am ehesten der natürlichen Ordnung der Dinge entspricht. In Frankreich ist man von der Superiorität des Französischen überzeugt: Das *génie de la langue française* beweise sich darin, dass sein *ordre naturel* Spiegel der universalen Seinsverhältnisse sei.

Bei diesen Diskussionen geht es also durchaus um das Verhältnis von Sprache, Denken und Wirklichkeit, jedoch nicht um den Nachweis einer Unhintergehbarkeit der Prägung des Denkens durch die Kategorien der Sprache. Vielmehr wird die Wirklichkeit in ihrer Präexistenz nicht hinterfragt, sondern bleibt der feste Bezugspunkt allen Urteilens über die Angemessenheit sprachlicher und kognitiver Wirklichkeitsbilder. Diese Form der Sprachreflexion, die in Frankreich in der Tradition Descartes' und der Grammatik von Port Royal steht, in Deutschland unter anderem bei Gottfried Wilhelm Leibniz begegnet, wertet die epistemologische Dimension der Sprache durchaus auf, gibt aber den Bezug zur einen, für alle erkennenden Subjekte verbindlichen Wirklichkeit nicht preis.

Schon früh gelten die natürlichen Sprachen als unfähig, diese Wirklichkeit adäquat zu beschreiben, sodass sich als Alternative die Konstruktion künstlicher, formaler Sprachen anbietet, die eben das leisten sollen. Hier lässt sich eine Linie von Überlegungen des Rationalismus der Frühen Neuzeit bis zur *Ideal Language Philosophy* des 20. Jahrhunderts ziehen und diese Konzeptionen illustrieren bei aller Einsicht in die konstruktive Dimension von Sprache eine – im erkenntnistheoretischen Sinne – realistische Hoffnung auf ein ontologisch zuverlässiges Verhältnis zwischen Wirklichkeit, Denken und Sprache (weshalb sie auch in diesem Beitrag an anderer Stelle eingehender behandelt werden sollen).

Zurück zu den Traditionen des linguistischen Konstruktivismus. Berühmt sind Friedrich Nietzsches wuchtige Angriffe auf jeden schlichten Positivismus, der den eigenen Blick auf die Welt – darunter auch den Blick des Wissenschaftlers – für einen sicheren Zugriff auf ‚die Wahrheit' hält (Nietzsche 1873/1967, § 1):

> Das ‚Ding an sich' (das würde eben die reine folgenlose Wahrheit sein) ist auch dem Sprachbildner ganz unfasslich und ganz und gar nicht erstrebenswert. Er bezeichnet nur die Relationen der Dinge zu den Menschen und nimmt zu deren Ausdrucke die kühnsten Metaphern zu Hülfe. [...] Was ist also Wahrheit? Ein bewegliches Heer von Metaphern, Metonymien, Anthropomorphismen, kurz eine Summe von menschlichen Relationen, die, poetisch und rhetorisch gesteigert, übertragen, geschmückt wurden, und die nach langem Gebrauche einem Volke fest, canonisch und verbindlich dünken: die Wahrheiten sind Illusionen, von denen man vergessen hat, dass sie welche sind [...].

Zwischen dem Wahrnehmen der Dinge und ihrer sprachlichen Vermittlung finden mehrere Sprünge statt, Brechungen, die es unmöglich machen, von den Wörtern als Abbildern der Wirklichkeit zu sprechen.

Weniger heftig, aber nicht minder eindringlich argumentiert Ernst Cassirer in der *Philosophie der symbolischen Formen* (Cassirer 1923, 20):

> So zeigt etwa der Prozeß der Sprachbildung, wie das Chaos der unmittelbaren Eindrücke sich für uns erst dadurch lichtet und gliedert, daß wir es ‚benennen' und es dadurch mit der Funktion des sprachlichen Denkens und des sprachlichen Ausdrucks durchdringen. In dieser neuen Welt der Sprachzeichen gewinnt auch die Welt der Eindrücke selbst einen ganz ‚neuen' Bestand, weil eine neue geistige Artikulation. Die Unterscheidung und Sonderung, die Fixierung gewisser Inhaltsmomente durch den Sprachlaut bezeichnet an ihnen nicht nur, sondern verleiht ihnen geradezu eine bestimmte gedankliche Qualität, kraft deren sie nun über die bloße Unmittelbarkeit der sog. sinnlichen Qualitäten erhoben sind. So wird die Sprache zu einem der geistigen Grundmittel, vermöge dessen sich für uns der Fortschritt von der bloßen Empfindungswelt zur Welt der Anschauung und Vorstellung vollzieht.

Die Inhalte der Welt erhalten im Akt der Benennung „eine bestimmte gedankliche Qualität", die uns erst dazu befähigt, jenseits des bloßen ‚Empfindens' von Welt über die Welt und ihre Inhalte zu reflektieren und zu sprechen. So ist die Sprache nichts, das zum Erkennen in einem zweiten Schritt hinzutritt, vielmehr ermöglicht sie dieses Erkennen zuallererst.

Eine Umsetzung konstruktivistischer Überlegungen in konkrete sprachwissenschaftliche Arbeit illustrieren die Untersuchungen Jost Triers zu den Wortfeldern des Deutschen. Als Bündel (partiell) bedeutungsgleicher Ausdrücke korrespondieren Wortfelder mit der Wirklichkeit. Sie tun dies jedoch nicht als passive Spiegel dieser Wirklichkeit, denn das würde einer reinen Abbildtheorie entsprechen (Trier 1973, 2):

> Die Sprache *spiegelt* [...] nicht reales Sein, sondern *schafft* intellektuelle Symbole, und das Sein selbst, das heißt das für uns gegebene Sein, ist nicht unabhängig von Art und Gliederung der sprachlichen Symbolgefüge.

Das ist die gängige konstruktivistische Vorstellung, wonach Sprache und Sein nicht unabhängig voneinander bestehen. Was genau aber bedeutet: „das heißt das für uns gegebene Sein"? Das Gesagte soll wohl nur für dasjenige Sein gelten, auf das wir einen Zugriff haben, womit zugleich angedeutet ist, dass es einen Seinsanteil gibt, der unabhängig von der Gliederung durch die Sprache besteht.

Formulierungen wie die zuletzt zitierte wirken wie Absicherungen und begegnen in konstruktivistischen Argumentationen häufig (man denke an das Zögern Wilhelm von Humboldts). Doch man kann den Autoren die mangelnde Festlegung kaum verdenken, denn mit welcher Autorität ließen sich diese Fragen endgültig beantworten? Durch Bemerkungen wie die zitierten wird die Frage der Absolutheit der sprachlichen Wirklichkeitskonstruktion, damit die Frage nach der Existenz einer von der sprachlichen Kategorisierung nicht berührten Wirklichkeit und deren Verhältnis zur sprachlich konstruierten Wirklichkeit angerissen, dabei zugleich offengelassen: Wie weit greift die Sprache in die Welt und in unsere Vorstellungen von ihr hinein? Und wie würde sich ein sprachfreier Rest an Welt zeigen? Mag man z. B. für bestimmte sinnliche Erfahrungen wie Geschmacksempfindungen, wie sie bei Leibniz als *cognitio clara confusa* begegnen, die Möglichkeit einer sprachfreien kognitiven Verarbeitung annehmen, so stellt sich doch zugleich die Frage nach dem Einfluss sprachlicher Bezeichnungen dieser Geschmacksempfindungen auf den Akt des Empfindens, also nach der Auswirkung einer Bezeichnung wie „sauer" auf die entsprechende Empfindung, und die aktuelle Forschung – wie die des Projekts „sensory semantics"[17] – hat ihr Augenmerk eben darauf gerichtet.

Mit dieser Bemerkung sind konstruktivistische Ansätze angesprochen, die zu ihren Darstellungen nicht auf dem Wege der reinen Reflexion, sondern durch empirische Untersuchung gelangen. Bereits Humboldt und seine Zeitgenossen waren zu ihren sprachtheoretischen Aussagen aufgrund von Analysen lexikalischer und grammatischer Strukturen nicht-indoeuropäischer Sprachen gelangt. Bekannt (und nicht unumstritten) sind die entsprechenden Arbeiten Benjamin Lee Whorfs um die Mitte des 20. Jahrhunderts, die in der Formulierung eines *linguistischen Relativitätsprinzips* resultierten (*Language, Thought and Reality*, 1956).[18] Eine aktuelle Fortsetzung finden sie in empirischen Untersuchungen etwa zur Korrelation von Sprache und Farb-, Zeit- und Raumwahrnehmungen.[19] Die kognitive Linguistik forscht in einem Bereich, der es erlaubt, sprachliche Strukturen zu mentalen Konstellationen und zugleich zu kulturellen Fragen in Bezug zu setzen, erwähnt seien nur die Untersuchungen zu konzeptuellen Metaphern von George Lakoff und Mark Johnson, auch die Forschung zur Frame-Semantik.[20]

In Teilen ebenfalls empirisch begründet ist der sehr pointiert argumentierende Radikale Konstruktivismus.[21] In der Folge der Sicht des menschlichen Bewusstseins als eines *autopoietischen Systems* gilt bereits die sinnliche Wahrnehmung als kognitive Konstruktion und alle sich anschließenden Operationen des Bewusstseins, alle mentalen Verarbeitungen der Wahrnehmungsdaten sind ebenfalls Konstruktionen, die auf der Basis biologischer und kultureller Entwicklung der Menschheitsgeschichte ablaufen. Ein unmittelbarer Zugang zu einer ‚Wirklichkeit an sich' ist nicht möglich, und die sprachlichen Zeichen

---

17 [http://www.sensorysemantics.ch/de/index.php].
18 Dazu aus aktueller Perspektive Lucy (2016).
19 Z. B. C. Everett 2013; D. Everett 2013; Lehmann 1998; Levinson 2003; Härtl 2009; Lai/Boroditsky 2013; Thibodeau/Boroditsky 2015. – Einen ersten Einstieg in Themen der kognitivistischen Forschung vermittelt z. B. die Sektion „Linguistics" der *Encyclopedia of Cognitive Science* [http://onlinelibrary.wiley.com/book/10.1002/0470018860].
20 Lakoff/Johnson 2008; Lakoff/Wehling 2008; Busse 2012.
21 S. auch Anm. 16.

verweisen denn auch nicht unmittelbar auf die Gegenstände der Welt (Maturana 1982, 73):

> Die basale Funktion der Sprache als eines Systems des Orientierungsverhaltens besteht nicht in der Übermittlung von Informationen oder in der Beschreibung einer unabhängigen Außenwelt, über die wir sprechen können, sondern in der Erzeugung eines konsensuellen Verhaltensbereiches zwischen sprachlich interagierenden Systemen im Zuge der Entwicklung eines kooperativen Interaktionsbereiches.

In diesem Zitat zeigt sich zugleich etwas, das konstruktivistische Darstellungen oft kennzeichnet: der Rückzug von der Möglichkeit, objektiv zutreffende Aussagen über die Wirklichkeit machen zu können, jedenfalls dann, wenn *objektiv* eine Korrespondenz zwischen der Aussage und der beschriebenen Wirklichkeit meint. Sehr eindrucksvoll zeigt sich das in den Arbeiten Richard Rortys, der als ein Beispiel für viele genannt sei. Unser Blick auf die Welt ist kein objektives, von den Gegenständen geleitetes Erkennen, sondern durch unser Vokabular gelenkt (Rorty 1989, 21):

> Vor etwa zweihundert Jahren faßte in der Vorstellungswelt Europas der Gedanke Fuß, daß die Wahrheit gemacht, nicht gefunden wird. Die Französische Revolution hatte gezeigt, daß sich das ganze Vokabular sozialer Beziehungen und das ganze Spektrum sozialer Institutionen beinahe über Nacht auswechseln ließ.

Für die – aus Rortys Sicht – nur vermeintlich objektiv arbeitenden Naturwissenschaften gilt (ebd., 22):

> So gesehen, erfinden große Naturwissenschaftler Beschreibungen der Welt, die dem Zweck der Vorhersage und Kontrolle dessen, was geschieht, dienen können, genauso, wie Dichter und politische Denker andere Beschreibungen der Welt zu anderen Zwecken erfinden. In keinem Sinn aber ist auch nur eine dieser Beschreibungen eine genau zutreffende Darstellung der Weise, wie die Welt an sich ist.

Wir müssen uns von der Vorstellung verabschieden, dass die Wahrheit „dort draußen ist" (ebd., 24) und wir in der Lage sind, sie objektiv zu beschreiben. In den Geistes- und Kulturwissenschaften der Gegenwart haben solche konstruktivistischen Überlegungen mittlerweile, in Rortys Worten, „kulturelle Hegemonie" (ebd., 21) erreicht.

Rortys Überlegungen und die vieler anderer machen es deutlich: Der konstruktivistische Gedanke birgt ungemein attraktive Möglichkeiten für die gesellschaftliche Auseinandersetzung über das Verfasstsein der Wirklichkeit. Sicher geglaubte Wahrheiten können als eben nur geglaubte Wahrheiten offengelegt werden und ganze Gebäude machtvoller Begriffshierarchien können so ins Wanken, gar zum

Einsturz gebracht werden. Das viel zitierte Diktum Nietzsches – „[N]ein, gerade Thatsachen giebt es nicht, nur Interpretationen" (Nietzsche 1886/1967, 7/60)[22] – fasst diese Auffassung prononciert zusammen und ist zu einem Kampfruf des Konstruktivismus geworden.

3 Die Plausibilität des linguistischen Konstruktivismus

Wenn in aktuellen geistes- und kulturwissenschaftlichen Beschreibungen des Ortes der Sprache in der Welt die Rede davon ist, Sprache sei das „Grundlegendste und zugleich [...] Höchste" für den Menschen, sei „unhintergehbar und unüberschreitbar" (so z. B. Angehrn/Küchenhoff 2012, 7), dann ist das zunächst nicht mehr als eine Behauptung. Diese Behauptung kann sich allerdings, wie gezeigt wurde, auf eine Tradition von Jahrhunderten stützen. Auch wird zumindest die einzelsprachliche Perspektivität von Sprache in Teilen durch empirische Untersuchungen gestützt, aber nicht nur dadurch, sondern auch durch unsere Alltagserfahrung: Wir wissen genau, dass die Sprachen der Erde die Phänomenwelt unterschiedlich segmentieren. Doch das festzustellen ist trivial, da das Entscheidende damit noch nicht benannt ist: Welches Ausmaß und welche Folgen hat diese unterschiedliche Segmentierung? Ist (bzw. in welchem Maße ist) ein Zugriff auf die Phänomenwelt an der Sprache vorbei möglich, sodass wir sozusagen mit eigenen Augen sehen können, wie sich die Dinge tatsächlich verhalten?

Was für die Segmentierung zwischen den Sprachen gilt, trifft auch innerhalb jeder einzelnen Sprache zu, es ist, wie eingangs betont, ein großer Unterschied, ob ein und derselbe Sachverhalt als *Freistellung von Arbeitskräften* oder als *Entlassung* beschrieben wird. Immer wieder wurde in der Geschichte der Sprachreflexion davor gewarnt, die Wörter für die Dinge zu halten, quer über die philosophischen Strömungen hinweg. Schon zu Beginn des 17. Jahrhunderts weist der englische Empirist Francis Bacon im *Novum Organum* auf die sprachliche Segmentierung der Welt hin: Die Wörter zerteilen die Dinge („Verba [...] res secant", Aphorismus 59). Zugleich wirken sie auf das Bewusstsein zurück („verba [...] super intellectum retorqueant et reflectant", ebd.) und können den Menschen zu allen möglichen Hirngespinsten („commenta", Aphorismus 43) verleiten. In solchen Situationen

---

[22] Tatsächlich wendet sich Nietzsche damit gegen den Positivismus, als eine Auffassung, die (zu unreflektiert) „bei dem Phänomen stehen bleibt" (ebd.).

hat die Sprache den Menschen im Griff, er muss sich wehren und, wie zu zeigen sein wird, er kann sich wehren.

Etwa ein Jahrhundert nach Bacons Überlegungen kritisiert der Frühaufklärer Christian Wolff, dass die Menschen oft „leere Wörter, mit denen kein Begrif verknüpfet ist, für Erkäntniß halten, und Wörter für Sachen ausgeben" (Wolff 1720/1983, § 320). Und Leibniz beschreibt die Nähe von Sprache und Denken sehr anschaulich (um 1697/1908, § 5):

> 5. Es ist aber bey dem Gebrauch der Sprache, auch dieses sonderlich zu betrachten, dass die Worte nicht nur der Gedancken, sondern auch der Dinge Zeichen seyn, und dass wir Zeichen nöthig haben, nicht nur unsere Meynung andern anzudeuten, sondern auch unsern Gedancken selbst zu helffen. Denn gleichwie man in grossen Handels-Städten, auch im Spiel und sonsten nicht allezeit Geld zahlet, sondern sich an dessen Statt der Zeddel oder Marcken, biss zur letzten Abrechnung oder Zahlung bedienet; also thut auch der Verstand mit den Bildnissen der Dinge, zumahl wenn er viel zu dencken hat, dass er nehmlich Zeichen dafür brauchet, damit er nicht nöthig habe, die Sache iedesmahl so offt sie vorkommt, von neuen zu bedencken. Daher wenn er sie einmahl wohl gefasset, begnügt er sich hernach offt, nicht nur in äusserlichen Reden, sondern auch in den Gedancken und innerlichen Selbst-Gespräch das Wort an die Stelle der Sache setzen.

Der Verstand entlastet sich durch den Gebrauch von Zeichen: Würde man beim Sprechen immer an die Dinge denken, über die man gerade spricht, käme man nicht von der Stelle. Der Gedanke ist ebenso einfach wie schlagend, jeder kann es selbst überprüfen. So dürften alle, die Deutsch sprechen, den folgenden Satz mühelos verstehen: „Beim Schneiden einer Zwiebel tränen bisweilen die Augen." Wer bei der Lektüre dieses Textes den Satz verstanden hat, hat dies vermutlich getan, ohne bei jedem Wort das Bild des jeweils bezeichneten Sachverhalts vor das innere Auge zu rufen, d.h. ohne eine Zwiebel oder die Tätigkeit des Schneidens oder den Vorgang des Tränens der Augen tatsächlich zu imaginieren. Natürlich *könnte* man es tun, aber in der Regel tut man es nicht. Vielmehr denkt man zumeist ‚in Sprache', auf der Ebene der Zeichen, mittels der Zeichen, ohne Distanz zu ihnen.

Eben das aber bedeutet, dass auch die Qualität unseres Denkens unmittelbar durch die Zeichen beeinflusst wird: Wenn die Zeichen die Wirklichkeit unzureichend erfassen, dann wird unser Denken in die Irre geführt. Leibniz nennt als Beispiel das Wort *Pflanzenseele* („ames vegetatives", Leibniz 1704/1961, III/X/14), das in einer bestimmten Strömung der griechischen Philosophie verwendet werde und fälschlicherweise suggeriere, dass Pflanzen Seelen haben. Was für *Pflanzenseele* gilt, trifft auch auf *Entlassung* und *Freisetzung von Arbeitskräften* zu, und die Kritik daran begegnet in der Geschichte der Sprachreflexion immer wieder, erwähnt sei lediglich Ludwig Wittgensteins bekannte Rede von der „Verhexung unsres Verstandes durch die Mittel der Sprache" (Wittgenstein 1945/1960, § 109).

Genau dieser Sachverhalt ist es, der das sprachkonstruktivistische Denken plausibel macht: Indem die Sprache kein einfacher Spiegel der Wirklichkeit ist, sondern eine Perspektive auf sie bietet, wird unser Bild von der Welt durch sie geleitet. Und auf eben diese Perspektiven lässt sich die Sprache abfragen. Der Konstruktivismus bietet die ideale Theorie, um die in der Sprache sedimentierten Wissensbestände, Positionen, Meinungen, Überzeugungen einer Sprach- und Kulturgemeinschaft offenzulegen. Häufig vollzieht sich dieses Offenlegen in den Sphären von Politik und Gesellschaft, und konstruktivistische Analyse kann dort aufzeigen, dass Begriffe wie *Nation, Volk, Rasse, Geschlecht* alles andere als objektive Abbilder der Wirklichkeit bieten. Schon vor ihrer Verwendung durch die einzelnen Sprecher, vor deren individueller Prägung der Wörter sind sie nicht perspektivisch neutral, und ein Ausdruck wie *Neger* hat seine semantische Unschuld vollends verloren. Vermeintliche Wahrheiten lassen sich als eben nur vermeintliche ausweisen, und die linguistische Diskursanalyse – als diejenige Strömung in der Sprachwissenschaft, die solche Untersuchungen am intensivsten betreibt – umfasst denn auch neben einer deskriptiven Variante eine dezidiert ideologiekritische.[23] Zur Tradition beider gehören die Arbeiten Michel Foucaults, die sich nicht nur, aber eben auch als Texte über das Verhältnis von Sprache und Macht lesen lassen: Wahrheit entsteht im Diskurs, und wer die Macht über den Diskurs hat, entscheidet über die Wahrheit.[24] Einen archimedischen Punkt jenseits des Diskurses gibt es ebenso wenig, wie es einen Punkt jenseits der Humboldt'schen *sprachlichen Weltansichten* gibt. Der aufklärerische Habitus vieler diskursanalytischer Arbeiten spiegelt sich entsprechend in ihrer Begrifflichkeit: Die Autoren und Autorinnen wollen etwas *offenlegen, freilegen, Fundamente aufzeigen, Sinn entfalten, zugrunde liegendes, verstecktes Wissen explizieren, verdeckte Strukturen sichtbar*

---

23 Ausdrücklich ideologiekritisch ist z. B. die Position von Wodak u. a. (1998, 43): „Die kritische Diskursanalyse setzt sich zum Ziel, die ideologisch durchwirkten und oft opaken Formen der Machtausübung, der politischen Kontrolle und Manipulation sowie der diskriminierenden, beispielsweise sexistischen oder rassistischen, Unterdrückungs- und Exklusionsstrategien im Sprachgebrauch sichtbar zu machen." – Einen guten Überblick über die unterschiedlichen Ansätze und Praktiken der Diskursanalyse vermittelt Niehr/Schlobinski (2017); speziell zur romanistischen Perspektive vgl. Schrott (2015) und (demn.); zur Verbindung qualitativer und quantitativer Verfahren vgl. etwa Kalwa (2013) und Lautenschläger (2018); zu den Übergängen zwischen Stilistik und Diskursanalyse vgl. die Arbeiten von Ulla Fix, z. B. Fix (2015).
24 Grundsätzlich zum „diskursiven Wettkampf um Geltungsansprüche" s. Felder (2013b).

machen, latent verhandelte Themen analysieren, dominante Denkmuster herausfinden usw.[25]

Um die gesellschaftliche Dimension der konstruktivistischen Sicht auf Sprache zu illustrieren, abschließend ein aktuelles Beispiel: das *Gendern* bzw. *Gender-Mainstreaming* von Sprache. Wenn gefordert wird, anstelle von *Studenten Studierende* zu sagen, anstelle von *Lesern* von *Lesern und Leserinnen* (bzw. *Leserinnen und Lesern*) zu reden oder, wie dies Politiker mittlerweile nahezu durchgängig tun, anstelle von *Bürgern* von *Bürgern und Bürgerinnen*, wenn auch für die Schreibung analoge Beidnennungen verlangt und praktiziert werden (*BürgerInnen, Bürger/innen, Bürger_innen, Bürger*innen, Bürger.innen* usw.), die gelegentlich auch in der Aussprache durch kurze Sprechpausen (Glottalverschluss) angezeigt werden, dann ist das nur plausibel vor dem Hintergrund einer konstruktivistischen Sicht auf Sprache: Nur wenn wir annehmen, dass die Sprache schon in ihren Strukturen einen konstitutiven Einfluss auf unsere Bilder von der Wirklichkeit hat, ist Gendern sinnvoll.

Auch jenseits wissenschaftlicher Argumentation scheint sich diese Auffassung durchgesetzt zu haben, in einer Art Alltagskonstruktivismus. So wird im Wikipedia-Artikel „Geschlechtergerechte Sprache" ohne differenzierende Erklärungen auf die Sapir-Whorf-Hypothese verwiesen[26] und auf einer Homepage zum Thema *Geschickt Gendern* – das Beispiel steht für viele – heißt es:

> Durch Sprache entstehen Bilder in unseren Köpfen. Werden nur Männer genannt, spiegelt sich das in unseren gedanklichen Vorstellungen wider. Das widerspricht oftmals der Realität [...].[27]

Die hier implizierte Argumentation verläuft so: Prägt die Sprache tatsächlich unser Denken, dann müssen Frauen in ihr unmittelbar präsent sein. Im generischen Maskulinum des Deutschen aber (*Studenten/Autoren/Bürger* für beide Geschlechter) sind sie dies nur auf dem Umweg über die grammatische Regel, in *Bürgerinnen und Bürger* aber sind sie es unmittelbar. Wer daher Frauen nicht aus dem gesellschaftlichen Raum ausblenden will, muss ihnen in der Sprache Präsenz gewähren.

---

25 Die Aufzählung folgt Gardt (2007, 33).
26 [https://de.wikipedia.org/wiki/Geschlechtergerechte_Sprache]: „Diese männliche Dominanz in der Sprache wiederum festige die nachgeordnete Stellung der Frau. Diesbezüglich wird eine Veränderung der Sprache für notwendig erachtet, um auf dem Weg eines sprachlich ausgelösten Bewusstseinswandels die Gleichstellung von Frauen in der Gesellschaft voranzubringen, vgl. Sapir-Whorf-Hypothese."
27 [http://geschicktgendern.de].

Das Beispiel fügt sich, wie erwähnt, in diejenige Dimension des Sprachkonstruktivismus, der es um das Bewusstmachen gesellschaftlicher Zusammenhänge geht, um den Hinweis auf Konstellationen von Macht, die sich in der und durch die Sprache verfestigt haben, und um Vorschläge zur Veränderung. Wo solche Kritik an bestehenden sprachlichen Verhältnissen geübt wird, geschieht es gegenwärtig meist auf der Basis aufklärerisch-liberaler Überzeugungen, die sich gegen als konservativ bis reaktionär empfundene Ideologisierungen von Sprache wenden.

Als epistemologische Theorie aber ist der Konstruktivismus politisch und ideologisch neutral, er lässt sich auch zu gesellschaftspolitisch ganz anders gearteten Argumentationen verwenden, wie ein Blick auf den Fremdwortpurismus zeigt. Ein Autor aus dem 19. Jahrhundert charakterisiert französische Fremdwörter im Deutschen so (Friedrich Ludwig Jahn 1833, 206):

> Jene Wälschworte [d. h. Wörter des Fanzösischen, A. G.], so Seelengift einschwärzen, unsere Grundansicht verdüstern, die Lebensverhältnisse verwirren, und durch andersartige, sittliche, rechtliche, und staatliche Begriffe das Deutschthum verunstalten, entstellen und schänden.

Der Autor ist keineswegs Konstruktivist im Sinne des Bekenntnisses zu einer solchen Theorie. Was sich hier zeigt, ist vielmehr die oben bereits erwähnte Form des Alltagskonstruktivismus, also eine Art Konstruktivismus *ante artem*, noch vor einer expliziten theoretischen Modellierung, im eben zitierten Beispiel allerdings in einer trivialen und ideologisch stark zugespitzten Form.

Bisweilen werden in solchen Argumentationen auch grammatische ‚Beweise' angeführt, etwa dort, wo die englische Kafka-Übersetzerin Willa Muir „Hitler's Reich" aus der Struktur des deutschen Satzes ableitet (Muir/Muir 1959, 95):

> I have the feeling that the shape of the German language affects the thought of those who use it and disposes them to overvalue authoritative statement, will power and purposive drive. In its emphasis on subordination and control it is not so ruthless as Latin, but both in Latin and in German the structure of the language, I am inclined to think, conditions the kind of thought that it expresses. And so it must have an organic relation to the aspirations and imaginative constructions of those who use it. A language which emphasizes control and rigid subordination must tend to shape what we call *Macht-Menschen*. [...] The drive, the straight purposive drive, of Latin, for instance, is remarkably like the straight purposive drive of the Roman roads. One might hazard a guess that from the use of *ut* with the subjunctive one could deduce the Roman Empire. Could one then deduce Hitler's Reich from the less ruthless shape of the German sentence? I think one could.

Wesentlich zurückhaltender dagegen verläuft die aktuelle Diskussion über den Einfluss von Anglizismen auf das Deutsche und seine Sprecher, aber auch dabei geht es um Fragen der Identität und der Prägung des Denkens durch die fremde

Sprache. Auf der Homepage des *Vereins Deutsche Sprache* beklagt ein Autor, „[d]ass sich bei der Verwendung einer Zweitsprache die Gedankengänge des Sprechers vereinfachen"[28], und ein anderer kritisiert:

> Um so fragwürdiger ist es, wenn Parteiobere und Ideologen die Menschen mit Pidgin-Denglisch [d. h. einer Mischung aus Deutsch und Englisch, A. G.] im Stil von ‚Green New Deal' umerziehen wollen. Gehirnwäsche per ‚Greenwashing' und ‚Veggie Day' – nein danke![29]

4 Sprachtheoretischer Realismus

Die Gegenposition zum eben Geschilderten ist die eines sprachtheoretischen Realismus.[30] Konsequent gedacht, sind nach ihm die Gegenstände und Sachverhalte der Wirklichkeit dem erkennenden Subjekt vorgegeben, werden von seinem Bewusstsein erfasst, um in einem letzten Schritt in Sprache gekleidet zu werden. Unser Erkennen wäre danach sprachfrei oder kann es zumindest sein. Der Mensch eignet sich die Welt durch Akte der Benennung souverän an, er ist und bleibt Herr über seine Sprache. Eine Verstrickung in die Sprache oder in den Diskurs ist möglich, doch kann sich der Mensch von ihr befreien. Auch diese Auffassung hat eine lange Tradition und entspricht zudem unserer vorwissenschaftlichen Intuition und Erfahrung: Wir nehmen die Welt als gegeben wahr und halten ein unmittelbares Erkennen ihrer Phänomene für möglich. Auch sind wir davon überzeugt, dass es falsche, aber eben auch objektiv richtige sprachliche Beschreibungen der Wirklichkeit gibt.

In frühen Texten wird häufig auf Aristoteles als Zeugen für diese Auffassung verwiesen. In *De interpretatione* heißt es: „Die Wörter sind Zeichen der in der Seele hervorgerufenen Vorstellungen" (1974, 95). Diese Vorstellungen sind „bei allen Menschen dieselben, und ebenso sind es die Dinge, deren Abbilder die Vorstellungen sind". Unterschiede bestehen lediglich in den sprachlichen Bezeichnungen, also auf einer Ebene, die durch Konvention, nicht aber durch ontische Gegebenheiten bestimmt wird. Man kann sich unmittelbar in die Sprachauffassungen der Neuzeit begeben und wird dort auf dieselbe Sachsemantik treffen. Der

---

28 [http://vds-ev.de/denglisch-und-anglizismen/anglizismenindex/textbeitraege/].
29 [http://vds-ev.de/deutsch-in-der-politik/buendnis-90die-gruenen-fuer-klares-deutsch/buendnis-90die-gruenen-fuer-klares-deutsch/].
30 Gemeint ist hier ein ontologischer Realismus, nicht ein Begriffsrealismus im Sinne der *Via antiqua* (dazu z. B. Enzyklopädie Philosophie und Wissenschaftstheorie, Bd. 4 (1996), s. v. *Universalien*).

Sprachdidaktiker Johann Joachim Becher schreibt in *Methodus Didactica* (1674): „ein Hund ist in der gantzen Welt ein Hund", alle Menschen nehmen ihn in der gleichen Weise wahr, nennen ihn lediglich unterschiedlich: „Canis", „Chien", „Dogge" usw. (Becher 1674, 4). In der Trias von Sprache, Denken und Wirklichkeit kommt nicht der Sprache, sondern der Wirklichkeit das Apriori zu. „[F]ast alle Wörter einer jeden Sprache bedeuten abgesonderte Begriffe" schreibt 1762 der Grammatiker Johann Christoph Gottsched. „Und eben daher kann man von den Begriffen, die durch diese Absonderung entstanden sind, gar wohl versichert seyn: weil man sie nämlich von wirklich vorhandenen Dingen hergenommen hat" (Gottsched 1762/1978, 140A). Dieses repräsentationistische Sprachvertrauen mag naiv wirken, findet sich jedoch, bei aller postmodernen Sprachskepsis, bis ins 20. Jahrhundert, wo es sich etwa in der Abbildtheorie niederschlägt (dass es außerhalb der Wissenschaften die verbreitete Sicht auf Sprache darstellt, wurde bereits erwähnt). In einem Text über *Das Problem der Übersetzbarkeit aus der Sicht der marxistisch-leninistischen Erkenntnistheorie* von 1971 geht der Verfasser Otto Kade „von der Erkennbarkeit der Welt und vom Primat der objektiven Wirklichkeit gegenüber dem Bewußtsein und der Sprache" aus (Kade 1971, 16). Die Inhalte unseres Bewusstseins sind

> subjektive Abbilder der objektiven Welt, die über die Bewährung in der gesellschaftlichen Praxis intersubjektiv verifiziert und dabei (im Sinne der unaufhaltsamen Annäherung an die absolute Wahrheit) ständig präzisiert werden (ebd.).

Die Auffassung dagegen, Bewusstseinsinhalte könnten sozusagen aus der Sprache selbst entstehen, seien der „eklatanteste Irrtum der bürgerlichen Sprachwissenschaft" (ebd., 13). Die Gefährlichkeit der Auffassung von „der unaufhaltsamen Annäherung an die absolute Wahrheit" ist nicht zu übersehen, und wenn der Autor versichert, dass zwar nicht für jedes Mitglied der Gesellschaft, aber doch „für bestimmte Mitglieder [...] unabdingbar die objektive Wirklichkeit Ausgangs- und Bezugspunkt der Erkenntnis [bleibt]" (ebd., 16), macht das die Sache nicht besser. Denn mit dem Hinweis, die Dinge seien ganz objektiv nun einmal so, wie sie seien – *die Rollen der Geschlechter* seien *natürlich vorgegeben*, *die Nation* sei *in ihren Traditionen fest verwurzelt* usw. – lassen sich durchaus die eigenen Interessen durchsetzen, das haben Foucault und andere richtig erkannt.

Beide Positionen, die realistische wie die konstruktivistische, erlauben also Ideologisierungen, in unterschiedlicher inhaltlicher Ausprägung und von unterschiedlichem Niveau. Nicht selten berühren sich die Positionen aber auch, und schon die frühen Arbeiten angelsächsischer Empiristen wie auch kontinentaler Rationalisten lassen das deutlich erkennen. Um noch einmal Leibniz als Beispiel heranzuziehen: Ganz offenbar, so argumentiert er, benötigen wir die Sprache, um beim Denken voranzukommen. Vor allem eine komplexe mentale Operation, ein Denken *clarus et distinctus*, ist nur auf der Basis sprachlicher Zeichen möglich, Sprache ist „instrumentum rationis" (Leibniz 1673/1923 ff., 239), Mittel der Erkenntnis. Aber diese Erkenntnis – und daran besteht für Leibniz kein Zweifel – ist stets auf „die Natur der Dinge" („la nature des choses"; Leibniz 1704/1961, III/V/9) gerichtet. Diese Stelle aus der *Monadologie* bringt es auf den Punkt (Hervorhebung A. G.):

> Und wie eine und dieselbe Stadt, von verschiedenen Seiten betrachtet, immer wieder anders und gleichsam perspektivisch vervielfältigt erscheint, so gibt es vermöge der unendlichen Vielheit der einfachen Substanzen gleichsam ebensoviele verschiedene Welten, die indes nichts andres sind, als [...] *perspektivische Ansichten einer einzigen*.[31]

Leibniz und diejenigen, die in dieser Tradition argumentieren, lassen keinen Zweifel daran, dass wir in der Lage sind, das, was tatsächlich existiert („qui existe effectivement"; Leibniz 1704/1961, III/VI/28), genau so zu erkennen, wie es ist. Die Tatsache, dass die natürlichen Sprachen etliche Ungenauigkeiten enthalten, etwa in ihren Synonymen und Polysemen semantische Offenheit zeigen, bedeutet nicht, „daß die Dinge dadurch daran gehindert werden, vom Verstand unabhängige reale Wesenheiten zu haben, und wir, sie zu erkennen" (Leibniz 1704/1961, III/VI/27). Das Erkennen bedarf aber großer wissenschaftlicher Sorgfalt und einer Sprache, die unser Denken nicht behindert oder auf falsche Pfade lenkt. Ab dem 17. Jahrhundert wurden daher Versuche in Richtung einer logisch-analytischen Sprache formuliert, die als *lingua rationalis* all das zu leisten vermag, was die natürlichen Sprachen nicht leisten können. Diese Versuche waren bis in die *Ideal Language Philosophy* des 20. Jahrhunderts von großem Erkenntnisoptimismus getragen. Schon 1629 hatte Descartes erklärt, „daß diese Sprache möglich ist" und mit Ihrer Hilfe „die Bauern besser über die Wahrheit der Dinge urteilen könnten, als es heute die Philosophen tun" (Descartes 1629/1963, 232). Das ist sozusagen angewandter Konstruktivismus zum Zwecke des Realismus, nämlich mit dem Ziel einer objektiven Darstellung der Wirklichkeit: Die in ihren Konstituenten und Regeln präzise definierte Sprache lässt dem Denken gar keine andere Möglichkeit, als sich ontisch treffend zu vollziehen. Streitigkeiten kann es nicht mehr geben, man kann die Wahrheit errechnen: *calculemus – lasst uns rechnen!* fasste Leibniz hoffnungsfroh zusammen. Die *Begriffsschrift* Gottlob Freges aus den 20er

---

[31] „Et comme une même ville regardée de differens côtés paroît toute autre, et est comme multipliée perspectivement; il arrive de même, que par la multitude infinie des substances simples, il y a comme autant de differens univers, qui ne sont pourtant que les perspectives d'un seul selon les differens points de veüe de chaque Monade" (Leibniz 1714/1965, § 57; dt. Text S. 448).

Jahren des letzten Jahrhunderts sollte das Gleiche leisten (Frege 1923–26/1966, 72 ff.; Frege bezieht sich ausdrücklich auf Leibniz) und auch Ludwig Wittgensteins Bemerkung im Tractatus lässt diese Haltung erkennen: „Jetzt verstehen wir auch unser Gefühl: daß wir im Besitz einer richtigen logischen Auffassung seien, wenn nur einmal alles in unserer Zeichensprache stimmt" (Wittgenstein 1921/1960, 4.1213).

Das Erkenntnisideal dieser Linie der Sprachreflexion erinnert durchaus an das der Naturwissenschaften. Realistische Positionen in der Sprachtheorie sind aber nicht an die Entwicklung einer präzisen Universalsprache gebunden, auch die *ordinary language* ermöglicht einen Zugang zur Wirklichkeit. Mit der Skizzierung der logisch-analytischen Tradition der Sprachtheorie sollte gezeigt werden, dass sich eine Auffassung, die auf den ersten Blick den absoluten Gegensatz zu einer konstruktivistischen Position bildet, dennoch ganz zentrale Berührungspunkte zu ihr haben kann, gerade in der Überzeugung, dass die Sprache eine bedeutende Rolle bei der Konstitution unserer Bilder von der Wirklichkeit spielt. Auf einer solchen Berührung der Positionen muss denn auch ein Vorschlag gründen, wie im Hinblick auf die Alternative von Konstruktivismus und Realismus verfahren werden kann.

5 Konstruktivismus und Realismus im Ausgleich

„Der Sprache wurde zu viel Macht eingeräumt" (Barad 2012, 7). Mit diesem Satz beginnt Karen Barads Buch *Agentieller Realismus*. Sie fährt fort (ebd.):

> Die sprachkritische Wende, die semiotische Wende, die interpretative Wende: Es scheint, dass in jüngster Zeit bei jeder Wende jedes ‚Ding' – selbst die Materialität – zu einer sprachlichen Angelegenheit oder einer anderen Form von kultureller Repräsentation wird.

Ihre Leitfrage lautet (ebd., 8):

> Was zwingt eigentlich zu der Überzeugung, dass wir einen direkten Zugang zu kulturellen Vorstellungen und ihrem Inhalt haben, der uns im Hinblick auf die vorgestellten Dinge fehlt? Wodurch wurde die Sprache vertrauenswürdiger als die Materie?

Die Kritik kommt nicht aus der Ecke einer alteingesessenen Realistin, entscheidende Teile von Barads Ansatz sind klar konstruktivistisch ausgerichtet.

In der Einladung zu einer Nachwuchstagung „Auf der Suche nach den Tatsachen" des *Interdisciplinary Network for Studies Investigating Science and*

Technology (INSIST) im Oktober 2014 am „Wissenschaftszentrum Berlin für Sozialforschung" heißt es:

> Die Skepsis gegenüber allem, was den Anspruch erhebt, eine Tatsache zu sein, gehört zum Grundkonsens und Gründungsmythos der Wissenschafts- und Technikforschung. Geht in diesem Sinne die neue Gefahr für den aufgeklärten Diskurs der Gegenwart womöglich nicht mehr von dem naiven Glauben an ideologische Dogmen aus, die als Tatsachen daher kommen, sondern vielmehr vom allgegenwärtigen Misstrauen gegenüber Tatsachen, die fälschlicherweise für verborgene Ideologien gehalten werden, wie Bruno Latour behauptete?

In der Tat hatte Bruno Latour, bekannt für seine konstruktivistischen Arbeiten, bereits 2004 in einem viel beachteten Aufsatz (*Why has Critique Run out of Steam? From Matters of Fact to Matters of Concern*) eben diese Warnung ausgesprochen.[32] Interessant ist, dass die jungen Nachwuchswissenschaftler und -wissenschaftlerinnen von INSIST „[d]ie Skepsis gegenüber allem, was den Anspruch erhebt, eine Tatsache zu sein [...]" nicht nur als „Grundkonsens [...] der Wissenschafts- und Technikforschung" bezeichnen, sondern als deren „Gründungsmythos". Mythen sind, wie wir wissen, zwar wirkmächtig, aber sie beschreiben keine Tatsachen. Die Skepsis gegenüber den Tatsachen erweist sich damit zu einem guten Teil selbst als Konstruktion.

Beschäftigt man sich mit aktuellen Positionierungen im Sinne des Realismus, wird schnell klar, dass sie mitnichten vollständig ‚unkonstruktivistisch' sind. Überhaupt beschleicht einen der Verdacht, dass die Positionen sich näherstehen,

---

[32] „In which case the danger would no longer be coming from an excessive confidence in ideological arguments posturing as matters of fact – as we have learned to combat so efficiently in the past – but from an excessive *distrust* of good matters of fact disguised as bad ideological biases! While we spent years trying to detect the real prejudices hidden behind the appearance of objective statements, do we now have to reveal the real objective and incontrovertible facts hidden behind the *illusion* of prejudices? And yet entire Ph.D. programs are still running to make sure that good American kids are learning the hard way that facts are made up, that there is no such thing as natural, unmediated, unbiased access to truth, that we are always prisoners of language, that we always speak from a particular standpoint, and so on, while dangerous extremists are using the very same argument of social construction to destroy hard-won evidence that could save our lives." (Latour 2004, 227). – Die „dangerous extremists", von denen Latour spricht, sind unter anderem Politiker in den USA, die die konstruktivistische Praxis des Hinterfragens von Tatsachenbehauptungen als Taktik nutzen, um die wissenschaftlichen Erkenntnisse zum Klimawandel in Zweifel zu ziehen. Latour wendet sich ebenfalls gegen die Praxis von Verschwörungstheoretikern (z. B. bezogen auf Erklärungen der Zerstörung des World Trade Center), die in gleicher Weise Tatsachen hinterfragen, indem sie wissenschaftliche Erkenntnisse ignorieren.

als es im Kampfgetöse den Anschein erweckt. Die folgenden Ausführungen jedenfalls werden in einer Position enden, wie sie Jan Assmann einmal in Bezug auf die sog. Walser-Bubis-Debatte bündig formulierte: „Es ist evident, daß beide recht haben" (Assmann/Assmann 1998).

Wo genau liegen nun die Unterschiede, die zu Problemen werden können? Zunächst: Konstruktivisten behaupten nicht, dass der Tisch, der vor uns steht, nicht existiert. Nur jemand, der nicht im Vollbesitz seiner geistigen Kräfte ist oder der lügt bzw. scherzt, würde das behaupten. Das konstruktivistische Argument verläuft vielmehr so: Natürlich befindet sich vor uns etwas. Zu einem *Tisch* als einem Gegenstand, an dem man sitzen und auf dem man etwas ablegen kann, aber wird es nur qua menschlicher Setzung. Der *Tisch* besitzt keine An-sich-Eigenschaften, die der Setzung des Menschen vorgängig sind. Etwas Vergleichbares gilt auch für Nicht-Artefakte: Auch ein Baum besitzt keine intrinsischen Eigenschaften, die den Menschen zwingen würden, ihn als Baum wahrzunehmen, als solchen zu kategorisieren und dann zu benennen, jenseits der von ihm, dem Menschen, gewählten Auswahl und Gruppierung von Eigenschaften, wie Stamm, Äste, Blattwerk usw. Aufgrund dieser Eigenschaften, vor allem wegen des Gegebenseins eines Stammes und damit auch einer gewissen Größe, unterscheiden wir Bäume zum Beispiel von Sträuchern, aber man könnte Pflanzen ebenso gut nach anderen Kriterien kategorisieren, etwa nach der Größe ihrer Blätter. In diesem Fall würde es für uns keine *Bäume* und *Sträucher* geben, sondern vielleicht so etwas wie *Großblättler* und *Kleinblättler*, und es ist ein fiktiver Ort denkbar, wo man die Pflanzen eben so kategorisiert, vielleicht weil dort die großblättrigen Pflanzen essbare Früchte tragen, die kleinblättrigen dagegen nicht essbare (zu dieser Frage s. auch den Austausch zwischen dem Verfasser dieses Beitrags, John Searle und anderen im Anhang). Auch dem Tisch könnte man eine andere Funktion zuweisen und ihn damit anders kategorisieren. Jemand, der zum ersten Mal einen Tisch sieht, weil er aus einer Kultur stammt, wo man keine Tische kennt, vielleicht weil man dort grundsätzlich auf dem Boden sitzt, könnte in ihm ein Gestell für das Arbeiten in einer gewissen Höhe sehen, vielleicht sogar, herumgedreht, einen Schlitten für den Winter oder, versehen mit einem Motor, womöglich ein Boot:[33]

---

33 [https://sz-media.sueddeutsche.de/de/magazine/sz-magazin-profil.html]

Der Tisch als ein Gegenstand, an dem man sitzt und auf dem man etwas ablegen kann, wird *zu dieser spezifischen Entität* erst durch die menschliche Kategorisierung. Als spezifische Entitäten – also als *Tische*, als *Bäume* usw. – existieren die Dinge nur aufgrund dieser Kategorisierung. Jenseits einer menschlichen Kategorisierung existiert lediglich eine amorphe Masse, eine Art *Weltteig*.[34] In ihm gibt es noch nichts Kategorisiertes, keine *Tische* und keine *Bäume*. Erst der Mensch bringt aus dieser amorphen Masse durch seine intellektuelle Arbeit die Entitäten hervor, die seine Welt ausmachen. Und die Wörter unserer Sprache – so setzt sich das konstruktivistische Argument fort – enthalten immer schon die menschlichen Kategorisierungen (bzw. veranlassen uns, Bedeutungen/Konzepte in einer ganz bestimmten Weise kognitiv zu realisieren): „Tisch" bezeichnet nicht eine ungewisse Entität, sondern eben jenen Gegenstand mit meist vier Beinen und einer Platte, an dem man sitzen und auf dem man etwas ablegen kann.

Wenn das Geschilderte für *Tische* und *Bäume* gilt, wofür gilt es außerdem? Soviel lässt sich bereits sagen: Es gilt umso mehr, je größer der menschliche Anteil an der Kategorisierung ist, im Extremfall für Gegenstände und Sachverhalte, die erst durch diese Kategorisierung Existenz erlangen wie *Demokratie*, den *Euro* oder das *Glück*. Für andere Entitäten wiederum, darunter für Artefakte wie einen *Tisch*, gilt es aber nur zum Teil, und zwar entgegen dem, was eben noch festgestellt wurde. Denn zwar wird der Gegenstand mit (meist) vier Beinen und einer Platte erst dadurch zum *Tisch*, dass ich ihn als Gegenstand bestimme, an dem man sitzen und auf dem man etwas ablegen kann, aber wie auch immer

---

34 Zum Konzept des *Weltteigs* vgl. Boghossian (2006/2013), der von „worldly dough" spricht; in ähnlicher Weise spricht Ferraris (2014a, 56) von einer „amorphen *hyle*" (unter Bezug auf Putnams Begriff des *Plätzchenteigs* [Putnam 1991]) und Eco (2014, 47) von der „Magma des Kontinuums".

ich den *Tisch* ansonsten kategorisieren mag (als Gestell zum Arbeiten, als Schlitten ...): Nie kann ich ihn als einen Gegenstand kategorisieren, mit dem man eine E-Mail versenden, Kaffee kochen oder eine Injektion verabreichen kann. Dass ich es nicht kann, hängt aber nicht mit meiner mangelhaften Fähigkeit zur Kategorisierung zusammen, sondern mit intrinsischen Eigenschaften des Tisches, die eine solche Kategorisierung schlicht nicht erlauben.[35]

Dass es sich bei Überlegungen dieser Art nicht um ein rein innerwissenschaftliches Räsonieren handelt, wird deutlich, wenn man für *Tisch* etwa *Geschlecht* einsetzt: Die Frage, wie viel daran intrinsisch im Sinne des Biologischen ist bzw. welche Anteile gesellschaftlich konstruiert sind, führt mitten in die aktuell intensiv geführte Debatte.

---

[35] Wie verhält sich das mit Dingen, die bereits existiert haben, bevor es den Menschen und seine Kategorisierungen gab? Als Beispiel sei ein Gebirge genannt, etwa die Alpen. Was für *Tisch* gilt, trifft in konstruktivistischer Sicht auch auf *Alpen* zu. Auch die Alpen werden erst durch menschliche Kategorisierung, also durch Bündelung von Eigenschaften (Materialität, räumliche Ausdehnung, Funktion als Wetterscheide usw.) zu den spezifischen Entitäten, die sie für uns sind, wenn wir das Wort „Alpen" verwenden. Von der einschlägigen Forschung wissen wir allerdings, dass Gebirge bereits lange vor dem menschlichen Leben auf der Erde existiert haben, also lange vor der Möglichkeit, durch menschliche Kategorisierung den Status spezifischer Entitäten zu erhalten. Aus konstruktivistischer Perspektive würde man einwenden: Die Substanzen habe es sehr wohl schon gegeben, aber eben nicht als *Gebirge*, als *Alpen*. Dass es das Wort „Alpen" noch nicht gab, wäre in der Tat irrelevant. Aber das bereits vor der menschlichen Kategorisierung existierende physische Phänomen Alpen ist identisch mit demjenigen physischen Phänomen, das durch Menschen als *Alpen* kategorisiert wird. Und insofern hängen die Alpen lediglich *repräsentational* vom Menschen ab, nicht aber *kausal* (in diesem Sinne Ferraris [2014a, 57] und Gabriel [2014, 192]). Kausal wiederum hängen sie vom Menschen in dem ab, was sie *für ihn bedeuten*, also in den Eigenschaften, die für den Menschen von besonderer Bedeutung sind und deshalb zur Grundlage seiner spezifischen Kategorisierung werden, so wie wir an Bäumen unter anderem das Vorhandensein eines Stammes hervorheben, im Gegensatz etwa zur Größe der Blätter. Zugleich aber sind wir in den Möglichkeiten, ein Phänomen anhand bestimmter Eigenschaften zu kategorisieren, durch die dem Phänomen jeweils gegebenen Eigenschaften begrenzt. Martin Heidegger (Heidegger 1927/1977, § 44) führt diesen Sachverhalt am Beispiel der Newtonschen Gesetze aus: „Bevor die Gesetze Newtons entdeckt wurden, waren sie nicht ‚wahr'; [...]. Die Gesetze Newtons waren vor ihm weder wahr noch falsch, kann nicht bedeuten, das Seiende, das sie entdeckend aufzeigen, sei vordem nicht gewesen. Die Gesetze wurden durch Newton wahr, mit ihnen wurde für das Dasein Seiendes an ihm selbst zugänglich. Mit der Entdecktheit des Seienden zeigt sich dieses gerade als das Seiende, das vordem schon war." Es können also nur Aussagen wahr oder falsch sein, Tatsachen dagegen existieren entweder oder sie existieren nicht: Das, was die Gesetze Newtons inhaltlich beschreiben, existierte schon vor ihrer Formulierung (zu diesem Komplex auch Marconi 2014, 119 ff.).

Ganz offensichtlich gibt es eine Widerständigkeit der Welt.[36] Das Konzept der Widerständigkeit begegnet naturgemäß häufig in Diskussionen über das Verhältnis von Konstruktion und Wirklichkeit.[37] Für die Sprachwissenschaft sei auf Charles Sanders Peirce verwiesen. Er unterscheidet zwischen einem *immediate object* und einem *dynamical object* (Peirce CP 4.563):

> [...] we have to distinguish the Immediate Object, which is the Object as the Sign itself represents it, and whose Being is thus dependent upon the Representation of it in the Sign, from the Dynamical Object, which is the Reality which by some means contrives to determine the Sign to its Representation.

Das *immediate object* ist das vom Zeichen repräsentierte Objekt und ‚enthält' unsere Perspektiven auf die Wirklichkeit. Das *dynamical object* dagegen ist das Objekt in der Wirklichkeit selbst, die das Zeichen auf seine jeweilige Repräsentation festlegt. Es ist dieses *dynamical object*, das von den sog. objektiven Wissenschaften untersucht wird.[38]

Es ist klar, dass diese Zweiteilung – hier die objektiven Wissenschaften, dort die interpretierenden (d. h. faktisch: hier die Naturwissenschaften, dort die Geisteswissenschaften) – nicht so einfach ist, wie sie aussieht. Immer wieder haben sich auch Naturwissenschaftler zum Einfluss sprachlicher Kategorisierungen auf ihr Arbeiten geäußert. Der Physiker Niels Bohr etwa schreibt (zit nach Petersen 1963, 11):

> We are suspended in language in such a way that we cannot say what is up and what is down. The word ‚reality' is also a word, a word which we must learn to use correctly.

Dass die Sprache einen unverstellten Blick auf die Dinge zumindest erheblich erschwert, es überhaupt schwierig ist, mit dem Wort *Wirklichkeit* angemessen

---

36 Sie zeigt sich am deutlichsten an der Falsifizierung, im Sinne Karl Poppers. Ein alltägliches Beispiel: Die Statik der Gebäude, in denen wir uns bewegen, wurde von Fachleuten berechnet. Falsche Berechnungen können zum Einsturz führen. Die anschließenden Korrekturen der Berechnungen orientieren sich an der Wirklichkeit: Wie muss ich meine Berechnungen anpassen, sodass das Gebäude faktisch statisch sicher ist?

37 Vgl. z. B. James Gibsons Theorie der „affordances" (Gibson 1977), wonach die Dinge über intrinsische Eigenschaften verfügen, die ihren Gebrauch durch den Menschen festlegen; insofern besitzen sie ihm gegenüber eine Art Angebots-/Aufforderungscharakter. Vgl. auch Eco 2014, Ferraris 2014b, 104 u. Folkers 2013. – Zu dieser Thematik vgl. auch Dreyfus/Taylor (2016).

38 „As to the Object, that may mean the Object as cognized in the Sign and therefore an Idea, or it may be the Object as it is regardless of any particular aspect of it, the Object in such relations as unlimited and final study would show it to be. The former I call the *Immediate* Object, the latter the *Dynamical* Object. For the latter is the Object that Dynamical Science (or what at this day would be called 'Objective' science) can investigate" (Peirce EP 2.495).

umzugehen, veranlasst aber Bohr nicht, an der Möglichkeit richtiger Aussagen über die Wirklichkeit zu zweifeln. „[D]ie Sprache ist auf die Verbindung mit der Wirklichkeit angewiesen", wird er von Werner Heisenberg zitiert.[39]

Gelegentlich wird eine Lösung des Problems in einer Unterscheidung gesucht, wie sie sich auch in Peirce' Differenzierung zwischen *immediate object* und *dynamical object* andeutet: in der Unterscheidung in eine *Wirklichkeit* und eine *Realität*. Dabei gilt eine von beiden als das von Zeichen Gemachte, während die andere, gewissermaßen die *Wirklichkeit als solche*, als zwar existent, aber von uns nicht erkennbar gesehen wird. Gegen die Unterscheidung ist dann nichts einzuwenden, wenn sie die Peirce'sche Differenzierung tatsächlich konsequent übernimmt und die Wirklichkeit nicht mit Hinweis auf die (vermeintliche) Unmöglichkeit des Erkennens ignoriert: Wir können die Wirklichkeit nicht ignorieren oder vergessen, weil sie immer wieder in unser Leben eingreift, was uns spätestens dann deutlich wird, wenn wir feststellen, dass wir uns geirrt haben.

Die Wirklichkeit lässt sich nicht völlig dem Diskurs anheimstellen, sie ist vielmehr auch ein Korrektiv des Diskurses. Ebenso wie Nietzsches Diktum – *Nein, gerade Thatsachen giebt es nicht, nur Interpretationen* – ein Korrektiv selbstgefälliger Wahrheitsgewissheit ist.

Um den Sachverhalt, um den es geht, noch einmal auf den Punkt zu bringen: Wenn ich sage, dass der Eiffelturm in Paris steht, dann stelle ich eine Tatsache fest. Was könnte daran „Interpretation" sein? Man mag fragen, was *genau* ich mit meinen Wörtern und den Relationen zwischen ihnen meine. Aber dieser Frage konsequent nachzugehen, würde bedeuten, sich die Wörter *wie modrige Pilze im Mund zerfallen* zu lassen, wie es im Chandos-Brief Hugo von Hofmannsthals heißt: Mit der Aufforderung konfrontiert, die Dinge mit absoluter Exaktheit zu benennen, würden wir bald sprachlos werden. So könnte man zum Beispiel fragen, was genau „in Paris" bedeutet. Rede ich von Paris als einem geographischen Raum? Oder als einem sozialen Raum, der die Menge der dort lebenden

---

39 Werner Heisenberg schildert eine amüsante Anekdote, aus der Bohrs Überzeugung vom Gegebensein ‚der Wirklichkeit' und der Möglichkeit eines sprachlichen Zugriffs hervorgeht. Er berichtet von einem Urlaub 1933 mit Niels Bohr, Carl Friedrich von Weizsäcker und anderen. Abends wurde in der Runde Poker gespielt, nach Regeln, die die Gruppe selbst festgelegt hatte: Die Spieler hielten ihre Karten den anderen gegenüber verborgen, kommentierten sie aber laut. Dabei konnten sie bluffen, und es hing von ihrer Überredungskraft ab, wie erfolgreich sie damit waren. Eines Abends schlug Niels Bohr eine Änderung der Regel vor: Ganz ohne Karten zu spielen. Das führte aber, wie Heisenberg schreibt, „nicht zu einem brauchbaren Spiel", und er zitiert eine Bemerkung von Niels Bohr (S. 193): „Dieser Vorschlag war wohl eine Überschätzung der Sprache; denn die Sprache ist auf die Verbindung mit der Wirklichkeit angewiesen."

Menschen einschließt, was zu der Frage führt, ob aktuell reisende Pariser und touristische Besucher dazu zählen? Oder als einem ökonomischen Raum, zu dem auch Gelder zählen können, die z. B. auf Londoner Banken liegen? Doch selbst wenn ich den scheinbar einfach zu definierenden geographischen Raum *Paris* meine: Wie genau müsste ich die Grenze des Stadtgebiets angeben, um ganz exakt zu sein, auf den Meter genau, den Zentimeter, den Millimeter? Keine dieser Bestimmungen könnte ich mit jener absoluten Exaktheit durchführen, die man vielleicht von der ‚objektiven Beschreibung einer Tatsache' erwarten würde. Aber bedeutet die Unmöglichkeit, die Bedeutung von Wörtern durch Referenz auf die bezeichnete Sache absolut exakt anzugeben, dass die Pariser Heimat des Eiffelturms keine Tatsache ist? Ludwig Wittgenstein ist dieser Art von Exaktheitsforderung mit der rhetorischen Frage begegnet, ob es „unexakt [ist], wenn ich den Abstand der Sonne von uns nicht auf 1 m genau angebe; und dem Tischler die Breite des Tisches nicht auf 0,001 mm?" (Philosophische Untersuchungen, § 88). Und wenn die Aussage *Der Eiffelturm steht in Paris* aufgrund ihres Mangels an Exaktheit nicht als ‚objektiv wahr' gelten kann, wäre sie dann genauso wahr oder falsch wie die Aussage *Der Eiffelturm steht in Rom*? Wenn aber *Der Eiffelturm steht in Paris* auch nur ein klein wenig wahrer ist als *Der Eiffelturm steht in Rom*, woran könnte sich dann diese Wahrheit messen, wenn nicht an der Wirklichkeit?

Solche Diskussionen enden spätestens dort, wo die Wirklichkeit mit einer Wucht präsent ist, dass es uns die Sprache verschlägt. Dazu der argentinische Sozialwissenschaftler Alejandro Grimson, auch vor dem Hintergrund politischer Erfahrungen in seinem Land:[40]

> In der gegenwärtigen Gesellschaft, die von der Last der Kommunikation durchzogen ist, erhält folgender Aphorismus Nietzsches vielleicht eine unerwartete Bedeutung: ‚Nein, gerade Tatsachen gibt es nicht, nur Interpretationen'. Aber wir wissen, dass es Tatsachen gibt: die Kriegstoten, diejenigen, die Gliedmaßen verloren haben, die Gesellschaften, in denen die Lohnempfänger in nur einem Monat aufgrund der Hyperinflation arm werden, usw. Natürlich kann man behaupten, dass auf einer bestimmten Ebene jedes Wort eine Interpretation ist. Die Wörter ‚Lohnempfänger' oder ‚Hyperinflation' sind keine Tatsachen, sie sind bereits Interpretationen.
>
> Es handelt sich um ein Problem der Ebenen. Wenn jedes einzelne Wort aufgrund seiner Konventionalität bereits eine Interpretation darstellt, gibt es keine Tatsachen als solche. Oder nur die Dinge sind Tatsachen, die wir nicht kennen und daher auch nicht benennen. Wenn wir uns stattdessen auf eine zweite Ebene begeben, auf der ‚Toter' eine Konvention ist, die eine Tatsache beschreibt, können wir von grundsätzlichen gesellschaftlichen Übereinkünf-

---

[40] Vortrag im Rahmen einer Spring Academy, 1. März 2015, Universität Kassel (Übersetzung Martina Steffen).

ten ausgehen. So ist ein Toter ein Toter, Folter ist Folter, Genozid ist Genozid. Damit dies klar ist. Auf der ersten Ebene, wo alles eine Frage der Interpretation ist, ist es eine Ansichtsfrage zu behaupten, dass ein Gefangener gefoltert wurde. Dies ist inakzeptabel, sowohl auf der moralischen als auch auf der epistemologischen Ebene.
Das Problem besteht darin zu erkennen, wo die konventionell mit Worten benennbaren Tatsachen und wo die Interpretationen beginnen.

In der Tat: Den Tod von Menschen wird man nicht als „Konstruktion" bezeichnen wollen. Natürlich kann man den Tod sehr unterschiedlich sehen, als absolutes Ende des Lebens oder aber als Tor zu einer anderen Form der ‚Existenz'. Dennoch ließe das ganz und gar Faktische des Todes die Rede von einer „Konstruktion" verfehlt erscheinen.

Über manches gibt es offenbar nichts zu verhandeln, über anderes dagegen sehr wohl, etwa über die bereits erwähnte Frage, ob in der Rede von den „natürlichen Rollen der Geschlechter" nicht die Konstruktion gewollter Hierarchien steckt oder ob man diejenigen, die aus afrikanischen Staaten nach Europa kamen und kommen nun *Flüchtlinge* oder *Geflüchtete, Migranten, Einwanderer, Zuwanderer* oder was auch immer nennen und ihnen so eine je unterschiedliche Identität geben (konstruieren) sollte.

Mit den bisherigen Ausführungen in diesem Kapitel sollte zweierlei verdeutlicht werden: 1. dass die Behauptung, die Dinge seien für uns so, wie sie nun einmal sind, d. h. uns vorgegeben und in sich ruhend, falsch ist; 2. dass die Behauptung, es gebe keine Tatsachen, nur Interpretationen, falsch ist. Betrachtet man beide Positionen näher, erkennt man recht bald ihre gegenseitige Bedingtheit.

An dieser Stelle soll in einem kurzen Exkurs ein Punkt angesprochen werden, der im Alltag des sprachwissenschaftlichen Arbeitens – genauer: des sprach- und literaturwissenschaftlichen Arbeitens – immer wieder eine Rolle spielt: die Frage der Konstruktion von Bedeutung in Texten, im interpretierenden Umgang mit ihnen. Denn die erwähnte Widerständigkeit der Welt besitzt ein Pendant in der Widerständigkeit der Texte.

Im Umgang mit Texten lauten die entsprechenden Fragen: Besitzen Texte definitive Bedeutungen und, wenn ja, sind wir in der Lage, diese Bedeutungen exakt anzugeben? Wohl die gesamte neuere Texttheorie verneint dies, in einer Tradition, die in ersten Ansätzen bis in die Hermeneutik des 18. Jahrhunderts zurückreicht (man vgl. die Kategorie des Sehepunktes von Johann Martin Chladenius, 1742). Auch in späteren Hermeneutiken, wie etwa der Hans-Georg Gadamers (1960/1986), ist im Konzept der *Horizontverschmelzung* zwischen *Sinnhorizont* des Textes und *Vor-Urteilen* des Lesers das subjektive Moment des Verstehens angelegt, ebenso in zahlreichen literaturwissenschaftlichen Theorien, genannt seien als Beispiel nur die werkimmanente Interpretation (z. B. Staiger 1955) oder die Rezeptionsästhetik (z. B. Iser 1972). Eine objektive Bedeutung eines Textes kann es ebenso wenig geben wie eine objektive Beschreibung dieser Bedeutung: Im Gegensatz zu unserem Alltagsverständnis ‚haben' Texte keine Bedeutungen, sondern Bedeutung wird ihnen in einem konstruktiven Akt durch den Leser zugewiesen. Am pointiertesten begegnet die Ablehnung eines textsemantischen Objektivismus wohl im Dekonstruktivismus (z. B. Derrida 1992).

Auf die Texte, die Gegenstand einer solchen Reflexion waren und sind, treffen diese Beschreibungen ganz offensichtlich zu. Es sind Texte von einer geradezu notorischen semantischen Offenheit: theologische Texte, in Teilen auch philosophische Texte, in jedem Fall literarische Texte. Die Disziplinen, die sich mit ihnen befassen, haben daher auch eigene Auslegungslehren entwickelt.[41] Das theoretische Anerkennen dieser semantischen Offenheit hat allerdings nicht zur Folge, dass über die Bedeutungen dieser Texte in der Auslegungspraxis nicht heftig gestritten würde und die Streitenden dabei oft sehr deutlich von der Richtigkeit ihres jeweiligen Textverständnisses überzeugt wären. Die Einsicht in das *Spiel der Signifikanten* und jede Ablehnung des *Logozentrismus*, wie sie etwa für den Dekonstruktivismus charakteristisch sind, führen keineswegs dazu, dass jede Auslegung als in gleichem Maße zutreffend akzeptiert würde. Selbst Theoretiker, die explizit die Offenheit textueller Bedeutung betonen, wie der aus konstruktivistischer Perspektive argumentierende Siegfried J. Schmidt oder eine Schule wie die Rezeptionsästhetik, die die Bedeutungskonstitution stark auf den Leser verlagert, aber auch klassisch hermeneutische Ansätze, wie sie sich etwa bei Hans-Georg Gadamer finden, versuchen einer möglichen interpretativen Willkür Einhalt zu gebieten (Gadamer 1993, 59):

> Alle rechte Auslegung muß sich gegen die Willkür von Einfällen und die Beschränktheit unmerklicher Denkgewohnheiten abschirmen und den Blick ‚auf die Sachen selber' richten (die beim Philologen sinnvolle Texte sind, die ihrerseits wieder von Sachen handeln).

Tatsächlich sind wir nicht der Ansicht, dass jeder Text alles bedeuten kann und jede Auslegung in gleichem Maße gültig ist, zumal wir außerhalb des literarischen Raumes immer wieder erleben, dass Texte sehr wohl in der Lage sind, die Wirklichkeit präzise zu beschreiben und wir sehr wohl in der Lage sind, Texte genau zu verstehen. Jede Wegbeschreibung etwa, die uns erfolgreich zum Ziel führt, belegt eben das. Natürlich könnten wir auch hier die Bedeutung der einzelnen Wörter hinterfragen, könnten angesichts der Formulierung „Bis zur Straßenecke gehen" fragen, was *genau* es bedeutet, ‚bis zu einer Straßenecke zu gehen', wann *genau*

---

[41] Über eine eigene Theorie und Praxis der Textauslegung verfügt natürlich auch die Rechtswissenschaft, doch ist der Status ihrer Texte im gesellschaftlichen Raum anders gelagert.

man eine Ecke erreicht hat usw. Aber die Diskussion erweist sich spätestens dann als müßig, wenn man am Ziel angelangt ist: Das Erreichen des Ziels ist eine Tatsache, die dadurch möglich wurde, dass der Verfasser den Sachverhalt im Text zutreffend beschrieben hat und der Leser in der Lage war, den Inhalt des Textes richtig zu verstehen.

Als geradezu prototypisch wird eine objektiv-präzise Beschreibung der Wirklichkeit für Fachtexte in Anspruch genommen. Wer Fachsprache verwendet, dessen Denken ist auf das „Ding als solches" (Jahr 1993, 43) gerichtet, und ein Fachterminus erfüllt die Bedingung der „Eindeutigkeit", wenn er „jeweils auf genau eine fachliche Erscheinung bezogen wird" (Reinart/Pöckl 2015, 65).

Dem eben Festgestellten scheint Paul Valerys Satz „Es gibt keinen wahren Sinn eines Textes" (Valery 1992, 524) diametral zu widersprechen. Doch Valery irrt sich natürlich nicht, da er keine Wegbeschreibungen oder Fachtexte im Sinn hatte, sondern literarische Texte. Dass deren semantische Offenheit nicht Beliebigkeit bedeutet, wurde bereits festgestellt, wobei das nicht nur ein Blick in die Texttheorie zeigt, sondern auch in die Praxis der Interpretation: Wie auch immer Paul Celans *Todesfuge* gedeutet wurde, nie wurde sie als leicht-verspieltes Stimmungsbild verstanden, nie Thomas Manns *Buddenbrooks* zuallererst als Bericht über die technischen Details des Getreidehandels in Lübeck und nie galt sein *Tod in Venedig* als schlichte Kriminalerzählung. Wenn die Unterschiede in den Auslegungen literarischer Texte in den Augen der Interpreten auch gewichtig erscheinen, sind sie doch im Hinblick auf das, was ‚Offenheit von Bedeutung' für die Auslegung alles zur Folge haben könnte, gering.[42]

Die Widerständigkeit der Welt (und der Texte) bringt die beiden Positionen, um die es hier geht, einander näher.[43] Dem würden etliche ihrer Vertreter wohl nicht zustimmen, ein semantischer Materialist wie Otto Kade lässt keine Zweifel an seinem abbildtheoretischen Realismus erkennen. Differenzierter dagegen argumentiert John Searle, der im Rahmen seines Realismus die konstitutive Rolle der Sprache für die Gestaltung der sozialen Welt ausdrücklich hervorhebt (Searle 2014, 306):

> Die Realität von Geld, Privateigentum, Regierungen und Ehen hängt durchweg von Sprechakten ab, denen die Form von statusfunktionalen Deklarativa zukommt.

---

[42] Einen attraktiven Versuch, sprach- und literaturwissenschaftliche Positionen in dieser Hinsicht zu verbinden, stellt Bär (2015) dar. – Zur theologischen Perspektive s. Klumbies (2015 u. in diesem Band).
[43] Für Philosophen bringt dies Mario de Caro schön auf den Punkt, wenn er feststellt: „Niemals war ein Philosoph ausschließlich Realist oder ausschließlich Antirealist" (De Caro 2014, 19).

Das ist richtig, aber greift noch zu kurz. Denn zum einen spielen deklarative Sprechakte nicht nur beim offiziellen Akt der Etablierung der von Searle genannten Phänomene eine Rolle, also z. B. bei der Vereidigung der Regierungsmitglieder oder der Hochzeit im Standesamt, sondern auch bei deren Vorbereitung, bei ihrer Aufrechterhaltung usw. Auch sind keineswegs nur deklarative Sprechakte daran beteiligt: Unsere soziale Welt wird durch alle Arten von Sprechakten gestaltet, und nicht nur durch Sprechakte, also nicht nur auf der Ebene der Propositionen, sondern durch die unterschiedlichsten sprachlichen und multimodalen Formen der Kommunikation, dabei, ganz wesentlich, durch den Zuschnitt des Vokabulars, in dem wir uns bewegen und auf dessen Wichtigkeit Richard Rorty zu Recht hingewiesen hat.[44]

6 Resümee

Sprache ist für die Entstehung unserer Bilder von der Wirklichkeit von größter Bedeutung. Das gilt keineswegs erst für die Ebene der expliziten Propositionen, sondern bereits für die lexikalischen Einheiten und grammatischen Strukturen, die die Sprache für jeden Einzelnen bereithält und die wir neu in sie einbringen. Eine Analyse der Sprache führt daher unmittelbar zu den in ihr angelegten Kategorisierungen, lässt den je perspektivischen Zugriff des Menschen auf die Welt erkennen. Zugleich wirken andere Modi der Zeichengestaltung als die Sprache auf uns ein und beeinflussen unser Erkennen.

Einem ideologiekritischen Anliegen bietet der (linguistische) Konstruktivismus die Möglichkeit, etablierte und als *historisch gegeben, natürlich, in der Sache stimmig* usw. deklarierte gesellschaftliche Zusammenhänge in ihrem Konstruiertsein durch sprachbezogene Analysen aufzuzeigen. Das berührt auch Fragen der Macht.

Aber die Sprache und der Diskurs sind nicht alles, die Wirklichkeit geht nicht vollständig in ihnen auf. Die Wirklichkeit ist widerständig, sie korrigiert uns,

---

44 Maurizio Ferraris äußert sich durchaus in diesem Sinne, wenn er schreibt (Ferraris 2014b, 59): „Ich will also *durchaus nicht behaupten, dass es in der sozialen Welt keine Interpretationen gebe.* Natürlich gibt es Interpretationen und es braucht Dekonstruktionen." Er fährt fort, im Sinne Searles: „Aber die wichtigste Sache für Philosophen und Nichtphilosophen ist, die natürlichen Gegenstände wie den Mont Blanc oder einen Orkan, die existieren, ob es Menschen und ihre Interpretationen gibt oder nicht, nicht zu verwechseln mit den sozialen Gegenständen wie den Versprechen, den Wetten und den Hochzeiten, die nur existieren, wenn es Menschen gibt, die mit gewissen Begriffsschemata ausgestattet sind."

indem sie unsere Konstruktionen an ihre Grenzen stoßen lässt. Der Sprache und dem Diskurs dagegen alles zuzutrauen, im Guten wie im Schlechten, ist für Teile einiger Disziplinen, darunter der Sprachwissenschaft, Ausdruck einer *Déformation professionelle*.

Abschließend seien zwei Aspekte genannt, die bislang nicht angesprochen wurden, aber im Hinblick auf einen Ausgleich konstruktivistischer und realistischer Positionen von Bedeutung sind: die Ontologisierung sozialer Gegenstände und die Inadäquatheit einer Theorie der Gleichwertigkeit von Konstruktionen.

Auch Phänomene, die Resultate gesellschaftlicher Konstruktion sind, erhalten, einmal in die Welt getreten und dort etabliert, ontische Qualität, sind Teil der Wirklichkeit. Sie fügen sich zu anderen sozialen Phänomenen und bilden mit ihnen das Netz, in dem wir uns bewegen. Je mehr sich dieses Netz verfestigt, desto mehr wird es zu einem Gerüst, das uns Orientierung gibt und unser Handeln in Bahnen lenkt, uns dabei auch einengen kann. Weil aber die soziale Wirklichkeit immer wieder ihren konstruktiven Charakter erkennen lässt (z. B. durch sprachkritische Reflexion), mag die dekonstruierte Wirklichkeit gelegentlich als ‚bloße Konstruktion' empfunden werden, so, als könnte sie im Grunde auch ganz anders sein, wenn sie nur anders konstruiert worden wäre. Eine *Nation* etwa ist ganz offensichtlich nicht auf irgendeinem natürlichen Weg entstanden, sondern stellt in jeder Hinsicht eine gesellschaftliche Konstruktion dar. In der neueren Forschung wird sie daher eben so beschrieben, etwa von Ernest Gellner (2009), Benedict Anderson (2006), Eric Hobsbawm (2012). Aber einmal entstanden, ist sie für ihre Bürger ganz und gar real. Und ihre Konturen, ihre spezifischen Eigenschaften, sind keineswegs nur zufällig zustande gekommen, daher auch nicht beliebig.

Hier spielt der Begriff der Kontingenz eine Rolle, der in konstruktivistischen Argumentationen häufig begegnet. Als Warnung vor einem platten Glauben an zwingende Kausalität und Teleologie ist er ein großer Gewinn. Er besagt aber nicht, dass alles zu jeder Zeit immer auch ganz anders sein könnte oder ganz anders hätte werden können. Neben dem Kontingenten gibt es auch Bedingungen, Zwangsläufigkeiten, man könnte auch sagen: das historisch Gewordene, das, wie auch immer es entstanden sein mag, nun einmal da ist und das Künftige mitbestimmt. Eric Hobsbawm geht noch einen Schritt weiter. In seiner Studie *Nations and Nationalism since 1780* betont er zunächst „the element of artifact, invention and social engineering which enters into the making of nations" (Hobsbawm 2012, 10). Angesichts seines Anliegens, Geschichtsfälschungen nationalistischer Politik aufzuzeigen, insistiert er aber zugleich auf dem Unterschied zwischen „fact and fiction" (Hobsbawm 1993, 63).

Der zweite Punkt, der noch anzusprechen ist, die Theorie der Gleichwertigkeit von Konstruktionen, hängt mit dem eben behandelten zusammen. Wenn wir sagen, die Wirklichkeit sei Produkt unserer Konstruktionen und unsere Konstruktionen spiegelten immer unsere Sozialität und unsere Interessen, dann geht, wie erwähnt, mit dieser Betonung des Perspektivischen zumindest implizit die Ablehnung der Möglichkeit einer an den Tatsachen orientierten, objektiven Beschreibung der Wirklichkeit einher. Unsere Konstruktion, so das Argument, ist eben nur eine neben anderen, und keine ist näher an der Wirklichkeit. Als Beleg könnten wir, zu Recht, auf vieles verweisen, etwa auf die Diskussion um den öffentlichen Umgang mit elektronischen Daten, denn wir wissen genau, dass Begriffe wie *Informationsfreiheit im World Wide Web* und *Datensicherheit* die jeweilige Position der sie Verwendenden spiegeln. Jeder hat eben seine eigene Position, und man kann sich zu dieser oder jener bekennen, aber mit ‚objektiver Beschreibung der Wirklichkeit' hat das nichts zu tun.

Das ist für ein Beispiel wie das gerade gewählte richtig. Der Gedanke birgt aber auch erhebliche Gefahren, weil er eine gleiche Wertigkeit nicht nur heterogener, sondern auch sich gegenseitig ausschließender Aussagen über die Wirklichkeit nahelegt und zugleich die Bildung neuer Begriffshierarchien samt der damit einhergehenden Machtverhältnisse ermöglicht. Wir müssen uns dann fragen, wie weit unsere konstruktivistische Toleranz reicht. Paul Boghossian (2006) nennt als Beispiel die Alternative zwischen der evolutionsbiologischen Erklärung der Entstehung des Lebens und der kreationistischen. Zur Debatte steht, ob wir tatsächlich der Ansicht sind, dass die beiden Auffassungen hinsichtlich ihrer Nähe zur Wirklichkeit identisch sind, dass beide nur Perspektiven spiegeln und grundsätzlich den gleichen Anspruch auf eine angemessene Beschreibung des Sachverhalts erheben können. Würde man die Fragen bejahen, dann würde man damit auch der Rede von den berüchtigten „alternative facts" Tür und Tor öffnen, der durch die aktuellen „Marches for Science" gerade begegnet werden soll. Auf der Basis konstruktivistischer Überzeugungen durchgeführte Analysen diskursiver Zusammenhänge im gesellschaftlichen Raum lassen dagegen in aller Regel erkennen, dass ihre Betreiber die von ihnen gemachten Aussagen sehr wohl für in der Sache treffend und gültig halten. Wer aufzeigen will, dass die Behauptung des „historischen Auftrags einer Nation" keine objektive Beschreibung der Realitäten darstellt, wird dieses Aufzeigen nicht durch den Hinweis relativieren, dass eine gegenteilige Darstellung ebenso zutreffend wäre.

Aber auch wenn sich das so verhält, löst es natürlich nicht das grundsätzliche Problem: zu erkennen, wo und wie die Linien der Konstruktionen und der Wirklichkeit verlaufen. Doch gäbe es keinen Ort außerhalb der Diskurse, dann gäbe es auch keine Möglichkeit, sie in ihren sachlichen Zusammenhängen zu beschreiben, weil jede Beschreibung ihrerseits in einem Diskurs befangen wäre. Ein sachliches Beschreiben käme dann der Tat des Barons Münchhausen gleich: Man würde sich am eigenen Schopf aus dem Sumpf der Perspektiven ziehen.

Doch wo wäre der Ort außerhalb der Diskurse? Um die Grenze zwischen dem Innen und Außen ist immer zu streiten. Dass der Streit oft so heftig ist, hat mit der gesellschaftlichen Brisanz der Themen zu tun, die viele zu einem deutlichen Bekenntnis herausfordern. Ist man einmal in einen bestimmten Habitus des Argumentierens verfallen – des Deklarierens von Wahrheiten oder des Aufzeigens von Konstruktionen – praktiziert man nur ihn: Hat man nur einen Hammer, wird einem alles zum Nagel. Das interessengeleitete Behaupten von ‚Wahrheiten' hat lange Tradition, und das interessengeleitete Aufzeigen von Konstruktionen hat mittlerweile seine eigene Tradition entwickelt.

In der Geschichte der Reflexion über Sprache begegnen zwei Forderungen am häufigsten: Die Sprache solle die Welt zutreffend beschreiben (eine Forderung nach ontologischer Zuverlässigkeit) und der Sprecher solle authentisch sein (eine Forderung nach kommunikativer Zuverlässigkeit, nach einem Ethos der Kommunikation).[45] Beide Forderungen scheinen nicht hintergehbar, wobei im Kontext dieses Beitrags vor allem die erste dieser Forderungen relevant ist. Ebenso selbstverständlich aber wie der Wunsch, die Sprache solle die Welt zutreffend beschreiben, scheint der Wunsch, in der Behauptung von Tatsachen die herrschende Meinung aufzuzeigen.

Die Diskussion zwischen Realismus und Konstruktivismus wird nicht damit enden, dass das Problem auf theoretischer Ebene gelöst werden wird. Zu offensichtlich sind Plausibilität und Nutzen beider Positionen, aber auch ihre Grenzen: Mit einem überbordenden Konstruktivismus kann der Mensch kein Leben führen, und ein zu schlichter Realismus lässt ihn unter seinen intellektuellen Möglichkeiten bleiben.

Bibliographie

Anderson, Benedict (2006): Imagined Communities: Reflections on the Origin and Spread of Nationalism. 3. Aufl. London.

Angehrn, Emil/Küchenhoff, Joachim (2012): Einleitung. In: Dies. (Hg.): Macht und Ohnmacht der Sprache. Philosophische und psychoanalytische Perspektiven. Weilerswist, 7–11.

Aristoteles (1974): Kategorien. Lehre vom Satz [De interpretatione]. Organon I u. II. Übers., mit Einl. u. Anm. v. E. Rolfes. Hamburg.

Assmann, Aleida/Assmann, Jan (1998): Niemand lebt im Augenblick. Ein Gespräch mit den Kulturwissenschaftlern Aleida und Jan Assmann über deutsche Geschichte, deutsches Gedenken und den Streit um Martin Walser. In: DIE ZEIT, 03. 12. 1998, ZEIT Online [http://www.zeit.de/1998/50/199850.assmann_.xml; letzter Zugriff am 07. 10. 2015].

---

45 Vgl. Gardt 2018.

Bacon, Francis (1620/1963): Novum Organum Scientiarum. In: James Spedding/Robert L. Ellis/ Douglas D. Heath (Hg.): The Works of Francis Bacon. London 1857–1874. Bd. 1. Nachdruck. Stuttgart-Bad Canstatt, 71–368.
Bär, Jochen A. (2015): Hermeneutische Linguistik. Theorie und Praxis grammatisch-semantischer Interpretation. Berlin/München/Boston.
Barad, Karen (2012): Agentieller Realismus. Über die Bedeutung materiell-diskursiver Praktiken. Berlin.
Becher, Johann Joachim (1674): Methodvs Didactica. 2. Aufl. Frankfurt a. M.
Berger, Peter L./Luckmann, Thomas (2003; engl. Original 1966): Die gesellschaftliche Konstruktion der Wirklichkeit. Eine Theorie der Wissenssoziologie. 19. Aufl. Frankfurt a. M./Berlin.
Boghossian, Paul (2006): Fear of Knowledge. Against Relativism and Constructivism. Oxford (Dt.: Paul Boghossian (2013): Angst vor der Wahrheit. Ein Plädoyer gegen Relativismus und Konstruktivismus. Berlin.).
Brouër, Birgit/Kilian, Jörg/Lüttenberg, Dina (2015): Sprache in der Bildung. In: Felder/Gardt 2015a, 539–556.
Busse, Dietrich (2006): Text – Sprache – Wissen. Perspektiven einer linguistischen Epistemologie als Beitrag zur Historischen Semantik. In: Scientia Poetica 10 (Jahrbuch für Geschichte der Literatur und der Wissenschaften), 101–137.
Busse, Dietrich (2012): Frame-Semantik. Ein Kompendium. Berlin/Boston.
Cassirer, Ernst (1923): Philosophie der symbolischen Formen. Erster Teil: Die Sprache. Berlin.
Chladenius, Johann Martin (1742): Einleitung zur richtigen Auslegung vernünftiger Reden und Schriften. Leipzig.
De Caro, Mario (2014): Zwei Spielarten des Realismus. In: Gabriel 2014a, 19–32.
Derrida, Jacques (1992): Schrift und Differenz. Übers. v. Rodolphe Gesché u. Ulrich Köppen. 5. Aufl. Frankfurt a. M.
Descartes, René (1629/1963): [Brief an P. Mersenne] (1629). In: Oeuvres philosophiques. Bd. 1 (1618–1637). Paris, 227–234.
Dreyfus, Hubert/Taylor, Charles (2016): Die Wiedergewinnung des Realismus. Frankfurt a. M.
Eco, Umberto (2014): Gesten der Zurückweisung. Über den Neuen Realismus. In: Markus Gabriel (Hg.): Der Neue Realismus. Frankfurt a. M., 33–51.
Enzyklopädie Philosophie und Wissenschaftstheorie. Bd. 4. Hg. v. Jürgen Mittelstraß u. Siegfried Blasche. Stuttgart 1996.
Everett, Caleb (2013): Linguistic Relativity. Evidence Across Languages and Cognitive Domains. Berlin/Boston.
Everett, Daniel (2013): Die größte Erfindung der Menschheit. Was mich meine Jahre am Amazonas über das Wesen der Sprache gelehrt haben. München.
Felder, Ekkehard (Hg.) (2013a): Faktizitätsherstellung in Diskursen. Die Macht des Deklarativen (Sprache und Wissen 13). Berlin/Boston.
Felder, Ekkehard (2013b): Faktizitätsherstellung mittels handlungsleitender Konzepte und agonaler Zentren. Der diskursive Wettkampf um Geltungsansprüche. In: Felder 2013a, 13–28.
Felder, Ekkehard/Gardt, Andreas (Hg.) (2015a): Handbuch Sprache und Wissen (HSW 1). Berlin/Boston.
Felder, Ekkehard/Gardt, Andreas (2015b): Sprache – Erkenntnis – Handeln. In: Felder/Gardt 2015a, 3–33.

Ferraris, Maurizio (2014a): Manifest des neuen Realismus. Übers. v. Malte Osterloh (Schriftenreihe des Käthe Hamburger Kollegs „Recht als Kultur". Bd. 6). Frankfurt a. M.
Ferraris, Maurizio (2014b): Was ist der Neue Realismus? In: Markus Gabriel (Hg.): Der Neue Realismus. Frankfurt a. M., 52–75.
Fix, Ulla (2015): Die EIN-Text-Diskursanalyse. Unter welchen Umständen kann ein einzelner Text Gegenstand einer diskurslinguistischen Untersuchung sein? In: Heidrun Kämper/Ingo Warnke (Hg.): Diskurs – interdisziplinär. Zugänge, Gegenstände, Perspektiven. Berlin/Boston, 317–333.
Foerster, Heinz von/Glasersfeld, Ernst von/Hejl, Peter M. (1992): Einführung in den Konstruktivismus. München/Zürich.
Folkers, Andreas (2013): Was ist neu am neuen Materialismus? Von der Praxis zum Ereignis. In: Tobias Goll u. a. (Hg.): Critical Matter. Diskussionen eines neuen Materialismus. Münster, 17–35.
Foucault, Michel (1973): Archäologie des Wissens. Frankfurt a. M. (frz. Original: L'Archéologie du savoir. Paris 1969).
Frege, Gottlob (1923–26/1966): Logische Untersuchungen. 3. Teil: Gedankengefüge. In: Ders.: Logische Untersuchungen. Hg. v. G. Patzig. Göttingen, 72–91.
Fuchs, Thomas (2011): Hirnwelt oder Lebenswelt? Zur Kritik des Neurokonstruktivismus. In: Deutsche Zeitschrift für Philosophie 59/3, 347–358.
Gabriel, Markus (Hg.) (2014a): Der Neue Realismus. Frankfurt a. M.
Gabriel, Markus (2014b): Existenz, realistisch gedacht. In: Gabriel 2014a, 171–199.
Gadamer, Hans-Georg (1960/1986): Wahrheit und Methode. Grundzüge einer philosophischen Hermeneutik (Gesammelte Werke. Bd. 1). 5. Aufl. Tübingen.
Gadamer, Hans-Georg (1993): Vom Zirkel des Verstehens. In: Ders.: Hermeneutik: Wahrheit und Methode. Bd. 2: Ergänzungen, Register. 2. durchges. Aufl. Tübingen.
Gardt, Andreas (1994): Sprachreflexion in Barock und Frühaufklärung. Entwürfe von Böhme bis Leibniz. Berlin/New York.
Gardt, Andreas (1999): Geschichte der Sprachwissenschaft in Deutschland. Vom Mittelalter bis ins 20. Jahrhundert. Berlin/New York.
Gardt, Andreas (2002): Sprache und nationale Identität. In: Jahrbuch 2001 der Deutschen Akademie für Sprache und Dichtung. Göttingen, 124–132.
Gardt, Andreas (2007): Diskursanalyse. Aktueller theoretischer Ort und methodische Möglichkeiten. In: Ingo Warnke (Hg.): Diskurslinguistik nach Foucault. Theorie und Gegenstände. Berlin/New York, 28–52.
Gardt, Andreas (2017): Zum Diskursbegriff. In: Thomas Niehr/Peter Schlobinski (Hrsg.): Diskursanalyse(n). Themenheft Der Deutschunterricht, 6/2017, 2–7.
Gardt, Andreas (2018): Eigentlichkeit. Eine Universalie der Sprachreflexion. In: Martin Wengeler/Alexander Ziem (Hg.): Diskurs, Wissen, Sprache. Linguistische Annäherungen an kulturwissenschaftliche Fragen (Sprache und Wissen 29). Berlin/Boston, 89–113.
Gellner, Ernest (2009): Nations and Nationalism. 2. Aufl. Ithaca.
Gibson, James J. (1977): The theory of affordances. In: Robert Shaw/John D. Bransford (Hg.): Perceiving, Acting and Knowing. Toward an Ecological Psychology. New York, 67–82.
Glasersfeld, Ernst von (1996): Der Radikale Konstruktivismus. Ideen, Ergebnisse, Probleme. Frankfurt a. M.
Gottsched, Johann Christoph (1762/1978): Grundlegung einer deutschen Sprachkunst (1748). 5. Aufl. Leipzig 1762. In: Ausgewählte Werke. Bd. 8: Deutsche Sprachkunst. Hg. v. P. M. Mitchell. Bearb. v. H. Penzl. Berlin/New York.

Günthner, Susanne/Hüpper, Dagmar/Spieß, Constanze (Hg.) (2012): Genderlinguistik. Sprachliche Konstruktionen von Geschlechtsidentität. Berlin/Boston.
Habscheid, Stefan u. a. (2015): Sprache in Organisationen. In: Felder/Gardt, 392–410.
Härtl, Holden (2009): Linguistische Relativität und die ‚Sprache-und-Denken'-Debatte. Implikationen, Probleme und mögliche Lösungen aus Sicht der kognitionswissenschaftlichen Linguistik. In: Zeitschrift für Angewandte Linguistik 51, 45–81.
Heidegger, Martin (1927/1977): Sein und Zeit. Gesamtausgabe: Erste Abteilung. Bd. 2: Veröffentlichte Schriften 1914–1970. Frankfurt a. M.
Heisenberg, Werner (1969): Der Teil und das Ganze. Gespräche im Umkreis der Atomphysik. München.
Heisenberg, Werner (1984): Physik und Philosophie. 4. Aufl. Stuttgart.
Herder, Johann Gottfried (1771/1985): Werke in zehn Bänden. Bd. 1: Frühe Schriften 1764–1772. Hg. v. U. Gaier (Bibliothek deutscher Klassiker 1). Frankfurt a. M.
Hobsbawm, Eric J. (1993): The new threat to history. In: New York Review of Books 40/21, 62–65.
Hobsbawm, Eric J. (2012): Nations and Nationalism since 1780. Programme, Myth, Reality. 2. Aufl. Cambridge.
Humboldt, Wilhelm von (1836/1992): Über die Verschiedenheit des menschlichen Sprachbaues und ihren Einfluß auf die geistige Entwicklung des Menschengeschlechts (d. i. Einleitung zu: Über die Kawi-Sprache auf der Insel Java). In: Wilhelm von Humboldt. Schriften zur Sprache. Hg. v. M. Böhler. Stuttgart, 30–207
Humboldt, Wilhelm von (um 1810–11/1992): Einleitung in das gesamte Sprachstudium. In: Ders.: Schriften zur Sprache (dort als Auszug unter dem Titel: Thesen zur Grundlegung einer allgemeinen Sprachwissenschaft). Hg. v. M. Böhler. Stuttgart, 12–20.
Interdisciplinary Network for Studies Investigating Science and Technology (INSIST) [https://insist-network.com; letzter Zugriff am 19. 05. 2015].
Iser, Wolfgang (1972): Der implizite Leser. Kommunikationsforrmen des Romans von Bunyan bis Beckett. München.
Jahn, Friedrich Ludwig (1833): Merke zum Deutschen Volksthum. Hildburghausen.
Jahr, Silke (1993): Zum Verhältnis von Bedeutung, Begriff und Wissen bei Fachtermini. In: Fachsprache 15/1–2, 38–44.
Kade, Otto (1971): Das Problem der Übersetzbarkeit aus der Sicht der marxistisch-leninistischen Erkenntnistheorie. In: Linguistische Arbeitsberichte. Mitteilungsblatt der Sektion Theoretische und angewandte Sprachwissenschaft an der Karl-Marx-Universität Leipzig und des Leipziger Linguistenkreises 4, 13–28.
Kalwa, Nina (2013): Das Konzept „Islam". Eine diskurslinguistische Untersuchung. Berlin/Boston (Sprache und Wissen 14).
Klug, Nina-Maria (2016): Multimodale Text- und Diskurssemantik. In: Klug/Stöckl 2016, 165–189.
Klug, Nina-Maria/Stöckl, Hartmut (Hg.) (2016): Handbuch Sprache im multimodalen Kontext (HSW 7). Berlin/Boston.
Klumbies, Paul-Gerhard (2015): Herkunft und Horizont der Theologie des Neuen Testaments. Tübingen.
Köller, Wilhelm (2004): Perspektivität und Sprache. Zur Struktur von Objektivierungsformen in Bildern, im Denken und in der Sprache. Berlin/New York.
König, Katharina (2014): Spracheinstellungen und Identitätskonstruktion. Eine gesprächsanalytische Untersuchung sprachbiographischer Interviews mit Deutsch-Vietnamesen. Berlin/Boston.

Krämer, Sybille (2001): Sprache, Sprechakt, Kommunikation. Sprachtheoretische Positionen des 20. Jahrhunderts. Frankfurt a. M.

Lai, Vicky Tzuyin/Boroditsky, Lena (2013): The immediate and chronic influence of spatio-temporal metaphors on the mental representations of time in English, Mandarin, and Mandarin-English speakers. In: Frontiers in Psychology, 4:142. doi: 10.3389/fpsyg.2013.00142.

Lakoff, George/Wehling, Elisabeth (2008): Auf leisen Sohlen ins Gehirn. Politische Sprache und ihre heimliche Macht. Heidelberg.

Lakoff, George/Johnson, Mark (2008): Leben in Metaphern. Konstruktion und Gebrauch von Sprachbildern. 6. Aufl. Heidelberg.

Latour, Bruno (2004): Why has Critique Run out of Steam? From Matters of Fact to Matters of Concern. In: Critical Inquiry 30/2, 225–248.

Lautenschläger, Sina (2018): Geschlechtsspezifische Körper- und Rollenbilder. Eine korpuslinguistische Untersuchung. Berlin/Boston (Sprache und Wissen 31).

Lehmann, Beat (1998): ROT ist nicht »rot« ist nicht [rot]. Eine Bilanz und Neuinterpretation der linguistischen Relativitätstheorie. Tübingen.

Leibniz, Gottfried Wilhelm (1673/1923 ff.): [Brief an Oldenburg]. In: Ders.: Sämtliche Schriften und Briefe. Reihe 2: Philosophischer Briefwechsel, Bd. 1: 1663–1685. Hg. v. d. Preußischen Akademie der Wissenschaften, später Deutsche Akademie der Wissenschaften zu Berlin bzw. Akademie der Wissenschaften der DDR, seit 1993 Berlin-Brandenburgische Akademie der Wissenschaften (Akademieausgabe). Darmstadt, später: Leipzig, dann Berlin, 239–241.

Leibniz, Gottfried Wilhelm (1704/1961): Nouveaux essais sur l'entendement humain. In: [Akademieausgabe]. 6. Reihe: Philosophische Schriften, Bd. 6. Berlin 1962 (Dt. Text: Leibniz, G. W.: Neue Abhandlungen über den menschlichen Verstand. Hg. u. übers. v. Wolf von Engelhardt/Hans Heinz Holz. Frankfurt a. M.).

Leibniz, Gottfried Wilhelm (1714/1965): Monadologie. In: Ders.: Die philosophischen Schriften von Gottfried Wilhelm Leibniz. Bd. 6. Hg. v. C. J. Gerhardt. Nachdruck der Ausgabe Berlin 1875–1890. Hildesheim, 607–623 (Dt. Text: Gottfried Wilhelm Leibniz: Hauptschriften zur Grundlegung der Philosophie. Übers. v. a. Buchenau. Durchges. u. mit Einleitungen u. Erläuterungen hg. v. Ernst Cassirer. Bd. 2. 3. Aufl. Hamburg 1966, 435–456).

Leibniz, Gottfried Wilhelm (um 1697/1908): Unvorgreiffliche Gedancken, betreffend die Ausübung und Verbesserung der Teutschen Sprache (entstanden um 1697, veröffentlicht 1717). In: P. Pietsch (Hg.): Leibniz und die deutsche Sprache. In: Zeitschrift des Allgemeinen Deutschen Sprachvereins. Wissenschaftl. Beihefte, 4. Reihe. Heft 30, 313–356.

Levinson, Stephen C. (2003): Space in Language and Cognition. Explorations in Cognitive Diversity (Language, Culture and Cognition 5). Cambridge.

Linke, Angelika (2014): Kommunikationsgeschichte. In: Vilmos Ágel/Andreas Gardt (Hg.): Paradigmen der aktuellen Sprachgeschichtsforschung (JGS 5). Berlin/Boston, 22–45.

Lucy, John A. (2016): Recent advances in the study of linguistic relativity in historical context: a critical assessment. In: Language Learning 66/3, 487–515.

Marconi, Diego (2014): Minimaler Realismus. In: Gabriel 2014a, 110–130.

Maturana, Humberto R. (1982): Erkennen. Die Organisation und Verkörperung von Wirklichkeit. Ausgewählte Arbeiten zur biologischen Epistemologie. Braunschweig/Wiesbaden.

Maturana, Humberto R./Varela, Francisco J. (1987): Der Baum der Erkenntnis. Die biologischen Wurzeln menschlichen Erkennens. Bern u. a.

Muir, Willa/Muir, Edwin (1959): Translating from the German (d. i. Teil II von: Willa Muir/Edwin Muir: Translating from the German). In: Reuben Arthur Brower (Hg.): On Translation. Cambridge/Mass., 93–96.
Niehr, Thomas/Schlobinski, Peter (Hg.) (2017): Diskursanalyse(n). Themenheft „Der Deutschunterricht" 6/2017.
Nietzsche, Friedrich (1873/1967): Ueber Wahrheit und Lüge im außermoralischen Sinne. In: Paolo D'Iorio (Hg.): Friedrich Nietzsche. Digital critical edition of the complete works and letters, based on the critical text by G. Colli and M. Montinari. Berlin/New York [http://www.nietzschesource.org/#; letzter Zugriff am 01. 01. 2018].
Nietzsche, Friedrich (1886/1967): Nachgelassene Fragmente: Ende 1886 bis Frühjahr 1887. In: Paolo D'Iorio (Hg.): Friedrich Nietzsche. Digital critical edition of the complete works and letters, based on the critical text by G. Colli and M. Montinari. Berlin/New York [http://www.nietzschesource.org/#; letzter Zugriff am 01. 01. 2018].
Peirce, Charles Sanders (CP): Collected Papers of Charles Sanders Peirce. Bde. I–VI hg. v. Charles Hartshorne u. Paul Weiss (1931–1935)/Bde. VII u. VIII hg. v. Arthur W. Burks (1958). Cambridge.
Peirce, Charles Sanders (EP): The Essential Peirce. Selected Philosophical Writings. Bd. 1 (1867–1893) hg. v. Nathan Houser/Christian Kloesel, Bloomington/Indianapolis 1992; Bd. 2 (1893–1913) hg. v. Peirce Edition Project, Bloomington/Indianapolis 1998.
Petersen, Aage (1985): The Philosophy of Niels Bohr. In: Anthony Philip French/Peter J. Kennedy (Hg.): Niels Bohr. A Centenary Volume. Cambridge, 299–310.
Petersen, Aage (1963): The philosophy of Niels Bohr. In: Bulletin of the Atomatic Scientists 19/7, 8–14.
Pörksen, Bernhard (Hg.) (2015): Schlüsselwerke des Konstruktivismus. Mit einem Nachwort von Siegfried J. Schmidt. 2. akt. u. erw. Aufl. Wiesbaden.
Putnam, Hilary (1991): Repräsentation und Realität. Frankfurt a. M.
Reichmann, Oskar (1998): Sprachgeschichte: Idee und Verwirklichung. In: Werner Besch u. a. (Hg.) (1998): Sprachgeschichte. Ein Handbuch zur Geschichte der deutschen Sprache und ihrer Erforschung (4 Teilbde.). Teilbd. 1 (Handbücher zur Sprach- und Kommunikationswissenschaft 2.1–2.4). 2., vollst. neu bearb. u. erw. Aufl. Berlin/New York, 1–41.
Reinart, Sylvia/Pöckl, Wolfgang (2015): Romanische Fachsprachen. Eine Einführung mit Perspektiven aus der Übersetzungswissenschaft. Berlin/Boston.
Roderburg, Sylvia (1998): Sprachliche Konstruktion der Wirklichkeit: Metaphern in Therapiegesprächen. Wiesbaden.
Rorty, Richard (1989): Kontingenz, Ironie und Solidarität. Übers. v. C. Krüger. Frankfurt a. M.
Roth, Gerhard (1997): Das Gehirn und seine Wirklichkeit. Kognitive Neurobiologie und ihre philosophischen Konsequenzen. Frankfurt a. M.
Roth, Gerhard (2003): Fühlen, Denken, Handeln. Wie das Gehirn unser Verhalten steuert. Frankfurt a. M.
Rusch, Gebhard/Schmidt, Siegfried J. (Hg.) (1992): Konstruktivismus. Geschichte und Anwendung. Frankfurt a. M.
Schlegel, August Wilhelm (1798–1803/1989): Vorlesungen über Ästhetik I. Mit Kommentar und Nachwort hg. v. Ernst Behler. Paderborn u. a.
Schlegel, August Wilhelm (1801–1802/1989): Vorlesungen über schöne Literatur und Kunst. 1. Teil: Die Kunstlehre. In: A. W. Schlegel. Kritische Ausgabe der Vorlesungen. Hg. v. E. Behler in Zusammenarbeit mit F. Jolles. Bd. 1. Paderborn, 181–472.

Schröter, Jens/Eddelbüttel, Antje (Hg.) (2004): Konstruktion von Wirklichkeit: Beiträge aus geschichtstheoretischer, philosophischer und theologischer Perspektive. Berlin/New York.

Schrott, Angela (2015): Kategorien diskurstraditionellen Wissens als Grundlage einer kulturbezogenen Sprachwissenschaft. In: Franz Lebsanft/Dies. (Hg.): Diskurse, Texte, Traditionen. Modelle und Fachkulturen in der Diskussion. Bonn/Göttingen, 115–146.

Schrott, Angela (demn.): Verbale Höflichkeit als diskurstraditionelle Kompetenz: ein pragmalinguistisches Modell am Beispiel des Altspanischen. In: Brigitte Burrichter/Nine Miedema (Hg.): Verbale Höflichkeit in mittelalterlichen Texten. Berlin (Historische Dialogforschung 3).

Searle, John R. (2014): Aussichten für einen neuen Realismus. In: Gabriel 2014a, 292–307.

Siefer, Werner/Weber, Christian (2006): Ich. Wie wir uns selbst erfinden. Frankfurt a. M.

Staiger, Emil (1955): Die Kunst der Interpretation. Studien zur deutschen Literaturgeschichte. Zürich.

Teubert, Wolfgang (2006): Korpuslinguistik, Hermeneutik und die soziale Konstruktion der Wirklichkeit. In: Linguistik online 28/3, 41–60.

Thibodeau, Paul/Boroditsky, Lera (2015): Measuring Effects of Metaphor in a Dynamic Opinion Landscape. In: PLOS ONE 10/7 [https://doi.org/10.1371/journal.pone.0133939; letzter Zugriff am 01. 01. 2018].

Thurot, Charles (1869/1964): Extraits de Divers Manuscrits Latins pour Servir a l'Histoire des Doctrines Grammaticales au Moyen Age. Paris. Unveränd. Nachdruck. Frankfurt a. M.

Trier, Jost (1973): Der deutsche Wortschatz im Sinnbezirk des Verstandes. Von den Anfängen bis zum Beginn des 13. Jahrhunderts. Heidelberg.

Valery, Paul (1992): Werke. I: Dichtung und Prosa. Hg. v. Jürgen Schmidt-Radefeldt. Frankfurt a. M.

Wengeler, Martin/Ziem, Alexander (Hg.) (2013): Sprachliche Konstruktionen von Krisen. Interdisziplinäre Perspektiven auf ein fortwährend aktuelles Phänomen. Bremen.

Whorf, Benjamin Lee (1956): Language, Thought and Reality. New York.

Wittgenstein, Ludwig (1921/1960): Tractatus logico-philosophicus. In: Ludwig Wittgenstein: Schriften. Bd. 1. Hg. v. Ingeborg Bachmann. Frankfurt a. M., 7–83.

Wittgenstein, Ludwig (1945/1960): Philosophische Untersuchungen I. In: Ludwig Wittgenstein: Schriften. Bd. 1. Hg. v. Ingeborg Bachmann. Frankfurt a. M., 279–554.

Wodak, Ruth u. a. (1998): Zur diskursiven Konstruktion nationaler Identität. Frankfurt a. M.

Wolff, Christian (1720/1983): Vernünfftige Gedancken von Gott, der Welt und der Seele des Menschen, auch allen Dingen überhaupt (Deutsche Metaphysik). Frankfurt/Leipzig 1720. Nachdruck d. Ausg. Halle 1751. In: Gesammelte Werke. 1. Abt. Bd. 2. Hg. v. C. A. Corr. Hildesheim/Zürich/New York.

Online-Quellen

Abbildung aus „Süddeutsche Zeitung Media" („Vom Tisch – ein Designheft"): [https://sz-media.sueddeutsche.de/de/magazine/sz-magazin-profil.html; letzter Zugriff am 02. 03. 2018].
Homepage des *Vereins Deutsche Sprache*: [http://vds-ev.de/denglisch-und-anglizismen/anglizismenindex/textbeitraege/; letzter Zugriff am 05. 01. 2018].
Homepage des *Vereins Deutsche Sprache*: [http://vds-ev.de/deutsch-in-der-politik/buendnis-90die-gruenen-fuer-klares-deutsch/buendnis-90die-gruenen-fuer-klares-deutsch/; letzter Zugriff am 05. 01. 2018].
Homepage zum Thema *Geschickt Gendern*: [http://geschicktgendern.de; letzter Zugriff am 01. 01. 2018].
Projekt „Sensory Semantics": [http://www.sensorysemantics.ch/de/index.php; letzter Zugriff am 31. 12. 2017].
Sektion „Linguistics" der Encyclopedia of Cognitive Science: [http://onlinelibrary.wiley.com/book/10.1002/0470018860; letzter Zugriff am 01. 01. 2018].
Wikipedia-Artikel „Geschlechtergerechte Sprache": [https://de.wikipedia.org/wiki/Geschlechtergerechte_Sprache; letzter Zugriff am 01. 01. 2018].
Wahl zum „Unwort des Jahres" (1994): [http://www.unwortdesjahres.net/index.php?id=33; letzter Zugriff am 28. 12. 2017].

Anhang

Dass die Auseinandersetzung zwischen Konstruktivismus und Realismus zu guten Teilen überflüssig sein könnte, wurde mir unter anderem in Diskussionen mit John Searle deutlich. Die folgende Geschichte bildet regelmäßig den Anfang meiner Vorlesung zur Einführung in die Sprachwissenschaft und dient dazu, den Teilnehmern die Plausibilität konstruktivistischen Denkens vor Augen zu führen. Die Geschichte soll die perspektivische Gebundenheit des sprachlichen Weltzugangs illustrieren: Wörter und Aussagen bezeichnen nicht die Dinge an sich, sondern tun dies immer aus einer bestimmten Perspektive. Ich schickte die Geschichte John Searle, Paul Boghossian und Markus Gabriel, die alle weitgehend realistische Positionen vertreten. Alle konnten die (sehr weitreichenden) sprach- und erkenntnistheoretischen Implikationen der Geschichte problemlos mit ihren eigenen Positionen verbinden, was nicht ohne Weiteres zu erwarten gewesen wäre. Searles Antwort – er vertritt seine vorwiegend realistische Position bekanntlich sehr pronociert – wird im Anschluss aufgeführt.

Eingeleitet wird die Geschichte mit der Frage, warum es im Deutschen das Wort *Baum* gebe. Meist wird aus dem Auditorium in diesem Sinne geantwortet: weil es Bäume gibt und, aus der Sicht der Sprecher, die Notwendigkeit, auf sie zu verweisen. Auf die sich anschließende Frage, woher der Student oder die Studentin wisse, dass es Bäume gibt, begegnet als typische Antwort: weil er/sie Bäume aus eigener Erfahrung kenne und/oder weil die Existenz von Bäumen zum festen Wissensbestand in unserer Gesellschaft gehöre („weil man das eben weiß"). Gelegentlich wird zusätzlich auf einen Baum gedeutet, falls vor dem Fenster des Hörsaals einer steht. Vor allem die Zeigegeste impliziert, dass nach Ansicht des Zeigenden der Baum unabhängig davon existiert, ob aktuell von jemandem mit dem Wort *Baum* auf ihn referiert wird. Entweder, so die implizite Annahme, steht dort ein Baum, oder es steht keiner dort, ob man nun über ihn spricht bzw. auf ihn deutet oder nicht.

Es folgt die eigentliche Geschichte. In ihr gelangt ein Sprachwissenschaftler nach einem Schiffsunglück als einziger Überlebender auf eine Insel. Dort trifft er auf Eingeborene, die keine der Sprachen beherrschen, in denen er sie anspricht. Auch versteht er ihre Sprache nicht. Nach einigen Tagen wird er von einer Bewohnerin der Insel mit einer Geste zu einem Gang über die Insel aufgefordert. Sie gelangen zu einer Lichtung, in deren Mitte sich dieses Objekt befindet:[46]

Die Inselbewohnerin deutet darauf und sagt: „A".
Der Sprachwissenschaftler sagt: „Baum".

Sie gehen weiter und sehen dieses Objekt:

Inselbewohnerin: „B".
Sprachwissenschaftler: „Strauch".

---

46 Für die Zeichnungen danke ich Carolin Goldhofer.

Wieder gehen sie weiter und begegnen diesem Objekt:

Der Sprachwissenschaftler will seinen Lernerfolg demonstrieren und sagt: „A".
Die Inselbewohnerin sagt: „B".

Schließlich sehen sie dieses Objekt:

Sprachwissenschaftler: „B".
Inselbewohnerin: „A".

Wie ist das möglich, auf der Basis der Annahme, dass beide im Vollbesitz ihrer geistigen Kräfte sind und keiner von ihnen lügt oder scherzt?
　Es dauert nicht lange, bis jemand aus dem Auditorium eine Antwort dieser Art gibt: Beide haben offenbar die Pflanzen unterschiedlich kategorisiert, so, dass die Pflanzen, die die Inselbewohnerin als „A" bezeichnete, in ein und dieselbe Kategorie gehören, während der deutsche Linguist unter „A" zum Teil eben solche, zum Teil aber auch andere Pflanzen fasste. Analoges gelte für „B".
　Tatsächlich verhält es sich eben so: Auf dieser Insel kategorisieren die Eingeborenen ihre Pflanzen nicht danach, ob sie einen Stamm von einer gewissen Höhe, dicke Äste, Blattwerk usw. besitzen, sondern nach der Größe ihrer Blätter: Pflanzen mit einer Blattgröße über der Größe eines Handtellers nennen sie „A", die anderen „B". Der Grund dafür wird schnell klar: Die ‚Großblättler' tragen essbare Früchte, die ‚Kleinblättler' dagegen ungenießbare.
　Zurück zur eingangs gestellten Frage, warum es das Wort *Baum* im Deutschen gibt: Auf sie war geantwortet worden, es gebe das Wort *Baum*, weil es Bäume gebe und die Menschen auf sie verweisen wollten. Die Existenz von Bäumen sei wiederum dadurch evident, dass man Bäume aus eigener Erfahrung kenne, es

außerdem allgemein bekannt sei und dass man zudem auf einen Baum direkt vor dem Fenster deuten könne. Im Anschluss an die Geschichte aber überzeugt dieser unmittelbare Rückschluss vom Wort auf das Ding nicht mehr ohne Weiteres. Natürlich gibt es ein Phänomen vor dem Fenster des Hörsaals, auf das gedeutet werden kann. Doch sobald man dieses Phänomen *Baum* nennt, kategorisiert man es, d. h. man lässt das Interesse erkennen, einzelne Gegebenheiten – Stamm, dickere Äste, eine gewisse Höhe usw. – zu einem *ganz bestimmten* Phänomen zu bündeln und damit von anderen Phänomenen – ohne Stamm, ohne dickere Äste und von geringerer Höhe – zu unterscheiden. Ebenso gut hätte man, wie in der Sprache der Inselbewohner, die Größe der Blätter in die Bündelung einfließen lassen können, doch besteht daran für uns offenbar kein Interesse. Dem Wort *Baum* liegt also sowohl ein objektiv existierendes Phänomen zugrunde als auch unser Interesse, die Wirklichkeit auf eine uns sinnvoll erscheinende Weise zu gliedern. Ganz offensichtlich bezeichnen die Wörter unserer Sprache nicht ‚die Gegenstände der Wirklichkeit als solche', sondern lassen unsere Perspektive auf die Wirklichkeit erkennen. Wenn wir über die Wirklichkeit sprechen, dann tun wir dies stets auf der Grundlage dieser Perspektive, sind uns ihr aber im Alltag des Kommunizierens in aller Regel nicht mehr bewusst.

Die Geschichte vom Linguisten und der Inselsprache scheint also eine recht starke Version des Konstruktivismus zu unterstützen. Denn wenn die der Sprache inhärente Perspektivität bereits in der Bezeichnung von Realia wie Bäumen unverkennbar ist (jedenfalls in der Logik der oben erzählten Geschichte), dann ist sie umso offensichtlicher präsent in Bezeichnungen von abstrakten Kategorien, also in Ausdrücken wie *Schönheit, Freiheit* und *Glück*.

John Searle konnte die Geschichte dennoch problemlos in seine zu großen Teilen realistische Position integrieren:[47]

> I do not see any serious problem about the examples you pose. Here it seems to me is the right conception! The world exists completely independently of our language and our attitudes. We then invent or evolve linguistic categories for describing and classifying elements of the world. At the most fundamental level, how we choose to divide the world up into linguistic categories is entirely up to us. This is not to say it is arbitrary. We would like our categories to match actual causal and other sorts of relations in the world. The crucial point is this: though the invention of the categories is up to us and is in that sense 'arbitrary', whether or not some object actually satisfies the categories we have invented is entirely an objective fact about the world that exists totally independently of our categorization. So we invent the word 'tree' (and that is an arbitrary invention); but once we have invented it, whether or not objects are trees is entirely up to the world and not up to us. We set the truth

---

[47] Private E-Mail vom 16. 09. 2013.

conditions, whether or not some object actually satisfies those conditions is not up to us. In short, conceptual relativity is true, but it does not imply ontological relativity, which is false. This is why I do not like the metaphor of 'dough.' 'Dough' suggests something undifferentiated. In fact, of course, the world comes to us with all of its causal relations already set. Causation is not a human creation. But once we invent the categories, then whether or not something is a tree or a planet or a hydrogen atom is entirely up to how things are in the world. It is not a question of changing something from "dough" to something else, it already is what it is regardless of how we choose to describe it.
There is a piece of the world, rather small, but important to us, where the verbal categories do not just describe a pre-existing reality but they are part of the creation of reality, and those are the institutional categories like money, property, government, and marriage. All of these phenomena are indeed social institutions and thus social creations. Planets and trees are not social creations. Money and governments are social creations. The fact that we can invent different categories for dividing the world does not show that there is no world independent of the categorization to be divided. On the contrary, it shows precisely the reverse. It is only because there is an independently existing reality that we can choose alternative methods of categorizing it and describing it.

Searles zentraler Gedanke – „In short, conceptual relativity is true, but it does not imply ontological relativity, which is false" – könnte im Grunde von jedem Konstruktivisten akzeptiert werden. Wahrscheinlich würde er ergänzen, dass die konzeptuelle Dimension für den Menschen die entscheidende ist, da er die Wirklichkeit eben nach Maßgabe seiner Konzepte erfasst. Aber wie auch immer: Wenn eine Geschichte, die eine weitgehend konstruktivistische Position zum Ausdruck bringt, problemlos in eine weitgehend realistische Theorie integriert werden kann, dann erweisen sich die Positionen von Realismus und Konstruktivismus als weit weniger unvereinbar, als die Debatte suggeriert.

Markus Gabriel
Der Neue Realismus zwischen Konstruktion und Wirklichkeit

[W]ir müssen uns zwischen zwei Philosophien entscheiden:
zwischen einer, in der Konstruktion und Realität Gegensätze sind,
und einer anderen, in der Konstruktion und Realisierung Synonyme sind.[1]

In seinem Buch *Wahrheit und Erfindung* behauptet Albrecht Koschorke, „dass wissenschaftliches Wissen sich niemals allein auf die Klärung von Sachfragen beschränkt, sondern sich zu einem Gutteil über die Sozialdimension integriert" (Koschorke 2013, 387). Als Beleg für diese Behauptung führt er „die Rede von der *fabrication of facts*" an, die „inzwischen gängige Münze in den Wissenschaftstheorien geworden" sei (ebd., 386). Er behauptet, der Realismus, den er sogleich mit dem Naturalismus gleichsetzt, rücke die „Kulturdimension", der Konstruktivismus hingegen „die Sachdimension der Erzeugung und Strukturierung von Wissen" in den Vordergrund.[2] Ohne Angabe weiterer Gründe behauptet er: „Es ist offenbar nicht möglich, ein Gesamtbild zu erzeugen, in dem beide Perspektiven zugleich scharf gestellt sind" (ebd.).

Doch darin täuscht er sich. Es ist vielmehr so, dass die Rede von einer „fabrication of facts" nur in dem Maße überhaupt sinnvoll ist, als sie etwa darauf hinweist, dass manche Tatsachen in Überzeugungen bestehen. So ist die Tatsache, dass man sich auf einer wissenschaftlichen Tagung befindet, eine Tatsache, die darin besteht, dass eine relevante Gruppe der Überzeugung ist, sie befände sich auf einer wissenschaftlichen Tagung, weil es zu sozialen Tatsachen gehört, auf eine gewisse Weise hervorgebracht, konstruiert zu werden.[3] Dies gilt nicht für die Tatsache, dass ich zwei Hände habe und auch nicht für die Tatsache, dass es gerade eine genau bestimmte Anzahl von Kanaldeckeln in Indien gibt, selbst wenn niemand diese Anzahl kennt.

Wissen im Sinne der Wissenschaft gibt es nicht, ohne dass Wissensansprüche erhoben werden, wozu *trivialiter* eine Kulturdimension gehört. Was wir wissen, die Tatsachen, gehört dabei nur in einigen Fällen der Kulturdimension an, wenn wir nämlich etwas über diese wissen. Die Kulturdimension und die Sachdimen-

---

1 Latour in seinem Vorwort zu: Stengers 2008, 21.
2 Ebd. Gegen eine solche voreilige Gleichsetzung vgl. Gabriel 2016a; 2014d. Vgl. auch mit einer teilweise ähnlichen pluralistischen Stoßrichtung Price 2011; 2013. Vgl. auch die Position in Benoist 2014a; 2014b.
3 Vgl. dazu natürlich Searle 2011; 2012; 2014.

Open Access. © 2018 Markus Gabriel, publiziert von De Gruyter. [CC BY-NC-ND] Dieses Werk ist lizenziert unter der Creative Commons Attribution-NonCommercial-NoDerivatives 4.0 Lizenz.
https://doi.org/10.1515/9783110563436-002

sion lassen sich allzu leicht vereinigen, ja, sie sind bereits vereinigt, nämlich im Begriff des wissenschaftlichen Wissens. Die von Koschorke eingeführte Alternative von Realismus und Konstruktivismus beruht auf einer falschen Entgegensetzung, die bei genauerem Hinsehen zerbröselt. Was wir hervorbringen, wenn wir wissenschaftliches Wissen erzeugen (wenn wir etwas erkennen oder entdecken), sind nicht die Tatsachen, von denen wir etwas wissen, sondern der Umstand, dass ein Wissensanspruch erfolgreich erhoben wurde. Dabei divergieren die normativen Kriterien der Anerkennung eines Wissensanspruchs als gelungen potenziell von den Tatsachen, deren Bestehen der Wissensanspruch behauptet. Deswegen können Irrtümer als Wissen anerkannt werden, woraus allerdings nicht folgt, dass Irrtümer damit zu Wissen werden. Außerdem folgt aus der potenziellen Divergenz der Anerkennung von Wissensansprüchen und faktischem Wissen nicht, dass wir über keine normativen Kriterien dafür verfügen, wann etwas wirklich als gelungener Wissensanspruch anerkannt werden sollte. Denn ein entscheidendes Kriterium, das die normativen Anerkennungskriterien ergänzt, besteht darin, dass ein gelungener Wissensanspruch Behauptungen dahingehend formuliert, dass etwas der Fall ist, was der Fall ist.

Bei der Frage, ob etwas wirklich oder konstruiert ist, handelt es sich in dem Maß um eine philosophische Frage, in dem man dabei zugleich nach dem *Begriff* der Wirklichkeit bzw. dem *Begriff* der Konstruktion fragt. Ob dieses oder jenes wirklich oder konstruiert ist, ist zwar eine relevante Frage, aber philosophisch wird sie erst dringlich, wenn wir darauf stoßen, dass die begriffliche Distinktion zwischen Wirklichkeit und Konstruktion uns plötzlich als problematisch oder gar unverständlich erscheint. „Ein philosophisches Problem hat die Form: Ich kenne mich nicht aus" (Wittgenstein 2006, 302). Um diesen Effekt zu erzielen, reicht es genau besehen nicht hin, die Grenze zwischen einer Sach- und einer Kulturdimension des Wissens zu verwischen, da diesen beiden Dimensionen zwei verschiedene Begriffe entsprechen. Der Sachdimension entspricht der *Begriff des Wissens* und der Kulturdimension der *Begriff des Wissensanspruchs*. Dass diese Begriffe verschieden sind, sieht man bereits daran, dass ihre Anwendungsbedingungen unterschieden werden können. Wer etwas weiß, hat damit eine spezifische Beziehung zu einer Wahrheit. In der Erkenntnistheorie spricht man von *Faktivität*: Wenn man weiß, dass p, dann folgt daraus, dass p.[4] Wissen kann nicht

---

[4] Zur Erläuterung vgl. Gabriel 2013b. Ist p hingegen falsch, kann man zwar nicht wissen, dass p, aber wissen, dass p falsch ist (dann weiß man nur nicht, dass p, sondern eben, dass p nicht der Fall ist, weil etwa q der Fall ist und q das Wahrsein von p ausschließt). Wohlgemerkt ist die genaue epistemologische Struktur gescheiterter Wissensansprüche und damit einer bestimmten Art falscher Überzeugungen nicht hinreichend untersucht worden. Dabei erzeugt gerade das

falsch sein. Allerdings können Wissensansprüche scheitern: Man kann meinen, etwas zu wissen, ohne es zu wissen.

Die Frage: „Wirklichkeit oder Konstruktion?" wird in der gegenwärtigen Philosophie im Rahmen der sogenannten Realismus-Debatte verhandelt. Was diese Debatte auszeichnet, ist, dass sie das Problem „Wirklichkeit oder Konstruktion?" auf spezifische Weise handhabbar gemacht hat.

Man könnte das Problem auf den ersten Blick für ein metaphysisches halten. Die Metaphysik fragt danach, wie die Wirklichkeit im Ganzen oder die Welt fundamental beschaffen ist. Das *metaphysische* Realismusproblem lautet dann, ob die Wirklichkeit im Ganzen oder die Welt überhaupt eine fundamentale Struktur unabhängig davon hat, dass wir mittels eines kategorialen Denk- oder Sprachapparats zu der Überzeugung kommen, sie hätte eine fundamentale Struktur. Der metaphysische Realist bejaht dies, der metaphysische Konstruktivist verneint dies. In einer vereinfachten – aus Literatur, Film und Fernsehen bekannten – Spielart lautet die Frage, ob unser gesamtes Leben nur ein langer Traum ist oder in der heutige gängigen Science-Fiction-Version: ob wir lediglich Gehirne sind, die durch Maschinen so stimuliert werden, dass der Eindruck einer bunten Wirklichkeit entsteht, die „mittelgroße Exemplare von Trockenwaren" (Austin 1975, 19) zu enthalten scheint, wie eine vielzitierte Formulierung des britischen Philosophen John Langshaw Austin lautet. In diesem Kontext sieht es so aus, als ob der Realismus meine, dass es Dinge einer bestimmten Art sprach-, denk- und allgemein einstellungsunabhängig gibt, während die Gegenposition, die ich „Konstruktivismus" nennen werde, dies verneint.[5]

Nur noch eine weitere Vorbemerkung zur Terminologie: Allgemein ist die Gegenposition zum Realismus der Antirealismus. Diese begriffliche Opposition kann viele Gestalten annehmen, je nachdem, was als Realismusbedingung und als Bestreitung ihres Erfülltseins angesehen wird. In meinem Modell ist der

---

Problem des Irrtums/der Täuschung (des *pseudos*) eine Reihe zentraler Aporien, die in Platons *Theaitetos* und *Sophistes*, den Gründungsdokumenten der Erkenntnistheorie im Zentrum stehen. Zur besseren Sichtbarmachung der Fallstricke einer übereilten Verpflichtung auf konstruktivistische Manöver reicht allerdings die Fokussierung auf den Erfolgsfall des Wissens hin. Methodologisch schließe ich mich dabei *cum grano salis* einer zentralen Einsicht John McDowells an, die er wirkmächtig in *Mind and World* (1996) entwickelt hat. McDowell hat übrigens eine philosophisch sehr nützliche Übersetzung mit Kommentaren zu Platons *Theaitetos* vorgelegt (McDowell 1977).
5 In der jüngeren philosophischen Debatte, die in der Semantik geführt wird, wird anstatt von Konstruktion üblicherweise von Projektion gesprochen, weil die Hume'sche Idee im Hintergrund steht, dass einige unserer Aussagen den Anschein von genuinen Tatsachen projizieren, ohne wirklich von Tatsachen zu handeln, die diskursunabhängig Bestand haben. Einen guten Überblick über diese Debatte liefern die Beiträge in Greenough/Lynch 2006.

Idealismus nur in einigen wenigen Spielarten eine Gegenposition zum Realismus, nämlich nur insofern, als er auf einen Konstruktivismus hinausläuft.[6] Dies gilt allerdings nur für einige Spielarten des Idealismus. Der Konstruktivismus, den ich als den Gegenspieler zum Realismus auffasse, ist eine Form des Antirealismus, die behauptet, dass irgendeine Klasse von Gegenständen nur dadurch existiert, dass sie konstruiert wurde, wobei es eine notwendige Bedingung der Konstruktion ist, dass Informationsfilter, die ich Registraturen nenne, am Werk sind, die die betroffenen Gegenstände hervorbringen. Ein Beispiel hierfür wäre ein Farbkonstruktivismus, der annimmt, dass es Farben nur dadurch gibt, dass bestimmte Lebewesen über Informationsfilter verfügen – die sinnesphysiologisch realisiert sind –, ohne die es zwar irgendetwas ‚da draußen' (sagen wir ein elektromagnetisches Spektrum), aber eben keine Farben gäbe. Ein anderes Beispiel wäre ein moralischer Konstruktivismus, der behauptet, dass wir moralische Werte hervorbringen, indem wir bestimmte Informationen über menschliches Verhalten so verarbeiten, dass uns dieses Verhalten damit als normativ ausgerichtet (etwa als gut oder böse) erscheint. Gegeben wäre in diesem Fall menschliches Verhalten, konstruiert hingegen die Wertedimension, in der wir dieses einordnen und es zu gutem bzw. bösem Verhalten machen.

Dem entspricht ein *epistemologisches* Realismusproblem, das die Sachlage theoretisch schon etwas handhabbarer darstellt. Man kann sich nämlich nicht nur fragen, wie die Wirklichkeit im Ganzen eingerichtet ist und ob sie auch unabhängig von unseren Überzeugungen so eingerichtet ist, wie wir meinen. Man kann sich auch fragen, woher wir überhaupt wissen, wie die Wirklichkeit im Ganzen eingerichtet ist. Das Problem verschiebt sich damit von einem Versuch, die Wirklichkeit im Ganzen zu erfassen, zur Frage, was es bedeutet, überhaupt eine nichtzufällig wahre Überzeugung, also Wissen, zu erlangen, bzw. Wissensansprüche mit Erfolgsaussicht zu erheben.

Davon kann man noch ein drittes Realismusproblem unterscheiden, das in der theoretischen Philosophie der Gegenwart sowie insbesondere auch in der Metaethik paradigmatisch ist. Bei diesem handelt es sich um das *semantische* Realismusproblem. Dieses ergibt sich daraus, dass die metaphysischen und epistemologischen Realismusprobleme die Frage aufzuwerfen scheinen, unter welchen Bedingungen eine bestimmte Klasse von Überzeugungen durch Aussagen ausgedrückt wird, die wahrheitsfähig sind. Es wird dabei als Fortschritt der semantischen Behandlung des Realismusproblems gepriesen, dass es an die Stelle eines singulären globalen Realismusproblems viele kleine lokale Realis-

---

6 Dies gilt meines Erachtens gerade nicht für die Entwürfe des sogenannten *Deutschen Idealismus*. Vgl. Gabriel 2011; 2017.

mus-Probleme setzt.⁷ Denn man könnte ja meinen, dass unsere Überzeugungen über das Schöne oder moralisch Gebotene und Verbotene ohnehin nur im Auge des Betrachters lägen, also entweder gar keine Wahrheiten ausdrücken (was der sogenannte *Expressivismus* behauptet) oder doch zumindest unter anderen Bedingungen wahr wären, als unsere Überzeugungen über Tische und Stühle, Katzen und Obstbäume, oder Elektronen und Up-Quarks. Das Problem dieser Strategie besteht darin, dass am Ende nicht mehr klar ist, warum man überhaupt noch von Realismus im Allgemeinen sprechen kann, also, warum es sich bei den vielen Problemen insgesamt um *Realismus*-Probleme handelt. Man sieht unter Umständen den Wald vor lauter Bäumen nicht mehr.

In meinem Beitrag möchte ich skizzieren, warum ich empfehle, dass wir einen Realismus „in all departments" (Davidson 1986, 307) vertreten sollten, wie eine Formulierung Donald Davidsons lautet. Mein Name für diesen Realismus ist *neutraler Realismus*, und in diesem besteht auch mein theoretischer Beitrag zur Debatte um den *Neuen Realismus*.⁸ Im ersten Teil meines Beitrags werde ich diesen unter Rekurs auf semantische Überlegungen motivieren. Im zweiten Teil werde ich einige Einwände gegen den Neuen Realismus diskutieren, die sich insbesondere auf Tim Buttons Buch *The Limits of Realism* stützen könnten, in dem er eine Version von Hilary Putnams berühmt-berüchtigten modelltheoretischen Argument gegen den semantischen Realismus aufführt.⁹ Buttons Idee lautet dabei, dass wir aus der Wahrheit unserer Aussagen niemals auf die Einrichtung der Wirklichkeit schließen können, über die unsere Aussagen berichten. Denn unsere Aussagen könnten unter Bedingungen wahr sein, die wir ihnen niemals ablesen können. Button vertritt dabei freilich eher eine Form des Skeptizismus als etwa einen Konstruktivismus.

Vorab sei darauf hingewiesen, dass die Debatte um Wirklichkeit oder Konstruktion lange Zeit unter einer weiteren Konfusion gelitten hat, die besonders deutlich von John Searle diagnostiziert wurde. Diese Konfusion besteht in seiner Terminologie darin, die *ontologische Subjektivität* bestimmter Phänomene mit ihrer *epistemischen Subjektivität* zu verwechseln (Searle 2011, 16 f.). Ein Phänomen ist dann ontologisch subjektiv, wenn es nicht bestanden hätte, hätte es niemals jemanden gegeben, der es registrierte. So sind mentale Zustände wie Schmerzen, Gedanken, aber vor allem auch Institutionen in diesem Sinne ontologisch subjek-

---

7 Vgl. dazu wegweisend in der Nachfolge Michael Dummetts Wright 2001.
8 Vgl. dazu insbesondere die systematische Ausarbeitung in Gabriel 2016c. Zur philosophischen Diskussion vgl. die Beiträge in Gabriel 2014b.
9 Vgl. Button 2013.

tiv.¹⁰ Hätte es niemanden mit einer mentalen Ausstattung gegeben, hätte es keine Schmerzen, Gedanken und Institutionen gegeben.

Daraus folgt aber nicht, dass diese Phänomene *epistemisch subjektiv* sind, d. h., dass wir beliebige Überzeugungen über sie haben können, die beliebig sind, weil sie dadurch wahr werden, dass wir sie haben. Entsprechend heiße eine Klasse von Überzeugungen epistemisch objektiv, wenn für sie der Objektivitätskontrast zwischen Wahrheit und Fürwahrhalten gilt, wenn man sich also insbesondere hinsichtlich eines Phänomens im Einzugsbereich dieser Klasse auch täuschen kann.¹¹ Damit soll nicht behauptet werden, dass ich mich hinsichtlich meiner eigenen Schmerzen täuschen kann, was ein komplizierter Sonderfall für die Philosophie des Geistes ist. Ich kann mich aber jedenfalls hinsichtlich der Schmerzen anderer täuschen. Es liegt demnach nicht in der Natur von Aussagen über Schmerzen im Allgemeinen, dass ich keine falschen Überzeugungen über Schmerzen haben kann.

Die Konfusion, auf die Searle aufmerksam gemacht hat, tritt besonders deutlich hervor, wenn etwa daraus, dass Institutionen nicht bestanden hätten, hätte niemand sie durch explizite Deklaration, durch eine relevante Handlung oder Dokumentation, also historisch, hervorgebracht, geschlossen wird, dass wir Institutionen leicht ändern können, weil wir Überzeugungen über sie einfach dadurch wahr machen, dass wir sie haben.¹² Selbst wenn alle in diesem Augenblick lebenden Menschen spontan ernsthaft davon überzeugt wären, dass es von nun an keine Nationalstaaten mehr gibt, hätten sie damit weiterhin bis zu diesem Augenblick existiert und existierten auch solange weiter, als es Dokumente gibt, welche die Existenz von Nationalstaaten vorschreiben. Keine Revolution findet nur in den Köpfen statt. Man müsste neue Dokumente schaffen, um eine Institution wie diejenige des Nationalstaates abzuschaffen.

Natürlich würden manche Konstruktivisten gegen das gesamte Unternehmen, dem ich mich hier verpflichte, einwenden wollen, dass der Begriff der Wahrheit überhaupt keine Rolle spielt. Doch dann stellt sich die Frage, wie man bitte einen allgemeinen Verdacht gegen Wahrheit begründen wollte. Was auf diesem Gebiet in der Blütezeit eines postmodernen Vulgärnietzscheanismus angeboten wurde, greift lediglich absurde Konzeptionen von Wahrheit an, also etwa die

---

10 Searles Auffassung ontologischer Subjektivität unterscheidet sich von der hier vorgeschlagenen, da für Searle hinzukommt, dass etwas nur dann ontologisch subjektiv ist, wenn es ausschließlich von einem Subjekt, d. h. hier: vom Standpunkt der ersten Person aus beobachtet bzw. erfahren werden kann.
11 Zum Begriff des *Objektivitätskontrasts* vgl. Gabriel 2014a, 45.
12 Zum Begriff der Dokumentation im Rahmen der Sozialontologie vgl. Ferraris 2009. Vgl. auch das Heft zur *Documentality* von *The Monist* 97.2 (2014).

Idee, dass man nur dann wahre Überzeugen hat, wenn man irgendwie aus seiner Haut herausfahren kann, um die Wirklichkeit ohne Vermittlung von Aussagen, Sätzen oder Überzeugungen zu erfassen. Die Kritik an einer solchen Auffassung von Wahrheit als einer nicht epistemisch herzustellenden Korrespondenz einer Innenwelt mit einer Außenwelt jenseits einer „schlechthin scheidenden Grenze" (Hegel 1986, 32), wie Hegel dies genannt hat, ist bekannt und man findet sie von Kant über Hegel bis hin zu Frege, Wittgenstein, Heidegger, Rorty, Brandom und darüber hinaus als längst anerkanntes Gemeingut der Philosophie. Von Heidegger kann man überdies lernen, dass freilich auch schon die antike griechische Philosophie einen anderen Wahrheitsbegriff hatte, der als realistisch einzustufen ist, weil er uns in unvermittelten Kontakt mit demjenigen versetzt, über das wir wahre oder falsche Überzeugungen haben können.[13] Wenn Wahrheit ein transzendentes Mysterium wäre, wäre sie nicht möglich. Zum Glück gibt es aber überhaupt keinen Grund dafür anzunehmen, dass Wahrheit eine unmöglich einzulösende Norm ist – schon deswegen, weil ein jeder solcher Grund die Form einer Aussage haben müsste, die ihrerseits wahr ist, bzw. einer Theorie, die ein Gefüge wahrer Aussagen darstellt, das inferentiell geordnet ist.

1 Neuer Realismus

Bevor man sich philosophisch der Frage nach dem Verhältnis von Wirklichkeit und Konstruktion widmen kann, ist, wie schon im Vorspann meiner Ausführungen gesehen, eine ganze Reihe von Vorverständigungen unerlässlich. Meines Erachtens sollte man die Diskussion im Licht der seit Michael Dummett vorgeschlagenen Unterscheidung zwischen Realismus und Antirealismus führen, wobei der Konstruktivismus dann eine besondere Spielart des Antirealismus ist. Realismus kontrastiert dabei, wie schon angedeutet, keineswegs mit Idealismus. Der Idealismus bestreitet den Realismus nicht ohne Zusatzannahmen. Das schärft uns bereits Kant ein, der den Idealismusbegriff profiliert, indem er uns mitteilt, er sei sowohl ein transzendentaler Idealist als auch ein empirischer Realist. Es gibt freilich Spielarten des Idealismus, die je nach Lesart mit dem Realismus kontrastieren, paradigmatisch natürlich derjenige Idealismus, der George Berkeley zugeschrieben wird.

Dummett hat in seinem klassischen Aufsatz *Realism* vorgeschlagen, die Realismusdebatte von der Erkenntnistheorie und Metaphysik unzweideutig aufs

---

13 Vgl. zum Realismus als Kontakt-Theorie auch Dreyfus/Taylor 2015.

Feld der Semantik zu verschieben (Dummet 1982).[14] Ich sage: unzweideutig, weil dies im Grunde genommen bereits Kants Programm war, das er freilich unter bestimmten Vorzeichen durchgeführt hat, die erst heute wieder prominent verteidigt werden.[15] Der Grundgedanke der semantischen Realismusdebatte besteht darin, die Frage nach Wirklichkeit und Konstruktion nicht direkt als eine Frage nach dem Verhältnis von Geist und Welt aufzufassen. Die *semantische* Realismusdebatte kontrastiert demnach mit der *metaphysischen* Realismusdebatte, wobei es freilich bis heute eine eigene Kontroverse um die Frage gibt, ob wir eher eine metaphysische oder eine semantische Realismusdebatte führen sollten.[16] Die Verschiebung der Realismusdebatte von der Metaphysik in die Semantik geht von dem Befund aus, dass der Streit um die Reichweite des Realismus damit zusammenhängt, wie man die Wahrheitsbedingungen offensichtlich wahrer Aussagen im Einzelnen zu verstehen hat.

Der Realist und der Konstruktivist werden sich in vielen Fällen leicht darauf einigen, welche Aussagen wahr sind. Verdeutlichen wir dies zunächst an einem einfachen Beispiel, um uns von dort zu den fraglichen Fällen durchzuarbeiten, die Konstruktivisten gerne als paradigmatisch behandeln möchten. Der Realist und der Konstruktivist werden sich etwa darauf einigen, dass es wahr ist, dass ich gerade zwei Hände habe. Nehmen wir nun an, der Konstruktivist wäre dabei der Überzeugung, dass es in Wirklichkeit gar keine Hände gibt. Der Grund, den er dafür anführt, könnte etwa davon ausgehen, dass wir nur deswegen meinen, es gebe Hände, weil wir bestimmte Informationen so deuten oder aus einem Meer an unbewusst verfügbaren Informationen so verarbeiten, dass wir zu der Überzeugung gelangen, es gebe Hände. Ein gegenwärtiger besonders grobschlächtiger Anhänger des Bischofs Berkeley könnte etwa zunächst darauf hinweisen, dass wir nur deswegen an Hände glauben, weil wir zweidimensionale Sinneseindrücke empfangen, die auf unserer Retina durch kausale Reize aus einer uns nur sinnlich zugänglichen Außenwelt entstehen. Diese zweidimensionalen Sinneseindrücke würden intern weiterverarbeitet, wobei wir dann durch Vermittlung neuronaler Bahnen, Erziehung und Konvention irgendwann lernen, die zweidimensionalen Eindrücke so zu konstruieren, dass uns dreidimensionale Hände

---

14 Dummett selber hat freilich ein Antirealismus-Kriterium vorgeschlagen, dem zufolge (*grosso modo*) eine Diskursregion dann antirealistisch ist, wenn sie Aussagen trifft, die dann, wenn sie verifikations-transzendent sind, weder wahr noch falsch sind. Der Realismus ist demgegenüber an Wahrheitswertbivalenz für nicht verifizierbare Aussagen gebunden.
15 Vgl. dazu Hogrebe 1974 sowie die Kant-Deutung in Chiba 2012.
16 Vgl. Devitt 2013. Devitt will gegen Dummett und Putnam die metaphysische Debatte wiederbeleben.

als ganz gewöhnliche Gegenstände erscheinen.[17] In Wirklichkeit gebe es aber keine Hände. Da Berkeley freilich der gut begründeten Überzeugung war, dass eine solche *kausale* Rekonstruktion des Zustandekommens von Überzeugungen über die meinungsunabhängige Wirklichkeit nicht überzeugend ist, schüttete er in einem radikalen Akt das Kind gleich mit dem Bade aus und bestritt nicht nur die gewöhnliche Existenz von Händen, sondern auch die Existenz von Materie überhaupt. An deren Stelle trat eine ganz anders gelagerte Erklärung des Zustandekommens von Informationszuständen in immateriellen Geistwelten.

Es geht mir an dieser Stelle nicht darum, Berkeley adäquat zu rekonstruieren, seine Position zurückzuweisen oder gar zu unterstützen, sondern um die allgemeine Form derjenigen Überlegung, die zum Konstruktivismus führt. Berkeley bestreitet nämlich nicht, dass der Satz „George Berkeley hat Hände" wahr ist, sondern, dass er deswegen wahr ist, weil es in der Wirklichkeit, in der Außenwelt, materielle „mittelgroße Exemplare von Trockenwaren" (Austin 1975, 19) gibt. Der Konstruktivist muss demnach nicht unbedingt bestimmte Sätze, die wir für wahr halten, als falsch ausweisen, sondern will lediglich darauf hinaus, dass sie etwas anderes bedeuten, als wir *prima vista* meinen könnten. Dies entspricht Berkeleys berühmter Devise, „mit den Gelehrten denken und mit dem Volk sprechen" (Berkeley 2004, 26). Der Dialogpartner Philonous, der, wie sein Name schon sagt, für Berkeleys Idealismus steht, drückt dies unmissverständlich so aus (Berkeley 1980, 146):

> Ich erhebe keineswegs den Anspruch, neue Ansichten aufgestellt zu haben. Meine Bemühungen sind nur darauf gerichtet, die Wahrheit, von der bisher das Volk und die Philosophen je nur einen Teil besaßen, in eins zu fassen und in ein helleres Licht zu setzen: denn ersteres war der Meinung, dass *jene Dinge, die man unmittelbar wahrnimmt, die wirklichen Dinge sind*, und die letzteren, *dass die unmittelbar wahrgenommenen Dinge Vorstellungen sind, die nur im Geist existieren.*

Ziehen wir zwei weitere zentrale Fälle heran, die illustrieren, worum es in der Realismus-Konstruktivismus-Debatte geht, den Fall der Farben und den Fall der Werte.[18]

Im Farbfall könnte jemand sich etwa der frühneuzeitlichen, prominent von Galileo formulierten, These anschließen, dass es in Wirklichkeit keine Farben,

---

17 Ein solcher Neurokonstruktivismus wird in der Tat von einigen Kognitionswissenschaftlern aus experimentellen Befunden geschlossen, die freilich weit davon entfernt sind, diese (philosophisch inkohärente) Position zu unterstützen. Vgl. als Paradefall Dehaene 2014. Vgl. dagegen Gabriel 2016b.
18 Vgl. dazu auch Gabriel 2014c.

sondern elektromagnetische Wellen einer bestimmten Länge und Frequenz gibt, die wir durch interne Mechanismen zu Farbempfindungen verarbeiten, die wir irrtümlich gleichsam über die Gegenstände verbreiten, auf die wir stoßen. Die Aussage „Die Wiese ist grün" bedeutete dann, dass an einer bestimmten Raumzeitstelle etwas der Fall ist, nämlich dass ein Fall einer elektromagnetischen Welle im Längenbereich von 520–560 nm vorliegt usw. Damit wird die Aussage nicht falsifiziert. Vielmehr wird ihr eine Bedeutung gegeben, die nicht allen kompetenten Sprechern zugänglich ist, wenn sie wissen, dass die Aussage über die grüne Wiese wahr ist. Denn dazu müssten sie auch noch wissen, was Farben sind, um auf diese Weise den richtigen Einblick in den Zusammenhang ihrer Farbempfindung mit der Farbe zu gewinnen. Die Aussage „Die Wiese ist grün" bleibt wahr, man gibt ihr in diesem Fall nur Wahrheitsbedingungen, die einige Sprecher überraschen und die deswegen auch als Gegenstand revolutionärer Entdeckungen gelten können.

Der letzte Fall, den ich skizzieren möchte, ist das Werteproblem, das mindestens an der Oberfläche eine ähnliche Form hat. Angenommen, eine bestimmte Gruppe erfahre im Rahmen soziologischer, historischer und politologischer Studien etwa, dass sie bestimmte Normen lediglich deswegen akzeptiert, weil diese Normen zur Stabilisierung der Gruppe gegenüber anderen, als Feinden wahrgenommenen Gruppen beitragen. Vielleicht erfährt die Gruppe dabei auch, dass die Feinde erst durch die Normen zu Feinden werden, dass sie also nicht gleichsam an sich oder in einem metaphysischen Sinne immer schon Feinde sind. Hierbei kann man etwa eine extrem schematische Genealogie der Menschenrechte aus dem Geist des Christentums zeichnen, die ich nur als imaginären Grenzfall skizziere. Vielleicht – so würde Nietzsche sogar tatsächlich meinen – ist die Idee universaler Menschenrechte, die alle Menschen als solche als Träger von Rechten ansieht, unabhängig von Erfolg, Gesundheit, Herkunft, Geschlecht usw., nichts weiter als eine Konsequenz der Disziplinierungstechniken des Christentums. Das Christentum hätte damit in einem bestimmten Sinn die Gleichheit aller Menschen *konstruiert*. Angenommen nun weiterhin, jemand legte eine überzeugende und hinreichend detaillierte historische und soziologische Studie vor, die nachweist, dass die Idee der Gleichheit aller Menschen, wie sie dem Menschenrechtsdiskurs zugrunde liegt, eine christlich konstruierte Idee ist. Dann wäre dies noch kein Grund, den Satz „Alle Menschen sind gleich" für falsch zu halten. Man hätte nur eine bestimmte Auffassung der Wahrheitsbedingungen einer entsprechenden Aussage vorgelegt. Dieser Auffassung zufolge ist der Satz „Alle Menschen sind gleich" deswegen wahr, weil er in eine bestimmte Genealogie eingebettet ist. Nietzsche meint zwar, dass aus der Einsicht in die Genealogie irgendwie eine Einsicht in die Falschheit (genauer: „Lüge im außermoralischen Sinne") des Satzes folge, ist aber nicht imstande, dies überzeugend darzulegen.

Vor diesem Hintergrund geht der Neue Realismus, den ich selber vertrete und verteidige, davon aus, dass es im Allgemeinen keinen Grund gibt, *alle* Registraturen, die dazu führen, dass wir bestimmte Sätze für wahr halten, eines *prinzipiellen* Irrtums zu verdächtigen. Viele der Überlegungen, die scheinbar dafürsprechen, dass bestimmte Meinungssysteme prinzipiell fehlgeleitet sind, laufen dabei nicht in dem von ihnen intendierten Sinn auf einen Konstruktivismus hinaus. Insbesondere sollte man nicht aus dem Blick verlieren, dass der Konstruktivismus sich nicht deswegen empfiehlt, weil er zu der überraschenden Einsicht führt, dass bestimmte zentrale, alltäglich oder wissenschaftlich für wahr gehaltene Sätze falsch sind. Vielmehr behauptet er, dass die Wahrheitsbedingungen bestimmter Sätze anders zu verstehen sind, als sie uns erscheinen. Der Irrtum, den er aufdecken möchte, liegt also vielmehr darin, dass er behauptet, wir täuschten uns in der Frage, was diese Sätze bedeuten, als darin, dass er uns darüber aufklärt, dass die Sachlage anders ist, als unsere Sätze behaupten.

Im Hintergrund dieser Überlegung über die Struktur und Reichweite des Konstruktivismus steht dabei ein Argument, das ich das *Argument aus der Faktizität* nenne und das man in verschiedenen Spielarten bei so verschiedenen Philosophen wie Quentin Meillassoux und Paul Boghossian, aber auch bei Manfred Frank finden kann.[19] Dieses Argument unterscheidet zunächst zwischen zwei Arten von Überzeugungen: solche, die von etwas handeln, das nicht existiert hätte, hätte es keine Überzeugungen gegeben, und solche, die von etwas handeln, das auch dann existiert hätte, wenn es keine Überzeugungen gegeben hätte. Nennen wir die erste Klasse von Überzeugungen die *konstruktive* und die zweite die *nicht-konstruktive* Klasse. Das Argument zeigt nun, dass es keine konstruktive Klasse ohne eine nicht-konstruktive Klasse geben könnte. Der Grund dafür anzunehmen, dass Überzeugungen von etwas handeln, das konstruiert ist, geht in der Regel davon aus, dass es eine Registratur gibt, die eine Unterscheidung zwischen wahr und falsch oder richtig und unrichtig hervorbringt, indem sie einen Gegenstandsbereich erzeugt. Visuelle Kortizes erzeugen richtige und unrichtige Meinungen über Farben, selbst wenn es Farben in einem bestimmten Sinn nur als sekundäre Qualitäten geben sollte, also nur als „mentale Farbe", in der wir eine an sich farblose physische Wirklichkeit erleben. Die Bedingungen dafür, dass visuelle Kortizes dazu beitragen, dass Farbmeinungen richtig oder unrichtig sein können, sind aber nicht ihrerseits durch visuelle Kortizes bedingt. Es ist ja keine Farbempfindung zu behaupten, dass Farbempfindungen so-und-so zustande kommen. Ähnliches gilt selbst für den Extremfall, in dem jemand, sagen wir Schopenhauer, ernsthaft behaupten wollte, dass unser gesamtes kognitives Leben ein Traum ist. Vielleicht

---

19 Vgl. Gabriel 2014d; Boghossian 2013; Meillassoux 2008; Frank 2014.

ist alles, was wir überhaupt als extramentale Wirklichkeit erfahren, also Katzen, Hände, Up-Quarks, Galaxien usw., irgendwie davon abhängig, dass wir bestimmte Datenfilter verwenden, die einen Beitrag dazu leisten, dass Meinungen über eine solche Wirklichkeit richtig oder unrichtig sein können. Doch selbst wenn man eine solche Position weiter ausstaffiert, wird man am Ende darauf stoßen, dass diese Position selber nicht dadurch wahrgemacht werden kann, dass man nun an sie glaubt. Selbst der metaphysische Konstruktivist, der meint, dass alles, was überhaupt existiert, so hervorgebracht wird wie Farbempfindungen durch visuelle Kortizes – was Schopenhauer mit der Ausnahme des Weltwillens in der Tat annimmt –, muss annehmen, dass diese Behauptung auch unabhängig davon wahr ist, dass sie gerade aufgestellt wird. Ja, was damit behauptet wird, wäre auch dann wahr gewesen, wenn es niemals jemand entdeckt hätte, es soll sich um eine naturwissenschaftlich und/oder metaphysisch mit harter experimenteller/begrifflicher Arbeit entdeckte Tatsache handeln.

Der metaphysische Konstruktivist führt Gründe dafür an, warum man ihm Glauben schenken sollte. Es ist schließlich nicht gerade eine weitverbreitete Überzeugung, dass der metaphysische Konstruktivismus wahr ist. Er möchte auch eine umstrittene Behauptung sein und tritt daher als die vermeintliche Entdeckung auf, dass es in Wirklichkeit keine Entdeckungen, sondern nur Erfindungen gibt. Die Wahrheitsbedingungen des metaphysischen Konstruktivismus selber erstrecken sich in allen mir bekannten Spielarten daher auch nicht auf ihn selber, es wird immer wieder eine Ausnahme gemacht, damit man nicht auf den Unsinn festgelegt ist, dass alles, auch die Wahrheitsbedingungen der vermeintlichen konstruktivistischen Entdeckung, im relevanten Sinn konstruiert sei.

Wenn der Konstruktivismus also überhaupt eine sinnvolle Position ist, kann er immer nur auf lokale Überzeugungsklassen eingeschränkt vertreten werden. In allen Fällen ist die Ausgangsposition aber diejenige, dass bestimmte Sätze wahr sind, und die Frage lautet jeweils, ob die Entdeckung, dass sie teilweise durch das Vorliegen von Überzeugungen wahrgemacht werden, die Wahrheitsbedingungen überhaupt so ändert, dass man bei einem Antirealismus ankommt.

Im gegenwärtigen Theoriespektrum der Philosophie gehört der Neue Realismus zu den deflationären Optionen. Darunter versteht man Positionen, die gar nicht versuchen, die metaphysische Substanz der Wirklichkeit zu entdecken, sondern vielmehr auf minimalen Annahmen über die Bedeutung bestimmter theoretischer Begriffe aufbauen.[20] Der Realismus legt uns nicht auf ein massives metaphysisches Gebilde von Annahmen fest dahingehend, es gebe eine extramentale Wirklichkeit, die wir sprachlich abzubilden versuchen, indem wir bei-

---

20 Vgl. in diesem Sinn paradigmatisch Benoist 2014b.

spielsweise zunächst Eigennamen einführen, die kausal in Kontakt mit etwas „da draußen" stehen, um dann herauszufinden, welche Eigenschaften das „extramentale Urgestein" hat, um eine Formulierung Jens Halfwassens aufzugreifen (Halfwassen 2008, 71).

Der Neue Realismus kann hier an die deflationäre bzw. minimalistische Wahrheitstheorie anknüpfen. Sie hält Wahrheit für eine Eigenschaft von Überzeugungen/Sätzen/Aussagen, die ihnen dadurch zukommt, dass sie einen Sachverhalt so darstellen, wie er ist. Grundsätzlich ist man mit dieser Theorie nur darauf verpflichtet, dass eine Aussage „p" dann wahr ist, wenn dasjenige der Fall ist, was sie aussagt. Es ist eine offensichtliche Wahrheitsbedingung des Satzes, dass ich zwei Hände habe, dass ich zwei Hände habe; eine offensichtliche Wahrheitsbedingung des Satzes, dass die BRD ein besserer Staat als Nordkorea ist, dass die BRD ein besserer Staat als Nordkorea ist; eine offensichtliche Wahrheitsbedingung des Satzes, dass es in London gerade regnet, dass es in London gerade regnet usw.

All dies hat ohne weitere Zusatzannahmen überhaupt nichts damit zu tun, dass es eine Welt oder Wirklichkeit gibt, deren Einrichtung wir mittels Sprache, Denken, wissenschaftlicher Theoriebildung usw. zu entdecken oder abzuspiegeln versuchen und dass man nur dann Realist ist, wenn man meint, dass etwas zur metaphysisch privilegierten Welteinrichtung gehört.[21] Diese Position habe ich in *Warum es die Welt nicht gibt* als „alten Realismus" bezeichnet. Dieser geht davon aus, dass die Wirklichkeit, die entscheidet, ob wir hinsichtlich dieser oder jener Angelegenheit Realisten sein sollten, die „Welt ohne Zuschauer" (Gabriel 2013, 15) ist. Gegen diese Annahme hat die jüngere semantische Realismusdiskussion, für die unter anderem Michael Dummett, Richard Rorty, Jacques Derrida, Hilary Putnam und neuerdings Robert Brandom und Huw Price stehen, zu Recht unzählige Einwände erhoben.[22]

Der Konstruktivismus besteht nun in einer Überreaktion auf den alten Realismus. Er nimmt nämlich an, dass die Bestreitung der Existenz einer Welt ohne Zuschauer in der Behauptung besteht, dass es in Wirklichkeit nur eine „Welt der Zuschauer" (Gabriel 2013, 15) gibt. Der richtige Grund dafür, zu bestreiten, dass die Vorstellung einer Welt ohne Zuschauer zum theoretischen Aufbau der Realismusdebatte gehört, besteht darin, dass es sich beim Realismusproblem um eine

---

21 Rorty schließt sich in seinem einschlägigen Klassiker *Der Spiegel der Natur* (Rorty 1987) daher an die deflationäre Wahrheitstheorie an. Er lehnt nicht Wahrheit als solche, sondern eine bestimmte, repräsentationalistische Wahrheitstheorie ab, die seines Erachtens daran scheitert, dass sie nicht verständlich machen kann, was der Zusammenhang von Wahrheit und Behauptbarkeit, bzw. von Sprachzeichen und Sprachgebrauch ist.
22 Dennoch behält der „alte Realismus" seine Anhänger. Er erfreut sich leider in der sogenannten analytischen Metaphysik heute allergrößter Beliebtheit. Vgl. paradigmatisch Sider 2011.

semantische Frage handelt, dass es also darum geht, welche Voraussetzungen wir treffen müssen, damit unsere offensichtlich wahren Aussagen auch als wahr einsehbar aufgefasst werden können. Dabei spielt die Idee eines singulären Wirklichkeitsblocks, einer Welt, die sich vor unserer Nase bzw. außerhalb unseres Geistes befindet, überhaupt keine Rolle. Wir können sie also fallenlassen.[23]

2 Grenzen des Realismus?

In *The Limits of Realism* geht Tim Button von Hilary Putnams berühmtem modelltheoretischen Argument gegen den von Putnam so genannten metaphysischen Realismus aus.[24] Die Frage, die man sich stellen könnte, lautet, ob man auf dieser Grundlage ein Argument gegen den Neuen Realismus entwickeln könnte. Button geht von einem Begriff aus, den er als „externen Realismus" bezeichnet, was nicht identisch mit dem Begriff des metaphysischen Realismus ist, den Putnam verwendet. Putnam versteht unter dem metaphysischen Realismus nicht nur die Annahme, dass es einen Gottesstandpunkt gibt, von dem aus man die Wirklichkeit richtig beschreiben müsste, um den Realismus einzulösen, sondern insbesondere die Zusatzthese, dass man nur dann einen Gottesstandpunkt einnehmen könnte, wenn es genau eine richtige Gesamtbeschreibung gäbe, die insbesondere für jedes Ding in der absoluten Wirklichkeit da draußen genau einen passenden logischen Eigennamen hat.[25]

Buttons Ausgangspunkt ist stärker, weil er weniger Voraussetzungen trifft. Er versteht unter „externem Realismus" u. a. die Annahme, dass alles, was uns als wahr erscheint, was also ein Beleg für eine wahre Überzeugung zu sein scheint, in Wirklichkeit falsch sein könnte.[26] Was für manche Ohren überraschend klingen mag, ist hierbei, dass der externe Realismus ein zentraler Baustein des radikalen

---

[23] In diese Richtung geht natürlich auch Rorty 1972. Allerdings verabschiedet er damit den direkten Zugang zum Wirklichen und neigt damit zum Konstruktivismus.
[24] Vgl. dazu die *loci classici* Putnam 1990 und Putnam 1992.
[25] Putnam weist freilich selber darauf hin, dass der „metaphysische Realismus" ein historisch überliefertes Hybrid der folgenden drei charakteristischen Annahmen ist: 1. „the world consists of a totality of mind-independent objects", 2. „there is exactly one true and complete description of the way the world is" und 3. „truth involves some kind of corresponce" (Putnam 1992, 30).
[26] Genau genommen behauptet Button, der „externe Realismus" sei auf drei Prinzipien festgelegt: Unabhängigkeit, Korrespondenz und Cartesianismus (Button 2013, 7–13). Im Einzelnen bestimmt er die Prinzipien folgendermaßen: 1. *Unabhängigkeitsprinzip* = „The world is (largely) made up of objects that are mind-, language-, and theory-independent." (8); 2. *Korrespondenzprinzip* = „Truth involves some sort of correspondence relation between words or thought-signs

Konstruktivismus ist, sofern dieser darauf aufbaut, dass die Wahrheitsbedingungen von Aussagen über Katzen, Matratzen, Farben und Up-Quarks so weitgehend anders sind, als sie uns erscheinen, wenn wir sie unter normalen Bedingungen angeben, dass unsere gewöhnlichen Wissensansprüche damit irgendwie unterminiert zu werden drohen.

Genauer behauptet der Konstruktivismus, wie ich ihn hier verstehe, dass unsere gewöhnlichen Wissensansprüche zwar durchaus erfolgreich sind, aber in einem von gewöhnlichen Sprechern gerade nicht intendierten Sinn. Wenn es etwa wahr wäre, dass Farben und stabile mesoskopische Gegenstände wie Tische und Äpfel eigentlich durch Informationsfilter (etwa visuelle Kortizes) konstruiert werden, handelten unsere wahren Sätze über Farben, Tische und Äpfel nicht mehr von Farben, Tischen und Äpfeln, sondern von Konstrukten, die wir als Farben, Tische und Äpfel bezeichnen. Damit bleiben unsere trivialen Sätze – etwa: ein grüner Apfel liegt auf dem Tisch – weiterhin wahr, aber nur dadurch, dass ihnen eine andere als die von gewöhnlichen Sprechern intendierte Bedeutung zugeschrieben wird.

In der Tat halte ich den Konstruktivismus für eine überzogene Reaktion auf den alten Realismus. Der Konstruktivismus akzeptiert, dass man nur dann Realist sein sollte, wenn dies bedeutet, eine absolute Wirklichkeit abzuspiegeln, sprachlich oder mental zu erfassen, die an sich radikal anders sein könnte, als sie uns erscheint. Um bei der Konklusion anzukommen, dass unsere gewöhnlich intendierten Bedeutungen defekt sind, führt der Konstruktivist Fälle an, in denen wir uns im radikalen Irrtum befunden haben, und behauptet, unsere epistemische Situation sei nicht besser als es diejenige war, in der wir uns befanden, als wir uns im radikalen Irrtum befanden.

Eine solche Überlegung ist aus der Wissenssoziologie und Wissenschaftstheorie bekannt. So beruft sich etwa die *pessimistische Metainduktion* darauf, dass vergangene Großtheorien wie die Aristotelische Kosmologie sich als falsch herausgestellt haben. Woher, so lautet die Überlegung, nehmen wir die Berechtigung zu meinen, dass unsere Kosmologie richtiger ist als die Aristotelische in dem Sinne, dass sie sich der absoluten Wahrheit irgendwie näher befindet als jede frühere Annahme, zumal die Kosmologie ebenso wie viele andere Zweige der Naturwissenschaft sich auch in den letzten Jahrhunderten, ja Jahrzehnten radikalen Umwandlungsprozessen unterzogen hat? Das Problem stellt sich nicht nur diachron, sondern auch synchron, wenn man etwa mit US-amerikanischen Kreationisten oder anderen Gruppen diskutiert, die aberwitzige Überzeugungen haben. Die kritische Überlegung, die eingesetzt wird, um daraus Gründe für einen

---

and external things and sets of things." (8, bei Button ein Putnamzitat); 3. *Cartesianismusprinzip* = „Even an ideal theory might be radically false" (10).

Konstruktivismus abzuleiten, geht davon aus, dass man nur dann Realist sein kann, wenn man eine absolute Wahrheit annimmt, die absolut ist, weil sie eine absolute Wirklichkeit abspiegelt. Aber warum sollte man nur dann Realist sein, wenn man meint, dieses oder jenes sei Teil einer absoluten Wirklichkeit, die man als solche nur von einem infalliblen oder auf eine besondere Weise unanfechtbaren Standpunkt aus beobachten kann?

In der Tat bestreite ich, dass es eine absolute Wirklichkeit gibt, was nicht bedeutet, dass nun alles konstruiert ist oder im Bewusstseinskasten des Subjekts vor sich geht. Der in der öffentlichen Debatte als der „neue" bezeichnete Realismus hat vielmehr die Vorstellung verabschiedet, dass es eine „schlechthin scheidende Grenze" (Hegel 1986, 32) gibt, die Geist einerseits von Welt andererseits unterscheidet.

Das Bemerkenswerte an Buttons Rekonstruktion des modelltheoretischen Arguments besteht nun darin, dass es eine Grenze erzeugt, ohne auf eine vorgängige Grenze angewiesen zu sein. Es stellt daher eine sprachphilosophische Herausforderung an den Neuen Realismus dar. In seiner Version geht das Argument davon aus, dass Wörter, die sich auf Gegenstände beziehen sollen, uns nicht von den Gegenständen aufgenötigt werden, was eine triviale Einsicht ist, die man natürlich auch unter dem Schlagwort der Arbitrarität des Zeichens kennt. Dass wir dasjenige, was Engländer „dog" nennen, „Hund" nennen, ohne dass einer von uns deswegen einen Fehler begeht, ist hoffentlich noch von niemandem ernsthaft bezweifelt worden. Natürlich kann man diese Arbitraritätsthese sofort gründlich verzeichnen, wenn man nämlich meint, dass Sprecher des Deutschen und Sprecher des Englischen eine Vorstellung von Hunden haben, die die einen als „dog" und die anderen als „Hund" bezeichnen, so als ob wir durch ein Einrichtungshaus spazierten und verschiedene Namenszettelchen verteilen. All dies ist vielfältig untersucht und kritisiert worden.

Um an dieser Stelle nicht zu viele Voraussetzungen zu treffen, kann man auch einfach davon ausgehen, dass die Wirklichkeiten, über deren Struktur wir wahre Aussagen theoretisch begründet zu treffen versuchen, uns nicht dazu nötigen, wahre Aussagen über sie zu treffen. Wir täuschen uns nämlich manchmal. Fallibilität ist unter Umständen ein weniger anspruchsvoller Ausgangspunkt als die Arbitrarität des Zeichens.

Das modelltheoretische Argument sagt nun, dass wir Theorien entwickeln können, die insgesamt wahre Aussagen enthalten, dass diese Theorien aber dennoch auf eine solche Weise wahr sind, dass wir sagen würden, sie verfehlen ihren Gegenstandsbereich.[27] Wählen wir zur Illustration ein einschlägiges Bei-

---

[27] Vgl. Button 2013, 17–19.

spiel. Angenommen, wir wären der wahren Überzeugung, dass eine Katze auf einer Matratze sitzt. Diese Überzeugung, so werden wir Realisten zunächst unterstreichen, ist wahr genau dann, wenn die Katze auf der Matratze sitzt. Man muss also gleichsam den Wortlaut wiederholen, einmal um eine Aussage zu treffen und ein andermal, um anzugeben, was die Wahrheitsbedingungen der Aussage sind. Aber wie, wenn der Ausdruck „Katze" sich auf den *Mond*, der Ausdruck „Matratze" sich auf die *Erde* bezöge und der Ausdruck „sitzt auf" *ist größer als* bedeutete? Woher wissen wir denn, was unsere Wörter bedeuten? Sicher nicht daher, dass wir die Wahrheitsbedingungen unserer Aussagen angeben, da diese, so das Argument, auch dann wahr wären, wenn wir systematische Vertauschungen vornähmen, wenn wir also ein anderes Modell entwickeln, um anzugeben, was es heißt, dass unsere Aussagen wahr sind. Die Pointe dieser Auffassung des Impetus des modelltheoretischen Arguments lautet, dass wir auch dann eine schlechthin scheidende Grenze zwischen Sprache und Wirklichkeit *errichten* können, wenn wir lediglich eine deflationäre oder minimalistische Wahrheitstheorie voraussetzen. Damit geraten also nicht nur der metaphysische und epistemologische, sondern auch der semantische Realismus unter Druck. Denn selbst wenn alle Aussagen die Wahrheitsbedingungen haben, die man ihnen durch bloßes sprachlich kompetentes Versichern, sie seien wahr, zuschreibt, könnten sie in einem nicht intendierten Sinn wahr sein.[28] Button stellt vor diesem Hintergrund die Frage, woher der semantische Realist Ressourcen bezieht, um ein Modell zu privilegieren, das unseren wahren Aussagen diejenigen Wahrheitsbedingungen zuweist, die wir vortheoretisch als intendierten Aussagensinn verstehen. Nicht dadurch, dass es wahre Aussagen enthält, weil dies für zu viele Modelle gilt, die man zur Rekonstruktion der Wahrheitsbedingungen seiner Aussagen verwenden könnte. Brauchen wir also doch einen stärkeren, substantiellen Wahrheitsbegriff, der dann wiederum den Einwänden gegen die vielgescholtene Korrespondenztheorie von Satz und Wirklichkeit zum Opfer fiele?

An genau dieser Stelle setzt eine ontologische Überlegung ein. Unter „Ontologie" verstehe ich hierbei die systematische Beantwortung der Frage, was es heißt zu existieren. Die Ontologie beschäftigt sich mit Existenzfragen. Das modelltheoretische Argument basiert darauf, dass ein Gegenstandsbereich als Teil eines Modells vorausgesetzt wird, das mindestens Raum für logische Eigennamen und damit für Individuenvariablen, und Prädikate hat, die Beziehungen herstellen. Es will darauf hinaus, dass wir viele Modelle entwickeln können, die jeweils

---

28 Vgl. dazu auch die Distinktion zwischen einem *autologischen* und einem *heterologischen* Gebrauch deflationärer Wahrheitskonditionale in Price 2006 und die Antwort Blackburns in Blackburn 2013, hier: 74.

Funktionen in Anspruch nehmen, die Elemente des Modells mit Elementen des Gegenstandsbereichs verbinden. Der Ausdruck „Katze" kann, je nach Modell, mit dem, was wir Katzen nennen, oder mit dem, was wir Mond nennen, verbunden werden, welche zutreffende Theorie der Referenz man hier auch immer einsetzen mag. In jedem Fall muss etwas etwas sein können, damit wir minimale wahrheitsfähige Aussagen des atomaren Typs a ist F modellieren können. Jedes Modell verfügt demnach über eine Einrichtungsfunktion (*furnishing function*), wie David Chalmers dies nennt (Chalmers 2009, 108). Ich spreche in eigener Sache von einem *Sinn*, d. h. von einer Anordnungsregel für Gegenstände in einem Gegenstandsbereich, wobei ich Gegenstandsbereiche entsprechend als *Sinnfelder* bezeichne.

Chalmers entnehme ich nun die Richtung für eine einfache Lösungsstrategie für das vereinfachte modelltheoretische Argument. Jeder, auch der semantische Skeptiker und der Konstruktivist, muss nämlich zwischen *zulässigen* und *unzulässigen* Einrichtungsfunktionen unterscheiden. Es sollen ja einige Aussagen wahr und andere falsch sein. Das bedeutet aber, dass jedes Modell ausschließt, dass man einen zu strukturierenden (einzurichtenden) Gegenstandsbereich *beliebig* einrichten kann, da ansonsten zu viele (bzw. gar alle) Sätze wahr werden, die man bezüglich des einzurichtenden Bereichs modellieren kann. Wenn ich ein Modell der Stadt Heidelberg entwerfe, wenn ich also das Sinnfeld „Heidelberg" zu erfassen versuche, kann ich nicht davon ausgehen, dass man in Heidelberg unmögliche Gegenstände wie runde Vierecke oder den gegenwärtig nichtexistierenden König von Frankreich findet. Das modelltheoretische Argument von Button zeigt deswegen auch in Buttons Augen, dass es einen epistemisch objektiv bestehenden Unterschied zwischen zulässigen und unzulässigen Einrichtungsfunktionen gibt. Es kann also auf seiner Grundlage kein prinzipieller Verdacht gegen die Wahrheit unserer Aussagen formuliert werden. Das Argument fragt lediglich danach, ob unsere Aussagen so modelliert werden, wie sie intendiert wurden. Und diese Frage ist nichts anderes als eine Frage danach, ob wir wissen, dass die Dinge so liegen, wie wir meinen, wenn wir Wissensansprüche erheben.

Man fragt also lediglich, welche unserer Wissensansprüche erfolgreich sind, also danach, was wir wissen. Es besteht kein allgemeiner Verdacht, dass unsere Worte nicht bedeuten, was wir intendieren, und schon gar kein Verdacht dahingehend, dass alles ganz anders sein könnte, als wir zu wissen beanspruchen.

3 Abschließende Bemerkungen

Der Konstruktivismus beruht auf einer theoretisch nicht einlösbaren allgemeinen Aura des Verdachts. Dies macht ihn für viele attraktiv, weil er besonders kritisch aussieht. Meines Erachtens kann man aber keine Kritik an einem Diskurs ausüben, es sei denn, man erhebt Wahrheitsansprüche. Die Quelle aller legitimen Kritik besteht in Wahrheit und Wissen. Deswegen sagte Kant ja auch, die Maxime der Aufklärung sei „sapere aude" (Kant 1900, 35), also ein Mut zum Wissen und nicht etwa die Vermeidung von Wissensansprüchen im Namen einer leeren kritischen Verdachtshaltung. Und damit hatte er Recht.

Es gibt also letztlich gar keine allgemeine, metaphysische oder erkenntnistheoretische Alternative zwischen „Wirklichkeit oder Konstruktion", da einiges Wirkliches konstruiert und anderes Wirkliches nicht-konstruiert ist. Der Anschein eines tieferen Problems rührt daher, dass man Konstruktion vorschnell mit reinem Schein verwechselt, was den falschen Eindruck erzeugt, wir könnten niemals wirkliches Wissen erlangen. Doch diesem postmodernen vulgärnietzscheanischen Sirenengesang sollte man kein Gehör schenken. Denn wir leben erfreulicherweise in einem Zeitalter des Wissens. Es geht darum, dieses weiterhin gegen die Mächte der Unvernunft, des Aberglaubens und der Unwissenheit zu verteidigen. Doch dies setzt voraus, dass wir uns zutrauen, die Unterscheidungen zwischen Wissen und Wissensansprüchen, zwischen Wahrheit und Fürwahrhalten, Fakten und Fiktionen, angemessen zu handhaben. Da diese freilich begriffliche Schwierigkeiten philosophischer Natur aufwerfen, wird die Philosophie weiterhin über alle wissenschaftlichen Diskurse hinweg gefragt sein, wenn es darum geht, sich ein genaueres Bild von den Wahrheitsbedingungen und der Form der Wissensansprüche zu machen, die einzelnen Wissensgebieten zugrunde liegen. Es ist ja kein Zufall, dass alle auf Wissen hin angelegten Diskurse an irgendeinem Punkt philosophische Probleme aufwerfen. Allerdings gehört dazu nicht wirklich eine allgemeine Alternative von Wirklichkeit versus Konstruktion. Manches Wirkliche ist konstruiert und manches Konstruierte ist wirklich.

Bibliographie

Austin, John L. (1975): Sinn und Sinneserfahrung. Stuttgart.
Benoist, Jocelyn (2014a): Elemente einer realistischen Philosophie. Berlin.
Benoist, Jocelyn (2014b): Realismus ohne Metaphysik. In: Markus Gabriel (Hg.): Der Neue Realismus. Berlin, 133–153.
Berkeley, George (1980): Drei Dialoge zwischen Hylas und Philonous. 3. Aufl. Hamburg.
Berkeley, George (2004): Eine Abhandlung über die Prinzipien der menschlichen Erkenntnis. Neuübersetzung. Hamburg.

Blackburn, Simon (2013): Pragmatism: all or some? In: Price 2013, 67–84.
Boghossian, Paul Artin (2013): Angst vor der Wahrheit. Ein Plädoyer gegen Relativismus und Konstruktivismus. Berlin.
Button, Tim (2013): The Limits of Realism. Oxford.
Chalmers, David J. (2009): Ontological antirealism. In: Ders./David Manley/Ryan Wasserman (Hg.): Metametaphysics. New Essays on the Foundations of Ontology. Oxford, 77–129.
Chiba, Kiyoshi (2012): Kants Ontologie der raumzeitlichen Wirklichkeit. Versuch einer anti-realistischen Interpretation der „Kritik der reinen Vernunft". Berlin.
Davidson, Donald (1986): A coherence theory of truth and knowledge. In: Ernest LePore (Hg.): Truth and Interpretation. Perspectives on the Philosophy of Donald Davidson. Oxford, 307–319.
Dehaene, Stanislas (2014): Denken. Wie das Gehirn Bewusstsein schafft. München.
Devitt, Michael (2013): Hilary and me: tracking down Putnam on the realism issue. In: Maria Baghramian (Hg.): Reading Putnam. Oxford/New York, 101–120.
Documentality (2014) von The Monist 97/2.
Dreyfus, Hubert/Taylor, Charles (2015): Retrieving Realism. Cambridge, MA.
Dummett, Michael (1982): Realism. In: Synthese 52/1. 55–112.
Ferraris, Maurizio (2009): Documentalità. Perché è necessario lasciar tracce. Roma-Bari.
Frank, Manfred (2014): Ein Apriori-Argument für den globalen Realismus. Folgerungen aus Sartres ‚ontologischem Beweis'. In: Gabriel 2014b, 154–170.
Gabriel, Markus (2011): Transcendental Ontology. Essays in German Idealism. London/New York.
Gabriel, Markus (2013a): Warum es die Welt nicht gibt. Berlin.
Gabriel, Markus (2013b): Wissen und Erkenntnis. In: Aus Politik und Zeitgeschichte 63/18–20, 3–9.
Gabriel, Markus (2014a): An den Grenzen der Erkenntnistheorie. Die notwendige Endlichkeit des objektiven Wissens als Lektion des Skeptizismus. 2. Aufl. Freiburg/München.
Gabriel, Markus (Hg.) (2014b): Der Neue Realismus. Berlin.
Gabriel, Markus (2014c): Existenz, realistisch gedacht. In: Ders. 2014b, 171–199.
Gabriel, Markus (2014d): Neutraler Realismus. In: Philosophisches Jahrbuch 121/2, 352–372.
Gabriel, Markus (2016a): Für einen nichtnaturalistischen Realismus. In: Dieter Mersch/Magdalena Marszałek (Hg.): Seien wir realistisch. Zürich, 59–88.
Gabriel, Markus (2016b): Ich ist nicht Gehirn. Philosophie des Geistes für das 21. Jahrhundert. 2. Aufl. Berlin.
Gabriel, Markus (2016c): Sinn und Existenz. Eine realistische Ontologie. Berlin.
Gabriel, Markus (2017): What kind of an idealist (if any) is Hegel? In: Hegel-Bulletin 37/2, 181–208.
Greenough, Patrik/Lynch, Michael P. (Hg.) (2006): Truth and Realism. Oxford.
Halfwassen, Jens (2008): Die Seele und ihr Verhältnis zum Geist bei Plotin. In: Edith Düsing/Hans-Dieter Klein (Hg.): Geist und Psyche. Klassische Modelle von Platon bis Freud und Darmasio. Würzburg, 65–80.
Hegel, Georg Wilhelm Friedrich (1986): Phänomenologie des Geistes. Werke 3. Frankfurt a. M.
Hogrebe, Wolfram (1974): Kant und das Problem einer transzendentalen Semantik. Freiburg/München.
Kant, Immanuel (1900): Ausgabe der Preußischen Akademie der Wissenschaften. Bd. 8. Berlin.
Koschorke, Albrecht (2013): Wahrheit und Erfindung. Grundzüge einer Allgemeinen Erzähltheorie. 3. Aufl. Frankfurt a. M.

Latour, Bruno (2008): Stengers' Schibboleth. Vorwort. In: Isabelle Stengers (Hg.): Spekulativer Konstruktivismus. Berlin, 7–32.
McDowell, John (1977): Plato. Theatetus. Translated with Notes by John McDowell. Oxford.
McDowell, John (1996): Mind and World. 2. Aufl. Cambridge.
Meillassoux, Quentin (2008): Nach der Endlichkeit. Versuch über die Notwendigkeit der Kontingenz. Zürich.
Price, Huw (2006): Blackburn and the war on error. In: Australasian Journal of Philosophy 84/4, 603–614.
Price, Huw (2011): Naturalism without Mirrors. Oxford.
Price, Huw (2013): Expressivism, Pragmatism and Representationalism. Cambridge.
Putnam, Hilary (1977): Realism and reason. In: Proceedings and Addresses of the American Philosophical Association 50/6, 483–498.
Putnam, Hilary (1990): Vernunft, Wahrheit und Geschichte. Frankfurt a. M.
Putnam, Hilary (1992): Realism with a Human Face. Cambridge.
Rorty, Richard (1972): The world well lost. In: Journal of Philosophy 69/19, 649–665.
Rorty, Richard (1987): Der Spiegel der Natur. Eine Kritik der Philosophie. Frankfurt a. M.
Searle, John R. (2011): Die Konstruktion der gesellschaftlichen Wirklichkeit. Zur Ontologie sozialer Tatsachen. Berlin.
Searle, John R. (2012): Wie wir die soziale Welt machen. Die Struktur der menschlichen Zivilisation. Berlin.
Searle, John R. (2014): Aussichten für einen neuen Realismus. In: Gabriel 2014b, 292–307.
Sider, Theodore (2011): Writing the Book of the World. Oxford.
Stengers, Isabelle (2008): Spekulativer Konstruktivismus. Berlin.
Wittgenstein, Ludwig (2006): Philosophische Untersuchungen. 3. Aufl. Frankfurt a. M.
Wright, Crispin (2001): Wahrheit und Objektivität. Frankfurt a. M.

John R. Searle
The Philosophy of Perception and the Bad Argument

I have never taken the history of philosophy as seriously as I no doubt should have. I realize that the great geniuses of our tradition were vastly better philosophers than any of us alive and that they created the framework within which we work. But it seems to me they made horrendous mistakes. Many of these mistakes were based on certain false assumptions on the basis of which they did their work. In the period of philosophy, so-called 'modern philosophy', that begins with Descartes and continues through Kant and really to the present, there were two mistakes, maybe three, that colored and corrupted the whole enterprise. The first and worst mistake was about mind and body. Modern philosophers assumed, and many still assume that if consciousness is not reducible to some 'material' (objective, third person) phenomena, then it must exist in a separate ontological realm. Once this false assumption is made we are off and running with the traditional 'mind-body' problem or problems. The idea is that, if consciousness is not a physical property or process like digestion or photosynthesis, then it must be in a non-material, non-physical, non-biological realm. And consequently, some form of dualism is true. It might be property dualism, but still, it is a form of dualism. I cannot exaggerate the extent of the disaster that this produced in the history of philosophy. The second mistake almost as bad is the view that we do not directly perceive objects and states of affairs in the world. For this view famous arguments were advanced, and I am going to argue in this article that the arguments are all variations on a single bad argument, which I will honor with the capital title "The Bad Argument".

A third mistake, almost as bad as the other two, is about causation. The idea for which Hume is mostly responsible, is that causation is not a real relation between objects and events. The only fact that corresponds to any particular causal claim, such as the claim that the earthquake caused the collapse of the freeway, is that there is a set of laws that this particular instance exemplifies. The laws need not make a mention at all of earthquakes and freeways, but if that event is to be generally causal, there must be some law which it instantiates or exemplifies.

Note: This article provides a summary of some of the themes stated more thoroughly in my book, *Seeing Things as They Are: A Theory of Perception*. Oxford/New York, Oxford University Press, 2015.
I am grateful to Carina Breidenbach for comments on and corrections to earlier drafts of this article.

1 The Elements of Visual Perception

Before exposing the Bad Argument I need to state at least in summary form what I think is the correct view of perception. Because most of the tradition is about vision and in fact most of our perceptual information comes from vision I will concentrate on seeing rather than the other perceptual faculties.

From where I currently sit on the California coast south of Half Moon Bay I can see a tree and a tiny fragment of the vast Pacific Ocean. What are the components of my present conscious visual experience? It seems to me we can identify the following components:
1. There are first the *objects* and states of affairs I'm seeing.
2. Light reflected off these objects and states of affairs strike the photoreceptor cells and *cause* a sequence of events that eventually results in a *conscious visual experience*.
3. The causal relation between the object and the visual experience has to be of a certain type. If I am seeing the object on a movie screen even though there is a causal relation between the object and the visual experience it is not of the right type, I am not *directly* seeing the object but only seeing a movie of the object.

So we have identified three elements, the object, the causal relations between the object and the perceiver, including causal relations going on inside the perceiver's head, and the conscious visual experience going on in the head of the perceiver, as far as we know in the cortex.
4. A fourth feature of the situation is that the visual experience has intrinsic intentionality.

The experience sets conditions of satisfaction, and these conditions are those under which the experience is veridical as opposed to those conditions under which it is not veridical. Confining ourselves to seeing the tree in front of me we can say that the conditions of satisfaction of the visual experience are that there has to be a tree there and the fact that the tree is there is causing in a certain way the current visual experience. So on this account the visual experience in its conditions of satisfaction is causally self-reflexive in that the causal condition refers to the perceptual experience itself. If the perceptual experience could talk it would say, "If I am to be satisfied (veridical) I must be caused by the very object of which I seem to be the seeing."

This type of intentionality is also unusual in that the conscious visual experience gives me a direct *presentation* of its conditions of satisfaction. Perception differs from such philosophers' favorites as beliefs and desires because they are, in an ordinary sense, 'representations' of their conditions of satisfaction. There are important differences between representations and presentations. Perhaps the most important is that the presentation cannot be separated from its conditions of satisfaction in a way that representations can. If I believe that it is raining I can separate my belief from the fact that it is raining, but when I see the tree I cannot separate the visual experience from an awareness of the presence of the tree. This is true even if it is a hallucination and even if I know that it is a hallucination. In such a case, I have the experience of the perceptual presentation of an object even though there is no object there. A great deal of philosophical confusion surrounds this last point and we will come back to the problem of hallucinations shortly.

This view so far stated is a version of 'perceptual realism'. I think it is best called 'naïve realism' but that term has been appropriated by a very confused view called 'Disjunctivism' so I will call the view Direct Realism. It is called 'direct' because it says you perceive objects and states of affairs directly and not by way of perceiving something else first. It is 'realism' because it says you really do perceive real objects and states of affairs in the world. I think this account of perception is obviously right but none of the great philosophers of the modern era accepted it. By great philosophers in the modern era I mean Descartes, Leibniz, Spinoza, Locke, Berkeley, Hume, and Kant. For the sake of completeness I will throw in Hegel and Mill.

2 The Bad Argument

I think the great philosophers of the past rejected Direct Realism because of an argument which was, until recently, quite commonly accepted among members of the profession. Some of them thought Direct Realism was so obviously false as not to be worth arguing against. There are different versions of it but the most common is called 'the argument from illusion' and here is how it goes.

"You said that you directly perceive the tree, but suppose it is a hallucination. And suppose the hallucination is type identical with the veridical experience. What do you see then? It is obvious that you do not see the tree but only the visual experience itself, what the traditional philosophers called an idea, an impression, or a sense datum."

The argument has been so influential that it is worth spelling out.
1. The hallucination and the veridical experience can be type identical. This is why the possibility of hallucination is so distressing. The perceiver herself could never tell a difference just from the character of the experience whether it was veridical or hallucinatory.

2. Because they are identical you have to give the same analysis of each.
3. But in the hallucinatory case you do not see a material object.
4. But you do see something. There is no question that this is an instance of visual perception. Hallucinatory or not, there is a seeing of something.
5. But the something is not a material object. Give it a name, call it a "sense datum".
6. But by 2. you have to give the same analysis of each, so if you don't see a material object in the hallucinatory case, you do not see one in the veridical case. In both cases you see sense data. Indeed, all we ever perceive are our sense data.

If you accept this argument then philosophy has an impossible question: What is the relationship between the sense data you do perceive and the real world that you do not perceive? The philosophy of perception over much of the past 300 years has been devoted to giving bad answers to this confused question.

3 A Variation on the Bad Argument: The Argument from Science

There is a variation on this argument which, given the scientific outlook of the present era, is probably more influential than the classical argument from illusion. Here is how it goes.

"You told us earlier that visual experience takes place when photons strike the photoreceptor cells and set up a series of causal events that eventually results in a visual experience in the cortex. But it is of that visual experience that we are visually aware. The science of vision has proven that the only thing you can actually see, literally, scientifically is the visual experience going on in your head. We might as well have a name for these visual experiences. Call them 'sense data'. All you ever perceive are sense data, and by way of vision all you can ever perceive are visual sense data."

The question then arises: what is the relation between the sense data you do perceive and the objects in the states of affairs in the world that you cannot perceive or at least cannot perceive directly?

A paradoxical version of this argument is attributed to Bertrand Russell. According to Russell:
1. Science presupposes naïve realism (because the scientist has to presuppose that in doing his experiments he is perceiving the real world).
2. But science refutes naïve realism.

3. Therefore, naïve realism if true, is false.
4. Therefore, naïve realism is false.

Francis Crick accepted the argument from science and even thought we had to postulate a homunculus who is perceiving the experiences in our head.

What shall we say about the bad argument in both of its versions? I think in spite of its enormous influence it rests on a simple fallacy of ambiguity over 'see' and other perceptual verbs.

The crucial step in the argument from illusion as stated is step 4. The step that says you do see something even in the hallucinatory case. But that is a mistake. In the ordinary sense of 'see' in which I now see the tree, in the hallucinatory case *I do not see anything*. That is what makes it a hallucination. The visual experience in the two cases can be exactly the same, by stipulation. But in one case something is seen and in the second case nothing is seen. But surely one might say you did see something. It was after all a visual experience.

I think we can introduce a sense of 'see' to describe our visual experiences but that sense of 'see' is quite different from the ordinary sense because the truth of the statement does not imply that there really is an independently existing object seen. Indeed, I want to make a strong claim now. Though the visual experience definitely exists, it is not and cannot itself be seen. When you consciously see something you *have* a visual experience but you do not see it. This is not because it is invisible but because in the veridical case it is the seeing of the object. And the seeing cannot itself be seen. In the hallucinatory case the experience, by stipulation, is exactly the same, but it is not a *seeing* but a *seeming to see*. Because it is a hallucination nothing is seen. In the hallucinatory case, there is no independently existing object causing the experience.

Visual experiences are real and they are not the same as the objects perceived. The simple proof of this is, if you close your eyes, the visual experience stops, but the object you perceive does not stop. The visual experience is a conscious event going on in the brain but, and this is the important point, visual experiences cannot themselves be seen because they are the seeing of objects and states of affairs in the world. When you see something, the seeing itself cannot be seen, just as when you hit a nail with a hammer the hitting cannot itself be hit.

4 Refutation of the Bad Argument

The fallacy in the Bad Argument is that there is an ambiguity in the verb 'see'. In the sense in which I see the tree, I do not see a sense datum. Once this fallacy is removed, it is obvious that the argument is fallacious because, in the ordinary sense of 'see' in the hallucinatory case, I do not see anything. It is perfectly possible to introduce a sense of 'see' that is quite different from the ordinary veridical sense because the true statement in that sense does not imply the existence of the object and the causal relation between the object and the visual experience. You can then say you see the hallucination but you only 'see' in a derivative and parasitical sense the visual experience.

The argument from science commits exactly the same fallacy, though in a more disguised form. The scientist says we are trying to explain the cause of your visual experience and what we discovered is neurobiological processes cause a conscious visual experience. But then, surely, it seems that the visual experience is the object of your capacity of perception. It is what is seen. This last sentence embodies the mistake. The visual experience is not seen because it is the case of seeing the object. As I said earlier, we could artificially induce a new sense of 'see' but I think it is almost always fallacious to do so because it gives us the idea that there is an object of perception in both the hallucinatory and the veridical case. In the hallucinatory case, there is no object of perception, and in the scientific case, there is indeed a perception, but the perception is not itself an object of perception. The relation of perception to the experience is one of identity. It is like the pain and the experience of pain. The experience of pain does not have pain as an *object* because the experience of pain is *identical* with the pain. Similarly, if the experience of perceiving is an object of perceiving, then it becomes identical with the perceiving. Just as the pain is identical with the experience of pain, so the visual experience is identical with the experience of seeing.

It may seem odd to say that such a huge movement in philosophy, traditional perceptual epistemology, should be based on such a simple fallacy. But I think in fact it is. The great philosophers took the falsity of direct realism for granted because they thought it had been decisively refuted. But the refutation was fallacious for reasons I have tried to state.

5 The Hierarchical Structure of Perception and the Intentionality of Perception

Perception, and again we are confining ourselves to visual perception, is remarkably complex and sophisticated. I am able to not just see colors and shapes, but I can recognize faces of people I know even though I only catch a glimpse of a part of the face. I can recognize all sorts of objects even though the stimulus I receive in my perceptual input is quite degenerate. How does it all work? The first thing to notice is that perception is *hierarchically structured*. So let us suppose I am looking at a car and I see that it is my car. Now, in order to see that it is my car, I have to see that it is a particular type of car. In order to see that it is a particular type of car, I have to see that it is a car. In order to see that it is a car, I have to see certain colors and shapes. The hierarchical structure of perception is mirrored in the hierarchical structure of action. In order to shoot the target, I have to fire the gun. In order to fire the gun, I have to pull the trigger. In order to pull the trigger, I have to squeeze my finger. So you get a complete parallelism between the hierarchical structure of perception and the hierarchical structure of action even though the direction of fit and the direction of causation are opposite in the two cases. Perception has the mind-to-world direction of fit and the world-to-mind direction of causation. That is just the fancy way of saying that the perception is satisfied or unsatisfied depending on how the world is in fact independently of the perception (mind-to-world direction of fit), but the world being that way has to cause the perception to be that way (world-to-mind direction of causation). In the case of action, you have the world-to-mind direction of fit, that is, the intentional content of the intention is satisfied only if the world changes so as to match the content of the mind. That is what is meant by world-to-mind direction of fit, but that is because, in the case of intentional action, the contents of the mind cause the world to be the way that it is, and that is what is meant by saying there is mind-to-world direction of causation.

6 The Break Between Phenomenology and Intentionality

Notice that the phenomenology does not match the intentionality at all closely. Typically, the phenomenology is just that I see the top level, I see that it is my car. A good example of this is a clock face. If I ask my students to describe the clock face of the Campanile in Berkeley, typically, they cannot do it. They look at this clock face several times a day, but they only attend to what time it is. They do not pay attention to whether the numerals are Roman or Arabic, how many numerals there are on the face, etc. They just look at it and see the top level, what time it is. Nonetheless, in order to see what time it is, you have to see the hands and you have to see the clock face. So the actual intentionality of the perception does not match the phenomenology of the experience except imperfectly. The phenomenology experienced is that you just see what time it is. But the intentionality of perception requires that you see the details of the clock face in order to see what time it is.

The issue here is of so much importance that it is worth pausing to consider in a bit more detail. For practical reasons of living in the real world, we typically focus our perceptual attention on those features of the object that are most interesting to us. I see the thermos in front of me and immediately see that it has a screw top. I see the letter in front of me and immediately notice who it is from. I look outside and I see buildings and trees. Why would I ever think that, in order to do that, I have to see colors and shapes? You cannot see the higher level, for example that it is a car, unless you see the lower level phenomena, that it has the shape of a car and certain colors. The problem is one of *attention*. If asked what you see, you will typically state the highest level in the hierarchy. I saw my car, I saw my wife, and I saw the Campanile. But, in order that you should see those at all, or see anything at all, you have to see such things as colors and shapes. If you analyze the structure, you will see that the higher level intentional content, I saw my car, has to be structured on the lower level intentional contents until, finally, you reach the bottom level of basic perceptual features.

In the hierarchical structure of perception I need to distinguish between the basic perceptual experience, which is a perception of a basic perceptual feature, on the one hand and higher level perceptions and higher level features, on the other. A basic perceptual feature is something you can perceive without perceiving anything else by way of which you perceive it. A basic perceptual experience is an experience whose intentional content is that of a basic perceptual feature. Examples of basic perceptual features are colors and shapes. So in the higher level perception that it is my car, the perception of its color and shape are basic, but the perception that it is a certain type of car and that it is my car are higher level.

7 How the Raw Phenomenology Fixes the Intentionality

We now have an interesting question, what fact about the raw phenomenology of the perceptual experience gives it the intentional content that it has? After all, my experience of red is an event in the world like any other event, yet it seems to have intrinsically the experience of seeming to see something red. It seemed to have the intentionality built into it. Notice that the word 'red' does not in that way have intrinsic intentionality. We could have used a different word to refer to the color red, and indeed of course in other languages, the word is different. The relationship between the word 'red' and the color red is purely conventional, but the relationship between my experience of red and the color red is not at all conventional. The intentionality there is intrinsic. This ought to strike us as puzzling, and often it is the case in philosophy that only when we reflect on something we take for granted that we can see that it is in fact puzzling. The puzzle is that the experience of red is an event in the world like any other, such as for example, the experience of pain or the experience of drinking beer. What fact about that experience makes it intrinsically, essentially, an experience of seeming to see something red? What gives it that particular intentional content?

There are several wrong things to say in answer to this question and we need to avoid saying these wrong things. The first is to say, well the experience is itself red. It is tempting to say that because, of course, that is how we would naturally describe it in a pre-theoretical way. But that cannot be quite right because red is a color that can be seen by anybody, whereas my experience is, in the usual philosopher's sense, 'private' to me. Only I can have this particular experience. Furthermore, red can be seen, and as we have seen over and over, the experience cannot itself be seen because it is the seeing of anything.

What fact about this experience makes it the case necessarily that it is the case of seeming to see something red, that it has intrinsically the intentionality that it does?

The answer that I am going to propose to this is as follows: In the case of the basic perceptual experiences, there is an internal connection between the character of the experience and the features of the object perceived, in the sense that part of what it is for something to *be red* is for it to be capable of *causing* experiences like this, and similarly with other basic perceptual features such as the straightness of a line. Part of what it is for something to be straight is for it to be capable of causing experiences like this. Now of course, this is not the whole definition of 'red' or 'straight' and, as we acquire more scientific or geometrical knowledge, we will often add further features to the definition, but for present purposes we can say that the internal connection between the experience and its intentional content derives from the fact that the intentional object of the experience, the redness of the surface or the straightness of the line, is internally related to that experience, because part of the definition, part of the essence of what it is to be a feature such as red or a feature such as a straight line, is to be capable of causing experiences like this.

The notion of 'an internal connection' is explained as follows. If A is internally related to B, then A could not be what it is if it did not have that relation to B. The claim I am making is that, for the basic perceptual features, there is an internal relation between the feature itself and the capacity to cause certain sorts of experiences. This explains the intentionality, the intrinsic intentionality of those experiences. So, I could not be having this very experience without it seeming to me that I am seeing something red. Even though the experience is an event in the world like any other, all the same, it could not be that very experience if it were not the case of seeming to see something red. The reason for this is that in order for something to be red, it has to be capable, under appropriate conditions, of causing experiences like this one.

We have lost sight of one of the insights of traditional empiricism. The mistakes of the atomistic account of experience and the poverty of the traditional empiricist theory of language are so obvious that we have lost sight of some of the correct legacy that they have left us. The legacy they left us is that there was an essential connection between the experience and knowledge. My experience gives me direct access to the existence of red things in the world. The traditional empiricists recognized a distinction between what they call complex and simple ideas, it is between the idea of red, which is simple, and the idea of a car, which is complex. We now find this atomism to be naïve and inadequate. I think it is. But there is a truth underlying it, and that is the hierarchical structure of perception. In order to see that it is my car, I have to see several other features. But in order to see those features, I do not have to see that it is my car. So I have to see, for example, that it is a black car, but I could see that something is a black car without seeing that it is my car. So you have an asymmetrical relation of dependency, on which the complex features are dependent on the basic features. I have put this, not in terms of the traditional empiricists jargon of simplicity and complexity, but rather as a hierarchical structure.

The unfortunate features of traditional empiricism are that they had no theory of intentionality and no adequate theory of perception. However, if you add those to their insights, then I think you get something like the claims that I have been making.

8 Conclusion

In spite of the fact that perception has been a subject of philosophical investigation for literally centuries, indeed millennia, it seems to me we are really only getting started on the subject. Most of the authors I have read make one or more of several mistakes. Firstly, they accept the Bad Argument. They think that somehow or other, the experiences are themselves the object of the experiences. I think that argument is a mistake and it is immediately perceivable as a mistake once you grasp it. Disjunctivists are unusual in that they accept the validity of the argument and they see that if valid it refutes naïve realism; but in order to preserve naïve realism they deny the first premise, they deny that the veridical perception and the corresponding hallucination can be type identical. This is worse than bad philosophy, it is bad neurobiology. Secondly, we only recently have begun to have enough neurobiological evidence to have some idea of how the stimulation of the photoreceptors, in the case of vision, or the various nerve endings, in the case of the other modes of perception, eventually gives rise to conscious visual and other experiences. Thirdly, very few authors appreciate the intentionality of perception. I think once you understand intentionality of perception, then you are off and running with the possibility of a really good theory. I have not presented that theory in this paper. I have only been concerned with really three issues: (i) the Bad Argument, (ii) the hierarchical structure of perception, and (iii) the way raw phenomenological content fixes intentional content in the case of vision.

Bernhard Pörksen
Der Blick des Kritikers

Die Debatte über den Konstruktivismus in der deutschsprachigen Kommunikationswissenschaft – ein Beispiel für die Auseinandersetzung zwischen realistischen und relativistischen Wissenschaftlern

Die Rezeption des Konstruktivismus in der deutschsprachigen Kommunikationswissenschaft hat den Charakter eines Lehrstücks: Sie macht deutlich, wie ein Fach auf spezifische Theorie-Importe reagiert, reagieren kann. Deutlich wird an diesem Beispiel überdies ein ohnehin virulenter Grundkonflikt zwischen realistischen und relativistischen Erkenntnistheorien und ein Katalog der Vorwürfe, die man konstruktivistisch argumentierenden Fachvertretern – teils zu Recht, teils zu Unrecht – gemacht hat. Dieser Aufsatz zielt darauf ab, die Debatte möglichst präzise zu rekonstruieren, um diese dann auf Fundamentalprobleme der konstruktivistischen Theoriekonzeption zurückzuführen.[1]

1 Der Konstruktivismus: Grundfragen und Prämissen einer Erkenntnistheorie

Wenn man sich fragt, wie alles angefangen hat, wie und mit welchen Ideen und Veröffentlichungen konstruktivistische Autoren zunächst Aufmerksamkeit erzeugt haben, dann entdeckt man eine Art Gründungsdokument – wenn man so will: ein Manifest, ein Programm, das viele Motive des konstruktivistischen Denkens bereits in kompakter Form enthält. Der Titel dieses Gründungsdokuments lautet: *Biology of Cognition*. Sein Autor ist der chilenische Neurobiologe Humberto Maturana. Maturana schlägt in diesem Aufsatz in einer eindringlichen Sprache vor, den Prozess des Erkennens aus einer biologischen Perspektive zu betrachten, also den Philosophen gewissermaßen die Erkenntnisfrage abzunehmen, sie auf dem Terrain der Neurobiologie wieder zu stellen, um sie dann auch

---

[1] Dieser Beitrag ist in folgendem Sammelband erstpubliziert worden: Weinhardt/Weinhardt (2014, 13–33). Er basiert überdies auf anderen, früheren Veröffentlichungen des Autors, s. insbesondere Pörksen (2015).

dort zu beantworten. Ziel ist es, den Erkennenden, den Beobachter, selbst ins Zentrum des Forschens hineinzurücken, ihn als Quelle allen Wissens sichtbar zu machen. Wer sich, so Humberto Maturana, aus der Sicht eines Biologen mit der Wahrheit des Wahrgenommenen befasst, dem wird unvermeidlich klar, dass er selbst zu den Objekten gehört, die er beschreiben will. Er ist ein lebendes System, das lebende Systeme verstehen möchte. Das Subjekt studiert ein Objekt, das es selbst sein könnte. Die Situation rutscht ins Zirkuläre, geht es doch stets darum, als Wahrnehmender die Prozesse der Wahrnehmung zu verstehen. Man fühlt sich an die mythologische Figur des Ouroboros erinnert: Die Schlange beißt sich in den Schwanz; ein Gehirn erklärt das Gehirn; ein Erkennender erkennt das Erkennen. Das Subjekt ist sich sein eigenes Objekt.

Der Essay Humberto Maturanas mündet bereits nach wenigen Seiten in eine Schlussfolgerung und in einen zentralen Satz, der zur Leitformel und zum Schlüsselaphorismus des konstruktivistischen Diskurses geworden ist. Dieser Satz wirkt auf den ersten Blick wie eine Trivialität, enthält aber bei genauerer Betrachtung eine andere Weltsicht. Er lautet schlicht: „Alles, was gesagt wird, wird von einem Beobachter gesagt" (Maturana 1998, 25). Entscheidend ist, dass die Existenz einer Außenwelt hier nicht verneint wird; es ist nicht die Äußerung eines Solipsisten, der alles zur Schimäre und dem Produkt des eigenen Geistes erklärt, die hier vorliegt. Ebenso wenig steht sein Autor im Verdacht, ein naiver Realist zu sein. Er glaubt nicht an eine beobachterunabhängige Existenz der Objekte, die sich – ontologisch korrekt – im Bewusstsein eines Erkennenden spiegeln. Die Position Humberto Maturanas und des Konstruktivismus insgesamt steht für einen mittleren Weg, der sich zwischen den Spielformen des Realismus und den Übertreibungen des Solipsismus befindet: Die Existenz einer Außenwelt wird von ihm und den anderen Begründern dieser Denkschule nicht geleugnet, wohl aber verneinen sie stets die voraussetzungsfreie Erkennbarkeit dieser äußeren Welt und erklären die Frage nach ihrer *beobachterunabhängigen* Existenz letztlich zu einer metaphysischen Spekulation. Jeder Akt des Erkennens beruht, so nimmt man an, notwendig auf den Konstruktionen eines Beobachters – und nicht auf der punktgenauen Übereinstimmung der eigenen Wahrnehmungen mit einer externen Wirklichkeit. „Alles, was gesagt wird, wird von einem Beobachter gesagt" (ebd.).

Diese stete Rückbindung des Erkennens an den Erkennenden manövriert diesen unvermeidlich ins Zentrum und macht ihn zum zentralen Thema. Die ontologische Perspektive, die zu der Suche nach unwandelbaren Seinsbeständen verführt, verwandelt sich in eine fundamentale epistemologische Frage: Man kann und muss sich jetzt fragen, wie ein Beobachter beobachtet, was er beobachtet. Und so lassen sich allmählich die Disziplinen und Fakultäten durchstreifen – und man stößt überall auf die Jahrhundertfrage nach dem Beobachter. Man begegnet ihr in der Philosophie und in der Psychologie, findet sie in den

Werken der Kybernetiker und der Biologen bzw. Kognitionswissenschaftler vor und entdeckt sie bei den Wissenssoziologen. 1970 ist dieses Gründungsdokument des Konstruktivismus ein erstes Mal gedruckt worden und zunächst als Report des Biologischen Computer Laboratoriums an der Universität von Illinois erschienen. Dieses Labor war, damals noch, eine kleine Gelehrtenrepublik von anerkannten Außenseitern, von Kybernetikern, Logikern, Biologen, Physikern. Ein paar Jahrzehnte nach der Veröffentlichung von *Biology of Cognition* und der allmählichen Ausdifferenzierung des konstruktivistischen Diskurses findet man die zentralen Überlegungen und den Begriff des Konstruktivismus selbstverständlich in den Lexika und Einführungsbänden sehr unterschiedlicher Disziplinen – ganz gleich, ob es um die Kommunikations- oder Literaturwissenschaft, die Soziologie oder Politikwissenschaft, die Psychologie oder die Pädagogik geht. Es sind zentrale Grundlagenwerke erschienen, die entscheidend zur Konturierung des Konstruktivismus beigetragen haben. Man entdeckt eigene Zeitschriften und Buchreihen, die sich über Jahre hinweg dem Konstruktivismus gewidmet haben.[2] Und es existiert eine längst unüberschaubar gewordene Zahl von Veröffentlichungen, die einzelne Praxis- und Anwendungsfelder (Organisationsberatung, Psychotherapie, Didaktik etc.) aus einer konstruktivistischen Perspektive betrachten. Ein paar Jahrzehnte nach Humberto Maturanas Startschuss schreibt die Tageszeitung *Die Welt* ironisch über die Popularisierung dieser Erkenntnistheorie: „Die Philosophie des Radikalen Konstruktivismus hat den Fußball erreicht. Die Medien konstruieren ein Ereignis, das ohne die Medien gar keines wäre. Erst die Beobachter schaffen die Welt" (zit. n. Schmidt 2000, 14).

2 Zur Einführung: Eckdaten der Debatte

Seit dem Beginn der 1990er Jahre sorgt der Konstruktivismus auch in der Journalistik und Kommunikationswissenschaft für Aufsehen; die mitunter äußerst kontrovers und robust geführte Debatte über konstruktivistische Überlegungen hat, so

---

[2] An dieser Stelle nur einige ausgewählte Beispiele: So erschien die (inzwischen eingestellte) Zeitschrift *Delfin*, die sich vornehmlich der Auseinandersetzung mit dem Konstruktivismus widmete, viele Jahre im renommierten Suhrkamp Verlag. Im Vieweg Verlag publizierte Siegfried J. Schmidt in einer eigenen Buchreihe zahlreiche Originalarbeiten von konstruktivistischen Autoren (Ernst von Glasersfeld, Heinz von Foerster, Humberto Maturana) in übersetzter Form. Die Gruppe der Heidelberger *Systemiker* organisierte diverse weithin bekannt gewordene Kongresse. Zahlreiche maßgebliche Bücher zu konstruktivistischen Themen erschienen und erscheinen nach wie vor im Heidelberger Carl-Auer Verlag.

kann man vermuten, einen im Fach ohnehin virulenten Grundkonflikt zwischen Realisten und Relativisten noch einmal aktualisiert: Auf der einen Seite finden sich Positionen, die im Kern besagen, dass eine beobachterunabhängige Realität existiert und dass sich diese zumindest prinzipiell in ihrer unverfälschten, objektiv gegebenen Gestalt erkennen lässt. Wenn dieses Ideal der Objektivität verletzt wird, lassen sich die Wahrnehmungsprodukte – eine Täuschungsabsicht vorausgesetzt – als „Verfälschung" und „Verzerrung von Wahrheit" und als „Manipulation" einer (absoluten) Realität klassifizieren. Auf der anderen Seite begegnet man Autoren, die – in unterschiedlicher Radikalität und Konsequenz – konstruktivistische Thesen vertreten. Sie lehnen Abbildtheorien und realistische Konzepte von Wahrnehmung entschieden ab, halten objektive Erkenntnis für prinzipiell unerreichbar und besetzen eine mittlere Position zwischen den erkenntnistheoretischen Extremen des Solipsismus und des naiven Realismus.

Der Beginn der Diskussionen zwischen diesen unterschiedlich orientierten Fachvertretern ist datierbar. Entzündet hat sich die Auseinandersetzung an dem Funkkolleg *Medien und Kommunikation* (1991/1992); sie war wesentlicher Gegenstand einer Jahrestagung der Deutschen Gesellschaft für Publizistik- und Kommunikationswissenschaft,[3] bestimmte die Rezeption des Bandes *Die Wirklichkeit der Medien*[4] und hat vor allem in den Fachzeitschriften *Medien und Kommunikationswissenschaft* (ehemals *Rundfunk und Fernsehen*) und *Communicatio Socialis* ihren Niederschlag gefunden. Die Auseinandersetzung krankt, wie im Fortgang der Analyse deutlich werden wird, an einer Reihe von folgenschweren Missverständnissen, berechtigten und unberechtigten Einwänden, die angesprochen und im Idealfall ausgeräumt werden müssen, um eventuelle Fallstricke der Argumentation nach Möglichkeit zu vermeiden und um konstruktivistische Überlegungen im Diskurs weiter zu verbessern.

3 Kritik des Konstruktivismus: kleine Typologie der Vorwürfe

Aus den verschiedensten Veröffentlichungen lässt sich ein Katalog der Vorwürfe herausdestillieren, die nach folgendem Muster traktiert werden: Zuerst nenne ich den jeweiligen Vorwurf, dann liefere ich eine Einschätzung seiner Berechtigung, um schließlich Lösungsmöglichkeiten anzudeuten. Zum Ende der Ausführungen

---

3 S. Bentele/Rühl 1993.
4 S. Merten/Schmidt/Weischenberg 1994.

zeige ich, dass man die zahlreichen Vorhaltungen und Einwände, die man konstruktivistisch argumentierenden Kommunikationswissenschaftlern – teils zu Recht, teils zu Unrecht – gemacht hat, auf drei fundamentale Probleme konstruktivistischer Theoriebildung zurückführen kann: Das *Problem des Selbstwiderspruchs*, das *Problem der Praxisrelevanz* und das *Problem der Selbstdogmatisierung* sind es, die auch unter Konstruktivisten eine besondere Aufmerksamkeit verdienen.

3.1 Vorwurf I: Der Konstruktivismus enthält keine neuen Einsichten

Der Vorwurf, der Konstruktivismus sei nichts Neues und bloß eine intellektuelle Mode, taucht verschiedentlich auf. Der Erkenntniszweifel diffundiere bekanntlich, so heißt es, durch die gesamte Philosophiegeschichte, deshalb sei der Anspruch, mit dem man auftrete und einen Paradigmenwechsel verkünde, überzogen. Ganz im Duktus dieser Überlegungen merkt Hermann Boventer an, dass das „Unbehagen gegenüber dem unreflektierten Objektivitäts- und Erkenntnisanspruch die ganze Philosophiegeschichte seit den Vorsokratikern durchzieht" (Boventer 1992, 157). Sein Aufsatz trägt den Titel: *Der Journalist in Platons Höhle*. Lutz Hachmeister vertritt die These, dass „die Axiome des Konstruktivismus" zu den „wenig umstrittenen Wissensbeständen der Geistes- und Sozialwissenschaften" (Hachmeister 1992, 12) gehörten. Weiter heißt es: „Dass das kognitive System des Menschen Sinneseindrücke, ‚Wirklichkeit' und damit kommunikative Umwelt strukturiert und kategorisiert, ist spätestens seit Kant und Schopenhauer unstrittig. Das Problem, ob es eine von individuellen Sinneswahrnehmungen und intersubjektiven Konventionen unabhängige Wirklichkeit gibt, zählt zu den philosophischen Streitpunkten, seitdem Erkenntnistheorie überhaupt systematisch betrieben wird" (ebd.). Roland Burkart kommt in seinem Aufsatz (Titel: *Alter Wein in neuen Schläuchen?*) zu dem Schluss: „im Grunde ist das alles nicht neu" (Burkart 1999, 62). Und Hans Mathias Kepplinger schreibt (1993, 118):

> Der Konstruktivismus ist eine dieser wissenschaftlichen Moden, und wie alle derartigen Moden, enthält er neben intellektuellem Tand auch richtige Einsichten. Die Faszination, die von ihnen ausgeht, verdanken sie weniger der Neuigkeit der Erkenntnisse als der Tatsache, dass sie in den vorangegangenen Moden vernachlässigt wurden.

Eine solche Form der Kritik übersieht, dass auch ‚alte' Thesen, sobald sie in neuer Form und in einer anderen, womöglich zeitgemäßen Sprache angeboten werden, wissenschaftliche Erkenntnis produktiv zu beeinflussen vermögen: Sie lassen Phänomene in neuem Licht erscheinen und liefern Denkanlässe zur Klärung von

Kern-Konzepten eines Faches. Und der Vorwurf, man liefere eigentlich überhaupt nichts Neues übersieht auch, dass die Protagonisten des Diskurses (man denke nur an Ernst von Glasersfeld (1996)) die Gemeinsamkeiten zwischen Skeptikern, Kantianern und Neurobiologen nicht etwa verschwiegen haben. Vielmehr wurden Ähnlichkeiten – gelegentlich auch ohne die relevanten Differenzen sichtbar zu machen – immer wieder betont und geradezu als Argument für den Konstruktivismus präsentiert. Allerdings erscheinen mir (dies sei sowohl in die Richtung der philosophiegeschichtlich argumentierenden Konstruktivismus-Befürworter wie auch der Konstruktivismus-Kritiker vermerkt) vergleichbar wirkende Schlussfolgerungen und ein gleichzeitig doch ganz anders gelagerter, epochenspezifisch gearteter Begründungsmodus keineswegs als Indiz einer tiefergehenden Übereinstimmung.

Natürlich kann man behaupten, der Konstruktivismus sei mit der Erkenntnistheorie Immanuel Kants eng verwandt. Dann muss man aber, wenn man etwas genauer vergleicht und nicht nur auf die schmeichelhafte Ähnlichkeit mit einer Galionsfigur europäischen Denkens fixiert ist, feststellen, dass Immanuel Kant sich auf das *transzendentale Subjekt* konzentriert, wenn er von der Geprägtheit jeder Wahrnehmung spricht und die Unerkennbarkeit des Absoluten (das Ding an sich) zum Thema macht. Demgegenüber konzentrieren sich die Konstruktivisten der ersten Generation in ihren Forschungsarbeiten auf das *empirische Subjekt*; sie beschreiben die Beobachterabhängigkeit allen Erkennens und behaupten gerade, dass die Rede von einem „Ding an sich" (und damit von einer, wenn auch als unerkennbar erkannten beobachterunabhängigen Realität) sinnlos ist. Seine Existenz lässt sich in keiner Weise verifizieren, weil man doch eben nur in Abhängigkeit von der eigenen Person und der eigenen Wahrnehmung von ihm zu sprechen vermag.[5]

Das bedeutet im Sinne einer verallgemeinernden Bilanz, dass die Frage, ob der Konstruktivismus ‚neu' ist oder ‚alt', nur in Abhängigkeit von der jeweiligen Beobachterperspektive entschieden werden kann: Wenn man Ähnlichkeiten konstatieren will, muss man Differenzen vernachlässigen. Wenn man Gleichheit behauptet, muss man – scheinbar historisch argumentierend – doch letztlich ahistorisch argumentieren, weil weder die Vorsokratiker, noch Immanuel Kant oder Arthur Schopenhauer mit den Befunden der Neurobiologie vertraut gewesen sein können und sich auch chilenische Neurobiologen nicht notwendig mit der europäischen Tradition der Vernunftkritik auskennen. Wenn man Unterschiede diagnostiziert,

---

5 „Woher will man wissen", so Maturana (Maturana/Pörksen 2002, 25) mit Bezug auf Kant, „dass diese absolute Wirklichkeit besteht, von deren Unerkennbarkeit man doch gleichzeitig ausgeht? Das ist ein sinnloses Gedankenspiel, weil man über die als unabhängig bezeichnete Realität eben doch nur in Abhängigkeit von der eigenen Person zu sprechen vermag."

muss man feststellen, worin diese bestehen: Sie bestehen, wie exemplarisch versucht wurde anzudeuten, in der Radikalität, mit der die Beobachterrelativität allen Erkennens zu Ende gedacht wird; und sie manifestieren sich in der grundlegenden Differenz zwischen einer naturwissenschaftlich bzw. empirisch orientierten Disziplin und dem Bereich einer primär reflexionsbasierten Philosophie.

3.2 Vorwurf II: Konstruktivisten überzeichnen die gegnerische Position

Immer wieder wird auch die These geäußert, dass in der Journalistik und Kommunikationswissenschaft niemand mehr ernsthaft einen naiven Realismus vertrete; niemand würde mehr von einer Wirklichkeitsabbildung durch die Medien sprechen oder für seine Forschungsergebnisse die Dignität absoluter Wahrheit reklamieren. Das heißt, man argumentiere publikumswirksam gegen eine Position an, die mit der Behauptung operiert: Nachrichten bilden die Wirklichkeit ab. Allerdings ließen sich, so der Einwand der Kritiker, Formulierungen „in dieser Schlichtheit wohl kaum mehr auffinden" (Bentele 1993, 156). Man profiliere sich also, indem man Strohmänner aufbaue, verzerrte Bilder von gegnerischen Positionen benutze, „die sich leicht kritisieren lassen, aber in der Kommunikationswissenschaft kaum ernsthaft vertreten werden" (Neuberger 1996, 238). Der naive Realismus sei ein solcher Strohmann – leicht zu diskreditieren, aber letztlich für die Fachdiskussion irrelevant.

Diesem Vorwurf der Überzeichnung und Übertreibung ist zu entgegnen, dass etwa das journalistische Berufsverständnis nach wie vor von naiven Realismen durchzogen ist und dass auch im Fach verbreitete gemäßigtere Formen des Realismus, die auf die Evolutionäre Erkenntnistheorie (Konrad Lorenz) oder den Kritischen Rationalismus (Karl Popper) zurückgehen, doch wieder auf einen naiven Realismus zurückzuführen sind, wenn sie konsistent bleiben wollen: Sie arbeiten jeweils mit der Idee der allmählichen Wahrheitsannäherung. Schon aus Gründen logischer Konsistenz muss nämlich die allmähliche Wahrheitsannäherung mit naiv-realistischen Vorstellungen einhergehen, wenn sie nicht bloße spekulative Setzung bleiben will. Denn um zu klären, ob eine Teilerkenntnis des Absoluten und eine Annäherung an die Wahrheit geglückt sind, muss man doch diese Teilerkenntnis mit der Wahrheit selbst vergleichen. Dieser Realitätsvergleich setzt aber gerade die Möglichkeit absoluter Wahrheitserkenntnis voraus – wie wird die These von der Annäherung sonst entscheidbar? Man kann also letzte Wahrheit als ein womöglich noch in weiter Ferne liegendes Erkenntnisziel m. E. nur dann aufrechterhalten, wenn man gleichzeitig einen im Kern realistischen Standpunkt vertritt.

3.3 Vorwurf III: Die konstruktivistischen Schlüsselbegriffe sind missverständlich

Günther Bentele hält „die zentrale Metapher" (1993, 160) der Konstruktion von Wirklichkeit für ein missverständliches und extrem vereinfachendes Konzept und schreibt (ebd.):

> Weder werden Erdbeben und Hungerkatastrophen, noch Zugunglücke, Einbrüche, Chemieunfälle oder Gipfeltreffen von Medien *konstruiert*. Was ‚konstruiert' wird, ist die Berichterstattung über diese Ereignisse, die zu einer eigenen Wirklichkeitsform, der Medienwirklichkeit, führt.

Christoph Neuberger wendet ein, dass der Konstruktionsbegriff „vielfältig gebraucht" werde und eine „Quelle für Missverständnisse" (ebd., 161, Herv. i. Orig.) darstelle. Hermann Boventer artikuliert sein Unbehagen an der populärwissenschaftlich-flotten Rede von einer „erfundenen Wirklichkeit" und dem Begriff der „Erfindung" von Realität (Boventer 1992, 161).

Das Befremden, das hier artikuliert wird, erscheint berechtigt: Lange Zeit blieb das Schlüsselkonzept der Konstruktion ungeklärt, schien man doch nahezulegen, man könne sich Weltbilder planvoll und gezielt zusammenbauen und Wirklichkeiten nach eigenem Gusto erfinden. Insbesondere der populäre Buchtitel *Die erfundene Wirklichkeit* (Watzlawick 1994) und andere Kernsätze[6] haben hier für vermeidbare Verwirrung gesorgt. Insofern ist auch Siegfried J. Schmidt zuzustimmen: Es gilt, die Arbeit mit einer populären Aufregungs- und Irritationsmetaphorik einzustellen, die sich als unproduktiv erwiesen hat.[7] Auf den bestenfalls missverständlichen Begriff der Erfindung, der Wirklichkeitskonstruktion als willkürlich und intentional bzw. als Schöpfung eines autonomen Geistes erscheinen lässt, kann man ohne jeden Erkenntnisverlust verzichten.[8] Und es gilt, sich zu vergegenwärtigen: Im Akt des Beobachtens reproduzieren wir entweder alte Ordnungen oder Unterscheidungssysteme oder entwickeln neue vor dem Hinter-

---

[6] Man denke nur an das Diktum von Foersters (1994, 40): „Die Umwelt, so wie wir sie wahrnehmen, ist unsere Erfindung."

[7] Schmidt im Gespräch mit Pörksen (Pörksen 2002a, 178 f.).

[8] Von Foerster geht es, wenn er von „Erfindung" spricht, eigentlich um eine ethische Dimension, nämlich um die Verantwortung desjenigen, der für eine bestimmte Realitätssicht votiert. Erfindung meint hier eigentlich: Eingeständnis von Verantwortung. Gleichwohl erscheint mir der Begriff in diesem Zusammenhang nicht glücklich gewählt, weil er nahelegt, dass hier von einem erkenntnistheoretischen Standpunkt aus (und nicht auf der Grundlage einer ethischen Haltung) argumentiert wird. Zu dieser Diskussion s. von Foerster/Pörksen (1998, 50).

grund der alten. Dies schränkt die Freiheit und Willkür der Konstruktion massiv ein; die Welt – verstanden als die Summe der auf den Einzelnen einwirkenden Beschränkungen – gestattet keine permanente Neuerfindung des eigenen Selbst.

3.4 Vorwurf IV: Konstruktivisten rechtfertigen ethisch-moralische Beliebigkeit

Der Beliebigkeitsvorwurf basiert auf der Gleichsetzung von erkenntnistheoretischem und ethisch-moralischem Relativismus: Die Subjekt- bzw. Beobachterabhängigkeit von Wahrnehmung wird als Beschreibung und Rechtfertigung von Willkür gedeutet. Weil alles Erkennen in das individuelle Belieben des Einzelnen gestellt werde, weil Welterkenntnis sich weitgehend willkürlich vollziehe, so die (Fehl-)Interpretation des Konstruktivismus, gebe es auch keine gesicherten Maßstäbe mehr, um über die Qualität von Medienangeboten zu richten; die Basis journalistischer Arbeit werde gewissermaßen erkenntnistheoretisch zerstört. Der Konstruktivismus verzichte „auf einen Wirklichkeitsbegriff", der

> das Fundament journalistischer Arbeit darstellt, einen Wirklichkeitsbegriff, der davon ausgeht, dass Realität weitgehend unabhängig vom Journalisten existiert und es journalistische Aufgabe ist, diese Realität adäquat zu erfassen und sie sodann wahrheitsgemäß, möglichst vollständig und verständlich darzustellen (Bentele 1993, 159).

Gegen solche Vorhaltungen ist zweierlei einzuwenden: Zum einen vertreten konstruktivistische Autoren die These, dass die Beobachterabhängigkeit allen Erkennens als Begründung einer auf das Individuum bezogenen Verantwortungsethik dienen kann. Das heißt, sie kehren den Vorwurf geradezu um – und behaupten: Realistische Erkenntniskonzepte erlauben die Abwehr und Delegation von Verantwortung, gestatten es, die eigene Wahrnehmung zu depersonalisieren und sich damit aus der Affäre zu stehlen; man versteht sich selbst als unbeteiligten Beobachter. Erst eine konstruktivistische Position, die den Anteil an den eigenen Erkenntnisprodukten anerkennt, führe dazu, sich verantwortlich zu bekennen. Zum anderen wird prinzipiell bezweifelt, dass man emphatische Wahrheitsideale braucht, um nicht in Willkür und Beliebigkeit abzudriften. „Schon aus pragmatischen und psychologischen Gründen", so etwa Siegfried J. Schmidt (2000, 61),

> muss es Evidenzen geben, mit deren Hilfe Rückfragen und Zweifel glaubwürdig und daher erfolgreich unterbrochen beziehungsweise für eine Weile stillgestellt werden können. Dazu reichen unwidersprochene Gewissheiten durchaus hin; dazu braucht man keine objektiven Wahrheiten, die ihrerseits ja nur den Status solcher unwidersprochenen Gewissheiten haben (können).

3.5 Vorwurf V: Konstruktivistische Überlegungen legitimieren eine unseriöse und manipulative journalistische Praxis

Der Beliebigkeitsvorwurf korrespondiert häufig mit der Befürchtung, gerade die Arbeit von Journalisten sei durch konstruktivistische Überlegungen gefährdet: Man argwöhnt eine besondere Bedrohung der journalistischen Praxis. Hermann Boventer betrachtet eine „systematische Entmoralisierung der Medien und ihrer Handlungsträger" (Boventer 1992, 164) als Konsequenz epistemologischer Indoktrination und diagnostiziert „verheerende Folgen" (ebd.) für die journalistische Tätigkeit, wenn sich diese dem Programm des Konstruktivismus verpflichtete. „Soweit der Radikale Konstruktivismus das Postulat journalistischer Objektivität verwirft", so schreibt Ulrich Saxer (1992, 182) mit ähnlicher Stoßrichtung,

> beeinträchtigt er ein unentbehrliches Element demokratischer Kommunikationskultur und die Ausbildung journalistischer Kompetenz in einer sehr wichtigen Hinsicht. Er öffnet damit journalistischem Schlendrian im Umgang mit Fakten und journalistischer Rechthaberei Tür und Tore, deckt argumentativ – da es ja angeblich anders gar nicht möglich ist – die Selbstzentriertheit journalistischer Milieus auf Kosten ihrer Zuwendung zum Publikum, anerkennt journalistische Manipulation als Normalität und rechtfertigt theoretisch auch noch den durch Medien mitverursachten kollektiven Wirklichkeitsverlust in komplexen Gesellschaften.

Man befürchtet, dass der Begriff der Objektivität in einer erkenntnistheoretischen Diskussion aufgelöst werde – und dass diese Auflösung dann als Einladung zu Fälschung, Manipulation und Lüge verstanden werden könnte.[9]

Die allen Befürchtungen gemeinsame Denkfigur lässt sich folgendermaßen umschreiben: Weil Erkennende, wie Konstruktivisten behaupten, über eine beobachterunabhängige Wirklichkeit nichts auszusagen vermögen und weil sich diese Behauptung womöglich unter Journalisten und anderen professionellen Kommunikatoren durchsetzt, erscheint willkürliche Erkenntnisproduktion als Normalität, und in diesem Klima werden dann auch Fälschungen, Verdrehungen und Manipulationen zu gewöhnlichen Äußerungsstrategien, die nicht mehr aus berufsethischen Gründen disqualifiziert werden können.[10] Die erste Prämisse solcher

---

9 S. Zschunke 2000, 103.
10 Entsprechend gilt dann auch der Interview-Fälscher Tom Kummer manchen Konstruktivismus-Kritikern (s. Ernst 2000, 65; Hömberg 2002, 296) als praktizierender Konstruktivist – ein Missverständnis und ein wohlfeiles Angebot der Exkulpation, an dem Kummer durchaus Gefallen findet. Die erkenntnistheoretische Rechtfertigung von Betrug (Kummer wusste, was er tat) ist allerdings Ausdruck eines ungenauen Denkens, weil hier die Ebene der epistemologischen Diskussion unzulässig mit der Ebene alltäglicher Konvention vermischt wird.

Befürchtungen ist, dass Erkenntnistheorien – gleich welcher Spielart – überhaupt in einem sehr direkten und unmittelbaren Sinne alltägliches Handeln regulieren. Die zweite Prämisse besagt, dass Konstruktivisten überhaupt ausreichend Einfluss und Macht besitzen, die Praxis gezielt zu indoktrinieren und die beruflichen Standards zu korrumpieren. Die dritte Prämisse enthält, wie bereits angedeutet, die These, dass der Verzicht auf absolute Wahrheit notwendig Willkür legitimiert. Und auch diese Annahme wird von Konstruktivisten nicht geteilt. Vielmehr haben sie sich darum bemüht, eine konstruktivistische Neuinterpretation des Objektivitätsideals zu liefern, das Erkenntnisziel *der Wahrheit* praktisch-pragmatisch kleinzuarbeiten und entsprechende Ersatzbegriffe anzubieten – eine Diskussion, die inzwischen weit fortgeschritten ist und mehrere Entwürfe hervorgebracht hat.

3.6 Vorwurf VI: Konstruktivisten sind einseitig am Individuum orientiert

In der fachinternen Kritik wird auch der Vorwurf der perspektivischen Verkürzung auf den Einzelnen erhoben. Mit einem Diktum Ulrich Saxers (1993, 65 f., Herv. i. Orig.):

> Dem *Zustand zunehmender Unsicherheit über das Makrogeschehen* entzieht sich ja der Konstruktivismus durch seinen strikten Rückzug auf das Individuum und dessen Kognition.

Schon aufgrund dieses Reduktionismus seien Konstruktivisten nicht in der Lage, ein „soziales Totalphänomen" (Saxer 2000, 89) wie die öffentliche Kommunikation, das makro-, meso- und mikrosoziologisch definiert ist, auch nur zu erfassen. Es fehle dem Theorie-Konstrukt somit – gewählt wird eine korrespondenztheoretische Metaphorik – an „Strukturähnlichkeit" und „Isomorphie" (ebd.) zu seinem Gegenstand. Für alles, was über den eng gesteckten Horizont einer mikrosoziologisch definierten Perspektive hinausginge, bleibe man unvermeidlich blind: Man könne die Berufsrealität der meisten Medienarbeiter kaum in den Blick bekommen. Ein solcher Einwand trifft vor allem für die Ur- und Frühgeschichte konstruktivistischen Denkens zu, die aufgrund einer primär biologisch-naturwissenschaftlichen Orientierung am Individuum bzw. am einzelnen Gehirn ansetzte, übersieht aber insbesondere die produktive Weiterentwicklung in der Journalistik und Kommunikationswissenschaft: Hier geht der Trend spätestens seit dem Beginn der 90er Jahre klar in die Richtung eines integrativen Ansatzes, der kognitive Autonomie und soziale Orientierung nicht (mehr) als unvereinbar konzipiert.

Der Entwurf eines *soziokulturellen Konstruktivismus* (Schmidt 1994) und die Synthese systemtheoretischer und konstruktivistischer Überlegungen (Scholl/

Weischenberg 1998) stellen nur zwei Beispiele für weithin rezipierte Arbeiten dar, die genau an der Schnittstelle von Individuum und System ansetzen. Sie gleichen manche perspektivische Vereinseitigung der Frühphase aus. Und auch wenn man das Blickfeld erweitert, so zeigt sich, dass die gegenwärtige Theoriearbeit klar unter dem Vorzeichen einer Integration von Ansätzen steht; man tritt mit dem Ziel an, Widersprüche zu beseitigen und sich allmählich von primär biologisch-naturwissenschaftlichen Entwürfen zu lösen.[11] Zu beobachten ist ein Trend, der sich – ironisch – als *Schwächung des Seins*[12] bezeichnen ließe: Man radikalisiert die Entontologisierung in die Richtung einer Denkweise, die ohne Fundament auskommt, die ihre paradox angelegte Begründung in der Unbegründbarkeit und ihren Halt in der Haltlosigkeit sucht.

3.7 Vorwurf VII: Der Konstruktivismus raubt der Medienkritik jede Basis

Man hat Konstruktivisten den Vorwurf des Solipsismus gemacht: Die Welt gelte ihnen „nur als Schöpfung selbstreferentieller Systeme" und nur als „von Beobachtern konzipiert" (Saxer 1993, 70), allein „als Wille und Vorstellung" (Saxer 2000, 89). Kritikpunkt ist die „solipsistische Vernachlässigung einer beobachterunabhängigen Realität" (Saxer 1992, 179). Entsprechend erschiene dann, wenn sich dieses Denken im Journalismus breitmache, nicht nur Fälschung und Manipulation als legitim, sondern auch die Medienkritik, die eben auf dem Vergleich von (absoluter) Realität und Medienrealität basiere, verliere jede Basis – auch dies eine Preisgabe beruflicher Standards mit fatalen Folgen (Bentele 1993, 163, Herv. i. Orig.):

> Auf der praktisch-journalistischen Diskussionsebene führt", so heißt es, „der konstruktivistische Ansatz dazu, dass nicht mehr eindeutig zwischen der Realitätshaltigkeit (und damit Qualität), zwischen Boulevard-Journalismus und seriösem Journalismus von Qualitätszeitungen unterschieden werden kann. Wenn beides nur Realitäts*konstruktionen* sind, wenn gleichzeitig Begriffe wie Wahrheit und Objektivität aufgegeben sind, wenn beides nur noch Kommunikationsangebote sind, die nach Kriterien wie Glaubwürdigkeit (nicht aber danach, ob sie tatsächlich richtig oder falsch berichten) beurteilt werden können, dann entfällt jede Kritikmöglichkeit gerade unsauberer journalistischer Arbeit.

---

[11] S. exemplarisch auch Weber (2000b, 455 ff.).
[12] Diese, in anderem Zusammenhang verwendete Formulierung entnehme ich: Varela/Thompson/Rosch (1995, 311).

Dem ist zu entgegnen, dass nicht *der* Wirklichkeitsvergleich, der Basis medienkritischer Bemühungen ist, hinfällig wird, sondern allein ein implizit oder explizit realistisch fundiertes Falsifikationsstreben, das absolute Realität und die verzerrte Medienrealität in eine Vergleichsbeziehung zu bringen meint. Damit ist gesagt, dass man beispielsweise nicht die Daten und Wirklichkeiten einzelner Sozialsysteme (z. B. Wissenschaft, Justiz, Gesundheit) benützen kann, um eine spezifische Medienwirklichkeit in einem absoluten Sinne zu falsifizieren oder auch gegebenenfalls zu verifizieren, denn es handelt sich in jedem Fall um Konstrukte, nicht aber um beobachterunabhängig gegebene Manifestationen einer unbedingt gültigen Realität. Was man natürlich tun kann, ist es, verschiedene Wirklichkeiten – durchaus mit kritischer Zielsetzung – zu kontrastieren.[13] Es wird daher auch nicht *die* Medienkritik überflüssig oder sinnlos, sondern allein eine ihrer spezifischen Spielarten, nämlich eine Form der realistischen Medienkritik, die bestimmte Beobachterperspektiven privilegiert, diese ontologisiert und als letzte Wahrheiten ausgibt.

3.8 Vorwurf VIII: Konstruktivistische Aussagen sind selbstaufhebend

Der Vorwurf selbstwidersprüchlicher Aussagen, der in der fachinternen und der fachexternen Diskussion konstruktivistischer Überlegungen gleichermaßen auftaucht, lautet beispielsweise folgendermaßen (Saxer 1992, 179):

> Freilich hebt sich, wissenschaftstheoretisch gesehen, diese Theorie selber auf, denn wenn Menschen die Wirklichkeit nicht als solche erkennen können, dann lässt sich auch der Radikale Konstruktivismus nicht empirisch bestätigen.

Ein derartiger Einwand gehört, wie noch genauer gezeigt werden wird, zu den Fundamentalproblemen konstruktivistischer Theoriebildung; man kann ihm nur entgehen, wenn man das Konzept der Letztbegründung zurückweist, den Status des empirischen Wissens aus konstruktivistischer Perspektive klärt und stets deutlich macht: Es kann für die konstruktivistischen Thesen keinen letzten Beweis und keine beobachterunabhängige Begründung geben. Auch die Biologie und die Hirnforschung sind keineswegs jene Paradedisziplinen, die die konstruktivistischen Annahmen wahr machen; sie plausibilisieren sie, sie illustrieren sie, sie haben den Status von *Hin*weisen, nicht von *Be*weisen in einem wahrheitsemphatischen Sinn. Auch der Konstruktivismus ist nur eine Konstruktion (unter

---

13 S. Weber 2000a, 80.

vielen möglichen); er ist nicht auf seine Wahrheit zu prüfen, sondern auf seine Nützlichkeit, seine Viabilität. Es geht darum, wirkungsvolle Vorgehensweisen und Annahmen zu entwickeln, die den jeweiligen Zwecken eines Beobachters gerecht werden. Man muss sehen, ob man weiterkommt, ob sich die eigenen Thesen und Theorien als produktiv erweisen. „Eine Skepsis", so Hans Rudi Fischer prägnant über die adäquate Theorie-Architektur des Konstruktivismus, „die konsistent ist, muss freischwebend sein, unbegründet begründet oder begründet unbegründet, andernfalls verliert sie ihren Charme und wird dogmatisch" (Fischer 1993, 96).

4 Grundsätzliche Probleme konstruktivistischer Theoriebildung: Fallstricke der Argumentation

Die geschilderten Vorbehalte und Vorwürfe lassen sich im Kern auf drei Fundamentalprobleme der konstruktivistischen Theoriebildung zurückführen, die sich allesamt um Fragen und Schwierigkeiten der Selbstanwendung und der praktischen Umsetzung konstruktivistischen Denkens gruppieren lassen. Doch bevor diese nun genauer beschrieben werden, sei erneut eine Bemerkung zum Vorgehen erlaubt: Das Schema der abschließenden Darstellung folgt erneut einem einfachen Muster: Zuerst erläutere ich das jeweilige Fundamentalproblem (1. das *Problem des Selbstwiderspruchs*, 2. das *Problem der Praxis-Relevanz*, 3. das *Problem der Selbstdogmatisierung*), dann werden Lösungsmöglichkeiten vorgeschlagen, die den Zuschnitt der hier vertretenen Position weiter konturieren und schließlich in das Plädoyer münden, den Konstruktivismus primär als eine Irritationsstrategie und als Neubegründung des Skeptizismus aufzufassen.

4.1 Das Problem des Selbstwiderspruchs: explizit und implizit erhobene Geltungsansprüche

Das Problem des Selbstwiderspruchs handelt von einem Widerspruch zwischen den eigenen Prämissen und den jeweils erhobenen Geltungsansprüchen, die explizit (in Form direkter Aussagen und Wahrheitsbeteuerungen) oder implizit (z. B. in Form eines bestimmten Sprachgebrauchs) angemeldet werden. Die Grundkonstellation, die dieses Problem erzeugt, lässt sich folgendermaßen umschreiben: Wenn ein konstruktivistisch argumentierender Autor seine Annahme von der Unmöglichkeit absoluter Wahrheitserkenntnis mit absolutem Wahrheitsanspruch vertritt, dann wird er zu einem Metadogmatiker und verwickelt sich in eine Paradoxie, die sich auf die Formel bringen lässt: Wenn er Recht hat, hat er Unrecht (und umgekehrt). Denn „wenn es die unbedingt gültigen Belege für die eigenen Thesen gäbe, dann wären dies genau die absoluten Wahrheiten, nach denen der Realist gesucht hat" (Schmidt im Gespräch mit Pörksen; Pörksen 2002a, 179).

Schon eine Sprache, die von unpersönlichen (das heißt: scheinbar beobachterunspezifischen) Redewendungen geprägt ist, wird im Grunde genommen ein Problem. Wer als ein konventionell formulierender Wissenschaftler auf Geschichten und Parabeln, kreative Metaphern und die Schilderung eigener Denkerlebnisse verzichtet und wer vor allem das eigene Ich spürbar aus seinen Texten verbannt, der schreibt eine Sprache, die Objektivitätsansprüche zumindest nahe legt.[14] Sie bedingt, wenn sie von Konstruktivisten und anderen Skeptikern gebraucht wird, eine Paradoxie, die man einen *rhetorischen Selbstwiderspruch* nennen könnte: Im Falle des logischen Selbstwiderspruchs sind Aussagen logisch unvereinbar. („Wahr ist, dass es keine letzte Wahrheit gibt.") Mit dem Begriff des rhetorischen Selbstwiderspruchs meine ich dagegen, dass die Art und Weise, die Diktion, die gewählt wird, nicht zu der Aussage, die man trifft, passt. Man legt eine Autorität und einen Anspruch auf Endgültigkeit und letzte Gewissheit nahe, den man eben, bleibt man den selbstformulierten Prämissen treu, gar nicht erheben kann. Man suggeriert die Möglichkeit der Letztbegründung und der objektiven Aussage schon durch die verwendeten Stilmittel – und bestreitet diese jedoch gleichzeitig auf der Inhaltsebene, verwendet eine Diktion, einen Jargon der Unumstößlichkeit, der nicht mit den eigenen Grundannahmen im Einklang steht. Diese müssten einen eigentlich zu anderen, offeneren und vor allem beobachtergebundenen Darstellungs- und Redeweisen inspirieren.

Allerdings zeigt diese besondere Aufmerksamkeit für Darstellungstechniken und die jeweils gewählte Sprachform noch etwas anderes, nämlich dass sich die Behauptung eines Selbstwiderspruches häufig aus terminologischen Ungenauigkeiten ergibt, die Gegner und Befürworter des Konstruktivismus miteinander teilen: Es erschwert das Verständnis und die innerwissenschaftliche Verständigung enorm, dass Vokabeln wie „Wahrheit", „Realität", „Wirklichkeit" usw. äußerst uneinheitlich gebraucht werden. Drastischer: Terminologische Unbe-

---

14 Kretzenbacher (1995, 34) sieht die wissenschaftliche Sprache durch drei Tabus (Ich-Tabu, Metapherntabu, Erzähltabu) charakterisiert, die allesamt den Beobachter unsichtbar machen: „Das Ich-Tabu suggeriert, dass Wissen unabhängig von einem menschlichen Subjekt existiere und dass eine wissenschaftliche Äußerung unabhängig von den spezifischen Kommunikationspartnern übermittelt werden könne. Das Metapherntabu suggeriert, dass ein wissenschaftliches Faktum nur in einer ganz bestimmten Weise dargestellt werden könne, weil es nur in ein und derselben Art wahrgenommen werden könne. Und das Erzähltabu suggeriert, dass in wissenschaftlichen Texten die Fakten selbst sprächen, ohne ein menschliches Subjekt als Übermittlungsinstanz."

stimmtheit hat eine Form des Missverständnisses erzeugt, das hier als *Problem der referentiellen Konfusion* bezeichnet werden soll. Man verwechselt vielfach, wenn man Selbstwidersprüche diagnostiziert, Aussagen, die sich auf eine (imaginäre und allein beobachterabhängig thematisierbare) absolute Wirklichkeit/Wahrheit/Realität usw. beziehen, mit Aussagen, die eingestandenermaßen innerhalb gegebener Erkenntnisgrenzen getroffen werden, also für die Sphäre der Lebenswelt und der Erfahrungswirklichkeit gemeint sind. Wenn konsistent argumentierende Konstruktivisten behaupten, Wahrheit und Realität seien unerkennbar, da beobachterunabhängige Erkenntnis unmöglich sei, dann heißt dies: Hier bezieht man sich *innerhalb des Diskurses* auf eine (absolute) Realität/Wirklichkeit/Wahrheit, konstruiert also kommunikativ ein *Diskursjenseits* im *Diskursdiesseits*.[15] Es bedeutet nicht, dass man – obwohl dies die fehlende begriffliche Präzision mancher Konstruktivisten immer wieder suggeriert – innerhalb der Lebenswelt und der eigenen Erfahrungswirklichkeit mit einem Mal irgendwie über diese Lebenswelt hinausreicht, um dann mit vermeintlich letzter Sicherheit sagen zu können: Wahrheitserkenntnis ist unmöglich, muss unmöglich sein. Dies wäre, wie sich nun sagen lässt, selbstwidersprüchliche Spekulation, reine Metaphysik; der Realitätstest aller Aussagen bleibt immer und unvermeidlich ein interner Test, situiert in dem, was uns allein zugänglich ist: die eigene Lebenswirklichkeit.[16]

4.2 Das Problem der Praxis-Relevanz: das Verhältnis von Epistemologie und Alltag

Der Konstruktivismus, so zeigt sich, ist auf dem Weg zur *normal science*: Die philosophische Grundlagendiskussion verwandelt sich zunehmend in den Versuch einer konkreten, disziplinspezifischen Umarbeitung und -anwendung. Bislang haben insbesondere die Pädagogik und Didaktik, die Psychologie bzw. Psychotherapie, die Managementwissenschaft, die Journalistik und Kommunikationswissenschaft von den konstruktivistischen Überlegungen profitiert bzw. diese überhaupt aufgegriffen und fachspezifisch konkretisiert (Scholl 2002, 12). Es sind allesamt Disziplinen und Anwendungsbereiche, die sich in irgendeiner Weise mit der „Menschenveränderung" befassen, also sich der Frage stellen, wie sich

---

15 Dass Dualismen wie *Realität* und *Erfahrungswirklichkeit* verborgene Realismen des konstruktivistischen Diskurses darstellen, hat Mitterer (2000) klar gezeigt.
16 S. Luhmann 1994, 10.

Versuche der Fremdsteuerung intern in tatsächlich auch genutzte Angebote der Selbststeuerung umwandeln lassen.[17]

Weitgehend undiskutiert geblieben ist jedoch in allen genannten Disziplinen das *Problem der Praxis-Relevanz* – das heißt, man hat sich nicht und schon gar nicht grundsätzlich mit der Frage befasst, wie denn das Verhältnis zwischen Epistemologie und Alltag, zwischen Theorie und Praxis, zwischen einer (transdisziplinären) Denkschule und ihrer fachspezifischen Konkretisierung bzw. pragmatisch tauglichen Umsetzung zu fassen ist. Dieses Problem müsste aber vor der eigentlichen Konkretisierungs- und Umsetzungsarbeit zumindest prinzipiell geklärt werden, weil seine Klärung wesentlich darüber entscheidet, welches Veränderungspotenzial man überhaupt den konstruktivistischen Einlassungen zuschreiben mag und ihnen letztlich zutraut. Denkbar ist, wenn es um die Beziehung zwischen Epistemologie und Alltag geht, eine idealtypisch konstruierte Typologie der Verhältnisse, die sich mit Hilfe des Begriffspaares Deskription/Präskription präzisieren lässt: Deskriptive Aussagen beschreiben, präskriptive Aussagen schreiben vor, verlangen etwas, was noch nicht oder nur unvollständig realisiert zu sein scheint.[18] Zu unterscheiden sind, so meine These, das *Ableitungsverhältnis*, das *Nicht-Verhältnis* und das *Anregungsverhältnis*. Es sind diese Möglichkeiten, die Beziehung zwischen Epistemologie und Alltag zu erfassen, die ich im Folgenden genauer charakterisieren möchte:

- Wenn man explizit oder implizit für ein *Ableitungsverhältnis* votiert, dann geht man von folgender Annahme aus: Die epistemologischen Einsichten (des Konstruktivismus) führen zu unmittelbaren Konsequenzen, was das alltägliche Handeln betrifft. Erkenntnistheorie reguliert auch eine wie immer geartete Praxis – und man kann dann, wie dies in manchen populärwissenschaftlichen Darstellungen des Konstruktivismus geschieht, feststellen: Es gibt keine letzte Wahrheit (erkenntnistheoretische All-Aussage), also ist nichts sicher (lebenspraktische Konsequenz); wir erfinden die Wirklichkeit (erkenntnistheoretische All-Aussage), also ist alles möglich (lebenspraktische Konsequenz); absolute Werte existieren nicht (erkenntnistheoretische

---

[17] Einen Überblick über wesentliche Impulse in diesen Gebieten liefern von Foerster/Pörksen (1998, 65 ff.).
[18] Ähnlich systematisch entfaltet Weber (1999, 59 ff.) seine Auseinandersetzung mit den Varianten der Erkenntnistheorie in der Medien- und Kommunikationswissenschaft. Dieser Systematik verdanke ich entscheidende Anregungen.

All-Aussage), also müssen wir uns mit einer völligen Beliebigkeit abfinden (lebenspraktische Konsequenz).[19] Und so weiter.
- Wer das Verhältnis von Epistemologie und Alltag im Sinne eines strikt linear-kausal organisierten Ableitungsverhältnisses verstanden wissen und das Problem der Praxis-Relevanz auf diese extreme Weise lösen will, kann dies – systematisch gesprochen – in deskriptiver oder präskriptiver Absicht tun, ebenso ist eine Kombination von Deskription und Präskription denkbar: Man kann sagen, dass die Relativität allen Erkennens unvermeidlich zu neuen Einsichten und Handlungsweisen im Alltag *führt* (Typ 1, Deskription). Man kann verlangen, dass die erkenntnistheoretische Einsicht in die Relativität allen Erkennens zu neuen Einsichten und Handlungsweisen *führen sollte* (Typ 2, Präskription). Und schließlich lässt sich beklagen, dass die Einsicht in die Relativität allen Erkennens das Denken und Handeln im Alltag *noch nicht ausreichend reguliert* und dass dies *nun verstärkt geschehen sollte* (Typ 3, Kombination von Deskription und Präskription).
- Die hier etwas umständlich, in Ermangelung eines eingängigeren Neologismus als „*Nicht-Verhältnis*" benannte Möglichkeit, die Beziehung zwischen Epistemologie und Alltag zu denken, markiert (ebenso wie das Ableitungsverhältnis) eine Extremposition: Man geht hier von einer strikten Trennung von Erkenntnistheorie und alltäglichem Handeln aus. Anhänger dieser Auffassung vertreten die These, dass beide Ebenen strikt getrennt sind und auch strikt getrennt werden müssen: Der Konstruktivismus gilt hier ausschließlich als Beobachtertheorie zweiter Ordnung, die eine Rekonstruktion von Wirklichkeitskonstruktionen erlaubt, aber keine Relevanz für eine wie immer geartete Lebenspraxis in der Sphäre der Beobachtung erster Ordnung besitzt.[20] In diesem Fall trägt die Unterscheidung von Deskription/Präskription kaum etwas zur Klärung bei: In deskriptiver wie in präskriptiver Hinsicht wird konstatiert, dass die epistemologische Reflexion für die alltägliche Handlung ohne Bedeutung ist bzw. auch für die Welt der Praxis keine Bedeutung erlangen sollte.

---

19 Beispielhaft für eine Formulierung, die implizit dem *Ableitungsverhältnis* verpflichtet ist, sei dann doch noch ein Kommunikationswissenschaftler zitiert. „Aus der Erkenntnis der Geschlossenheit des kognitiven Apparats", so bekommt man bei Merten (1993, 53) zu lesen, „ist bindend abzuleiten, dass Objektivität nur eine operative Fiktion ist." Und weiter: „Weil Wirklichkeiten immer konstruiert werden", so heißt es (Merten 1993, 54), „ist deren Authentizität unerheblich: Wirklichkeitskonstruktionen sind daher nicht auf Wahrheit, sondern nur auf Effizienz zu hinterfragen." Aussagen dieser Art, die epistemologische Einsicht und lebenspraktische Konsequenz so direkt und unmittelbar koppeln, lassen dann den Beliebigkeitsvorwurf der Konstruktivismus-Kritiker doch berechtigt erscheinen; zumindest sind solche Formulierungen äußerst missverständlich.
20 Bolz nimmt im Gespräch mit dem Autor eine solche Position ein. s. Pörksen 2002b, 439 ff.

- Zwischen diesen beiden Extremen befindet sich eine mittlere Position. Gemäß dieser Auffassung gelten erkenntnistheoretische Einsichten, Modelle, Konzepte und Begriffe als Inspiration und Irritation einer wie auch immer definierten Praxis; sie sind nicht folgenlos, aber auch nicht in jedem Fall spezifizierbar und bis ins Detail ausbuchstabierbar. Die Prämissen und Postulate fokussieren die Aufmerksamkeit, sie liefern relevante Unterscheidungen, sie regen an, aber erlauben es nicht, direkt auf eine gegebene oder gewünschte Praxis zu schließen bzw. diese logisch aus ihnen abzuleiten. Das bedeutet, dass ein unbedingtes, streng definiertes Kausalverhältnis nicht vorausgesetzt wird; die Zusammenhänge sind hier sehr viel lockerer, fragiler, undeutlicher, keineswegs zwingend; die epistemologischen Begriffe und Konzepte, die man für die Praxis und das alltägliche Handeln fruchtbar machen möchte, haben einen heuristischen Wert. Die Aussagen, die ein Vertreter des *Ableitungsverhältnisses* trifft, verlieren aus dieser Perspektive etwas von ihrer (unnötigen) Schärfe, weil Erkenntnistheorie und Lebenspraxis nicht in der Unmittelbarkeit gekoppelt werden; man befreit sich auch selbst von dem wohl kaum zu führenden Nachweis direkter, mit Gewissheit bestehender Korrelationen zwischen Theorie und Praxis, Epistemologie und Alltag, Beobachtungen erster und zweiter Ordnung. Es sind Wahrnehmungs- und Suchaufträge, Beobachtungsimpulse,[21] die der Sphäre epistemologischer Reflexion entstammen und für die Orientierung in der Welt praktischer Anwendung anregend sind.[22] Keineswegs vertritt man die These, dass intellektuelle Einsicht ein konventionell gültiges Handlungsmuster gleichsam zielgerichtet und notwendig auszuheben vermag.
- Auch in diesem Fall sind drei verschiedene Argumentations- und Denkmuster vorstellbar: Man kann feststellen, dass die Relativität allen Erkennens zu neuen Einsichten und Handlungsweisen im Alltag *inspiriert* (Typ 1, Deskription) oder doch *inspirieren sollte* (Typ 2, Präskription). Und es lässt sich kritisch vermerken und beklagen, dass die Einsicht in die Relativität allen Erkennens das Denken und Handeln im Alltag *noch nicht ausreichend inspiriert* und dass dies nun *in stärkerem Ausmaß geschehen sollte* (Typ 3, Kombination von Deskription und Präskription).

---

21 S. in anderem Zusammenhang und bezogen auf eine konstruktivistische Ethik Schmidt (2000, 65).
22 Diese Wahrnehmungs- und Suchaufträge werden hier axiomatisch verwendet; es sind – nicht notwendig – beweisfähige Sätze, um die es geht, sondern, wenn man so will, Spielregeln mit Konsequenzen, wobei eben diese Konsequenzen interessieren. Zu diesem Verständnis des Axioms s. von Foerster/Bröcker (2002, 66).

4.3 Das Problem der Selbstdogmatisierung: Folgen der Dominanz

Das Problem der Selbstdogmatisierung entsteht, wenn der Konstruktivismus (oder irgendeine andere Denkschule) immer beherrschender wird und womöglich zum dominierenden Paradigma in einem fachinternen Diskurs aufsteigt; es entsteht, wenn sich eine Außenseiterphilosophie in eine Mode verwandelt und in manchen Veröffentlichungen gar die Züge einer Weltanschauung oder Heilslehre zugesprochen bekommt.[23] Diese Popularität ist für eine Denkschule, die auch gegen die Verfestigungen des Denkens selbst angehen möchte, durchaus problematisch, weil sich natürlich auch relativistische Erkenntnistheorien zu neuen Normen, modischen Glaubensbekenntnissen und wirkmächtigen Dogmen verhärten können.[24] Diese Transformation der konstruktivistischen Überlegungen ist, wenn sie denn geschieht, nicht zu ändern, weil nicht kontrolliert werden kann, wie und in welcher Weise bestimmte Gedanken rezipiert und benutzt werden. Es lässt sich nicht steuern und beeinflussen, aber man kann sich doch darum bemühen, dem eigenen Theorie-Gerüst einen Zuschnitt zu geben und es entsprechend zu etikettieren, um das Problem der Selbstdogmatisierung zumindest zu Bewusstsein zu bringen – und eventuell zurückzudrängen.[25]

5 Schlussbemerkung: der Konstruktivismus als Irritationsstrategie

Um sein irritierendes Potenzial voll zu erhalten und den drohenden Abgrund des Selbstwiderspruchs und der Selbstdogmatisierung zu überbrücken, wird hier abschließend eine Variante des Konstruktivismus vorgestellt, die ich als *diskur-*

---

[23] Da eine persönliche Polemik nicht intendiert ist, verzichte ich an dieser Stelle auf die gute akademische Sitte des Quellennachweises.
[24] Aus diesem Grund kritisiert etwa Krippendorff (1993, 19) schon den Begriff des Konstruktivismus; der Terminus selbst konnotiere – wie jeder *Ismus* – bereits eine statische und letztgültige Form der Weltbetrachtung.
[25] Entsprechend sehe ich den *Abschied vom Konstruktivismus*, den Schmidt 2003 veröffentlicht hat, auch als einen Versuch, auf das Problem des Selbstwiderspruchs und der Selbstdogmatisierung zu reagieren. Schmidt legt hier einen umfassenden Entwurf einer vollständig prozessorientierten Philosophie vor, die jeden Rest-Realismus des Konstruktivismus (z. B. in Form von explizit oder implizit ontologisierten Dualismen) tilgt. Sein Abschied vom Konstruktivismus könnte man eigentlich als eine besonders konsequente Form seiner (Selbst-)Anwendung betrachten.

siven Konstruktivismus bezeichnen möchte. Dieser Begriffsvorschlag ist der nicht ganz ernst gemeinte Versuch, auf die Rede von einem *neuen Konstruktivismus* (und die vielen anderen Etikettierungen der unterschiedlichen Konstruktivismen) mit einem weiteren Label zu reagieren und gleichzeitig – durchaus ernsthaft – auf die möglichen kognitiven Folgekosten der Schulenbildung und der allzu intensiven Paradigmenbetreuung hinzuweisen. Im Kern geht es, wie an anderer Stelle ausführlich zu begründen sein wird,[26] darum, den Konstruktivismus zu einem Instrument der Dekonditionierung und zu einer Kommunikationsstrategie umzuarbeiten, die eingesetzt werden kann, um Dogmen und Realitätsgewissheiten zu rekonstruieren und zu dekonstruieren; dies stets mit dem Anliegen, zu einer Debatte anzuregen, den Dialog zu inspirieren, große und kleine Ideologien zu demontieren. Diskursiver Konstruktivismus ist eine zur Kommunikationsform gewordene prinzipielle Skepsis, die auch auf die möglichst intensive Selbstreflexion eigener Voreingenommenheiten zielt. Er kann nicht präzise inhaltlich bestimmt werden, besitzt aber eine Reihe von Kern-Charakteristika, die sich genauer benennen lassen:

- Diskursiver Konstruktivismus wehrt sich gegen jede Form der Dogmatisierung, auch gegen die Dogmatisierung des Konstruktivismus durch den Rekurs auf bestimmte Disziplinen (z. B. die Neurobiologie). Diskursiv orientierte Konstruktivisten benützen unterschiedliche Perspektiven als möglicherweise viable Anregungen. Über ihren Wert entscheidet nicht der Grad der Realitätsannäherung, sondern die individuelle, die situationsspezifische Viabilität.
- Diskursiver Konstruktivismus ist eine Spielform des Konstruktivismus, die in der Auflösung gedanklicher Verhärtungen und Vorurteile (und damit in der Kreation neuer Denkmöglichkeiten) ein bzw. das entscheidende Ziel sieht. Dieser Versuch der Begründung der eigenen Position soll hier als *Argument der antipodischen Legitimität* bezeichnet werden. Damit ist gemeint, dass der diskursiv ausgerichtete Konstruktivismus primär als praxisrelevante Erkenntnistheorie verstanden werden sollte, die in einer bestimmten Konstellation ihre eigentliche Funktion bekommt: Sie richtet sich gegen Gewissheiten, gegen dogmatisch gewordene Objektivitätsansprüche, gegen ideologische Fixierungen. Sie dient als Korrektiv. Man orientiert sich – durchaus reaktiv – systematisch an beobachtbaren Einseitigkeiten; die eigene Einseitigkeit wird dann legitim, wenn sie auf eine andere Einseitigkeit gewissermaßen antipodisch reagiert und so im Sinne diskursiver Dialektik intellektuelle Bewegung ermöglicht. Der diskursive Konstruktivismus zielt nicht auf letzte Wahrheit

---

26 S. Pörksen (2015).

oder einen unbedingten Konsens, sondern er dient dem Diskurs selbst, der Fortführung von Disput und Analyse, der Nuancierung von Unterscheidungsfähigkeit, der Anregung von Denkprozessen. Wenn schließlich die Verflüssigung einer statischen Realität erreicht ist, dann haben auch die Strategien des diskursiven Konstruktivismus ihre Aufgabe erfüllt.[27]

– Der diskursive Konstruktivismus ist Ordnungshypothese (ohne den kognitiv-mentalen Aggregatzustand des Hypothetischen jemals zu verlassen), ist Manifestation einer Suchbewegung und hat immer etwas Parasitäres: Er lebt, wenn man so will, von den Unterscheidungen, die ihm sein jeweiliges Gegenüber liefert. Er ist existentiell auf ein Gegenüber angewiesen, dessen intellektuelle Verhärtung er mit seinen Strategien korrigieren kann, um neue Wahrnehmungsmöglichkeiten sichtbar zu machen. Es geht darum, etwas zu beobachten, was ein anderer nicht beobachtet, um ihn auf diese Weise für blinde Flecken zu sensibilisieren.

– Aus einer solchen Haltung ergibt sich eine besondere Wertschätzung der Irritation und einer im genauen Sinn des Wortes *essayistischen* Reflexion. Es gilt, Irritationen als Reizmittel anzuerkennen, die eine Erstarrung von Wahrnehmungsformen verhindern, weil sie zum Umdenken und Andersdenken anregen.[28]

Damit wird der Konstruktivismus letztlich als ein epochenspezifisch begründeter, idealer Weise anregender und doch zu nichts zwingend verpflichtender Skeptizismus aufgefasst, nicht als ein neues Paradigma,[29] nicht als Denkschule mit präziser Zertifizierung der erreichten Erkenntnisstufe, nicht als ein Meta-Dogmatismus, der andere dogmatisch über die eigenen epistemologischen Irrtümer belehrt. Das heißt: Es werden keine letztgültigen Wahrheiten präsentiert, sondern Beobachtungsvarianten vorgeführt, die unvermeidlich eines sind und bleiben: endgültig vorläufig.[30]

---

27 S. in diesem Zusammenhang auch den anregenden Essay Stähelis über *poststrukturalistische Soziologien*, der sich von der Frage leiten lässt, wie die Soziologie theoretisch mit dem umgehen kann, was „ihre begrifflichen Schemata durcheinander zu bringen droht" (Stäheli 2000, 9).
28 S. Bardmann 1991, 7.
29 Dies verbietet sich gerade auch deshalb, weil kritische Beobachter des Wissenschaftssystems schon lange spotten, der Paradigmenwechsel und die Ankündigung immer neuer Paradigmen (vulgo: Moden) sei bereits zum Normalzustand von Wissenschaft geworden (s. Steinfeld 1991, 87).
30 Schmidt (2003, 26) spricht mit vergleichbarer Zielrichtung von der Endgültigkeit der Vorläufigkeit.

Bibliographie

Bardmann, Theodor M. (1991): Vorwort. In: Ders u. a. (Hg.): Irritation als Plan. Konstruktivistische Einredungen. Aachen, 7–9.
Bentele, Günther (1993): Wie wirklich ist die Medienwirklichkeit? Einige Anmerkungen zum Konstruktivismus und Realismus in der Kommunikationswissenschaft. In: Ders./Rühl 1993, 152–171.
Bentele, Günther/Rühl, Manfred (Hg.) (1993): Theorien öffentlicher Kommunikation. Problemfelder, Positionen, Perspektiven. München.
Boventer, Hermann (1992): Der Journalist in Platons Höhle. Zur Kritik des Konstruktivismus. In: Communicatio Socialis 25/2, 157–167.
Burkart, Roland (1999): Alter Wein in neuen Schläuchen? Anmerkungen zur Konstruktivismus-Debatte in der Publizistik- und Kommunikationswissenschaft. In: Gebhard Rusch/Siegfried J. Schmidt (Hg.): Konstruktivismus in der Medien- und Kommunikationswissenschaft. DELFIN 1997. Frankfurt a. M., 55–72.
Ernst, Heiko (2000): Die Ausweitung der Spielzone. Borderline-Journalismus: Zwischen Wahrheit und Dichtung. In: Message 2/3, 64–67.
Fischer, Hans Rudi (1993): Information, Kommunikation und Sprache. Fragen eines Beobachters. In: Ders. (Hg.): Autopoiesis. Eine Theorie im Brennpunkt der Kritik. 2. korr. Aufl. Heidelberg, 67–97.
Foerster, Heinz von (1994): Das Konstruieren einer Wirklichkeit. In: Watzlawick 1994, 39–60.
Foerster, Heinz von/Pörksen, Bernhard (1998): Wahrheit ist die Erfindung eines Lügners. Gespräche für Skeptiker. Heidelberg.
Foerster, Heinz von/Bröcker, Monika (2002): Teil der Welt. Fraktale einer Ethik. Ein Drama in drei Akten. Heidelberg.
Glasersfeld, Ernst von (1996): Radikaler Konstruktivismus. Ideen, Ergebnisse, Probleme. Frankfurt a. M.
Hachmeister, Lutz (1992): Das Gespenst des Radikalen Konstruktivismus. Zur Analyse des Funkollegs „Medien und Kommunikation". In: Rundfunk und Fernsehen 40/1, 5–21.
Hömberg, Walter (2002): Nachrichten-Dichter. Journalismus zwischen Fakten und Fälschung. In: Ute Nawratil/Philomen Schönhagen/Heinz Starkulla jr. (Hg.): Medien und Mittler sozialer Kommunikation. Beiträge zu Theorie, Geschichte und Kritik von Journalismus und Publizistik. Festschrift für Hans Wagner. Leipzig, 289–306.
Kepplinger, Hans Mathias (1993): Erkenntnistheorie und Forschungspraxis des Konstruktivismus. In: Bentele/Rühl 1993, 118–125.
Kretzenbacher, Heinz L. (1995): Wie durchsichtig ist die Sprache der Wissenschaften? In: Ders./Harald Weinrich (Hg.): Linguistik der Wissenschaftssprache. Berlin/New York, 15–39.
Krippendorff, Klaus (1993): Schritte zu einer konstruktivistischen Erkenntnistheorie der Massenkommunikation. In: Bentele/Rühl 1993, 19–51.
Luhmann, Niklas (1994): Der „Radikale Konstruktivismus" als Theorie der Massenmedien? Bemerkungen zu einer irreführenden Debatte. In: Comunicatio Socialis 27/1, 7–12.
Maturana, Humberto R. (1998): Biologie der Realität. Frankfurt a. M.
Maturana, Humberto R./Pörksen, Bernhard (2002): Vom Sein zum Tun. Die Ursprünge der Biologie des Erkennens. Heidelberg.
Merten, Klaus (1993): Kommentar zu Klaus Krippendorff. In: Bentele/Rühl 1993, 52–55.

Merten, Klaus/Schmidt, Siegfried J./Weischenberg, Siegfried (Hg.) (1994): Die Wirklichkeit der Medien. Eine Einführung in die Kommunikationswissenschaft. Opladen.

Mitterer, Josef (2000): Der Radikale Konstruktivismus. „What difference does it make?" In: Hans Rudi Fischer/Siegfried J. Schmidt (Hg.): Wirklichkeit und Welterzeugung. In memoriam Nelson Goodman. Heidelberg, 60–64.

Neuberger, Christoph (1996): Journalismus als Problembearbeitung. Objektivität und Relevanz in der öffentlichen Kommunikation. Konstanz.

Pörksen, Bernhard (2002a): „Wir beginnen nie am Anfang." Siegfried J. Schmidt über das Individuum und die Gesellschaft, die Wirklichkeit der Medien und eine konstruktivistische Sicht der Empirie. In: Die Gewissheit der Ungewissheit. Gespräche zum Konstruktivismus. Heidelberg, 166–188.

Pörksen, Bernhard (2002b): „In einer Welt der Simulation wird das Reale zur Obsession." Im Gespräch mit Norbert Bolz. In: Communicatio Socialis 35/4, 439–458.

Pörksen, Bernhard (2015): Die Beobachtung des Beobachters. Eine Erkenntnistheorie der Journalistik. Überarbeitete Neuauflage. Heidelberg.

Saxer, Ulrich (1992): Thesen zur Kritik des Konstruktivismus. In: Communicatio Socialis 25/2, 178–183.

Saxer, Ulrich (1993): Fortschritt als Rückschritt? Konstruktivismus als Epistemologie einer Medientheorie. Kommentar zu Klaus Krippendorff. In: Bentele/Rühl 1993, 65–73.

Saxer, Ulrich (2000): Mythos Postmoderne: Kommunikationswissenschaftliche Bedenken. In: Medien & Kommunikationswissenschaft 48/1, 85–92.

Schmidt, Siegfried J. (1994): Kognitive Autonomie und soziale Orientierung. Konstruktivistische Bemerkungen zum Zusammenhang von Kognition, Kommunikation, Medien und Kultur. Frankfurt a. M.

Schmidt, Siegfried J. (2000): Kalte Faszination. Medien – Kultur – Wissenschaft in der Mediengesellschaft. Weilerswist.

Schmidt, Siegfried J. (2003): Geschichten & Diskurse. Abschied vom Konstruktivismus. Mit einem Vorwort von Mike Sandbothe. Reinbek bei Hamburg.

Scholl, Armin/Weischenberg, Siegfried (1998): Journalismus in der Gesellschaft. Theorie, Methodologie und Empirie. Opladen/Wiesbaden.

Scholl, Armin (2002): Einleitung. In: Ders. (Hg.): Systemtheorie und Konstruktivismus in der Kommunikationswissenschaft. Konstanz, 7–18.

Stäheli, Urs (2000): Poststrukturalistische Soziologien. Bielefeld.

Steinfeld, Thomas (1991): Der grobe Ton. Kleine Logik des gelehrten Anstands. Frankfurt a. M.

Varela, Francisco J./Thompson, Evan/Rosch, Eleanor (1995): Der mittlere Weg der Erkenntnis. Der Brückenschlag zwischen wissenschaftlicher Theorie und menschlicher Erfahrung. München.

Watzlawick, Paul (Hg.) (1994): Die erfundene Wirklichkeit. Wie wissen wir, was wir zu wissen glauben? Beiträge zum Konstruktivismus. 8. Aufl. München/Zürich.

Weber, Stefan (1999): Wie journalistische Wirklichkeiten entstehen. Kuratoriums für Journalistenausbildung. Salzburg (Schriftenreihe Journalistik, Bd. 15).

Weber, Stefan (2000a): Was steuert Journalismus? Ein System zwischen Selbstreferenz und Fremdsteuerung. Konstanz.

Weber, Stefan (2000b): Ist eine integrative Theorie möglich? Distinktionstheorie und nichtdualisierender Ansatz als Herausforderungen für die Journalismustheorie. In: Martin Löffelholz (Hg.): Theorien des Journalismus. Ein diskursives Handbuch. Wiesbaden, 455–466.

Weinhardt, Birgitta Annette/Weinhardt, Joachim (Hg.) (2014): Naturwissenschaften und Theologie II. Wirklichkeit: Phänomene, Konstruktionen, Transzendenzen. Stuttgart.
Zschunke, Peter (2000): Agenturjournalismus. Nachrichtenschreiben im Sekundentakt. 2. überarb. Aufl. Konstanz.

Siegfried J. Schmidt
Wie wirklich ist die Wirklichkeit?

0

Die Besonderheit und die Bedeutsamkeit der Frage nach ‚der Wirklichkeit' besteht darin, dass sie – und das bekanntermaßen seit Jahrtausenden – von jeder neuen Denkrichtung in der Philosophie und den Wissenschaften immer wieder anders gestellt und verschieden beantwortet worden ist. Und jede Antwortvariante hat für sich beansprucht, die richtige und endgültige zu sein.

Seitdem der konstruktivistische sowie der neorealistische Diskurs in der Wirklichkeitsdiskussion einen Platz erobert haben, ist die Wirklichkeitsthematik wieder nachdrücklich en vogue, wobei der Gegensatz zwischen den beiden Diskursen nicht größer sein könnte.

Im folgenden Beitrag will ich versuchen, eine Antwortargumentation auf die Frage nach der Wirklichkeit zu entwickeln, die sich von beiden Diskursen unterscheidet. Wenn man ein Motto für diesen Versuch formulieren wollte, könnte es lauten: Über die allmähliche Verfertigung der Wirklichkeit im Leben.

1

Nach meiner Auffassung blockieren vor allem die notorischen Existenzfragen den Diskurs über Wirklichkeit bzw. Realität.[1] Die Behauptung oder Verneinung, es gäbe Beobachter-unabhängige singuläre Objekte mit erkennbaren inhärenten Eigenschaften dient in erster Linie der Stützung bestimmter philosophischer Positionen. Außerhalb eines solchen Denkzwangs machen wir ganz andere Beobachtungen, die etwa so beschrieben werden können: Wo wir sind, „ist Wirklichkeit". Deshalb ist der (ein) Wirklichkeitsbegriff nicht nur in der Philosophie, sondern auch im Alltag so unverzichtbar.[2] Das, wovon wir reden, ist *für uns* wirklich – auch wenn wir über literarische Fiktionen, virtuelle Räume oder Märchenfiguren reden. Erst auf der Grundlage unserer aus Handlung gewonnenen Wirklichkeitsgewiss-

---

[1] Wie bekannt operieren Konstruktivisten wie von Glasersfeld oder Roth mit dieser Unterscheidung.

[2] Janich (2001, 219) hält die Lebenswelt, verstanden als gemeinschaftliche Praxis plus Alltagssprache für eine ernstzunehmende Grundlage im Sinne eines methodischen Anfangs der Argumentation.

heit greifen Gegenbegriffe wie etwa Virtualität, die der Wirklichkeitsgewissheit dann sozusagen Relief geben. Wir leben ‚in unserer Welt' (in unserer Alltagswelt im umgangssprachlichen Sinne), gehen dort mit anderen Menschen und mit Gegenständen um, und zwar mit solchen, die für uns fraglos existieren, wie mit solchen, deren Existenz wir nur vermuten, behaupten, bezweifeln usw. Wirklichkeit ist für uns, wie N. Goodman sagt, eine Sache der Gewohnheit. Die Rede von einem Gegenstand ist die Rede von einer Praxis, d. h. von einem Prozess, innerhalb dessen bzw. als dessen Ergebnis etwas eine Rolle spielt, das wir für einen Gegenstand halten.

Dass wir damit handelnd umgehen, setzt logisch voraus, dass *wir* handeln[3] – wen sonst sollten solche Fragen und Probleme denn auch sonst interessieren? Aus diesem Grunde ist es – wie bereits gesagt – m. E. irreführend und unnötig, die Existenz von Objekten in einer von uns unabhängigen Wirklichkeit oder Realität in einem erkenntnistheoretischen Sinne zu behaupten oder zu bestreiten. Vielmehr versuche ich bewusst, aus dem Referenz- bzw. Repräsentationsspiel von Realisten wie von Konstruktivisten auszusteigen, weil beide ihre zentralen Kategorien bis heute nicht geklärt haben und nicht plausibel zeigen können, was man mit Existenzbehauptungen bzw. -bestreitungen *erkenntnistheoretisch* (nicht praktisch) gewinnt.

Existenzbehauptungen bzw. -bestreitungen fügen – wie bereits mehrfach angemerkt – unseren Erfahrungen und Beschreibungen nichts Wichtiges hinzu, sie irritieren uns nur, weil sie entweder trivial (nach dem beliebten Motto „Du wirst doch nicht bestreiten, dass dort ein Tisch steht!") oder erkenntnistheoretisch uneinlösbar sind und uns deshalb in fruchtlose Diskussionen verstricken. Existenzbehauptungen sagen also lediglich etwas aus über den, der sie aufstellt.

2

Die Frage nach der Wirklichkeit hat einen entscheidenden Vorteil auf ihrer Seite: Sie ist wirklich! Wäre sie es nicht, gäbe es keine Frage nach der Wirklichkeit. Weil sie aber wirklich ist, gibt es die Frage nach der Wirklichkeit als Frage nach dem, wonach die Frage fragt, wirklich fragt, ohne mehr bewirken zu können, als dass ein Fragegegenstand (Wirklichkeit) in der Kommunikation erzeugt wird.

---

3 Im etymologischen Wörterbuch von Kluge/Mitzka ist zu lesen: „würkelich", eine Wortbildung von Mystikern des 13. Jahrhunderts, hatte die Bedeutungen ‚handelnd, tätig, durch Handeln geschehend, in einem Tun bestehend'. „Würkelichheit" bedeutete ‚Werktätigkeit' (1960, 865).

Auf diese Frage kann geantwortet werden, indem dem Fragegegenstand bestimmte Attribute zugeordnet oder abgesprochen werden. Aus dem Fragegegenstand wird somit ein Antwortgegenstand, aber immer noch kein Gegenstand im alltagssprachlichen Sinne einer Sprach- und Aktanten-unabhängigen Gegebenheit. Das Spiel kann man endlos weiterspielen, indem man dem Frage- wie dem Antwortgegenstand Wirklichkeit Attribute zu- und aberkennt und dieses Zu- und Aberkennen wieder zum Gegenstand von Fragen und Antworten macht, woraus dann neue Frage- und Antwortgegenstände erzeugt werden können. Dann steht der Wirklichkeitsdiskurs in vollem Saft und benötigt dazu nicht mehr als *eine* wirkliche Frage und *eine* wirkliche Antwort – und natürlich den Fehlschluss von der Wirklichkeit der Frage auf die Frage nach der Wirklichkeit (der Wirklichkeit). Wir tendieren, heißt das, immer wieder dazu, die *Selbstreferentialität* von Sprache und Kommunikation zu übersehen.

3

Es ist sicher kein Zufall, dass in philosophischen wie medienwissenschaftlichen Diskursen intensiv über Sprache und Medien als Instrumente der Wirklichkeitskonstruktion debattiert wird. Auf einige wichtige Aspekte dieser Debatte gehe ich im Folgenden kurz ein.

In diesen Debatten spielt das Thema ‚Referenz' eine wichtige Rolle, bedingt durch eine zugrundliegende Auffassung von Sprache als Zeichensystem. Um hier in der Argumentation weiter zu kommen, muss das in meinen Überlegungen zugrunde gelegte Konzept von ‚Sprache' kurz erläutert werden.

Ich vertrete die Auffassung, dass Sprache in erster Linie ein Kommunikationsinstrument ist. Erst und nur durch Verwendung/Gebrauch in sozialen Kommunikationsprozessen wird Sprache semantisch und pragmatisch relevant. Dabei können zwei Aspekte voneinander unterschieden werden: das Gelingen einer Textbildung und der Erfolg einer kommunikativen Sprechhandlung in einer konkreten sozialen Situation.

Die Annahme, dass Sprechen zuerst Handeln durch Sprache und erst dann eine Angelegenheit von Zeichen ist, kann sich auf folgende Überlegungen berufen.

Gesprochen wird in einer Handlungs- und Sprachgemeinschaft zum Zwecke der gemeinschaftlichen Lebensbewältigung. L. Wittgenstein (1960) spricht in diesem Zusammenhang von Sprachspielen, die in gemeinsamen Lebensformen vollzogen werden. Ich habe (1973) vorgeschlagen, von *Kommunikativen Handlungsspielen* zu sprechen, um den Aspekt der Einbettung des Sprechens in Handlungs- und Kommunikationsprozesse zu betonen.

Für dieses Konzept habe ich folgende Bestimmung angeboten. Ein kommunikatives Handlungsspiel wird konstituiert durch:
- die sozio-kulturelle Einbettung in die Kommunikationsgesellschaft;
- Kommunikationspartner mit allen sie beeinflussenden Kommunikationsvoraussetzungen;
- eine einbettende Kommunikationssituation;
- die geäußerten Texte und faktische oder anschließbare (Kon)Texte bzw. nichtsprachliche Anschlusshandlungen.

Die Gesamtheit der kommunikativen Handlungsspiele konstituiert eine Gesellschaft als Kommunikationsgesellschaft. Kommunikative Handlungsspiele schaffen für die Kommunikationspartner einen gemeinsamen *universe of dicourse* (sensu J. Lyons) als die allen zugängliche Referenz- bzw. Korrelatebene, bzw. als den gemeinsamen „Raum", in dem über die Referenz und Relevanz sprachlicher Handlungen entschieden wird. Kommunikative Handlungsspiele haben den Status von einfachen Sozialsystemen (sensu N. Luhmann 1972).

Sprache kann unter zwei Aspekten als soziale Gestalt bestimmt werden: als Sprechhandlungsprozess in der Kommunikation und als *Ausdrucksgestalt* (sensu H. Feilke 1996). Diese im Alltag erfahrene Einheit ist primär, die Zeichenfunktion sekundär. Das heißt, es ist plausibel, vom (primär dualistischen) Aspekt der Referenz (Zeichen vs. Objekt) auf den (eher holistisch-prozessorientierten) Aspekt der Kooperation bzw. des gemeinsamen Problemlösens umzustellen.

Die Zeichenrelation wird also nicht durch Repräsentation außersprachlicher Sachverhalte bestimmt, sondern durch *Selbstreferenz* in der Kommunikation. Sprachzeichen bezeichnen Koordinierungsleistungen im sozialen Diskurs. Deshalb liefert gemeinsam geteiltes Erfahrungswissen über den Gebrauch von Zeichen hinreichend wirksame Erwartungs-Erwartungen (= kollektives Wissen in Form von operativen Fiktionen) für künftiges sprachliches Handeln.

Der hier angeregte Wechsel der Beobachterperspektive hat erkenntnistheoretische Konsequenzen, die sich direkt auf den Wirklichkeitsdiskurs auswirken.

Nimmt man Abschied von der Vorstellung, Sprache sei (primär) ein Zeichensystem, dann beobachtet man Sprache als systematisch geordnete Menge von Instrumenten, die in der Kommunikation zu sozial erfolgreichen Zwecken gebraucht werden können. Diese Instrumente werden als Instrumente im Gebrauch in der Sozialisation handelnd so erlernt, eingeübt und praktiziert, dass man als kompetenter Sprecher einer Sprache weiß, wie die Bandbreite des Umgangs mit diesen Instrumenten ist. Erst dann kann man auch Sprachspiele des Typs „Definiere die Bedeutung eines Wortes!" spielen, weil man weiß, wie Sprachspiele in bestimmten Situationen für bestimmte Zwecke funktionieren.

Diese alltagserprobte Sicherheit bildet die Grundlage für gelingende Kommunikation zwischen Partnern, die sich gegenseitig nicht in die Köpfe sehen, sondern nur miteinander reden können.

Dadurch, dass Gesellschaften ihr Wissen in Kommunikationsinstrumenten ‚verkörpern', schaffen sie ein wichtiges Instrument, um *Kontingenz* zu bearbeiten, und zwar im Sinne einer Invisibilisierung, nicht etwa im Sinne einer Überwindung von Kontingenz. Dieses Manöver klappt keineswegs in jedem Fall, wie jeder Sprecher aus zahlreichen Kommunikationsprozessen weiß. Gleichwohl bildet das Vertrauen in die prinzipielle Vergleichbarkeit von Sprachverwendungen die riskante Basis für erfolgreiche Sprachverwendungen.

Verabschiedet man sich von Zeichenmodellen von Sprache, d. h. von dualistischen Modellen, die mit einem Zeichendiesseits (Materialität) und einem Zeichenjenseits (Referent, Bedeutung) arbeiten, dann macht die Redeweise Sinn, dass Gegenstände der Kommunikation Gegenstände der *Kommunikation* sind. Kommunikationsinstrumente formatieren gewissermaßen unsere (wie auch immer gewonnenen) Beziehungen zu Resultaten vorausgegangener Kommunikationsprozesse und eröffnen damit die Selbstreferentialität von Kommunikation. Sprachliche Kommunikationsinstrumente lassen sich plausibel bestimmen als selbst-referentiell, nicht als Objekt-referentiell.

Damit ist die traditionelle Frage nach dem Zusammenhang von Sprache und Wirklichkeit *aufgelöst* und abgelöst durch eine Beschreibung der Sprache als Strukturbildung *aus der Praxis für die Praxis* (Feilke 1996, II). Mit anderen Worten: Sprachkomponenten beziehen sich nicht auf „die Realität", sondern auf Erfahrung und gesellschaftliches Wissen, die beide eng verbunden sind mit Handeln, Emotionen, Normen und lebensweltlichen Praxen.[4]

4

Die Rede von ‚der Wirklichkeit' redet – das sollte dieser kurze Hinweis auf den Zusammenhang von Sprache und Wirklichkeit verdeutlichen – über ein *Diskursprodukt* ohne empirische Referenz, das lediglich durch Substantivierung entsteht.[5] Wir können über „die Wirklichkeit" reden, aber wir können nicht in ‚der Wirklichkeit' leben, sondern bestenfalls in unserem Alltag. Wir kommen „auf die

---

4 Zu Einzelheiten vgl. Schmidt (2015).
5 Zu den verhängnisvollen Folgen von Substantivierungen von Verben, Adjektiven und Pronomina vgl. Janich (2009).

Welt" und wir verlassen sie wieder – aber wir kommen nicht auf die Wirklichkeit. Wir leben in Handlungs- und Diskurszusammenhängen[6], die m. E. mit Gewinn als Geschichten und Diskurse[7], also als Wirklichke*iten*-für-in-*Geschichten & Diskurse*-Verstrickte beschrieben werden können.

Da wir offenkundig in Handlungs- und Kommunikationsgemeinschaften leben, sind unsere Wirklichkeitserfahrungen und Wirklichkeitsbeschreibungen voneinander abhängig und aufeinander bezogen, können sich aber gleichwohl widersprechen und miteinander unverträglich sein. Die Evolution sowie die lange Sozialisation des Menschen schaffen eine erfahrungsgemäß relativ hohe Erwartungssicherheit für die Kriterien der Bewertung von Wirklichkeitserfahrungen[8] und Wirklichkeitsbeschreibungen in den verschiedenen Lebensbereichen. Wenn es darum geht, gesellschaftlich relevante Lösungen für Dissens, Kontingenz und Interdependenz im Konzert der Wirklichkeitserfahrungen zu finden, sind im Laufe der Geschichte Formen von Institutionalisierungen entstanden, die unter allen Umständen Handlungssicherheit vermitteln sollten – notfalls auch unter Einsatz von Macht. Dabei geht es immer um das Problem der in Demokratien zugestandenen Subjektgebundenheit von Wirklichkeitserfahrungen und den als intersubjektiv unumgänglich angesehenen sozialen Notwendigkeiten.[9]

Das Adjektiv oder das Adverb ‚wirklich' wird sinnvollerweise im Gespräch verwendet und bezeichnet dort etwas, das wir *als wirklich* erfahren, erlebt und beschrieben haben; und zwar unter jeweils situationskonkreten Bedingungen, aufgrund von bestätigtem Vorwissen, und nach variablen soziokulturell geprägten Kriterien. Solches bezeichnen wir dann *als* Tatsache, Wahrheit, Stand der Dinge, Existenz im Gegensatz zu ... usw.

---

6 Schlosser formuliert emphatisch: „Wir leben gemeinsam in unserer einen Welt. Auf *einer* Bühne spielt sich das ganze Welttheater ab. Wir selbst sind die Akteure – und Zuschauer zugleich, und die Kulisse nennen wir Natur. Wir können unsere Welt nicht eintauschen gegen eine andere. Wir können sie nicht von außen betrachten. Da es für uns nur diese eine Welt gibt, können wir sie auch nicht mit anderen vergleichen. Doch ist uns unsere *eine* Welt *ganz* zugänglich. Was uns nicht zugänglich ist, gehört nicht zu unserer Welt" (Schlosser 1993, 1).
7 Vgl. dazu Schmidt 2003.
8 Stadler/Kruse (1990) haben drei Kriterienklassen für die Beurteilung von Wirklichkeitserfahrungen entwickelt: syntaktische (einfache Sinnesqualitäten, räumliche Anschauung), semantische (Bedeutungshaltigkeit, Ausdruckshaltigkeit, Kontextstimmigkeit, Valenz/Grad der Attraktivität) und pragmatische (Wirkungen, Begreifbarkeit, Antizipierbarkeit, Intersubjektivität).
9 Iványi sieht das Problem in der Koordination unverträglicher, gleichwohl wechselseitig abhängiger Wirklichkeitsentwürfe, um Erwartungssicherheit zu erreichen. Sie betont: „[...] gesellschaftliche Konstruktion von Wirklichkeit ist eben nicht das Ziel, sondern das Ergebnis eines praktischen Lebensvollzugs, der unübersehbar von Machtdifferenzen durchsetzt ist und eben vermittels dieser Differenzen bestimmten Wirklichkeiten zur ‚Faktizität' verhilft" (Iványi 1999, 166).

Wir verfügen in unserem Alltag über mehr oder weniger verblüffungsfestes Wissen, dessen Kriterien wir aus der Praxis unserer Geschichten und Diskurse gewinnen. Eines der erfolgreichsten Kriterien dürfte dabei (an Leibniz denkend) die zeitliche Stabilität erfolgreicher Erfahrungen sein.

Die Rede von Gegenständen ist daher zu lesen als Rede von Praxen, von Prozessen, die zu Zeit-relativen Prozess-gebundenen Stabilitäten führen.

Statt über die ‚Wirklichkeit' zu reden, sollte man daher versuchen, das Korn für die Beschreibung von Wirklichkeiten in Geschichten und Diskursen ‚feiner' und Handlungs-konkreter zu machen.[10] Wir leben offenbar in einer Vielzahl von ‚Welten',[11] die wir durch Handeln und Kommunizieren und im Vergleich und in Konfrontation mit anderen „Welten" in ihrer Relevanz und Verlässlichkeit einschätzen. Das alles ist an Sprachen bzw. Beschreibungen gebunden, weshalb man metaphorisch behaupten kann: *Mit der Sprache und mit unserem Alltagsleben in der Sprache ist die Wirklichkeit in die Welt gekommen.*

Bei solchen Beschreibungen sollten Linearisierungen und einfache Kausalitäten vermieden werden, wann immer es um *soziale und kognitive* Phänomene geht. Vielmehr sind kontextuelle Einbettungs- und Interaktionsverhältnisse ebenso zu berücksichtigen wie ökologische und evolutionäre Aspekte.

5

Fachphilosophen[12] wie Alltagsphilosophen neigen zu der (vielleicht) intuitiv plausiblen Annahme, dass es Objekte geben *muss*, ehe bzw. damit wir sie beschreiben können, und dass es Aktanten geben muss, damit Beschreibungen angefertigt werden können: Ich beschreibe, also bin ich! (Oder genauer: Während ich beschreibe, bin ich?) Dagegen lassen sich zwei Überlegungen ins Feld führen.

Mein erster Vorschlag geht dahin, sich konsequent auf die oben vorgeschlagene *Prozess-Orientierung* zu konzentrieren. Daraus folgt dann, dass hinsichtlich aller Beschreibungen das unlösbare *Zusammenwirken* von Prozess-Träger(n), Prozess-Verlauf und Prozess-Ergebnis(en) bzw. -konsequenzen im Vordergrund steht.

---

10 Vgl. Wittgenstein 1960: „Während doch die Worte ‚Sprache', ‚Erfahrung', ‚Welt', wenn sie eine Verwendung haben, eine so niedrige haben müssen, wie die Worte ‚Tisch', ‚Lampe', ‚Tür'" (*Philosophische Untersuchungen* § 97).
11 Goodman/Elgin (1989) betonen die Multiplizität von Welten, die aus den verschiedenen *ways of worldmaking* resultieren, und die vielfältigen Standards der Richtigkeit folgen, ohne dass deshalb die Unterscheidung richtig/verkehrt zusammenbricht.
12 Kompromisslos etwa Schantz (1998) oder Seel (1998).

Damit wird die Aufmerksamkeit darauf gelenkt, dass – wie oben bereits ausgeführt – das, was wir ‚Objekt' nennen, ebenso ein Prozess-Resultat ist wie das, was wir ‚Gedanke', ‚Bedeutung', ‚Text' oder ‚Auto' nennen. Wahrnehmen, Beobachten, Beschreiben, Kommunizieren, praktisch Handeln: All das sind konkrete Prozesse, die zu Erfahrungen führen, die aus guten Gründen *für uns* wirklich sind. Dabei wird die Sicherheit unserer Erfahrungen erhöht, wenn verschiedene Sinne daran beteiligt sind, wenn wir also z. B. riechen, schmecken und fühlen, was wir essen usw.

Wenn wir es (wohlweislich!) unterlassen, durch eine geschlossene Türe gehen zu wollen, so ist das keine Eigenschaft der Türe, sondern Resultat unseres Erfahrungswissens, das wir verallgemeinern und geschlossenen Türen (= was wir als geschlossene Türe beschreiben bzw. erfahren) als Eigenschaften zuschreiben. Das Argument, dass uns die Türe einen von uns unabhängigen Widerstand entgegensetzt, wenn wir versuchen, ohne Erfahrungswissen hindurchzugehen, übersieht, dass wir erst dann durch eine Türe gehen können, wenn wir (sensu Mitterer) über eine Basisbeschreibung von Türe verfügen, zu der genau das Wissen um den Interaktionszusammenhang ‚durch Türen gehen' gehört, geprägt durch den Zustandscode offen/geschlossen.

‚Weltwissen', so könnte man sagen, ist ontogenetisch ‚geronnenes' phylogenetisches Erfahrungswissen, das in einer Gesellschaft sprachlich und kulturell handlungs- und kommunikationsrelevant organisiert ist. Erfolgreiches Handeln verweist auf korrekte Erkenntnis.

6

Konkrete Prozesse laufen in der Zeit ab und sind jeweils eingebettet (*embodied*) in konkreten soziokulturellen Kontexten sowie in konkreten raumzeitlich bestimmten Situationen. Die Kriterien ihrer Validität entwickeln sich Bereichs-spezifisch (in der Küche anders als im Labor) sowie im Hinblick auf Absichten, Motivationen und Ziele. Dabei dürfen Situationen nicht als quasi neutrale Geschehnis-Räume konzipiert werden. Sie entstehen vielmehr reflexiv aus den Kommunikationshandlungen der Aktanten selbst; sie sind bestimmt von kognitiven Erwartungen, von emotionalen Besetzungen und moralischen wie empraktischen Bewertungen, die aus bisherigen Erfahrungen resultieren und die Erwartungen an die in bestimmten Situationen möglichen Handlungsspielräume bestimmen. Handlungs-spezifische Situationen wirken mithin hochgradig selektiv, wodurch Erwartungserfüllungen wie Erwartungsenttäuschungen gleichermaßen erwartbar werden.

Konsequente Prozess-Orientierung macht Existenzfragen obsolet; denn Prozesse ohne Resultate und/oder Konsequenzen lassen sich nicht plausibel denken.

Prozesse als Vollzüge menschlicher Handlungen gelingen oder misslingen, sie sind erfolgreich bzw. erfolglos im Hinblick auf Zwecke bzw. Problemlösungen. Probleme aber sind kulturabhängig. Wissenschaftler z. B. gehen nicht mit Objekten um, sondern mit Problemen, die sie mit dem haben, was sie als Objekte beschrieben haben.[13] Und diese Probleme kann man kaum als naturwüchsig betrachten, wie man spätestens seit den wissenschaftshistorischen Arbeiten von Th. S. Kuhn wissen kann.

7

Konsequente Prozessorientierung dient der Auflösung des Repräsentationsproblems. Prozesse repräsentieren nicht ‚Wirklichkeit', sondern sie führen zu wirklichen (= für wirklich gehaltenen) Resultaten. Ohne Prozessresultate gäbe es nichts, was abzubilden wäre.

Wichtig ist dabei das Argument, dass die Verknüpfung von kognitiv erzeugten Prozessresultaten und deren Einschätzung als ‚wirklich-für ...' sozial anerkannt werden muss – ohne die anderen gibt es keine Wirklichkeits*sicherheit*; das heißt, Wirklichkeitserleben setzt eine Handlungs- und Kommunikationsgemeinschaft als Bedingung voraus.

Unsere Wirklichkeiten *sind* unsere Handlungen; deshalb ist Alltagspraxis wirklichkeitsgewiss und das Postulat eines Alltagsrealismus' als erkenntnistheoretische Einstellung ist deshalb verzichtbar. Wirklichkeitsgewissheit kann wie auch Wirklichkeitsungewissheit als Erlebnis beschrieben werden, als Erlebnis der Wahr-Nehmung[14], weil im Während der Wirklichkeitserlebnisse nicht zwischen Erleben und Objekt unterschieden werden kann.

Die mit dem *Leib* gegebenen sensomotorischen Möglichkeiten binden Erkennen an erfolgreiches Handeln. Dabei stellt sich der Leib aber erst in der Performanz als ‚essentieller Erfahrungsraum' her.

8

Die Konzentration auf konkrete Prozesse erlaubt es auch, unsere Wirklichkeitsgewissheit zu transformieren. Wir gehen davon aus, dass wir *etwas* sehen, hören

---

13 Fleck (1980) hat diese Zusammenhänge am Beispiel dessen erläutert, was er „Denkstil" nennt.
14 Es ist eben kein Kalauer, dass es so etwas wie Falsch-Nehmung nicht *gibt*.

oder schmecken, was *wir nicht* sind, und dass wir uns mit anderen treffen und kommunikativ austauschen, die *wir nicht* sind. Aber ohne Sehen, Hören, Schmecken und Treffen kann auch von Etwas keine Rede sein. *Was* wir sehen, hören usw. kann von Aktant zu Aktant durchaus verschieden sein. Die Sprache überspielt diese Differenzen kategorial (durch Subsumption unter scheinbar neutrale Begriffe) und semantisch (durch Subsumption unter scheinbar neutrale Wörter) und fingiert (durch *referential fallacy*) Identität(en).

Was Aktanten handelnd für wirklich halten, ist wirklich in seinen Folgen und Konsequenzen, im Erfolg oder Misserfolg.

Fazit

Unsere Handlungen und Kommunikationen im Alltag produzieren gewissermaßen ihre eigene ‚Ordnung der Dinge', also ihre eigene Ontologie, wenn man so will.

Diese Argumentation unterscheidet sich von der von vielen Philosophen vorgebrachten Behauptung, wir müssten im Alltag „das Andere der Interpretation" als deutungsunabhängig voraussetzen – wenn auch in einer von Interpretationen imprägnierten Weise (so etwa Lenk 1995, 87). „Wir müssen aus praktischen Gründen reale Wesen in einer realen Welt annehmen, einschließlich unserer Körper und unserer Erkenntnisprozesse" (ebd., 244).

Müssen wir das wirklich, und wenn ja in welchem Sinne? Ist es nicht vielmehr so, dass wir so tun, als ob ..., bis wir in Schwierigkeiten geraten? Dass unsere Leiber und unsere Erkenntnisprozesse erst in Prozessen, erst in Performanzen als wirklich erfahrbar werden?

Wenn wir in unserer Erfahrungs-, Handlungs- und Sprach-‚Welt' bleiben, dann gibt es Prozess-Resultate, mit denen wir unterschiedlich umgehen. Dieser Umgang ist erfolgreich oder erfolglos, was den *Umgang* charakterisiert, nicht die Objekte des Umgangs. Aus diesem Umgang entwickeln wir für wahr oder falsch gehaltene Kriterien über bestimmte Prozess-Resultate, wobei deren (Nicht)Existenz deshalb keine Rolle spielt, weil wir ja Prozess-*Resultate* haben.

Problematisch erscheint mir auch die folgende Behauptung Lenks zu sein. Das erkennende Subjekt, so Lenk, „[...] kann nur dadurch selber ‚realisiert' werden, indem es Materialien, die von außen kommen, bearbeitet und strukturiert" (1995, 36). Damit folgt zumindest diese Formulierung dem dualistischen Schema, das J. Mitterer kritisiert, widerspricht aber auch seinem eigenen Interpretationismus, aus dem man folgern muss, dass wir nur Materialien unter Beschreibung kennen und (aus Gründen des Selbstwiderspruchs) gar nicht wissen können, was Materialien ohne Beschreibung sind.

9

Mein zweiter Vorschlag betrifft die in meiner Theorie der *Geschichten & Diskurse* (2003) angebotenen Strategie, tentativ mit dem autokonstitutiven Zusammenhang von *Setzung und Voraussetzung* zu beginnen[15] und ihn konsequent als Beobachtungs- und Beschreibungsperspektive auszuprobieren.

Betrachten wir als Beispiel die Frage, ob ich unabhängig von bzw. vor meinen Beschreibungen existiere, so löst sich diese Frage in der angebotenen Perspektive wie folgt auf: Ich existiere nicht unabhängig von oder vor meinen Setzungen; sondern als Prozessträger bin ich notwendige Komponente in einem konkreten Prozess in Raum und Zeit. Setzungshandlungen in welchem Prozess auch immer *sind*, wie R. Glanville pointiert formuliert hat, die Existenzform des Aktanten.

Das Verhältnis von Setzung und Voraussetzung darf nicht statisch als Selektion aus einem vorab bestehenden ontologischen Pool von Möglichkeiten interpretiert werden, wie M. Fleischer (2005) mir unterstellt. Voraussetzungen werden hier nicht als Gegebenheiten eingeführt, auf die sich Setzungen nachträglich beziehen. Sondern Aktanten *erzeugen* in/durch ihre Setzungen, die trivialerweise kontingent sind, bestimmte Möglichkeiten, die dadurch zu Voraus-Setzungen ihrer Setzungen *gemacht* werden. Voraus-Setzungen werden *ge-setzt* – darum heißen sie so.[16] Eine Parallele findet diese Argumentation in der Debatte über Unterscheidungen in Beobachtungsprozessen. Auch sie müssen *getroffen* werden.

Setzung und Voraussetzung konstituieren sich also gegenseitig in dem Sinne, dass im Akt des Setzens etwas zur Voraussetzung dieser Setzung *gemacht wird* und damit die Differenz Setzung/Voraussetzung als Einheit dieser Differenz handlungsmächtig wird. Es geht also nicht um ein Verhältnis von Kognition und Gegenstand, sondern um einen Prozess, in dem etwas zur Voraussetzung einer Setzung gemacht wird. So wird etwa der Leib mit seinen Muskeln im Prozess des Gartenumgrabens zur Voraussetzung dieser Handlung gemacht, erst im Prozess spielt er eine Rolle.

Wenn er zur Voraussetzung gemacht worden ist, dann lässt sich über die Frage diskutieren, welchen *Notwendigkeitsgrad* man dieser Voraussetzung zuschreibt. Der Zusammenhang zwischen dem Wunsch, wieder einmal ins Kino zu gehen,

---

[15] Damit wird wohlgemerkt kein *Anfang* im erkenntnistheoretischen Sinne behauptet.
[16] In einem Aufsatz habe ich 2000 bereits gefragt: „Warum tun wir uns immer noch so schwer, anzuerkennen, dass auch die Voraussetzungen unseres Denkens und Beschreibens Setzungen unseres Denkens und Schreibens sind und keine von uns unabhängigen Fakten im Diskursjenseits, deren Erkenntnis wir uns anzunähern haben auf der uns auferlegten Suche nach der Wahrheit?" (2000, 26).

und der tatsächlich getroffenen Auswahl des Films ist sicher anders zu bewerten als der Zusammenhang zwischen dem in der Evolution entstandenen Gehirnvolumen und den dadurch ermöglichten Aktivitätsspektren der Kognition. So verweist etwa P. Finke keineswegs trivialerweise darauf, dass es ohne Leben keine Wissenschaftler, und ohne Wissenschaftler keine Wissenschaft gäbe (2005, 68, 75).

Voraussetzungen zeigen sich etwa im Zusammenwirken zwischen zum Beispiel dem Erlernen einer Sprache durch einen Aktanten und seinen aktuellen Möglichkeiten, sprachlich zu kommunizieren, oder im Zusammenhang zwischen der Evolution von Gehirnen und den aktuellen kognitiven Möglichkeiten eines Aktanten.[17] Im Prozess der Setzung *Einen Satz äußern* wird der Spracherwerb zur Voraus-Setzung *gemacht* – zur Voraussetzung nicht in dem Sinne, dass jeder Satzinhalt determiniert wäre, sondern in dem Sinne, dass ein Prozessträger in der Lage ist, einen in der Sprachgemeinschaft akzeptablen Satz zu äußern.

Im Rahmen einer solchen Argumentation ist und bleibt es m. E. sinnvoll, in einschlägigen Beschreibungen folgende Instanzen *als Voraus-Setzungen* für die unterschiedlichen menschlichen Handlungen i. w. S. *anzusehen*:
- Evolution, Gehirn, Bewusstsein, Kognition, Wahrnehmung,
- Ich, Sprache, Kommunikation,
- Kultur, Gesellschaft, Medien.

Über die Art und Weise, wie solche Voraus-Setzungen entstanden sind und wirksam werden, muss dann in jedem Fall einzeln entschieden werden. Das ist eine empirische Frage.

Fassen wir es einmal trivial: Um einen Pfannkuchen backen zu können, muss ich u. a. Eier, Milch, Mehl, Fett, Zucker und Salz im Hause haben. Diese Zutaten werden im Prozess des Pfannkuchen-Backens zu materialen Voraussetzungen für ein erfolgreiches (gelingendes) Backen, die bezogen auf diesen Handlungsbereich als notwendig eingeschätzt werden – alternative Versuche haben erfahrungsgemäß nicht zum erwünschten Ergebnis geführt.

Die vielberufene Sachhaltigkeit des Gegenstands, die als *Widerfahrnis* beschrieben worden ist, erfährt man schlicht im Prozess des Backens in Gestalt von als Milch, Eier usw. Bezeichnetem; und diese Beschreibung enthält die sog. Sachhaltigkeitskriterien, die kommunikativ wie handlungspraktisch Berücksichtigung erfordern und erfahren.

---

17 „Keine dieser Leistungen, die im alltagssprachlichen Verständnis mit Kognition, Ichbewusstsein, Sprachvermögen, Emotion, Handlungsautonomie usw. bezeichnet werden, ist *ohne* Beteiligung des Gehirns zu erbringen; und auch die ‚anderen' Leistungen, die hier unter dem Titel ‚Handeln' (*kinēsis, poiēsis, praxis*) zugrunde gelegt [werden], können *nicht ohne Gehirntätigkeit* stattfinden" (Janich 2009, 114).

Ich sehe keinen Grund, warum man diesen Zusammenhang als ‚repräsentational' bezeichnen sollte. Der Satz *Dieser Stein enthält Eisenerz* sagt nichts aus über Sach- oder Realitätshaltigkeit, sondern über ein praktisch begründbares Erfahrungsresultat, das zur Grundlage von Erwartungen und Erfahrungen gemacht wird. Gegenstände lassen sich daher beschreiben als *von uns verdinglichte und versprachlichte Handlungserfahrungen*.

10

Wenn von Wirklichkeit die Rede ist, dann ist seit vielen Jahren vom *Beobachter* die Rede; und wenn vom Beobachter die Rede ist, dann ist von *Unterscheidung(en)* die Rede – und zwar inzwischen in einer unübersehbaren Menge von Literatur zwischen G. Spencer-Brown, H. von Foerster, N. Luhmann und deren Interpreten wie etwa D. Baecker.

Was hat es nun aber mit Spencer-Browns Forderung „Draw a distinction!" auf sich? In der Konsequenz der bisherigen Überlegungen ist zu sagen: Auch Unterscheidungen sollten konsequent als Prozesse beschrieben werden.[18] *Wir unterscheiden etwas von etwas im Hinblick auf einen bestimmten Zweck in einer bestimmten Situation*. Nicht zufällig konstatiert Spencer-Brown: „There can be no distinction without motive, and there can be no motive unless contents are seen to differ in value" (1977, 1) – und das kann nur ein Beobachter, ein Aktant entscheiden.

Differenzen resultieren aus Unterscheidungsleistungen, bei denen Funktionen, Instanzen, Werkzeuge sowie Situationen und Kontexte berücksichtigt werden müssen. Unterscheidungen weisen einen doppelten Aspekt auf: Als kognitive Leistungen bestimmen sie etwas als Etwas im Unterschied zu etwas/alles Anderem; als kommunikative Beschreibungen manifestieren sie die getroffene Unterscheidung und machen sie damit handlungsrelevant.

Nur wir als Beobachter können die Ränder von Unterscheidungen beliebig scharf stellen. So verweist etwa P. Finke darauf, dass die Unterscheidung System/Umwelt in ihrer inhaltlichen Ausgestaltung sehr davon abhängt, welche Ziele damit erreicht werden sollen. Was rechnen wir der Umwelt von Systemen zu und aus welchen Gründen bzw. mit welchen Absichten? Welche Isomorphien, Wechselwirkungen, Kausalbeziehungen, Co-Evolutionen oder Rückkopplungen

---

[18] Baecker bestimmt Unterscheiden als kontingente Operation des Beobachters zur Ordnung seiner Praxen und nicht als Einordnung der Dinge in der Welt (2005, 57, 68).

nehmen wir an oder lassen wir zu? Respektieren wir, dass die Umwelt ein Teil der Definition des Systems ist {S/U} und {U/S}, und welche Übergangszonen zwischen System und Umwelt sehen wir vor (2005, 73 ff.)?

Aus diesen Überlegungen folgt, dass Unterscheidungen von individuellen oder kollektiven Beobachtern (Aktanten) getroffen werden und nicht von Beobachtungen, wie N. Luhmann behauptet. Unterscheidungen gibt es nur für Aktanten, die sie treffen; denn nur Aktanten sind an Unterscheidungen interessiert. Wenn Unterscheidungen als flüchtige Formbildungen (sensu Luhmann) konzipiert werden, dann kommt damit notwendig der Beobachter ins Spiel; denn Zeitlichkeit ist gebunden an Beobachter. Und Beobachter handeln in kulturellen Kontexten und in konkreten Situationen. Und eben dort operieren sie (auch) mit Unterscheidungen, die sie als gesellschaftlich relevante Unterscheidungen übernehmen, und die in diesem Sinne ,über sie hinausgehen' und damit zum kollektiven Wissen gehören. Aber auch diese Unterscheidungen wirken nur, wenn sie tatsächlich getroffen werden.

11

Wenn man Beobachtungsverhältnisse nicht als Guckkastenverhältnisse bestimmt, dann steht man vor der Frage, wie ein in das Beobachten ,verstrickter' Beobachter überhaupt etwas erkennen kann.

Eine Antwortmöglichkeit lässt sich auf der Argumentationslinie finden, die Autoren wie H. von Foerster oder N. Luhmann gezogen haben. Das Lösungswort lautet: Beobachtung des Beobachtens bzw. *Beobachtung zweiter Ordnung*. In diesem Zusammenhang habe ich bei Gelegenheit von einer „Zähmung des Blicks" gesprochen (Schmidt 1998), um darauf zu verweisen, dass Beobachter ihr Beobachten durch Fremd- oder Selbstbeobachtung konditionieren und damit wiederholbar und überprüfbar machen können. Das Ergebnis bleibt auch dann Beobachter-abhängig; aber solcherart disziplinierte Beobachtungen werden intersubjektivierbar, koordinierbar und verstetigt, auch wenn sie Beobachtungen bleiben. Intersubjektivität kennzeichnet eine Prozess-Sorte und darf nicht mit Objektivität verwechselt werden, wie P. Janich betont.

Bekanntlich wenden die empirischen Wissenschaften genau dieses Verfahren an und verwenden zur Verstetigung ihrer Ergebnisse Theorien, Methoden und Beobachtungsinstrumente der verschiedensten Art.

12

Die Frage, ob uns ‚die Wirklichkeit' zugänglich ist oder nicht, ist immer schon vor einer Antwort dadurch beantwortet, dass wir sie stellen. Jede Diskussion über Wirklichkeit setzt etwas als solches Erfahrenes und so Genanntes bzw. Beschriebenes. Irgendetwas ist uns in jeder Setzung zugänglich als die qua Setzung vollzogene Wirklichkeit, eben als Prozess.

Die Wirklichkeiten, mit denen *wir* als Wirklichkeiten umgehen, besitzen nicht einfach Objektivität. Sie gewinnen sie erst dadurch, dass sie für eine Gemeinschaft sprach- und handlungsfähiger Subjekte als ein und dasselbe Objekt gelten. Erfolgreiche bzw. akzeptierte Kohärenzprüfung garantiert den Wirklichkeitsstatus von Objekten im Handeln.

Was wir je nach Erfahrung und Denkfähigkeit als wirklich erfahren, ist eine Funktion des tätigen Zusammenwirkens von Leib, Kognition (mit den Attraktoren Denken, Fühlen, Bewerten und empraktisch auf Lebensrelevanz hin einschätzen), Kommunizieren und Handeln im Voraussetzungszusammenhang der sprachlichen und soziokulturellen Kontextfaktoren.

Jeweilige Wirklichkeitserfahrungen werden, so meine Annahme, durch das Gelingen gemeinsamen Handelns konstituiert. Die Frage nach ‚Wirklichkeiten' sollte daher aus der *Vollzugsperspektive* von Aktanten in jeweiligen soziokulturellen Kontexten bestimmt werden.

Die Rede von Erkenntnis und Wahrheit war und ist eng verbunden mit der Rede von *Erfahrung*. Im Duktus der hier vorgelegten Argumentation wird auch Erfahrung modelliert als ein konkreter Prozess: Ein Aktant macht in einer konkreten Situation eine Erfahrung[19] mit etwas, was er als Erfahrungsresultat erfährt und nach dem Erleben sprachlich-begrifflich fassen kann. Mit anderen Worten: „Das Gegenüber einer Erkenntnis aus Erfahrung ist nicht Natur, sondern das eigene Handeln" (Janich 2000, 13).

Bibliographie

Baecker, Dirk (2005): Kommunikation als Selektion. In: Ders. (Hg.): Schlüsselwerke der Systemtheorie. Wiesbaden, 119–128.
Feilke, Helmuth (1996): Sprache als soziale Gestalt. Ausdruck, Prägung und die Ordnung der sprachlichen Typik. Frankfurt a. M.

---

[19] „*Erfahrungen* lassen sich als *Widerfahrnisse* im Handeln bestimmen. Wer handelt, dem widerfährt das Ge- oder Misslingen sowie der Erfolg oder Misserfolg seiner Handlungen" (Janich 2009, 149).

Finke, Peter (2005): Die Ökologie des Wissens. Exkursionen in eine gefährliche Landschaft. Freiburg/München.
Fleck, Ludwik (1935/1980): Entstehung und Entwicklung einer wissenschaftlichen Tatsache. Nachdruck. Frankfurt a. M.
Fleischer, Michael (2005): Der Beobachter dritter Ordnung. Über einen vernünftigen Konstruktivismus. Oberhausen.
Goodman, Nelson/Elgin, Catherine Z. (1989): Revisionen. Philosophie und andere Künste und Wissenschaften. Frankfurt a. M.
Iványi, Nathalie (1999): Die herrschende Konstruktion der Wirklichkeit. Anthony Giddens wissenssoziologisch gelesen. In: Roland Hitzler/Jo Reichertz/Norbert Schröer (Hg.): Hermeneutische Wissenssoziologie. Standpunkte zur Theorie der Interpretation. Konstanz, 147–167.
Janich, Peter (2000): Realitätsbezug auf Natur oder Praxis? Zur Konstruktivität des Kulturalismus. In: Hans Rudi Fischer/Siegfried J. Schmidt (Hg.): Wirklichkeit und Welterzeugung. In memoriam Nelson Goodman. Heidelberg, 65–76.
Janich, Peter (2001): Logisch-pragmatische Propädeutik. Ein Grundkurs im philosophischen Reflektieren. Weilerswist.
Janich, Peter (2009): Kein neues Menschenbild. Zur Sprache der Hirnforschung. Frankfurt a. M.
Kluge, Friedrich/Mitzka, Walther (Hg.) (1960): Etymologisches Wörterbuch der deutschen Sprache. Berlin.
Lenk, Hans (1995): Interpretation und Realität. Vorlesungen über Realismus in der Philosophie der Interpretationskonstrukte. Frankfurt a. M.
Luhmann, Niklas (1972): Einfache Sozialsysteme. In: Zeitschrift für Soziologie 1, 51–65.
Schantz, Richard (1998): Repräsentation und Realität. In: Evelyn Dölling (Hg.): Repräsentation und Interpretation. Berlin, 61–79 (Arbeitspapiere zur Linguistik, Bd. 35).
Schlosser, Gerhard (1993): Einheit der Welt und Einheitswissenschaft. Grundlegung einer Allgemeinen Systemtheorie. Braunschweig-Wiesbaden (Wissenschaftstheorie. Wissenschaft und Philosophie, Bd. 17).
Schmidt, Siegfried J. (1973): Texttheorie. Probleme einer Linguistik der sprachlichen Kommunikation. München.
Schmidt, Siegfried J. (1998): Die Zähmung des Blicks. Konstruktivismus – Empirie – Wissenschaft. Frankfurt a. M.
Schmidt, Siegfried J. (2000): Zeit der Beschreibung. Von der Unbeobachtbarkeit der Beobachtung. In: Oliver Jahraus/Nina Ort (Hg.): Beobachtung des Unbeobachtbaren. Konzepte radikaler Theoriebildung in den Geisteswissenschaften. Weilerswist, 21–28.
Schmidt, Siegfried J. (2003): Geschichten & Diskurse. Abschied vom Konstruktivismus. Hamburg.
Schmidt, Siegfried J. (2015): Der einsame Gesellschaftsmensch. In: Frank Duerr/Florian Landkammer/Julia Bahnmüller (Hg.): Kognition Kooperation Persuasion. Überzeugungen in Gehirn und Gesellschaft. Berlin, 111–126.
Seel, Martin (1998): Bestimmen und Bestimmenlassen. Anfänge einer medialen Erkenntnistheorie. In: Deutsche Zeitschrift für Philosophie 46/1, 351–365.
Stadler, Michael/Kruse, Peter (1990): Über Wirklichkeitskriterien. In: Volker Riegas/Christian Vetter (Hg.): Zur Biologie der Kognition. Ein Gespräch mit Humberto R. Maturana und Beiträge zur Diskussion seines Werkes. Frankfurt a. M., 133–158.
Spencer-Brown, George (1977): Laws of Form. New York.
Wittgenstein, Ludwig (1960): Philosophische Untersuchungen. Frankfurt a. M.

Heinz Bude
Realitäten in der Wirklichkeit

Die Formel des Augenblicks heißt „Wiedergewinnung der Wirklichkeit".[1] Das wird mal im Pathos eines „neuen Realismus" (Gabriel 2014), der den erkenntnistheoretischen Relativismus ad absurdum führt, vorgetragen, mal als verhaltenes Plädoyer für ein sich um das Ding versammelndes Denken, das sich nicht ärmlich reduziert, sondern reich artikuliert (Latour 2007), mal in Form einer wütenden Abrechnung mit einem zynischen Gleichwertigkeitstheorem, das einer Politik postfaktischer Beliebigkeit in die Hände spielt (Ferraris 2014), mal als „fröhliche Wissenschaft" einer spekulativen Ontologie, die das Reale vor einem *eliminativen Materialismus* (Churchland 2013) retten will, oder mal als therapeutische Aufforderung, keine Angst vor der Wahrheit zu haben, weil die Berechtigung zu einer bestimmten Meinung durchaus mit der Vorstellung vereinbar ist, dass es andere Umstände derselben Sache gibt, die uns nicht zu derselben Meinung berechtigen würden (Boghossian 2013).

Diese Situation erinnert an den Aufbruch, mit dem Edmund Husserl am Beginn des 20. Jahrhunderts in seinen 1901 erschienenen *Logischen Untersuchungen* das „Zurückgehen auf die Sachen selbst" (Husserl 1901/1968, 6) forderte. Das war gegen die leblosen kategorialen Klärungen des Neukantianismus eines Heinrich Rickert, Wilhelm Windelband oder später Ernst Cassirer wie gegen das geistlose Herumexperimentieren der Bewusstseinspsychologie à la Wilhelm Wundt gerichtet. Husserl ging es darum, unbefangen zu sehen und streng zu abstrahieren, um so das materiale Apriori unseres Erkenntnisvermögens herauszuarbeiten. Phänomenologie heißt seitdem, am Einzelfall das Allgemeine *ideierend* erfassen. So gesehen gehört auch Sigmund Freud, dessen *Traumdeutung* ebenfalls 1901 und auch Thomas Mann, dessen *Buddenbrooks* zugleich in diesem Jahr herauskamen, zur phänomenologischen Schule. Husserl verwarf ausdrücklich das Ideal eines philosophischen Systems und machte sich auf den Weg einer *philosophia perennis*, die sich den Grundfragen einer lebendigen Geistesgegenwart widmet (Plessner 1959).

Warum ist das anscheinend heute wieder so? Der Wille zur Wiedergewinnung der Wirklichkeit rührt vor allem vom Unbehagen mit einer populären Weltsicht des müden Zweifels, der lächelnden Selbstbezogenheit und der ängstlichen Seelenfriedlichkeit, die sich in der Botschaft erschöpft, dass alle Wahrheiten relativ sind

---

[1] Der Prozess des Verlorengehens wird von Hubert Dreyfus und Charles Taylor (2016) zwar benannt, aber nicht beschrieben.

ə Open Access. © 2018 Heinz Bude, publiziert von De Gruyter. [CC BY-NC-ND] Dieses Werk ist lizenziert unter der Creative Commons Attribution-NonCommercial-NoDerivatives 4.0 Lizenz.
https://doi.org/10.1515/9783110563436-006

und keine Letztbegründung denkbar ist (Bude 2016, 11–30). Man mag zugeben, dass das postmoderne Credo von der sozialen Konstruiertheit allen Wissens und allen Erkennens und die daraus folgende Ethik der Anerkennung der vielen Arten und Weisen zu wissen und zu erkennen ursprünglich ein Akt der Befreiung des Geistes von engstirnigen Methodologien und provinziellen Kosmologien war. Wenn wir begreifen, wie zufällig, verworren und belastet unsere Wissens- und Erkenntnisformen sind, so das Argument von damals, dann können wir zu der wissenschaftspolitisch und alltagsmoralisch ungemein wichtigen Einsicht gelangen, dass wir selbst und nicht die Wirklichkeit dafür verantwortlich sind, was wir wissen und wie wir erkennen.[2]

Aber diese Einsicht hat sich mit den Jahren von einer Behauptung der Öffnung in eine Doktrin der Schließung verwandelt. Wenn die Relativität und Beschränktheit von Wissen und Erkenntnis von Anfang an klar sind, was soll einen dann noch zur Anstrengung des Wissenwollens und zur Freude am Erkennenkönnen verleiten? Die Gesellschaftsabhängigkeitsthese und das Gleichwertigkeitstheorem sind zum Klotz am Bein für kommende Generationen von Forschern, Künstlern, Philosophen und Intellektuellen geworden.

Allerdings wird der populäre Konstruktivismus nicht allein von kultur- und humanwissenschaftlicher, sondern mehr noch von kognitions- und neurowissenschaftlicher Seite gestärkt. Der Neurokonstruktivismus arbeitet mit der Vorstellung, dass das Gehirn die Steuerungszentrale des menschlichen Erlebens- und Handlungssystems ist und dass dort sensorische Daten nach Maßgabe algorithmischer Rückkoppelungen in motorische Reaktionen umgewandelt werden, ohne dass es irgendeine Beobachtungsposition gebe, von der aus beurteilt werden könnte, ob die Assimilationen passend und die Akkomodationen zwingend sind.[3] Die Wirklichkeit ist im Prinzip nichts anderes als eine offenbar brauchbare halluzinatorische Repräsentation eines kybernetisch geschlossenen Informationsverarbeitungs- und Verhaltenssteuerungssystems. Der visuelle Kortex, in dem die Wirklichkeit als Schaubild jeden Morgen mit dem Erwachen der Körperfunktionen neu aufgebaut wird, ist wie Google Glass, nur innen eingebaut und nicht außen aufgesetzt. Zu Ende gedacht wäre das Gehirn eine Halluzination seiner selbst. Unklar ist nur, wer diese Folgerung mit welcher Berechtigung ziehen kann.

---

2 Etwa Steven Shapin und Simon Schaffer (1985).
3 *Assimilation* und *Akkomodation* sind die Begriffe eines realistischen Konstruktivisten wie Jean Piaget (etwa 2003), der ohne die gedankenexperimentelle Einnahme einer dritten Position jenseits von Innen und Außen seine Untersuchungen über die Ontologie des menschlichen Geistes gar nicht hätte bewerkstelligen können.

Dieses Hirn-im-Tank-Modell übernimmt der kognitionswissenschaftliche Konstruktivismus bei seiner Suche nach einem formalen System, in dem keine der intransparenten Intuitionen, die Husserl (1900 und 1901/1968) so sehr interessierten, unbewusste und ungewollte Lücken in einem System von Entscheidungsbäumen ausfüllen. Denn nur ein solches durch und durch transparentes System kann, wie man von Turing (1950) weiß, von einer Maschine gesteuert werden. Überall dort, so John Haugeland in seinem Buch über die klassische künstliche Intelligenz (Haugeland 1985, 82), wo die Schritte eines formalen Systems vollständig von Algorithmen determiniert sind, kann dieses System automatisiert werden. Als Rechner ist das Gehirn dann ein rein syntaktischer Motor (Dreyfus/Taylor 2016, 36), der einen Körper von Fleisch und Blut antreibt. Wieder stellt sich die Frage, wer aufgrund von welchem epistemologischen Privileg die Unterscheidung zwischen dem Gehirn in einem Körper und einem Rechner mit Tastatur machen kann.

Hirnlastigkeit und Rechnerglaube bilden den Hintergrund für einen neuen digitalen Konstruktivismus, der durch die transdisziplinäre Vernetzung von Biotechnologie, Genetik, Pharmazeutik, Robotik und Nanotechnologie eine irreversible Transformation der Gattung als denkbar erscheinen lässt. Ray Kurzweil, der hinter der von Google finanzierten Singularity University im Silicon Valley steht, will tatsächlich ein digitales Programm für alles, was in der Vergangenheit gedacht wurde und in der Zukunft gedacht werden kann, entwickeln. In einer Cloud wären dann die transzendentalen Methoden des gesamten Menschheitswissens abgelegt (Kurzweil 2006). Es müsste dann nur noch gelingen, den assoziativen Mechanismus von kognitiven Prozessen von Neuronen zu trennen und auf Transistoren zu übertragen und man könnte das Ganze in einer Maschine simulieren. Dann hätte ein reiner Geist, der sich die Überwindung der lebendigen Wirklichkeit auf die Fahnen geschrieben hat, die Herrschaft über unser Leben übernommen. Die Formel von der Wiedergewinnung der Wirklichkeit steht angesichts solcher Größenphantasien für die anthropologische Korrektur eines maßlosen reinen Geistes, die die Voraussetzung für eine von den Sachen selbst geleitete Politik der Zukunft bilden könnte.

Ein drittes Argument für Realismus und gegen Konstruktivismus hängt mit der Wahrnehmung von Tatbeständen wie der mittleren Erderwärmung, des Aufstiegs von China zur Weltmacht, erweiterter Wege einer weltweiten Migration oder der konstitutiven Vulnerabilität des globalen Finanzsystems zusammen. Natürlich sind die angesprochenen Tatbestände umstritten, aber es existiert ein Bewusstsein davon, dass es nach dem Ende einer längeren Phase der *großen Mäßigung* wie die Apologeten des Marktes, oder des *Neoliberalismus*, wie die Kritiker des Marktes sagen, von 1980 bis 2008, die durch wirtschaftliches Wachstum, politische Stabilität und ein vollendetes gesellschaftliches Vorstellungsvermögen gekennzeichnet war, eine Zusammenballung verschiedener Problemlagen zu erkennen ist, die unsere Zukunft nicht mehr als Fortschreibung unserer Vergangenheit begreifen lässt. Die Epistemologie eines multiperspektivischen Als-Ob in autopoietischer Geschlossenheit passt einfach nicht mehr zu einer Weltlage, die sich mit Problemen konfrontiert sieht, die Grenzen überschreiten, Systeme kreuzen und Kulturen hinter sich lassen.

Die Tatbestandsbehauptung betrifft wohlgemerkt spürbare Probleme, nicht alternativlose Lösungen. Ohne Alternative ist nur die Realisierung von säkularen Veränderungen unserer Lebensgrundlagen, nicht aber die Art und Weise, wie man sich an den Klimawandel anpasst, welche Diplomatie einer veränderten internationalen Machtbalance gerecht wird, wie die einzelnen Länder mit Migration umgehen oder wie der globale Finanzmarkt zu regulieren ist. Darüber existiert ein politischer Streit, der nicht durch realistische Argumente entschieden werden kann. Wie man überhaupt mit Erkenntnistheorie keine Politik machen kann.

Was bedeutet das für den Streit zwischen Konstruktivisten und Realisten? Die seinerzeit von Jürgen Habermas vorgeschlagene Einteilung der Wahrheitstheorien in eine Korrespondenz-, eine Kohärenz- und eine Konsenstheorie der Wahrheit (Habermas 1973) hilft nur auf den ersten Blick weiter. Dahinter stand nämlich eine polemische Stoßrichtung gegen positivistische Positionen auf der einen und holistische auf der anderen Seite. Habermas sah den Königsweg in einer inferentiellen Semantik, so wie sie später etwa von Robert Brandom (2000) in beeindruckender Konsequenz unter dem Titel *Making It Explicit* entwickelt worden ist. Wenn wir etwas als gegeben behaupten, so Brandoms Grundgedanke, übernehmen wir vor der Gemeinschaft der Sprecher und Hörer die Verpflichtung, die Berechtigung dieser Behauptung im Zweifelsfall auch begründen zu können. Brandom spricht von der Verpflichtung, etwas zu tun, der man beispielsweise durch das Beibringen weiterer Behauptungen, die die ursprüngliche Behauptung rechtfertigen, nachkommen kann. Propositionale Gehalte definieren sich durch ihre *inferentielle Rolle* als Prämissen oder als Konklusionen in einer Reihe von kommunikativen Inferenzen. Aber auch Brandom sieht sich genötigt, das Gespenst eines endlosen Regresses durch die Einführung von *ungerechtfertigten Rechtfertigern*, die als Regress-Bremsen wirken, zu bannen. Gewiss, keine Sprache ist vollständig, die nur nicht-inferentielle Beobachtungsberichte enthielte, weil sie nur aus Einwort-Sätzen bestünde, es ist aber auch keine Sprache vollständig, die nur auf inferentiellen Rechtfertigungen beruht, weil sie an keinem Punkt etwas Direktes zu sagen hätte. Die inferentielle Semantik entpuppt sie hier als eine Spielart des kommunikativen Internalismus.

Deshalb ist die Sortierung von Habermas selbst noch Ausdruck der Befangenheit in einem Bild des Geistes. Es geht sehr grundsätzlich um die Vorstellung, dass wir die äußere Wirklichkeit durch innere Vorstellungen oder Repräsentationen, also stets vermittelt über intern verankerte Schemata, Praktiken oder Zeichen erkennen. Wir haben immer nur Modelle, Heuristiken, Vorurteile zur Hand, wenn wir in der Wirklichkeit Fuß fassen und uns über die Wirklichkeit verständigen wollen. Die Gegenposition, die in diesem Bild nicht gedacht werden kann, lautet in der umwerfenden Formulierung in dem bahnbrechenden Aufsatz von Rodney A. Brooks (1991), dass die Wirklichkeit selbst ihr bestes Modell ist.

Das deutsche Wort *Wirklichkeit* meint das Ganze des Vorgegebenen, auf das wir uns notwendigerweise beziehen müssen, wenn wir etwas in der Welt erkennen und etwas in der Wirklichkeit erreichen wollen. Es wird durch die Kontakte, Schatten, Ebenen und Horizonte zwischen den Dingen gebildet, die die Felder möglicher Variationen von Dingen in der Welt umgrenzen. Die Wirklichkeit wird nach diesem Verständnis nicht als unreflektiertes Dasein angesehen, sondern ergibt sich aus der inneren Anfechtung der Reflexion selbst, die sich auf etwas beziehen muss, damit sie überhaupt etwas reflektieren kann. Es handelt sich um einen Zusammenhang, der zwischen den Dingen existiert, aber über die Dinge hinausgeht. Maurice Merleau-Ponty spricht in Bezug auf Husserl vom Mysterium einer „Weltthesis" (1984: 49), die als Synthese des Wirklichen vor allen Thesen der erkennenden Subjektivität liegt, die sich auf etwas Bestimmtes beziehen und dadurch alles andere in den Hintergrund treten lassen. Diese Wirklichkeit ist früher als jede Einstellung und ursprünglicher als jeder Standpunkt, sodass sich uns nicht allein eine Vorstellung der Welt, sondern die Welt selbst zeigt.

Es erfüllt sich im populären Konstruktivismus der Wirklichkeitsverflüchtigung zwar eine lange Linie der erkenntnistheoretischen Selbstvergewisserung, weshalb man den cartesianischen Dualismus, die kritische Position Kants, den Materialismus Quines, den Mentalismus der Neurowissenschaften und den Linguismus der Computermodelle nicht in einen Topf werden darf. Aber das Gemeinsame dieser sehr unterschiedlichen erkenntnistheoretischen Positionen besteht in der Auffassung, dass Erkenntnis die innere Abbildung einer äußeren Realität darstellt. Denn einzig und allein durch Repräsentationen, die einer elementaren Grammatik gehorchen und die für den Erkenntnisprozess unhintergehbar sind, können wir nach dieser Auffassung erfahrbar machen, was uns trifft und was auf uns einströmt. Gegeben sind nur Sinnesdaten und Kognitionsprotokolle, die erst durch Verarbeitungssysteme zu der Wirklichkeit werden, die wir erfassen und bewerten. Mit Hilfe eines internen Ortungssystems bahnen wir unseren Weg durch die endlosen Komplexitäten einer nur schemenhaft vorhandenen Wirklichkeit.

Die Gegenposition zu diesem Bild des informationsverarbeitenden, für sich selbst seienden Systems hat Heidegger (1927/1972) mit dem einfachen Gedanken markiert, dass die Dinge nie einzeln in Erscheinung treten, sondern immer Teile einer Welt sind. Diese Welt ist als Wirklichkeitszusammenhang gegeben, bevor wir unseren Platz als erkennende, handelnde, wollende, fühlende und wirkende

Wesen darin bestimmen. Mit anderen Worten: Die Wirklichkeit ist immer schon da, bevor wir den Wirklichkeitsausschnitt, den wir Realität nennen, definieren und uns darin positionieren.

Diese Wirklichkeit, in der wir uns befinden, ist kein Alptraum der Komplexität, sondern ein Gefüge von Affordanzen, wie der Wahrnehmungspsychologe James J. Gibson (1973) sich ausdrückt, die einen zu einer Bewegung auffordern, die einem Dingqualitäten nahebringen und die einem einen Zusammenhang erschließen. Davon kann eine einengende oder aufschließende, eine behindernde oder eine entgegenkommende Anmutung ausgehen, die eine anziehende oder eine abstoßende Stimmung verbreitet. Was aber zusammengenommen den Sitz in der Welt hervorbringt, von dem aus wir unsere Welt konstruieren. In diesem Bild sind Schlussfolgerungen wichtiger als Repräsentationen, Stimmungen als „unfokussierte Wertungszustände" (Parkinson u. a. 2000, 20) entscheidender als hierarchisierte Präferenzen und die Fortführung von Formen ursprünglicher als die Bewirkung von Wirkungen. Das erkennende Subjekt ist nicht Träger eines bloßen Bewusstseins, es existiert vielmehr in einem Körper, dessen Bewegungen Eigenschaften der Sachen zu Tage fördern, mit denen er zu tun hat. Zugleich ist der verkörperte Geist Sitz eines Selbstbewusstseins, das aus der Selbstbezüglichkeit meines Körpers rührt, in dem ab einem bestimmten Punkt der Ontogenese das Subjekt sich selbst als Grund seiner Erfahrungen erfährt. Wenn man seine linke Hand in seiner rechten empfindet, werden beide als Extremitäten des einen Körpers erfahrbar, der sich dadurch selbst als Ursprung seines Seins in der Welt erfährt. Der korporale Reflexionsgewinn des aktiv wahrnehmenden und von Affordanzen geleiteten Lebewesens überwindet daher die Vorstellung eines abgeschlossenen Innen, das sich durch interne Konstruktionen überhaupt eine Vorstellung des Außen macht.

Aber was ist mit dem soziologischen Argument, dass auch die einfachen Gesellschaften insofern kompliziert sind, als sie eine Differenzierung von Realitäten vornehmen, die jeweils einen eigenen Erkenntnis- und Handlungsmodus mit sich bringen? Durkheim (1912/1981) hat in der Unterscheidung zwischen einem profanen und sakralen Bereich die Grundlage für weitere Differenzierungen gesehen. Gesellschaft ist ohne die Konstruktion diverser Realitäten des Rechts, der Wissenschaft, der Wirtschaft, der Politik und der Unterhaltung nicht zu denken. Ist diese Grundeinsicht der soziologischen Differenzierungstheorie nicht die letzte Bastion einer konstruktivistischen Erkenntnistheorie? Es ist doch nicht zu bestreiten, dass man beim Bergsteigen anders denkt und fühlt als bei der Fahrt mit dem ICE, dass einem ein Psychologe im Falle eines Verkehrsunfalls etwas anderes rät als eine Rechtsanwältin, dass man sich zu Hause über andere Dinge aufregt als im Betrieb. Die Frage ist nur, wie man sich in Gesellschaft über die Differenziertheit der sozialen Realitäten und die damit gegebene Verschiedenheit der kommunikativen Anschlüsse wechselseitig in Kenntnis setzt. Hier kommt Alfred Schütz mit seinem ebenfalls grundlegenden Gedanken ins Spiel, dass in einer Welt multipler Realitäten wie des Traums, des Netzes, des Labors oder des Kinos die Erfahrung des gemeinsamen Alterns im irreversiblen Fortschreiten auf den individuellen Tod den existentiellen Anker einer intersubjektiv erfahrenen Alltagswelt darstellt (Schütz 1971). Darin ist das Koordinationsproblem sozialen Handelns, das Erkenntnisproblem der Konsensfiktionen oder das Realitätsproblem des Kontextwechsels von vornherein gelöst. Denn die Alltagswelt ist der Wirklichkeitsgrund, auf dem die Fragen der gesellschaftlichen Konstruktion verschiedener und immer wieder konkurrierender Realitäten überhaupt erst gestellt werden können.

Aber man darf mit dieser realistischen Beschneidung der Erkenntnistheorie das Kind nicht mit dem Bade ausschütten. Erkenntnistheorie ist für die meisten lebenspraktischen Probleme ziemlich irrelevant, aber sie ist deshalb als kritische Reflexion auf die Voraussetzung unseres Weltverstehens nicht sinnlos. Die hinnehmende Haltung eines Realismus der Erfahrung darf daher nicht dazu führen, dass man eine Schicht des primären Weltbezuges gegen die Hirngespinste sekundärer Erkenntnissysteme und Realitätskonstruktionen ausspielt. Denn dadurch würde die Distanz, die das Subjekt immer zu sich selbst hat, aus der Welt geschafft. Wir sind zwar, mit Heidegger (1927/1972) gesprochen, in unsere jeweilige Lage geworfen, entwerfen uns aber daraus gleichzeitig als ein Selbst, das in seinem Erkenntnis- und Handlungsvermögen nicht auf den jeweiligen Sitz im Leben festgelegt ist. Die einzelne vermag sich anders zu verstehen und anders zu verhalten, als ihr angemutet und nahegelegt wird, sie kann im Erkennen selbst Ja und Nein zu einer bestimmten Erkenntnis sagen und sich dadurch aus der Situation lösen, in der sie sich gerade befindet. Erkenntnistheorie ist die Reflexionsform, die einem erlaubt, für sein eigenes Erkennen und Wissen Verantwortung zu übernehmen, weil es sich eben nicht notgedrungen aus der Wirklichkeit ergibt, die einen, wie Heidegger zu sagen pflegt, „zunächst und zumeist" bindet.

Die erkenntnistheoretische Reflexion hält diese Möglichkeit des Ja- und Nein-Sagens zu seiner Welt offen, weil sie nach dem Grund des Vermögens einer kritischen Distanzierung von einer Welt, die sich nicht wegdenken lässt, fragt. Damit geht sie über eine Übung in prinzipieller Skepsis hinaus und wird zur Stütze einer Lehre der Autonomie, die die jeweiligen Realitätskonstruktionen als Leistungen einer Subjektivität erkennt, die sich von der Wirklichkeit nicht vorschreiben lassen will, wie sie die Wirklichkeit verstehen und bewerten soll. Das Problem ist nur, dass eine grundlegend angesetzte Erkenntnistheorie, die über die Wahrheit des Seins entscheiden will, so tut, als habe sie das Diktat über die Ontologie. Darin liegt die Gefahr des Wirklichkeitsverlustes eines Denkens, das die Theorie der Erkenntnis mit einer Theorie der Wirklichkeit verwechselt und nicht die Welt, sondern das Subjekt als den ersten Bezugspunkt des Erkennens behauptet.

Bibliographie

Boghossian, Paul (2013): Angst vor der Wahrheit. Ein Plädoyer gegen Relativismus und Konstruktivismus. Berlin.
Brandom, Robert (2000): Expressive Vernunft. Begründung, Repräsentation und diskursive Festlegung. Frankfurt a. M.
Brooks, Rodney A. (1991): Intelligence without Representation. In: Artificial Intelligence 47, 139–159.
Bude, Heinz (2016): Das Gefühl der Welt. Über die Macht von Stimmungen. München.
Churchland, Paul (2013): Eliminativer Materialismus. In: Armen Avanessian (Hg.): Realismus Jetzt. Spekulative Philosophie und Metaphysik für das 21. Jahrhundert. Berlin, 183–194.
Dreyfus, Hubert/Taylor, Charles (2016): Die Wiedergewinnung des Realismus. Berlin.
Durkheim, Émile (1912/1981): Die elementaren Formen des religiösen Lebens. Übers. v. Ludwig Schmidts. Frankfurt am Main.
Ferraris, Maurizio (2014): Manifest des neuen Realismus. Schriftenreihe des Käte Hamburger Kollegs „Recht als Kultur". Bd. 6. Frankfurt a. M.
Gabriel, Markus (Hg.) (2014): Der neue Realismus. Berlin.
Gibson, James J. (1973): Die Sinne und der Prozess der Wahrnehmung. Bern.
Habermas, Jürgen (1973): Wahrheitstheorien. In: Helmut Fahrenbach (Hg.): Wirklichkeit und Reflexion. Walter Schulz zum 60. Geburtstag. Pfullingen, 211–265.
Haugeland, John (1985): Artificial Intelligence. The Very Idea. Cambridge.
Heidegger, Martin (1927/1972): Sein und Zeit. 12. unveränderte Aufl. Tübingen.
Husserl, Edmund (1900 und 1901/1968): Logische Untersuchungen. 3 Bde. I: Prolegomena zur reinen Logik. II/1: Untersuchungen zur Phänomenologie und Theorie der Erkenntnis. II/2: Elemente einer phänomenologischen Aufklärung der Erkenntnis. 5. Aufl. Tübingen.
Kurzweil, Ray (2006): The Singularity Is Near. When Humans Transcend Biology. London.
Latour, Bruno (2007): Elend der Kritik. Vom Krieg um Fakten zu Dingen von Belang. Zürich/Berlin.
Parkinson, Brian u. a. (2000): Stimmungen. Struktur, Dynamik und Beeinflussungsmöglichkeiten eines psychologischen Phänomens. Stuttgart.
Piaget, Jean (2003): Das Erwachen der Intelligenz beim Kinde. Übers. v. Bernhard Seiler. Stuttgart.
Merleau-Ponty, Maurice (1984): Der Philosoph und sein Schatten. In: Ders.: Das Auge und der Geist. Philosophische Essays. Hg. u. übers. von Hans Werner Arndt. Hamburg, 45–67.
Plessner, Helmuth (1959): Husserl in Göttingen. Göttingen.
Schütz, Alfred (1971): Über die mannigfaltigen Wirklichkeiten. In: Gesammelte Aufsätze. Aus dem Amerikanischen übers. u. mit einem „Nachwort zur Übersetzung" v. Benita Luckmann u. Richard Grathoff. Bd. 1. Das Problem der sozialen Wirklichkeit. Den Haag, 237–297.
Shapin, Steven/Schaffer, Simon (1985): Leviathan and the Air-Pump. Hobbes, Boyle and Experimental Life. Princeton.
Turing, Alan M. (1950): Computing machinery and intelligence. In: Mind 59/236, 433–460.

Paul Kirchhof
Rechtssprache zwischen Ideal und Wirklichkeit

1 Der Gestaltungsanspruch des Rechts

1.1 Abstraktion als Bedingung des Denkens

Wenn der Architekt ein Gebäude konstruiert, entwirft er einen Plan, der demnächst realisiert wird. Die Konstruktion macht die beabsichtigte Zukunft sichtbar. Wenn der Jurist einen Fall konstruiert, erdenkt er einen Sachverhalt, der möglich wäre, aber praktisch nicht vorkommt, um in der Pointierung oder Vereinfachung des Falles das Rechtsproblem zu verdeutlichen. Er spricht von einem Menschen, der von einer amerikanischen, mit einem Kanadier verheirateten Mutter während des Fluges über Frankreich in einer deutschen Maschine als ein Kind geboren worden ist, das biologisch von einem italienischen Vater abstammt. Die Frage lautet dann: Darf dieser Mensch in Deutschland bei der Kommunalwahl und bei der Bundestagswahl wählen? Der konstruierte Fall soll die Vielfalt der Wirklichkeit und damit die möglichen Anfragen der Realität an das Recht verdeutlichen.

Der Philosoph konstruiert einen Gedanken, der sich aus der Enge des Alltäglichen löst, die Bestimmung des Menschen zu Idee und Ideal betont, in der Kraft der Abstraktion und dem Anspruch auf Ewigkeitsaussagen Distanz zur Welt gewinnt, auch die begrenzte Erkenntnisfähigkeit des Menschen bewusst macht.[1] Er findet sich plötzlich in einer Höhle wieder, sieht dort nicht die Wirklichkeit, sondern beobachtet nur die durch ein Feuer entstandenen Schatten der Dinge auf der Höhlenwand und hört das Echo der Gespräche der Menschen, hält diese Abbilder für die Wirklichkeit.[2]

Der Mensch will die Welt erfahren, experimentell nachbilden und verändern, er will sie verstehen und ergründen. Sprachliches Begreifen entsteht aus dem wertenden Vergleich der Dinge, in dem wir Identitäten, Ähnlichkeiten und Verschiedenheiten erfassen. Dabei definiert der Mensch im Begreifen der Welt jeweils seinen Standort: Er benennt seinen Raum nach Himmelsrichtungen, nach Land und Stadt, Berg oder Tal, Kultur und Sprache. Er ordnet die Zeit in einem Kalender, in Jahren, Monaten, Tagen und Minuten. Er versteht die Geschichte in

---

[1] Vgl. Cusanus 1460/1932, 157.
[2] Platon 473–347 v. Chr./2000, 566 ff.

Epochen, in Herrschaftsstrukturen, in Kulturentwicklungen, in Kriegen und Friedensschlüssen, in sozialen Veränderungen und Notlagen, in ‚guten' und ‚schlechten' Zeiten. Er systematisiert eine Bibliothek nach Autoren, nach Themen, nach Erscheinungsjahr oder seinen Vorlieben. Er gibt dem anderen einen Familiennamen, ordnet ihn damit einer Familie zu, aber auch einen Vornamen, um ihn als Einzelperson ansprechen zu können. Er stellt ihn in die Zusammenhänge von Staatsangehörigkeit, Berufsqualifikation, Religionszugehörigkeit, Ehren- und Anerkennungsstatus. Stets verbinden sich Realitätsanalyse und ordnendes Denken. Die bloße Beobachtung, qualifiziert in bestimmten Eigenschaften und Kriterien, schafft in der Abstraktion Kategorien und Ordnungssysteme.

Dieses Denken in Begriffen, das Ordnen der Welt in Kategorien und Systemen gilt selbstverständlich auch für das Recht. Dabei hat die Rechtssprache aber drei Besonderheiten: Das Recht spricht verbindlich, will den Angesprochenen also nicht nur informieren und inspirieren, sondern erwartet Befolgung des Angeordneten. Sodann sucht die Rechtssprache nicht heilsame Unsicherheit zu verbreiten, die den Menschen aus seiner vermeintlichen Gewissheit herausreißt, sondern vermittelt Sicherheit, Verlässlichkeit, Vertrauen in eine vertraute und stetige Rechtsordnung. Schließlich ist die Rechtsfindung in das wohl ausgeprägteste Diskurssystem unserer Lebenswirklichkeit gebunden. Recht ereignet sich in Sprache. Das Gesetz wird im *Parlament* nach öffentlicher *Debatte* beschlossen. Der Abgeordnete gibt seine *Stimme* ab. Der Bundesrat erhebt Ein*spruch* oder Wider*spruch*. Der *Wortlaut* des Gesetzes wird *verkündet*. Der Betroffene erhebt *Klage*. Die Recht*sprechung* entscheidet über An*spruch* oder Frei*spruch*, vervollständigt das nicht hinreichende Gesetz in ent*sprechender* Anwendung. Doch diese Rechtsgespräche enden immer mit einer Entscheidung über das Gesetz oder über das Urteil. Recht will die Wirklichkeit gestalten.

1.2 Gestaltung der Rechtswirklichkeit durch die verschiedenen Staatsgewalten

1.2.1 Die Rechtsprechung

Bei der Rechtsprechung wird der Auftrag des Rechts, erst die Wirklichkeit zu ermitteln und sie dann zu beurteilen, besonders deutlich. Der Richter prüft zunächst, was tatsächlich geschehen ist. Wurde ein Mensch getötet und wer ist der Täter? Wurde ein Vertrag geschlossen, was ist sein Inhalt und wer hat ihn zu erfüllen? Ist ein Bauwerk standsicher errichtet oder gefährdet es Menschen, wer ist dafür verantwortlich? Hat ein Inländer Einkommen erzielt und wie hoch ist es? Ist ein Mensch bedürftig und wie ist er versichert?

Bei dieser Tatsachenermittlung dient das rechtliche Gehör den Streitparteien, ihre Wirklichkeitssicht darzustellen und zu erläutern. So beobachtet der Richter die Realität zunächst in der Sicht des Klägers, sodann in der Sicht des Beklagten, erhebt Beweise, bedient sich der Begutachter, stützt sich auf seine Richter- und seine Lebenserfahrung. Letztlich muss er sich ein Urteil bilden von dem, was war.

Die Streitparteien sind bei ihrem Sachvortrag zur Wahrheit verpflichtet. Mit Ausnahme des Strafverfahrens, in dem der Angeklagte sich nicht selbst belasten muss und grundsätzlich die Aussage verweigern kann, müssen die Parteien den Richter bei der Wahrheitssuche unterstützen. Tragen sie bewusst Unwahrheiten vor, machen sie sich – wegen Prozessbetrugs, Urkundenfälschung oder falscher Aussage – strafbar.

Bei der anschließenden rechtlichen Würdigung der festgestellten Tatsachen sind die Parteien im Vortrag frei. Sie können über das Recht fabulieren, resümieren und spekulieren. Die einzige Sanktion für einen törichten Rechtsvortrag ist die Antwort des Richters, der diesen Vortrag unbeachtet lässt. So erlebt der Richter die Weite und Freiheit des gegenläufigen Rechtsgesprächs. Freiheit ist auch das Recht zum Experiment, auch zur Torheit.

Dabei ist in der Regel aber unstreitig, dass eine Realität zu beurteilen und dass das Recht real und verbindlich ist. Selbstverständlich mag der Angeklagte vortragen, es habe keinen Mord gegeben, weil die Leiche noch nicht gefunden worden ist. Der Vertragsschuldner mag behaupten, den Vertrag habe es nie gegeben. Der Steuerpflichtige mag einwenden, er habe keinen Gewinn, sondern nur Verluste gemacht. Dies sind aber jeweils Aussagen, die eine andere Realität behaupten, nicht die Gebundenheit des Menschen in seiner Lebenswirklichkeit in Frage stellen. Recht lebt in der Wirklichkeit, sucht diese in Sprache zu begreifen und in Recht-Sprechung zu beurteilen.

1.2.2 Gesetzgebung

Auch die Gesetzgebung ist Auseinandersetzen mit der Wirklichkeit. Sie sucht „die soziale Wirklichkeit zeit- und realitätsgerecht zu erfassen".[3] Will der Gesetzgeber

---

[3] *BVerfGE* 27, 142 (150) – Kinderzuschlag für „Enkelpflegekinder"; *BVerfGE* 39, 316 (329) – Kinderzuschuss in der Knappschaft; *BVerfGE* 66, 214 (222) – Zwangsläufige Unterhaltsaufwendungen; *BVerfGE* 82, 60 (82 f.) – Steuerfreies Existenzminimum; *BVerfGE* 89, 346 (353) – Ausbildungsfreibetrag; *BVerfGE* 93, 121 (134 f.) – Einheitsbewertung; *BVerfGE* 93, 165 (173 f.) – Erbschaftsteuer (gesonderte Bewertung); *BVerfGE* 96, 1 (9) – Weihnachtsfreibetrag; *BVerfGE* 99, 246 (258 f.) – Kinderexistenzminimum; *BVerfGE* 99, 280 (290) – Aufwandsentschädigung-Ost; *BVerfGE* 101, 297 (310) – Häusliches Arbeitszimmer; *BVerfGE* 105, 73 (124 f.) – Rentenbesteuerung; *BVerfGE* 110,

das Existenzminimum für alle Menschen sichern, muss er die Wirklichkeit analysieren und den tatsächlichen Lebensbedarf feststellen. Dieser ist für Erwachsene anders als bei Kindern, für Gesunde anders als bei Kranken, war 1949 elementar und ist heute Bedarf einer Wohlstandsgesellschaft.[4] Will er im Arzneimittelrecht die Zulassungsmaßstäbe für Medikamente regeln, muss er sich ein realistisches Bild von einer Krankheit und den medizinisch möglichen Heilungsmitteln verschaffen und diese Erkenntnisse seinen Regelungen realitätsgerecht zugrunde legen. Will er die Sicherheit und Leichtigkeit des Straßenverkehrs rechtlich organisieren, muss er die tatsächlichen Gefahrenlagen feststellen und vorbeugend die Anforderung an den Straßenbau, an die Fahrzeuge und an die Qualifikation der Fahrzeugführer bestimmen und sodann präventive Verhaltensregeln entwickeln. Erfasst der Gesetzgeber die tatsächlich vorgefundene Wirklichkeit nicht realitätsgerecht, so ist das Gesetz allein deswegen verfassungswidrig. Das Bundesverfassungsgericht hat Gesetze für verfassungswidrig erklärt, weil ein Gesetz den existenznotwendigen Aufwand im Einkommensteuerrecht[5] und im Sozialrecht[6] nicht nach den tatsächlichen Bedürfnissen bemessen, der Besteuerung irreal niedrige Grundstückswerte zugrunde gelegt[7] oder es sich im Wahlrecht bei seinen Einschätzungen und Bewertungen „an abstrakt konstruierten Fallgestaltungen", und nicht „an der politischen Wirklichkeit" orientiert[8] hat. Dort wurde das Wahlrecht, das die Wahlberechtigung von Auslandsdeutschen allein an einen früheren dreimonatigen Daueraufenthalt im Bundesgebiet knüpfte, als nicht wirklichkeitsgerecht beanstandet. Ein Großteil der Gesetze formt die vorgefundene Wirklichkeit zu Rechtsverhältnissen, ordnet etwa den Ablauf des menschlichen Lebens in Rechtsfähigkeit, strafrechtliche Verantwortlichkeit, Geschäftsfähigkeit, Wahlmündigkeit, Elternrecht, Rentenrecht und Erbrecht. Es prägt sozial und historisch gewachsene Gemeinschaften zu Rechtsinstituten der Ehe und Familie, der Gemeinde und des Staates, der Schule und der Universität, der Kirchen und der Weltanschauungsgemeinschaften. Oft werden die in der Wirklichkeit

---

412 (433) – Teilkindergeld; *BVerfGE* 112, 268 (278 f.) – Kinderbetreuungskosten; *BVerfGE* 116, 164 (183) – Tarifbegrenzung gewerblicher Einkünfte; *BVerfGE* 117, 1 (31 f.) – Erbschaftsteuer; *BVerfGE* 125, 175 (232) – Hartz IV.
4 Vgl. *BVerfGE* 125, 175 (222) – Hartz IV.
5 *BVerfGE* 66, 214 (223) – Zwangsläufige Unterhaltsaufwendungen; *BVerfGE* 87, 153 (172) – Grundfreibetrag; *BVerfGE* 99, 216 (293) – Familienlastenausgleich; *BVerfGE* 112, 268 (281) – Kinderbetreuungskosten; *BVerfGE* 124, 282 (295) – Nichtanrechnung von Kindergeld auf Unterhalt.
6 *BVerfGE* 125, 175 (222) – Hartz IV.
7 *BVerfGE* 93, 121 (142 ff.) – Vermögenssteuer, Einheitsbewertung; *BVerfGE* 93, 165 (173) – Erbschaftsteuer (Bewertung); *BVerfGE* 117, 1 (31 f.) – Erbschaftsteuer (gesonderte Bewertung).
8 *BVerfGE* 132, 39 (49) – Wahlberechtigung von Auslandsdeutschen.

vorgefundenen Gesetzmäßigkeiten in das staatliche Gesetz aufgenommen. Das gilt für das Zusammenleben der „anständigen Bürger" und der „ehrbaren Kaufleute". Hier hat der Gesetzgeber die Aufgabe, die Wirklichkeit des öffentlichen Gemeinschaftslebens, von Markt und Wettbewerb, von gegenseitiger Achtung und Wertschätzung aufzunehmen und die mitmenschlichen, gesellschaftlichen Gepflogenheiten anzuerkennen, die sich daraus ergeben haben. Beim Schutz der Kunst sind die Gesetzmäßigkeiten „freier schöpferischer Gestaltung", der Ausdruck von Einsichten, Erfahrungen und Erlebnissen in bestimmter Formensprache zu achten.[9] Demgegenüber ist das Wissenschaftsrecht von den wissenschaftseigenen Gesetzmäßigkeiten, dem ernsthaften planmäßigen Streben nach neuen Erkenntnissen in Forschung und Lehre mit methodischer Selbstkontrolle, stetiger Selbst- und Fremdkritik geprägt.[10]

Das Gesetz will die Wirklichkeit gestalten, muss sich deshalb mit dieser „sachgerecht" auseinandersetzen. Verfehlt es die Wirklichkeit, verlangt es etwas Unmögliches.[11] Erfasst das Gesetz nicht die „Eigenart des zu regelnden Sachbereichs",[12] nicht die „tatsächliche Gleichheit oder Ungleichheit der zu ordnenden Lebensverhältnisse",[13] so ist das Gesetz verfassungswidrig, kann vom Bundesverfassungsgericht für nichtig oder mit dem Grundgesetz unvereinbar erklärt werden. Der Mensch wählt den Gesetzgeber, damit er seine Wirklichkeit

---

9 *BVerfGE* 30, 173 (189) – Mephisto; *BVerfGE* 36, 321 (331) – Schallplatten-Umsatzsteuer; *BVerfGE* 67, 213 (226) – Anachronistischer Zug; *BVerfGE* 77, 240 (251) – Herrnburger Bericht.
10 *BVerfGE* 35, 79 (113) – Hochschul-Urteil; Mager in HbStR, Bd. VII, 3. Aufl. 2009, § 166 Rn. 8; Fassbender in HbStR Bd. IV, 3. Aufl. 2006, § 76 Rn. 12f., 16f., 2f.; *Trute*, das., § 88 Rn. 2.
11 Zum Vorbehalt des Möglichen vgl. *BVerfGE* 15, 126 (143) – Staatsbankrott; *BVerfGE* 27, 253 (285) – Kriegsfolgeschäden; *BVerfGE* 41, 126 (151 ff.) – Reparationsschaden; *BVerfGE* 71, 66 (75 ff.) – Ruhen der Witwenrente; *BVerfGE* 82, 322 (339 ff.), 347 f., 349 f.) – Gesamtdeutsche Wahl; *BVerfGE* 92, 140 (154 f.) – Sonderkündigung; *BVerfGE* 92, 277 (325 ff.) – DDR-Spionage; *BVerfGE* 95, 96 (132 f.) – Mauerschützen, auch *BVerfGE* 33, 303 (333 f.) – Numerus clausus; *BVerfGE* 43, 291 (314) – Numerus clausus (Parkstudium); *BVerfGE* 97, 332 (349) – Gestaffelte Kindergartenbeiträge; *BVerfGE* 103, 242 (259) – Pflegeversicherung (soziale Pflegeversicherung und Erziehungsleistungen); *BVerfGE* 112, 50 (66) – Opferentschädigungsgesetz; Depenheuer in HbStR Bd. XII, 3.Aufl. 2014, § 194.
12 So ausdrücklich *BVerfGE* 75, 108 (157) – Künstlersozialversicherungsgesetz; vgl. auch *BVerfGE* 76, 256 (329) – Beamtenversorgung; *BVerfGE* 78, 249 (287) – Fehlbelegungsabgabe; *BVerfGE* 84, 239 (268) – Kapitalertragsteuer; *BVerfGE* 93, 319 (348 f.) – Wasserpfennig; *BVerfGE* 107, 127 (146) – Doppelte Haushaltsführung; *BVerfGE* 110, 412 (432) – Teilkindergeld; *BVerfGE* 112, 268 (279) – Kinderbetreuungskosten; zur Sachgerechtigkeit insgesamt Englisch (2008, 82 ff.).
13 *BVerfGE* 9, 201 (206) – Scheineheliche Kinder; ähnlich *BVerfGE* 1, 264 (275) – Bezirksschornsteinfeger; *BVerfGE* 3, 58 (135 f.) – Beamtenurteil; *BVerfGE* 4, 7 (18) – Investitionshilfe; *BVerfGE* 4, 352 (357) – Besonderer strafrechtlicher Ehrenschutz; *BVerfGE* 103, 310 (319) – Beschäftigungszeiten öffentlicher Dienst (MfS/AfNS) unter Verweise auf *BVerfGE* 48, 346 (357) – Witwenurteil.

verbessere. Ein Gesetzgeber, der „abstrakt konstruierte Fallgestaltungen" und nicht die Wirklichkeit regeln würde, hat in unserer Verfassungsordnung keinen Platz.[14]

1.2.3 Gesetzvollzug

Auch für die Verwaltung gilt das Prinzip der Sachlichkeit. Dieses ist allerdings im Binnenbereich der gesetzlichen Vorgaben zu vollziehen. Die Gleichheit aller Menschen vor dem Gesetz (Art. 3 Abs. 1 GG) fordert die verwaltende Gestaltung der Sachbereiche, die das Gesetz für die Staatsverwaltung in bestimmten vorgegebenen Regeln regelt. Wenn die Verwaltung dabei unbestimmte Rechtsbegriffe – z. B. den Begriff der öffentlichen Sicherheit und Ordnung oder der Verhältnismäßigkeit – auszufüllen, ein pflichtgemäßes Ermessen[15] auszuüben oder auch beim Auftreten als Nachfrager oder Anbieter auf dem Wirtschaftsmarkt Entscheidungen zu treffen hat,[16] so bindet der Gleichheitssatz die Verwaltung stets auf die Realitätsgerechtigkeit und Sachgerechtigkeit.

Auch die Verwaltung darf den Verwaltungsbetroffenen nur so ansprechen, wie er ist, und Verbindlichkeiten nur für das Lebensumfeld regeln, das ihn real betrifft. Der Staat ist ein Wirklichkeitsverbund. Die Distanz zur Wirklichkeit gewinnt der freie Mensch, die Gesellschaft.

2 Sprachliches Begreifen der Rechtswirklichkeit

2.1 Rechtliches Abstrahieren und Typisieren

Die Sprache bildet allgemeine Begriffe, in denen sie Gemeinsames und Unterschiedliches zusammenfasst, um sprachliche Verständigung zu ermöglichen, die

---

[14] *BVerfGE* 132, 39 (49) – Wahlberechtigung von Auslandsdeutschen; unter Hinweis auf *BVerfGE* 95, 408 (418) – Grundmandatsklausel; *BVerfGE* 120, 82 (107) – Sperrklausel Kommunalwahlen; *BVerfGE* 129, 300 (321) – Fünf-Prozent-Sperrklausel EuWG.
[15] *BVerfGE* 9, 137 (147) – Reuegeld; *BVerfGE* 14, 105 (114) – Branntweinmonopol; *BVerfGE* 14, 105; 18, 353 (363) – Devisenbewirtschaftungsgesetz; *BVerfGE* 35, 382 (400 f.) – Ausländerausweisung; *BVerfGE* 49, 168 (184) – Vertrauensschutz bei Verlängerung einer Aufenthaltserlaubnis für Ausländer.
[16] Rüfner, in: Bonner Komm. Art. 3 Abs. 1 Rn. 190; Starck in v. Mangoldt/Klein/Starck GG, 6. Aufl. 2010, Art. 3 I Rn. 281; Pietzcker, in: Merten/Papier, Grundrechte Bd. V, 2013, § 125 Rn. 73.

Menschen Kategorien des Begreifens zu lehren, ihnen eine Hilfe des Erinnerns anzubieten. Die sprachliche Abstraktion wird zu einem wesentlichen Mittel der Erkenntnis.[17] In der Klassifizierung seiner Erfahrung bildet der Mensch Gattungsbegriffe und Typusbegriffe,[18] hebt oft auch einen „Idealtypus"[19] hervor, der das Wesentliche einer beobachteten Wirklichkeit hervorhebt, sie abstrahierend konstruiert, das Reale mit einer Vorstellung bündelt und damit auch zum Utopischen neigt. Der Lehrsatz „Angebot und Nachfrage bestimmen den Preis" gilt in der Theorie, jedoch nicht in der Realität, in der es die freie Verkehrswirtschaft kaum gibt, ein „reiner Wettbewerb nicht stattfindet."[20] Die historischen Quellen bestimmen sich nach dem Forschungsinteresse – dieses macht „aus Altpapier Forschungsmaterial."[21] Der Blick zurück dient dazu, Entwicklungslinien zu zeichnen, auch – juristisch, nicht historisch gesprochen – Gesetzmäßigkeiten aufzudecken. Geschichte wird auch zur historisch fundierten Kritik der Gegenwart führen.[22]

In dieser Fähigkeit zum Verallgemeinern wird die Sprache zur Existenzbedingung und zum Mittel des Rechts. Das Recht begreift die Wirklichkeit, indem es die rechtserheblichen Ähnlichkeiten und Bewertungen menschlichen Verhaltens in einem Sprachtatbestand definiert und in einem Imperativ[23] abstrahiert. Der Rechtssatz erfasst das Individuelle im Typus, verallgemeinert das Konkrete, vergröbert Unterschiedlichkeiten.[24] Er abstrahiert die Einzelheiten seines Gegenstandes so, dass die rechtliche Bedeutung eines Gesamtvorgangs für die konkrete Frage sichtbar wird.[25] Wie der Arzt nicht nur ein Symptom – den langsamen Puls – beobachtet, sondern das Gesamtbild der Erkrankung diagnostiziert, darf das Recht nicht Einzelaspekte eines Sachverhaltes erfassen, sondern muss diesen als „Fall" auffassen und verstehen,[26] der einmalig, in seinen rechtserheblichen Teilen jedoch anderen ähnlich ist.

Dabei ist das Recht bemüht, die Wirklichkeit realitätsgerecht zu begreifen. Wenn wir von „Mensch", „Straße", „Krankheit", „Schaden" oder „Tod" sprechen,

---

17 Vgl. Locke1748/1962, 5 f.; 35 f.
18 Sellin 2005, 140.
19 Weber 1904/1951, 188.
20 Ebd., 191 f. Dazu Sellin 2005, 147 f.
21 Welskopp 2008, 124.
22 Vgl. Meier 1996, 239.
23 Vgl. Austin 1975, 245 f.
24 *BVerfGE* 82, 159 (185 f.) – Absatzfonds.
25 Zu sprachtheoretischen Parallelen vgl. Frege (1891/1975, 40 f.), Russell (1956, 241 f.) und Lipps (1958, 10 f.).
26 Vgl. Haft 1981, 83 ff., 153 f.

vermittelt die Sprache eine sehr konkrete Vorstellung von einer Wirklichkeit, mit der sich das Recht auseinandersetzt. Selbstverständlich hat das Recht sich auch mit bewussten Sprachverfremdungen zu befassen, sich mit dem berühmten Wort von Wittgenstein auseinanderzusetzen, nach dem die Sprache Kleid oder Verkleidung des Gedankens ist. Mancher nennt die Kohleabgabe mit Milliardenerträgen „Kohlepfennig", die Müllhalde „Entsorgungspark", die Sozialwahlen mit nur einem Kandidaten „Friedenswahl". Das Recht wird diese Worte zurückweisen, die Wirklichkeit begreifen. Wenn aber jemand den Krieg in der Ukraine leugnet, die Bilder von ertrinkenden Flüchtlingen im Mittelmeer für Übertreibungen hält, Armut in Deutschland für nicht existent erklärt, verfehlt er die Wirklichkeit. Er hat die Realität nicht begriffen, macht damit einen fundamentalen Rechtsfehler.

Wenn das Recht die Wirklichkeit zu begreifen sucht, ist ihr Blick stets von dem Anliegen des Rechts geprägt. Garantiert das Recht die Würde jedes Menschen, so sind alle Menschen gleich willkommen, mögen sie reich oder arm, alt oder jung, begabt oder unbegabt, Deutscher oder Ausländer sein. Sie haben einen Anspruch auf Existenzminimum, auf Sicherheit und körperliche Unversehrtheit, sind Rechtssubjekt und beanspruchen eine Gleichheit vor dem Gesetz. Beobachten wir diesen Menschen hingegen in der Perspektive der Schulpflicht, der Geschäftsfähigkeit oder des Wahlrechts, so ist das Alter erheblich. Die Menschen sind rechtserheblich verschieden. Fragen wir nach dem Wahlrecht, dem Einreiserecht und dem Bleiberecht, so unterscheidet sich der deutsche Staatsangehörige grundlegend vom Nichtdeutschen; der Unterschied zwischen Arm und Reich ist bedeutungslos. Geht es um die Gewährung staatlicher Sozialhilfe oder um Besteuerung, so ist die Unterscheidung zwischen Arm und Reich für das Recht entscheidend, die Frage des Alters und der Staatsangehörigkeit kann rechtlich offenbleiben. Und wenn der Staat Mutterschaftsurlaub gewährt, sind anspruchsberechtigt die Mütter, nicht die Väter. Der Unterschied zwischen Alt und Jung, Arm und Reich, Deutschem und Ausländer bleibt belanglos.

2.2 Antwortcharakter des Rechts

Die tatsächliche Anfrage an das Recht bestimmt seinen Inhalt und seine Anwendung. Recht gibt Antwort auf tatsächliche Ereignisse.[27] Wer Krieg erlebt hat, sucht Frieden. Wer verachtet und gedemütigt wurde, fordert gleiche Würde für alle Menschen. Wer unterdrückt und geknechtet wurde, ruft nach Freiheit. Wer benach-

---

27 P. Kirchhof 2013.

teiligt wurde, erwartet Gleichheit. Wer gehungert hat, verlangt sozialstaatliche Teilhabe. Wer unter Fremdbestimmung leidet, will demokratisch mitbestimmen.

Diese Weitergabe von historischen Erfahrungen und Einsichten, von erprobten und bewährten Institutionen und Maßstäben hatte anfangs nicht die Rationalität des Sprachlichen. Recht ist ursprünglich der gute Brauch, die gefestigte Gewohnheit, die in einer Gesellschaft gepflegt wird, die wir heute noch in den Begriffen des ehrbaren Kaufmanns, von Treu und Glauben, eines lauteren Wettbewerbs, einer öffentlichen Ordnung, von Erklärungen nach „bestem Wissen und Gewissen" kennen.[28] Die Verletzung dieser ungeschriebenen, aber allgemein bewussten Regeln wurde dann mit Sanktionen belegt; der Verletzte gewinnt ein Recht zur Rache, zum Faustrecht, später einen Anspruch auf eine bestimmte Rechtsfolge. Eingriffe der Obrigkeit in den gesellschaftlich akzeptierten Bestand individueller Rechte gelten als Rechtsbruch; auch der Herrscher war an das von ihm gesetzte Recht gebunden.[29] Das Recht gewinnt seine Autorität aus der Religion, aus einer natürlichen Ordnung, in die der Mensch eingebettet ist, in der

---

28 Zu Fenstern des positiven Rechts zu Ethos und Moral vgl. zu § 138 BGB Sack/Fischinger in Staudinger, Kommentar zum BGB, Buch 1: Allgem. Teil 4 a, Neubearb. 2011, § 138 Rn. 12 ff.; zur polizeilichen Generalklausel der öffentlichen Sicherheit und Ordnung Deger in Stephan/Deger, Kommentar zum Polizeigesetz für Baden-Württemberg, 2014, § 1 Rn. 64 ff.; zu den teilweise jetzt schon positivierten Grundsätzen ordnungsgemäßer Buchführung im Handelsrecht und Steuerrecht Krumm in Blümich, Kommentar zum Einkommensteuergesetz, § 5 EStG Rn. 209 ff.; zu Amts- und Bürgerethos vgl. Isensee in HbStR Bd. II, 3. Aufl. 2004, § 15 Rn. 104; Hillgruber in HbStR Bd. II, 3. Aufl. 2004, § 32 Rn. 48; zum Verweis auf „Treu und Glauben": Looschelders/Olzen in Staudinger BGB, Neubearb. 2009, § 242 Rn. 141 ff; zum Verweis auf „die guten Sitten": Sack/Fischinger in Staudinger BGB, Neubearb. 2011, § 138 Rn. 19; Wendehorst in Bamberger/Roth, Stand 1. 2. 2014, Edition 30, § 817 Rn. 8, 15; Oechsler in Staudinger BGB, Neubearb. 2013, § 826 Rn. 25 ff.; Fezer, Markenrecht, 4. Aufl. 2009, § 8 Rn. 593; v. Falckenstein in Eichmann/v. Falckenstein, Geschmacksmustergesetz, 4. Aufl. 2010, Rn. 19; Melullis in Benkard, Patentgesetz, 10. Aufl. 2006, § 2 Rn. 6 ff.; Ennuschat in Tettinger/Wank/Ennuschat, Gewerbeordnung, 8. Aufl. 2011, § 33a, Rn 51; Kühl in Lackner/Kühl, StGB, 27. Aufl. 2011, § 228, Rn. 10; zum Verweis auf „Unlauterkeit": Köhler in Köhler/Bornkamm, UWG, 32. Aufl. 2014, § 3 Rn. 62; zum Verweis auf „die öffentliche Ordnung": Depenheuer in Maunz/Dürig GG, 69. EL 2013, Art. 8 Rn. 155; Denninger in Lisken/Denninger, Handbuch des Polizeirechts, 2012, D Rn. 35; Lechner in Simon/Busse, Bayerische Bauordnung, 114. EL 2013, Rn. 188; zum Handeln nach „bestem Wissen und Gewissen" vgl. Art. 13 der Genfer Kirchenordnung von 1576; Maßstab der Landstände von Budweis zur Erwählung der Landes-Ältesten von 1674; Braunschweiger Schuldordnung, Entwurf von 1755, in Monumenta Germaniae Paedagogica I (1886), 388; J. J. Moser, Justiz-Verfassung, Neues Teutsches Staatsrecht, 8,2, 1774, S. 711; § 1007 Österreichisches ABGB, 1811; zu § 38 Deutsches Richtergesetz vgl. Schmidt-Räntsch, Deutsches Richtergesetz, Kommentar, 6. Aufl. 2009, § 38 Rn. 4 (Der Richter ist sich bewusst, „wann die Rechtsanwendung die ethischen Grundlagen erreicht und hinterfragt werden muß").
29 Willoweit 2012.

Achtung vor der natürlichen Umwelt, der Tradition, den bewährten und erprobten Regeln.[30] Oft ereignet sich Recht in Gesten – das Reichen der Hand, die Übergabe des Stabes, der Pantoffel an der Haustür als Macht der Frau. Recht wird in einprägsamen Stichworten überbracht (Schalten und Walten oder Haus und Hof), in Aussagen und Wiederholungen vertieft (nur das Gute tun und das Böse unterlassen), in Sprachbildern veranschaulicht. „Wo der Esel sich wälzt, da muss er Haare lassen" (Gerichtsstand des Deliktsortes). „Wo kein Hahn kräht, da kräht die Henne" (weibliche Erbfolge bei Fehlen eines männlichen Erben). Der Bürgermeister ist so lange im Amt als er „ungehalten im Sessel sitzt" (Obergrenze der Dienstfähigkeit). Erst in der jüngeren Rechtsgeschichte[31] wird das geschriebene, in Sprache gefasste und allgemein zugängliche Gesetz, das ein rechtlich benannter Gesetzgeber in einem förmlichen Verfahren hervorgebracht hat, fast zum alleinigen verbindlichen Maßstab. Mithilfe dieses Gesetzes scheint fast alles machbar. Der Gesetzgeber gewinnt eine bisher unbekannte Allmacht.

Mit der Herrschaft des positiven, des geschriebenen, in Förmlichkeit entstandenen und gebundenen Gesetzes entstehen drei Problembereiche:

- Das positive Recht erklärt gelegentlich auch Unrecht für verbindlich. Deswegen betonen wir – insbesondere in Umbruchzeiten wie der Schaffung des Grundgesetzes 1949 und der Wiedervereinigung 1989/90 – einen Gegensatz zwischen Gesetz und Recht, der es erlaubt, ein förmliches Gesetz dann für Unrecht zu erklären, wenn es den „fundierten allgemeinen Gerechtigkeitsvorstellungen der Gemeinschaft" widerspricht.[32] War der Mauerschütze nach dem damaligen Recht der DDR verbindlich „vergattert", auf den wehrlos in der Spree schwimmenden Flüchtling zu schießen, so anerkennen wir diesen

---

30 Ebd.
31 Ebel 2012.
32 Vgl. *BVerfGE* 1, 264 (276) – Bezirksschornsteinfegermeister; *BVerfGE* 2, 118 (119 f.) – Vollzug der Sicherungsverwahrung ähnlich der Zuchthausstrafe; BVerfGE 9, 124 (130) – Keine Anwaltsbeiordnung im Sozialgerichtsverfahren; BVerfGE 9, 201 (206) – Scheineheliche Kinder; *BVerfGE* 9, 338 (349) – Hebammenaltersgrenze; *BVerfGE* 42, 64 (72) – Teilungsversteigerung (Michelstadt); *BVerfGE* 48, 346 (357) – Witwenurteil; *BVerfGE* 71, 255 (271) – Ruhestandsregelung; *BVerfGE* 74, 182 (200) – *Einheitswerte*; *BVerfGE* 75, 108 (157) – Künstlersozialversicherungsgesetz; *BVerfGE* 93, 386 (397) – Auslandszuschlag; *BVerfGE* 98, 365 (385) – Versorgungsanwartschaften; *BVerfGE* 103, 242 (258) – Pflegeversicherung (kinderbetreuende Mitglieder); *BVerfGE* 103, 310 (318) – Beschäftigungszeiten öffentlicher Dienst (MfS/AfNS); *BVerfGE* 106, 225 (240) – Krankenhausversorgung für Beamte; *BVerfGE* 110, 141 (167) – Kampfhunde; *BVerfGE* 115, 381 (389) – Dauerpflegschaften, stRspr.; Radbruch, Rechtsphilosophie, 4. Aufl. 1950, 289; vgl. auch die Rede von Josef Wintrich zu seiner Amtseinführung als Präsident des Bundesverfassungsgerichts, JZ 1954, 454.

Tötungsakt nicht als gerechtfertigt, sondern stellen ihm elementare, historisch bewusste Gerechtigkeitswertungen entgegen.[33]
- Die Sprache des Rechts sucht ihre Anordnungen möglichst verlässlich und allgemeinverbindlich mit gleichen Inhalten an alle Adressaten zu überbringen, ist deshalb nur noch in Schriftlichkeit verbindlich, sucht die nüchterne, geschäftsmäßige Ausdrucksweise, sucht die Voraussehbarkeit, Berechenbarkeit, Vertrauenswürdigkeit und Rationalität des Rechts zu gewährleisten. Allerdings fixiert die Verschriftlichung des Gesetzes im Bundesgesetzblatt die Gesetzesaussage in der Perspektive am Tag ihrer Verkündung. Sie kennt die zukünftigen Anfragen an das Recht nicht, bricht auch den Dialog mit den Betroffenen über das richtige Recht ab. Daraus erwächst die Gefahr der Dogmatisierung, der sprachtheoretischen Kopflastigkeit, des Verlustes der Sprache als Medium der Mitmenschlichkeit.
- Das Recht sucht dieser Gefahr durch eine Gewaltenteilung zu begegnen. Der Gesetzgeber setzt das Recht in der Schriftlichkeit eines veröffentlichten Gesetzes. Dabei lehrt die richterliche Erfahrung, dass das Ideal von Montesquieu, der Gesetzgeber möge so präzise sprechen, dass dem Richter kein Interpretationsraum mehr bleibe, wirklichkeitsfremd ist. Es gibt keinen nicht deutungsbedürftigen und deutungsfähigen Rechtssatz. Lange Zeit galt der Art. 102 GG als nicht interpretationsbedürftig. Er hat den Wortlaut „Die Todesstrafe ist abgeschafft". Doch dann hat das Bundesverfassungsgericht den Fall zu entscheiden, ob ein des Mordes verdächtiger Amerikaner in einen amerikanischen Bundesstaat ausgeliefert werden darf, in dem die Todesstrafe verhängt und vollstreckt wird. Damit stand das Gericht vor der Auslegungsfrage, ob die Abschaffung der Todesstrafe nur das eigenhändige Verhängen und Vollstrecken dieser Strafe durch Organe des Deutschen Staates meint, oder auch das Mitwirken an der Todesstrafe durch einen anderen Staat.[34] In der Vorlesung bitte ich meine Studenten, den Inhalt des Art. 22 Abs. 2 GG einmal aufzumalen: „Die Bundesflagge ist schwarz-rot-gold". Die Studenten bemühen sich, sich zu erinnern, ob das Schwarz oder das Gold nach oben gehört, ob die Flagge quer oder längs gestreift ist. Forensische Begabungen malen eine rote Flagge mit schwarz-goldenen Punkten oder eine schwarze Flagge mit einer rot-goldenen Kordel. Der Satz gewinnt nur durch das historische Erinnern an die Vorbilder der Bundesflagge Konkretheit.

---

33 *BVerfGE* 95, 96 – Mauerschützen.
34 *BVerfGE* 18, 112 – Auslieferung (Fremdenlegionär); *BVerfGE* 60, 348 – Auslieferung (Libanon).

3 Recht idealisiert

3.1 Rechtliche Ideen für die Realität

Recht folgt großen Idealen, positiviert anspruchsvolle Ideen, weiß aber auch, dass diese Ziele nur durch unzulängliche Menschen – also unzulänglich – durchgesetzt werden können. Der Realismus des Rechts beruht auf der Erfahrung, dass Recht nicht immer gelingt, aber stets verbessert werden kann. Die Rechtsordnung garantiert Frieden,[35] ist aber aus der Erfahrung von Krieg und Unterdrückung hervorgegangen. Recht sichert Gleichheit,[36] erfährt aber täglich die Ungleichheit von Arm und Reich, Inländer und Flüchtling, Berufsqualifiziertem und Unqualifiziertem, von heutiger und zukünftiger Generation. Recht gewährleistet das Soziale, ohne Armut, Schwäche, Ausgrenzung, Gruppenbenachteiligung ausräumen zu können. Und das Recht wird gegenüber dem Schicksalhaften – dem Unfall, dem Unglück, den Naturkatastrophen – bescheiden, kann mit seiner Gestaltungsmacht das Geschick nicht wenden, sondern allenfalls Schicksalsfolgen mäßigen. Recht idealisiert, bleibt dabei aber realistisch.

---

35 Zum Friedensauftrag des Staates: Hobbes 1651/1970, 1. Teil, 13. Kapitel, 112 f.; Grimm in HbStR Bd. I, 3. Aufl. 2003, § 1 Rn. 18 ff.; zum religiösen Frieden vgl. Augsburger Religionsfrieden (Buschmann 1984, 215 ff.); dazu Heckel 2005, 961 ff.; sowie den Westfälischen Frieden (Buschmann 1984, 285 ff.): zum Erfordernis einer Ausgleichs- und Friedensordnung Cusanus 1453/2003; Heckel 2012, 134; Isensee 2013, § 1 Rn. 6; Wolf 1957, 284 (286 f.); Hoffmann 1979, 7 ff.; von Campenhausen in HbStR Bd. VII, 3. Aufl. 2009, § 157 Rn. 7 f.; zur Friedensfunktion des Rechts und der Entwicklung von Bodin bis zum modernen Souveränitätsverständnis vgl. Jellinek 1921/1960, 454 ff.; Quaritsch 1970, 471 ff.; Randelzhofer in HbStR Bd. II, 3. Aufl. 2004, § 17 Rn. 16 ff.; Isensee in HbStR Bd. II, 3. Aufl. 2004, § 15 Rn. 98; Seiler 2005, 7 ff.; kritisch zum Souveränitätsbegriff vor dem Hintergrund zunehmender internationaler Integration Menzel DÖV 1970, 509 ff.; Fink DÖV 1998, 133 ff.; Volkmann DÖV 1998, 613 ff.; Kokott ZaöRV 2004, 517 ff.; Ress ZaöRV 2004, 621 ff.; gegen eine Überhöhung des Souveränitätsbegriffs: P. Kirchhof 2009, 1009, 1027 ff.; kritisch zum Souveränitätsbegriff auf den Bundesstaat bezogen: Grzeszick 1922, 1043; Steinberger 1974, 199 ff.; Merten 1975; Randelzhofer in HbStR Bd. II, 3. Aufl. 2004, § 17 Rn. 39 ff.; Grimm 2002, 1297 ff.; vgl. auch Bachof 1947/2014, AöR 139, 1.
36 Zu den naturrechtlichen Grundgedanken D. Grimm in HbStR Bd. I, 3. Aufl. 2003, § 1 Rn. 2 ff.; Böckenförde 1976, 48 ff.; Heun in Merten/Papier, Grundrechte Bd. II, § 34 Rn. 9; Isensee in HbStR Bd. II, 3. Aufl. 2004, § 15 Rn. 2, 137 ff.; zur Allgemeinheit des Gesetzes G. Kirchhof 2009, 7 f., 202 f.; zur Allgemeinheit rechtsverbindlicher Begriffsbildung BVerfGE 73, 40 (101) – Parteispendenurteil (Mitgliedsbeiträge und Spenden); BVerfGE 105, 73 (134) – Rentenbesteuerung.

3.2 Autorität des Rechtsetzers

Die rechtliche Idealisierung und Überhöhung beginnt beim Rechtsetzer. Das Recht muss die Autorität eines in die Zukunft vorgreifenden und allgemeinverbindlichen Gesetzes sichern, indem es das Gesetz idealisiert und den Urheber des Gesetzes in Distanz zu den Menschen bringt, ihn zu einer Autorität oberhalb der Menschen überhöht. Im Alten Testament übergibt Gott den Menschen Gesetzestafeln, die diese zu beachten haben.[37] Später erkennen die Menschen das Recht in der Natur, die objektiv vorgegeben ist, sich der menschlichen Vernunft erschließt, menschliche Willkür, menschliches Wollen und Argwöhnen zurückweist.[38] Danach unterstellt das Recht einen Staatsvertrag des Staatsvolkes, in dem die Menschen um der Friedensgemeinschaft willen ein Stück ihrer Freiheit aufgeben, das gerechte Recht in der Zustimmung aller – redlichen – Menschen finden.[39] Modern wird dieser Gedanke in der verfassunggebenden Gewalt des Staatsvolkes aufgenommen,[40] auch wenn – wie beim Grundgesetz – diese Gewalt bei der Formulierung der Verfassung nicht mitgewirkt hat, die Verfassung aber in der zustimmenden Verfassungspraxis der verfassten Menschen ihre Legitimationsgrundlage findet.[41] Schließlich erhofft man sich eine allgemeine, jedermann gerecht werdende Rechtsordnung von Menschen, die über diese Ordnung entscheiden, über die aber der „Schleier des Nichtwissens" gebreitet ist, so dass sie vergessen, ob sie arm oder reich, gesund oder krank, Männer oder Frauen, Inländer oder Ausländer sind.[42]

3.3 Das Gesetz

Zu Beginn der Moderne war die Hoffnung auf die Vernunft, die Unbefangenheit, die Gemeinwohlverantwortung des Gesetzgebers schier grenzenlos. Nach Art. 6 der Erklärung der Menschen- und Bürgerrechte vom 26. August 1789 ist das

---

[37] Zur Übergabe der Zehn Gebote siehe Exodus 19,1–34, 35.
[38] Zum Naturrecht: Locke 1689/1960, 285 (287); übers. in Euchner 2007, 200 (201); *Stern* in HbStR Bd. V, 2. Aufl. 2000, § 108 Rn. 9 f.
[39] Vgl. Hobbes 1651; 1689; Locke 1689/1960; Rousseau 1762.
[40] Vgl. P. Kirchhof 2010; 2013.
[41] Dazu G. Kirchhof in HbStR Bd. XII, 3. Aufl. 2014, § 267 Rn. 32; Isensee in HbStR Bd. XII, 3. Aufl. 2014, § 254 Rn. 15.
[42] Vgl. Rawls 1971/2005; 2001.

Gesetz „Ausdruck des allgemeinen Willens". Alle Bürger sind „vor seinen Augen gleich."[43]

Nach Art. 4 der Verfassung der französischen Republik vom 24. Juni 1793[44] ist das Gesetz „die freie und feierliche Ankündigung des allgemeinen Willens."[45] Es regelt für alle – beschützend oder bestrafend – dasselbe. „Es kann nur das befehlen, was gerecht und der Gesellschaft nützlich, und nur das verbieten, was ihr nachteilig ist."[46] Dieses Gesetz steht unter dem Anspruch der Gerechtigkeit – modern gesprochen: der Allgemeinheit des Gesetzes, der Vernunft, des sachlichen, einleuchtenden Grundes –, bleibt aber in diesem Ideal Verfassungserwartung. Die Gleichheit vor einem idealen Gesetz wird dann ergänzt durch historisch als besonders dringlich erachtete Gleichheitsforderungen für die Steuer, für den Schutz, die Strafe, gegen Standesunterschiede und für persönlichkeitsbezogene Merkmale.[47] Diese Gleichheitsidee sieht das Gesetz in seiner Allgemeingültigkeit, Gleichbehandlung und Rationalität als Weg, um die tatsächlich verlorene Gleichheit zurückzugewinnen. Dieses „revolutionäre Naturrecht" (Habermas 1963, 53 f.) versteht die Freiheit nicht nur als Recht zum freien Belieben, sondern insbesondere als Unabhängigkeit von der Willkür und Herrschaft anderer. Die Gleichheit vor dem Gesetz fordert politische Mitwirkung, beginnt den Kampf um die parlamentarische Repräsentation.[48] Schon in der Antike wurde das Gesetz mit dem idealen Staat, der Erziehung zum Guten und Gerechten, der Herrschaft der Vernunft anstelle der von Menschen, auch einem Ausgleich zwischen Moralität und Legalität verbunden.[49] Im Mittelalter war das *Gesetz* Ausdruck der gottgewollten Ordnung, danach Gesetzmäßigkeit der Schöpfung und der Natur. Naturrechtliche Vertragslehre und Volkssouveränität finden bei Rousseau im gemeinsamen Willen der Bürger (volonté générale) eine gemeinsame Grundlage des Gesetzeswillens. Der von Natur aus freie Mensch kann sich nur durch Vereinbarung an den Staat binden. Der Gemeinwille (volonté générale) begründet keine Übereinkunft des Überlegenen mit dem Unterlegenen, sondern ergibt sich aus einem dialektischen Entscheidungsprozess, in dem sich die Sonderinteressen – weil untereinander widersprüchlich und unvereinbar – bei der Abstimmung gegenseitig aufheben. Der so gebildete Gemeinwille ist für Rousseau Garant des objektiv Guten, ist das

---

43 Gosewinkel/Masing 2006, 166.
44 Ebd., 193.
45 Vgl. schon Art. 6 der Verfassung vom 3. September 1791 in Gosewinkel/Masing (2006, 166).
46 Ebd., 166.
47 Starck in v. Mangoldt/Klein/Starck GG Art. 3 Abs. 1 Rn. 1.
48 Vgl. Dann 1979, 997.
49 Vgl. Laks 2006; Bock 2006; Dihle 2006; Honsell 1982; Grawert 1975; G. Kirchhof 2009.

bonum commune der klassischen Philosophie.[50] Das von der *volonté générale* getragene, gerechte und unfehlbare Gesetz wurde zu einem Zentralbegriff der neuen Staatsordnung, schien ein Instrument, um die Errichtung der angestrebten glücklichen Gesellschaft zu erreichen.[51] Das Gesetz eröffnet den Weg zum richtigen Recht, beansprucht als Garant des objektiv Guten wie selbstverständlich allgemein Geltung und allgemein Wirkung. Die Gefahr, die Mehrheit könne die Minderheit unterdrücken, sich irren, ein Wahrheitsdiktat unter Robespierre und den Jakobinern entfalten, gerät aus dem Blick. Das Recht löst sich aus seiner Quelle mitmenschlicher Überzeugungen und Übungen, verweist auf das Gesetz als alleinige Quelle für allgemeine Rechtsverbindlichkeiten, definiert das verbindliche Gesetz nur noch nach der Beachtung eines formgerechten Gesetzgebungsverfahrens.

Damit beginnt die Gegenwehr gegen gesetzliche „Willkür".[52] Die Forderung nach einer verfassten gesetzgebenden Gewalt wird zur Schlüsselfrage moderner Staatlichkeit. Für das Gegenwartsverständnis vom Gesetz bleibt der Gedanke, dass dieses *Gesetz* stets mit dem Ideal des Gerechten, des einer Gemeinschaft der Freiheit entsprechenden Zusammenlebens, der guten Konvention verbunden ist. Den mit der Gesetzgebung beauftragten Verfassungsorganen wird ein Gesetzesideal vor Augen gestellt, das den Gesetzgeber delegitimiert, wenn er diesem Ideal nicht entspricht. Das Gesetzesideal hält den stetigen Konflikt zwischen „Gesetz und Recht" (Art. 20 Abs. 3 GG) im Bewusstsein.

3.4 Inhalte des Verfassungsrechts

Das Verfassungsrecht idealisiert auch in fast jedem seiner Grundprinzipien. Das Rechtsstaatsprinzip baut auf den rechtstreuen, sich selbst zurücknehmenden Menschen, wird darin aber täglich enttäuscht. Das gilt auch für staatliches Handeln. Das Grundgesetz verheißt in den Anfangsvorschriften Freiheit, Gleichheit, Demokratie und Soziales, sieht dann aber in Art. 34 die Haftung des Staates für Unrecht vor. Das ist kein Widerspruch, sondern Realismus. Der Staat verwirklicht seine Rechtssätze durch unzulängliche Menschen. Die Demokratie baut auf den gemeinschaftsinteressierten, gut informierten, nachdenklichen und deshalb urteilsfähigen Bürger, erlebt aber diese Bürgerqualifikation nicht selten als kühne Unterstellung. Der Sozialstaat erwartet die Selbsthilfefähigkeit und Selbsthilfe-

---

50 Müßig 2008, 41 ff.
51 Schlette 1984, 279 f.
52 Willoweit 2012, 142; 145 ff.

bereitschaft der Menschen, will auf dieser Grundlage den Kranken, Schwachen, Hilflosen Gleichheit in elementaren Lebensbedingungen sichern, kann diesem Ziel täglich näher kommen, wird es aber niemals erreichen. Das Ideal der Gerechtigkeit ist ein Vorhaben ähnlich der Gesundheit. In der alltäglichen Auseinandersetzung mit realen Mängeln schreiten wir Schritt für Schritt fort. Das Ideal verwirklichen werden wir niemals. Recht und Gerechtigkeit ist ein verbindlicher Auftrag, der realitätsgerecht zu erfüllen ist. Gerechtigkeit meint deshalb nicht die vollständig gelingende, sondern die menschlich aufgegebene Gerechtigkeit.

Der Unterschied zwischen rechtlichem Sollen und tatsächlichem Sein wird vielfach in der Sprache des Grundgesetzes sichtbar: Die Würde des Menschen „ist" unantastbar (Art. 1 Abs. 1 S. 1). Alle Menschen „sind" vor dem Gesetz gleich (Art. 3 Abs. 1). Die Freiheit von Glauben und Gewissen „sind" unverletzlich (Art. 4 Abs. 1). Kunst und Wissenschaft, Forschung und Lehre „sind" frei (Art. 5 Abs. 3 S. 1). Ein Sollenssatz erscheint sprachlich als Seinsaussage. Wenn das Recht hier ein Sein feststellt und nicht ein Sollen anordnet, entspricht diese Aussage der naturrechtlichen Idee, dass alle Menschen gleich geschaffen und zu gleichen Rechten geboren werden, dass die Gleichheit und Freiheit ein dem Menschen von Natur aus zustehendes oder gottgegebenes Recht ist.[53] Das Grundgesetz knüpft an die Tradition eines überpositiven Rechts an[54] und betont die Unverfügbarkeit dieses Rechts. Die Menschen sollen nicht gleich sein, sie sind gleich. Der „Freiheitsdichter" Schiller sagt „Der Mensch ist frei geschaffen, ist frei, und würd' er in Ketten geboren."[55] Doch die Freiheit braucht das Gesetz, braucht die Gleichheit vor dem Gesetz. Sie wird durch Anarchie und Chaos zerstört. Karl Mohr erkennt, dass es absurd ist, zu wähnen „die Welt durch Gräuel zu verschönern, und die Gesetze durch Gesetzlosigkeit aufrecht zu erhalten."[56] Die Vernunftidee, das Ideal der Freiheit, das Ziel einer Gemeinschaft politischen Glücks kann durch Überhöhung in Unterdrückung, Geringschätzung des anderen, Revolution und Terrorismus umschlagen. Marquis Posa liebt nicht den Menschen, sondern die

---

53 Unabhängigkeitserklärung der Vereinigten Staaten vom 4. Juli 1776, in Gosewinkel/Masing (2006, 136); vgl. auch § 1 Virginia Bill of Rights vom 12. Juni 1776, in Gosewinkel/Masing (2006, 134).
Art. 1 der Erklärung der Menschen- und Bürgerrechte von 1791 in Gosewinkel/Masing (2006); vgl. auch Hofmann 1999, 8 ff.
54 Das betonen *BVerfGE* 1, 208 (233) – 7,5 %-Klausel; *BVerfGE* 23, 98 (106 f.) – Ausbürgerung; vgl. auch *BVerfGE* 84, 90 (120 f.) – Bodenreform (Enteignungen 1945–1948); Dürig/Scholz in Maunz/Dürig GG Art. 3 Abs. 1 Rn. 1, 4; Starck in v. Mangoldt/Klein/Starck GG Art. 3 Abs. 1 Rn. 1.
55 Schiller 1797. Vgl. Kant 1788/1913; Rousseau 1762.
56 Schiller 1782.

„Menschheit."[57] Friedrich Schiller führt die Erfahrung mit der Französischen Revolution dazu, die „Schwärmerei für die Menschheit" rigoros abzulehnen und eine Anteilnahme an „dem Menschen, der dir im engen Leben begegnet", zu fordern.[58]

4 Menschengerechtes Recht

In der Grundaussage des Rechts, die ein rechtsverbindliches Sein fordert, das nur ein Sollen sein kann, liegt vielleicht die Kernaussage, wie Recht mit der Wirklichkeit umgeht. Das Recht ist nicht beliebig, sondern muss dem Menschen und seiner Welt gerecht werden. Prüfstein ist die Betroffenheit des Einzelnen, des Grundrechtsträgers, der sich mit seinem Individualrecht gegen das Kollektiv durchsetzt und von dem Kollektiv absetzt. Das Recht denkt nicht in den generell abstrakten Größen von Kapital und Arbeit, von Arbeitgeber und Arbeitnehmer, von Anbieter und Konsument, von Ärzteschaft und Patientengut, von ‚Kohorten' der Eltern- und Kindergeneration, sondern von dem einzelnen Menschen, dessen Lebensbedingungen das Recht gestalten will. Die Frage ist nicht, ob die Realität existiert und verbessert werden kann, ob die Erneuerungsideen bloße Konstrukte sind, sondern in welchem Grad wir verallgemeinern dürfen, um dem einzelnen Menschen gerecht zu werden. Diese Individualgerechtigkeit ist Realitätsgerechtigkeit, weil der Mensch in der Realität lebt, sich entfaltet und stirbt. Recht ist von dieser Welt und für diese Welt. Das ist Bedingung seiner Wirksamkeit.

Wenn das Recht den jungen Menschen zur Teilnahme am Straßenverkehr erziehen will, wird es niemals in Frage stellen, dass das herannahende Fahrzeug für das Kind eine reale Gefahr ist. Die Aufmerksamkeit des Rechts dient den Wegen und Methoden, wie diese Gefahr beseitigt werden kann. Dabei ist das Recht für die Einsichten aller Disziplinen, aller Denkmöglichkeiten, für jeden Zugang für reale Entscheidungsgrundlagen offen. Es pflegt ein ansatzloses Denken, um rea-

---

57 Schiller (1805) in Don Karlos, Dritter Akt. Zehnter Auftritt, Vers. 3035 ff. (509): „Ich liebe die Menschheit, und in Monarchien darf ich niemand mehr lieben als mich selbst." Vgl. dazu Mann (1918, 169 f.; 281), der dort Marquis Posa als Symbolfigur einer Verbindung mit abstrakter Gesinnungsethik und politischem Terrorismus deutet. Thomas Mann betont den Gegensatz von persönlicher Ethik und Sozial-Philantrophie, von Liebesfähigkeit im Engen (Nächstenliebe) und allgemeiner Liebe, die nichts kostet; ferner Weber (1919/1926, 57 ff.): dort die Unterscheidung zwischen Verantwortungsethiker und Gesinnungsethiker.
58 Schiller 1795/1943, 259.

litätsgerecht regeln zu können. Die Wahrheit liegt nicht in der Methode – das würde das Denken und Entscheiden verengen. Die Wahrheit liegt in der Sache. Auch der beste Gesetzgeber, der klügste Richter kann das Schicksal nicht wenden, die Existenzbedürfnisse des Menschen nicht verändern, nicht die Hoffnungen und Ängste, die unterschiedlichen Temperamente und Leidenschaften aus der Welt verbannen. Recht bewahrt und bewegt die Wirklichkeit. Dieser Realismus ist Bedingung seiner Humanität.

Bibliographie

Austin, John (1975): Wort und Bedeutung. Philosophische Aufsätze. München.
Bock, Wolfgang (2006): Das Gesetz in der griechischen Polis und der Ursprung des modernen Gesetzes im hohen Mittelalter. In: Ders. (Hg.): Gesetz und Gesetzlichkeiten in den Wissenschaften. Darmstadt, 39–60.
Böckenförde, Ernst Wolfgang (1958): Gesetz und gesetzgebende Gewalt. Von den Anfängen der deutschen Staatsrechtslehre bis zur Höhe des staatsrechtlichen Positivismus. Berlin.
Cusanus, Nikolaus (1453/2003): De pace fidei. Der Friede im Glauben. Übers. v. Rudolf Haubst. Trier.
Cusanus, Nikolaus (1460/1932): De docta ignorantia. In: Nicolay de Cusa opera omnia. Bd. I. Nachdruck. Hg. v. Ernst Hoffmann u. Raymond Klibansky. Leipzig.
Dann, Otto (1975): Gleichheit. In: Otto Brunner/Werner Conze/Reinhart Koselleck (Hg.): Geschichtliche Grundbegriffe. Historisches Lexikon zur politisch-sozialen Sprache in Deutschland. Bd. II. 1. Aufl. Stuttgart, 997–1046.
Dihle, Albrecht (2006): Gesetz, Gerechtigkeit und Billigkeit bei Aristoteles. In: Wolfgang Bock (Hg.): Gesetz und Gesetzlichkeiten in den Wissenschaften. Darmstadt, 23–38.
Ebel, Wilhelm (1958): Geschichte der Gesetzgebung in Deutschland. 2. Aufl. Göttingen.
Englisch, Joachim (2008): Wettbewerbsgleichheit im grenzüberschreitenden Handel. Mit Schlussfolgerungen für indirekte Steuern. Tübingen.
Frege, Gottlob (1891/1975): Funktion, Begriff, Bedeutung. 5 Logische Studien. Hg. u. eingel. von Günther Patzig. 4. erg. Aufl. Göttingen.
Gosewinkel, Dieter/Masing, Johannes (2006): Die Verfassungen in Europa 1789–1949. Eine wissenschaftliche Textedition. München.
Grimm, Dieter (2002): Das staatliche Gewaltmonopol. In: Wilhelm Heitmeyer/John Hagan (Hg.): Internationales Handbuch der Gewaltforschung. Wiesbaden, 1297–1313.
Grawert, Rolf (1975): Gesetz. In: Otto Brunner/Werner Conze/Reinhart Koselleck (Hg.): Geschichtliche Grundbegriffe. Bd. II. 1. Aufl. Stuttgart, 863–922.
Habermas, Jürgen (1963): Theorie und Praxis. Neuwied am Rhein/Berlin.
Haft, Fritjof (1981): Falldenken statt Normdenken. In: Deutsche Akademie für Sprache und Dichtung (Hg.): Der deutsche Sprachgebrauch. Bd. II. Stuttgart, 153–161.
Heckel, Martin (2005): Der Augsburger Religionsfriede: Sein Sinnwandel vom provisorischen Notstands-Instrument zum sakrosankten Reichsfundamentalgesetz religiöser Freiheit und Gleichheit. In: JuristenZeitung 60/20, 961–970.

Heckel, Martin (2012): Luthers Traktat „Von der Freiheit eines Christenmenschen" als Markstein des Kirchen- und Staatskirchenrechts. In: Zeitschrift für Theologie und Kirche 109/1, 122–153.
Hobbes, Thomas (1651/1946): Leviathan or The Matter, Form and Power of a Commonwealth. Ecclesiastical and Civil. Ed. with an Introd. by Michael Oakeshott. Oxford.
Hobbes, Thomas (1651/1970): Leviathan. 1. Teil. Übers. v. Jacob Peter Mayer. Stuttgart.
Hoffmann, Manfred (Hg.) (1979): Toleranz und Reformation. Gütersloh.
Hofmann, Hasso (1999): Die Entdeckung der Menschenrechte. Berlin.
Honsell, Heinrich (1982): Das Gesetzverständnis in der römischen Antike. In: Norbert Horn (Hg.): Europäisches Rechtsdenken in Geschichte und Gegenwart. Bd. 1. Festschrift für Helmut Coing zum 70. Geburtstag. München, 129–148.
Isensee, Josef (2013): Staat. In: Hanno Kube u. a. (Hg.): Leitgedanken des Rechts. Bd. 1. Staat und Verfassung. Festschrift für Paul Kirchhof. Heidelberg u. a., 3–16.
Jellinek, Georg (1921/1960): Allgemeine Staatslehre. 3. Aufl. Nachdruck. Bad Homburg.
Kant, Immanuel (1788/1913): Kritik der praktischen Vernunft. Gesammelte Schriften. Ausgabe der Preußischen Akademie der Wissenschaften. Hg. v. Paul Natorp. 2. Aufl. Berlin.
Kirchhof, Gregor (2009): Die Allgemeinheit des Gesetzes. Über einen notwendigen Garanten der Freiheit, der Gleichheit und der Demokratie. Tübingen.
Kirchhof, Paul (2009): Der europäische Staatenverbund. In: Armin Bogdandy/Jürgen Bast (Hg.): Europäisches Verfassungsrecht. 2. Aufl. Berlin/Heidelberg, 1009–1043.
Kirchhof, Paul (2010): Begriff und Kultur der Verfassung. In: Otto Depenheuer/Christoph Grabenwarter (Hg.): Verfassungstheorie. Tübingen, 69–117.
Kirchhof, Paul (2013): Der Antwortcharakter der Verfassung. In: Michael Anderheiden u. a. (Hg.): Verfassungsvoraussetzungen. Gedächtnisschrift für Winfried Brugger. Tübingen, 447–462.
Kissel, Otto Rudolf (1997): Justitia, Reflexionen über ein Symbol und seine Darstellung in der bildenden Kunst. 2. durchges. Aufl. München.
Laks, Andri (2006): Form und Inhalt des platonischen Gesetzes. In: Wolfgang Bock (Hg.): Gesetz und Gesetzlichkeiten in den Wissenschaften. Darmstadt, 11–22.
Leibniz, Gottfried Wilhelm (1704/1961): Neue Abhandlungen über den menschlichen Verstand. Bd. II. Nachdruck. Frankfurt a. M.
Lipps, Hans (1958): Die Verbindlichkeit der Sprache. Arbeiten zur Sprachphilosophie und Logik. Durchges. u. hg. von Evamaria von Busse. 2. Aufl. Frankfurt a. M.
Locke, John (1689/1960): Two treatises of government. In: John Locke. Two treatises of government. A critical edition with an introduction and apparatus criticus by Peter Laslett. Cambridge (Übersetzung in: John Locke: Zwei Abhandlungen über die Regierung. Hg. v. Walter Euchner (1989). 17. Aufl. Frankfurt a. M.).
Locke, John (1690/1962): Über den menschlichen Verstand. Buch II. Hamburg.
Mann, Thomas (1918): Betrachtungen eines Unpolitischen. Berlin.
Meier, Christian (1996): Aktueller Bedarf an historischen Vergleichen. Überlegungen aus dem Fach der Alten Geschichte. In: Heinz-Gerhard Haupt/Jürgen Kocka (Hg.): Geschichte und Vergleich, Ansätze und Ergebnisse international vergleichender Geschichtsschreibung. Frankfurt a. M., 239–270.
Müßig, Ulrike (2008): Die europäische Verfassungsdiskussion des 18. Jahrhunderts. Tübingen.
Platon (427–347 v. Chr./2000): Politeia. Übers. v. Rüdiger Rufener. Düsseldorf/Zürich.
Quaritsch, Helmut (1970): Staat und Souveränität. Bd. 1. Die Grundlagen. Frankfurt a. M.
Rawls, John (1971/2005): A Theory of Justice. Nachdruck. Cambridge.
Rawls, John (2001): Justice as Fairness. A Restatement. 2. Aufl. Cambridge.

Rousseau, Jean-Jacques (1762): Du contrat social ou principes du droit politique. Amsterdam.
Russell, Bertrand (1956): Logic and Knowledge. Hg. v. Robert C. Marsh. London.
Schiller, Friedrich (1782/1953): Die Räuber. In: Schillers Werke. Nationalausgabe. Bd. 3. Die Räuber. Hg. v. Julius Petersen u. a. Weimar, 4 ff.
Schiller, Friedrich (1795/1943): An einen Weltverbesserer. In: Schillers Werke. Nationalausgabe. Bd. 1. Gedichte. Hg. v. Julius Petersen u. a. Weimar, 259 f.
Schiller, Friedrich (1797/1983): Die Worte des Glaubens. In: Schillers Werke. Nationalausgabe. Bd. 2/1. Gedichte. Hg. v. Julius Petersen u. a. Weimar, 370 f.
Schiller, Friedrich (1805/1974): Don Karlos. In: Schillers Werke. Nationalausgabe. Bd. 7/1. Don Karlos Hamburger Bühnenfassung 1787. Rigaer Bühnenfassung 1787. Letzte Ausgabe 1805. Hg. v. Julius Petersen u. a. Weimar, 9 ff.
Schlette, Volker (1984): Die Konzeption des Gesetzes im französischen Verfassungsrecht. In: Jahrbuch des öffentlichen Rechts der Gegenwart 33, 279–313.
Schneider, Hans (2002): Gesetzgebungslehre. Ein Lehr- und Handbuch. 3. Aufl. Heidelberg.
Sellin, Volker (2005): Einführung in die Geschichtswissenschaft. Göttingen.
Seiler, Christian (2005): Der souveräne Verfassungsstaat zwischen demokratischer Rückbindung und überstaatlicher Einbindung. Tübingen.
Steinberger, Helmut (1974): Konzeption und Grenzen freiheitlicher Demokratie dargestellt am Beispiel des Verfassungsrechtsdenkens in den Vereinigten Staaten von Amerika und des amerikanischen Antisubversionsrechts. Berlin/Heidelberg/New York.
Weber, Max (1904/1951): Die „Objektivität" sozialwissenschaftlicher und sozialpolitischer Erkenntnis. In: Gesammelte Aufsätze zur Wissenschaftslehre. Hg. v. Johannes Winckelmann. 2. erg. Aufl. Tübingen, 146 f.
Weber, Max (1919/1926): Politik als Beruf. Rede von 1919. 2. Aufl. München/Leipzig.
Weber, Max (1922): Wirtschaft und Gesellschaft. Studienausgabe. 2. Halbbd. Tübingen.
Welskopp, Thomas (2008): Historische Erkenntnisse. In: Gunilla Budde/Dagmar Freist/Hilke Günther-Arndt (Hg.): Geschichte. Studium – Wissenschaft – Beruf, 122–136.
Willoweit, Dietmar (2012): Recht und Willkür. In: Rechtstheorie 43/2, 143–159.
Wolf, Ernst (1957): Toleranz nach evangelischem Verständnis. In: Ders. (Hg.): Peregrinatio Bd. 2. München, 284 f.

Paul-Gerhard Klumbies
Gott – bewusst gemacht oder bewusstgemacht?

Eine theologische Rückmeldung zu Konstruktivismus und Neuem Realismus

1 Theologie im Dilemma?

Bereits die Ausgangsfrage für die nachstehenden Überlegungen scheint auf ein Dilemma zuzusteuern. Gott – bewusst gemacht oder bewusstgemacht? Für den Theologen läuft diese Alternative, pietätlos formuliert, auf die Wahl zwischen Pest und Cholera hinaus. Aus welchem Grund ist das so?

Gott bewusst zu *machen*, pointiert: ihn zu erfinden, hieße, ihn zu einer Kreatur des menschlichen Verstandes zu erklären. Es leuchtet ein, dass das kein gangbarer Weg ist; denn wenn Gott *als* Gott gemeint ist, als die alles bestimmende Wirklichkeit, dann kann er keinesfalls als das Produkt einer menschlichen Konstruktionsleistung gelten.[1] Sich einen Gott zu machen, wurde traditionell als Götzendienst bezeichnet.[2] Gott als ein menschliches Erzeugnis zu betrachten, wäre die Selbstauflösung der Theologie als derjenigen Wissenschaft, die von Gott handelt, wie er sich im Glauben zeigt. Das Gerücht, Gott stelle eine Projektion des menschlichen Geistes dar, hatte ja schon die Religionskritik des 19. Jahrhunderts befeuert.

Können wir Gott dann alternativ als eine für sich existierende Realität betrachten? Wird lediglich sein vorausgesetztes Vorhandensein bewusstgemacht? In diesem Fall hätten alle menschlichen Versprachlichungsversuche als vorläufig zu gelten. Sie stellten Annäherungen dar, dürften aber nicht mit der Wirklichkeit Gottes selbst verwechselt werden, von der sie sprechen.[3]

Das Problem dieser Denkbewegung liegt in der Verobjektivierung Gottes. Gott wird zu einem Gegenstand gemacht und in eine Reihe neben andere Objekte

---

[1] Vgl. Bultmann 1925/1980, 26.
[2] Vgl. den Hinweis von Körtner (2011, 1) auf Calvin.
[3] Ein Realismus, der „betont, daß Bedeutung, Rationalität und Wahrheit der Rede von Gott auf die Wirklichkeit Gottes bezogen sind [...] ist notwendigerweise krit. zu jeder menschlichen Erkenntnis und Rede von Gott und anerkennt, daß auch die Wirklichkeit Gottes immer nur vom endlichen menschlichen Geist in einer der natürlichen Einzelsprachen erkannt, gedacht und begriffen wird" (Großhans 2004/2008, 74).

Open Access. © 2018 Paul-Gerhard Klumbies, publiziert von De Gruyter. Dieses Werk ist lizenziert unter der Creative Commons Attribution-NonCommercial-NoDerivatives 4.0 Lizenz.
https://doi.org/10.1515/9783110563436-008

gestellt. Im Wort „Gott" wird dann als Abbildungs- und Ausdrucksmittel alles das versammelt, was nach verbreiteter Auffassung Gott ist.[4] „Über" Gott aber kann man nicht reden. Denn das „‚Reden *über*' setzt einen Standpunkt außerhalb dessen, worüber geredet wird, voraus. Einen Standpunkt außerhalb Gottes aber kann es nicht geben."[5] Die Perspektive des Glaubens ist dementsprechend das Reden *zu* Gott. Ansonsten droht das Sprechen von Gott spekulativ zu werden und gerät unter Illusionsverdacht.[6]

Die Antwort auf meine Titelfrage fällt daher denkbar knapp aus. Gott – bewusst gemacht oder bewusstgemacht? Weder – noch, beide Alternativen erweisen sich als schutzlos gegenüber dem Projektions- bzw. Fiktionalitätsvorwurf. Damit ist die Suche nach einem dritten Weg eröffnet.

2 „Wirklichkeit" – ein Tendenzbegriff

Maurizio Ferraris „Manifest des neuen Realismus" ist eine Attacke auf das konstruktivistische Weltbild der Postmoderne. Die Vehemenz, mit der Ferraris den „postmoderne(n) Angriff auf die Wirklichkeit" (Ferraris 2014, 15)[7] zurückzuschlagen versucht, indiziert freilich eine größere Gemeinsamkeit des Autors mit der Postmoderne, als ihm lieb sein dürfte.[8]

Die relativierenden Einschränkungen in dem einleitenden Beitrag von Markus Gabriel zu dem Sammelband *Der Neue Realismus* (Gabriel 2015a) erwecken den Eindruck, der Neue Realismus werde mittels einer *via negationis* aus dem Alten Realismus heraus begründet. Der „Neue Realismus" könne nicht als „‚naiv' gebrandmarkt werden". Es gehe nicht um ein Vertrauen in den „gesunden Menschenverstand", „nicht einmal mehr darum, die Unabhängigkeit einer Wirklichkeit vom menschlichen Erkenntnisvermögen, vom Geist oder vom Bewusstsein […] sicherzustellen" (Gabriel 2015a, 8). Bewusstseinsunabhängigkeit sei „nicht

---

[4] Mit „der Frage nach den Seinscharakteren eines existierenden Gottes" betritt man den Bereich der Ontotheologie (Enskat 2000/2008, 566).
[5] So Bultmann bereits im Jahr 1925 (26). Entsprechend „gilt, daß Gott kein Gegenstand der Religionswiss. ist, da Gott […] nicht zum Gegenstand empirisch wiss. Untersuchungen gemacht werden kann" (Zinser 2000/2008, 1098).
[6] Vgl. Brümmer 2000/2008, 1112: „Gott transzendiert die Wirklichkeit und kann keine Gegebenheit innerhalb ihrer sein. […] Gott existiert wirklich nicht als möglicher Gegenstand der Wahrnehmung, sondern als das höchste Wesen, in Beziehung zu dem der Gläubige zu handeln und durch dieses Handeln das gute Leben zu erreichen behauptet."
[7] Vgl. ebenso Ferraris 2015.
[8] Vgl. dazu u. Kapitel 5.

das zentrale Merkmal" (Gabriel 2015a, 10)⁹ des Neuen Realismus. Auch setze der Neue Realismus nicht umstandslos die Wirklichkeit mit der Außenwelt oder der Natur gleich.¹⁰

Allem Anschein nach handelt es sich bei dem „neuen" Realismus also um einen reduzierten „alten" Realismus mit einem limitierten Zugeständnis an das konstruierende Bewusstsein.¹¹

Umberto Ecos Plädoyer für einen „,Negativen Realismus'" (Eco 2015, 44) zielt ähnlich wie seine Ausführungen über *Die Grenzen der Interpretation* (Eco 2004) auf die Widerstandslinie,¹² die es verbietet, jede beliebige Aussage über die Wirklichkeit für hinnehmbar anzusehen. Demgegenüber muss „(j)ede Interpretationshypothese [...] jederzeit erneut überprüfbar sein [...]. Auch wenn man partout nicht sagen kann, wann eine Interpretation richtig ist, so lässt sich doch sagen, wann sie falsch ist. Denn es gibt Interpretationen, die das Objekt der Interpretation einfach nicht zulässt." Auch unter Anerkennung der Perspektivität aller „Vorstellungen von der Welt" gilt: „Es gibt einen harten Kern des Seins."¹³

Positiv formuliert füllt der „Neue Realismus"¹⁴ laut Gabriel den Zwischenraum zwischen Metaphysik und Konstruktivismus mit einer „neuen Ontologie" (Gabriel 2015c, 16). Weder möchte Gabriel die Wirklichkeit als eine Welt ohne Zuschauer verstehen – so die Metaphysik – noch als eine Welt der Zuschauer – so der Konstruktivismus. Die vom Neuen Realismus avisierte Wirklichkeit gehöre in den Zwischenbereich einer Welt mit Zuschauern.¹⁵ *Prima vista* könnte man das für den Königsweg zwischen zwei überzogenen Polarisierungen halten. „Welt" fungiert in diesem Zusammenhang als Sammelbegriff für eine überschießende Größe, die mehr ist als die Summe aller denkbaren Einzelwelten. Gabriel formuliert einen offenen Weltbegriff, der einem abschließenden Zugriff entzogen ist.¹⁶

---

9 „Deswegen reicht die Rede von Bewusstseinsabhängigkeit bzw. -unabhängigkeit nicht hin, um die Realismusfrage angemessen zu untersuchen" (Gabriel 2015a, 11).
10 Vgl. Gabriel 2015a, 10.
11 De Caro (2015, 32) plädiert dafür, den „Common-Sense-Realismus" mit dem wissenschaftlichen Realismus „in Einklang zu bringen" – unter Wahrung der „Einsicht, dass weder Common Sense noch Naturwissenschaften jeweils für sich genommen dazu in der Lage sind, die Realität in ihrer Gänze zu erfassen."
12 Gott gilt Eco (2015, 48) vor diesem Hintergrund als derjenige, der sich „als reine Negativität, als reine Grenze, als reines Verbot" offenbart.
13 Eco 2015, 44–46, Zitate 45.
14 Unter „Neuem Realismus" versteht Gabriel (2015b, 192) „die systematische Anerkennung der Tatsache, dass unsere Gedanken über Reales genau so real sind wie alles andere."
15 Vgl. Gabriel 2015c, 15.
16 Die „Welt im Ganzen [...] gibt es ebenso wenig wie einen Zusammenhang, der alle Zusammenhänge umfasst" (Gabriel 2015c, 20–21). Vgl. auch Gabriel 2015b, 197–198.

Dieser Gedanke ist theologisch anschlussfähig;[17] denn die Aussage, dass „die Welt selbst nicht in der Welt vor(kommt)" (Gabriel 2015c, 22), – so Gabriel – findet ihr Pendant im theologischen Reden von Gott. Gott als Gott bleibt immer anderes und mehr, als von ihm gesagt und gedacht werden kann. Paul Tillich hat die Wendung vom „Gott über Gott" geprägt.[18] Damit wirkt er der Versteinerung im begrifflich Ausgesagten entgegen. Das Offenhalten des Gottesgedankens geschieht im Bewusstsein für den Verweischarakter aller Aussagen über die Wirklichkeit auf eine letzte Wirklichkeit, die dem Zugriff entzogen bleibt.[19]

Gabriels Mundologie, er selbst spricht von „ontologische(m) Realismus" (Gabriel 2015b, 198), trägt Züge einer Theologie ohne Gott. Das Reden von einer Welt, die es nicht gibt, erinnert an das in der Theologie verbreitete Diktum, demzufolge es einen Gott, den es gibt, nicht gibt.[20]

Aus theologischer Sicht ist „Wirklichkeit" ein Tendenzbegriff. Ein Tendenzbegriff steht im Dienst einer Interesseleitung. Unter theologischer Perspektive gibt es keine neutrale Vorstellung von „Wirklichkeit". Wirklichkeit wird unter theologischem Blick entweder als gottfreier oder als gottgefüllter Bereich verstanden. Die Annahmen weltanschaulicher Neutralität oder voraussetzungsloser Vernunft oder sich selbst bestätigender Rationalität sind im Blick auf das Wirklichkeitsverständnis aus theologischer Sicht Selbsttäuschungen, sofern sie ihre unausgesprochene Axiomatik nicht offenlegen, sprich: ihre säkularen Glaubensvoraussetzungen nicht thematisieren.

Bei der Verhältnisbestimmung zwischen Wirklichkeit und Realität wird unterschiedlich beurteilt, welcher der beiden Begriffe der umfassendere ist. Für die einen ist die Wirklichkeit Teil einer alles umgreifenden Realität,[21] für die anderen ist die Realität eine Teilmenge der Wirklichkeit.[22] Der Ausdruck „Realität" ist mit der europäischen Aufklärung prominent geworden. Für ihn ist der Gesichtspunkt der Erfassbarkeit von Wirklichkeit konstitutiv. Insofern gehört die Perspektivität in der Bezugnahme auf die Wirklichkeit zum Realitätsbegriff. Realität ist das, was sich der menschlichen Erkenntnismöglichkeit auf die Wirklichkeit erschließt.[23] Insofern Wirklichkeit der weniger spezifizierte Begriff ist, ist er der

---

17 Diese Nähe sieht auch Gabriel (2015c, 211).
18 Den Hinweis auf diesen Gedanken von Tillich (2015, 126–129) verdanke ich Christoph Schneider-Harpprecht.
19 Petzoldt (2011, 143) spricht unter Bezug auf Dalferth (2003, 467) vom „Transzendierungsmoment als spezifische(r) Konstruktionsstruktur religiöser Gott-Rede"; vgl. Tillich 2015, 126.
20 Vgl. Gabriel 2015c, 211.
21 Vgl. Reinmuth 2002, 28.
22 Vgl. Krötke 2005/2008, 1594.
23 Vgl. Klumbies 2015, 144–145.

umfassendere. In theologischer Hinsicht ist „Wirklichkeit [...] das, woran wir uns in unserem Erkenntnisbemühen abarbeiten und woran sich unsere Konstruktionen [...] bewähren" (Großhans 2011, 91) müssen.

3 Die Rezeption der Ontologie in der scholastischen Theologie

Die antike Ontologie hatte gegen die Funktionalisierung des Wirklichkeitsverständnisses und seine interessegesteuerte Verwendung eine Sicherung installiert. Das antike Verständnis von Ontologie hält das Da-Sein und das So-Sein auseinander. Das schiere Da-Sein wird nicht prädiziert. Aber es steckt in jedem So-Sein, im Wesen des Seins.[24] Das Erkenntnisstreben richtet sich darauf, nachzuzeichnen, wie alles Vorfindliche aufgebaut und geordnet ist;[25] und im idealen Fall ergibt sich daraus sogar ein punktueller Zugang zum Sein selbst, das in Gestalt des So-Seins auftritt.

Flankiert wird die antike Ontologie von einer Kosmologie, für die der Kosmos eine in sich geschlossene Größe darstellt. In dem Einen ist alles, und in Allem Eines. Das hat zur unmittelbaren Folge, dass Erkenntnis über das Selbst-Bewusstsein, die Re-Flexivität erfolgt. Erkenntnis ist in diesem Sinne Selbst-Erkenntnis. In ihr liegt der Schlüssel zur Wirklichkeit. Charakteristisch für diese Wirklichkeitsauffassung bzw. diese Weltsicht ist ein starkes Subjekt. Das erkennende Subjekt ist Träger der Wirklichkeitserkenntnis. Zwischen dem Erkennenden und dem zu Erkennenden besteht eine Identität.

Dieses Modell wird im Zuge des Aristoteles-Rezeption in der Scholastik des Hochmittelalters für die Theologie fruchtbar gemacht. Es wird in Beziehung zum christlichen Gottesgedanken gesetzt. Dafür ist eine folgenreiche Anpassung notwendig. Der Gedanke eines in sich geschlossenen und in sich suffizienten Kosmos wird modifiziert. Gott gilt jetzt als das Sein selbst bzw. dem Sein wird Gott als dessen Grundlage *unterlegt*. Thomas von Aquin erklärt Gott zum *sub-iectum* der Wirklichkeit, zu dem Darunterliegenden.[26] Gleichzeitig wirkt die jüdisch-christliche Vorstellung einer Welt, die sich im Gegenüber zu Gott befindet, auf die Ontologie ein. Gott wird als Schöpfer in seiner Aseität der Welt in prinzipieller Unerkennbarkeit gegenübergestellt. Die mittelalterliche Theologie entwickelt

---

24 Vgl. Wieland 1960/1986, 1634; vgl. Geyer 1996, 69–74.
25 Zur Darstellung und Entfaltung vgl. Meixner 2004.
26 Vgl. Schwöbel 2005/2008, 260.

eine Ontologie unter Einbindung der jüdisch-christlichen Gottesvorstellung. Seinserkenntnis wandelt sich zur Gotteserkenntnis. Diese ist jedoch nicht mehr von der Selbsterkenntnis abhängig, sondern von der göttlichen Offenbarung. Gott zeigt sich von sich aus. Statt von ‚Identität' ist das Verhältnis zwischen den Erkennenden und dem von ihnen zu Erkennenden bzw. dem Erkannten von Differenz geprägt. Die Rolle des erkennenden menschlichen Subjekts ist dadurch relativiert. Sie erfährt eine Brechung. Aber sie wird in der mittelalterlichen Theologie nicht zerstört. Vielmehr resultiert aus diesem Vorgang ein harmonischer Synergismus: Vernunft und Offenbarung gehen ein Bündnis ein.

Abgesehen von der mittelalterlichen Wiederentdeckung des Aristoteles flossen auch über das Neue Testament selbst hellenistisch vorgeprägte Denkbewegungen in die mittelalterliche Theologie ein.[27] Das Lukasevangelium präsentiert einen Jesus, der in sokratischer Manier Menschen zur Selbsterkenntnis ihrer Lebenslage vor Gott und zu einer Selbstkorrektur ihrer Verhaltensweisen motiviert. Die Trias aus Selbsterkenntnis – Wissen – Handeln, die die Maieutik des Sokrates charakterisiert, gibt der Verkündigung des lukanischen Jesus ihre Mitte.[28]

Die Erweiterung der antiken Ontologie um einen Gottesbegriff, der Gott in das Gegenüber zur Welt setzt, lässt in der Folge die Relationierung von Gott und Welt und das Verhältnis des Menschen zu Gott zum entscheidenden theologischen Thema werden. Für die Nachfolger des Thomas von Aquin geht es darum, die Beziehung zwischen Gott als dem *subiectum* der Wirklichkeit und dem Menschen zu entfalten.

4 Das relationale Gottesverständnis der Reformation

Im Zuge seiner Beteiligung an dieser theologischen Aufgabe hat Martin Luther eine wirkungsmächtige Weichenstellung vorgenommen. Luther denkt das Verhältnis zwischen Gott und Mensch nicht länger von den zwei Polen her: hier Gott, da der Mensch, die es in einem Folgeschritt miteinander zu verbinden gälte. Stattdessen macht Luther die Beziehung zwischen Gott und Mensch zum Ausgangspunkt seiner Denkbewegung. Diese Relation ist durch eine unableitbare göttli-

---

[27] Daneben wirkten in der mittelalterlichen Theologie auch über den Einfluss Augustins rhetorische und philosophische Vorentscheidungen der hellenistisch-römischen Zeit nach.
[28] Vgl. dazu Klumbies 2010, 181–183.

che Zuwendung gekennzeichnet. Luthers reformatorischer Durchbruch besteht darin, das Verhältnis Gottes zum Menschen soteriologisch zu qualifizieren, d. h. die durch Jesus Christus vermittelte heilvolle Zuwendung Gottes zum Menschen zur Geltung zu bringen.[29]

Damit weicht Luther von den Vorgaben der durch die mittelalterliche scholastische Theologie weiterentwickelten antiken Ontologie ab. Mit eine Ursache dafür liegt darin, dass Luther weniger von den antiken philosophischen Bildungstraditionen vorgeprägt ist als andere Theologen seiner Zeit, wie etwa die beiden prominenten Reformationstheologen Huldrych Zwingli und Johannes Calvin.

In der Sache stellt Luther bei der Ausformulierung seines Gottesverständnisses den aus der israelitisch-jüdischen Tradition des Alten Testaments stammenden und im Neuen Testament von Paulus profiliert weiterentwickelten relationalen Gottesgedanken über die griechisch-ontologischen Denkvoraussetzungen.

Luther bringt auf diese Weise einerseits die für das biblische Gottesverständnis charakteristische Differenz zwischen Gott und Mensch zur Geltung. Andererseits schreibt er die Relationierung fest, die Rudolf Bultmann 450 Jahre später im Blick auf Paulus in die Formulierung fasste: „Jeder Satz über Gott ist zugleich ein Satz über den Menschen und umgekehrt" (Bultmann 1984, 192). Infolge dieser Wechselbeziehung wird in der evangelischen Theologie von Gott unter Berücksichtigung der Person geredet, die Gott zur Sprache bringt.[30] Theologie und Anthropologie stellen die beiden Seiten ein und derselben Denkbewegung dar.

Im Blick auf die als Untertitel der Tagung angesprochene Alternative[31] ist als Zwischenergebnis für den theologischen Zugang festzuhalten: Für das theologische Reden von Gott scheidet die Alternative von Wirklichkeit und Konstruktion aus. Unter der Annahme einer gottgefüllten Wirklichkeit erweist sich das Reden von Gott als bewusstseinsgebunden. Jede Gottesaussage verweist zurück auf die Menschen, die sie formuliert haben. Gott begegnet den Glaubenden im Glauben als dem Medium seiner Offenbarung, ohne damit auf eine „bloße" Glaubensgröße reduziert zu werden.[32]

---

29 Vgl. Schwöbel 2000/2008, 1116: „Die reformatorische Theol. Luthers […] leitete […] einen Paradigmenwechsel von der Kausalität zur Kommunikation, von Gott als der ersten Ursache zum Wort Gottes ein, von der Konzentration auf das Verhältnis zw. Schöpfer und Seinsordnung auf das soteriologische Thema der Theol.: ‚subiectum Theologiae homo reus et perditus et deus iustificans vel salvator'"; vgl. ebenso Schwöbel 2005/2008, 261.
30 Vgl. Bultmann 1925/1980, 28: „will man von Gott reden, so muß man offenbar von sich selbst reden."
31 Wirklichkeit oder Konstruktion? Sprachtheoretische und interdisziplinäre Aspekte einer brisanten Alternative.
32 Vgl. Klumbies 2015, 145.

Luther hat dieses Spannungsverhältnis reflektiert in der Relationsbestimmung zwischen dem *deus absconditus* und dem *deus revelatus*, zwischen dem verborgenen und dem offenbaren Gott. Verborgenheit und Enthüllung Gottes fallen im Kreuz Jesu in eins. Im Kreuz Jesu offenbart Gott sich den Glaubenden *sub contrario*, unter dem Schein des Gegenteils: Im Modus seiner offenkundigen Abwesenheit ist er anwesend. Seine Verborgenheit im Kreuzesgeschehen ist die Gestalt seiner Enthüllung.[33]

In seiner Debatte mit dem Humanisten Erasmus von Rotterdam über den freien resp. unfreien Willen hat Luther die Frage bedacht, ob sich Gott vollständig im Kreuz Jesu Christi offenbart habe oder ob es nicht darüber hinaus einen dunklen Rest in Gott gäbe, der dem Erkennen entzogen bliebe,[34] um einen Aspekt erweitert: Es ist nicht auszuschließen, dass Gott über seine Selbstoffenbarung im Kreuz Christi hinaus auch noch eine unbekannte Seite behält. Diese aufspüren zu wollen, führe allerdings in den Bereich der Spekulation. Christen sollen sich entsprechend an die heilsame Seite Gottes halten, die er in Jesus Christus gezeigt hat.[35] Die Soteriologie bleibt Luthers erkenntnisleitendes Prinzip.

5 Der Aufstieg des Menschen zum Subjekt in der Aufklärung

Der Aufstieg des Menschen zum weltbetrachtenden und weltschaffenden *subiectum* im Zuge der Aufklärung wurde durch das Diktum des holländischen Juristen, Theologen und Philosophen Hugo Grotius eingeläutet. In seiner Schrift *De Iure Belli ac Pacis* formulierte er 1625 den Gedanken, dass das Naturrecht der Sache nach auch unabhängig von Gott gilt – *etsi deus non daretur*.[36] Der Grundsatz ‚als ob es Gott nicht gäbe' reüssierte in Europa schnell zur anerkannten Basis wissenschaftlicher Arbeit. Außerhalb der Theologie gilt Wissenschaft seither als ein Sektor, in dem unter Absehung der Wirklichkeit Gottes geforscht wird.

Die Deklarierung des Menschen als autonomes Subjekt gehört zum emanzipatorischen Erbe der Aufklärung. Allerdings lässt sich diese Karriere auch als das Ergebnis einer Krise interpretieren. Nach Odo Marquard ist die anthropozentrische Kehre das Resultat eines Dilemmas im Gottesgedanken. Sie resultiere

---

33 Vgl. von Loewenich 1967, 28–30.
34 Erasmus von Rotterdam 1524/1969, 1–195; Luther 1525/2006, 219–661.
35 Vgl. Lohse 1968, 57–59; vgl. auch von Loewenich 1967, 32–34.
36 Vgl. Rengstorf 1986, 71; Messer 1912, 15; van Eikema Hommes 1986, 62.

aus einem Scheitern an der Theodizee-Frage.[37] Leibniz' Versuch,[38] Gott für sein insuffizientes Schöpfungswerk damit zu rechtfertigen, dass er im Rahmen des Möglichen gehandelt habe, indem er die beste aller möglichen Welten geschaffen habe, konnte bestenfalls auf das Mitleid der Zeitgenossen mit dem schwächelnden Schöpfergott rechnen. In Gottes eigenem Interesse sei es daher das Beste gewesen, ihn von seinen Aufgaben als Weltschöpfer und Weltlenker zu entbinden. In der Folge habe der Mensch die bisherige Rolle Gottes übernommen.[39]

Als Raum für sein kreatives Handeln sei dem Menschen die Welt zugefallen. Die Geschichte zu gestalten[40] und zu bessern und die Natur zu beherrschen und zu kultivieren wurden zu seinen vornehmsten Aufgaben. Mit der Übernahme der Nachfolge Gottes übernahm der Mensch auch die Verantwortung für Gelingen und Misslingen des Werkes. Daraus resultierten bereits nach Kurzem zuerst seine Überanstrengung und dann seine Überforderung. Die offenkundigen Mängel des menschlichen Schaffens fielen auf den Menschen selbst zurück. Er geriet nun seinerseits vor das Tribunal, vor das er einst Gott gezerrt hatte.[41] An die Stelle der Theodizee war die Anthropodizee getreten.

In dieser Situation der permanenten „Übertribunalisierung" (Marquard 1987, 47, 49, 51, 54) ergriff der Mensch Maßnahmen, um mit der durch die ständige Gerichtssituation erlittenen Traumatisierung fertig zu werden. Geschichtsphilosophie, philosophische Anthropologie, philosophische Ästhetik bekunden die Suche nach Schutzräumen, um dem Rechtfertigungsdruck zu entkommen. Sie sind Ausdruck einer Fluchtbewegung.[42]

Der Statusgewinn des Menschen innerhalb der Aufklärung spiegelt sich in den Bemühungen des deutschen Idealismus wider. Bei der Bestimmung des Verhältnisses zwischen dem erkennenden Subjekt und dem zu erkennenden bzw.

---

[37] Vgl. Marquard 1987, 47.
[38] Vgl. Leibniz 1710/1996.
[39] Vgl. Marquard 1987, 48.
[40] Vgl. Marquard 1987, 48. Stellten im 18. und 19. Jahrhundert vorrangig die Natur und die Geschichte die beiden zentralen Welten dar, in denen der Mensch seine Schöpferqualität unter Beweis zu stellen hatte, kam schon bald als ein zentrales Feld die Welt der Sprache hinzu. Artikuliert sich in ihr lediglich vorfindliche Wirklichkeit – so die Realisten? Schafft sie neue Wirklichkeit, ja gibt es überhaupt eine Wirklichkeit jenseits der Sprache, so die Zuspitzung eines den konstruktivistischen Anteil hoch einschätzenden *linguistic turn*? Oder ist die Sprache in dem Sinne Medium, dass sie zwischen beiden Realitäten steht und ganz im Sinne eines Symbols Elemente zweier unterschiedlicher Realitäten in sich vereint? Vgl. dazu Gardt 2001, 19, 23–26, 31–32, 34–36. Vgl. auch Gardt 2002, 91–92, 94, 98–99.
[41] Vgl. Marquard 1987, 42, 49.
[42] Marquard 1987, 47, 56; zur Darstellung von Marquards Gedankengang vgl. Klumbies 2015, 16–19.

sich zu erkennen gebenden Objekt stellt sich der Konstruktivismus in kantscher Nachfolge auf die Seite des erkennenden Subjekts.[43]

Die Theologie beteiligt sich an der Debatte um Konstruktivismus und Realismus, weil in der Auseinandersetzung um das Wirklichkeitsverständnis unterschiedliche weltanschauliche Überzeugungen aufeinanderprallen. Zur Diskussion steht das starke Subjekt.[44] Beide, das konstruktivistische Paradigma wie der Realismus basieren auf der Annahme eines starken erkennenden Ich.

6 Die neue Ontologie und ihre Grenzen

Als Eckdaten der sog. neuen Ontologie lassen sich festhalten:
- eine massive Konstruktivismus- und Postmodernekritik;[45]
- der Anspruch, nicht eine neue Metaphysik etablieren zu wollen;[46]
- die konstitutive Bedeutung des Selbstbezugs;[47]
- die Rückkehr zu der vor- und außerchristlichen Gestalt der Ontologie;
- die Zurückstufung der relationalen Beziehung[48] zur Wirklichkeit.[49]

---

43 Vgl. Geier 2011.
44 Die in der Philosophie häufige Annahme eines starken, wenn nicht gar absoluten Ich nimmt Frank (2015, 154) zum Anlass für die Rückfrage, ob nicht die Grundlage für dieses Axiom zunächst einmal die „vorgängige Anerkennung seiner Realität" ist.
45 Vgl. Gabriel 2015a, 15; Ferraris 2014, 15–17 u. ö.; Ferraris 2015, 52–56.
46 Vgl. Gabriel 2015c, 15; vgl. auch Benoist 2015, 142–143; anders Haack (2015, 87), die sich für eine „wissenschaftliche Metaphysik" stark macht.
47 Verdichtet entfaltet bei Gabriel (2015c, 202–207, 211–213).
48 Als „realistisch" gilt die „Auffassung, dass etwas […] unabhängig von etwas Menschlichem ist" (Haack 2015, 82). Vgl. die vorsichtige Formulierung von Schurz (2008, 57). Schurz spricht von einem „hypothetisch-konstruktiven Realismus, um zu betonen, das (sic! PGK) auch der Realismus letztlich eine fallible Hypothese darstellt".
49 Eco (2015, 36) bringt Ferraris Polemik auf den Punkt. Diese richte sich gegen „(d)as hermeneutische Primat der Interpretation beziehungsweise die Losung, es gebe keine Tatsachen, sondern lediglich Interpretationen". Eco stimmt dieser Kritik insofern zu, als „es etwas Interpretierbares geben muss, um überhaupt interpretieren zu können". In vergleichbarer Weise bestimmt Landmesser (2011, 147) das Verhältnis zwischen Text und Interpretation. Selbst wenn „die Unterscheidung von Interpretation und dem zugrundeliegenden Interpretandum schwierig" sei, müsse sie „in liminaler Perspektive vorausgesetzt sein, soll sinnvoll von einer auf etwas gerichteten Interpretation geredet werden". Gegenüber der dieser Verhältnisbestimmung zugrundeliegenden Zweistufigkeit schlägt Klumbies (2015, 88–89, 145–146) vor, in Aufnahme des von Cassirer (1994) entwickelten Gedankens auch „Interpretation" wie Sprache, Mythos, Kunst, Religion, Technik, Erkenntnis, als eine symbolische Form zu behandeln, die in ein und demselben Akt den Text als interpretierten Text und den Interpreten als Interpreten eben dieses Textes kreiert. Vom Vor-

Bezeichnend für die neorealistischen Skizzen von Wirklichkeit ist die Etablierung einer kalten und schweigenden Realität. Umberto Eco spricht unter Bezug auf Louis Hjelmslev von einer „gestaltlosen Masse", einem „Kontinuum des Inhalts […], das alles Erfahrbare, Sagbare und überhaupt Denkbare umfasst […]. Man kann es Sein oder Welt nennen, insofern es jeder von der Sprache vorgenommenen Konstruktion oder Stiftung vorhergeht" (Eco 2015, 46). Die hier postulierte Wirklichkeit ist einfach da, und sie ist als solche sinnfrei. Sinnzuschreibungen würden ja auch schon in den Bereich der ungeliebten Metaphysik führen. Dass dieses Modell Eco selbst nicht ruhigstellt, wird daran deutlich, dass er auf eine Sinndimension bei Hjelmslev selbst verweist, einen „Sinn noch vor einer sinnstiftenden Tätigkeit menschlicher Erkenntnis" (Eco 2015, 46 f.).

Was kennzeichnet also den Neuen Realismus? Nach meiner Wahrnehmung ist es das sich auf sich selbst besinnende Individuum, das mittels seiner Erkenntniskraft versucht, sich auf ein Ganzes zu beziehen, dessen Teil es selbst ist. Das Subjekt wird in der aktiven Rolle beschrieben, getreu der mit der Aufklärung gestellten Aufgabe, selbst die Schöpferrolle zu übernehmen. Einerseits beinhaltet der Neue Realismus durchaus eine Aufklärungskritik: Er kritisiert das überzogene Vertrauen in die menschliche Konstruktionsleistung *in puncto* Wirklichkeit. Andererseits kommt auch er nicht über die griechisch-philosophischen Vorgaben hinaus.

In ihrer Orientierung an den griechisch-hellenistischen Bildungstraditionen gleichen sich christentumsunabhängige Philosophie, scholastisch durchformte Ontologie und die sich selbst säkularisierende Aufklärung. Auch der Neue Realismus vertraut dem starken Subjekt. Dieses besitzt die Fähigkeit, gültige Aussagen über die Wirklichkeit zu treffen, und es ist selbstreferentiell, nicht auf eine außerhalb seiner selbst liegende Instanz bezogen.[50] Insofern auch die Konstruktion des Neuen Realismus auf dem starken Subjekt beruht, ist ihr gegenüber der Metaphysikverdacht nicht geringer zu veranschlagen als derjenige Einwand, dem sich herkömmlicherweise die Theologie mit ihrem Gottesbezug ausgesetzt sieht. Unter theologischer Wahrnehmung spricht sich in der Hochschätzung des selbstbezüglichen Subjekts die „Verkehrtheit des Fürsichseins" aus, in der „der Mensch in allen Verhältnissen nur um sich selbst (kreist)" (Kleffmann 2013, 83).

---

gang der Interpretation her gedacht wird die Subjekt-Objekt-Konstellation zwischen Text und Interpretation bzw. Interpreten aufgelöst. Zu Cassirers Verständnis der symbolischen Formen vgl. Klumbies 2001, 70–80.

50 Vgl. dazu die Identifizierung des Göttlichen mit dem menschlichen Geist, die Gabriel (2015c, 198) vornimmt.

7 Wirklichkeit vs. Konstruktion? – Das theologische Fazit

Theologie, die von Gott im Glauben redet bzw. davon, wie Gott sich im Glauben dem Menschen zeigt, kann weder einen bewusstseinsunabhängigen Gottesgedanken postulieren noch Gott zum Produkt einer menschlichen Bewusstseinsleistung erklären. Im ersten Fall verlöre sie den glaubenden Menschen, im zweiten Fall Gott selbst. Das Reden von geglaubter göttlicher Offenbarung setzt eine kommunikative Ausgangssituation voraus. In ihr agiert der Mensch durchaus als Deutender, Konstruierender, Interpretierender. Aber die gottbezogene Wirklichkeit zielt zugleich auf seine Rezeptivität. Die Theologie dringt auf die Wahrung eines Wirklichkeitsverständnisses, das von der Gottesbeziehung her gedacht ist. Die Bestimmung der Wirklichkeit als einer gottgefüllten Realität geht von einer *pro nobis* wirkenden heilsamen Relation aus. Unter dieser Voraussetzung gerät das erkennende Subjekt selbst in die Perspektive der Deutung. Der Mensch erscheint im Rahmen der Gottesbeziehung (auch) als Gedeuteter, Ausgelegter, Interpretierter. Der Empfangscharakter seiner Existenz macht ihn zum Ort göttlichen Handelns – um den Begriff „Objekt" zu vermeiden.[51] In dieser anthropologischen Ausgangssituation ist der Mensch nicht exklusiv Fragender. An erster Stelle ist er Angeredeter, Hörender und danach Antwortender. Die Anerkenntnis eines begrenzten Subjekts und die Einsicht in die Passivität als einer Signatur der *conditio humana* sind die Eckdaten theologischer Wirklichkeitserkenntnis.[52]

Die Selbstvorstellung Gottes vor Mose im brennenden Dornbusch in Exodus 3,1–15 präfiguriert den Gottesgedanken in Judentum und Christentum. Als Mose sich dem rätselhaften Strauch nähert und barfuß das göttliche Wesen, welches ihm darin erscheint, nach seinem Namen fragt, bekommt er zur Antwort: אהיה אשר אהיה – ich werde sein, der ich sein werde bzw. ich bin, der ich bin (Ex 3,14).[53] Das lässt sich in zwei Teilaspekte zergliedern: Ich bin da im Sinne der Zusage, die Ex 3,12 dem Vers voranstellt: Ich will mit dir sein; und in die Verwahrung dagegen,

---

[51] Härle (2007, 278) hebt auf den Ereignischarakter der Wirklichkeit Gottes ab. Der Vollzug der Offenbarung Gottes werde vom Menschen „als ein Ergriffen-, ein Erfaßt- und ein Gehalten*werden* durch die Wirklichkeit Gottes" erfahren.

[52] Stoellger (2010, V) verweist auf die christologische Grundlegung dieser Bestimmung. „[D]ie Passivität christlichen Lebens (bestimmt sich) [...] aus der Passion Christi". Vgl. auch Körtner 2011, 8.

[53] Vgl. Kaiser 1998, 87–104. Kaiser übersetzt die Umschreibung des Jahwe-Namens in Ex 3,14 mit „Ich werde gewiß dasein" (87).

verfügbar zu werden: Ich bleibe dir entzogen.[54] Die spannungsvolle Einheit von Gegeben- und Entzogensein ist konstitutiv für das Reden von Gott auf biblischer Grundlage.

Das Reden von Gott ist der theologische Einspruch gegenüber einer Anthropologie, in deren Zentrum der auf sich selbst bezogene Mensch steht. Gottbezogener Glaube begreift den Menschen im Ursprung als ein Relationswesen. Insofern ist der theologische Einspruch gegen den Realismus der gleiche wie der gegen den Konstruktivismus. Er richtet sich gegen die Bestimmung des Menschen als eines starken Subjekts. Theologisches Reden von Gott stellt die Alleinherrschaft des selbstbewussten Subjekts im Erkenntnisprozess in Frage. In der Sache geht es um die Relativierung des exklusiven Subjektseins und die Ausbalancierung des starken Ich in der Gottesbeziehung.[55]

Bibliographie

Benoist, Jocelyn (2015): Realismus ohne Metaphysik. In: Markus Gabriel (Hg.): Der Neue Realismus. 2. Aufl. Berlin, 133–153.
Brümmer, Vincent (2000/2008): Art. Gott IV. Religionsphilosophisch. In: Religion in Geschichte und Gegenwart. Bd. 6. 4. Aufl. Tübingen, 1108–1113.
Bultmann, Rudolf (1925/1980): Welchen Sinn hat es, von Gott zu reden? In: Ders. (Hg.): Glauben und Verstehen. Gesammelte Aufsätze I. Tübingen, 26–37.
Bultmann, Rudolf (1984): Theologie des Neuen Testaments. 9. erg. Aufl. Tübingen.
Cassirer, Ernst (1994): Philosophie der symbolischen Formen. Drei Teile und Index. 1. Teil: Die Sprache. 10. Aufl. Darmstadt; 2. Teil: Das mythische Denken. 9. Aufl. Darmstadt; 3. Teil: Phänomenologie des Erkennens. 10. Aufl. Darmstadt.
Dalferth, Ingolf U. (2003): Die Wirklichkeit des Möglichen. Hermeneutische Religionsphilosophie. Tübingen.
De Caro, Mario (2015): Zwei Spielarten des Realismus. In: Markus Gabriel (Hg.): Der Neue Realismus. 2. Aufl. Berlin, 19–32.
Eco, Umberto (2004): Die Grenzen der Interpretation. 3. Aufl. München.
Eco, Umberto (2015): Gesten der Zurückweisung. Über den Neuen Realismus. In: Markus Gabriel (Hg.): Der Neue Realismus. 2. Aufl. Berlin, 33–51.

---

54 Vgl. Zimmerli 1985, 14–15.
55 Petzoldt (2011, 137–138) artikuliert „Reserve gegenüber idealistischen Subjektivitätstheorien". Petzoldt hebt demgegenüber auf das kommunikative Verhältnis zwischen Ich und Selbst, auf die Relation zwischen einer „Dritten-Person-Perspektive" und der „Erste-Person-Perspektive" ab (Zitate 137). Für die Theologie geht es „um die Frage nach der Unverfügbarkeit des Glaubensgrundes vom selbstreferentiellen Konstruktionsprozess des verstehenden Aneignens" (144).

Eikema Hommes, Hendrik van (1986): Hugo Grotius. Einige Betrachtungen über die Grundmotive seines Rechtsdenkens. Der Unterschied zu dem Rechtsdenken des Johannes Althusius. In: Heinz Dollinger (Schriftleiter): Theologische, juristische und philologische Beiträge zur frühen Neuzeit. Münster, 56–70 (Schriftenreihe der Westfälischen Wilhelms-Universität Münster, Heft 9).
Enskat, Rainer (2000/2008): Art. Ontologie. In: Religion in Geschichte und Gegenwart. Bd. 6. 4. Aufl. Tübingen, 565–568.
Ferraris, Maurizio (2014): Manifest des neuen Realismus. Aus dem Italienischen von Malte Osterloh. Frankfurt a. M.
Ferraris, Maurizio (2015): Was ist der Neue Realismus? In: Markus Gabriel (Hg.): Der Neue Realismus. 2. Aufl. Berlin, 52–75.
Frank, Manfred (2015): Ein Apriori-Argument für den globalen Realismus. Folgerungen aus Sartres „ontologischem Beweis". In: Markus Gabriel (Hg.): Der Neue Realismus. 2. Aufl. Berlin, 154–170.
Gabriel, Markus (2015a): Einleitung. In: Ders. (Hg.): Der Neue Realismus. 2. Aufl. Berlin, 8–16.
Gabriel, Markus (2015b): Existenz, realistisch gedacht. In: Ders. (Hg.): Der Neue Realismus. 2. Aufl. Berlin, 171–199.
Gabriel, Markus (2015c): Warum es die Welt nicht gibt. Berlin.
Gardt, Andreas (2001): Beeinflußt die Sprache unser Denken? Ein Überblick über Positionen der Sprachtheorie. In: Andrea Lehr u. a. (Hg.): Sprache im Alltag. Beiträge zu neuen Perspektiven in der Linguistik. Berlin/New York, 19–39.
Gardt, Andreas (2002): Das Wort in der philosophischen Sprachreflexion: eine Übersicht. In: D. Alan Cruse u. a. (Hg.): Lexikologie. Lexicology. Ein internationales Handbuch zur Natur und Struktur von Wörtern und Wortschätzen. Halbbd. 1. Berlin/New York, 89–100.
Geier, Manfred (2011): Eine Revolution der Denkart. Über Immanuel Kants ‚Kritik der reinen Vernunft'. In: Bernhard Pörksen (Hg.): Schlüsselwerke des Konstruktivismus. Wiesbaden, 31–45.
Geyer, Carl-Friedrich (1996): Philosophie der Antike. Eine Einführung, 4. neubearb. Aufl. Darmstadt.
Großhans, Hans-Peter (2004/2008): Art. Realismus II. Religionsphilosophisch. In: Religion in Geschichte und Gegenwart. Bd. 7. 4. Aufl. Tübingen, 74.
Großhans, Hans-Peter (2011): Wirklichkeit – ein Konstrukt? Konstruktive Reflexionen aus der Perspektive evangelischer Theologie. In: Ulrich Körtner/Andreas Klein (Hg.): Die Wirklichkeit als Interpretationskonstrukt? Herausforderungen konstruktivistischer Ansätze für die Theologie. Neukirchen-Vluyn, 79–91.
Haack, Susan (2015): Die Welt des Unschuldigen Realismus: Das Eine und das Viele, Das Reale und das Imaginäre, Das Natürliche und das Soziale. In: Markus Gabriel (Hg.): Der Neue Realismus. 2. Aufl. Berlin, 76–109.
Härle, Wilfried (2007): Dogmatik. 3. überarb. Aufl. Berlin/New York.
Kaiser, Otto (1998): Der Gott des Alten Testaments. Wesen und Wirken. Theologie des Alten Testaments. Teil 2. Göttingen.
Kleffmann, Tom (2013): Grundriß der Systematischen Theologie. Tübingen.
Klumbies, Paul-Gerhard (2001): Der Mythos bei Markus. Berlin (BZNW 108).
Klumbies, Paul-Gerhard (2010): Von der Hinrichtung zur Himmelfahrt. Der Schluss der Jesuserzählung nach Markus und Lukas. Neukirchen-Vluyn (BThSt 114).
Klumbies, Paul-Gerhard (2015): Herkunft und Horizont der Theologie des Neuen Testaments. Tübingen.

Körtner, Ulrich (2011): Einleitung. Zur Gesprächslage zwischen Theologie und Konstruktivismus. In: Ders./Andreas Klein (Hg.): Die Wirklichkeit als Interpretationskonstrukt? Herausforderungen konstruktivistischer Ansätze für die Theologie. Neukirchen-Vluyn, 1–11.

Krötke, Wolf (2005/2008): Art. Wirklichkeit. In: Religion in Geschichte und Gegenwart. Bd. 8. 4. Aufl. Tübingen, 1594–1596.

Landmesser, Christof (2011): Geschichte als Interpretation. Momente der Konstruktion im Neuen Testament. In: Ulrich Körtner/Andreas Klein (Hg.): Die Wirklichkeit als Interpretationskonstrukt? Herausforderungen konstruktivistischer Ansätze für die Theologie. Neukirchen-Vluyn, 147–164.

Leibniz, Gottfried Wilhelm (1710/1996): Essais de Théodicée sur la Bonté de Dieu, la liberté de l'Homme et l'Origine du mal. Deutsch: „Versuche in der Theodicée über die Güte Gottes, die Freiheit des Menschen und den Ursprung des Übels", übers. von Artur Buchenau. Hamburg.

Loewenich, Walther von (1967): Luthers Theologia crucis. 5. Aufl. Witten.

Lohse, Bernhard (1968): Lutherdeutung heute. Göttingen.

Luther, Martin (1525/2006): De servo arbitrio. Übers. v. Athina Lexutt. Lateinisch-Deutsche Studienausgabe. Bd. 1. Der Mensch vor Gott. Unter Mitarbeit v. Michael Beyer hg. u. eingel. v. Wilfried Härle. Leipzig, 219–661.

Marquard, Odo (1987): Der angeklagte und der entlastete Mensch in der Philosophie des 18. Jahrhunderts. In: Ders.: Abschied vom Prinzipiellen. Philosophische Studien. Stuttgart, 39–66.

Meixner, Uwe (2004): Einführung in die Ontologie. Darmstadt.

Messer, August (1912): Geschichte der Philosophie vom Beginn der Neuzeit bis zum Ende des 18. Jahrhunderts. Leipzig.

Petzoldt, Matthias (2011): Welchen Sinn hat es, von Gott zu reden? Fundamentaltheologische Überlegungen im Spannungsfeld zwischen Konstruktivismus und Neurobiologie. In: Andreas Klein/Ulrich H. J. Körtner (Hg.): Die Wirklichkeit als Interpretationskonstrukt? Herausforderungen konstruktivistischer Ansätze für die Theologie. Neukirchen-Vluyn, 129–145.

Reinmuth, Eckhart (2002): Hermeneutik des Neuen Testaments. Eine Einführung in die Lektüre des Neuen Testaments. Göttingen.

Rengstorf, Karl Heinrich (1986): Hugo Grotius als Theologe und seine Rezeption in Deutschland. In: Heinz Dollinger (Schriftleiter): Theologische, juristische und philologische Beiträge zur frühen Neuzeit. Münster, 71–83.

Rotterdam, Erasmus von (1524/1969): De libero arbitrio διατριβή sive collatio. Gespräch oder Unterredung über den freien Willen, übers., eingel. u. mit Anmerkungen versehen v. Winfried Lesowsky. In: Winfried Lesowsky/Werner Welzig (Hg.): Ausgewählte Schriften. Bd. 4. Darmstadt, 1–195.

Schurz, Gerhard (2008): Einführung in die Wissenschaftstheorie. 2. Aufl. Darmstadt.

Schwöbel, Christoph (2000/2008): Art. Gott V. Dogmatisch. In: Religion in Geschichte und Gegenwart. Bd. 6. 4. Aufl. Tübingen, 1113–1119.

Schwöbel, Christoph (2005/2008): Art. Theologie. In: Religion in Geschichte und Gegenwart. Bd. 3. 4. Aufl. Tübingen, 255–306.

Stoellger, Philipp (2010): Passivität aus Passion. Zur Problemgeschichte einer „categoria non grata". Tübingen.

Tillich, Paul (2015): Der Mut zum Sein. Mit einem Vorwort von Christian Danz. 2. Aufl. Berlin/München/Boston.

Wieland, Wolfgang (1960/1986): Art. Ontologie. In: Religion in Geschichte und Gegenwart. Bd. 4. 3. Aufl. Tübingen, 1632–1635.
Zimmerli, Walther (1985): Grundriß der alttestamentlichen Theologie. 5. Aufl. Stuttgart.
Zinser, Hartmut (2000/2008): Art. Gott I. Religionswissenschaftlich. In: Religion in Geschichte und Gegenwart. Bd. 3. 4. Aufl. Tübingen, 1098–1100.

Wolf-Andreas Liebert
Können wir mit Engeln sprechen?
Über die eigenartige (Un-)Wirklichkeit der Verständigung im Religiösen

O stille! wecke nicht! es war, als schliefe
Da drunten unnennbares Weh. –
Joseph Freiherr von Eichendorff

Die Gottesdienstbesucher werden in der rituellen Kommunikation zu Akteuren in einer anderen Wirklichkeit.
Ingwer Paul (1990, 31)

1 Einleitung

Können wir mit Gott sprechen? Können wir mit Engeln sprechen? Weder ein einfaches ‚nein', noch ein einfaches ‚ja' sind hier befriedigend. Zu unklar scheinen die Begriffe „Gott" und „Engel", was dann wohl ‚sprechen' bedeuten könnte, und ob darüber überhaupt gesprochen werden kann bzw. darf, um – wie Ludwig Wittgenstein (1918/1966) ausgeführt hat – keine Unsinnssätze zu produzieren. Was bedeutet es aber dann, wenn in der Bibel davon gesprochen wird, dass ein Engel zu Maria oder anderen Menschen spricht? Wenn Menschen Marienerscheinungen haben oder Milliarden von Menschen regelmäßig beten? Handelt es sich bei dem, was als Antwortendes erfahren wird, um eine innere Stimme oder eine Halluzination? Oder gar um eine ‚ganz normale' Kommunikation? ‚Ganz normal' im Kontext eigener „symbolische[r] Universa", d. h. „sozial objektivierte[r] Sinnsysteme, die sich einerseits auf die Welt des Alltags beziehen und andererseits auf jene Welt, die als den Alltag transzendierend erfahren wird" (Luckmann 1991, 80)? Ist es *überhaupt* Kommunikation, wenn jemand betet? Und wenn ja, mit wem wird dann gesprochen? Vielleicht mit „religiösen Wesen" (Latour 2014, 424)? Handelt es sich, wie William James (1997, 492 ff.) meinte, um eine Verständigung mit einem uns selbst unbekannten Teil, unserem eigenen „höheren Selbst"? Für das postmodernistische Denken mag dies ein sympathisches Modell sein, das sich so lesen ließe: Wir sind selbst mannigfach dissoziierte Wesen und haben dabei auch noch das Beste vergessen, dass wir nämlich selbst der Gott sind, den wir fälschlicherweise als einen äußeren verehren (oder verachten, ignorieren etc.). Die traditionellen Religionen gründeten dann auf der fatalen Annahme, dass das Transzendente eine Art zweiter („Hinter'-)Welt darstelle, aus der heraus das göttliche Personal wirke. Doch diesem Anthropomorphismus stünde dann ein „Theomorphismus", eine Gleichsetzung des Menschen mit Gott, gegenüber.[1] Oder stecken wir irgendwo dazwischen fest und müssen in die Gottwerdung, die *homoiosis theo*, flüchten, wie Sokrates meint (Platon, Theaitetos, 176b)?[2]

Kann sich ein forschendes Subjekt hier *neutral* verhalten, d. h. *keine* Stellungnahme zur Frage von Konstruktion oder Wirklichkeit abgeben? Etwa indem es wie im symbolischen Interaktionismus in einen kurzfristigen Relativismus verfällt und Teilnehmerkategorien als Fiktion verbucht, solange die Ergebnisse seines Handelns – in einem konsensualen Sinne! – real sind?[3] *Welche* Folgen real sind und welche nicht, und wie diese zu unterscheiden wären, bleibt dabei im Dunkeln. Oder indem wie in der Konversationsanalyse schlicht auf jedwede externe Kategorisierung verzichtet wird, so dass Gebet ist, was Betende Gebet nennen und im Display anzeigen – ansonsten gibt es einfach kein Gebet. Oder indem das Gebet in Anlehnung an die Medienforschung zur *parasozialen Interaktion*[4] erklärt wird? Wie kann diese seltsame Verständigung mit Transzendentem, die in der Regel nur für einzelne Subjekte oder einzelne Gruppen wahrnehmbar ist, und dabei eine den Alltag übersteigende, bisweilen auch erschütternde Realität für diese besitzt, sinnvoll beschrieben werden? Gibt es etwa Fälle, bei denen sich verschiedene Subjekte und Gruppen mit denselben transzendenten Wesen verständigt haben, obwohl sie verschiedenen symbolischen Universa angehören? Und wie wäre dies feststellbar? Es scheint für ein Forschungssubjekt, das einem bestimmten symbolischen Universum nicht angehört, auf den ersten Blick unmöglich zu sein, diese Art von Kommunikation zu beobachten, wenn das oder die transzendenten Wesen nicht manifest sind, zumindest nicht in einer Weise, dass sie intersubjektiv als Außenweltliche zugänglich sind und beobachtet werden können.[5] Bei näherem Hinsehen stellt dies überraschenderweise für die Interaktionslinguistik[6] jedoch nicht wirklich ein Problem dar, denn *zumindest einer verständigt sich ja*, d. h.

---

1 Darauf hat Helmuth Plessner (1928/1975, 345) mit Bezug auf Max Scheler hingewiesen.
2 Zitiert nach der *Perseus Digital Library* [http://www.perseus.tufts.edu/hopper/text?doc=urn:cts:greekLit:tlg0059.tlg006.perseus-grc1:176b; letzter Zugriff am 27. 10. 2017].
3 Vgl. dazu das so genannte Thomas-Theorem (Thomas/Thomas 1928/1970).
4 Vgl. Horton/Wohl 1986.
5 Vgl. dazu Marx/Damisch 2013.
6 Hier verstanden im Sinne eines ethnomethodologischen Ansatzes (Garfinkel 1984) oder einer linguistischen Anthropologie (z. B. Gumperz 1978). Für den Bereich Religion ist nach wie vor Paul (1990) einschlägig. Neuere Arbeiten aus interaktionslinguistischer Perspektive für die Kirche als Interaktionsraum legen Heiko Hausendorf und Reinhold Schmitt vor (z. B. Hausendorf/Schmitt 2010).

selbst, wenn jemand betet oder auch nur innerlich mit Gott spricht, so findet dies doch immer in einem situierten Kontext statt. Allerdings muss die interaktionale Linguistik dazu einige zentrale Annahmen aufgeben, etwa dass nur Interaktionssituationen untersucht werden können, *in denen sich menschliche Subjekte verständigen*. Wird diese Annahme fallen gelassen, kommen auch Situationen in den Blick, bei denen ein Teilnehmer a) nicht menschlich ist, b) einen ungeklärten oder umstrittenen Wirklichkeitsstatus hat oder c) fiktiv ist. Dabei handelt es sich in allen drei Fällen um kulturelle Kategorien, deren Zuschreibungen zu konkreten Subjekten sich im Lauf der Jahrhunderte immer wieder geändert haben. Dieser reiche Kontext müsste sinnvoll in die Interaktionsanalysen eingebracht werden.[7] Weiterhin wird damit unterstellt, dass geklärt wäre, was es denn mit den *menschlichen* Partnern in einer Verständigungssituation auf sich habe. Dies ist jedoch nicht der Fall, denn wer oder was denn zur Kategorie der Menschen gehöre bzw. was der Mensch denn sei, stellt ebenso eine kulturelle Kategorie dar, die dem Wandel unterworfen ist. Ja, die Kategorie Mensch selbst ist von Foucaults Wette herausgefordert, „dass der Mensch" – und hier müsste man ergänzen die Anthropologie – „verschwindet wie am Meeresufer ein Gesicht im Sand." (Foucault 1974, 462)

Während die Kategorie des Menschen vielleicht (noch) nicht ganz verschwunden ist, entstehen Gelegenheiten für andere Kategorien, sich bemerkbar zu machen, eben die nicht-menschlicher Wesen.[8] Wenn wir diese Erweiterung einmal unterstellen, dann erweitert sich das Feld möglicher Kommunikationssituationen immens – und die linguistische Anthropologie kann sich von anderen Disziplinen noch dadurch abgrenzen, als mindestens *ein* menschliches Wesen an einer Verständigungssituation beteiligt sein muss, um von ihr untersucht zu werden. Wenn diese erweiterte Anthropologie einmal akzeptiert wird, dann können viele analytische Verfahren der Linguistik wieder zum Zuge kommen, denn die an der Verständigungssituation Beteiligten werden sich zu verstehen geben, welche Kategorien sie sich zuschreiben, wie sie sich zueinander positionieren und in welchem Modus ihre Kommunikation zu verstehen ist. Dies kann als eine erweiterte Form von Kontextualisierungshinweisen aufgefasst werden, die dann nicht nur das Verstehen im engeren Sinn steuert, sondern im Grunde ein Dispositiv darstellt, das als kulturelle Kohärenz erfahren, und durch iterierte Praktiken aufrechterhalten und modifiziert wird.[9] Häufig werden diese Kategorisierungen stillschweigend und anscheinend problemlos vorausgesetzt, jedoch können unterschiedliche

---

[7] Wie dies gelingen könnte, wird später im Rahmen eines kulturwissenschaftlichen Paradigmas mit Bezug auf Metten (2014) und Habscheid (2016) entwickelt.
[8] Vgl Latour 2001; 2011; 2014.
[9] Vgl. dazu Gnosa 2016, 320 ff.

Wirklichkeitsauffassungen jederzeit zum Tragen kommen. Dann bricht sich eine Kontroverse Bahn, und was bislang als kulturelle Kohärenz und bloße Ressource wahrgenommen wurde, entpuppt sich als ein sperriges Dispositiv mit einer spezifischen Aussagen-, Macht- und Medienkonfiguration (Gnosa 2016). Das Dispositiv wird manifest und kann beobachtbar bearbeitet werden. Gewendet auf die Situation des Betenden, der sich – aus seiner Sicht? – mit einem transzendenten Wesen verständigt, wird der Betende genauso wie in anderen Situationen Kontextualisierungshinweise geben, die zumindest zum Teil manifest sind. Sollen also linguistische Untersuchungen über Sprache und kommunikative Praktiken im Bereich des Religiösen durchgeführt werden, so wird die Auseinandersetzung mit dem Religiösen, insbesondere welcher Wirklichkeitsstatus ihm zukommen und wie es mit Sprache und Kultur zusammenhängen mag, Teil der Analyse sein müssen. Mit der Behandlung dieser Fragen tut sich die Linguistik jedoch recht schwer, denn lange Zeit war Religion ein Synonym für christliche Religion, so dass sich viele Fragen, die seit Jahrzehnten in den Nachbardisziplinen – etwa nach dem Status von Transzendenz – gestellt wurden, wegen des blinden Flecks der christlichen Fokussierung gar nicht auftauchten.[10] Mit der Beschäftigung mit den anderen abrahamitischen Religionen, nicht-monotheistischen oder auch zeitgenössischen populären Formen der Religiosität und Spiritualität stellen sich diese Fragen nun vehement und führen zu der Kulminierung und Zuspitzung in einer Religionslinguistik.[11] Diese grundlegenden Fragen sollen nun im Folgenden gestellt werden. Dazu wird auf den auch in der Soziologie bekannten Ansatz der Philosophischen Anthropologie zurückgegriffen.

2 Die innere Dissoziation des Lebens – Einführung in die philosophische Anthropologie Helmuth Plessners

Welche theoretischen Grundlagen sind nun geeignet, einen linguistisch plausiblen Zusammenhang von Sprache, Kultur, Religion und Wirklichkeit aufzubauen? Während sich die Theolinguistik an der (zumeist christlichen) Theologie orientiert[12], soll im Folgenden der Versuch gemacht werden, die weiteren Betrachtun-

---

10 Vgl. Lasch/Liebert 2015.
11 Vgl. Lasch 2017; Liebert 2017a.
12 Vgl. Greule/Kucharska-Dreiß 2011.

gen zum Verhältnis von Kultur, Sprache, Religion und Wirklichkeit mit Bezug auf die Religionssoziologie zu entwickeln, und zwar insbesondere auf dem Boden der Philosophischen Anthropologie Helmuth Plessners. Die Grundgedanken Plessners scheinen etwa im totalen Transzendenzbegriff Luckmanns (1991, 77 ff.) durch und werden auch in der jüngeren Religionssoziologie angeführt[13], allerdings ohne diese ausdrücklich zu entfalten. Im Unterschied zu paläoanthropologischen Begründungen von Kultur und Religion, wie sie etwa Durkheim (2014) oder Freud (2014)[14] leisten, legt Plessner diese Grundlagen durch eine Analyse der Bedingungen der Möglichkeit von Leben, Menschsein, Kultur und Religion. Da die Philosophische Anthropologie in der Linguistik bislang kaum rezipiert wurde, ist es jedoch notwendig, diese zunächst auf die hier angesprochene Fragestellung bezogen zu erläutern.

Der Mensch ist in Helmuth Plessners Philosophischer Anthropologie (1928/1975)[15] keine harmonische Einheit, sondern konstitutionell ein ‚zersplittertes' Wesen.[16] Diese Spaltung wird von ihm mit dem Begriff der *Positionalität* begründet, also der Möglichkeit von biologischen Einheiten, eine Position zu besitzen und sich bei zunehmender Komplexität auch dieser Position gewahr zu werden, ‚aus dem Nichts' ein absolutes Hier und Jetzt zu gewinnen, das ein eigenes, – je nach dem mehr oder weniger starkes – autonomes Agieren erlaubt. Verschiedene Formen von Positionalitäten werden genutzt, um kategoriale Unterschiede zu machen, vom Anorganischen zum Organischen und innerhalb des Organischen dann von den Pflanzen zu einfachen und komplexen Tieren und schließlich zum Menschen, den nach Plessner eine *exzentrische Positionalität* auszeichnet.

Dieser Begriff soll nun zunächst erläutert werden, da aus ihm eine Begründung von Kultur, Sprache, Religion und Wirklichkeit abgeleitet werden kann. Sodann wird der Religionsbegriff Plessners kritisch diskutiert und ein Feld dreifacher Positionierung, der transzendenten, der non-transzendenten und der trans-transzendenten, begründet. Damit wird auch der nicht-totale Transzendenzbegriff Luckmanns (1991, 80) wieder eingebracht, ohne damit eine universale Binarität zu behaupten.[17]

---

[13] Vgl. Knoblauch 2009, 56–57.
[14] Freud hat dazu umfangreich publiziert, nur stellvertretend kann daher hier die späte, rekapitulierende Schrift *Das Unbehagen in der Kultur* aus dem Jahr 1930 genannt werden.
[15] Die Erstausgabe erschien 1928, die Zweitausgabe 1964; sie wurde von Plessner im Vorwort und im „Nachtrag" kommentiert. 1975 erfolgte die unveränderte dritte Auflage.
[16] Vgl. dazu die Schizoanalyse von Deleuze/Guatarri (1974).
[17] Zur Kritik der Binarität eines nicht-totalen Transzendenzbegriffs vgl. Knoblauch (2009, 63 ff.).

2.1 Exzentrische Positionalität

Bereits höhere Tiere[18] besitzen nach Plessner (1928/1975) eine Positionalität, in der ein Erfahrendes und ein Erfahrenes voneinander abgehoben sind, was so auch eine Leiberfahrung ermöglicht. Damit sind bereits höhere Tiere in grundlegender Weise einer Doppeldeutigkeit ausgesetzt (ebd., 237):

> Nur auf diese doppeldeutige Weise (eine Doppeldeutigkeit also, die keine Eindeutigkeit verbirgt oder durch solche zu ersetzen wäre) steht das lebendige Ding in Distanz zu seinem Körper, zu dem, welches er selbst ist, zu seinem eigenen Sein. Er ist selbst – in ihm. Die Position ist eine doppelte: das der Körper selber Sein und das im Körper Sein, und doch Eines, da die Distanz zu seinem Körper nur auf Grund völligen Einsseins mit ihm allein möglich ist. Die raumhafte Mitte, der Kern bedeutet das Subjekt des Habens oder das Selbst.

Dadurch können sich Tiere in ihrem Körper gegenwärtig fühlen und sind in der Lage, spontan zu handeln. Sie besitzen ein absolutes Hier und Jetzt, eine *positionale Mitte*, deren sie sich allerdings nicht gewahr sind. Damit identifiziert Plessner bei Tieren ein funktionales Selbst, das allerdings „noch kein Bewußtseinssubjekt" (ebd., 159) ist. Durch eine weitere Abhebung entsteht die Bedingung des Menschseins (ebd., 288; Herv. W. A. L.):

> Die Schranke der tierischen Organisation liegt darin, daß dem Individuum sein selber Sein verborgen ist, weil es nicht in Beziehung zur positionalen Mitte steht, während Medium und eigener Körperleib ihm gegeben, auf die positionale Mitte, das absolute Hier-Jetzt bezogen sind. Sein Existieren im Hier-Jetzt ist *nicht noch einmal bezogen*, denn es ist kein Gegenpunkt mehr für eine mögliche Beziehung da. Insoweit das Tier selbst ist, geht es im Hier-Jetzt auf. […] Das Tier lebt aus seiner Mitte heraus, in seine Mitte hinein, aber es lebt nicht als Mitte. Es erlebt Inhalte im Umfeld, Fremdes und Eigenes, es vermag auch über den eigenen Leib Herrschaft zu gewinnen, es bildet ein auf es selber rückbezügliches System, ein Sich, aber es erlebt nicht – sich.

Zusätzlich zur Leib-Selbst-haften Abhebung im Tier entsteht also eine weitere Spaltung, die einen potenziell unendlichen, reflexiven Regress in Bezug auf die Leib-Selbst-hafte Abhebung ermöglicht, was einen neuen Positionalitätstyp ergibt, die *exzentrische Positionalität* (ebd., 291–292; Herv. W. A. L.):

> Ist das Leben des Tieres zentrisch, so ist das Leben des Menschen, ohne die Zentrierung durchbrechen zu können, zugleich aus ihr heraus, exzentrisch. *Exzentrizität ist die für den Menschen charakteristische Form seiner frontalen Gestelltheit gegen das Umfeld.*

---

18 Plessner unterscheidet Wirbellose von Wirbeltieren. Dies kann hier nicht im Detail ausgeführt werden, vgl. dazu Plessner (1928/1975, 123 ff.).

Diese *Exzentrik* bedeutet die Entstehung eines Ichs, zugleich aber auch den Verlust des einfachen, ungebrochenen „Aus-der-Mitte-Lebens", d. h. eines Erlebens, ohne das Erleben wieder erleben zu müssen (ebd., 292):

> Als Ich, das die volle Rückwendung des lebendigen Systems zu sich ermöglicht, steht der Mensch nicht mehr im Hier-Jetzt, sondern ‚hinter' ihm, hinter sich selbst, ortlos, im Nichts, geht er im Nichts auf, im raumzeithaften Nirgendwo-Nirgendwann. Ortlos-zeitlos ermöglicht er das Erlebnis seiner selbst und zugleich das Erlebnis seiner Ort- und Zeitlosigkeit als des außerhalb seiner selbst Stehens, weil der Mensch ein lebendiges Ding ist, das nicht mehr nur in sich selber steht, sondern dessen ‚Stehen in sich' Fundament seines Stehens bedeutet. [...] Er lebt und erlebt nicht nur, sondern er erlebt sein Erleben.

Während das Tier also aus seiner Mitte heraus lebt, ist der Mensch dissoziiert zur Leib-Selbst-Abhebung. Daher ist für den Menschen eine Dreiheit charakteristisch: innerhalb, außerhalb und als „Hiatus", einer „Kluft" als einer psychophysisch „neutrale[n] Einheit" (ebd.). Diese Dreiheit bildet allerdings kein harmonisches Ganzes, und kann auch nicht in dialektischer Weise aufgelöst oder aufgehoben werden, sondern verbleibt in ihrer Abgehobenheit voneinander, denn nur so ist ein Ich-Bewusstsein möglich (ebd.):

> Ihm ist der Umschlag vom Sein innerhalb des eigenen Leibes zum Sein außerhalb des Leibes ein unaufhebbarer Doppelaspekt der Existenz, ein wirklicher Bruch seiner Natur. Er lebt diesseits und jenseits des Bruches, als Seele und als Körper und als die psychophysisch neutrale Einheit dieser Sphären. Die Einheit überdeckt jedoch nicht den Doppelaspekt, sie lässt ihn nicht aus sich hervorgehen, sie ist nicht das den Gegensatz versöhnende Dritte, das in die entgegengesetzten Sphären überleitet, sie bildet keine selbständige Sphäre. Sie ist der Bruch, der Hiatus, das leere Hindurch der Vermittlung, die für den Lebendigen selber dem absoluten Doppelcharakter und Doppelaspekt vom Körperleib und Seele gleichkommt, in der er ihn erlebt.

Das Gebrochene, Dissoziierte ist also das, was den Menschen ausmacht. Nicht als eine ‚Strafe', sondern als schlichte Konstitutionsbedingung, denn nur durch die Dissoziation, die Selbst-Distanzierung kann ein inneres Erleben überhaupt stattfinden. Bei Luckmann (1991) ist das zugleich Innerhalb- und Außerhalb-Stehen die Grundlage für den oben erwähnten totalen Transzendenzbegriff, d. h. dass der Mensch konstitutiv transzendent sei. Das von Plessner angeführte dritte Charakteristikum, der „Hiatus", spielt bei Luckmann dagegen keine erkennbare Rolle. Im Folgenden wird sich zeigen, dass es genau der „Hiatus" ist, der bei Plessner das entscheidende Charakteristikum für die Begründung von Kultur, Religion und Sprache bildet, und dass sich daraus verschiedene Formen von Transzendenz und Nicht-Transzendenz entwickeln lassen, die allesamt die von Plessner vorgestellte Exzentrik des Menschen zur Grundlage haben.

2.2 Begründung menschlicher Kultur aus der exzentrischen Positionalität: natürliche Künstlichkeit

Aus der Exzentrik folgt für Plessner das Grundmerkmal der „natürlichen Künstlichkeit" (1928/1975, 309) der menschlichen Existenz, aus dem sich ergibt, warum menschliche Kultur entstehen kann. Da der Mensch nicht wie das Tier aus seiner Mitte lebt, sondern um sie weiß und damit aus dieser gerissen ist, lebt er nicht einfach, sondern *entwirft* sein Leben. Dies ergibt das „Paradoxon in der Lebenssituation des Menschen" (ebd., 305) und zwingt ihm ein Leben in Antinomie auf, „sich zu dem erst machen zu müssen, was er schon ist, das Leben zu führen, welches er lebt" (ebd., 310). Dieser „Schmerz um die unerreichbare Natürlichkeit der anderen Lebewesen" (ebd., 310) ist die Grundlage für die Entstehung von menschlicher Kultur, als eines nicht-natürlichen „Komplements". Erst die menschlichen Artefakte, die sich von ihm loslösen und eine Eigenheit entwickeln, können das Gleichgewicht vorübergehend herstellen (ebd., 311; Herv. i. Orig. durch Sperrung):

> In dieser Bedürftigkeit oder Nacktheit liegt das Movens für alle spezifisch menschliche, d. h. auf Irreales gerichtete und mit künstlichen Mitteln arbeitende Tätigkeit, der letzte Grund für das Werkzeug und dasjenige, dem es dient: die *Kultur*.

So ist zu auch verstehen, dass komplexe menschliche Kulturen (‚Hochkulturen') bereits zu früheren Zeiten der Menschheitsgeschichte entstanden sind. Blickt man auf die ältesten Zeugnisse menschlicher Kultur, minoische oder auch jung- und altsteinzeitlichen Kulturen, so ist immer auch ein ganzes kulturelles ‚Arsenal' enthalten: Reflexionsfähigkeit, kontrafaktisches Denken, das Nachdenken über den Tod, die Entwicklung naturnaher und metaphysischer Modelle, Philosophie und Religion, Sprache – als Gesten- oder Lautsprache –, wahrscheinlich auch von Anfang an Schrift oder ein anderer visueller, abstrakter Zeichengebrauch, wie er bereits in den Lascauxhöhlen zu beobachten ist. Auch Zahl- und Zeitbegriff, dein und mein, vergleichen, messen, abwägen und damit verbunden Wirtschaft und Handel sind von Beginn an vorhanden, ebenso wie der Begriff des ich und du, die Fähigkeit zur Perspektivenübernahme, eine Form von Gesetz und Rechtsprechung, strategische Politik, Architektur, Theater, Kunst, Malerei, Musik, Handwerk und Technik (Kleiderherstellung, Fortbewegungsmittel, Waffen u. a.). Mit dem Menschsein entsteht also immer auch menschliche Kultur in ihrer ganzen Vielfalt von Reflexion, Ästhetik, Technik, Sprache, Mathematik, Politik, Recht, Alterizität und Dialogizität.

Auch wenn man also davon ausgeht, dass Kultur ein Wesensmerkmal des Menschen bildet, das sich direkt aus seiner Exzentrizität ergibt, können Kulturen doch immer mehr oder weniger komplex sein. Eine Gerichtetheit, etwa im Sinne eines Zivilisationsprozesses[19] als einer evolutionären oder auch nur historischen Entwicklung, ist aus dieser Sicht kaum haltbar.[20] Gerade zur Zeit der eben erwähnten minoischen Kultur existierten viele verschiedene menschliche Kulturen von unterschiedlicher Komplexität. So gesehen, könnte man genauso gut folgern, dass sich einzelne Hochkulturen schon mit Beginn der Menschheit finden lassen müssten, also – je nach Position – ca. 300.000 Jahre v. Chr. oder sogar deutlich früher.

Die Fragen, die uns heute als *philosophische* plagen, die Sinnfragen und auch die immer neuen *Sinnformeln*[21], die jede Kultur aufs Neue ersinnt, quälen uns also nicht nur heute, sondern von Anbeginn an – und werden dies auch immer tun, denn sie gehören zur Konstitution der exzentrischen Positionalität des Menschen (ebd., 339):

> Durch seine Taten und Werke, die ihm das von Natur verwehrte Gleichgewicht geben sollen *und auch wirklich geben,* wird der Mensch zugleich aus ihm herausgeworfen, um es auf's Neue mit Glück und doch vergeblich zu versuchen. Ihn stößt das Gesetz der vermittelten Unvermittelbarkeit ewig aus der Ruhelage, in die er wieder zurückkehren will. Aus dieser Grundbewegung ergibt sich die Geschichte. Ihr Sinn ist die Wiedererlangung des Verlorenen mit neuen Mitteln, Herstellung des Gleichgewichts durch grundstürzende Änderung, Bewahrung des Alten durch Wendung nach vorwärts.[22]

So kann man auch den *Mythos vom Sisyphos* verstehen, wenn der Stein, den Sisyphos immer wieder auf den Berg rollen muss, die kulturellen Artefakte sind, die Menschen immer wieder herstellen, um ins Gleichgewicht zu kommen. Im Moment der Loslösung der Schöpfung oder der Aufführung des Rituals gelingt dies bestenfalls, doch ist dies erreicht, ist also in der Sisyphosanalogie der Stein unter großen Kraftanstrengungen gerade auf die Spitze des Berges gewälzt, beginnt der Moment des Gefühls des Friedens und der völligen Ausgeglichenheit zu verfliegen; der mühsam nach oben gewälzte Stein rollt bereits unaufhaltsam hinunter. Wer darin die dem Menschen zukommende, nicht hintergehbare Daseinsweise erkennt und sie dennoch immer wieder zu hintergehen sucht, den

---

[19] Vgl. Elias 1969.
[20] Zu einem empirischen Nachweis der Unhaltbarkeit der These vom Zivilisationsprozess vgl. das mehrbändige Werk von Hans Peter Duerr, insbesondere Band 3: *Obszönität und Gewalt* (Duerr 1993).
[21] Zum Konzept der *Sinnformeln,* welches allerdings noch nicht in eine philosophische Anthropologie eingelassen ist, vgl. Liebert 2003 sowie Geideck/Liebert 2003.
[22] Zum Gesetz der vermittelten Unvermittelbarkeit vgl. ebd., 321 ff.

muss man sich mit Albert Camus (1983, 101) „als einen glücklichen Menschen vorstellen."

Die exzentrische Positionalität ist damit Grundlage der Entstehung von Kultur mit dem immer aufs Neue verlorenen Gleichgewicht, aus der nun auch die Begründung von Religion geleistet werden kann.

2.3 Begründung der Religion aus der exzentrischen Positionalität

Als weiteres Grundmerkmal, das sich als Konsequenz aus der exzentrischen Positionalität ergibt, führt Plessner den „utopischen Standort" des Menschen an (ebd., 341 ff.): Die exzentrische Positionalität ermöglicht eine nicht festlegbare Reflexionsmöglichkeit, die potenziell unendlich ist, und damit die Erfahrung absoluter Nichtigkeit: „Seine Existenz ist wahrhaft auf Nichts gestellt" (ebd., 293).[23] Die Erkenntnis der Vergänglichkeit der eigenen Schöpfungen, seiner Bodenlosigkeit und seiner „konstitutiven Wurzellosigkeit", die er „an sich selbst" erfährt (ebd., 341),

> gibt ihm das Bewußtsein der eigenen Nichtigkeit und korrelativ dazu der Nichtigkeit der Welt. Sie erweckt in ihm angesichts dieses Nichts die Erkenntnis seiner Einmaligkeit und Einzigkeit und korrelativ dazu der Individualität dieser Welt. So erwacht er zum Bewusstsein der absoluten Zufälligkeit des Daseins und damit zur Idee des Weltgrundes, des in sich ruhenden notwendigen Seins, des Absoluten oder Gottes.

Allerdings gelingt es ihm, wie oben bereits angesprochen, auch damit nicht, die exzentrische Positionsform zu hintergehen, und einen dauernden Frieden zu erlangen, da auch „dieses Bewußtsein nicht von unerschütterlicher Gewißheit" (ebd., 342) ist. Die Exzentrizität verlangt zwar nach einer Eindeutigkeit, verwirft sie aber auch zugleich wieder, „eine beständige Annullierung der eigenen Thesis" (ebd., 342).

Hier teilen sich nach Plessner nun zwei Wege des Umgangs mit der Exzentrik: Der eine Weg besteht darin, die Vergänglichkeit und die konstitutive Paradoxalität – und damit auch die Vergeblichkeit des Erreichenwollens eines ewigen Friedens oder unbedingten Gleichgewichts – zu leben, der andere Weg ist nach Plessner die Religion (ebd., 342):

---

23 Wie uns Wolfgang Eßbach (2008) mitteilt, wird hier auf Max Stirners *Der Einzige und Sein Eigentum* (1845/2009) Bezug genommen.

> Will er die Entscheidung so oder so, – bleibt ihm nur der Sprung in den Glauben. Die Begriffe und das Gefühl für Individualität und Nichtigkeit, Zufälligkeit und göttlichen Grund des eigenen Lebens und der Welt wechseln allerdings im Lauf der Geschichte und in der Breite mannigfacher Kulturen ihr Gesicht und ihr Gewicht für das Leben. Doch steckt in ihnen ein apriorischer, mit der menschlichen Lebensform an sich gegebener Kern, der Kern aller Religiosität.

Damit sind bereits die vielfältigen Formen religiöser Erfahrung angesprochen,[24] die in verschiedenen Kulturen und Zeiten je unterschiedlich ausfallen, was die Frage aufwirft, was denn für das Religiöse letztlich das entscheidende Merkmal sei. Plessners Antwortet lautet, dass Religion ein „Definitivum" schaffe (ebd., 342):

> Das, was dem Menschen Natur und Geist nicht geben können, das Letzte: so ist es –, will sie ihm geben. Letzte Bindung und Einordnung, den Ort seines Lebens und seines Todes, Geborgenheit, Versöhnung mit dem Schicksal, Deutung der Wirklichkeit, Heimat schenkt nur Religion. [...] Wer nach Hause will, in die Heimat, in die Geborgenheit, muß sich dem Glauben zum Opfer bringen. Wer es aber mit dem Geist hält, kehrt nicht zurück.

Hier blickt man also auf die bereits angesprochene Weggabelung: Der Weg der Religion führt „nach Hause", der „andere Weg" in die Hauslosigkeit[25]. Dabei ist der „andere Weg", der in Gegensatz zur Religion gestellt wird, keineswegs klar: Was bedeutet der Subjektsatz „wer es mit dem Geist hält"? Handelt es sich um eine Form von Säkularität oder von Atheismus?[26] Folgt man Plessner weiter, ergibt sich dieser „andere Weg" durch ein unbedingtes Infragestellen, selbst des Weltgrundes, ja jeglicher *Idee* (ebd., 346):[27]

> Dem menschlichen Standort liegt zwar das Absolute gegenüber, der Weltgrund bildet das einzige Gegengewicht gegen die Exzentrizität. Ihre Wahrheit, ein existenzielles Paradoxon, verlangt jedoch gerade darum und mit gleichem inneren Recht die Ausgliederung aus dieser Relation des vollkommenen Gleichgewichts und somit die Leugnung des Absoluten, die Auflösung der Welt.

Auf diese Weise ergibt sich, dass schließlich gar nichts übrig bleibt, also auch kein Atheismus. Dies scheint Plessner selbst erschreckt zu haben, so dass das

---

24 Vgl. James 1997.
25 Mit „Hauslosigkeit" ist ein zentraler Begriff des Buddhismus angesprochen (vgl. Schumann 1999, 58 ff.), auf den an anderer Stelle noch eingegangen wird.
26 Mit dem Satz „Atheismus ist leichter gesagt als getan." (ebd., 346) deutet Plessner dies an.
27 Hierin liegt eine weitere Verbindung zu Max Stirners *Der Einzige und Sein Eigentum* (1845/2009).

Buch mit einem scheinbaren Ausweg aufwartet, der im Folgenden *Marcionischer Ausweg* genannt werden soll. Plessner schließt sein Buch mit dem Satz (ebd., 346): „Er [der Geist, W. A. L.] zerstört den Weltkreis und tut uns wie der Christus des Marcion die selige Fremde auf."

Dieser Schlusssatz wirft eine Reihe von Fragen auf, die nun behandelt werden sollen.

2.4 Der Marcionische Ausweg – Probleme des Religionsbegriffs Plessners

Ohne hier näher auf die Marcionische Philosophie einzugehen, sei hier lediglich erwähnt, dass sich Plessner auf die Publikation von Adolf von Harnack *Marcion. Das Evangelium vom fremden Gott* bezieht, die Anfang der zwanziger Jahre in zwei Auflagen erschien, und somit in die *Stufen* eingehen konnte. In Harnacks *Marcion* geht es um die Theologie des Gnostikers aus dem 1./2. Jahrhundert, der den Gott des Alten Testaments als falsch verwirft und das Christentum ausschließlich auf dem Neuen Testament aufbaut. Christen, die den Gott des Alten Testaments anbeten, kennen daher den ‚wahren' Gott nicht, der als unbekannt gilt. Die Welt ist folglich nicht Heimat, wohingegen die Fremde selig erscheint (Harnack 1924, 225, Herv. i. Orig. durch Sperrung):

> [...] der bekannte Gott dieser Welt ist ein verwerfliches Wesen; *das Evangelium aber ist die Botschaft vom fremden Gott*; er ruft uns nicht aus der Fremde, in die wir uns verirrt, in die Heimat, sondern aus der grauenvollen Heimat, zu der wir gehören, in eine selige Fremde.

Nun könnte man schließen, dass am Ende der Philosophischen Anthropologie doch wieder alles in Religion mündet, um die es sich beim Marcionismus zweifellos handelt. Doch durch die Vergleichspartikel *wie* ist auch eine Interpretation möglich, dass es lediglich um die affektive Paradoxie der *seligen Fremde* geht, die hier von Harnack übernommen werden soll. Doch übernommen für was? Es bleibt die Weggabelung, eine fundamentale Entscheidung, ‚so oder so', – und die Erkenntnis, dass selbst der Atheismus geleugnet werden muss, und höchstens ein Weg verbleibt, der vorhin als *Hauslosigkeit* bezeichnet wurde. Deutet sich hier *eine weitere Stufe* an? Eine weitere Abhebung von der doppelten Abhebung? Für Plessner ist die exzentrische Positionalität das Siegel der *Stufen des Organischen*, eine weitere Stufe sei „unmöglich" (ebd., 291). Aber wie ist dann das Verhältnis von Kreisförmigkeit und unendlicher Geraden, Plessners Symbole für Religion und den Geist, zu verstehen? Woher kommt auf einmal diese Wahlmöglichkeit, wo es doch nur Exzentrik geben sollte?

2.5 Religionen der Unendlichkeit in Heinrich von Kleists Marionettentheater

Die vorangegangenen Ausführungen vorausgesetzt, liest sich Heinrich von Kleists *Marionettentheater* aus dem Jahr 1810 wie eine literarische Fassung der Genese der exzentrischen Positionalität einschließlich ihrer Aufhebung in einem neuen Konzept der Unendlichkeit, das weder in Plessners Symbol des Kreises noch im Symbol der Geraden aufgeht.

Worum geht es in dieser Erzählung? Der Erzähler begegnet einem erfolgreichen Balletttänzer, Herrn C., der die dem Erzähler zunächst absonderlich anmutende Behauptung aufstellt, dass die Marionetten des hiesigen Marionettentheaters in „M.", dem Ort der Erzählhandlung, in ihren Bewegungen ebenso anmutig seien wie die des Balletts der Oper in M., und dann behauptet, eine Marionette bauen zu können, deren Tanz „weder er, noch irgend ein anderer geschickter Tänzer seiner Zeit […] zu erreichen imstande wären" (ebd., 341). Die Überzeugung des Erzählers ändert sich erst, als ihm ein eigenes Erlebnis einfällt, das er Herrn C. berichtet: Er habe einen für seine „wunderbare Anmut" (ebd., 343) berühmten Bekannten. Dieser habe sich während eines gemeinsamen Badehausbesuches beim Aufstellen seines Fußes mit dem antiken Vorbild des *Dornausziehers* verglichen, worauf der Erzähler ihn „um die Sicherheit der Grazie, die ihm beiwohnte, zu prüfen" (ebd. 343), bat, ebendiese Geste zu wiederholen. Doch dieser Versuch der Wiederholung misslang Mal ums Mal, was dramatische Folgen nach sich zog (Kleist 1810, 344):

> Von diesem Tage, gleichsam von diesem Augenblick an, ging eine unbegreifliche Veränderung mit dem jungen Menschen vor. Er fing an, tagelang vor dem Spiegel zu stehen; und immer ein Reiz nach dem anderen verließ ihn. Eine unsichtbare und unbegreifliche Gewalt schien sich, wie ein eisernes Netz, um das freie Spiel seiner Gebärden zu legen, und als ein Jahr verflossen war, war keine Spur mehr von der Lieblichkeit in ihm zu entdecken, die die Augen der Menschen sonst, die ihn umringten, ergötzt hatte.

Diese Erzählung der Brechung spontaner Handlung durch Reflexion nutzt nun der Gesprächspartner des Erzählers, Herr C., um seine kühne Behauptung der Anmut von Marionetten zu belegen. Danach ist die Unmittelbarkeit an den Grad der Reflexion gekoppelt: „Wir sehen, daß in dem Maße, als, in der organischen Welt, die Reflexion dunkler und schwächer wird, die Grazie darin immer strahlender und herrschender hervortritt" (ebd., 345).

Dies würde nun tatsächlich bedeuten, dass eine Marionette ohne jedes Bewusstsein auch die grazilsten Bewegungen ausführen würde. Doch nun wird zugleich in mehreren Analogien eine Möglichkeit eröffnet, den „Hiatus" zu überwinden – durch das imaginäre Konzept der Unendlichkeit und eine religiöse Transformation (ebd.):

> Doch so, wie sich der Durchschnitt zweier Linien, auf der einen Seite eines Punkts, nach dem Durchgang durch das Unendliche, plötzlich wieder auf der andern Seite einfindet, oder das Bild des Hohlspiegels, nachdem es sich in das Unendliche entfernt hat, plötzlich wieder dicht vor uns tritt: so findet sich auch, wenn die Erkenntnis gleichsam durch ein Unendliches gegangen ist, die Grazie wieder ein; so, daß sie, zu gleicher Zeit, in demjenigen menschlichen Körperbau am reinsten erscheint, der entweder gar keins, oder ein unendliches Bewußtsein hat, d. h. in dem Gliedermann, oder in dem Gott.

Die Aufhebung des Hiatus gelingt also nicht durch weitere Reflexion, sondern durch eine *unbekannte Transformation*, einen *Transit*, der das ‚Unendliche' gleichsam ‚durchtunnelt'. Dann hört die ‚Eine Welt' auf zu existieren (ebd.):

> Mithin, sagte ich ein wenig zerstreut, müßten wir wieder von dem Baum der Erkenntnis essen, um in den Stand der Unschuld zurückzufallen? Allerdings, antwortete er, das ist das letzte Kapitel von der Geschichte der Welt.

Kleists Erzählung lässt sich nun so lesen, als habe er die bei Plessner angeführten Symbole der Kreisförmigkeit (als Symbol für die heimatgebende Religion, die ein jenseitiges Transzendentes kennt) und der Unendlichkeit der Geraden (als Symbol für den freien Geist, der kein Transzendentes kennt) in einem neuen Symbol verschmolzen: dem Bild der *unendlichen Schleife*, die als Möbiusband aus der Mathematik des 19. Jahrhunderts kommend in die Literatur der Gegenwart Einzug gehalten hat.[28]

Auch die unendliche Schleife durchbricht den Weltkreis, wäre „das letzte Kapitel von der Geschichte der Welt", nur setzt sie sich nicht ins Unendliche fort wie die Gerade, sondern kehrt ewig wieder, ohne je anzukommen und ohne je begonnen zu haben, und ohne ein Innen und Außen zu unterscheiden.

Die bisher in Anlehnung an Plessner bloß symbolisch gefassten drei Weisen des Umgangs mit der exzentrischen Positionalität des Menschen, sollen im Folgenden begrifflich genauer analysiert werden, und zwar das Kreissymbol als Transzendenz, das Symbol der unendlichen Geraden als Non-Transzendenz und das Symbol der Schleife als Trans-Transzendenz. Diese Weisen des Umgangs mit der Exzentrik sollen als idealtypische Positionierungen verstanden werden.

---

28 Vgl. Hofstadter 2007.

3 Die Positionierungen der Transzendenz, Non-Transzendenz und Trans-Transzendenz

3.1 Transzendenz (Kreis)

Der eine, eben thematisierte Weg ist die Religion, die in der Unsicherheit Sicherheit und in der Heimatlosigkeit Heimat bietet. Das von Plessner eingeführte Symbol des Kreises erweist sich als angemessen, als Religion *in diesem Sinne verstanden* ein Innen und ein Außen bietet und damit zwei zunächst einander unzugängliche Welten konstituiert, die konkret dann meist asymmetrisch als eine irdische und eine himmlische Welt – oder je nach kultureller Ausformung in anderer Weise – versprachlicht werden (Luckmann 1991, 80). Religion in der transzendenten Positionierung beansprucht nun, eine Verbindung zwischen beiden Welten herzustellen, dadurch die anscheinend Getrennten wieder zusammenzuführen und damit die unaufhörliche Exzentrik zur Ruhe zu bringen. Wenn Plessner in diesem Zusammenhang von Religion spricht, so könnte dies zu Missverständnissen führen, da Religion häufig vereinfachend als Institution verstanden wird. Dagegen muss bei Plessner ein weiterer Religionsbegriff angenommen werden, dessen Pendant sich in der Religionssoziologie mit dem Begriff der Transzendenz finden lässt. Von einem Begriff der Transzendenz auszugehen hat sich insbesondere auch in der empirischen Forschung bewährt, gerade wenn nicht nur traditionelle, kirchlich institutionalisierte Formen untersucht werden, sondern informelle, spirituelle Netzwerke und Gemeinschaften (Knoblauch 2009). Hubert Knoblauch (ebd., 53 ff.) hat darüber hinausgehend den Vorschlag gemacht, auf das Zweiweltenkonzept des Transzendenzbegriffs vollständig zu verzichten. Sein Unbehagen spitzt er in dem Wort ‚binär' zu, was implizit den Vorwurf des Reduktionismus enthält, und dass spezifische Formen von Religiosität, etwa die Mystik, damit nicht erfasst werden könnten. Sein Vorschlag geht nun dahin, ausschließlich den totalen Transzendenzbegriff Luckmanns (1991) zu verwenden. Der totale Transzendenzbegriff Luckmanns meint die, das Biologische überschreitende, Geistigkeit des Menschen, was ihn zu einem transzendenten Wesen *per se* mache;[29] dies wurde eben als Alternativbegriff zu Plessners Begriff der Exzentrik diskutiert. Neben diesem totalen Begriff von Transzendenz bringt Luckmann aber auch einen nicht-totalen Transzendenzbegriff vor, der sich wie oben ausgeführt, in spezifischen symbolischen Universa zeigt (Luckmann 1991, 80). Auch wenn

---

[29] Damit erscheint auch der Alltag voller „kleiner", „mittlerer" und „großer" Transzendenzen (ebd. 164 ff.).

die Einwände, die Hubert Knoblauch vorbringt, nachvollziehbar sind, würde man doch das Kind mit dem Bade ausschütten, wenn man den Zweiweltenansatz völlig aufgeben würde, denn im Phänomenbereich spielt dieses Verständnis von Transzendenz im Selbstverständnis vieler Akteure eine wichtige Rolle.[30] Hier soll Transzendenz daher in seiner bekannten Bedeutung beibehalten werden, und für das, was Knoblauch als darin nicht enthalten ausgemacht hat, beispielsweise non-duale oder mystische Ansätze, durch den weiter unten entwickelten Begriff der Trans-Transzendenz erfasst werden.

Transzendenz soll hier als *Positionierung* angesprochen werden, da mit dem Begriff der Transzendenz zwar die meisten Religionen und sogar viele spätmoderne, spirituelle Netzwerke erfasst werden können, aber eben nicht alle. Eine transzendente Positionierung stützt sich auf das Behauptungsgefüge: a) dass die Exzentrik überwunden werden könne, b) dass es ein Definitivum gebe, c) dass eine Verbindung mit einem Transzendenten bestehe, d) dass diese Verbindung über Praktiken und Rituale hergestellt werden könne und e) dass die Religion nicht nur einem Kreis von Auserwählten zugänglich sei, sondern direkt oder indirekt allen initiierten Gläubigen, die sich in die transzendente Ordnung einfügen können.

Der Transzendenzgedanke kann in zwei Formen erscheinen: Zum einen als eine Welt hinter den Erscheinungen, zu der es zu gelangen gilt. Zum anderen als eine Überwölbung der realen Welt mit Konzepten und Begriffen, die das Kontrafaktische als real erscheinen lässt, so dass man sich aus diesem Konstrukt befreien muss (Platonisches Konzept).[31] In beiden Formen geht es darum, dass einem Subjekt das Alltägliche fraglich wird und dass es auf ein ‚Dahinter-Liegendes' stößt und zu dieser Welt Zugang erhält. Dann kann auch eine minimale Erfahrung ein enormes Sehnsuchtspotenzial und darauf bezogene Handlungen freisetzen und eine Bekehrung stattfinden (Plessners *Definitivum*): Das Subjekt erkennt im besten Fall diese Wahrheit – es gibt ein Transzendentes: Gott oder andere transzendente Wesen – und orientiert sich nun an den (konventional-kulturellen) Praktiken der religiösen Institutionen oder Netzwerke, um seine Erfahrungen in die Narrationen und Formen der Religion einzupassen oder seine eigenen Erzählungen zu ergänzen. Dabei ist zu bemerken, dass in Gesellschaften, in denen die Religion als Institution fest verankert ist, diese Deutungsmuster konstitutive Bestandteile der (auch frühkindlichen) Sozialisation darstellen, und daher das Individuum im Falle religiöser Erfahrungen über Deutungsrou-

---

30 Gerade in spätmodernen, spirituellen Netzwerken macht sich teilweise eine gnadenlose Binarität bemerkbar.
31 Vgl. Liebert 2015.

tinen verfügt. Wie verschiedentlich festgestellt wurde, hat sich in diesem Punkt in der Spätmoderne ein tiefgreifender Wandel vollzogen, der darin besteht, dass Bekehrungserlebnisse nicht mehr von den traditionellen Institutionen aufgefangen werden können, sondern religiöse Heimat zunehmend in einem Modus der *Selbstermächtigung* und damit verbunden individualistischer Metaphysik-Brikolagen gefunden wird, deren *Definitivum* auch durch ein Feindbild artikuliert wird (zum Feind wird dann die *Gerade*, d. h. Heimatlosigkeit, Wissenschaft, Denken, rationales Räsonnement). Dies wurde im Anschluss an Luckmanns These von der *unsichtbaren Religion* (1991) und Knoblauchs These, *auf dem Weg in eine spirituelle Gesellschaft* (2009) zu sein, ausführlich diskutiert.[32]

3.2 Non-Transzendenz (Gerade)

Plessners Bild der unendlichen Geraden steht für den dauernden Fortschritt, den *Geist der Freiheit*, Infragestellung von *allem*, Heimatlosigkeit, und ist in seiner Konsequenz auch Grundlage des Atheismus, des Agnostizismus und des Nihilismus (in seiner menschenfreundlichen wie in seiner zynischen Variante), dem angesichts des unendlichen Wandels immer neuer (auch religiöser) Sinnkategorien jegliche (vorrangige) Berechtigung von *bestimmten* Kategorien und schließlich auch jeglicher Sinn überhaupt abhanden kommt. Hier ist auch die aufgeklärte Wissenschaft und Philosophie zu finden, und zwar Realismus *und* (Radikaler) Konstruktivismus.[33] Das Infinite der Geraden lässt zunächst vermuten, dass hier im Gegensatz zur Religion keine Finitheit und keine Verabsolutierung möglich sei. Doch bereits Plessner konstatiert, dass beide in einem unversöhnlichen Gegensatz, und daraus resultierend einem permanenten, mehr oder weniger offenen Konflikt liegen. Zwischen Transzendenz und Non-Transzendenz bestehe „trotz aller geschichtlichen Friedensschlüsse und der selten aufrichtigen Beteuerungen, wie sie z. B. heute so beliebt sind, absolute Feindschaft" (ebd., 342). Damit erhebt sich die Frage, warum dieser Streit überhaupt entstehen kann. Was hat die non-transzendente Positionierung zu verteidigen? Spezifische non-transzendente Positionierungen wie die atheistische können in diesem Konflikt zum Definitivum werden, wenn das Konzept der unendlichen Geraden mit Ausdrücken wie *Fortschritt*, *Rationalität* oder *Wissenschaft* absolut gesetzt wird. Dann

---

[32] Vgl. etwa Bochinger/Engelbrecht/Gebhardt 2009; Lasch/Liebert 2015.
[33] Der Radikale Konstruktivismus stellt für Josef Mitterer (2001, 120) ebenfalls einen Realismus dar. Auch der Non-Dualismus Mitterers selbst würde im Bereich der Non-Transzendenz verbleiben.

erscheinen transzendente Positionierungen als *Aberglaube* oder *Humbug*, bestenfalls als narkotisierendes Herrschaftsinstrument.

3.3 Trans-Transzendenz (Möbius-Schleife)

Die eben besprochenen Positionierungen der Transzendenz und der Non-Transzendenz wurden noch ganz im Sinne der Philosophischen Anthropologie formuliert. Mit der dritten Kategorie wurde diese Sichtweise mit Gedanken Heinrich von Kleists erweitert.

Wenn Plessner vom „Absoluten" spricht, so denkt er das Absolute vom Menschen und seiner Exzentrik her, das der Mensch nicht aufgrund seines Willens, sondern aufgrund seiner Exzentrik sogleich überwindet. Hier ist sozusagen das Feuer des Prometheus in die innere Konstitution des Menschen eingelassen, das er nicht hintergehen kann, das ihn zwingend zur Gottgleichheit führt – gegen den Willen der Götter. Und der Mythos zeigt anscheinend genau dies, dass nämlich der Mensch als erkennendes Wesen erst mit Prometheus und seiner Intervention begänne. Allerdings bleibt das Menschsein dadurch auch mythisch und Plessner hütet sich davor, hier einem Biologismus oder Evolutionismus zu verfallen. Die Entstehung der Exzentrik ist zwar bio-logisch über die *Stufen des Organischen* plausibel zu machen, aber nicht erklärbar, denn (Plessner 2002, 182):

> Hier kommt eben etwas vollkommen Neues hinzu, eine geistige Wesenheit, und diese schlägt gewissermaßen wie der Blitz an dieser Stelle ein. Warum, wissen wir nicht. Durch diesen Einschlag des Geistigen wird der Mensch zum Menschen.

Religion mit ihrem Versprechen, die Exzentrik überwinden zu können, wird für die Philosophische Anthropologie zum Störfaktor, denn dass der Mensch durch *irgendetwas* in ein stabiles Gleichgewicht gebracht werden könne – das ist nach Plessner unmöglich. Daher ist diese Weggabelung am Ende der *Stufen* so rätselhaft, bei der der Mensch anscheinend wählen kann, wo doch eine solche Wahlmöglichkeit in der Exzentrik nicht vorgesehen ist. Was sind also die Bedingungen für die Möglichkeit einer solchen Wahl?

Ein Ausweg aus diesem Dilemma ist es, Religion als eine Art Narkotikum zu betrachten.[34] Für dessen Einnahme kann man sich zwar entscheiden, *nach*

---

34 Diese Aussage wird von Plessner nicht explizit wie von Marx oder anderen gemacht, ist aber in seiner Konzeption angelegt. Plessner spricht mit Bezug auf Kierkegaard (1967, 40–41) von einem „Sprung in den Glauben", und verortet Kierkegaard damit in der *transzendenten Positio-*

dessen Einnahme ist man allerdings für die Dauer der Narkose willenlos – und somit wäre Transzendenz eine Positionierung, durch die man sich willentlich willenlos machen kann. Wenn darin ein (vorübergehender) Gleichgewichtszustand erreicht wird, kann (Sehn-)Sucht entstehen, d. h., dass die nachnarkotische Exzentrik den gerade erzeugten Gleichgewichtszustand wieder überwindet und die Exzentrik durch eine ‚höhere Dosis' erneut betäubt werden muss. So entsteht das Profil des spirituellen ‚Suchers'.[35] Die grundlegende Exzentrik des Menschen wird dabei aber nicht beseitigt, auch nicht, wenn einzelne Menschen sich selbst zerstören (etwa durch übermäßigen Drogengebrauch oder den Freitod).[36] In jedem Fall wäre Religion nicht das einzige ‚Narkotikum', sondern stünde in einer Reihe mit Versprechen von kollektivem Schutz, Glück, Status u. a., die auch in säkularen Gesellschaften ein zentrales Herrschaftsmittel darstellen. Eine transzendent positionierte Religion wäre in dieser Sichtweise daher das Versprechen eines Auswegs, eines Heimwegs, der aus der Sicht des Erlebens des Einzelnen stimmig sein kann, der aus der Sicht des gegenüber dem Narkotisierten Wachen allerdings nur ein scheinbarer wäre.[37]

Betrachtet man jedoch die schiere Anzahl von Menschen, die den (anscheinend) narkotischen einem nicht-narkotischem Zustand vorziehen, dann weiter, dass es nicht spezifisch für Religion ist, einen ‚anästhetischen' Weg anzubieten, sondern bekanntes Mittel von (nicht-religiösen) Herrschaftsroutinen und -strukturen, dann bleiben recht wenig Nicht-Narkotisierte übrig, so dass diese mit ihrer Diagnose selbst in Rechtfertigungszwang geraten. Schließlich macht ein genaues Betrachten von Menschen mit Bekehrungserlebnissen von Religionen es unmöglich, sie als bloß Narkotisierte oder psychisch Kranke abzutun. Das ist eines der wesentlichen Ergebnisse der Untersuchung von William James (1997).

Die Erklärung von Religion im Sinne einer Positionierung der Transzendenz kann sich daher nicht darin erschöpfen, sie *generell* als narkotisch zu betrachten, auch wenn der religiöse Glaube zu einem wesentlichen Teil genau darin bestehen mag, und Gläubige unter bestimmten Umständen den Manipulationen von

---

nierung. Dies ist zwar eine gängige Interpretation, wird allerdings der paradoxalen Philosophie Kierkegaards kaum gerecht.

35 Nach einem ähnlichen Prinzip lässt sich auch die „freiwillige Knechtschaft" (La Boétie 1981) verstehen.

36 Hier schließt sich natürlich die Frage an, ob hier nicht auch der Grund für die gattungsspezifische Selbstzerstörungstendenz des Menschen, den Freud'schen Todestrieb, ausgemacht werden kann.

37 In dieser Richtung argumentiert auch Latour (2014, 415), wenn er die transzendente Positionierung mit Fundamentalismus gleichsetzt.

Herrschaftseliten ausgeliefert sind.[38] Plessner deutet daher am Schluss der *Stufen* selbst einen neuen Typ von Religion an, den vorher besprochenen *Marcionischen Ausweg*. Allerdings wird dies von ihm nicht weiter fortgeführt, so dass dieser neue Typ nun mit Bezug auf die oben ausgeführten Gedanken Kleists und auch Emmanuel Lévinas' (2004) ausgeführt werden soll, ohne dabei den Grundgedanken der Exzentrik aufzugeben.

Das Denken vom Menschen aus zum Transzendenten ist die bevorzugte Denkfigur der non-transzendenten Positionierung. Dies trifft auch auf die Philosophische Anthropologie zu, in der aus den *Stufen des Organischen* die Bedingungen für das Menschsein abgeleitet werden, und das Absolute dann als eine notwendige Folge aus der Exzentrik des Menschen erscheint. Für Emmanuel Lévinas besteht der große Perspektivenwechsel darin, eine Positionierung jenseits dieser Positionierungen einzunehmen. Er führt dafür den Begriff *L'Autre* ein. Der Grundgedanke der *Stufen* war die Dissoziation des Lebens. Nun kann dieser Gedanke viel weiter gefasst werden als die Dissoziation des Seins als *L'Autre*. Diese Dissoziation kann freilich nur eine paradoxale sein, denn es handelt sich nicht um die Aufsplitterung eines Ganzen in Teile, sondern um eine unendliche, nie aufhörende Dissoziation, ohne dass damit je eine Veränderung passiert wäre. In Variation eines Bonmots von Gregory Bateson könnte man sagen, dass es einen Unterschied macht, der keinen Unterschied macht. Die Annahme der Dissoziation des Seins vermeidet die Inversion der Psychologie, die Dissoziation in die Innenwelt zu verlegen, um dann das Transzendente als Teil der Innenwelt zu beweisen. Dieser ‚Kniff' besteht zunächst darin, ein Bewusstes und ein Unbewusstes anzunehmen, um dann alles religiöse Erleben als aus dem Unbewussten entstehend zu verstehen, um schließlich in der Hilfskonstruktion eines „höheren" Teils des „eigenen" Selbstes zu enden (James 1997, 491):[39]

> [Da] die höheren Fähigkeiten unseres eigenen verborgenen Geistes [...] die Kontrolle ausüben, ist das Gefühl der Vereinigung mit einer Macht jenseits unserer selbst nicht nur scheinbar, sondern buchstäblich wahr.

Der letzte Teil dieses ‚Kniffs' zeigt sich schließlich darin, dass von einem „*Gefühl der Vereinigung*" gesprochen wird, dem eine objektive ‚Wahrheit' zuerkannt werden kann. William James hat dies bei seiner weiteren Ausführung seiner Begründung einer Religionspsychologie erkannt, insbesondere die Schwierigkeit, die sich daraus ergibt, dass ausgehend von einem individuellen Selbst dann

---

38 Ein wesentlicher Umstand ist dabei die populäre „Wundergläubigkeit" (Friedrich II. 2007).
39 Gleiches gilt für die Theorie eines „dialogischen Selbsts" (Hermans/Kempen 1993).

beliebig viele dieser höheren Selbste *für die je einzelnen, individuellen Selbste* angenommen werden müssten. Religion wäre dann letztlich doch bloße individuelle Projektion und eben nicht „objektiv" wahr. James spricht deshalb auch zurückhaltend von einem „Einstieg", nach dessen Durchschreiten sich „Schwierigkeiten" ergäben (ebd., 491). Schließlich führt er ein hinduistisches Konzept von Atman und Brahman an, in dem das menschliche Selbst (Atman) nicht nur nicht getrennt vom göttlichen Selbst (Brahman) ist, sondern in diesem aufgeht, ein Denken, das bereits an Emmanuel Lévinas' *L'Autre* erinnert. Im abstrahierenden Schlussteil der *Vielfalt* stellt William James als das Gemeinsame aller von ihm untersuchten religiösen Erfahrungen die „Tatsache" heraus, „daß das personale Bewußtsein in ein größeres Selbst übergeht, von dem rettende Erfahrungen ausgehen" (ebd., 492, Herv. i. Orig.). Ist hier durch das Verb *übergehen* noch passivisches Anderes angesprochen, so ist mit dem Adjektiv *rettende* bereits die Quelle angedeutet, das *größere Selbst*, und das, was sie tut, nämlich *retten*.

Noch deutlicher artikuliert sich dieses Denken, wenn James – fast schon im Geiste eines neuen Realismus[40] – einen vom Weltlichen geschiedenen Transzendenzbereich ausmacht, der sogar *Impulsgeber* für das Weltliche sei (James 1997, 492, markierte Passagen von mir neu übersetzt, W.-A. L.):

> Insofern unsere geistigen Impulse in dieser Region ihren Ursprung haben (und die meisten von ihnen haben in ihr ihren Ursprung, denn sie verfügen über uns in einer Weise, *die wir mit Worten nicht erklären können*), gehören wir ihr inniglicher an, als wir der sichtbaren Welt angehören, *weil wir am innigsten zu dem gehören, zu dem unser Geist gehört*. [...] Wir Menschen und Gott haben etwas *gemeinsam zu erledigen*; indem wir uns selbst seinem Einfluss öffnen, erfüllt sich unsere eigene Bestimmung.[41]

Auch in diesem Zitat wird deutlich, dass William James bereits eine Wende vom Denken des Menschen hin zu einem Denken des Anderen vollzogen hat, wie es Emmanuel Lévinas (2004) mit dem ‚Einbruch des Anderen' ausdrückt,[42] und die

---

40 Gabriel 2013; Dreyfuß/Taylor 2016.
41 Die an sich sehr gute deutsche Übersetzung verliert sich hier ins Vage, wo es bei James eindeutig formuliert ist: „So far as our ideal impulses originate in this region (and most of them do originate in it, for we find them possessing us in a way for which we cannot articulately account), we belong to it in a more intimate sense than that in which we belong to the visible world, for we belong in the most intimate sense wherever our ideals belong. [...] We and God have business with each other; and in opening ourselves to his influence our deepest destiny is fulfilled" (James 1917, 516 f.).
42 Es ist hier nicht der Ort, ausführlich auf die spezielle pragmatistische Argumentation einzugehen, die aus einer Wirkung auf die Quelle der Wirkung schließt. James geht nämlich einen Schritt weiter und behauptet, aufgrund der Wirksamkeit müsse dieser Bereich auch eine Wirk-

für James die Grundlage einer jeden Religionswissenschaft ausmachen muss.[43] Nach James muss die Welt des Religiösen über genuine Konstitutionsbedingungen verfügen, die sich von der einer nicht-religiösen Welt unterscheiden, und die sich in anderen Fakten, anderen Verhaltensweisen, einem „eigenen Tatsachenbereich, wie alles Wirkliche ihn beansprucht" (ebd., 495), zeigt. Bei Latour (2014) macht das Religiöse daher auch eine eigene „Existenzweise" aus, in denen „religiöse Wesen" die Fähigkeit besitzen, menschliche Wesen anzusprechen und zu verwandeln, ohne „daß man *ihr Erscheinen oder Verschwinden* [...] *beherrschen kann*" (ebd., 427, Herv. i. Orig.).

Man könnte diesen Gedanken weiterführen, dass dem Religiösen auch ein eigener Wissensbegriff zukommt, der sich bei Autoren wie Jürgen Habermas (2001) oder Jacques Derrida (2008) in der Paarung „Glaube und Wissen" zeigt. Dies deutet an, dass es mehr als bloßer Glaube, auch mehr als dogmatischer Glaube sein muss, aber auch nicht das, was wir üblicherweise unter Wissen verstehen. Dafür soll der Begriff des *gefühlten Wissens* eingeführt werden, der sich neben analytischen und empirischen Wissensbegriffen verortet, und der geeignet ist, die angedachte Überschneidung von Glaube und Wissen im religiösen Bereich zu beschreiben. Gefühltes Wissen meint ein (noch) nicht klar Artikuliertes, kognitiv Unscharfes, aber im Erleben Spürbares, das in der Sicherheit seiner Gültigkeit dem Wissen gleichgestellt wird, obwohl es nicht durch bestimmte Routinen des Zweifels und der Überprüfung gelaufen ist und auch nicht laufen kann, ohne seine Bedeutung zu verlieren. Auch wenn gefühltes Wissen schwer artikulierbar ist, ist es doch auf der Metaebene beschreibbar[44] und bildet eine ganze Kultur des Nichtsagbaren aus. Von einem Unsagbaren überhaupt sprechen zu können, setzt den Begriff des gefühlten Wissens voraus. In der Linguistik gibt es noch kaum analytische Konzepte dafür, die Resonanztheorie Hartmut Rosas (2016) bietet dafür aber einen guten Ausgangspunkt.[45]

Hubert Knoblauch wendet sich gegen dieses Konzept des *L'Autre*, trotz dessen Gründung in der menschlichen Interaktion, da ihm der Zugang von einer anderen Perspektive als der menschlichen verdächtig als eine transzendente Positionierung erscheint (Knoblauch 2009, 67):

---

lichkeit besitzen. So führt er auch den pragmatistischen Gottesbeweis durch: „Gott ist wirklich, weil er etwas Wirkliches hervorbringt" (ebd., 493).
43 Die vielfältigen Beziehungen, die sich dadurch zwischen James, Heidegger und Lévinas ergeben, müssen erst noch aufgearbeitet werden.
44 Vgl. Paul 1990, 28.
45 Vgl. dazu auch Liebert 2017b.

Anstatt wie Buber, Lévinas und Derrida das (göttliche) Andere und damit die Transzendenz vorauszusetzen, könnte man Transzendenz als ein Merkmal der Begegnung mit dem menschlichen Anderen ansehen, aus dem dann die Vorstellung eines absolut Anderen (also eines personalisierten Gottes) extrapoliert werden kann. Die Anderen sind nicht die verborgenen Götter – nicht die Götter kommen zuerst, sondern die Menschen.

Hier scheint die Scheidelinie zwischen Religionssoziologie und Religionsphilosophie zu verlaufen. Bevor man diese aber wirklich ziehen will, muss hier ein mögliches Missverständnis angesprochen werden: *L'Autre* ist bewusst doppeldeutig gewählt und kann sowohl „das Andere" als auch „der Andere" bedeuten. Diese beiden Bedeutungen können somit nicht wie im obigen Zitat gegeneinander ausgespielt werden, denn Lévinas betrachtet (durchaus im Einklang mit Martin Buber) beide nicht nur als nicht Getrennte, sondern als untrennbar Verbundene.[46]

Wenn hier und im Folgenden vom Anderen oder *L'Autre* gesprochen wird, bleibt dies jedoch ein kulturelles, sprachliches Konstrukt, das als solches jederzeit infrage gestellt werden kann, und hilflos versucht, über sich selbst hinaus zu verweisen: „Was also ungeboren ist und nicht geboren werden kann, was vor dem Sein kommt" (Derrida 2008, 47). Die hierfür von Ludwig Wittgenstein formulierte Sprachgrenze führt zu einer tautologischen oder paradoxalen Sprache, da dies anscheinend die angemessene Ausdrucksweise darstellt, um in der transtranszendenten Positionierung über das Absolute zu sprechen, und die nicht nur William James und Jacques Derrida zur Begegnung mit der japanischen und indischen Philosophie geführt hat (Elberfeld 1998), sondern vor diesen bereits Arthur Schopenhauer (2006, 541) die Frage hat stellen lassen, „eine unendliche Zeit ist vor meiner Geburt abgelaufen; was war ich alle jene Zeit hindurch?" Die insbesondere in Schopenhauers Werk im 19. Jahrhundert sichtbar einsetzende Auseinandersetzung mit buddhistischem und hinduistischem Denken ist bisher noch kaum untersucht, ebensowenig wie die Auseinandersetzung des buddhistischen Denkens mit der westlichen Philosophie.[47]

3.4 Zwischenfazit

Ausgangspunkt war das Problem, dass sich eine wissenschaftliche Beschäftigung mit Religion immer auch zu Religion in grundsätzlicher Weise verhalten muss.

---

[46] Man wird hier an die rätselhafte Stelle im Humanismusbrief erinnert, der auf Parmenides als einen Unverstandenen hinweist mit dem Satz, Sein existiere, woraus Heidegger (1968, 22) folgert, Seiendes existiere eigentlich nicht.
[47] Vgl. z. B. Nishitanis Konzept der „Selbstrealisation der Wirklichkeit" (1982, 41).

Diese Verhaltensweisen wurden idealtypisch als transzendente, als non-transzendente und als trans-transzendente Positionierung formuliert. Sie wurden anhand verschiedener einschlägiger Arbeiten, die Religion fundieren wollen, entwickelt. Bislang könnten damit zumindest einige Konfliktlinien zwischen verschiedenen wissenschaftlichen Disziplinen, die über Sprache und Religion forschen, beschrieben werden, zumindest wie sie sich gegenwärtig sehen. Dass es sich hier um Idealtypen handelt, soll vorsichtshalber noch einmal betont werden. Möglicherweise können diese Idealtypen auch hilfreich sein, um das Gegenstandsfeld *alltäglicher* Religiosität und Spiritualität besser zu verstehen. Dieses zu prüfen, muss jedoch an anderer Stelle geschehen.

4 Expressivität und Verständigung

Die Bezugnahme auf die Philosophische Anthropologie hat nicht nur Konsequenzen für das Verständnis von Religion und Transzendenz, sondern auch für Sprache und Kommunikation. So ergibt sich aus der Exzentrizität Wirklichkeit nur durch ein entsprechend doppelt distanziertes Subjekt, das als Grundmerkmal der „vermittelten Unmittelbarkeit" (Plessner 1928/1975, 321 ff.) thematisiert wird. Dieses bewusste Vermittlungsmoment ist für Plessner der Grund, dem Menschen eine grundlegende Expressivität zuzuschreiben. Dieses Ausdrucksmoment zeigt sich nicht nur in einem allgemeinen Gefühl eines verbalen Ausdrücken-Wollens, sondern in einem

> Ausdrucksbedürfnis anderer Art, das vielfach in seiner psychologischen Bedeutung unterschätzt wird, ein Bedürfnis nach mimischer Darstellung, überhaupt nach Darstellung bzw. Wiedergabe erlebter Dinge, beunruhigender Gefühle, Phantasien, Gedanken, das nicht mit dem gleichen Recht auf die Sozialität zurückführbar ist. [...] Es hat wohl zunächst in der Tendenz, das Flüchtige des Lebens durch Gestaltung aufzubewahren und es übersichtlich zu machen, seinen Grund (ebd., 323).

Dieses Zeigen-Wollen nimmt bereits in Gedanken Vieles voraus, das später empirisch gezeigt werden konnte.[48] Für Plessner folgt daraus, dass Expressivität ein Grundmoment des Menschen ausmacht (ebd., 339, Herv. i. Orig. gesperrt):

> Jede Lebensregung der Person, die in Tat, Sage oder Mimus faßlich wird, ist daher ausdruckshaft, bringt das Was eines Bestrebens irgendwie, d. h. zum *Ausdruck*, ob sie den Ausdruck will oder nicht. Sie ist notwendig Verwirklichung, Objektivierung des Geistes.

---

[48] Vgl. etwa Tomasello 2009.

Diese stark an Wilhelm Diltheys (1958) Ansatz von Erleben und Lebensäußerung[49] erinnernde Passage entspricht in ihrer Weite ganz dem heutigen Verständnis von Multimodalität.[50] Konsequenterweise wird die Sprache erst als „Expression zweiter Potenz" eingeführt (ebd., 340):

> Das exzentrische Zentrum der Person, vollziehende Mitte der sogen. ‚geistigen' Akte, vermag durch eben seine Exzentrizität die Wirklichkeit, welche der exzentrischen Position des Menschen ‚entspricht', auszudrücken. So laufen die Wesensbeziehungen zwischen Exzentrizität, Immanenz, Expressivität, Wirklichkeitskontakt in der Sprache und ihren Elementen, den Bedeutungen, auf eine überraschende Weise zusammen. Die Sprache, eine Expression in zweiter Potenz, ist deshalb der wahre Existentialbeweis für die in der Mitte ihrer eigenen Lebensform stehende und also über sie hinausliegende ortlose, zeitlose Position des Menschen. In der seltsamen Natur der Aussagebedeutungen ist die Grundstruktur vermittelter Unmittelbarkeit von allem Stofflichen gereinigt und erscheint in ihrem eigenen Element sublimiert. Zugleich bewährt sich an der Sprache das Gesetz der Expressivität, dem jede Lebensregung der Person, die nach Erfüllung verlangt, unterliegt: es gibt nicht die Sprache, sondern Sprachen. Die Einheit der Intention hält sich nur in der Zersplitterung in verschiedene Idiome.

Sprache ist somit im Zwischen der Mitwelt angesiedelt, was eine Verständigungssituation als Ausgangspunkt angemessen erscheinen lässt und nicht vorab „gegebene" Kommunikationspartner.[51]

In diesen Zitaten wie in anderen Schriften[52] zeigt sich ein Konzept von Sprache und Verständigung, das bereits an postmodernistische Alteritätsideen etwa von Emmanuel Lévinas erinnert und das gut anschließbar an verständigungsorientierte Modelle einer kulturwissenschaftlichen Linguistik ist (Metten 2014, 430–431):

> Eine linguistische Kulturforschung begegnet den Subjekten, den Ereignissen und Artefakten daher grundsätzlich hinsichtlich ihrer medialen Erfahrungen und Eigenschaften, d. h. hinsichtlich der spezifischen Relationen und Beziehungen, die sich zwischen diesen ausgebildet haben.

Es ist hier nicht der Raum, um diese Bezüge im Einzelnen auszuführen, von Belang ist hier zunächst nur, dass der für die Begründung von Religion und Kultur

---

49 Vgl. ebd., 86 ff., 191 ff.
50 Vgl. Schmitt 2007.
51 Vgl. Metten 2004, 326.
52 Vgl. etwa Plessner 2005.

eingeführte Ansatz Plessners im Rahmen einer kulturwissenschaftlichen Linguistik wieder aufgegriffen und fortgeführt werden kann.[53]

5 Mit Engeln sprechen – Konstruktion oder Wirklichkeit oder …?

Können wir mit Engeln sprechen? Aus religionslinguistischer Sicht können wir zunächst den Begriff des Engels weit fassen, und über das christliche Spektrum hinaus auch Engel in anderen metaphysischen Konzeptionen wie im Islam, oder auch solche auf dem spirituellen Markt postmodernistischer Religiosität[54] vorfindliche, einschließen. Aus dem bisher Gesagten folgt, dass sich damit unmittelbar die Frage nach der eigenen Positionierung und den Vorentscheidungen, die ggf. getroffen werden, stellt, wenn diese Frage aus einer transzendenten, einer non-transzendenten oder einer trans-transzendenten Positionierung verstanden wird: In der transzendenten Positionierung stellen Engel eine Realität dar; in der non-transzendenten Positionierung gibt es keine Engel, die sprechen könnten, also können wir uns nur mit Illusionen oder bestenfalls Projektionen unterhalten. In der trans-transzendenten Positionierung stehen die beiden Aussagen nicht im Widerspruch zueinander, was den Vorteil hat, dass die kulturelle Konstruiertheit einer Verständigung mit Engeln analysiert werden kann, ohne damit zugleich auch eine illusionäre Verständigung zu unterstellen. Damit kann diese Art der Verständigung in ihrer Eigenheit in den Blick genommen werden. Wir müssen dazu aber neu lernen, was sprechen bzw. sich verständigen in diesem Zusammenhang bedeuten kann, worauf insbesondere Bruno Latour (2011; 2014, 409 ff.) eindringlich hingewiesen hat. Dazu kann sowohl auf die mit der Philosophischen Anthropologie eingeführten Kategorien, als auch auf das vorhin genannte, differenzorientierte Kommunikationsmodell Mettens (2014) zurückgegriffen werden, in dem zunächst eine Verständigungssituation unterstellt und erst danach nach einer möglichen Kategorisierung der Beteiligten gefragt wird. Wie könnte diese Verständigung im Bereich des Religiösen grundsätzlich charakterisiert werden? In der Plessner'schen Kategorisierung nach Innen-, Mit- und Außenwelt wäre der Ausgangspunkt vor allem die Innenwelt, da die Inhalte als Subjekt erlebt und ausgedrückt werden, dann auch die Mitwelt, in der die Exzentrik aufhebbar erscheint.

---

53 Hierbei hat insbesondere der Begriff der *kommunikativen Praktik*, wie er von Stephan Habscheid (2016) eingeführt wurde, eine besondere Relevanz.
54 Vgl. dazu Ebertz/Faber 2008.

Die Außenwelt wäre dagegen nur indirekt beteiligt, v. a. über materielle Anker, die in Gegenständen, atmosphärischen Erscheinungen oder aber in den Körpern der Beteiligten stattfinden kann. Zwar mag es seltsam anmuten, dass die Außenwelt eine andere Rolle spielt, als wir normalerweise erwarten. Aber sie ist nicht völlig verschwunden, sondern eben ‚bloß' indirekt beteiligt. Dieses Zusammenspiel beschreibt Klaus Otte als „spirituelle paradoxe Seinswirklichkeit in Raum und Zeit" (Otte 2010, 22). Diese Diskussion ist ähnlich derjenigen in der Ethnologie, ob etwa ‚Hexen fliegen' oder Schamanen mit Tieren ‚sprechen' können (Duerr 1985, 173 ff). Hans Peter Duerr zieht hier einen Vergleich zur Sprache der Schizophrenie (Duerr 1985, 173):

> Wie sich das, was das Tier zum Hexer sagt, von der gewöhnlichen Sprache unterscheidet, so unterscheiden sich auch die ‚Stimmen', die der Schizophrene hört, von der gewöhnlichen Stimme.

Greifen wir Hans Peter Duerrs Analogie der Sprache von Schamanen und Schizophrenen auf, dann zeigt sich die oben angesprochene Notwendigkeit, einen neuen Begriff davon zu entwickeln, was in diesem Zusammenhang ‚sprechen' oder ‚sich verständigen' bedeuten kann. Diese andere Art der Beteiligung der Außenwelt oder genauer des Zusammenspiels von Innen-, Mit- und Außenwelt lässt die gesamte Verständigungssituation zu einer indirekten werden und drückt sich auch in einer Indirektheit der Sprache aus: in Gleichnissen, Allegorien, Bildern und Metaphern. Wenn es etwa Berichte gibt, in denen eine Person erzählt, sie kommunizierte mit einem Licht, dann wird die Kommunikationssituation zunächst als eine Verständigung betrachtet, die diese Person und das Licht in besonderer, noch zu untersuchender Weise relationiert. Dadurch rücken Fragen in den Vordergrund, wie dieses Licht wahrgenommen wurde, d. h. wie die Außenwelt *in indirekter Weise* beteiligt war, wie dem Erleben Ausdruck gegeben wurde oder auch welche Vergemeinschaftungshandlungen eventuell stattgefunden haben oder stattfinden.[55] Es geht also darum, die Verständigung mit Transzendentem zunächst in ihrer Eigenart zu betrachten. Dabei ist eine Religionslinguistik (Liebert 2017a) nicht auf bestimmte Formen der Verständigung festgelegt, weder auf verbale Interaktionen, noch auch textuelle Kommunikation. Sie umfasst das gesamte Spektrum der Verständigung. Damit ist nicht nur eine grundlegende Multimodalität gemeint, sondern auch die lokale, regionale und globale Kontextualisierung der Situation selbst. Diese erscheint als ein „Netz der Verweise [...], durch welches Lokales und

---

[55] Dies schließt nicht aus, dass diese Verständigung auch psychologisch gedeutet werden kann, allerdings erst in einem weiteren Schritt.

Regionales mit Überregionalem und Globalem auf komplexe Weise verwoben sein kann" (Metten 2014, 441).

Die Gegensatzformel *Wirklichkeit oder Konstruktion?* erweist sich somit als fataler Dualismus, denn nach dem eben Diskutierten wird ein theoretischer Ansatz der Verständigung im Bereich des Religiösen benötigt,
- der realistisch ist, ohne Konstruktion zu verleugnen,
- der keine absoluten Zugänge zur Wirklichkeit postuliert,
- der die Spezifik des aufgeklärten Wissensbegriffs und seiner wissenschaftlichen Ausformung erkennt und einbezieht.

Mit diesen Kriterien wird man auf die vorhin erwähnten neorealistischen Ansätze (Gabriel 2013; Dreyfus/Taylor 2016) verwiesen. Insbesondere der sich ‚pluralistisch' und ‚robust' nennende Realismus von Hubert Dreyfus und Charles Taylor ist weit genug, um die eben angeführten Verständigungssituationen mit ihren eigenen Weisen des Sprechens aufzunehmen, indem er annimmt, „daß es die *eine* Sprache der korrekten Naturbeschreibung nicht gibt", sondern dass „es *viele* Sprachen geben kann, deren jede einen anderen Aspekt der Wirklichkeit korrekt beschreibt" (Dreyfus/Taylor 2016, 285; Herv. im Orig.). Dreyfus und Taylor nennen für diesen robusten, pluralistischen Realismus drei Merkmale (ebd.):

> (1) Es kann mehrere Verfahren der Realitätsbefragung geben (das ist das ‚pluralistische' Ingredienz). (2) Dennoch werden diese Verfahren Wahrheiten offenbaren, die von uns unabhängig sind, also Wahrheiten, deren Verständnis voraussetzt, daß wir unser Denken berichtigen und anpassen (das ist der Anteil des robusten Realismus). (3) Alle Versuche, die verschiedenen Formen der Realitätserkundung auf eine einzige Art der Fragestellung zurückzuführen, aus der sich ein einheitliches Bild oder eine einheitliche Theorie ergibt, schlagen fehl (also bleibt es bei der Pluralität).

Dieser aspektuale Realitätsbegriff, der Wirklichkeit nicht gegen Konstruktion ausspielt, scheint sich gerade für die Erforschung der Verständigung im Bereich des Religiösen anzubieten, denn der pluralistische Realismus kann sowohl die bisherigen theoretischen Konzeptionen von der soziologischen und philosophischen Anthropologie bis zur Religionswissenschaft und Religionsphilosophie, aber auch die kontextualistischen, kulturwissenschaftlichen Ansätze in der Linguistik aufnehmen. Daher werden zukünftige religionslinguistische Arbeiten sich vor allem mit dem pluralistischen Realismus auseinandersetzen müssen.[56]

---

56 Diese Arbeit hätte nie entstehen können ohne den anregenden und kritischen Austausch mit Alexander Lasch, Werner Moskopp, Klaus Otte, Katharina Otte-Varolgil, Tanja Gnosa, Heike Rettig, Thomas Metten und Winfried Gebhardt. Wertvolle Hinweise habe ich auch von Serap Öndüc erhalten. Schließlich bin ich den Herausgebern für ihre geduldige und produktive Kritik dankbar.

Bibliographie

Camus, Albert (1983): Der Mythos von Sisyphos. Ein Versuch über das Absurde. Hamburg.
Crane, Gregory R. (Hg.) (2008 ff.): Perseus Digital Library. Tufts University [http://www.perseus.tufts.edu/hopper/; letzter Zugriff am 24. 11. 2016].
Bochinger, Christoph/Martin Engelbrecht/Winfried Gebhardt (2009): Die unsichtbare Religion in der sichtbaren Religion. Formen spiritueller Orientierung in der religiösen Gegenwartskultur. Stuttgart.
Deleuze, Gilles/Félix Guattari (1974): Anti-Ödipus. Kapitalismus und Schizophrenie I. Frankfurt a. M. (suhrkamp taschenbuch wissenschaft, 224).
Derrida, Jacques (2008): Glaube und Wissen. Die beiden Quellen der „Religion" an den Grenzen der bloßen Vernunft. In: Jacques Derrida/Gianni Vattimo (Hg.): Die Religion. 4. Aufl. Frankfurt a. M., 9–48.
Dilthey, Wilhelm (1958): Der Aufbau der geschichtlichen Welt in den Geisteswissenschaften. 2. Aufl. Stuttgart/Göttingen (Gesammelte Schriften, VII).
Dreyfus, Hubert/Charles Taylor (2016): Die Wiederentdeckung des Realismus. Berlin.
Duerr, Hans Peter (1985): Traumzeit. Über die Grenze zwischen Wildnis und Zivilisation. Frankfurt a. M. (edition suhrkamp, 1349).
Duerr, Hans Peter (1993): Obszönität und Gewalt. Der Mythos vom Zivilisationsprozess. 3. Bd. Frankfurt a. M.
Durkheim, Émile (2014): Die elementaren Formen des religiösen Lebens. 3. Aufl. Berlin.
Ebertz, Michael N./Faber, Richard (Hg.) (2008): Engel unter uns. Soziologische und theologische Miniaturen. Würzburg.
Elberfeld, Rolf (1998): Ort. Derrida und Nishitani. In: Rolf Elberfeld/Johann Kreuzer/John Minford u. a. (Hg.): Komparative Philosophie. Begegnungen zwischen östlichen und westlichen Denkwegen. München, 107–118 (Schriften der Académie Du Midi, 4).
Elias, Norbert (1969): Über den Prozeß der Zivilisation. 2 Bd. 2. Aufl. Bern/München.
Eßbach, Wolfgang (2008): Auf Nichts gestellt. Max Stirner und Helmuth Plessner. In: Bernd Kast/Geert-Lueke Lueken (Hg.): Zur Aktualität der Philosophie Max Stirners. Seine Impulse für eine interdisziplinäre Diskussion der kritisch-krisischen Grundbefindlichkeit des Menschen. Leipzig, 57–78 (Jahrbuch der Max-Stirner-Gesellschaft, 1).
Friedrich der Große (2007): Examen de l'Essai sur les préjugés/Prüfung des Versuchs über die Vorurteile. In: Anne Baillot/Brunhilde Wehinger (Hg.): Friedrich der Große – Potsdamer Ausgabe Frédéric le Grand – Édition de Potsdam. Philosophische Schriften – Oeuvres philosophiques. Bd. 6. Berlin/Boston, 339–380.
Foucault, Michel (1974): Die Ordnung der Dinge. Frankfurt a. M.
Freud, Sigmund (2004): Das Unbehagen in der Kultur und andere kulturtheoretische Schriften. 9. Aufl. Frankfurt a. M.
Gabriel, Markus (2013): Warum es die Welt nicht gibt. Berlin.
Garfinkel, Harold (1967/1984): Studies in Ethnomethodology. Cambridge/Oxford/Malden.
Geideck, Susan/Wolf-Andreas Liebert (2003): Sinnformeln. Eine soziologisch-linguistische Skizze. In: Dies. (Hg.): Sinnformeln. Linguistische und soziologische Analysen von Leitbildern, Metaphern und anderen kollektiven Orientierungsmustern. Berlin/New York, 3–14 (Linguistik – Impulse & Tendenzen, 2).
Gnosa, Tanja (2016): Im Dispositiv. Macht, Medium, Wissen. Dissertation. Universität Koblenz-Landau [https://kola.opus.hbz-nrw.de/frontdoor/index/index/docId/1303; letzter Zugriff am 08. 03. 2018].

Greule, Albrecht/Kucharska-Dreiß, Elżbieta (Hg.) (2011): Theolinguistik: Bestandsaufnahme – Tendenzen – Impulse. Insingen (Theolinguistica, 4).
Habermas, Jürgen (2001): Glauben und Wissen. Friedenspreis des deutschen Buchhandels 2001. Frankfurt a. M.
Gumperz, John J. (1978): Sprache, soziales Wissen und interpersonale Beziehungen. In: Uta M. Quasthoff (Hg.): Sprachstruktur – Sozialstruktur. Zur linguistischen Theorienbildung. Königstein/Ts., 114–127.
Habscheid, Stephan (2016): Handeln in Praxis. Hinter- und Untergründe situierter sprachlicher Bedeutungskonstitution. In: Arnulf Deppermann/Helmuth Feilke/Angelika Linke (Hg.): Sprachliche und kommunikative Praktiken. Berlin/Boston, 127–151.
Hausendorf, Heiko/Reinhold Schmitt (2010): Opening up Openings. Zur Struktur der Eröffnungsphase eines Gottesdienstes. In: Lorenza Mondada/Reinhold Schmitt (Hg.): Situationseröffnungen. Zur multimodalen Herstellung fokussierter Interaktion. Tübingen, 53–102 (Studien zur Deutschen Sprache, 47).
von Harnack, Adolf (1924): Marcion. Das Evangelium vom fremden Gott. 2., verbesserte und vermehrte Aufl. Leipzig (Texte und Untersuchungen zur Geschichte der altchristlichen Literatur, 45).
Heidegger, Martin (1949/1968): Über den Humanismus. (Brief an Jean Beaufret aus dem Jahr 1946, überarb. und zuerst publ. 1949). Frankfurt a. M.
Hermans, Hubert J. M./Harry J. G. Kempen (1993): The Dialogical Self: Meaning As Movement. San Diego, CA.
Hofstadter, Douglas (2007): Ich bin eine seltsame Schleife. Stuttgart.
Horton, Donald/Richard R. Wohl (1986): Mass communication and para-social interaction: Observation on intimacy at a distance (Wiederabdruck des Artikels in *Psychiatry* 19/3 von 1956). In: Robert S. Cathcart/Gary Gumpert (Hg.): Inter Media. Interpersonal Communication in a Media World. 3. Aufl. New York, 185–206.
James, William (1917): The Varieties of Religious Experience. A Study in Human Nature. Being the Gifford Lectures on Natural Religion Delivered at Edinburgh in 1901–1902. 28. Aufl. New York u. a.
James, William (1997): Die Vielfalt religiöser Erfahrung. Eine Studie über die menschliche Natur. Frankfurt a. M.
Kierkegaard, Søren (1967): Philosophische Brocken. De omnibus dubitandum est. Düsseldorf/Köln.
Kleist, Heinrich von (2001): Über das Marionettentheater (1810). In: Helmut Sembdner (Hg.): Heinrich von Kleist. Sämtlich Werke und Briefe. Bd. 2. München, 338–345.
Knoblauch, Hubert (2009): Populäre Religion. Auf dem Weg in eine spirituelle Gesellschaft. Frankfurt a. M.
de La Boétie, Étienne (1981): Über freiwillige Knechtschaft. Königstein/Ts. (Malik-Bücherei, 13).
Lasch, Alexander (2017): Transzendenz. In: Alexander Lasch/Wolf-Andreas Liebert (Hg.): Handbuch Sprache und Religion. Berlin/Boston, 241–265 (Handbücher Sprachwissen, 18).
Lasch, Alexander/Wolf-Andreas Liebert (2015): Sprache und Religion. In: Ekkehard Felder/Andreas Gardt (Hg.): Handbuch Sprache und Wissen. Berlin/Boston, 475–492 (Handbücher Sprachwissen, 1).
Latour, Bruno (2001): Das Parlament der Dinge. Für eine politische Ökologie. Frankfurt a. M.
Latour, Bruno (2011): Jubilieren – über religiöse Rede. Aus dem Französischen übers. v. Achim Russer. Berlin.

Latour, Bruno (2014): Existenzweisen. Eine Anthropologie der Modernen. Berlin.
Lévinas, Emmanuel (2004): Wenn Gott ins Denken einfällt. Diskurse über die Betroffenheit von Transzendenz. 4. Aufl. Freiburg/München.
Liebert, Wolf-Andreas (2003): Zu einem dynamischen Konzept von Schlüsselwörtern. In: Zeitschrift für Angewandte Linguistik 38, 57–83.
Liebert, Wolf-Andreas (2015): Metaphern der Desillusionierung. Die Bereiche Theater, Höhle, Traum, Phantom, Gefängnis, Simulation und Hologramm als Ressource für Blendings. In: Klaus-Michael Köpcke/Constanze Spieß (Hg.): Metapher und Metonymie. Theoretische, methodische und empirische Zugänge. Berlin/Boston, 111–142 (Empirische Linguistik/ Empirical Linguistics, 1).
Liebert, Wolf-Andreas (2017a): Religionslinguistik. Theoretische und methodische Grundlagen. In: Alexander Lasch/Wolf-Andreas Liebert (Hg.): Handbuch Sprache und Religion. Berlin/ Boston, 7–36 (Handbücher Sprachwissen, 18).
Liebert, Wolf-Andreas (2017b): Das Unsagbare. In: Alexander Lasch/Wolf-Andreas Liebert (Hg.): Handbuch Sprache und Religion. Berlin/Boston, 266–287 (Handbücher Sprachwissen, 18).
Luckmann, Thomas (1991): Die unsichtbare Religion. Frankfurt a. M. (suhrkamp taschenbuch wissenschaft, 947).
Marx, Konstanze/Damisch, Sally (2013): „Wenn du aber betest, …". Das Gespräch mit Gott – eine empirische Studie. In: Greule/Kucharska-Dreiß 2011, 223–237.
Metten, Thomas (2014): Kulturwissenschaftliche Linguistik. Entwurf einer Medientheorie der Verständigung. Berlin/Boston (Linguistik – Impulse & Tendenzen, 57).
Mitterer, Josef (2001): Die Flucht aus der Beliebigkeit. 2. Aufl. Frankfurt a. M.
Nishitani, Keiji (1982): Was ist Religion? Frankfurt a. M.
Otte, Klaus (2010): Dialog dank Mystik. Bonn.
Paul, Ingwer (1990): Rituelle Kommunikation. Sprachliche Verfahren zur Konstitution ritueller Bedeutung und zur Organisation des Rituals. Tübingen (Kommunikation und Institution, 18).
Platon: Theaitetos. Zitiert nach: Perseus Digital Library: [http://www.perseus.tufts.edu/ hopper/text?doc=urn:cts:greekLit:tlg0059.tlg006.perseus-grc1:176b.; letzter Zugriff am 27. 10. 2017].
Plessner, Helmuth (1928/1975): Die Stufen des Organischen und der Mensch. Einleitung in die philosophische Anthropologie. 3. Aufl. Berlin/New York (Sammlung Göschen, 2200).
Plessner, Helmuth (2002): Elemente der Metaphysik. Eine Vorlesung aus dem Wintersemester 1931/32. Hg. v. Hans-Ulrich Lessing. Berlin.
Plessner, Helmuth (2005): Mit anderen Augen (Über die Rolle der „Anschauung" im Verstehen). In: Michael Weingarten (Hg.): Eine „andere" Hermeneutik. Georg Misch zum 70. Geburtstag – Festschrift aus dem Jahr 1948. Bielefeld, 198–212 (Edition panta rei – Forum für dialektisches Denken).
Rosa, Hartmut (2016): Resonanz. Eine Soziologie der Weltbeziehung. Berlin.
Schmitt, Reinhold (Hg.) (2007): Koordination. Analysen zur multimodalen Interaktion. Tübingen (Studien zur deutschen Sprache, 38).
Schopenhauer, Arthur (2006): Die Welt als Wille und Vorstellung II. Frankfurt a. M.
Schumann, Hans Wolfgang (1999): Der historische Buddha. Leben und Lehre des Gotama. 7. Aufl. München (Diederichs Gelbe Reihe, 73).
Stirner, Max (2009): Der Einzige und sein Eigentum. Ausführlich kommentierte Studienausgabe. Hg. von Bernd Kast. Freiburg.

Thomas, William Isaac/Thomas, Dorothy Swaine (1928/1970): The Child in America. Nachdruck. New York.
Tomasello, Michael (2009): Die Ursprünge der menschlichen Kommunikation. Frankfurt a. M.
Wittgenstein, Ludwig (1918/1966): Tractatus logico-philosophicus. Logisch-philosophische Abhandlung. Frankfurt a. M. (edition suhrkamp, 12).

Gerhard Roth
Wahrnehmung und Erkenntnis: Grundzüge einer neurobiologisch fundierten Erkenntnistheorie

1 Einleitung

Die philosophische Erkenntnistheorie befasst sich mit der Möglichkeit sicherer und begründeter Erkenntnisse über die Welt in ihrer Gesamtheit (von Kutschera 1981). Dabei ist die Frage, ob man überhaupt und wenn ja wie man solche Erkenntnisse erlangen kann, seit dem Altertum hochumstritten. Zugleich stehen die erkenntnistheoretischen Positionen in einem komplexen Verhältnis zur jeweils vertretenen Ontologie, d. h. zur Frage nach dem *Seinszustand* der Welt einschließlich des Erkenntnissubjekts.

Der am meisten unter Philosophen und Wissenschaftlern verbreitete ontologische Standpunkt ist der eines *Realismus*. Dieser vertritt die Meinung, dass es eine vom Wahrnehmen und Denken des Menschen unabhängige Welt gibt, die auch dann nicht aufhört zu existieren, wenn niemand sie wahrnimmt oder über sie nachdenkt. Diese Welt habe ich „Realität" genannt (Roth 1994). Ein solcher *ontologischer* Realismus geht oft einher mit einem *erkenntnistheoretischen Realismus*, d. h. der Überzeugung, dass die Realität zumindest in manchen, vielleicht sogar vielen Eigenschaften von uns *erkennbar* ist. Der weitverbreitete *kritische* erkenntnistheoretische Realismus erkennt an, dass unsere Sinnesorgane, unsere Beobachtungen und unser Denken nur *angenähert*, aber nie exakt die Eigenschaften der Realität erfassen können. Allerdings nehmen kritische Erkenntnisrealisten wie Hermann von Helmholtz und Karl Popper an, dass man mithilfe standardisierter, intersubjektiv zugänglicher Beobachtungen und Experimente, deren Resultate prinzipiell falsifizierbar sind, zu ‚wahren', d. h. mit Eigenschaften der Realität übereinstimmenden Erkenntnissen kommen kann.[1] Dem steht ein erkenntnistheoretischer *Agnostizismus* gegenüber, der auf das erkenntnistheoretische Dilemma bzw. den *erkenntnistheoretischen Zirkel* hinweist, dass Erkenntnisse immer auf Beobachtungen gegründet sein müssen und immer nur über weitere Beobachtungen überprüft werden können, niemals aber durch einen direkten Vergleich von Beobachtungen und Erkenntnissen mit der Realität. Deren Existenz wird zwar nicht angezweifelt, sie wird aber als ‚unzugänglich' bezeich-

---

1 Vgl. von Helmholtz/Bernhart 1877/1925; Popper 1934/1976.

net. Das Maximum dessen, was wir auch in den Naturwissenschaften erreichen können, ist nach dieser Position ein hoher Grad an logischer Konsistenz und innerer Widerspruchslosigkeit sowie inhaltlicher Kohärenz und Anschlussfähigkeit an bereits akzeptierte Anschauungen. Entsprechend kann es hochgradig bewährte, aber niemals objektiv wahre Aussagen geben.[2]

Eine in der Philosophie- und Wissenschaftsgeschichte einflussreiche Auffassung ist der *Positivismus*, wie er vor allem von Ernst Mach (1885/1991) sowie von Vertretern des *radikalen Konstruktivismus*[3] vertreten wurde. Diese Position geht davon aus, dass das einzige, was uns direkt zugänglich ist, die sinnlichen Erfahrungen sind, unsere ‚Wirklichkeit', aus denen wir dann mithilfe unseres Denkens konsistente und kohärente Erkenntnisse entwickeln können. Ob und in welchem Maße die Sinneserfahrungen und die daraus gewonnenen Erkenntnisse einer *objektiven* Realität entspricht, ist nicht nur unüberprüfbar, sondern stellt für die genannten Autoren eine unsinnige Frage dar. Das Grundargument lautet, dass man über etwas, das prinzipiell unerfahrbar ist, auch keine Existenzaussage machen kann.

In der Psychologie, Psychiatrie und Philosophie erfreut sich die Position des *psychophysischen Parallelismus* nach wie vor großer Beliebtheit.[4] Mit diesem Begriff ist üblicherweise nicht das ontologische Modell von Leibniz gemeint, wie dieser es in seiner *Monadologie* entwickelte und in dem zwischen Psychischem und Materiellem keinerlei Interaktion bestehen; für Leibniz sind dies getrennte Wesensbereiche, und was so aussieht wie eine Interaktion, geht auf die von Gott verfügte „prästabilierte Harmonie" zurück. Im modernen Sinne wurde der psychische Parallelismus durch den Psychologen, Physiker und Philosophen Gustav Fechner (1801–1887) entwickelt, der zugleich *panpsychistische* Anschauungen vertrat. Danach sind Geist und Materie von Beginn an aufs Engste verbunden, d. h. Materie ist auch schon immer geistig, und Geist ist nur materiell realisierbar. Diese Geist-Materie-Identität zeigt sich uns jedoch stets unter *zwei Aspekten*, nämlich einem Binnenaspekt in Form des Selbsterlebens, und einem Außenaspekt in Form der externen wissenschaftlichen Beobachtung und Erforschung. Es ist danach unmöglich, beide Aspekte unter denselben Bedingungen wahrzunehmen. Begrifflich gesehen handelt es sich um eine Kombination zwischen einem ontologischen Identismus und einem erkenntnistheoretischen bzw. phänomenalen Dualismus.

---

2 Vgl. von Kutschera 1981, 179 ff.
3 Z. B. von Foerster/Pörksen 1999; von Glasersfeld 1996; 1998.
4 Vgl. Schick, Feigl, Metzger, Chalmers u. v. a.

Trotz seiner großen Beliebtheit und Suggestivität hat der psychophysische Parallelismus in Verbindung mit einem ontologischen Identismus mit schwer lösbaren Schwierigkeiten zu kämpfen. Zum einen gibt es keinerlei Hinweis darauf, dass ‚Geist' aus denselben physikalischen Entitäten besteht wie Atome und Moleküle, d. h. die ‚Elementarteilchen' des Geistes sind unbekannt. Diejenigen Prozesse im Gehirn, die zur Entstehung von bewussten geistigen Zuständen beitragen (s. unten), haben als solche nichts „Geistiges" an sich und kommen wie Aktionspotenziale, Neurotransmitter, EEG-Wellen im Gehirn auch unabhängig von geistigen Prozessen vor. Es scheint also *nicht* so zu sein, dass es schon auf unterster physikalischer Ebene Geist gibt, sondern Geist ist offenbar das Ergebnis eines sehr spezifischen Zusammenwirkens nicht-geistiger Vorgänge. Es kann auch – anders als mein Lehrer Bernhard Rensch (1968) meinte – nicht die reine Komplexität neuronalen Geschehens sein, die Geist hervorbringt, dann wären etwa die Prozesse im Kleinhirn, die mindestens so komplex sind wie die innerhalb der Großhirnrinde, von Bewusstsein begleitet, was sie aber nicht sind.

Eine in mehrfacher Hinsicht merkwürdige Zwischenposition nimmt Immanuel Kant in seiner Erkenntnistheorie ein, dargelegt vornehmlich in der *Kritik der reinen Vernunft* (1787/1983).[5] Gegenüber den *Rationalisten* wie Platon, Thomas von Aquin, René Descartes, Gottfried Wilhelm Leibniz und Christan Wolff hielt er den Erwerb ‚wahrer' Erkenntnis durch bloßes Denken (bzw. eine platonische *Ideenschau*) für unmöglich. Vielmehr war die sinnliche Erfahrung eine notwendige, wenngleich nicht hinreichende Bedingung gesicherter Erkenntnis. Gegenüber den Empiristen (Hobbes, Locke, Hume usw.) nahm Kant jedoch an, dass wir mithilfe erfahrungsunabhängiger *apriorischer* Anschauungsformen von Raum und Zeit und ebenso *apriorischer*, weil logisch zwingend ableitbarer Denkformen, den *Kategorien*, zu gesichertem Wissen über die Welt gelangen können. Insofern war Kant ein Erkenntnisoptimist. Zugleich nahm er an, dass die Realität als *Welt der Dinge an sich* vollkommen unerkennbar sei. Ein schon zu Lebzeiten Kants aufgezeigter Grundwiderspruch liegt darin, dass nach Meinung Kants die *Dinge an sich* unsere sinnlichen Erfahrungen hervorrufen, obwohl wir angeblich von dieser Welt und der Tatsache bzw. den Details ihrer Einwirkung auf die Sinnesorgane gar nichts wissen können.

Ein solches Nicht-Wissen würde sich auch auf die Existenz einer Welt der Dinge an sich beziehen. Ebenso bleibt die objektive Gültigkeit der Kant'schen Kategorien unbegründet. Wer garantiert, dass der Mensch nicht auch bei der logischen Deduktion der Kategorien irren kann? Vielleicht war Kant die scheinbare Unumstößlichkeit der Physik Newtons Beweis dafür, dass wir kraft unseres logi-

---

5 Für eine umfassende Darstellung s. Höffe (2004).

schen Denkens gesichertes Wissen erwerben können. Einsteins Relativitätstheorie hat die Gültigkeit der Newtonschen Physik auf „mesokosmische" Verhältnisse, also bei nicht zu großen Massen und bei Geschwindigkeiten weit unterhalb der Lichtgeschwindigkeit, eingeschränkt, die Quantenphysik hat unsere Auffassung von Kausalität bzw. Determinismus stark verändert und der Gödel'sche Unvollständigkeitssatz den Glauben an die Vollständigkeit der Logik zerstört.

Über den ontologischen Realismus und Agnostizismus hinaus gibt es den *ontologischen Idealismus*, wie er sich bei Berkeley findet, für den es nur unsere (von Gott geschaffene) geistigen Sinneserfahrungen und Denkinhalte gibt, durch die die scheinbar realen Dinge entstehen (*esse est percipi*). Damit wollte Berkeley das Leib-Seele-Problem lösen. Dieser Ansatz hat sich aber über Erkenntnisse unserer Sinneserfahrungen hinaus als unfruchtbar erwiesen, da er von einem Solipsismus („nur ich existiere als wahrnehmend-denkend') nicht plausibel unterscheidbar ist.

Diskussionswürdig erscheinen heutzutage entweder nur eine Kombination von ontologischem Realismus entweder mit einem kritischen Realismus, der die Realität zumindest für partiell erkennbar hält, oder mit einem hypothetischen Realismus, der die Realität zwar für existent, aber für prinzipiell unerkennbar ansieht, sowie ein Positivismus/radikaler Konstruktivismus, der die Annahme einer Realität für überflüssig hält. Allerdings sind, wie zu zeigen sein wird, alle drei Positionen mit tiefgreifenden Problemen behaftet.

2 Philosophische Erkenntnistheorie und empirische Wissenschaften

Die Erkenntnistheorie ist seit der Antike neben der Ontologie eine Hauptdisziplin der Philosophie. Nicht nur Kant und alle anderen klassischen Erkenntnistheoretiker, sondern auch moderne Erkenntnisphilosophen wie Franz von Kutschera (1981) halten an dem Status der philosophischen Erkenntnistheorie als *Grundlage* für alle wissenschaftlichen Einzeldisziplinen fest. Die philosophischen Untersuchungen der Bedingungen gesicherter wissenschaftlicher Erkenntnisse werden danach *nicht* von den Einzelwissenschaften abgelöst, da diese schließlich nicht ihre eigenen Erkenntnisvoraussetzungen reflektieren können – das vermag nur eine außenstehende oder „übergeordnete" Disziplin. Bereits Kant unterscheidet in der *Kritik der reinen Vernunft* zwischen dem empirisch-disziplinären Erkenntnisgewinn (der *quaestio facti*) und der Frage nach der Gültigkeit dieser Erkenntnisse (der *quaestio juris*), die nur philosophisch untersucht werden könne.

Eine solche in der Philosophie verbreitete und für die Eigenwahrnehmung der Philosophen durchaus verständliche Sicht als ‚Grundlagentheoretiker' ist jedoch fragwürdig, denn sie gelangt auch ihrerseits nicht aus dem erkenntnistheoretischen Zirkel heraus. Versucht man die Bedingungen der Möglichkeit von Erkenntnis rein logisch-gedanklich zu ergründen, so setzt man die Gültigkeit eines solchen Vorgehens axiomatisch voraus, was unzulässig ist, denn dessen Korrektheit kann nicht wiederum logisch-gedanklich bewiesen werden. Geht man aber zumindest teilweise empirisch vor, so liefert man sich der Gültigkeit der Resultate empirischer Forschung aus.

Zudem wurde wissenschaftshistorisch diese Sicht der Philosophie als erkenntnistheoretische Grundlegung der Einzelwissenschaft in dem Maße fragwürdig, in dem bedeutende Forscher wie Wilhelm Wundt oder Ernst Mach von Amtes wegen sowohl Philosophen als auch Einzelwissenschaftler waren, oder sich als Naturwissenschaftler explizit mit erkenntnistheoretischen Fragen ihrer Disziplin auseinandersetzten wie Hermann von Helmholtz, Albert Einstein, Max Planck, Niels Bohr, Werner Heisenberg und Carl-Friedrich von Weizsäcker – um nur einige zu nennen. In demselben Maße verlor die rein philosophische Erkenntnistheorie ihre Bedeutung für die Naturwissenschaften.

Viele Naturwissenschaftlicher sind der festen Überzeugung, die Naturwissenschaften seien in der Lage, zumindest *annäherungsweise* gültige Aussagen über die Realität zu erlangen. Dazu sei eine genaue Betrachtung der Prozesse des Erkenntnisgewinns in der Physik, der Chemie, der Biologie usw. sowie der neurobiologischen und psychologischen Grundlagen von Wahrnehmung und Erkenntnis nötig. Zumindest in der Physik wurde ein hoher Grad an philosophischen Reflexion über physikalische Methoden und Erkenntnisprozesse erreicht.[6] Allerdings hat es auch gleich zu Beginn der modernen Physik, insbesondere mit dem Entstehen der Quantenphysik, eine Auseinandersetzung um den erkenntnistheoretischen Status quantenphysikalischer Aussagen gegeben, die bis heute andauert. Während die Vertreter der sogenannten Kopenhagener Deutung, vor allem Niels Bohr, eine *instrumentalistische* Position annahmen, nach der die Modelle der Quantenphysik lediglich nützliche Beschreibungsweisen beobachteter Vorgänge ohne Anspruch auf ‚reale' Gültigkeit besitzen, halten bis heute die Vertreter eines realistischen Standpunktes die Modelle für Abbildungen objektiver Tatsachen. Nach Meinung von Albert Einstein und David Bohm waren die beobachteten Paradoxien (z. B. der Welle-Teilchen-Dualismus) nur Ausdruck der Wirkung verborgener Mechanismen. Werner Heisenberg nahm hier eine gewisse

---

6 Vgl. Planck 1929/1952; Einstein/Infeld 1938/1950; Heisenberg 2000; von Weizsäcker 1971.

Mittelposition ein.[7] Die Antwort, die sich aus solchen Reflexionen ergibt, könnte entsprechend lauten: „Ja, aufgrund dessen, was die Naturwissenschaften tun, und wie unser Wahrnehmungs- und Erkenntnisapparat funktionieren, ist eine objektive Erkenntnis möglich", oder: „Nein, auch der naturwissenschaftliche Erkenntnisgewinn vermag es nicht, den erkenntnistheoretischen Zirkel zu durchbrechen."

Es ergibt sich hier ein Kreisprozess erkenntnistheoretischer Arbeit zwischen Philosophie und Einzelwissenschaften, denn es kann weder eine rein philosophische Erkenntnistheorie geben noch eine rein disziplinäre wissenschaftliche Arbeit, die ohne Reflektionen über die Möglichkeiten der Erkenntnis auskommt. Besonders deutlich wird dies innerhalb derjenigen Disziplinen, die sich mit Wahrnehmungsvorgängen und deren kognitiver Verarbeitung direkt beschäftigen, nämlich Psychologie und Neurobiologie. Hier scheint das Dilemma zu bestehen, dass wir mithilfe unserer Wahrnehmung und unserer kognitiven Leistungen die psychologischen Voraussetzungen und neurobiologischen Grundlagen dieser Leistungen erkennen wollen. Kürzer gesagt: Das Gehirn muss sich selber untersuchen.[8]

Von manchen Philosophen wird dies vorschnell als Aporie im Sinne „das Gehirn kann sich doch nicht selber verstehen!" abgetan. Aber wenn hier ein Grunddilemma vorliegt, so gilt dies natürlich auch für die Philosophen, sofern sie dabei ihr Gehirn benutzen. Und selbst, wenn sie glauben (was manche Philosophien offenbar tun), zum Denken brauche man kein Gehirn, sondern nur Geist, dann versuchen sie mithilfe des denkenden Erkennens die Möglichkeiten des denkenden Erkennens zu ergründen. Aus diesem Zirkel scheint es aber weder empirisch noch philosophisch ein Entkommen zu geben.

3 Evolutionäre Erkenntnistheorie – ein Ausweg aus dem Erkenntniszirkel?

Einen der bekanntesten Versuche, erkenntnistheoretische Probleme mithilfe naturwissenschaftlicher Erkenntnisse zu lösen und dadurch den Erkenntniszirkel zu durchbrechen, stellt die *Evolutionäre Erkenntnistheorie (EE)* dar, die mit den Namen Donald Campbell, Konrad Lorenz, Rupert Riedl, Karl Popper und Gerhard Vollmer verbunden ist, aber schon von William James, Herrmann von

---

7 Vgl. Heisenberg 2000.
8 Vgl. Roth 1994/1997.

Helmholtz und Ernst Mach vorbereitet wurde. Die Vertreter der EE gehen davon aus, dass Erkenntnistheorie gleichermaßen philosophisch und auf der Grundlage naturwissenschaftlicher Erkenntnisse betrieben werden muss. Im Zentrum des Letzteren stehen dabei die Verhaltens- und Wahrnehmungsforschung und die Evolutionstheorie. Die moderne Neurobiologie wurde und wird hingegen nur wenig rezipiert. Ich gehe hier im Wesentlichen von dem Buch *Die Rückseite des Spiegels* von Konrad Lorenz aus, das seinerzeit (1973) großes Aufsehen erregte, sowie von den Veröffentlichungen Gerhard Vollmers, insbesondere von seinem Buch *Evolutionäre Erkenntnistheorie*, das 1975 erschien und bis heute unverändert nachgedruckt wird.

Lorenz und Vollmer setzen kritisch bei der Erkenntnistheorie Kants an, insbesondere bei dessen Grundannahme, sowohl die Anschauungsformen des Raumes und der Zeit als auch die Kategorien als Grundformen des Denkens seien *apriorisch*, d. h. vor aller Erfahrung gültig. Beide Autoren argumentieren gegen Kant, apriorische Anschauungsformen und Kategorien mögen zwar *individuell* erfahrungsunabhängig (*individuell apriorisch*) sein, seien aber stammes- und gattungsgeschichtlich im Prozess der evolutiven Anpassung der Tiere und des Menschen an die jeweilige Umwelt erworben (*evolutionär aposteriorisch*). Sie könnten deshalb zwar keine *absolute* Gültigkeit beanspruchen, aber in ihrer stammesgeschichtlich-evolutiven Bewährung liege der Garant dafür, dass wir im Gegensatz zur Auffassung Kants die Welt *in Grenzen* erkennen können: die Wahrnehmungs- und Erkenntnismechanismen der Organismen müssen so beschaffen sein, dass sie das Überleben ermöglichen, sonst würden sie nicht existieren!

Es muss also im Sinne der klassischen Korrespondenztheorie eine hinreichende ‚Passung' zwischen ihnen und den objektiven Eigenschaften und Gesetzmäßigkeiten der Welt geben. In den Augen der EE wäre ein Überleben von Millionen von Arten im Laufe der Evolution völlig unerklärlich, wenn es eine hinreichende Passung nicht gäbe (Vollmer 1975/2002, 102):

> Unser Erkenntnisapparat ist ein Ergebnis der Evolution. Die subjektiven Erkenntnisstrukturen passen auf die Welt, weil sie sich im Laufe der Evolution in Anpassung an diese reale Welt herausgebildet haben. Und sie stimmen mit den realen Strukturen (teilweise) überein, weil nur eine solche Übereinstimmung das Überleben ermöglichte.

Damit nimmt die EE zusammen mit einem ontologischen Realismus einen optimistischen erkenntnistheoretischen Standpunkt ein. Die Annahme einer vollkommen unerkennbaren Welt der „Dinge an sich" im Sinne Kants wird explizit abgelehnt. So heißt es bei Lorenz: „An unserer Überzeugung [...], daß alles, was unser Erkenntnisapparat uns meldet, *wirklichen* Gegebenheiten der außersubjektiven Welt entspricht, halten wir unerschütterlich fest" (Lorenz 1973). „Wirklich" ist von Lorenz hier im Sinne von „tatsächlich" gemeint, was ich als „real" bezeichne (Roth 1994/1997). Eine ähnliche Gewissheit findet sich zum Beispiel trotz aller Reflexion der grundsätzlichen Eingeschränktheit unseres Erkenntnisvermögens beispielsweise bei Herrmann von Helmholtz und auch bei meinem Lehrer Bernhard Rensch (1968).

Eine gewisse Verwirrung ergibt sich daraus, dass Lorenz, Vollmer und Popper den Begriff des „hypothetischen Realismus" verwenden. Dieser Begriff suggeriert, auch unsere wissenschaftlichen Erkenntnisse müssten wegen des Erkenntniszirkels immer Hypothesen bleiben und könnten niemals gesichertes Wissen sein. Das aber ist weder von Lorenz und Vollmer und Popper gemeint, sondern sie sind – wie erwähnt – davon überzeugt, dass wir die ‚objektiven' Eigenschaften der Realität zumindest hinsichtlich der Existenz naturgesetzlicher, kausaler Prozesse und damit einer Grundstrukturiertheit erkennen können. Der ‚hypothetische' Charakter der wissenschaftlichen Erkenntnisse besteht für sie lediglich darin, dass sie sich im Prozess der Verifikation und Falsifikation immer nur vorläufig bewähren (Popper 1934/1976). Zugleich aber ergibt sich dadurch eine stetige Annäherung an die ‚Tatsachen' der Realität, also ein objektiver Fortschritt im wissenschaftlichen Erkenntnisgewinn. Der maßgebliche Bürge hierfür ist die erfolgreiche Evolution des menschlichen Erkenntnisapparats, der die größte Erkenntniskraft besitzt.

Die EE muss also die Gültigkeit der von Darwin begründeten und in Form der *Synthetischen Theorie* weiterentwickelten Evolutionstheorie voraussetzen, sonst baut sie auf Sand. In der Tat: so wie Kant felsenfest von der absoluten Gültigkeit der Newtonschen Physik überzeugt war (Höffe 2004), so glaubten und glauben die Vertreter der EE an die Gültigkeit ‚der' Evolutionstheorie. Hier aber eröffnet sich eine tiefgründige Problematik.

Was man heute unter Evolutionstheorie versteht, setzt sich aus mindestens drei Theoriekomplexen zusammen.[9] Der erste Komplex betrifft die Frage nach der *Stammesgeschichte* der Lebewesen einschließlich der Frage nach der Entstehung des Lebens. Hier sind wir allerdings auf relativ sicherem Boden. Es kann nicht mehr ernsthaft bezweifelt werden, dass alle Lebewesen einen gemeinsamen Ursprung haben, der rund 4 Milliarden Jahre zurückliegt, und damit eine gemeinsame Stammesgeschichte aufweisen. Dies ist jedoch für die EE nicht von Belang. Bei der zweiten Frage nach der Entstehung der unterschiedlichen *Reiche* der Lebewesen (dem Reich der Prokaryonten, d.h. Bakterien und Archäen, der Protozoen, der Pflanzen, Pilze und Tiere), deren Stämme, Klassen, Familien, Gattungen und Arten im Laufe der Stammesgeschichte, also der *Diversifikation*, herrscht noch einige Unklarheit – wahrscheinlich liegen diesem Prozess mehrere

---

[9] Vgl. Mayr 1984; Storch/Welsch/Wink 2013.

Prinzipien zugrunde, vornehmlich aber geographische Isolation. Aber auch diese Grundfrage der Evolutionsbiologie ist für die EE kaum von Bedeutung. Die dritte Frage betrifft hingegen die EE im Kern, nämlich diejenige nach den *Mechanismen der Evolution* als Abwandlungen von Formen und Funktionen von Lebewesen in Raum und Zeit. Während in den Augen vieler Laien und auch der Vertreter der EE diese Frage durch die Darwin'sche Lehre von der *natürlichen Selektion* bzw. durch den *Neodarwinismus* oder besser die *Synthetische Theorie der Evolution* als Vereinigung der klassischen Darwinschen Theorie mit der modernen Populationsgenetik, Systematik und Paläontologie endgültig beantwortet wurde, ist dies unter Experten inzwischen mehr denn je umstritten.[10]

Es wird dabei nicht bezweifelt, dass die von Darwin als für die Evolution grundlegend angesehene Interaktion von genetischer und phänotypischer Variabilität und Selektion *ein* evolutiver Mechanismus ist, aber es wird inzwischen weithin akzeptiert, dass es daneben weitere, vielleicht sogar wichtigere Mechanismen gibt. Davon seien hier nur genannt: (1) neutrale genetische bzw. epigenetische Abänderungen, die mit unterschiedlichen Häufigkeiten *ohne* Bezug auf selektierende Umweltbedingungen auftreten (Kimura 1983), (2) mindestens sechs Großkatastrophen, bei denen zwischen 50 und 95 % existierender Arten ausgelöscht wurden und durch welche die Evolution einen ganz anderen, nicht von genetischer Variation und Selektion bestimmten Gang nahm, (3) Selbstkanalisations-Effekte der Evolution im Zuge der Entstehung komplexer Strukturen und Funktionen (Wake/Roth 1988), (4) *Stasis*, d. h. Verharren von großen Tiergruppen auf einem bestimmten *Bauplan* über Millionen oder gar Hunderte von Millionen Jahren.[11]

Demgegenüber besteht die Grundüberzeugung der *Synthetischen Theorie*, dass die Evolution – von Ausnahmen abgesehen – *ausschließlich* oder ganz wesentlich aufgrund der natürlichen Selektion zum Entstehen und Überleben neuer und ‚besser angepasster' Lebensformen führt (Mayr 1984). Dies soll dann zur Zunahme immer komplexeren und leistungsfähigeren Formen im Laufe der Stammesgeschichte führen, d. h. zu einer Evolution im Sinne der *Höherentwicklung*, denn der Höherentwickelte ist nach Ansicht des (Neo-)Darwinismus automatisch der besser Angepasste (Futuyma 1998). Er verdrängt seine innerartlichen Konkurrenten und überlebt besser die feindlichen biotischen und abiotischen Lebensbedingungen. Vollmer spricht ausdrücklich von einem den Organismen auferlegten „Entwicklungszwang" (1975/2002, 65), denn für ihn ist der höher entwickelte Organismus immer auch der besser Angepasste.

---

10 Vgl. Gould 1977; ders./Eldredge 1977; Gerhart/Kirschner 1997; 2005; Kutschera 2009; Pigliucci/Müller 2010.
11 Vgl. Gould/Eldredge 1977; Roth 2013.

Diese Sicht der Stammesgeschichte als einer evolutiven *Höherentwicklung* entspricht aber kaum den Tatsachen.[12] Überblickt man die gesamte Stammesgeschichte der Lebewesen, so sind die erfolgreichsten von ihnen die prokaryotischen (d. h. zellkern-losen) Bakterien, denn sie übertreffen an Alter, Biomasse, Artenvielfalt und Überlebensleistungen mit Abstand alle anderen Lebewesen. Ihr Bauplan ist vor rund 2,5 Milliarden Jahren entstanden und ist der einfachste aller heutigen Lebewesen. Sie werden in Alter, Biomasse und Vielfalt von den Protozoen (den eukaryotischen, d. h. zellkern-besitzenden Einzellern) gefolgt, die seit mindestens 1 Milliarde Jahren nahezu unverändert geblieben sind. Die grundlegenden Funktionsmechanismen der Protozoen sind auch heute noch in unseren Körpern zu finden – alle Vielzeller sind ja kaum etwas anderes als Protozoen-Kolonien. Den Einzellern folgten vor rund 700 Millionen Jahren zahllose ‚primitive' Formen von Tieren wie Schwämme, Quallen, kleine wurmartigen Tiere (z. B. Nematoden), die alle relativ einfache Sinnessysteme und Nervensysteme besitzen und einen großen Teil der heutigen Biomasse ausmachen. Aber auch die meisten Vertreter der artenmäßig größten Tiergruppe, der Arthropoden, zeigen durch eine über Hunderte Millionen Jahre fast gleichbleibende Ausstattung an Sinnesorganen und Nervensystemen bzw. Gehirnen, und diese Konstanz findet sich bei den meisten Weichtieren und den ‚niederen' Wirbeltieren wie den Schleimaalen, Neunaugen und Knorpelfischen.

Dramatische Höherentwicklungen sind in der Stammesgeschichte hingegen selten und finden sich nur bei Kopffüßern, einigen Knochenfischen, Vögeln und Säugern einschließlich der Primaten, zu denen auch der Mensch gehört. Sehr viel mehr Gruppen von Tieren (einige hunderttausend Arten!) haben etwas scheinbar Paradoxes gemacht, sie sind nämlich im Laufe ihrer Evolution *einfacher* geworden, z. B. viele Arthropoden, Mollusken und alle Amphibien. Wenn man im Sinne des Darwinismus und der Synthetischen Theorie den Überlebenserfolg als Hauptkriterium nimmt, dann sind bis heute die einfachsten Formen die Erfolgreichsten und Langlebigsten – nämlich die Bakterien, Protozoen, die ‚Würmer' sowie viele Arthropoden! Bei Tieren mit komplexen Sinnesorganen und Gehirnen muss sich der Überlebenserfolg erst noch beweisen (so gab es vor mehreren hundert Millionen Jahren sehr viel mehr Kopffüßer mit vergleichsweise großen Gehirnen als heute – warum?). Die generelle Gleichsetzung von Stammesgeschichte bzw. Evolution mit ‚Höherentwicklung' ist also falsch.

Besonders problematisch sind die Begriffe des ‚Überlebens des Tüchtigsten' und der ‚Anpassung'. Nach Darwin und einigen Vertretern der Synthetischen Theorie der Evolution führen genetische Variationen (überwiegend Rekombina-

---

12 Für Details s. Roth (2010, 2013).

tionen der Allele) und Selektion zum vielzitierten „Survival of the fittest". Es ist aber bisher nicht gelungen, diesen für den Darwinismus zentralen Begriff *zirkelfrei* zu definieren. Im Rahmen des Darwinismus wird die Fitness eines Organismus über seinen Reproduktionserfolg und den seiner Nachkommen erklärt und anschließend wird der Reproduktionserfolg durch die Fitness begründet. Dies ist ein klassischer Zirkelschluss (*petitio principii*). Kritiker des Darwinismus haben schon früh formuliert, dass hier die Tautologie des *Überlebens des Überlebenden* vorliegt, und dieses Argument ist nie schlüssig widerlegt worden.

Während der Begriff des „Survival of the fittest" auch von angesehenen Neodarwinisten wie Endler (1986, 28) als höchst problematisch angesehen wird, versucht man, den Begriff der „Anpassung" (Adaption) zirkelfrei zu erklären in dem Sinne, dass ein bestimmter phänotypischer Unterschied, also ein Unterschied in einem bestimmten Merkmal (z. B. Flügellänge, Augenstruktur, Gehirngröße) bzw. einer bestimmten Eigenschaft (z. B. Schnelligkeit, Sehschärfe, Intelligenz usw.), mit einem erhöhten Reproduktionserfolg in Verbindung gebracht wird, und dieses Merkmal bzw. diese Eigenschaft wird dann als „besser angepasst" angesehen (Futuyma 1998, 337 ff.). Aber auch hierdurch beseitigt man nicht die Zirkularität, denn letzteres wird dann zur Erklärung des Ersteren herangezogen.

Neodarwinisten pflegen die Tatsache zu betonen, dass Unterschiede in „adaptiven" Merkmalen oft sehr gering sind, sich erst auf lange Sicht auswirken und deshalb in natürlichen Populationen nur schwer empirisch zu identifizieren sind (Mayr 1984; Endler 1986; Futuyma 1998). Dies wird als Erklärung dafür herangezogen, dass es so wenige gut belegte Beispiele für das Wirken der natürlichen Selektion gibt. Weiterhin ist es schwer, Merkmalsänderungen, die eindeutig auf natürliche Selektion zurückgehen, von solchen zu unterscheiden, die durch andere, *nichtadaptive* Ursachen bzw. Prozesse bewirkt wurden, wie sie oben genannt wurden.

Auch müssten nach dem Prinzip der natürlichen Selektion die ‚besseren' Organismen die hinsichtlich eines überlebens- und reproduktionsförderlichen Merkmals weniger Entwickelten im Konkurrenzkampf verdrängt haben. Es dürfte letztere also gar nicht mehr geben, oder höchstens als Reliktstufe, wie dies auch Vollmer suggeriert (1975/2002, 66). Das Gegenteil ist aber der Fall: Wie erwähnt, sind gerade die allereinfachsten Organismen, nämlich die Bakterien und die Protozoen, die mit Abstand erfolgreichsten Lebewesen. Die Bakterien haben alle Großkatastrophen der Erdgeschichte überlebt und werden das in Zukunft auch weiter tun. Umgekehrt waren es die am engsten an ihre Umwelt angepassten Gruppen, die Spezialisten, die bei Umweltveränderungen am ehesten aussterben.

Nehmen wir die Leistungsfähigkeit von Sinnesorganen und Nervensystemen bzw. Gehirnen, so ergibt sich dasselbe Bild: diejenigen Lebewesen, die als Bakterien, Protozoen oder Kleinstwürmer eine minimale sensorische Ausstattung und ein Minimum an Reizverarbeitung und Motorik haben, sind die Erfolgreichsten! Komplexe Sinnesorgane gibt es durchaus häufiger, insbesondere bei Arthropoden, große Gehirne sind hingegen vergleichsweise selten, und die allermeisten vielzelligen Tiere auf der Welt haben gar keine Gehirne im engeren Sinne, sondern ‚nur' eine Kombination von einzelnen Ganglien und diffusen Nervennetzen (Roth 2010; 2013).

Schließlich gelangt man zu der Erkenntnis, dass es in den allermeisten Fällen hinsichtlich einer bestimmten Umwelt nicht einen *einzigen bestangepassten* Organismus gibt, der dann die Konkurrenz gewinnt, sondern immer eine – oft unbekannte – Zahl ähnlich vorteilhafter Phänotypen (Endler 1986, 48, 110), die ganz unterschiedliche Überlebensstrategien anwenden. Das heißt: die einen überleben, weil sie sehr einfach und robust ‚gebaut' sind und unzählige einfache und robuste Nachkommen haben, die anderen sind die Komplexen und Raffinierten, die meist nur wenige, aber kompetente Nachkommen haben. Es überlebt derjenige, der erfolgreich überlebt – wie auch immer er dies schafft. *Was genau* das erfolgreiche Überleben sichert, ist so vielfältig, wie es Lebensbedingungen gab und gibt – nämlich fast unzählig viele. Viel wichtiger als das Gewinnen eines innerartlichen oder zwischenartlichen Konkurrenzkampfes scheint das *Ausweichen* in neue ökologische Nischen zu sein, und zwar aufgrund abgeänderter Merkmale, wie dies bei der Evolution des Menschen und seiner unmittelbaren Vorfahren und dem Übergang vom Leben im Urwald zu dem in der Savanne der Fall war.[13] Hierbei kann es sich wiederum um sehr unterschiedliche Strategien handeln wie eine starke Zu- oder Abnahme der Körpergröße, neue Beutefangstrategien, aber auch extreme Vereinfachungen oder Parasitismus.

Damit fällt das entscheidende Argument der EE fort, dass für das Überleben eine bessere Anpassung im Sinne eines immer genaueren Erfassens der Umwelt durch immer leistungsfähigere Sinnesorgane und Gehirne nötig sei. Aus der bloßen Tatsache des Überlebens sind *keinerlei* erkenntnistheoretischen Schlussfolgerungen hinsichtlich der Korrespondenz zwischen Erkenntnisapparat und Realität zu ziehen, außer dass der jeweilige *Erkenntnisapparat* der Organismen – ob nun höchst komplex wie beim Menschen oder höchst einfach wie beim Pantoffeltierchen – *bisher für das Überleben offensichtlich reichte*. Dies aber ist eine für die Erkenntnistheorie inhaltsleere Aussage. Keinesfalls können die evolutiv erworbenen Erkenntnisformen als Garant sicherer Erkenntnis den Platz des Kant'schen Erkenntnisformen a priori einnehmen, auch wenn sie ontogenetisch a priori sein sollten, d. h. wenn Tiere und Mensch mit ihnen auf die Welt kommen.

---

[13] Vgl. Roth 2010.

4 Makro-, Meso- und Mikrokosmos

Die EE geht von dem Grundsatz aus, dass unser Erkenntnisvermögen nur deshalb so verlässlich arbeitet, weil dieses Vermögen bzw. seine evolutiven Vorstufen sich an die auf der Erde herrschenden Lebens- und Überlebensbedingungen, den *Mesokosmos*, angepasst haben. Der Mesokosmos entspricht ziemlich genau derjenigen Welt, die durch die Newtonsche Physik mit der Annahme eines absoluten dreidimensionalen Raumes, einer absoluten Zeit, von Kausalität, einer instantan fernwirkenden Schwerkraft, der Unterscheidung von schwerer und träger Masse usw. beschrieben wird. Dies gilt auch für alle mit unserer sinnlichen Anschauung vereinbaren wissenschaftlichen Erkenntnisse, die sozusagen intersubjektiv standardisierte mesokosmische Wahrnehmungs- und Erkenntnisakte sind. Dies ist zugleich der Grund dafür, dass physikalische Phänomenen, die im Bereich des *Makrokosmos*, also der relativistischen Physik, als auch des *Mikrokosmos*, also der Quantenphysik auftreten, unseren Anschauungen z. T. dramatisch zu widersprechen scheinen. Obwohl unanschaulich, kann der menschliche Geist jedoch damit umgehen, ja aufgrund mathematisch-logischer Schlussfolgerungen die Existenz solch unanschaulicher Phänomene wie der Zeitdilatation und Raumkontraktion, der Raumkrümmung, der Existenz von Neutrinos, Schwerkraftwellen oder Higgs-Teilchen postulieren und Experimente ersinnen, die geeignet sind, solche Annahmen zu bestätigen oder zu widerlegen. Dies gilt sogar für „wilde" Spekulationen wie dunkle Energie, die vorerst nichts anderes ist als ein Erklärungsversuch für bestimmte Beobachtungen, z. B. ein immer schneller expandierendes Universum.[14]

Für die EE stellt dies ein großes Problem dar. Denn zum einen will sie erklären, warum unsere Anschauung mesokosmisch ist und sich Tiere und Mensch in dieser Welt so gut zurechtfinden, zum anderen sehen die Vertreter EE die (für die irdische Existenzsicherung ziemlich belanglosen) Befunde der Relativitätstheorie und der Quantenphysik als glänzende Beweise für die Möglichkeit an, tendenziell objektive wissenschaftliche Erkenntnisse zu erlangen. Die Wissenschaft ist nämlich für die EE und den Falsifikationismus Poppers ein Prozess, in dem wir den objektiven Gesetzmäßigkeiten immer näherkommen, auch wenn wir diese nie ganz erreichen werden.

Wenn aber unser Erkenntnisapparat mesokosmisch ist und im ganz Großen wie im ganz Kleinen scheitern muss (sonst wäre er eben nicht lediglich mesokosmisch angepasst), wieso können wir dann relativistische Effekte und Quanteneffekte überhaupt erkennen und die Grenzen unserer Anschauung mithilfe

---

14 Vgl. Bahr/Resag/Riebe 2014.

der Mathematik und der Experimente übersteigen? Eine mögliche Erklärung könnte lauten, dass es jenseits unserer Wahrnehmungswelt eine Welt objektiver Gegebenheiten gibt, die uns zwingt, bestimmte scheinbar widersinnige Dinge zu akzeptieren, weil sie sich aus bestimmten mathematischen Modellen ergeben. Aber woher nehmen wir die Fähigkeit hierzu, die ja nicht dem mesokosmischen Erkenntnisapparat entspringen kann? Man kann ja schlecht annehmen, dass sich mit Einstein und Planck dieser Erkenntnisapparat blitzschnell an die neuen Gegebenheiten adaptiert hat. Wir müssen also davon ausgehen, dass der konstruktive menschliche Geist relativ unabhängig von seinem Mesokosmos mathematisch-logische Werkzeuge entwickelt hat (Quantenlogik, nicht-euklidische Geometrie usw.), mithilfe derer er unanschauliche Prozesse vernünftig beschreiben kann.

Das vorgeblich schlagende Argument der mesokosmischen Anpassung unseres Erkenntnisapparates, das Kernstück der EE, erweist sich damit als erkenntnistheoretische Sackgasse. Die EE kann daher nicht erklären, warum wir in der Lage sind, völlig unanschauliche Gesetzmäßigkeiten oder scheinbare Paradoxien wie den Welle-Teilchen-Dualismus oder die „Verschränkung" (Zeilinger 2003, 82 ff.) zu erkennen und etwa im Rahmen der Quantenfeld-Theorie plausibel zu machen.

Eine mit dem Gedanken der Evolution unseres Erkenntnisvermögens verträgliche, aber nicht von der EE bedachte Möglichkeit lautet, dass unser *kognitiver Apparat* sich keineswegs im Sinne eines strengen Adaptationsmechanismus genau an die Lebensbedingungen angepasst hat, sondern dass – etwa im Falle der Säugetiere, Primaten und des Menschen – mit der Evolution der Großhirnrinde und ihrer Fähigkeiten ‚geistige Freiräume' geschaffen wurden, die abstraktes Denken, Mathematik, theoretische Physik, aber auch Kultur, Kunst, Kommunikation zu entwickeln gestatteten, die bis zum Beweis des Gegenteils keinen direkten Überlebenswert hatten. Dies ist so seltsam nicht: die Erfinder der Computer, die seinerzeit vornehmlich militärische Ziele verfolgten, waren sich nicht darüber im Klaren, welch ungeheure allgemeine Revolution mit diesen Techniken in Gang gesetzt wurde (und diese Revolution mag erst am Anfang sein). Mit der Evolution der Großhirnrinde der Säugetiere und Primaten entstand ein „universeller Rechen- und Speicherapparat", der beim Menschen in seiner Kapazität noch durch die grammatisch-syntaktische Sprache verstärkt wurde (Roth 2010, 401 ff.). Dieser Prozess konnte in dieser Kapazität weit über die aktuellen Erfordernisse des Überlebens hinausgehen und sich deshalb beliebig weit von der sinnlichen Erfahrung und Alltagslogik entfernen.

5 Die erkenntnistheoretische und ontologische Bedeutung sinnesphysiologischer und neurobiologischer Erkenntnisse

Mit der Ablehnung der EE in der vorliegenden Form ist aber die Frage nach der Bedeutung der Erkenntnisse der modernen Biologie für die Erkenntnistheorie nicht vom Tisch, sondern stellt sich in verschärfter Form. Dabei zeigt sich nämlich ein erkenntnistheoretisches Grundproblem, welches die meisten Erkenntnisphilosophen bisher nicht reflektiert haben.

Für einen tierischen Organismus ist es unabdingbar, auf lebens- und überlebensrelevante Ereignisse in seiner Umwelt und im eigenen Körper adäquat zu reagieren (bei Einzellern, Pflanzen und Pilzen ist dies natürlich genauso). Dies wird gewährleistet durch die Verarbeitung von Sinnesreizen und deren Umsetzung in ein bestimmtes Verhalten. Wie in den gängigen neurobiologischen Lehrbüchern[15] nachzulesen, arbeiten die Sinnesrezeptoren bzw. Sinnesorgane aller Lebewesen selektiv, d. h. sie reagieren nur auf bestimmte und oft winzige Ausschnitte aus dem Gesamtspektrum physikalisch-chemischer Umweltereignisse. Sinnesrezeptoren sind aber nicht nur reiz-selektiv, sondern sie müssen die aufgenommenen Reize in die „Sprache des Gehirns" bzw. der Neurone umwandeln (Roth 1994/1997, 92 ff.). Nervenzellen und damit das Gehirn sind nämlich für die Umweltreize einschließlich der körpereigenen Reize unempfänglich, und es ist deshalb die Funktion der Sinnesrezeptoren, diese in solche elektrochemische Signale umzuwandeln, welche die Nervenzellen erregen können. Diese Signale sind aber nach ihrer Umwandlung (*Transduktion*) entweder als chemische Signale (Transmitter) oder als elektrische Signale (graduierte Membranpotenziale oder Aktionspotenziale) alle mehr oder weniger dieselben unabhängig von der Modalität der Sinnesreize (taktil, visuell, auditorisch usw.), sie sind primär bedeutungsfreie Signale, ähnlich den „Nullen" und „Einsen" im binären Code der Informationstechnologie. Dies habe ich die „Neutralität des neuronalen Codes" genannt (Roth 1994/1997, 94), die in der Ökonomie etwa der Neutralität des Geldes entspricht.

Dadurch verlieren die Sinneserregungen aber ihre Sinnesspezifität bzw. Modalität, d. h. ob es sich um eine visuelle, auditorische, taktile, geruchliche oder geschmackliche Information handelt. Diese wird im Gehirn auf zwei Arten ‚rekonstruiert', einmal über die überwiegend genetisch festgelegten Verarbeitungsorte: d. h. was im Hinterhauptscortex an Erregung ankommt, wird als ‚visuell' erlebt

---

[15] Z. B. Kandel/Schwartz/Jessell 1996; Galizia/Lledo 2013.

usw. Zum anderen geschieht dies über die sensomotorische Rückkopplung, d. h. was sich bei Bewegung der Augen bewegt, wird ebenfalls als ‚visuell' interpretiert. Schließlich reagieren die Sinnesrezeptoren nicht auf komplexe Sinneserregungen, sondern nur auf physiko-chemische ‚Elementarereignisse' auf der Ebene von Molekülen (z. B. beim Geruch, Geschmack, Tasten und Hören) oder gar von Lichtquanten (Sehen). Alle Objekteigenschaften wie Farbe, Form, Bewegung, Ort im Raum, zeitliche Veränderung müssen ebenso wie die Modalität vom Gehirn ‚erschlossen' werden. Zudem wird über Mittelung überprüft, ob es sich bei einem gemeldeten Reiz tatsächlich um die Folge der Einwirkung eines Umweltereignisses handelt oder um eine zufällige oder gar intern generierte Fluktuation. Dabei spielt auch die Erfahrung eine große Rolle.

Dies bedeutet, dass es sich bei der Erlebniswelt eines Tieres oder eines Menschen, also seiner *Wirklichkeit*, um eine Welt handelt, die vollständig auf neuronalen Berechnungen beruht. Die Frage, ob *da überhaupt ein Umweltreiz ist bzw. war*, kann vom Gehirn nur abgeschätzt werden. Viele Anteile unserer Wahrnehmungen gehen gar nicht auf aktuelle Umweltreize zurück, sondern sind von den Verarbeitungssystemen ‚konstruiert', wie sich schön an optischen Täuschungen zeigen lässt.

Wenn sich anstelle eines Philosophen ein Nachrichtentechniker diese Vorgänge anschaut, so wird er zu dem Schluss kommen, dass in einem derartigen System aus dessen inneren Zuständen und Zustandsveränderungen niemals verlässlich, sondern nur mit unterschiedlichen Wahrscheinlichkeiten auf externe Zustände und Zustandsveränderungen geschlossen werden kann. Die Güte des Schlussfolgerns hängt unter anderem von der Auftrittsstärke und -wahrscheinlichkeit des möglichen externen Reizes sowie von der Präzision der internen Verarbeitungsmechanismen ab, die bei komplexeren Gehirnen hochgradig erfahrungsabhängig sind.

Es kann also allein schon aufgrund der Bauprinzipien von Sinnesrezeptoren bzw. -organen, Nervenzellen und Gehirnen keine verlässliche Korrespondenz zwischen Realität und Wirklichkeit geben. Ob und inwiefern ein Wahrnehmungsinhalt ganz oder partiell irgendeinem externen Geschehen entspricht, ist grundsätzlich nicht überprüfbar, denn hierzu müssten die Gehirnmechanismen aus sich selbst heraustreten können. Es können vom Gehirn immer nur Konstrukte (Beobachtungen, Denkakte) mit anderen Konstrukten vergleichen werden, und das Ergebnis dieses Vergleichs ist immer mit Unsicherheit behaftet. Der erkenntnistheoretische Zirkel kann von uns nicht aufgebrochen werden.

Als Neurobiologe nehme ich jedoch aus Plausibilitätsgründen an, dass es eine bewusstseinsunabhängige Realität gibt, in der *real existierende Tiere* in *real existierenden Umwelten* überleben, und zwar mithilfe eines Verhaltens, das durch ihr reales Gehirn erzeugt wird. Bei einigen (vielleicht sogar vielen) Tieren einschließlich des Menschen erzeugt – so nehme ich an – dieses reale Gehirn eine Welt bewussten Erlebens, eine *Wirklichkeit*. Mithilfe dieser Konstruktion ist unser Gehirn in der Lage, ein zumindest vorübergehendes überlebensförderndes Verhalten zu erzeugen. Kurz gesagt: in der bewusstseinsunabhängigen *Realität* besitzen reale Tiere reale Gehirne, und diese realen Gehirne erzeugen eine anschaulich erlebte *Wirklichkeit*. Damit ist schon rein logisch diese Wirklichkeit eine echte Teilmenge der Realität.

Es ergeben sich jedoch in diesem Zusammenhang schwierige ontologische Fragen. Denn aus der Annahme, dass unsere sinnlich erfahrbare Welt ein Konstrukt unseres realen Gehirns ist, folgt, dass auch alles, was Menschen einschließlich der Neurobiologen beobachten, ein Konstrukt des jeweiligen realen Gehirns ist. Wenn man beispielsweise Hirnschnitte ansieht, Aktionspotenziale auf dem Bildschirm beobachtet oder Vorgänge im funktionellen Kernspintomographen verfolgt, dann sind dies Erzeugnisse des individuellen visuellen Cortex. Ich kann mithilfe bildgebender Verfahren sogar mein eigenes Gehirn bei der Arbeit anschauen. Da es sich aber auch hierbei um visuelle Wahrnehmungen handelt, betrachte ich als Konstrukt bei diesem Selbstversuch ein visuelles Konstrukt, das vermutlich der reale bewusstseinsfähige visuelle Cortex meines realen Gehirns hervorgebracht hat. Dieser visuelle Wahrnehmungsinhalt kann selbstverständlich nicht wiederum ein realer, sondern nur ein konstruierter Teil des realen Gehirns sein, denn sonst wäre das Gehirn eine echte Teilmenge seiner selbst, was ein logischer Widerspruch ist. Der Produzent, das reale Gehirn, ist innerhalb unserer Wahrnehmungs- und Erlebniswelt nicht zugänglich – es verbirgt sich hinter seinem Produkt, wie bereits Erwin Schrödinger in *Geist und Materie* (1994) schrieb. Entsprechend können wir niemals einen direkten, d. h. bewussten Zugang zum realen Gehirn haben. Wir erleben also dasjenige Gehirn nicht, das uns und unsere anschauliche Welt hervorgebracht hat.

Daher können derartige Aussagen keine ‚Objektivität' beanspruchen, sondern sind immer nur Aussagen innerhalb unserer Wirklichkeit und mithilfe von Anschauungen und Begriffen, die von dieser Wirklichkeit abgeleitet sind. Wenn wir vom ‚realen Gehirn' sprechen, so sprechen wir von einem völlig hypothetischen Gebilde, und die Unterscheidung zwischen Realität und Wirklichkeit ist selbstverständlich eine Unterscheidung, die innerhalb unserer Wirklichkeit getroffen wurde.

6 Der Begriff der Existenz

In welchem Maße ist es dann noch sinnvoll, die *Existenz* einer Realität anzunehmen, über die wir prinzipiell nichts Verlässliches aussagen können – auch nicht, ob wir uns in unseren wissenschaftlichen Erkenntnissen ihr annähern oder nicht sogar entfernen? Falls wir allerdings die Annahme der Existenz einer Realität für überflüssig oder ungerechtfertigt halten, wie es der Positivismus und der radikale Konstruktivismus (s. unten) tun, dann ergibt sich unvermeidlich das *Problem der Existenz anderer Menschen*. Wenn sie für Positivisten und radikalen Konstruktivisten lediglich von uns wahrgenommene ‚Phänomene' darstellen, hinter denen sich nichts Reales verbirgt, wozu schrieben Mach und von Glaserfeld Bücher oder hielten Vorträge? Sie taten es, weil sie *spontan* von der realen Existenz anderer Menschen ausgingen. Die meisten Dinge des Alltags und auch Wissenschaft wären ein widersinniges Unterfangen, würden wir nicht *intuitiv* von der bewusstseinsunabhängigen Existenz anderer Wesen und Dinge überzeugt sein, gleichgültig welchen philosophischen Standpunkt wir einnehmen. Freilich verleiht auch Intuition unseren Erkenntnissen keine objektive Gültigkeit.

Aber was können wir denn Sinnvolles über die Existenz und Beschaffenheit der Realität aussagen? Können wir im Sinne eines kritischen erkenntnistheoretischen Realismus annehmen, dass die Realität strukturiert ist und von Naturgesetzen beherrscht wird? Das erscheint erst einmal gerechtfertigt. Wie sicher sind wir aber bei solchen Naturgesetzen? Schon viele Male im Laufe der Wissenschaftsgeschichte wurden Dinge als ‚absolut gesetzmäßig' angesehen, was sich dann als Irrtum herausstellte (z. B. das ptolemäische Modell des Sonnensystems, das mechanistische Weltbild der klassischen Physik). Kein Physiker weiß zurzeit, welche Gesetze die dunkle Materie oder dunkle Energie beherrschen, wie das Vakuum tatsächlich aussieht, oder ob die Stringtheorie recht hat.

Zudem ist mit der Quantenphysik der Begriff der *Existenz* problematisch geworden, insbesondere in Hinblick auf das Problem des Übergangs quantenphysikalischer Zustände in Zustände klassisch-makrophysikalischer Art durch den Messprozess – ein Problem, das nach wie vor ungelöst ist. Existieren im Sinne des *Dekohärenzmodells* die makrophysikalischen Zustände nur dann, wenn sie gemessen werden?[16] Und in welchem Sinne existieren ‚virtuelle Teilchen' im Quantenvakuum, die sich, wenn entstanden, sofort wieder annihilieren und daher nicht den Energieerhaltungssatz verletzen? Es gibt dann buchstäblich ‚Nichts', was den Energieerhaltungssatz verletzen könnte.

---

16 Vgl. Schlosshauer-Selbach 2008.

Noch viel schwieriger wird die Frage nach der *Existenz des Geistes* und damit auch die Frage *Wer sind wir eigentlich – und wo existieren wir?* Auch für den naturwissenschaftlich-physikalistisch denkenden Hirnforscher ist diese Frage vorerst nicht zu beantworten. Er mag darauf hinweisen, dass es bestimmte physikalisch-neurobiologische Voraussetzungen für das Entstehen geistiger Zustände im menschlichen und vielleicht tierischen Gehirn gibt, z. B. bestimmte kortikale Strukturen und Funktionen, Oszillations- und Synchronisationsprozesse, wie sie im Elektroenzephalogramm sichtbar werden, und er mag darauf hinweisen, dass bewusste geistige Prozesse sehr stoffwechselintensiv sind und ständige Zufuhr von Sauerstoff und Zucker benötigen, was die bildgebenden Verfahren ermöglicht. Aber niemand hat Moleküle, Atome, Elementarteilchen nachweisen können, aus denen Geist und Bewusstsein bestehen könnten. Man kann vermuten, dass es sich bei geistigen Prozessen um besonders geartete „Felder" handelt – ich habe sie in Roth (2013) deshalb „mentale Felder" genannt –, aber bisher hat noch niemand geistige Akte mithilfe der Maxwell'schen Gleichungen für elektromagnetische Wellen beschreiben können. Diese Felder müssten die Fähigkeit der internen Ordnungsbildung und der reziproken Beschreibung haben – aber das ist rein spekulativ.

Daraus folgt die äußerst beunruhigende Tatsache, dass dasjenige, was von Philosophen seit Descartes als das ‚einzig wirklich Gewisse' bezeichnet wurde, nämlich die Inhalte unseres Bewusstseins, das Rätselhafteste ist, was wir kennen. Wo existieren unsere Gedanken? Der Hirnforscher würde sagen: in einer Erlebniswelt, die vom realen Gehirn erzeugt wird. Aber dieses reale Gehirn existiert erst einmal nur als Hypothese in unserer geistigen Vorstellung. Sind wir also nur Konstrukte einer Hypothese?

7 Realistisch-kritischer oder radikaler Konstruktivismus?

Wie kaum eine moderne Wissenschaftstheorie hat der *Konstruktivismus* Furore gemacht, wenngleich eher in den Geistes- und Sozialwissenschaften als in den Natur- und Biowissenschaften einschließlich der Psychologie, denen er eigentlich entstammt, wenn man an Autoren wie Jean Piaget, Paul Watzlawik, Ernst von Glasersfeld, Heinz von Foerster, Humberto Maturana und Francisco Varela denkt (wobei letztere Drei sich nie als *Konstruktivisten* verstanden). Vieles von dem, was diese Autoren an Vorstellungen und Modellen entwickelten, ist heute fester Bestandteil der Kognitions- und Neurowissenschaften, was nicht verwundert, weil Piaget, Maturana und Varela selbst aktive Kognitionsforscher waren.

Der neurobiologische Konstruktivismus geht von der Tatsache aus, dass unsere ‚Erlebniswelt', die Wirklichkeit, ein Konstrukt des Gehirns ist. Freilich kann so etwas auch ein erkenntnistheoretischer kritischer Realist akzeptieren (und das sind wohl die meisten Kognitionsforscher), vorausgesetzt unser Gehirn ‚re-konstruiert' aufgrund von Sinnesdaten, Gedächtnisinhalten und Denkprozessen die Realität zumindest ungefähr so, wie sie tatsächlich ist. Das entspricht dann einer kritischen Abbildtheorie. Brisant wird es erst, wenn man aus den sinnesphysiologisch-neurobiologischen Erkenntnissen folgern muss, dass das Gehirn gar nichts abbilden kann, also nicht *re*-konstruiert, sondern konstruiert. Die Vorstellung einer *Re*-Konstruktion ist ja nur dann plausibel, wenn wir uns auf einen externen Beobachterstandpunkt stellen können, von dem aus wir gleichzeitig die Realität und ihre Sinnesreize und die Konstrukte des Gehirns parallel verfolgen könnten. Dies ist aber ein Trug, denn diese ‚externe' Beobachtung der Interaktion zwischen Gehirn und Umwelt, etwa im Laborexperiment, findet natürlich innerhalb der Wahrnehmung und Erkenntnis des Beobachters statt.

Diese Erkenntnis hat unter anderem zur Formulierung eines *radikalen Konstruktivismus*, der in ausführlicher Form vornehmlich von Ernst von Glasersfeld (1995) vertreten wurde. Er impliziert, wie bereits erwähnt, eine *radikale* Ablehnung genauerer Vorstellungen einer bewusstseinsunabhängigen Realität. So heißt es (von Glasersfeld 1995):

> Der radikale Konstruktivismus beruht auf der Annahme, daß [...] das denkende Subjekt sein Wissen nur auf der Grundlage eigener Erfahrung konstruieren kann. Was wir aus unserer Erfahrung machen, das allein bildet die Welt, in der wir bewußt leben.

Eine solche Vorstellung ist allerdings, wie alle agnostischen Erkenntnistheorien, mit schwerwiegenden Problemen behaftet. Bereits rein logisch wird mit dem Gebrauch des Personalpronomens *wir* vorausgesetzt, dass es mehr als ein *Ich* gibt, denn unter *wir* wird auf eine vorerst unbestimmte Anzahl solcher *Iche* verwiesen. Dies aber setzt die *reale* Existenz eines anderen wahrnehmend-fühlend-denkenden Ich voraus – etwas, das der radikale Konstruktivismus wie jeder Agnostizismus als überflüssige Annahme eigentlich ablehnt. Ich habe Sinnesempfindungen von ‚anderen Personen', habe aber keine Gewissheit, ob diese Personen real existieren und wie sie ‚eigentlich' beschaffen sind, und muss folglich eine solche Frage als sinnlos ansehen.

Zweitens wird im Zitat behauptet, *wir* konstruierten Wissen aus unseren Erfahrungen, und dies sei das Einzige, was wir zur Verfügung hätten. Dabei wird nicht genau gesagt, *wie* diese Erfahrungen zustande kommen. Werden sie einfach empfunden, oder nehmen wir nicht doch aufgrund zahlreicher empirischer Evidenzen an, dass ihnen unbewusste Mechanismen zugrunde liegen und ihnen auch vorhergehen? Solche Annahmen wären aber wiederum Spekulationen über bewusstseinsunabhängige ‚reale' Vorgänge.

Drittens wird unterstellt, dass dieses *wir* bzw. das *ich* als Teil des *wir* das Erfahrungssubjekt sind und nicht selbst Resultat von Erfahrungen im Rahmen der Hirnentwicklung, wie die Entwicklungspsychologie es nahelegt. Es wird dann rätselhaft, wie wir als kleine Kinder Erfahrungen machen können, bevor unser Ich als vermeintliches Erfahrungs- und Erkenntnissubjekt ausgereift ist. Wie jedem Solipsisten muss die eigene Existenz und Herkunft rätselhaft bleiben.

All dies zeigt, dass auch der radikale Konstruktivismus – will er nicht in einen Solipsismus abgleiten – stets Annahmen über bewusstseinsunabhängig existierende Dinge und Prozesse machen muss, ohne welche die Aussagen über Wahrnehmungs- und Erkenntnisprozesse innerhalb und außerhalb der Wissenschaften sinnlos sind. Der scheinbare Ausweg des radikalen Konstruktivismus auf den Spuren des Mach'schen Positivismus lautet, dass wir in der Lage sind, Widersprüche in unserem Bemühen, Sinnesempfindungen in einen möglichst kohärenten und konsistenten Zusammenhang zu bringen, zu erkennen und zu beseitigen. Sofern bestimmte Widersprüche, etwa zwischen der klassisch-mechanistischen Physik und der Quantenphysik bzw. der Relativitätstheorie, als sinnliche Erfahrungen auftauchen, müssen wir demnach so lange ‚herumprobieren', bis die Widersprüche verschwinden. Mach bezeichnet dies als Anpassung von Gedanken an Gedanken und nicht etwa an eine bewusstseinsunabhängige Realität.

Dramatisch wird es jedoch, wenn Widersprüche auftauchen, die anscheinend generell *nicht* behebbar sind, sondern unübersteigbare Schranken unserer Vorstellungen darzustellen scheinen wie im Falle des Welle-Teilchen-Dualismus bei Elektronen und Lichtquanten. Zum einen nötigt uns dies zum Abschied von der Frage nach dem ‚Wesen der Dinge', also dem *Essentialismus*. Die Gegenstände der Physik bestehen aus denjenigen Eigenschaften, die wir an ihnen beobachten und messen können – ein ‚Wesen' dahinter, etwa in Form einer Platonischen Ideenwelt, gibt es nicht. Deshalb erscheint es sinnlos zu fragen, was die Elementarteilchen, die sich je nach Experiment einmal als Welle und einmal als Teilchen zeigen, ‚tatsächlich' sind. Im Rahmen der Quantenfeld-Theorie wird versucht, diese Paradoxie dadurch aufzulösen, indem man die Teilchen als diskrete Anregungen des Quantenfeldes interpretiert, dem man allerdings nicht einmal eine reale physikalische Existenz (eine ‚Dinghaftigkeit') zusprechen will. Einstein betonte bereits in diesem Zusammenhang, das Licht sei weder Welle noch Teilchen und nahm eine anti-essentialistische Position ein, indem er feststellte, die Begriffe der Physik seien „freie Schöpfungen des Denkens" (Einstein 1946/2015, 44).

Wir sind also im Rahmen eines vernünftigen erkenntnistheoretischen Konstruktivismus gezwungen, das Vorhandensein einer Realität anzunehmen, selbst wenn wir dabei wissen, dass diese Annahme nur ein Denkmodell ist und dass wir nicht einmal etwas über dessen ‚Existenz' aussagen können. Wissenschaftliches Tun setzt notwendig die Annahme der Existenz anderer Menschen und damit anderer Wissenschaftler als Basis einer intersubjektiven Erkenntnissuche voraus, und dies tut auch jeder Skeptiker, Positivist und radikale Konstruktivist.

8 Zusammenfassung und Abschlussbetrachtung

Die Frage, ob wir überhaupt und – falls ja – in welchem Ausmaß wir objektive, unbezweifelbare Erkenntnisse erlangen können, ist auf komplexe Weise mit der ontologischen Frage nach der Existenz einer von menschlichem Wahrnehmen, Erkennen und Denken – also unserer *Wirklichkeit* – unabhängige Welt verbunden, von mir *Realität* genannt. Die unter Philosophen und Wissenschaftlern am weitesten verbreitete Position ist die eines erkenntnistheoretischen kritischen Realismus, verbunden mit einem ontologischen Realismus. Dies bedeutet zum einen die Annahme, dass es eine „Realität" gibt, und zum anderen die Annahme, dass diese Realität *teilweise*, d. h. zumindest in ihren Grundprinzipien und wohl auch in zahlreichen Details erkennbar ist. Wissenschaft ist danach die – vielleicht niemals abgeschlossene – Annäherung unserer Erkenntnis an diese Realität.

Einer solchen Position steht seit jeher die skeptische Position gegenüber, die auf dem Dilemma des *erkenntnistheoretischen Zirkels* aufbaut. Dieser Zirkel ergibt sich, wenn wir versuchen, mithilfe menschlicher Erkenntnis eine von menschlicher Erkenntnis unabhängige Realität (teilweise) zu erfassen. Jede Aussage über die Realität verbleibt jedoch innerhalb der Grenzen unserer ‚Wirklichkeit'. Eine Steigerung dieser skeptischen Position stellen der Positivismus und der radikale Konstruktivismus dar, die jegliche Spekulation über die Existenz und Beschaffenheit der Realität für gegenstandslos halten. Wissenschaft besteht danach nur im Streben nach maximaler logischer und empirischer Konsistenz und Kohärenz der Deutung von Erfahrungstatsachen.

Kants Lehre von den apriorischen Anschauungsformen und synthetischen Urteilen war ein Versuch, den erkenntnistheoretischen Zirkel zu durchbrechen und objektive Erkenntnis grundsätzlich möglich erscheinen zu lassen. Dieser Versuch – inspiriert vom überwältigenden Erfolg der Newton'schen Physik – muss jedoch als gescheitert angesehen werden, da Kant fälschlicherweise die von ihm logisch deduzierten Kategorien als objektiv gültig ansah. Nach heutiger Anschauung kann es keine objektiv gültige, d. h. voraussetzungsfreie Logik geben. In kritischer Auseinandersetzung mit Kant versucht die *Evolutionäre Erkenntnistheorie* das Kant'sche Konzept der synthetischen Urteile a priori in ein *evolutionäres*

Aposteriori umzudeuten und dadurch objektive Erkenntnis möglich werden zu lassen. Die Gültigkeit des menschlichen „Erkenntnisapparats" und seiner Leistungen ergibt sich danach aus der über Milliarden dauernden stammesgeschichtlichen Bewährung der Erkenntnisformen im Kampf ums Überleben. Nur diejenigen Erkenntnisformen konnten sich im Wechselspiel von Mutation und Selektion durchsetzen, welche die Grundstrukturen der Realität mehr oder weniger objektiv widerspiegelten. Dieser Prozess findet in der wissenschaftlichen Erkenntnis seinen vorläufigen Höhepunkt. Die zumindest partielle Gültigkeit menschlicher Erkenntnis wird aus dem scheinbar überragenden Überlebenserfolg der Spezies *Homo sapiens* abgeleitet.

Diese innerhalb und außerhalb der Philosophie populäre Erkenntnistheorie weist zwei schwere Mängel auf. Zum einen setzt sie die Gültigkeit der Darwinistisch-Neodarwinistischen Theorie voraus, welche die durch Mutation und Selektion getriebene Anpassung an die Umweltbedingungen als Motor der evolutionären Höherentwicklung ansieht. Diese Theorie wird inzwischen von zahlreichen Evolutionsbiologen in weiten Teilen als unzulänglich bzw. empirisch nicht genügend bewiesen angesehen, und zwar aus folgenden Gründen: (1) Mutation und Selektion sind nicht die alleinigen Faktoren der stammesgeschichtlichen Abwandlung von Formen und Funktionen; (2) Evolution ist nicht identisch mit einer Höherentwicklung, denn die einfachsten Formen sind in der Regel die erfolgreichsten; (3) das Prinzip der Anpassung an die Umwelt als Garant für das Überleben ist eine Tautologie im Sinne des ‚Überleben des Überlebenden'. Hieraus folgt, dass die Grundannahme der Evolutionären Erkenntnistheorie für das Durchbrechen des erkenntnistheoretischen Zirkels ungeeignet ist.

Die Erkenntnisse der modernen psychologischen und neurobiologischen Wahrnehmungs- und Kognitionsforschung führen zu der scheinbar paradoxen Situation, dass sich empirisch plausibel machen lässt, warum der erkenntnistheoretische Zirkel nicht durchbrochen werden kann. Bei der Wechselwirkung der Rezeptoren unserer Sinnesorgane mit der Umwelt werden deren physikalisch-chemischen Einwirkungen in einen Code, bestehend aus elektrochemischen Elementarereignissen, umgewandelt, der gegenüber der Natur der Einwirkungen *unspezifisch* ist. Auf der Basis solcher Elementarereignisse konstruiert unser Gehirn eine unbewusste und bewusste Erfahrungswelt, die ‚Wirklichkeit', die bis dato ein Leben und Überleben in der natürlichen und sozialen menschlichen Umwelt ermöglicht. Eine genaue Passung zwischen ‚Wirklichkeit' und ‚Realität' ist dabei weder erforderlich noch empirisch hinreichend nachweisbar.

Der scheinbare Selbstwiderspruch zwischen den auf ‚Gültigkeit' ausgerichteten Resultaten der empirischen Forschung und der Bestätigung des erkenntnistheoretischen Zirkels löst sich durch die Feststellung auf, dass auch die empirische Forschung innerhalb der Wirklichkeit stattfindet: wissenschaftliche Hypothesen als Ergebnisse unserer Sinneswahrnehmungen und mathematisch-logischen Denkakte können nur durch weitere Sinneswahrnehmungen und mathematisch-logische Denkakte in ihrer Konsistenz und Kohärenz und damit nur „immanent" bekräftigt oder widerlegt werden. Die eindrucksvollen Fortschritte der modernen Naturwissenschaften beruhen auf „freien Schöpfungen menschlichen Denkens" (Einstein 1946/2015, 44), nicht auf einer fiktiven Annäherung an objektive Wahrheiten.

Allerdings zwingt uns die immer wieder auftauchende Widerständigkeit empirischer Forschungsresultate, z. B. in der Quantenphysik oder der Neurobiologie, zu immer neuen Abwandlungen dieser „freien Schöpfungen". Solche Widerständigkeiten veranlassen uns auf denk-ökonomische Weise dazu, die Existenz bewusstseinsunabhängiger Strukturen und Prozesse anzunehmen, an deren scheinbarer Widersprüchlichkeit wir uns als Wissenschaftler abarbeiten. Freilich sind alle derartigen wissenschaftlichen Bemühungen nur Mutmaßungen innerhalb unserer Wirklichkeit.

Zugleich führen uns die Forschungsergebnisse der Quantenphysik und der Hirnforschung zu einer radikalen Revision des Begriffs der ‚Existenz' weg von dem in der Philosophie immer noch herrschenden Essentialismus, d. h. dem Glauben, Wissenschaft könne und müsse danach streben, das ‚Wesen der Dinge' zu ergründen. Dieser Prozess des Umdenkens hat jedoch gerade erst begonnen.

Die hier vorgelegten Überlegungen zeigen, dass eine dem Stand der modernen Naturwissenschaften angemessene Erkenntnistheorie nicht von der Philosophie als einer ‚Königin der Wissenschaften' allein, sondern nur in gemeinschaftlicher Arbeit von Philosophen mit hinreichender fachwissenschaftlicher Kompetenz und Wissenschaftlern mit hinreichender philosophischer Kompetenz geleistet werden kann.

Danksagung: Ich danke Herrn Dipl. Psychol. Georg Hoffmann, Bremen, und Herrn Prof. Dr. Stefan Bornholdt, Universität Bremen, für wertvolle Diskussionsbeiträge.

Bibliographie

Bahr, Benjamin/Resag, Jörg/Riebe, Kristin (2014): Faszinierende Physik. Berlin/Heidelberg.
Einstein, Albert/Infeld, Leopold (1938/1950): Die Evolution der Physik. Wien/Hamburg.
Einstein, Albert (1946/2015): Mein Weltbild. Berlin.
Endler, John (1986): Natural Selection in the Wild. Princeton.
Foerster, Heinz von/Pörksen, Bernhard (1999): Wahrheit ist die Erfindung eines Lügners. Gespräche für Skeptiker. Heidelberg.
Futuyma, Douglas Joel (1998): Evolutionary Biology. New York.

Galizia, Cosmas Giovanni/Lledo, Pierre-Marie (2013): Neurosciences. From Molecule to Behavior. Berlin.
Gerhart, John/Kirschner, Marc (1997): Cells, Embryos, and Evolution. Toward a Cellular and Developmental Understanding of Phenotypic Variation and Evolutionary Adaptability. Oxford.
Gerhart, John/Kirschner, Marc (2005): The Plausibility of Life. Resolving Darwin's Dilemma. New Haven.
Glasersfeld, Ernst von (1996): Radikaler Konstruktivismus. Ideen, Ergebnisse, Probleme. Frankfurt a. M.
Glasersfeld, Ernst von (1998): Konstruktivismus statt Erkenntnistheorie. Klagenfurt.
Gould, Stephen Jay (1977): Ontogeny and Phylogeny. Cambridge.
Gould, Stephen Jay/Eldredge, Niles (1977): Punctuated equilibria. The tempo and mode of evolution reconsidered. In: Paleobiology 3, 115–151.
Heisenberg, Werner (2000): Physik und Philosophie. Stuttgart.
Helmholtz, Hermann von/Bernhart, Joseph (1877/1925): Natur und Naturwissenschaft. München.
Höffe, Otfried (2004): Kants Kritik der reinen Vernunft. Die Grundlegung der modernen Philosophie. 4. Aufl. München.
Kandel, Eric Richard/Schwartz, James H./Jessell, Thomas Michael (Hg.) (1996): Neurowissenschaften. Heidelberg.
Kant, Immanuel (1787/1983): Kritik der reinen Vernunft. Hamburg.
Kimura, Motoo (1983): The Neutral Theory of Molecular Evolution. Cambridge.
Kutschera, Franz von (1981): Grundfragen der Erkenntnistheorie. Berlin.
Kutschera, Ulrich (2009): Tatsache Evolution. Was Darwin nicht wissen konnte. München.
Lorenz, Konrad (1973): Die Rückseite des Spiegels. Versuch einer Naturgeschichte menschlichen Erkennens. München.
Mach, Ernst (1885/1991): Analyse der Empfindungen. Darmstadt.
Mayr, Ernst (1984): Die Entwicklung der biologischen Gedankenwelt. Vielfalt, Evolution und Vererbung. Berlin.
Pigliucci, Massimo/Müller, Gerd B. (2010): Evolution, the Extended Synthesis. Cambridge.
Planck, Max (1929/1952): Das Weltbild der neuen Physik. 11. Aufl. Leipzig.
Popper, Karl Raimund (1934/1976): Logik der Forschung. 6. Aufl. Tübingen.
Rensch, Bernhard (1968): Biophilosophie auf erkenntnistheoretischer Grundlage (Panpsychistischer Identismus). Stuttgart.
Roth, Gerhard (1994/1997): Das Gehirn und seine Wirklichkeit. Kognitive Neurobiologie und ihre philosophischen Konsequenzen. Frankfurt a. M.
Roth, Gerhard (2010): Wie einzigartig ist der Mensch? Die lange Evolution der Gehirne und des Geistes. Heidelberg.
Roth, Gerhard (2013): The Long Evolution of Brains and Minds. Dordrecht.
Schlosshauer-Selbach, Maximilian (2008): Decoherence and the Quantum-to-Classical Transition. Berlin.
Schrödinger, Erwin (1994): Geist und Materie. Zürich.
Storch, Volker/Welsch, Ulrich/Wink, Michael (2013): Evolutionsbiologie. 3. überarb. Aufl. Berlin.
Vollmer, Gerhard (1975/2002): Evolutionäre Erkenntnistheorie. Angeborene Erkenntnisstrukturen im Kontext von Biologie, Psychologie, Linguistik, Philosophie und Wissenschaftstheorie. 8. Aufl. Stuttgart.

Wake, David Burton/Roth, Gerhard (1988): The linkage between ontogeny and phylogeny in the evolution of complex systems. In: Dies. (Hg.): Complex Organismal Functions. Integration and Evolution in Vertebrates. London, 361–377.
Weizsäcker, Carl Friedrich von (1971): Die Einheit der Natur. Studien. München.
Zeilinger, Anton (2003): Einsteins Schleier. Die neue Welt der Quantenphysik. 2. Aufl. München.

Thomas Fuchs
Die gemeinsame Wahrnehmung der Wirklichkeit
Skizze eines enaktiven Realismus

1 Einleitung

Wohl kaum eine Zeit hat der Wahrnehmung so wenig Vertrauen entgegengebracht wie die gegenwärtige. Bereits im Kindergarten werden Kinder im Zuge einer naturwissenschaftlich orientierten Pädagogik mit Experimenten, Messungen und Sinnestäuschungen konfrontiert, um ihren intuitiven Umgang mit der Welt in einen experimentellen oder konstruktivistischen Zugang zu überführen. Sie sollen sich möglichst früh in ‚kleine Forscher' verwandeln, die Versuchen mehr trauen als ihren Wahrnehmungen.[1] Für die Erwachsenen hält der Neurokonstruktivismus später die Aufklärung bereit, dass die Wahrnehmung uns überhaupt nur eine mehr oder minder illusionäre Welt vorspiegele, nämlich eine neuronale Simulation der physikalischen Realität:

> Unsere Wahrnehmung ist [...] eine Online-Simulation der Wirklichkeit, die unser Gehirn so schnell und unmittelbar aktiviert, dass wir diese fortwährend für echt halten (Siefer/Weber 2006, 259).

Anmerkung: Überarbeitete und erweiterte Fassung eines Aufsatzes, der unter dem Titel „Im Kontakt mit der Wirklichkeit: Wahrnehmung als Interaktion" in Schlette/Fuchs/Kirchner (2017) erschienen ist.

1 Als Beispiel für entsprechende Initiativen sei die vom Bundesministerium für Bildung und Forschung (BMBF) geförderte Stiftung „Haus der kleinen Forscher" genannt, deren Konzept zufolge Kinder „bereits im KiTa-Alter zu zentralen Aspekten forschenden Vorgehens fähig [sind]. Sie können Vermutungen aufstellen, Versuche durchführen und erste Schlussfolgerungen ziehen", um sich auf diese Weise „ein Bild von der Welt zu konstruieren" (Stiftung Haus der kleinen Forscher 2015, 9, 12). – Die dazu passende konstruktivistische Pädagogik ist in zahlreichen Schriften repräsentiert wie z. B. *Konstruktivismus in der Elementarpädagogik: Wie Kinder ihre Welt erschaffen und erforschen* von Kaiser (2012). Die Autorin sieht die Grundvoraussetzung von Pädagogik darin, „dass es eine allgemeingültige und intersubjektiv erfassbare Wirklichkeit nicht gibt" (ebd., 4). Stattdessen sei zu fragen, wie „das ästhetisch-konstruktivistisch orientierte Lernen das Kind als Forscher und Konstrukteur seiner Entwicklung unterstützen" könne (ebd., Klappentext). Dass bereits ihre Grundannahme die Möglichkeit von gemeinsamer Aufmerksamkeit, Verständigung und damit Pädagogik aufheben würde, scheint der Autorin nicht aufzufallen.

Open Access. © 2018 Thomas Fuchs, publiziert von De Gruyter. Dieses Werk ist lizenziert unter der Creative Commons Attribution-NonCommercial-NoDeratives 4.0 Lizenz.
https://doi.org/10.1515/9783110563436-011

> Bewusstes Erleben gleicht einem Tunnel. Die moderne Neurowissenschaft hat gezeigt, dass der Inhalt unseres bewussten Erlebens nicht nur ein inneres Konstrukt, sondern auch eine höchst selektive Form der Darstellung von Information ist. [...] Zuerst erzeugt unser Gehirn eine Simulation der Welt, die so perfekt ist, dass wir sie nicht als ein Bild in unserem eigenen Geist erkennen können. Dann generiert es ein inneres Bild von uns selbst als einer Ganzheit. [...] Wir stehen also nicht in direktem Kontakt mit der äußeren Wirklichkeit oder mit uns selbst. [...] Wir leben unser bewusstes Leben im Ego-Tunnel (Metzinger 2009, 21 f.).

Nach dieser neurokonstruktivistischen Konzeption ist die reale Welt in dramatischer Weise verschieden von der, die wir erleben. Was wir wahrnehmen, sind nicht die Dinge selbst, sondern nur Bilder oder Repräsentationen, die sie im Gehirn hervorrufen. Die tatsächliche Welt ist ein eher trostloser Ort von Energiefeldern und Teilchenbewegungen, bar jeder Qualitäten. Das milliardenfache Flimmern neuronaler Erregungen erzeugt meine Illusion einer Außenwelt, während ich in Wahrheit eingesperrt bleibe in die Höhle meines Schädels. Diese inzwischen weit verbreitete Auffassung unserer Erfahrung als eines „Kinos im Kopf" (Damásio 2002) führt freilich in einen erkenntnistheoretischen (Neuro-)Solipsismus. Denn wie wir uns mit anderen über unsere Wahrnehmungen verständigen, wenn wir diese anderen doch selbst nur als gehirnerzeugte Simulationen wahrnehmen, bleibt eine ungelöste Frage.

Erfreulicherweise lässt sich die Wahrnehmung selbst von solcherart Aufklärung nicht beirren, so dass uns die gemeinsame lebensweltliche Realität vorerst erhalten bleibt. Aus phänomenologischer Sicht hat Merleau-Ponty den „Wahrnehmungsglauben" *(foi perceptive)* hervorgehoben, als einen Realismus, der unseren Wahrnehmungen notwendig innewohnt (Merleau-Ponty 1986, 17):

> Wir sehen die Sachen selbst, die Welt ist das, was wir sehen: Formulierungen dieser Art sind Ausdruck eines Glaubens, der dem natürlichen Menschen und dem Philosophen gemeinsam ist, sobald er die Augen öffnet; sie verweisen auf eine Tiefenschicht stummer Meinungen, die unserem Leben inhärent sind.

Dieser Glaube impliziert zugleich die intersubjektive Gültigkeit der Wahrnehmung: Wir gehen immer davon aus, dass auch andere sehen können, was wir sehen – wir ‚nehmen es für wahr', wie schon das Wort sagt. „Diese nicht zu rechtfertigende Gewissheit einer gemeinsamen sinnlichen Welt ist der Sitz der Wahrheit in uns" (ebd., 28). Offenbar lässt sich der Realismus der Wahrnehmung allen Widerlegungsversuchen zum Trotz nicht aufheben, wie Erwin Straus nicht ohne Ironie bemerkt hat (Straus 1963, 952):

> Der naive Realismus wird mit jeder Generation, so scheint es, wiedergeboren. Die Zahl seiner Anhänger übertrifft bei weitem die aller anderen philosophischen Schulen, und das ohne allen Aufwand an Unterweisung und Werbung.

Doch ist diese Gemeinsamkeit der sinnlichen Welt wirklich „nicht zu rechtfertigen", wie Merleau-Ponty (1986, 28) schreibt? Bleibt uns nur eine *Lehre von den zwei Wahrheiten*,[2] der naiv-lebensweltlichen und der naturwissenschaftlich aufgeklärten Wahrheit? – Ich werde im Folgenden eine zwar nicht naive, aber dennoch realistische Gegenposition zu den Konzeptionen eines vom Gehirn simulierten Weltmodells vertreten. Danach ist die erlebte Welt kein Schein, kein Modell oder Konstrukt; wir sehen oder hören die Dinge selbst, nicht ihre Stellvertreter, Bilder oder Repräsentationen. Denn Wahrnehmen, so die erste These, ist weder eine Aktivität des Gehirns noch ein Vorgang in einer mentalen Innenwelt, sondern eine aktive Auseinandersetzung von Lebewesen mit ihrer Umwelt, oder kurz: *Wahrnehmung bedeutet sensomotorische Interaktion.*

Menschliche Wahrnehmung aber ist noch mehr als das. Nur der Mensch nämlich vermag Gegenstände und Situationen in seiner Wahrnehmung *als solche* zu erfassen, d. h. in Unabhängigkeit von seiner rein subjektiven Perspektive. Dies beruht auf der grundlegend neuartigen Fähigkeit des Menschen, die Perspektive der anderen mit zu erfassen: Wir sehen, hören, tasten und behandeln die Dinge gewissermaßen immer auch mit den Augen, Ohren und Händen der anderen. Die Objektivität oder der Realismus der Wahrnehmung resultiert, so die zweite These, aus einer *impliziten Intersubjektivität*. Diese bildet sich in der frühen Kindheit vor allem in Situationen gemeinsamer Aufmerksamkeit und gemeinsamen Handelns heraus und schreibt sich der Wahrnehmung ein. Wiederum kurz: *Menschliche Wahrnehmung entsteht durch Interaktion mit anderen.*

Daraus ergibt sich die dritte These: Die grundlegende Realität ist für uns nicht die von den Spezialwissenschaften, insbesondere der Physik abstrahierte Welt mathematisch beschreibbarer Größen und Teilchen, sondern die durch implizite Intersubjektivität konstituierte, gemeinsame Realität der Lebenswelt. Das ‚Für-Wahr-Nehmen' der menschlichen Wahrnehmung beruht nicht nur auf der Verlässlichkeit des sensomotorischen Umweltkontakts, sondern auch auf einem kollektiven Verweisungszusammenhang, in den jede einzelne Wahrnehmung eingebettet ist. An die Stelle eines naiven tritt damit ein *lebensweltlicher Realismus*.

---

2 So die Bezeichnung für die Unterscheidung einer ‚niederen', philosophischen und einer ‚höheren', theologischen Wahrheit, wie sie von einigen scholastischen Philosophen vertreten wurde.

2 Wahrnehmung als Interaktion

Nach dem gängigen kognitionswissenschaftlichen Modell ist Wahrnehmung eine „durch die Sinnesorgane und das Gehirn vermittelte Repräsentation der objektiven Realität [...] im Bewusstsein" (Stadler/Plümacher 2010, 1722). Sie kann demzufolge auch als ein linear-kausaler Prozess analysiert werden, der von einem Objekt als Ursache seinen Ausgang nimmt und über die Weiterleitung von ‚Reizen' oder ‚Sinnesdaten' und ihre neuronale Verarbeitung schließlich in der *Repräsentation* des Objekts im Gehirn sein Ziel findet. Es gibt also eine äußere, ‚objektive Realität', von der wir aber nur indirekt Kenntnis erlangen können. Was wir wahrnehmen, ist nicht die Realität selbst, sondern nur deren Stellvertreter in der ‚Innenwelt' des Bewusstseins – Bilder, Repräsentate, Vorstellungen. Diese Wahrnehmungstheorie entspricht letztlich dem Modell naturwissenschaftlicher Erkenntnis: Subjekt (Innenwelt) und Objekt (Außenwelt) bleiben grundlegend voneinander getrennt.

Diese repräsentationalistische Auffassung der Wahrnehmung geht letztlich zurück auf die neuzeitliche Konzeption des Bewusstseins, nämlich als eines Innenraums oder Behälters, in den die Bilder der Dinge gelangen. Bereits bei Descartes ist jeder mögliche Gegenstand der *res cogitans* oder des Bewusstseins eine ‚idea' – ein Gedanke, eine Vorstellung oder ein Bild. Auch was wir sehen, sind nur Bilder, und nicht die Dinge selbst. Der Idealismus ist die Philosophie, die sich in der Nachfolge von Descartes vor allem aus dieser Bildtheorie der Wahrnehmung entwickelt. Für Locke, Hume und Kant sind unsere Wahrnehmungen ‚impressions', ‚ideas' oder ‚Vorstellungen', aus denen wir immer nur problematische Schlüsse auf die eigentliche Wirklichkeit ziehen können. Der Idealist sitzt gleichsam im Gehäuse seines Bewusstseins und empfängt die ‚ideae' als Abgesandte und Repräsentanten der Dinge, die er selbst niemals zu sehen bekommt – in Lockes Worten (Locke 1690/2006, 185):

> Denn meines Erachtens ist der Verstand einem Kabinett gar nicht so unähnlich, das gegen das Licht vollständig abgeschlossen ist und in dem nur einige kleine Öffnungen gelassen wurden, um äußere, sichtbare Ebenbilder oder Ideen von den Dingen der Umwelt einzulassen.

Aus dieser idealistischen Konzeption leiten sich bis in die Gegenwart alle internalistischen, repräsentationalistischen oder konstruktivistischen Wahrnehmungstheorien ab. Searle hat kürzlich auf den grundlegenden Fehlschluss hingewiesen, dem sie sämtlich unterliegen: Verwechselt wird dabei das intentionale Objekt der Wahrnehmung – der *gesehene Baum selbst* – mit der Wahrnehmung als Bewusstseinsvorgang: mein *Sehen des Baumes*, das ich mir als solches bewusst machen kann, sodass der Baum nun zum bloßen Inhalt meines Bewusstseins zu werden scheint.³ Unter dieser Voraussetzung kann man zu dem Fehlschluss gelangen, wir sähen nur Bilder von Bäumen und nicht sie selbst. Nun ist freilich mein ‚Sehen des Baumes' verschieden vom Baum als solchem – schon weil ich ihn nur aus einer bestimmten Perspektive sehe; doch was ich sehe, ist gleichwohl der Baum, und nicht etwa ein ‚gesehener Baum'. Mit anderen Worten: es gibt keinen Stellvertreter, kein Bild des Baumes ‚in meinem Bewusstsein'.

In Gegensatz zu solchen idealistischen Theorien stehen nun *interaktive Konzeptionen* der Wahrnehmung, wie sie bereits in den Funktions- und Gestaltkreistheorien Jakob von Uexkülls und Viktor von Weizsäckers entwickelt wurden und heute in den Theorien der Verkörperung und des Enaktivismus wieder auftauchen *(„embodied and enactive cognition")*.⁴ Wahrnehmung ist in diesen Konzeptionen keine Abbildung äußerer Reize auf ein inneres Modell der Welt, sondern eine aktive, sensomotorische und durch die Interessen des Lebewesens motivierte Erschließung der Umwelt. Dies setzt zuallererst einen lebendigen und beweglichen Organismus voraus. Wahrnehmend steht ein Lebewesen nicht der Welt gegenüber, sondern ist immer schon in ihr tätig und gewissermaßen in sie verstrickt. Das liegt schon im Sinn des Wortes wahr-*nehmen* oder per-*zipieren* (von *capere* = ergreifen): Wahrnehmen kann nur ein Wesen, das sich auch zu bewegen und etwas zu ergreifen vermag.

Die Aktivität der Wahrnehmung liegt also nicht nur in der Zuwendung der Aufmerksamkeit. Was ein Lebewesen wahrnimmt, ist auch abhängig von seiner Bewegung, und wie es sich bewegt, hängt ab von seinen Wahrnehmungen. Nach der sensomotorischen Theorie von O'Regan und Noë (2001) bzw. Noë (2004) bedeutet Wahrnehmen ein geschicktes Umgehen mit Objekten, in dem der Organismus die Veränderungen der sensorischen Reize fortlaufend in Beziehung zu seiner Eigenbewegung setzt: Unser Blick streift über die Umgebung und liefert so die Basis unserer visuellen Wahrnehmung. Die berührende Hand wird von der Gestalt und Struktur des Gegenstandes geleitet, während umgekehrt seine Struktur durch die Bewegungen der Hand ertastet wird. Darüber hinaus nehmen wir Gegenstände immer als Möglichkeiten des Ergreifens und Behandelns wahr, das heißt mit ihren „Aufforderungscharakteren" (Lewin 1969) oder „Affordanzen" (Gibson 1979, 127 ff.). Ein Gegenstand wie eine Zange kann als solcher nur von einem verkörperten Wesen wahrgenommen werden, das in der Lage ist, mit ihm umzugehen, etwa weil es geeignete Glieder hat, um auf die Zange zuzugehen, sie zu ergreifen und damit etwas zu fassen, usf.

---

3 Vgl. Searle 2015, 24 ff.
4 Vgl. Varela/Thompson/Rosch 1991; Thompson 2007; Fingerhut/Hufendiek/Wild 2013.

In diesen Funktionskreisen von Wahrnehmen und Handeln nimmt die Sensorik die Motorik vorweg und erfährt andererseits über sie eine fortwährende Rückmeldung von der Umwelt. Das heißt, Rezeptivität und Spontaneität, ‚Innen' und ‚Außen' lassen sich nicht länger voneinander trennen. Damit aber entfällt die Grundvoraussetzung des Repräsentationalismus. Denn Repräsentationen stehen immer ‚für etwas', wovon sie selbst *getrennt* oder zumindest trennbar sein müssen. Wenn sich nun aber die Welt für uns nur in der ständigen Interaktion mit ihr konstituiert, wenn wir also immer schon *handelnd* in der Welt sind, dann gibt es kein abtrennbares ‚Inneres' mehr, welches das ‚Äußere' abbilden, rekonstruieren oder re-präsentieren könnte. In einem fortlaufenden interaktiven Kreisprozess kann kein Segment ‚für ein anderes' stehen – auch wenn der Kreis durch das Gehirn verläuft. An die Stelle von Repräsentationen treten in der enaktiven Konzeption daher erworbene und flexible Schemata der sensomotorischen Interaktion mit der Umwelt. Kognition schließt freilich auch die dafür gebildeten neuronalen Netzwerke ein, realisiert sich jedoch nur in zirkulär mit der Umwelt rückgekoppelten Prozessen. In diesen Interaktionen fungiert das Gehirn als ein vermittelndes oder *Beziehungsorgan* (Fuchs 2012), nicht als interner Produzent der Wahrnehmung.

Dementsprechend beruht auch die *Entwicklung* des Wahrnehmungsvermögens auf Interaktion, also auf Bewegung und Handlung in der Umwelt. Das gilt bereits für die Raumwahrnehmung. In einem klassischen Experiment haben Held und Hein (1963) gezeigt, dass neugeborene Kätzchen, die zunächst blind sind, keinerlei Raumwahrnehmung entwickeln können, wenn man sie in den ersten Lebenswochen nur in ihrer Umgebung herumträgt, ohne dass sie sich dabei selbst aktiv bewegen können. Obwohl sie die gleichen visuellen Reize erhielten wie andere Kätzchen auch, lernten sie ohne Eigenbewegung nicht, räumlich zu sehen. Das heißt: Nur der empfindende *und zugleich bewegliche* Organismus formt den erlebten Raum, nämlich aus den kohärent miteinander verknüpften Mustern von Motorik und Sensorik einschließlich des Gleichgewichtssinns.

Bereits etwas so Grundlegendes wie den Raum erfahren wir also nur als verkörperte und agierende Wesen. Der enaktive Ansatz verallgemeinert diese Erkenntnis: Die erlebte Welt entsteht für uns im Verlauf unserer Interaktionen mit ihr. Die Wahrnehmung verfügt über Objektivität, weil sie – phylogenetisch ebenso wie ontogenetisch – *an der Welt für sie* gebildet ist. In der Ontogenese schließt diese Interaktion die Ausformung der Gehirnstrukturen und neuronalen Netzwerke ein, die erforderlich sind, um die Umwelt adäquat wahrzunehmen. Dies wurde eindrucksvoll demonstriert durch Experimente des Neurowissenschaftlers Mringanka Sur und seiner Gruppe (von Melchner/Pallas/Sur 2000). Sie durchtrennten den Sehnerv neugeborener Frettchen, so dass der Stumpf mit dem Teil des Zwischenhirns zusammenwuchs, der sonst Impulse des Hörnervs an das Hörzentrum im Kortex weiterleitet. Nun gelangten visuelle Reize in eine Hirnregion, die normalerweise akustische Signale verarbeitet. Erstaunlicherweise passte sich das Areal aber nach und nach an die neuen Sinnesreize an: Unter der Stimulation durch regelhaft miteinander verknüpfte, visuelle und motorische Afferenzen wurde aus dem Hör- ein Sehzentrum. Es bildeten sich sogar für das Sehzentrum charakteristische Nervenzellen, so dass die Frettchen nach einigen Wochen trotz der Neuverschaltung in der Lage waren, mit dem betreffenden Auge zu sehen.

Daraus lässt sich das Prinzip ableiten: Nicht das Gehirn erzeugt die Funktion, sondern umgekehrt schafft sich die Funktion im verkörperten Vollzug ihr zerebrales Organ. Daher auch die erstaunlichen Heilungsfähigkeiten des Gehirns: Selbst nach großräumigen Hirnläsionen können Sprach-, Gedächtnis- und Orientierungsfunktionen von der anderen Hemisphäre wieder übernommen werden, einfach *indem der Betroffene diese Funktionen ausübt.* Durch sensorische, motorische ebenso wie durch geistige Tätigkeit formen sich im Gehirn die zur Funktion passenden Netzwerkstrukturen. Sie werden dann jedes Mal zu einem vollständigen Funktionskreis geschlossen, wenn der Organismus wieder auf eine entsprechende Situation der Umwelt trifft und mit ihr interagiert.

3 Die Objektivierungsleistung der Wahrnehmung

Wahrnehmen und Bewegen sind also in fortlaufenden Kreisprozessen miteinander verknüpft, und das Lebewesen bildet in der Wahrnehmung mit seiner Umwelt ein übergreifendes System. Mit anderen Worten: die Trägerprozesse, die für Wahrnehmungserlebnisse erforderlich sind, überschreiten fortwährend die Gehirn- und die Körpergrenzen. Damit habe ich die erste eingangs genannte These begründet: *Wahrnehmung bedeutet sensomotorische Interaktion mit der Umwelt.*

Diese interaktive Konzeption macht zwar den Begriff interner Repräsentationen sinnlos, doch könnte man nun andererseits fragen: Wie kommt in dieser Interaktion, ja Verstrickung von Lebewesen und Umwelt denn das „Gegenüber" zustande, als das sich die Dinge uns in der Wahrnehmung präsentieren? Schließlich wird, wie Hans Jonas zu Recht feststellt, in jeder Wahrnehmung „das äußere Objekt erfasst nicht bloß als ein ‚so' Seiendes, sondern auch als ‚da' [...]. Wahrnehmung ist ihrer inneren Beschaffenheit nach das Gewahrwerden einer solchen Anwesenheit, d. h. die Erfahrung der Wirklichkeit des Gegenstandes" (Jonas 1973, 238).

Die Antwort auf diese Frage liegt in einem Prinzip, das Hegel in seiner Logik als „vermittelte Unmittelbarkeit" (1831/1979, 115) bezeichnet hat: In der Wahrnehmung werden die vermittelnden sensomotorischen Prozesse für das Wahrgenommene *transparent*. Obgleich sich das wahrnehmende Bewusstsein auf der Basis des gesamten Interaktionsgeschehens bildet, richtet es sich doch nur auf den Gegenstand selbst, der uns so in seiner Unmittelbarkeit erscheint – eben als wirklicher.[5] In diesem Sinn lässt sich der Körper mit seinen Empfindungen und Bewegungen auch als das Medium auffassen, *durch das hindurch* wir die Welt wahrnehmen, das aber selbst dabei in den Hintergrund tritt.

Bereits auf *physiologischer* Ebene tragen verschiedene Mechanismen zu dieser Selbstverborgenheit des Körpers in der Wahrnehmung bei: So wird die Eigenmotorik der Blickbewegung durch sogenannte *Efferenzkopien* oder *Reafferenzen*[6] in der Sensorik mitberücksichtigt und ausgeglichen. Anderenfalls würde mit jeder Augenbewegung auch die gesehene Umwelt zu schwanken beginnen (schließt man hingegen ein Auge und bewegt nun den anderen Augapfel mit einem leichten seitlichen Fingerdruck von außen – eine physiologisch ‚nicht vorgesehene' Augenbewegung – so sieht man die Umgebung tatsächlich hin- und her schwanken!).[7]

Ebenso zeigt sich im *phänomenalen* Erleben die Medialität des Leibes darin, dass wir mit unserer Aufmerksamkeit die vermittelnden oder „proximalen" Emp-

---

5 Der Gedanke, dass „der direkte Konnex zwischen Subjekt und Objekt notwendig nur als indirekter, der unmittelbare Zusammenhang mit dem Sein nur als vermittelter" möglich ist, findet sich, ebenso wie der Bezug auf Hegel, bereits bei Plessner (1928/1975, 48 f.). „Ein Wirkliches kann *als* Wirkliches gar nicht anders mit dem Subjekt in Relation sein, es sei denn [...] als Er-scheinung, [...]: als vermittelte Unmittelbarkeit" (ebd., 329).

6 Dabei wird ein Bewegungsentwurf im Gehirn noch vor Auslösung der Motorik "in Kopie" an sensorische Areale weitergeleitet, damit diese von den später eintreffenden sensorischen Rückmeldungen der Umwelt die Eigenbewegung z. B. der Augen wieder "abziehen"; vgl. von Holst/Mittelstaedt (1950).

7 Dies ist nur ein Beispiel für die zahlreichen physiologischen Mechanismen, mittels deren die Wahrnehmung eine kohärente Realität vermittelt. Auch die seit der Antike immer wieder zur Begründung des Skeptizismus angeführten Sinnesillusionen beruhen darauf, dass die Wahrnehmung gerade nicht bloße „1:1-Abdrücke" oder „photographische Abbilder" von physikalischen Reizen liefert, sondern uns vielmehr befähigt, uns in der Umwelt zu orientieren, wirkliche Dinge zu erkennen und mit ihnen handelnd umzugehen. Sie stellt daher z. B. Form- oder Farbkonstanzen auch dort her, wo das Wahrnehmungsfeld diskontinuierlich oder verzerrt ist (so sehen wir ein schräg gestelltes Rechteck nicht als Rhombus, sondern immer noch als Rechteck; eine rote Rose bleibt auch in der Dämmerung noch rot, usw.). Sie hebt Kontraste hervor, unterscheidet Vorder- und Hintergrund, vervollständigt uneindeutige Konturen zu Gestalten und gleicht perspektivische Verzerrungen aus. Die daraus resultierenden sogenannten Illusionen beruhen insofern auf höchst sinnvollen Anpassungen der Wahrnehmung an die Erfordernisse eines beweglichen und sich in der Welt mittlerer Größen orientierenden Lebewesens.

findungen in der Regel auf die „distalen" Gegenstände und Situationen hin überschreiten.[8] In diesem Sinn schreibt Heidegger (1935, 10 f.):

> Viel näher als alle Empfindungen sind uns die Dinge selbst. Wir hören im Haus die Tür schlagen und hören niemals akustische Empfindungen oder auch nur bloße Geräusche. Um ein reines Geräusch zu hören, müssen wir von den Dingen weghören, unser Ohr davon abziehen, d. h. abstrakt hören.

Auch die Blickbewegungen unserer Augen nehmen wir in der Regel gar nicht bewusst wahr, wir sind schon bei den Dingen, die wir dadurch fixieren. Das gleiche Prinzip gilt für das Tasten: Jede Tastempfindung ist zunächst einmal eine Affektion des Leibes an seinen Grenzflächen. Doch eben *durch diese Affektion* sind wir in der Lage, einen Gegenstand zu *ertasten,* also seine Oberflächenstruktur, Ausdehnung, Lage usw. zu erfassen. Ein geübter Blinder vermag sogar durch das Tasten der Punkte einer Braille-Schrift einen Text zu lesen, also sich *„durch seine Finger hindurch"* auf geistige Sachverhalte zu richten – so wie wir Sehende das durch Abtasten der Schrift mit dem Blick tun.

Durch Affektionen des Leibes hindurch richtet sich also das wahrnehmende Subjekt auf die Wirklichkeit der ihm erscheinenden Dinge, oder mit anderen Worten, es fasst leibliche Empfindungskomplexe *als* die Gegenstände seiner Welt auf.[9] Das gleiche gilt für das *handelnde* Subjekt: Vermittels des Leibes – häufig der Hand – verfolgen wir unsere Handlungsziele, in der Regel ohne des Leibes dabei gewahr zu werden. Ja im geschickten Umgang mit Instrumenten, etwa beim Klavierspielen oder Autofahren inkorporieren wir buchstäblich diese Instrumente, so dass sie ihrerseits zu Medien unseres Handelns werden. Daher spürt ein erfahrener Autofahrer die Haftung oder Glätte der Straße unter den Rädern seines Wagens, so wie der Blinde den Boden an der Spitze seines Stockes spürt, nicht in seiner Hand.

Damit ist nun eine Form der *impliziten Verknüpfung* in der Wahrnehmung bezeichnet, „in welcher das vermittelnde Zwischenglied notwendig ist, um die

---

8 Vgl. zu den Termini „proximal" und „distal" in diesem Zusammenhang Polanyi (1985).
9 Vgl. noch einmal Jonas: „Nun besteht aber dieses Paradox der Sinneswahrnehmung, dass die empfundene Affektivität ihrer Gebung, die für die Erfahrung der *Wirklichkeit* des Wirklichen nötig ist, [...] zum Teil auch wieder aufgehoben werden muss, um die Erfassung seiner *Objektivität,* seines getrennt Für-Sich-Bestehens zu erlauben. Das Moment der Begegnung wird im Gleichgewicht gehalten durch das der Abstraktion, ohne welche die Empfindung sich nie zur Wahrnehmung erheben würde. [...] [Die Abstraktion liegt] im Absehen vom Zustand der Sinneserregung selber [...], also in der bloßen Tatsache, dass man das Objekt anstatt die eigene organische Affiziertheit wahrnimmt [...] In solchem Erscheinen ist die affektive Basis aufgehoben und ihr Befund neutralisiert" (l. c., 239).

Unmittelbarkeit der Verbindung herzustellen" (Plessner 1928/1975, 324). Wahrnehmen und Handeln bedeuten unser „Zur-Welt-Sein" (Merleau-Ponty 1986) durch das stillschweigend vermittelnde, implizite Medium des Leibes. In unseren Wahrnehmungen sind wir immer schon über den Leib hinaus und erfassen in vermittelter Unmittelbarkeit, was sich durch ihn als Erfahrungsgehalt präsentiert: Es sind weder Sinnesdaten noch Zeichen, weder Bilder noch Repräsentationen, sondern es ist eine relational, in Beziehung zu uns erfasste und doch unmittelbar erfahrene Wirklichkeit.

4 Die implizite Intersubjektivität der Wahrnehmung

Wahrnehmung bedeutet also vermittelte Unmittelbarkeit unserer Beziehung zur Welt. Nun gilt allerdings für uns Menschen, dass wir im Unterschied zum Tier von der Indirektheit dieser Beziehung wissen: Was immer wir wahrnehmen oder tun, wir können immer auf das Wahrnehmen des Wahrgenommenen oder auf den Vollzug des Handelns selbst reflektieren, unsere Aufmerksamkeit gleichsam von den distalen Zielen zurückziehen und auf die proximalen Vermittlungen richten. Das kann, so Plessner (1928/1975, 329), schließlich dazu führen,

> dass der Mensch an der Unmittelbarkeit seines Wissens, an der Direktheit seines Realkontakts, wie sie für ihn mit absoluter Evidenz besteht, irre wird [...]. Natürlich, so heißt es dann, meint das Subjekt, Wirklichkeit zu fassen und sie selber zu haben. Aber das ist nur für das Subjekt richtig. Faktisch bewegt es sich unter Bewusstseinsinhalten, Vorstellungen und Empfindungen.

Dies hatte bereits Nietzsche in seiner einflussreichen Erkenntniskritik formuliert (Nietzsche 1899, 1092 f.):

> Um jedes Wesen legt sich derart ein konzentrischer Kreis, der einen Mittelpunkt hat und der ihm eigentümlich ist. Ähnlich schließt uns das Ohr in einen kleinen Raum ein, ähnlich das Getast. Nach diesen Horizonten, in welche, wie in Gefängnismauern, jeden von uns unsere Sinne einschließen, *messen* wir nun die Welt, wir nennen dieses nah und jenes fern, dieses groß und jenes klein, dieses hart und jenes weich [...]. Wir sind in unserem Netze, wir Spinnen, und was wir auch darin fangen, wir können gar nichts fangen, als was sich eben in *unserem* Netze fangen läßt!

In diesem Skeptizismus liegt auch die eingangs skizzierte neurokonstruktivistische Erkenntnistheorie begründet: Die Welt erscheint dann nur noch als ein internes Konstrukt des Wahrnehmungssystems bzw. des Gehirns. Doch damit wird gleichsam das Kind mit dem Bade ausgeschüttet. Denn gerade die Relativierung des bloß subjektiven Eindrucks, die wir als Menschen vermittels der Reflexion vornehmen können, ermöglicht die eigentliche *Objektivität* unserer Wahrnehmung. Denn die Fähigkeit der Reflexion bedeutet zugleich die Möglichkeit der impliziten Berücksichtigung des Standpunktes anderer, oder des „generalisierten Anderen" (Mead 1969, 120).

Betrachten wir dies näher: Wahrnehmung gibt uns die Dinge in perspektivischer Ansicht, und doch als sie selbst, als Gegenstände, in Unabhängigkeit von unserem bloßen Anblick oder momentanen Eindruck. Berkeleys *esse est percipi* entspricht jedenfalls nicht unserem Wahrnehmungserleben – keiner käme auf den Gedanken, die Dinge tauchten erst mit seiner Wahrnehmung auf und verschwänden ohne sie wieder ins Nichts. Wie ist das möglich? – Hier komme ich nun zur zweiten zu Beginn aufgestellten These: Die objektivierende Leistung der menschlichen Wahrnehmung verdankt sich einer *impliziten Intersubjektivität*. Die von mir wahrgenommenen Dinge sind zugleich immer auch für andere grundsätzlich wahrnehmbar und erreichbar, d. h. prinzipiell für gemeinsame Praxis verfügbar. Durch die implizite Teilnehmerperspektive (,wir'-Perspektive) erhält meine subjektive Wahrnehmung ihre prinzipielle (wenn auch im Einzelfall widerlegbare) Objektivität. Mit anderen Worten: Die menschliche Wahrnehmung ist intersubjektiv konstituiert. Ich will dies im Folgenden näher begründen.

Was wir wahrnehmen, sind weder Bilder noch Modelle, sondern Dinge und Menschen. Das ist zunächst keineswegs selbstverständlich: Wenn ich beispielsweise einen Tisch wahrnehme, dann sehe ich doch eigentlich immer nur *eine*, perspektivisch begrenzte Ansicht des Tisches. Husserl hat jedoch gezeigt, dass die Wahrnehmung ihre eigene Perspektivengebundenheit insofern aufhebt, als sie aktuelle und weitere mögliche Aspekte integriert. Die verschiedenen Ansichten („Abschattungen"), die Rückseite, aber auch die Materialität des Tisches werden implizit „hinzugesehen" oder „appräsentiert", wie Husserl es ausdrückt, so dass ich *den Tisch selbst* sehe und nicht einen bloßen Empfindungseindruck oder ein subjektives Bild.[10]

Doch diese implizit mitgesehenen Ansichten enthalten auch eine latente *Intersubjektivität*: Der Tisch, den ich dort sehe, ist nämlich der Gegenstand, den gleichzeitig *andere von anderen Seiten sehen könnten*. Somit gewinnt der Gegenstand seine eigentliche Objektivität erst durch die Möglichkeit seiner Wahrnehmung durch verschiedene Subjekte – also durch eine implizit vorausgesetzte Vielfalt anderer Perspektiven. Husserl spricht hier auch vom „Horizont möglicher

---

10 Vgl. Husserl 1966, 3–24; 1984, 588 f.

eigener und fremder Erfahrung" oder von einer „offenen Intersubjektivität".[11] Ähnlich konstituiert sich nach Sartre – der hier auf Husserl zurückgreift – ein Objekt nicht für ein reines Subjekt, sondern immer in einem Verweisungszusammenhang, in den die anderen einbezogen sind (Sartre 1962, 314):

> Ob ich diesen Tisch oder diesen Baum oder dieses Stück Mauer allein oder in Gesellschaft betrachte, immer ist der Andere da als eine Schicht konstituierter Bedeutungen, die dem von mir betrachteten Gegenstand selbst angehören; kurz, als der wirkliche Bürge seiner Gegenständlichkeit. [...] So erscheint jeder Gegenstand – weit davon entfernt, wie bei Kant durch ein einfaches Verhältnis zum *Subjekt* konstituiert zu werden – in meiner konkreten Erfahrung als vielwertig, er ist ursprünglich gegeben als Träger der Systeme von Verweisungen auf eine unendliche Vielheit von Bewusstseinsindividuen; *bei* dem Tische und *bei* der Mauer entdeckt sich mir der Andere als das, worauf sich der betrachtete Gegenstand fortwährend beruft, und zwar genauso, wie wenn Peter und Paul konkret in Erscheinung treten.

Doch nicht nur den Gegenstand, sondern auch *sich selbst* erfährt das wahrnehmende Subjekt immer als für den Anderen wahrnehmbar, wie Merleau-Ponty (1986, 177) betont:

> Sobald ich sehe, muss das Sehen mit einer komplementären oder anderen Sicht synchronisiert sein: mit der Sicht meiner selbst von außen, so wie ein Anderer mich sehen würde, der sich inmitten des Sichtbaren eingerichtet hat und dieses von einem bestimmten Ort aus sieht.

Die menschliche Wahrnehmung, so lassen sich diese Überlegungen zusammenfassen, ist kein einsames Verhältnis eines Subjekts zu seiner Welt. Sie enthält immer schon die mögliche Gegenwart und die möglichen Perspektiven der anderen – selbst Robinson sah seine Insel immer auch mit ihren Augen, noch bevor Freitag auf den Plan trat. Die Objekte der Wahrnehmung bestehen nicht nur ‚für mich', sondern sie sind immer schon kollektiv konstituiert. Diese Fähigkeit, die eigenen Wahrnehmungen grundsätzlich mit anderen zu teilen, bewirkt aber zugleich eine Abhebung oder Distanzierung des Subjekts vom Objekt der Wahrnehmung – eine *Objektivierung*. Zum gleichen Resultat kam bereits Plessner: Die

---

11 „Also jedes Objektive, das mir in meiner Erfahrung und zunächst in einer Wahrnehmung vor Augen steht, hat einen apperzeptiven Horizont, den möglicher Erfahrung, eigener und fremder. Ontologisch gesprochen, jede Erscheinung, die ich habe, ist von vornherein Glied eines offen endlosen, aber nicht explizit verwirklichten Umfanges möglicher Erscheinungen von demselben, und die Subjektivität dieser Erscheinungen ist die offene Intersubjektivität" (Husserl 1973, 289; vgl. dazu auch Zahavi 1996, 39 ff.).

besondere Sozialität des Menschen, nämlich seine Fähigkeit zur Perspektivenübernahme, bedingt seine „exzentrische Position" und damit die von der Realität, „die sich offenbaren soll, geforderte Distanz, den Spielraum, in welchem allein Wirklichkeit zur Erscheinung kommen kann" (Plessner 1928/1975, 331).

Der (Neuro-)Konstruktivismus verkennt also die Objektivierung, die die menschliche Wahrnehmung als implizit intersubjektive Wahrnehmung leistet, denn er betrachtet nur die individuellen Prozesse der Reizübertragung vom Objekt zum jeweiligen Gehirn. Da nun jedes Gehirn nach der neurokonstruktivistischen Voraussetzung nur seinen *eigenen* virtuellen Raum erzeugt, kann es keinen „gemeinsamen Simulationsraum" oder „Ego-Tunnel" von zwei Personen geben. Mit anderen Worten: Ließe sich Wahrnehmung *restlos* als ein physikalisch-physiologischer Prozess beschreiben, der sich jeweils zwischen einem Gegenstand und einem Gehirn abspielt, *dann könnten zwei Menschen nicht gemeinsam ein- und denselben Gegenstand betrachten.* Die zwei Prozesse liefen, vom Objekt ausgehend, in verschiedene Richtungen und streng getrennt voneinander ab, und die beiden Personen blieben in ihre jeweilige Welt eingeschlossen, zumal sie ja auch selbst für einander nur Simulationen oder Projektionen wären.

Doch in jeder Interaktion und Verständigung mit anderen beziehen wir uns auf einen gemeinsamen Raum, auf gemeinsam intendierte Gegenstände und Situationen. Das Buch, das ich in der Hand halte und lese, ist immer schon das potenziell von anderen gesehene Buch; und wenn ich es einem anderen gebe, dann ist es zugleich das von ihm gesehene, intendierte und empfangene Buch. Jeder alltägliche Tauschakt beim Einkaufen hebt die bloße Subjektivität der Wahrnehmung der Beteiligten auf. Ihre subjektive Sicht auf den Gegenstand des Tauschs ist zwar eine je *individuelle, perspektivische* Sicht, jedoch nicht etwa ‚nur subjektiv' in dem Sinne, als wäre das Wahrgenommene nur ‚in ihnen', ‚im Subjekt'. Vielmehr werden die Prozesse der Vermittlung, die der Wahrnehmung zugrunde liegen, transparent auch für eine *gemeinsam* intendierte Wirklichkeit, die den Subjektivismus übersteigt. Sehend, wahrnehmend befinden wir uns immer schon in einem gemeinsamen Raum mit Anderen. An die Stelle eines „naiven Realismus" können wir insofern einen *lebensweltlichen Realismus* setzen.

5 Genese der intersubjektiven Wahrnehmung

Auch wenn Husserl von einer transzendentalen Intersubjektivität der Wahrnehmung ausgeht – empirisch gesehen, lässt sich eine Genese dieser Struktur schwerlich bestreiten: Sie muss in der frühen Kindheit im Verlauf sozialer Interaktionen erlernt und erworben werden. Die menschliche Wahrnehmung ist weder a priori gegeben noch bloßer Naturprozess, sondern sie ist eine in Situationen gemeinsamer Aufmerksamkeit und Praxis, d. h. gleichgerichteter Intentionalität sozialisierte oder *kultivierte* Wahrnehmung. Ähnlich wie sich der sensomotorische Raum durch Interaktion mit der *physischen* Umgebung bildet (wie wir an dem Versuch mit den neugeborenen Kätzchen gesehen haben), so konstituiert sich der objektive oder intersubjektive Raum der menschlichen Wahrnehmung im Zuge *sozialer* Interaktionen.

Das wahrnehmende Erfassen der Dinge als solcher setzt ein Heraustreten aus dem primären, subjektzentrierten Situationsbezug und damit eine Beweglichkeit der Perspektive voraus, die in typischen, nämlich *triadischen* sozialen Interaktionen erlernt wird.[12] Ab dem 8./9. Lebensmonat beginnen Babys bekanntlich, sich gemeinsam mit Erwachsenen Gegenständen zuzuwenden (*joint attention*).[13] Sie lernen deren Zeigegesten zu verstehen, gehen selbst dazu über, auf Dinge zu zeigen, und vergewissern sich dabei der Aufmerksamkeit der Erwachsenen durch kurze Blicke. Zeigen beinhaltet die gemeinsame Beziehung auf ein Drittes – daher ‚triadisch' – das von beiden Partnern gesehen oder gehandhabt wird, und beide sind sich dieser gemeinsamen Gerichtetheit auch bewusst.

Joint attention verwandelt die Einstellung zu den Dingen ebenso wie zu den anderen grundlegend. Mit ihren Augen gesehen werden die Dinge zu Gegenständen im Sinn des Wortes, die nun in Unabhängigkeit und Distanz von der primären subjektiven Perspektive gegeben sind, oder in Heideggers Terminologie: aus *zuhandenen* Dingen werden *vorhandene* Objekte. Um andererseits den Gegenstand einer anderen Person zu zeigen, muss das Kind erfassen, was diese Person sieht, also ihre räumliche Perspektive zumindest implizit mitvollziehen – eine Perspektive, die sich nicht mehr nur dyadisch auf das Kind, sondern auch auf die Umwelt richtet, und die sich von der eigenen unterscheidet. Objekt-Triangulierung ermöglicht somit eine „geteilte Intentionalität" (Tomasello/Rakoczy 2003, 121), die sich nach und nach der kindlichen Wahrnehmung mitteilt.

Sie wird noch unterstützt durch den *interaktiven Umgang* mit Objekten: Eingebettet in Handlungszusammenhänge, wird die gemeinsame Bezugnahme auf den Gegenstand durch wechselseitige Interaktionen und „synkinetische Beziehungen" (Straus 1963, 968) validiert. Die Kugel, die das Kind sieht, ist die Kugel, die es von der Mutter erhält und ihr zurückgibt, mit der sie gemeinsam spielen, und die so in die intersubjektive Vertrautheit mit der Welt eingebettet wird. Die Wahrnehmung ist damit von Anfang an interaktiv und zugleich kulturell geprägt: Teller, Löffel, Stuhl, Spielsachen, Kleidung, Schuhe – nahezu alles, womit sich

---

12 Vgl. Fuchs 2013.
13 Vgl. Tomasello 2002, 77 ff.

das Kind vertraut macht, sind kulturelle Gegenstände und entsprechend vorgeprägte Vollzüge.

Zur Sozialität der Wahrnehmung trägt auch eine angeborene Tendenz von Säuglingen bei, von Erwachsenen zu lernen, die in der gegenwärtigen Säuglingsforschung als *natural pedagogy* bezeichnet wird (Csibra/Gergely 2009). Sogenannte ‚ostensive Hinweisreize' (Augenkontakt, Gesten, Vokalisierungen) signalisieren dem Kind einen Lernkontext („Pass auf, das ist wichtig!"), so dass es die nachfolgende, auf ein Objekt bezogene Handlung des Erwachsenen als bedeutsam begreift und häufig nachzuahmen versucht. Damit fungieren andere Personen als Quelle von Einstellungen zu Dingen und Ereignissen in der gemeinsamen Umgebung. Hinzu kommt ein Phänomen, dass die Entwicklungspsychologie als ‚soziale Bezugnahme' *(social referencing)* bezeichnet: Konfrontiert man ein etwa 9 Monate altes Kind mit einem neuen, Unsicherheit oder Angst auslösenden Objekt, etwa einem piepsenden und sich auf das Kind zu bewegenden Roboter, so wird es zuerst nach der Mutter oder dem Vater sehen, um zu merken, ob sie ängstlich oder freudig auf das Objekt reagieren, und sich dann in seiner Reaktion nach ihnen richten (Hornik/Risenhoover/Gunnar 1987; Hirshberg/Svejda 1990). Jeder Schritt der Erschließung der kulturellen Welt beruht damit auf einem Vorrat sedimentierter Erfahrung anderer; die Dinge empfangen für das Kind ihren Sinn aus deren Umgang mit ihnen. Auf diese Weise vollzieht sich die Ko-Konstitution der gemeinsamen Lebenswelt.

Joint attention und die damit verbundene Zeigegeste ist schließlich auch die Voraussetzung für den Erwerb der *Sprache:* ‚Zeigen' und ‚Zeichen', ‚deuten' und ‚Bedeutung' sind etymologisch verwandt. Mit der Zeigegeste verbinden sich die ersten Worte: Die Eltern zeigen auf Gegenstände und benennen sie; die Kinder erkennen, dass die Eltern Wörter mit einer Bezeichnungsabsicht verwenden und beginnen sie zu übernehmen. Dieser Lernprozess ist immer eingebettet in kooperative Aktivitäten: Windeln wechseln, gemeinsames Essen, einen Turm aus Klötzchen bauen usw. sind die typischen Kontexte, in denen die entsprechenden Wörter erlernt werden. Das Sprachvermögen entwickelt sich also in intersubjektiven Handlungsvollzügen, in der auf die gemeinsame Umwelt gerichteten Praxis.[14]

Mit der Aneignung sprachlicher Bedeutungen erwirbt das Kind nun auch die implizite Intersubjektivität des ‚generalisierten Anderen', die sich wiederum der Wahrnehmung mitteilt. Mit ihrer Benennung werden die Dinge zum Bestand einer gemeinsamen Sphäre symbolischer Bedeutungszusammenhänge, die der Wahrnehmung eine erweiterte Allgemeinheit und Objektivität verleihen.

---

14 Vgl. Bruner 1987; Nelson 1996.

Denn nunmehr verweist jeder wahrgenommene Gegenstand nicht nur räumlich auf die möglichen Perspektiven der anderen, sondern ebenso auf eine Schicht gemeinsam konstituierter und habitualisierter Bedeutungen, die den Wahrnehmungen nicht etwa sekundär hinzugefügt, sondern ihnen selbst eingeschrieben werden.

Die sprachlich-begriffliche Einteilung und Klassifizierung der Welt teilt sich also der Wahrnehmung mit, nämlich als eine *Typisierung* (‚Löwe', ‚Tiger', ‚Leopard'), die wir schon mitsehen oder mithören, bevor wir eine explizite Benennung vornehmen wie „Das ist ein Tiger". Denn wir sehen nicht irgendwelche Farben und Formen, die wir dann als Tiger deuten, sondern die Sinneinheit ‚Tiger' ist uns bereits sinnlich gegeben. Was ein Tiger ist, haben wir in Situationen gemeinsamer Aufmerksamkeit und Benennung erfasst, und seine Bezeichnung, sein Begriff ist in der Folge als Schema und Typus in unsere Wahrnehmung eingegangen. Dieser Sinn des Wahrgenommenen ist immer bezogen auf den „Verweisungszusammenhang" (Heidegger 1927/1989, 87) aller vertrauten Dinge und ihre Einbettung in die gemeinsame Lebenswelt, die – nun auf der höheren Stufe symbolisch vermittelter Bedeutungen – wiederum allen Wahrnehmungen ihre objektiv-intersubjektiv gültige Realität verleiht.

6 Subjektivierung der Wahrnehmung in der Schizophrenie

Dass die objektivierende Leistung der Wahrnehmung nicht ein für alle Mal gegeben ist, sondern auch wieder verloren gehen kann, zeigt ein abschließender Blick auf pathologische Erlebnisformen in der Schizophrenie. Hier kommt es besonders zu Beginn akuter Psychosen häufig zu einer radikalen und verstörenden *Subjektivierung* der Wahrnehmung, so dass die Patienten nur noch *Bilder von Dingen* sehen statt die Dinge selbst (Fuchs 2005). Als Folge davon erscheint ihnen die Umgebung unwirklich und unecht, als wäre sie nur für sie inszeniert. Zugleich zersetzen sich die vertrauten, intersubjektiv konstituierten Bedeutungen der Dinge und Situationen (Klosterkötter 1988, 69):

> [...] wo man auch hinguckt, sieht alles schon so unwirklich aus. Die ganze Umgebung, alles wird wie fremd, und man bekommt wahnsinnige Angst [...] irgendwie ist plötzlich alles für mich da, für mich gestellt. Alles um einen bezieht sich plötzlich auf einen selber. Man steht im Mittelpunkt einer Handlung wie unter Kulissen.

> Auf der Straße wirkte alles sonderbar und irgendwie unheimlich – wie wenn ein Krieg ausbräche oder die Welt unterginge [...]. Ständig fuhren Autos vorbei, als ob sie vor etwas auf

der Flucht wären; alles machte mir große Angst. Die KFZ-Schilder waren Signale für etwas, das ich erst noch entschlüsseln musste. Ich suchte nach einer Art Code [...].[15]

Solche pathologischen Erlebnisformen illustrieren *ex negativo* die objektivierende Leistung der normalen Wahrnehmung. Die Objektivität wird ihr nicht erst durch ein nachträgliches Realitätsurteil zuerkannt, sondern sie ist ihr als „Wahrnehmungsglaube" inhärent. Wahrnehmung überschreitet sich selbst auf ihren Gegenstand. In der Schizophrenie hingegen erfassen die Patienten nicht mehr *durch* ihre Wahrnehmung deren distalen Gehalt; stattdessen tritt der proximale, ‚subjektive' Wahrnehmungs*vorgang selbst* ins Bewusstsein. In der Konsequenz werden die Patienten gleichsam zu Zuschauern ihres eigenen Sehens:

> Ich merke, wie meine Augen die Dinge sehen (Stanghellini 2004, 113; Übers. T. F.).

> Ich sah alles wie durch eine Filmkamera (Sass 1992, 132; Übers. T. F.).

> Es war, wie wenn meine Augen Kameras wären [...] als wäre mein Kopf riesengroß, so groß wie das Universum, und ich war ganz hinten und die Kameras vorne (de Haan/Fuchs 2010; Übers. T. F.).

Hier gerät das Subjekt gleichsam in eine Position außerhalb der Welt; es wird buchstäblich zu einem Homunculus im Kopf, der seine eigenen Wahrnehmungen wie projizierte Bilder betrachtet. Die Subjektivierung kann sich sogar bis zu dem Eindruck steigern, die Existenz des Wahrgenommenen als solche hänge von der eigenen Wahrnehmung ab – eine pathologische Form von Berkeleys *esse est percipi*:

> Wenn ich eine Tür sehe und dann wegschaue, ist es, als ob die Tür zu existieren aufhörte (Henriksen 2011, 24; Übers. T. F.).

In der Schizophrenie kann also das wahrnehmende In-der-Welt-Sein, nämlich die implizite Intersubjektivität und damit Objektivität der Wahrnehmung verloren gehen. Die Patienten werden dann gewissermaßen unfreiwillig zu „subjektiven Idealisten", ja zu Solipsisten, die in ihre defizienten Wahrnehmungen wie in eine Eigenwelt eingeschlossen bleiben. Gerade daran aber können wir noch einmal die Objektivierung erkennen, welche die normale Wahrnehmung leistet. Der „Ego-Tunnel", in dem wir nach der neurokonstruktivistischen Konzeption leben, das Kopf-Kino, das uns angeblich von unserem Gehirn präsentiert wird, ist in

---

15 Zitat einer Patientin der eigenen Klinik.

Wahrheit nur ein pathologischer Zustand, den Patienten in der Psychose erleben (Fuchs 2015). Im gewöhnlichen Erleben hingegen leben wir in der gemeinsamen Mitwelt, konstituiert durch die implizite Intersubjektivität der Wahrnehmung.

Auch bei der Patientin im letzten Fallbeispiel kommt es zu einer Entfremdung der Wahrnehmung, nämlich zu einem Verlust des „Wahrnehmungsglaubens", der schließlich in den Verfolgungswahn mündet (Klosterkötter 1988, 64 f.):

> Es kam mir immer unwirklicher vor, wie ein fremdes Land. [...] Dann kam mir die Idee, das ist doch gar nicht mehr deine alte Umgebung. [...] es könnte ja gar nicht mehr unser Haus sein. Irgendjemand könnte mir das als Kulisse einstellen. Eine Kulisse, oder man könnte mir ein Fernsehspiel einspielen. [...] Dann hab ich die Wände abgetastet [...]. Ich habe geprüft, ob das wirklich eine Fläche ist [...].

Die Subjektivierung und zugleich Entfremdung der Wahrnehmung lässt auch für diese Patientin nur noch Kulissen bestehen, während wir sonst die Dinge selbst in ihrer Konstanz und Verlässlichkeit erblicken. Diese fundamentale Erschütterung des Wirklichkeitsglaubens, dieser ontologische Zweifel kann ab einem bestimmten Punkt nur noch im Wahn aufgefangen werden: Die Patientin entwickelte im weiteren Verlauf die Überzeugung, dass eine Geheimdienstorganisation sie zu Versuchszwecken missbrauche und ihr über Strahlen Scheinbilder in das Gehirn projiziere. Der Wahn stellt damit zwar eine neue Form der Kohärenz und Sinngebung in einer rätselhaft verfremdeten Welt dar. Doch er bedeutet zugleich den Verlust der impliziten Intersubjektivität der Wahrnehmung, den Rückzug aus der gemeinsamen Wirklichkeit in eine solipsistische Eigenwelt.[16]

7 Resümee

Die gegenwärtig dominierenden naturalistischen und konstruktivistischen Theorien der Wahrnehmung fassen sie als eine interne Repräsentation oder Simulation der Außenwelt auf, die aus eintreffenden Sinnesdaten im Gehirn erzeugt wird. Damit schreiben sie der Wahrnehmung einen gegenüber der physikalischen

---

16 Eine andere mögliche ‚Gegenprobe' zur Objektivierung der Wahrnehmung könnte eine Analyse des *Traumbewusstseins* darstellen: Auch hier kommt es zu einer Subjektivierung und einem Verlust der Gegenständlichkeit. Der Träumende wird passiv in auf ihn zentrierte Situationen versetzt, die durchweg eine intensive eigenbezügliche Bedeutsamkeit zeigen (*tua res agitur*, auch wenn diese Bedeutsamkeit oft rätselhaft bleibt). Er ist nicht in der Lage, diese Situationen auf eine allgemeine Perspektive hin zu überschreiten und so zu relativieren. Auch der Träumende sieht also nur Bilder, keine Gegenstände.

Realität grundsätzlich illusionären Charakter zu (‚online-Simulation', ‚Kopfkino',
‚Ego-Tunnel'). Demgegenüber habe ich zu Beginn zwei Thesen formuliert, die den
primären „Wahrnehmungsglauben" zu rechtfertigen und einen lebensweltlichen
Realismus der Wahrnehmung zu begründen vermögen, nämlich (1) *eine enaktivistische* und (2) *eine sozialinteraktionistische These:*

(1) Wahrnehmen beruht weder auf einem bloßen Datentransport von außen nach innen noch auf einer internen Modellierung, sondern auf einer *fortlaufenden sensomotorischen Interaktion von Lebewesen mit ihrer Umgebung.* Jede Wahrnehmung bedeutet eine übergreifende Koppelung von Organismus und Umwelt. Damit entfällt die Trennung von Innen und Außen, die der Repräsentationalismus voraussetzt. Die gleichwohl objektivierende Leistung der Wahrnehmung resultiert auf dieser Stufe aus *vermittelter Unmittelbarkeit,* nämlich aus der Transparenz der vermittelnden leiblichen Prozesse für die distalen Gehalte der Wahrnehmung.

(2) Menschliche Wahrnehmung überwindet darüber hinaus die Perspektivität des zentrierten Umweltbezugs durch eine *implizite Intersubjektivität,* d. h. durch eine Mitberücksichtigung der möglichen Perspektiven anderer. Damit vermag sie Gegenstände und Situationen *als solche* zu erfassen, das heißt in Unabhängigkeit vom Wahrnehmungsakt. Diese implizite Intersubjektivität beruht ontogenetisch auf frühen sozialen Interaktionen: Gemeinsame Aufmerksamkeit, gemeinsame Praxis und schließlich gemeinsame Sprache konstituieren eine geteilte oder ‚Wir-Intentionalität', die sich der individuellen Wahrnehmung einschreibt und damit ihren *lebensweltlichen Realismus* begründet.

Aus der ‚exzentrischen Position' des Menschen resultiert somit eine Allgemeinheit, die unsere Wahrnehmungen und Erfahrungen immer auch zu möglichen Erfahrungen anderer macht – wobei diese exzentrische Position im Zuge triangulierender Interaktionen erst erworben werden muss. Mit ihr konstituiert sich die wahrgenommene Welt als eine implizit intersubjektive Realität, der damit auch die legitime Annahme der Objektivität zukommt – eine freilich durch weitere Verständigung und Perspektivenabgleich mit anderen immer auch korrigierbare, widerlegliche Objektivität der Wahrnehmung.

Es bleibt abschließend noch die dritte eingangs aufgestellte These zu begründen: Der lebensweltliche Realismus der Wahrnehmung kann nie vollständig durch naturwissenschaftliche Modellannahmen ersetzt oder auf physikalische Prozesse reduziert werden. Denn Modelle dienen nur einer sich bewährenden Berechenbarkeit und Vorhersagbarkeit beobachtbarer Naturprozesse, und wie erfolgreich sie ihre Zwecke auch erfüllen mögen – als *Modelle* können sie keine transphänomenale Realität beschreiben. Es wäre unsinnig, Modelle als ‚realer' anzusehen als die gemeinsam wahrgenommene Wirklichkeit. Vielmehr beruht die Validität aller Naturbeobachtungen und empirischen Forschungsresultate umgekehrt auf der lebensweltlichen Realität, jenseits deren es keine Position der Beobachtung und Erkenntnis geben kann. Dies hat etwa Habermas in seiner Auseinandersetzung mit dem Neurodeterminismus betont (Habermas 2004, 883):

> Die Objektivität der Welt konstituiert sich für einen Beobachter nur zugleich mit der Intersubjektivität der möglichen Verständigung über das, was er vom innerweltlichen Geschehen kognitiv erfasst. Erst die intersubjektive Prüfung subjektiver Evidenzen ermöglicht die fortschreitende Objektivierung der Natur. Darum können die Verständigungsprozesse selbst nicht im Ganzen auf die Objektseite gebracht, also nicht vollständig als innerweltlich determiniertes Geschehen beschrieben und auf diese Weise objektivierend ‚eingeholt' werden.

Objektivität von Erkenntnis beruht demnach auf der Intersubjektivität symbolischer Verständigungsprozesse. Doch gilt, wie wir sahen, bereits für unsere unmittelbar erfahrene Wirklichkeit, dass sie die Intersubjektivität der Wahrnehmung impliziert und daraus zugleich ihre Validierung bezieht. Darin liegt die lebensweltliche Voraussetzung für alle wissenschaftliche Praxis und Erkenntnis.

Der reduktionistische Naturalismus bzw. Physikalismus ist insofern inkonsistent, als er die eigene Abhängigkeit von der intersubjektiv konstituierten Lebenswelt übersieht. Diese beruht auf der triadischen Beziehungsstruktur ‚Ich – Du – Es': Als Mitglieder einer Kommunikationsgemeinschaft beziehen wir uns in gemeinsamer Aufmerksamkeit auf Gegenstände unserer Umwelt. Der wissenschaftlichen Beobachterperspektive, der Perspektive der 3. Person, liegt also die Teilnehmer- oder ‚Wir'-Perspektive voraus, an die auch die wissenschaftliche Erkenntnis als eine spezielle Form sozialer Praxis immer gebunden bleibt. Physikalische Gegenstände sind unabhängig von intersubjektiver Erfahrung gar nicht identifizierbar. Was ein Gehirn, was Neuronen, Moleküle, Atome oder Energiefelder sind, ergibt sich nur aus einem gemeinsamen Vorverständnis, aus konventioneller Vereinbarung und wissenschaftlicher Praxis. Daraus folgt aber, dass eine *rein physikalisch* gedachte Natur immer ein theoretisches Konstrukt bleiben muss, aus sich dem Bewusstsein, Wahrnehmung und Intersubjektivität nicht ohne Rest ableiten lassen.

Dirk Hartmann hat auf den „zweiten naturalistischen Fehlschluss" (1998, 325)[17] im Reduktionismus aufmerksam gemacht. Er liegt darin, dass die auf der Konstruktebene postulierten materiellen Strukturen und Prozesse nun ihrerseits

---

[17] Der „zweite", da als naturalistischer Fehlschluss üblicherweise der Schluss vom Sein auf ein Sollen bezeichnet wird.

der lebensweltlichen Erfahrung unterschoben und schließlich zur eigentlichen Wirklichkeit hypostasiert werden (Hartmann 1998, 326):

> Ein Messer besteht aus Klinge und Griff, das Material der Klinge ist eine Legierung, diese besteht aus Molekülen, die eine Verbindung von Atomen sind, die aus noch kleineren Teilchen bestehen – alles nur eine Sache des ‚immer genaueren Hinsehens'. Übersehen wird dabei, dass die Konstruktgegenstände im Gegensatz zu den Gegenständen der Phänomenenebene nicht unabhängig von den Theorien, in welchen sie auftreten, zugänglich sind.

Konstrukte oder Modelle sind insofern nicht unsere Wahrnehmungen, wie der Neurokonstruktivismus behauptet, sondern vielmehr die von Spezialwissenschaften, insbesondere der Physik abstrahierten Welten mathematisch beschreibbarer Teilchen, Wellen und Energiefelder. Diese entziehen sich prinzipiell der gemeinsamen Wahrnehmung und lassen sich immer nur indirekt plausibilisieren oder falsifizieren. Solche Konstrukte oder Modelle mögen sich durchaus erfolgreich auf die Beschreibung und Vorhersage physikalischer und physiologischer Prozesse anwenden lassen und treffen insofern zweifellos Aspekte der transphänomenalen Welt. Doch werden uns diese Aspekte immer nur auf indirektem Weg und über geteilte Wahrnehmungserfahrungen zugänglich.

Es gilt daher für die intersubjektive, lebensweltliche Wahrnehmung das Gleiche, was Habermas über die intersubjektiven Verständigungsprozesse schreibt: Sie lässt sich nicht vollständig auf die Objektseite bringen. Physiologische Untersuchungen können die physikalischen und organismischen *Bedingungen* von Wahrnehmungen aufklären; eine hinreichende *Erklärung* der Wahrnehmung als der interaktiven Beziehung zwischen Menschen und ihrer Umwelt vermögen sie nicht zu liefern. Die grundlegende Realität ist für uns nicht die in Spezialwissenschaften abstrahierte Welt mathematisch beschreibbarer Größen, Teilchen oder neuronaler Aktivitäten; es ist vielmehr die durch implizite Intersubjektivität konstituierte, gemeinsame Realität der Lebenswelt.

Bibliographie

Bruner, Jerome (1987): Wie das Kind sprechen lernt. Bern/Stuttgart.
Csibra, Gergely/Gergely, György (2009): Natural pedagogy. In: Trends in Cognitive Sciences 13/4, 148–153.
Damásio, António (2002): Wie das Gehirn Geist erzeugt. In: Spektrum der Wissenschaft. Dossier 2: Grenzen des Wissens, 36–41.
Fingerhut, Jörg/Hufendiek, Rebekka/Wild, Markus (Hg.) (2013): Philosophie der Verkörperung. Grundlagentexte zu einer aktuellen Debatte. Frankfurt a. M.

Fuchs, Thomas (2005): Delusional mood and delusional perception. A phenomenological analysis. In: Psychopathology 38, 133–139.
Fuchs, Thomas (2012): Das Gehirn – ein Beziehungsorgan. Eine phänomenologisch-ökologische Konzeption. 4. Aufl. Stuttgart.
Fuchs, Thomas (2013): The phenomenology and development of social perspectives. In: Phenomenology and the Cognitive Sciences 12/4, 655–683.
Fuchs, Thomas (2015): Wege aus dem Ego-Tunnel. Zur gegenwärtigen Bedeutung der Phänomenologie. In: Deutsche Zeitschrift für Philosophie 63, 801–823.
Fuchs, Thomas (2017): Im Kontakt mit der Wirklichkeit: Wahrnehmung als Interaktion. In: Ders./Magnus Schlette/Anna Marie Kirchner (Hg.): Anthropologie der Wahrnehmung. Heidelberg, 109–139.
Gibson, James (1979): The Ecological Approach to Visual Perception. Boston.
Haan, Sanneke de/Fuchs, Thomas (2010): The ghost in the machine: Disembodiment in schizophrenia. Two case studies. In: Psychopathology 43, 327–33.
Habermas, Jürgen (2004): Freiheit und Determinismus. In: Deutsche Zeitschrift für Philosophie 52, 871–890.
Hartmann, Dirk (1998): Philosophische Grundlagen der Psychologie. Darmstadt.
Hegel, Georg Friedrich Wilhelm (1831/1979): Wissenschaft der Logik. Werke. Bd. 5. Frankfurt a. M.
Heidegger, Martin (1927/1986): Sein und Zeit. Tübingen.
Held, Richard/Hein, Alan (1963): Movement-produced stimulation in the development of visually guided behavior. In: Journal of Comparative Physiology and Psychology 56, 872–876.
Henriksen, Mads Gram (2011): Understanding Schizophrenia. Investigations in Phenomenological Psychopathology. Copenhagen.
Hirshberg, Laurence/Svejda, Marilyn (1990): When infants look to their parents: I. Infants' social referencing of mothers compared to fathers. In: Child Development 61/4, 1175–1186.
Holst, Erich von/Mittelstaedt, Horst (1950): Das Reafferenzprinzip. Wechselwirkungen zwischen Zentralnervensystem und Peripherie. In: Naturwissenschaften 37/20, 464–476.
Hornik, Robin/Risenhoover, Nancy/Gunnar, Megan (1987): The effects of maternal positive, neutral, and negative affective communications on infant responses to new toys. In: Child Development 58/4, 937–944.
Husserl, Edmund (1966): Analysen zur passiven Synthesis. In: Margot Fleischer (Hg.): Husserliana. Bd. 11. Dordrecht.
Husserl, Edmund (1973): Zur Phänomenologie der Intersubjektivität. Texte aus dem Nachlass II. 1921–28. In: Iso Kern (Hg.): Husserliana. Bd. 14. Dordrecht.
Husserl, Edmund (1984): Logische Untersuchungen. Bd. 2. Untersuchungen zur Phänomenologie und Theorie der Erkenntnis. In: Ursula Panzer (Hg.): Husserliana. Bd. 19. Dordrecht.
Jonas, Hans (1973): Organismus und Freiheit. Ansätze zu einer philosophischen Biologie. Göttingen.
Kaiser, Lena Sophie (2012): Konstruktivismus in der Elementarpädagogik. Wie Kinder ihre Welt erschaffen und erforschen. Hamburg.
Klosterkötter, Joachim (1988): Basissymptome und Endphänomene der Schizophrenie. Berlin.
Lewin, Kurt (1969): Grundzüge der Topologischen Psychologie. Bern/Stuttgart.
Locke, John (1690/2006): Versuch über den menschlichen Verstand. Übersetzt von Carl Winkler. Hamburg.

Mead, George Herbert (1969): Philosophie der Sozialität. Frankfurt a. M.
Melchner, Laurie von/Pallas, Sarah/Sur, Mriganka (2000): Visual behaviour mediated by retinal projections directed to the auditory pathway. In: Nature 404, 871–876.
Merleau-Ponty, Maurice (1986): Das Sichtbare und das Unsichtbare. München.
Metzinger, Thomas (2009): Der Ego-Tunnel. Eine neue Philosophie des Selbst. Von der Hirnforschung zur Bewusstseinsethik. Berlin.
Nelson, Katherine (1996): Language in Cognitive Development. Cambridge.
Nietzsche, Friedrich Wilhelm (1899): Morgenröthe. Gedanken über die moralischen Vorurtheile. Nietzsches Werke. Bd. 4. Leipzig.
Noë, Alva (2004): Action in Perception. Cambridge.
O'Regan, John Kevin/Noë, Alva (2001): A sensorimotor account of vision and visual consciousness. In: Behavioural and Brain Sciences 24/5, 939–1011.
Plessner, Helmuth (1928/1975): Die Stufen des Organischen und der Mensch. Einleitung in die philosophische Anthropologie. Berlin.
Polanyi, Michael (1985): Implizites Wissen. Frankfurt a. M.
Sartre, Jean-Paul (1962): Das Sein und das Nichts. Versuche einer phänomenologischen Ontologie. 2. Aufl. Reinbek.
Sass, Louis Arnorsson (1992): Madness and Modernism. Insanity in the Light of Modern Art, Literature, and Thought. New York.
Searle, John (2015): Seeing Things as They Are: A Theory of Perception. Oxford.
Siefer, Werner/Weber, Christian (2006): Ich. Wie wir uns selbst erfinden. Frankfurt a. M.
Stadler, Michael/Plümacher, Martina (1996): Wahrnehmung. In: J. Mittelstraß (Hg.): Enzyklopädie Philosophie und Wissenschaftstheorie. Stuttgart, 1722–1731.
Stanghellini, Giovanni (2004): Disembodied Spirits and Deanimatied Bodies. The Psychopathology of Common Sense. Oxford.
Stiftung Haus der kleinen Forscher (2015): Pädagogischer Ansatz der Stiftung „Haus der kleinen Forscher". 5. Aufl. Berlin.
Straus, Erwin (1963): Philosophische Grundlagen der Psychiatrie. Psychiatrie und Philosophie. In: Hans W. Gruhle u. a. (Hg.): Psychiatrie der Gegenwart. Forschung und Praxis in drei Bänden. Bd. I/2. Berlin/Göttingen, 926–994.
Thompson, Evan (2007): Mind in Life. Biology, Phenomenology, and the Sciences of Mind. Harvard.
Tomasello, Michael (2002): Die kulturelle Entwicklung des menschlichen Denkens. Zur Evolution der Kognition. Frankfurt a. M.
Tomasello, Michael/Rakoczy, Hannes (2003): What makes human cognition unique? From individual to shared to collective intentionality. In: Mind & Language 18/2, 121–147.
Varela, Francisco Javier/Thompson, Evan/Rosch, Eleanor (1991): The Embodied Mind. Cognitive Science and Human Experience. Cambridge.
Zahavi, Dan (1996): Husserl und die transzendentale Intersubjektivität. Eine Antwort auf die sprachpragmatische Kritik. Dordrecht.

Alexander Ziem/Björn Fritsche
Von der Sprache zur (Konstruktion von) Wirklichkeit

Die konstruktivistische Perspektive der Kognitiven Linguistik

1 Einleitende Bemerkungen

Die epistemologische Frage nach dem Zusammenhang von Sprache, Denken und Wirklichkeit gehört zu den großen Topoi der abendländischen Philosophie; Platons Höhlengleichnis ist das vielleicht wirkungsmächtigste Beispiel. Welche Rolle dabei der Sprache als gleichsam vermittelndes Glied zwischen Kognition und Welt zukommt, ist bekanntlich zwar auch keine neue Streitfrage, eine erstaunliche Zuspitzung erfährt die wissenschaftliche Auseinandersetzung aber in jüngerer Zeit im Kontext neuerer Erkenntnisse zum Verhältnis von sprachlichen Kategorien und menschlicher Kognition: In der Kognitiven Linguistik steht ein Sprachverständnis im Zentrum, das sprachliche Kategorien und Strukturen – im Gegensatz zu universalgrammatischen Ansätzen im Gefolge Chomskys – nicht von sprachlicher Erfahrung (sozialer, diskursiver, interaktiver etc. Natur) entkoppelt,[1] sondern zwischen Kognition und diskursiver Erfahrung vielmehr einen komplexen wechselseitigen Bedingungszusammenhang sieht. Sprache kommt dabei die entscheidende Funktion einer Art Scharnier zu, das zwischen Kognition (hier insbesondere sprachlich induzierten Konzepten) und diskursiver ‚Wirklichkeit' (hier sprachlich hergestellter kollektiver Bedeutung) vermittelt. Mittels Sprache wird erst das, was als Wirklichkeit wahrgenommen wird, intelligibel.

In Abhebung von radikalen Formen des Konstruktivismus möchten wir in diesem Beitrag Grundzüge eines konstruktivistischen Ansatzes vorstellen, die nicht von einem (wie auch immer gearteten) Dualismus zwischen Ich (Kognition) und Welt (diskursive, soziale, gegenständliche Wirklichkeit) ausgeht (Abschnitt 2). Diese Variante, die wir *soziokognitiven Konstruktivismus* nennen, entspringt dem Forschungsparadigma der Kognitiven Linguistik und lässt sich, so argumentieren wir, entlang von vier forschungsleitenden Hypothesen der Kognitiven Linguistik erschließen (Abschnitt 3): Die erste These richtet sich auf die – zeitweise unter dem Label *sprachliches Relativitätsprinzip* bzw. *Sapir-Whorf-Hypothese* sehr kon-

---
[1] Vgl. exemplarisch den Überblick in Geeraerts/Cuyckens (2007).

trovers diskutierte – Frage, inwiefern die grammatischen und lexikalischen Kategorien einer Sprache das Denken beeinflussen. Inzwischen gilt zumindest eine schwache Version der sprachlichen Relativitätshypothese als empirisch validiert[2] (Abschnitt 3.1).

Das Verhältnis von Sprache und Welt rückt zweitens in zeichentheoretischer Perspektive in den Fokus: Aus kognitionslinguistischer Sicht fungieren sprachliche Zeichen als Trigger zum Aufbau eines mentalen Modells, mit dem Objekte, Ereignisse etc. als kognitive Referenten erst konstruiert werden müssen (Abschnitt 3.2). Drittens wird die Position vertreten, dass sprachliche Kategorienbildungen unlösbar mit sozialen Praktiken wie auch körperlichen Erfahrungen verknüpft sind, wobei abstrakte sprachliche Kategorien den Status von kognitiven Konstrukten haben, die durch metaphorische Verschiebungen von konkreten Kategorien der Erfahrung[3] entstehen (Abschnitt 3.3). Schließlich führt, so die vierte These, die Wahl einer sprachlichen Kategorie zwangsläufig dazu, den Referenten eines sprachlichen Ausdrucks auf eine spezifische Weise zu rahmen. Solche Framing-Prozesse gelten als sprachinhärente Perspektivierungsleistungen, die eine weitere Facette dessen verdeutlichen, was wir in diesem Beitrag als soziokognitiven Konstruktivismus genauer konturieren möchten (Abschnitt 3.4). Aus diesen Thesen leitet sich die konstruktivistische Position der Kognitiven Linguistik ab, die wichtige Forschungsperspektiven für die linguistische Diskursforschung eröffnet (Abschnitt 4).

2 Kognition und (diskursive) Wirklichkeit: warum der soziokognitive Konstruktivismus der Kognitiven Linguistik nicht radikal ist

Seit der Geburt des Konstruktivismus als eine Form der epistemologischen Erkenntnistheorie scheint es eine kaum mehr überschaubare Inflation von Ansätzen und Studien zu geben, die sich auf die eine oder andere Weise an konstruktivistischen Ideen orientieren. In der Linguistik trifft dies etwa auf fast alle Varianten der linguistischen Diskursforschung zu;[4] trotz großer Unterschiede im Detail halten sie gemeinsam an der Annahme fest, dass kraft Sprache erst (soziale, kog-

---

2 Pederson (2007); Boroditsky (2011).
3 Lakoff/Johnson (1999).
4 Vgl. den Überblick in Reisigl/Ziem (2014).

nitive, interaktionale etc.) ‚Wirklichkeit' konstituiert wird. Weitestgehend unbeachtet bleibt dabei die Frage, wie dieses Konstitutionsverhältnis genau zu verstehen ist. Meist wird pauschal auf prominente Kronzeugen verwiesen, so etwa auf Wilhelm von Humboldt, den späten Ludwig Wittgenstein, Michel Foucault oder Peter L. Berger und Thomas Luckmann. Kaum in den Blick gerät jedoch die mutmaßlich konstitutive Funktion von Kognition bei der sprachlichen Konstitution von ‚Wirklichkeit'. Dies ist umso erstaunlicher, weil sprachliche Kategorien immer auch kognitive Kategorien sind. Sprachliche Bedeutungen existieren nämlich als Muster (*Types*) nur im *Kopf* ihrer BenutzerInnen. In welchem Verhältnis stehen also Diskurs und Kognition? Determiniert der Diskurs die Kognition oder umgekehrt die Kognition den Diskurs, oder bedingen sich beide gegenseitig?

Verhältnisbestimmungen sind – durchaus auch unter konstruktivistischen Vorzeichen – sehr unterschiedlich ausgefallen. Wissenschaftsgeschichtlich auffällig ist zunächst die Wiederkehr längst überwunden geglaubter cartesianischer Dualismen im Gewand moderner konstruktivistischer Theoriebildungen. Auf zwei Varianten möchten wir aufgrund ihrer unmittelbaren Relevanz für das hier behandelte Thema kurz eingehen. Der eine Ansatz hat unter dem Label *Radikaler Konstruktivismus* seit den späten 1980er Jahren eine gewisse Verbreitung und Popularität erlangt.[5] Die andere, weit weniger bekannte Variante ist eng mit dem Namen Wolfgang Teubert verbunden; sie entspringt einer positivistisch-korpuslinguistischen Position, die andernorts auch als *radikaler Antikognitivismus*[6] bezeichnet wurde (Ziem 2018).

Beide Ansätze gehen von der konstruktivistischen Prämisse aus, dass es sich auch bei der sprachlich vermittelten ‚Wirklichkeit' im Kern um eine konstruierte Größe handelt. Bei der Frage nach den Determinanten des Konstruktionsprozesses könnten die Antworten aber kaum unterschiedlicher ausfallen. Während der Radikale Konstruktivismus ‚Wirklichkeit' als eine interne Projektion des kognitiven Systems ansieht, betrachtet der radikale Antikognitivismus ‚Wirklichkeit' genau umgekehrt als *alleiniges* Erzeugnis des Diskurses. Während also im radikalen Antikognitivismus Kognition bestenfalls den Status eines unbedeutenden Epiphänomens hat, erklärt der Radikale Kognitivismus Kognition zur transzendentalen Bedingung von Wirklichkeitskonstruktionen. Im Radikalen Konstruktivismus fungiert die Struktur des kognitiven Systems als letzte Instanz (Fischer 1998); sie determiniert vollständig die Repräsentation der ‚Umwelt', also jeglicher

---

5 Z. B. Schmidt 1987; von Glasersfeld 1996; zur Übersicht: Pörksen 2015.
6 Da es sich hierbei, anders als beim Radikalen Konstruktivismus, (noch?) nicht um einen etablierten Ansatz oder gar um eine schulbildende Denkrichtung handelt, schreiben wir das adjektivische Attribut *radikal* hier und im Folgenden klein.

Erfahrungsdaten, die vom kognitiven System verarbeitet werden. Infolgedessen kann es nach Ansicht des Radikalen Konstruktivismus ‚Wirklichkeit' nur als kognitiv erzeugte, d. h. als systemimmanente Wirklichkeit geben. Wissen ist hier primär eine individuell-kognitive Größe, über die das denkende Individuum auf der Grundlage seiner eigenen Erfahrungen verfügt. Jedweder Versuch der Objektivierung von Wissen muss hiernach scheitern (von Glasersfeld 1992): Die Grenzen der individuellen Erfahrung sind die Grenzen der Erkenntnis; diese lassen sich nicht überschreiten.

Ebenfalls ausgehend von einer solchen dualistischen Gegenüberstellung von Innen (Kognition) und Außen (Welt) schlägt sich der radikale Antikognitivismus auf die andere Seite. ‚Wirklichkeit' ist auch ihm zufolge ein substanzloses Konstrukt, allerdings voll und ganz determiniert durch das, was dem denkenden Individuum schlechthin entzogen ist: den kollektiven Diskurs. Während der Nutzen und auch die Relevanz kognitiver Kategorien bestritten wird (Teubert 2013, 91 ff.), wird gleichzeitig der Diskurs zur letzten Instanz hypostasiert. Der Diskurs, dem das Individuum machtlos unterworfen ist, erzeuge, so Teubert, selbst Bedeutungen; sie gelten als Effekte des Diskurses, wobei unter „Diskurs" vor allem der schriftliche Gebrauch von Sprache, wie er in Korpora oder im World Wide Web dokumentiert ist, verstanden wird. Nach Teubert handelt es sich bei sprachlichem Wissen allein um ein Phänomen der sprachlichen Rekurrenz, das sich in Korpora (und nicht den Köpfen von Sprachbenutzern/-innen) nachweisen lasse.[7] Generell kennzeichnend für einen solchen radikalen Antikognitivismus ist somit, dass er Leistungen des denkenden Individuums zu Artefakten des Diskurses erklärt.

Da sich beide radikalen Formen des Konstruktivismus dadurch auszeichnen, dass sie Ich und Welt bzw. Kognition und Diskurs als autonome Systeme begreifen, entsteht die Notwendigkeit, (Re-)Produktion und Veränderung als selbstgesteuerte Prozesse des Systems – im einen Fall des kognitiven Systems, im anderen Fall des Diskurses – zu konzipieren. Das biologische Konzept der Autopoiesis wird dabei vorbehaltlos auf sprachliche Formen der symbolischen Kommunikation übertragen.[8] In beiden radikal-konstruktivistischen Positionen entsteht dadurch jedoch die Aporie, einen völlig unzureichenden und letztlich reduktionistischen Begriff von sprachlicher Bedeutung vertreten zu müssen, der die soziale und kognitive Dimension sprachlicher Zeichen nicht als gleichrangig und gleichberechtigt zu behandeln vermag. Dies wäre aber schon aus zeichentheoretischen Gründen nötig, denn die enge Verwobenheit von sprachlichen Bedeu-

---

[7] Vgl. Teubert (2005, 3; 2006, 46 f.).
[8] Vgl. hierzu ausführlich Busse (1995).

tungen mit menschlicher Kognition und sozialer Funktion sind im Zeichenbegriff selbst angelegt. Zum einen ist sprachlichen Zeichen die kognitive Dimension insofern inhärent, als ihre Form- und Inhaltsseite immer den Status von *Types* hat. Form und Bedeutung sprachlicher Zeichen können nicht identisch mit materiell realisierten Zeichen (*Token*) sein; erst dadurch, dass sie gleichförmige Ergebnisse von Abstrahierungs- und Generalisierungsprozessen sind, werden sie kommunikativ nutzbar. Als abstraktive Kategorien kommt sprachlichen Zeichen zwangsläufig der Status kognitiver Einheiten zu, denn sprachliche *Types* sind keine Größen der Erfahrung. Zugleich sind sprachliche Zeichen aber gleichermaßen intrinsisch sozial motiviert, und zwar schon deshalb, weil die Einheit von Form und Inhalt konventioneller Natur ist; sie gilt nur so lange, wie innerhalb einer Sprachgemeinschaft die Verbindung von Form und Inhalt im Sprachgebrauch ratifiziert wird. Die konventionalisierte Verknüpfung von sprachlichen Formen mit sprachlichen Bedeutungen impliziert,

> (a) sie als Regelmäßigkeiten im sprachlichen Verhalten zu begreifen […], (b) die innerhalb einer Sprachgemeinschaft den Status von geteiltem Wissen (‚common ground') haben und dort (c) als Mittel zur Koordination dienen, (d) mit denen sich rekurrent auftretende Koordinationsprobleme lösen lassen […]. Konstruktionen [im Sinne von Form-Bedeutungspaaren, AZ] sind also sprachliche Kategorien, die Mitgliedern einer Sprachgemeinschaft als eine gemeinsam geteilte Ressource zur kommunikativen Interaktion zur Verfügung stehen (Ziem 2015, 9).

Konventionalität und kognitive Verfestigung sind demnach zwei Seiten derselben Medaille. Sprachliche Zeichen sind immer zugleich sozial und kognitiv-epistemisch überformt. Dass keine der beiden Dimensionen eine Vorrangstellung einnimmt, sondern beide vielmehr in einem gegenseitigen Konstitutionsverhältnis stehen, ist im Zeichenbegriff selbst angelegt. Als Mittel der Kommunikation sind (sprachliche und andere) Zeichen sowohl konstitutiv soziale Gebilde, insofern sie innerhalb einer Diskursgemeinschaft konventionell kommunikativen Zwecken dienen, als auch konstitutiv kognitive Einheiten, da sie in der Kommunikation je individuell (re-)produziert und verstanden werden müssen.

Es ist dieses unentwirrbare Zusammenwirken von sozialen und kognitiven Faktoren, das die Bedingungen der Möglichkeit, mit Sprache ‚Wirklichkeit' zu erfassen, definiert. Aus diesem dialektischen Verhältnis leiten sich erste Konturen einer Forschungsposition ab, die wir als soziokognitiven Konstruktivismus bezeichnet haben. Hierbei handelt es sich um die Position der Kognitiven Linguistik,[9] die zwischen der sozial-diskursiven und der individuell-kognitiven

---

9 Vgl. den Überblick in Geeraerts/Cuyckens (2007); hier insbesondere Pederson (2007).

Dimension der Wirklichkeitskonstruktion keinen Dualismus sieht, sondern vielmehr beide als voneinander wechselseitig abhängige Größen begreift.[10] Statt also radikal-reduktionistisch die eine Dimension zulasten der anderen als autopoietisches System zu verabsolutieren, wird angenommen, dass das, worüber wir kommunizieren und als ‚Wirklichkeit' wahrnehmen, immer zugleich ein sozialdiskursives *und* kognitives Konstrukt ist. Sprachliche Kategorien und Strukturen entstehen demnach im konkreten Sprachgebrauch und verfestigen sich zu kognitiven Einheiten in Abhängigkeit vom Sprachgebrauch (Tomasello 2003; Harder 2010). Auch Grammatik ist demnach, in den Worten Haspelmaths (2002, 270), nichts Anderes als „geronnener Diskurs".

3 Sprache – Denken – ‚Wirklichkeit': vier Thesen des soziokognitiven Konstruktivismus

Es dürfte kaum verwundern, dass sich aus den vorangehenden Überlegungen eine nicht-radikale Spielart des Konstruktivismus ableitet, in der Sprache – verstanden als System von lexikalischen und syntagmatisch komplexen Zeichen („Lexikon" und „Grammatik") – eine zentrale Rolle zukommt: Sie bildet, so die Annahme, gleichsam das Scharnier, das Denken und (soziale) ‚Wirklichkeit' miteinander verbindet: Sprachliche Kategorien machen ‚Wirklichkeit' erst intelligibel, gerade weil sie aufgrund ihrer Konventionalität immer schon sozial überformt und aufgrund ihres kategorialen Charakters zugleich immer schon kognitiv verankert sind.

Wenn also der konstruktivistischen Frage nach der (sprachlichen) Konstruktion von Wirklichkeit nachgegangen wird, muss dies unter gleichberechtigter Berücksichtigung diskursiver und kognitiver Bedingungen geschehen. Dabei sind es nach unserer Auffassung vier Thesen, die aus der Perspektive des soziokognitiven Konstruktivismus für die sprachliche Konstruktion der Wirklichkeit leitend sind. Die erste betrifft die kodeterminierende Wirkung einer Sprache auf die kognitive Erfassbarkeit der Welt (*sprachliche Relativitätsthese*), die zweite thematisiert die Funktion von komplexen konzeptuellen Strukturen (Frames) bei sprachlichen Referentialisierungsleistungen; die dritte richtet sich auf die konstitutive Rolle von abstrakten Erfahrungskategorien (Bildschemata, konzeptuellen Metaphern) beim Sprachverstehen; und die vierte These befasst sich schließlich

---

10 Allerdings lag der Fokus der Forschung bislang schwerpunktmäßig auf kognitiven Aspekten, vgl. hierzu die Bestandsaufnahme in Ziem (2015).

mit kognitiven Perspektivierungsleistungen (Framing), die mit dem Gebrauch sprachlicher Kategorien und Strukturen zwangsläufig einhergehen.

3.1 Erste These: Die (Mutter-)Sprache kodeterminiert die kognitive Erfassung bzw. Konzeptualisierung dessen, was als ‚Wirklichkeit' wahrgenommen wird

Bereits Herder stellt fest, dass die geistig-kognitive Erfahrung und Erfassung der Welt nicht ohne Sprache möglich sei (Herder 1772/1969, 104). Die damit einhergehende These einer kodeterminierenden Apperzeption der ‚Wirklichkeit' durch Sprache ist eng mit dem so genannten *sprachlichen Relativitätsprinzip* verknüpft, nach dem die (Mutter-)Sprache einen maßgeblichen Einfluss darauf hat, wie ‚Wirklichkeit' wahrgenommen und kognitiv erfasst wird.[11]

Die Theorie der sprachlichen Relativität kann in eine schwache und starke Variante differenziert werden. Gemäß der schwachen Variante kodeterminiert Sprache menschliche Informationsverarbeitung im Sinne von kognitiven Präferenzen und beeinflusst hierdurch bestimmte Aspekte der Kognition, wie Wahrnehmung und Erinnerung, während sie nach der starken Variante einen determinativen Effekt auf Denken und Wahrnehmung ausübt (Beller/Bender 2010, 248–252; Eysenck/Keane 2015, 349). In der Forschung wird zumeist die schwache Position vertreten (Boroditsky 2001, 2). Die sprachliche Relativität des menschlichen Denkens steht – besonders in der starken Variante – im Kontrast zu der lange Zeit vertretenen Annahme, dass eine objektive Erfassung der Wirklichkeit möglich sei und losgelöst von Sprache erfolgen könne.[12]

Eine Entität der außersprachlichen Wirklichkeit wird nach konstruktivistischer Auffassung erst dann kognitiv zugänglich, wenn sie mit einem Merkzeichen, das sprachlicher Natur sein kann, verknüpft wird (Herder 1772/1969, 114). Sobald ein solches Merkzeichen etabliert ist, hat es eine konstitutive Wirkung auf geistige Verstandesakte, indem es Wissen über die außersprachliche Entität zu einem festen Bestandteil kognitiver Gedankenwelten werden lässt (Ander-

---

11 Das sprachliche Relativitätsprinzip wird zumeist primär mit Edward Sapir (1921/1949) und Benjamin Lee Whorf (1941/1959) verbunden; es ist daher auch als *Sapir-Whorf-Hypothese* bekannt. Doch ähnliche Positionen sind, gleichsam avant la lettre, im deutschsprachigen Raum u. a. bereits in den Werken der Sprachphilosophen Herder (1772/1969) und Humboldt (1836/1968) zu finden.
12 Vgl. hierzu Lakoff/Johnson (2008, 244 ff.). Von großer Bedeutung für die sprachliche Konstruktion der Wirklichkeit ist nach Ansicht der Forschung die Muttersprache, da in und mit ihr der erste Sprachkontakt stattfindet, vgl. Friederici (1987, 55), Herder (1772/1969, 166).

son 2013, 262–263). Ohne ein solches Merkzeichen gebildet zu haben, kann der Theorie sprachlicher Relativität zufolge nicht darüber nachgedacht werden (Whorf 1941/1959, 256). Wenn z. B. in einer Sprache kein Symbol für das abstrakte Konzept MILCHSTRASSE existiert, sei dieses Konzept auch nicht im kognitiven Wissenssystem vorhanden.[13]

Dieses Postulat der starken Relativitätstheorie lässt sich empirisch bisher nicht bestätigen und nur in abgeschwächter Form aufrechterhalten. Es ist nämlich möglich, einen Begriff von einer Entität zu haben, ohne dass ein sprachlicher Ausdruck für seine Benennung zur Verfügung steht.[14] Dies stellt jedoch nicht die Annahme grundsätzlich in Frage, dass sprachliche Konzepte in gewisser Weise als Bausteine des menschlichen Denkens und Wissens fungieren. Wenn Bausteine fehlen oder heterogene Formen aufweisen (z. B. Differenzen hinsichtlich der Begriffsextension und -intension), führt dies zu ungleichen Wissenskonstruktionen.

Ein zentraler Aspekt der Einflussnahme der Sprache auf kognitive Wahrnehmungsprozesse ist die Setzung sprachlich induzierter Grenzen in der außersprachlichen Wirklichkeit (Cassirer 1959/1983, 9–10). Nach Lakoff und Johnson (2008, 186) existiert beispielsweise keine sprachunabhängige Abgrenzung eines Baumes oder Berges von dem Rest einer Landschaft, sondern es sind sprachliche Kategorien, die diesen Vorgang der kognitiven Segmentierung und damit verbundenen fiktiven Generierung von Entitäten (*Baum* und *Berg*) durch den Akt sprachlicher Benennung überhaupt erst ermöglichen. Nur dann, wenn ein Name und ein damit verbundener Begriff (etwa von einem Baum oder eines Berges), zumindest in Form einer *inneren Sprache* (Herder 1772/1969, 104), geistig konstruiert wurde, ist es möglich, einen Baum oder Berg als isolierbare Entitäten in der Außenwelt kognitiv zu erfassen und darüber nachzudenken. Dies bedeutet im Umkehrschluss, dass Sprecher/innen unterschiedlicher Sprachen nach dem sprachlichen Relativitätsprinzip nicht zu identischen Wahrnehmungen und mentalen Konstruktionen bei gleichen externen Stimuli gelangen, weil sie in ihren kognitiv prävalenten Sprachsystemen nicht über dasselbe Begriffsinventar verfü-

---

13 Hier und im Folgenden werden Konzepte typografisch durch Kapitälchen kenntlich gemacht.
14 Diese Annahme ist freilich umstritten. Zu klären wäre etwa, ob so genannte lexikalische und grammatische Lücken Belege für fehlende Konzepte im konzeptuellen Wissenssystem sind. So gibt es im Deutschen beispielsweise kein Wort für das Konzept NICHT DURSTIG SEIN, wohl aber für NICHT HUNGRIG SEIN, nämlich *satt* – das Konzept NICHT DURSTIG SEIN lässt sich aber sprachlich beschreiben und ist (deswegen?) Teil des Wissenssystems. Analoges gilt für grammatische Lücken: Anders als etwa im Baskischen und Georgischen gibt es im Deutschen keine grammatische Kategorie des Ergativs (als ein Kasus), das heißt aber nicht, dass sich das Subjekt transitiver Sätze im Deutschen nicht anders markieren ließe.

gen und beispielsweise für bestimmte Objekte, Emotionen oder Ereignisse nicht die gleichen – oder gar keine – Bezeichnungen erlernt haben (Whorf 1941/1959, 220 ff.). Die Wahrnehmung der Welt ist demnach von jenen sprachlich erfassten Kategorien und grammatischen Kategorien, die Sprachbenutzer/innen im Laufe ihres Lebens erworben haben, abhängig.

Kritisiert wird an dieser starken These der sprachlichen Relativität u. a., dass es bisher an stützender empirischer Evidenz – etwa durch Korpusanalysen und vor allem psycho- sowie neurolinguistischer Studien – mangele. Allein eine Untersuchung begrifflicher Unterschiede, wie etwa durch Whorf (1941/1959, 207–219) in Bezug auf verschiedene Raum-Zeit-Begriffe bei den Hopi, sei an einigen Punkten widersprüchlich und könne keine hinreichenden Rückschlüsse auf mögliche Divergenzen von Kognitionsprozessen und Weltanschauungen ermöglichen (Gipper 1969, 343 und 346). Auch lasse das Fehlen einer sprachlichen Kategorie nicht umstandslos darauf schließen, dass es keine entsprechenden Konzepte in einer Sprache gebe, denn vielfach existieren andere sprachliche Mittel, um denselben konzeptuellen Gehalt auszudrücken. Weiterhin können anhand von Sprachvergleichen ermittelte Unterschiede von Wissenskategorisierungen lediglich auf Interpretations- und/oder Übersetzungsfehlern statt auf Differenzen in der Kognition basieren (Thiering/Debus/Posner 2013, 10).

Starke empirische Evidenz für zentrale Thesen der Theorie sprachlicher Relativität stammen jedoch aus neueren experimentellen Studien, die sich u. a. mit verschiedenen Domänen wie Farb- (Roberson/Davies/Davidoff 2000), Raum- (Bowerman, 1996; Levinson u. a. 1996), Zeit- (Boroditsky 2011; Casasanto/Fotakopoulou/Boroditsky 2010) und Bewegungskonzepten sowie -wahrnehmungen beschäftigen.[15] Auch Studien über Objektwahrnehmungen und -kategorisierungen zeigen, dass beispielsweise in Bezug auf grammatisches Geschlecht (Imai/Gentner 1997; Boroditsky/Schmidt/Phillips 2003) und Erinnerungen bei Augenzeugenberichten Enkodierungsunterschiede in verschiedenen Sprachen vorliegen, die u. a. eine kritischere Bewertung der Objektivität und Beweiskraft von Augenzeugenberichten vor Gericht nahelegen (Fausey/Boroditsky 2011).

Weiterhin ist Sprache an Prozessen der *epistemischen Verfestigung* konstitutiv beteiligt (Busse 2012, 611).[16] So geht Busse davon aus, dass Sprachzeichen erforderlich sind, um Wissensstrukturen im Langzeitgedächtnis Stabilität zu verleihen. D. h., wenn etwas nicht benannt ist, kann es auch nicht zu einem stabilen Wissenselement des Langzeitgedächtnisses werden, und wenn das Wissenselement nicht stabil ist, kann es nicht dazu dienen, sich die Beschaffenheit eines

---

15 Vgl. auch die zusammenfassenden Übersichten in Pederson (2007) und Lucy (2016, 499 ff.).
16 Vgl. auch Ziem (2008, 339–356).

Ausschnitts der außersprachlichen Wirklichkeit zu vergegenwärtigen, geschweige denn, sich daran zu erinnern.[17]

Eine Modifizierung und Konkretisierung der sprachlichen Relativitätshypothese nimmt Slobin unter dem Label „Thinking for Speaking" vor. Mit stärkerem Fokus auf den Gebrauch sprachlicher Kategorien substituiert Slobin die bis dahin gängige Verknüpfung zwischen Sprache und Denken durch die Verknüpfung von *thinking* und *speaking* (Slobin 1996, 71). Hiermit intendiert er, einen bestimmten Aspekt von Denken und Sprache, nämlich den aktiven Gebrauch, hervorzuheben. In diskursiven Prozessen, die in einem zeitlich begrenzten Rahmen stattfinden, müssen nach Slobin die Interaktanten ihre Gedanken jeweils den zur Verfügung stehenden Symbolen anpassen. Hieraus folge, dass (a) Äußerungen nie eine direkte Wiedergabe einer objektiven oder wahrgenommenen Wirklichkeit ermöglichen und (b) dies auf alle Sprachen zutreffe (Slobin 1987, 435). Erfahrungen kognitiver oder perzeptueller Natur würden somit durch Sprache in Form verbalisierter Äußerungen gefiltert (Slobin 1996, 75). Da verschiedene Sprachen unterschiedliche Möglichkeiten bereitstellten, Gedanken begrifflich und grammatisch zu enkodieren, komme es in unterschiedlichen Sprachen zu divergenten Verbalisierungen von Konzepten bzw. Repräsentationen der außersprachlichen Wirklichkeit.

Slobin bezieht sich bei seiner These speziell auf Äußerungen, die innerhalb einer Sprache hochgradig automatisiert sind. Auch wenn man in jeder Sprache theoretisch alles ausdrücken kann (Humboldt 1820/1968, 3), haben Sprecher/innen die Tendenz, in Diskursen diejenigen Sprachsymbole zu verwenden, die ihnen am schnellsten in den Sinn kommen. Dies entspricht dem Prinzip der kognitiven Ökonomie, das Lakoff als „best fit"-Eigenschaft neuronaler Systeme bezeichnet (Lakoff 2009, 103–104). Wenn es etwa in einer Situation zwei Möglichkeiten der sprachlichen Konzeptualisierung gibt, wird – vereinfacht gesprochen – jener neuronale ‚Pfad' gewählt, der in diesem Kontext den geringsten kognitiven Aufwand erfordert. So kommt in konkreten Sprachgebrauchssituationen gemeinhin nicht das ganze mögliche Ausdrucksspektrum der *langue* (im Sinne von de Saussure 1916/1967, 16–17) einer Sprache zum Einsatz, sondern zumeist die auf der Ebene der *parole* am häufigsten eingesetzten Varianten.

Slobin (1987, 443) arbeitet heraus, dass bereits Kinder im Alter von etwa drei Jahren durch ihre Muttersprache insofern beeinflusst werden, als sie über Erfahrungen sprechen (und über entsprechende mentale Repräsentationen verfügen), die nur in ihrer Sprache existieren. Slobins *Thinking-for-Speaking-*

---

[17] Erinnerungen sind nach Ansicht der Forschung nicht als Abbilder der Wirklichkeit gespeichert, sondern basieren auf rekonstruktiven Prozessen, vgl. Sulin/Dooling (1974, 262).

These verdeutlicht, dass im Bereich der diskursiven Informationsvermittlung systemspezifisch erlernte Sprachgebrauchskonventionen die Auswahl kommunizierter Gedanken und Apperzeptionen der Wirklichkeit in einem weiten Sinne vorgeben und hierdurch sprachliche Konstruktionen prägen, die in verschiedenen Sprachen aufgrund divergierender Konventionen variieren. Eine empirische Untersuchung über die sprachliche Enkodierung von Bewegungsereignissen in verschiedenen Sprachen kommt beispielsweise zu dem Ergebnis, dass die sprachliche Beschreibung derselben Bewegungsereignisse bei Sprechern/-innen von Sprachen, in denen der Bewegungspfad weitestgehend durch das Satzprädikat denotiert wird (V-Sprachen), und Sprachen, die hierfür einen so genannten Satelliten, wie eine Präposition, verwenden (S-Sprachen), unterschiedlich ausfällt. Während spanischsprachige Probanden/-innen, also Sprecher/innen einer V-Sprache, nahezu keine Informationen über die Art und Weise des Gehens bei der Wiedergabe einer Geschichte angaben, war dies bei Sprechern/-innen von S-Sprachen, wie Englisch, anders; sie beschreiben ein kontinuierliches, dynamisches Ereignis mit einem bestimmten Ziel. Sprecher/innen von V- und S-Sprachen schildern die Ereignisabfolgen von Geschichten, die Bewegungen betreffen, nicht nur unterschiedlich; es ist davon auszugehen, dass diese kognitiv auch anders repräsentiert werden, da mentale Repräsentationen als Grundlage für sprachliche Äußerungen fungieren. Slobin kommt zu dem Schluss, dass sprachliche Kategorien, die Menschen in ihrer Kindheit lernen, keine neutralen Enkodierungssysteme einer ‚objektiv' wahrgenommenen Wirklichkeit sind, sondern als subjektive Orientierungswegweiser fungieren und das Denken während des Sprechens je nach Sprache unterschiedlich beeinflussen (Slobin 1996, 91).

Kritisch zu sehen ist, dass Slobin in seiner Theorie zentrale Aspekte des sprachlichen Relativitätsprinzips, insbesondere die kognitiven Auswirkungen der Sprache auf Weltbildkonstruktionen und Verhaltensweisen, unberücksichtigt lässt, da er diese als nicht verifizierbar erachtet (Slobin 1987, 435–436). Slobins *Thinking-for-speaking*-Ansatz richtet sich demnach zwar auf wichtige Aspekte der sprachlich bedingten Einflussnahme auf die menschliche Informationsübermittlung und diskursive Wirklichkeitskonstruktion, bezieht dabei jedoch nur einen kleinen Ausschnitt der sprachlichen Relativität des menschlichen Denkens ein.

Zusammengefasst lässt sich auf Basis der bisherigen Forschung zum sprachlichen Relativitätsprinzip konstatieren, dass Begriffe (und deren Beziehungen untereinander) das Denken maßgeblich beeinflussen, da Sprache den kognitiven Informationsgehalt, der durch sprachliche Ausdrücke aktiviert wird, kodeterminiert und zur Gegenstandskonstitution unabhängig von außersprachlichen Bezugsgrößen beiträgt. Auch wenn Sprache und Kognition nicht in einer isomorphen 1:1-Relation stehen[18] und die starke These einer vollständigen sprachlichen Determination des Denkens daher kritisch zu sehen ist, deuten die erzielten empirischen Forschungsergebnisse zumindest auf eine gewisse Korrelation zwischen Denken bzw. kognitiven Strukturen und sprachlichen Kategorien hin.

3.2 Zweite These: Sprachliche Ausdrücke und Strukturen referieren auf mentale Modelle (Frames) dessen, was als ‚Wirklichkeit' wahrgenommen wird

Während die erste These das Verhältnis von Sprache und Wirklichkeit aus der Perspektive eines sprachlichen Systems (in Abhebung von einem anderen sprachlichen System) beschreibt, betrifft die zweite These einzelne sprachliche Kategorien (als Teile des Systems): Was bedeuten sprachliche Zeichen und, genauer, worauf referieren sie? Wenn sprachliche Ausdrücke auf außersprachliche Entitäten (Objekte, Ereignisse etc.) verweisen würden – dies entspricht dem im Mittelalter gängigen *aliquid-stat-pro-aliquo*-Zeichenmodell –, korrespondieren Referenzobjekte mit realweltlichen, extramentalen Korrelaten unserer Wahrnehmungswelt.[19] Diese Position entspricht der Auffassung des naiven Realismus, nach dem der Geist ein Spiegel der Natur sei.[20]

Ohne auf die erkenntnistheoretischen Schwierigkeiten, die mit einem naiven Realismus verbunden sind (Rorty 1987), eingehen zu müssen, zeigen schon einfache psycholinguistische Experimente, wie sehr Referenzobjekte Ergebnisse kognitiver Konstruktionsprozesse sind, die ganz eigenen Gesetzmäßigkeiten unterliegen. Sprachbenutzerinnen und Sprachbenutzer benennen mit Wörtern keine Dinge, sondern konzeptualisieren vielmehr abhängig von der kontextuell determinierten „Menge von Alternativen" (Olson 1974, 192) Referenzobjekte recht flexibel. Dies gilt für referenzidentische Ausdrücke mit variierendem evaluativen Gehalt, so etwa politische Fahnenwörter wie *Herdprämie* (vs. *Betreuungsgeld*); wie stark der kognitiv-konstruktive Anteil bei sprachlichen Referentialisierungen tatsächlich ist, lässt sich auch am Beispiel von sprachlichen Beschreibungen räumlicher Relationen veranschaulichen: Während in *der Tunnel unter der Platte* beide durch die Präposition ins Verhältnis gesetzte Entitäten als räumlich voneinander getrennt konzeptualisiert werden, ist dies bei *der Ball unter der Platte* nicht der

---

18 Vgl. Thiering/Debus/Posner (2013, 4).
19 Vgl. Wimmer (1979).
20 Vgl. hierzu auch die ausführlicheren Erläuterungen in Ziem (2008, 289–298), auf die folgende Ausführungen teilweise rekurrieren.

Fall. Weiterhin beeinflusst die profilbildende Einheit (Ball bzw. Tunnel) maßgeblich, wie die korrelierte Entität (Platte) konzeptualisiert wird: Allein im zweiten Beispiel stellen wir uns das Objekt als eine schmale Platte vor, die schräg auf einem Ball liegt. Die Variation der Bedeutung ist das Ergebnis der semantischen Interaktion der jeweils miteinander korrelierten Entitäten (*Tunnel* und *Platte* bzw. *Tunnel* und *Ball*). Sprachliche Referentialisierung ist mithin das Resultat kognitiv-konstruktiver Konzeptualisierungsleistungen. Folglich kann

> [d]ie Welt, auf die wir uns mit sprachlichen Ausdrücken beziehen, [...] nicht im Sinne eines naiven Realismus als eine dem Bewusstsein objektiv zugängliche und extern vermittelte Welt aufgefasst werden, sondern muss als eine durch das menschliche Kognitionssystem konstruierte und damit intern erzeugte Welt betrachtet werden (Schwarz 2008, 211).

Die in der Kognitiven Linguistik eingenommene Position besteht also in der Annahme, dass sprachliche Ausdrücke als Trigger zum Aufbau eines mentalen Modells fungieren, mit dem Objekte, Ereignisse etc. simuliert werden können. Als Projektionsfläche der Referentialität dienen dabei kognitive Rahmen („Frames").[21] Ein sprachlicher Ausdruck referiert somit auf eine kognitive Einheit, indem er einen Frame evoziert, der einen möglichen Referenzbereich erst eröffnet (ähnlich Taylor 2002, 71–75, 347). Die Evokation eines Frames entspricht dem kognitiven Akt der Referentialisierung. Frames – als Einheiten der „projizierten Welt"[22] – dienen als Projektionsfläche der Referentialität.

Es gibt keine Möglichkeit, diesen konstruktiven Akt gegenstandskonstituierender Wahrnehmung zu umgehen und ‚einfach nur' wahrzunehmen, was der Input bereitstellt. Zwar überrascht es zunächst, dass innerhalb einer Sprachgemeinschaft ein sprachlicher Ausdruck gemeinhin sehr ähnliche Vorstellungseinheiten aufruft (und so effektive Kommunikation erst möglich wird); aber offenkundig ist dies gerade deshalb der Fall, weil, wie Fauconnier (1999, 98) ausführt,

> the cultural, contextual, and cognitive substrate on which the language forms operate is sufficiently uniform across interlocutors to allow for a reasonable degree of consistency in the unfolding of the prompted meaning constructions.

Dies ändert allerdings nichts daran, dass es sich bei sprachlichen Referentialisierungen um hochgradig kognitiv konstruierte Größen handelt.

---

21 Vgl. Ziem (2008, 288–298); Busse (2012, 16 f.).
22 Im Sinne von Jackendoff (1983, 29): „We must take issue with the naive position that the information conveyed by language is about the real world. We have conscious access only to the projected world – the world as unconsciously organized by the mind."

Konstruktivistische Momente lassen sich auf verschiedenen Ebenen der Gegenstandskonstitution nachweisen:

Referenztheoretisch-konstruktivistische Aspekte. Es zeigt sich in referenztheoretischer Hinsicht, dass es unmöglich ist, ein Bezugsobjekt zu identifizieren, ohne es zugleich als ein bestimmtes Objekt derart auszuzeichnen, dass es sich hinsichtlich jeweils spezifischer Eigenschaften von anderen möglichen Bezugsobjekten abhebt. Beispielsweise ist es ausgehend von der lexikalischen Form *Einhorn* nur deshalb möglich, einen Bezug zu einem Konzept EINHORN herzustellen, weil dieses implizit derart qualifiziert wurde, dass es sich von möglichen anderen Referenzobjekten wie „Pferd" oder „Nashorn" hinlänglich unterscheidet. Ein Akt der Referentialisierung ist immer auch ein Akt der Konzeptualisierung, insofern er eine Ordnungsstruktur schafft, „die epistemisch gesehen über das einfache Benennen von Vorhandenem hinausgeht" (Busse 2005, 47). Referentialisierung stiftet dadurch Ordnung, dass mit dem Aktvollzug so genannte Standardwerte des aufgerufenen Frames mitaktiviert werden.[23] Mit dem Wort *Einhorn* auf ein bestimmtes Vorstellungsobjekt zu referieren, setzt beispielsweise aktualisierte Annahmen über ein Einhorn voraus (etwa dessen äußere Beschaffenheit wie Größe, Farbe, Körperteile etc., aber auch Fähigkeiten, Lebensgewohnheiten etc. betreffend).

Gebrauchsbezogen-konstruktivistische Aspekte. Nicht nur bei Bezugnahmen von sprachlichen Ausdrücken auf außersprachliche Entitäten bzw. auf Vorstellungen derselben handelt es sich um Referentialisierungsleistungen; darüber hinaus können sprachliche Ausdrücke kataphorisch oder anaphorisch auf andere sprachliche Ausdrücke verweisen. Zumindest im Fall einer indirekten Referentialisierung entsteht ein neues Konzept, wie sich an sprachlichen Phänomenen wie Coercion (Bedeutungserzwingungen) und indirekten Anaphern veranschaulichen lässt.[24] Coercion bezeichnet einen erzwungenen Prozess der Reinterpretation aufgrund der Unvereinbarkeit einer Wortbedeutung mit dem Ko(n)text. In dem Satz *Als die Kinder wiederholt vom Baum in den Swimmingpool sprangen, entschlossen sie sich, Wasser ins Becken einzulassen* erzwingt etwa der vom Matrixverb *entschließen* abhängige Nebensatz eine Reinterpretation der bereits aktualisierten Bedeutung von *Swimmingpool*. Der aktivierte Standardwert, dass der Swimmingpool mit Wasser gefüllt ist, muss infolgedessen nachträglich korrigiert werden. Dass der Kotext hier erzwingt, das Referenzobjekt zu modifizieren, macht das konstruktivistische Moment der in hohem Maße kontextabhängigen Gegenstandskonstitution gleichsam sichtbar.

---

23 Vgl. Ziem (2008, 335–365; 2018).
24 Vgl. ausführlich hierzu Ziem (2018, Abschnitt 3).

Ganz ähnlich verhält es sich bei Prozessen der konzeptuellen Integration mithilfe von indirekten Anaphern. Indirekte Anaphern sind meist definite sprachliche Ausdrücke, die indirekt auf einen vorher eingeführten Diskursreferenten Bezug nehmen, so etwa die definite Nominalphrase *den Schlüssel* auf den Referenten *Ferienhaus* in dem folgenden Beispiel: *Sie eilte zu ihrem Ferienhaus. Dort angekommen, merkte sie, dass sie den Schlüssel vergessen hatte.* Die Auflösung der indirekten Anapher führt zu einem Verständnis von *Schlüssel* als *Schlüssel des Ferienhauses*. Es ist dabei der referentielle Gebrauch der indirekten Anapher, der veranlasst, ein Konzept für diese Entität derart zu konstruieren, dass dessen lexikalische Bedeutung entweder mit Kontextinformationen oder inferiertem Hintergrundwissen angereichert wird. Referentialisierung erweist sich auch hier als eine hochgradig konstruktivistische kognitive Leistung, die maßgeblich durch den Kotext und relevantes Hintergrundwissen gesteuert wird.

Neuropsychologisch-konstruktivistische Aspekte: Ein ganz ähnlicher konstruktivistischer Zugang ergibt sich schließlich aus neuropsychologischer Perspektive. Wenn das Gehirn äußere Reize verarbeitet und wir in der Folge eine bestimmte Entität wahrnehmen, ist die perzipierte Entität wegen der vorausgegangenen mentalen Reizverarbeitung kein Abbild der Reizquelle; vielmehr werden die Perzepte nur als externe Wirklichkeit empfunden:

> Das menschliche Gehirn baut eine nach außen projizierbare Welt auf, die für uns eine Organisation aufweist, die wir als objektive, von uns unabhängig existierende Struktur erfahren. (Schwarz 1992, 43)

‚Wirklichkeit' ist mithin das Resultat der Konstruktion neuronaler Gehirnaktivität einerseits und geistiger Einbildungskraft andererseits. Dies entspricht weitgehend der Position des Radikalen Konstruktivismus, allerdings unter dem wichtigen Vorbehalt, dass zumindest im Fall sprachlicher Reizquellen die kognitive Dimension des Zeichenverstehens und der Zeichenrepräsentation unlösbar mit der sozialen Dimension der jeweils intendierten Zeichenverwendung und konventionellen Zeichenbedeutung verknüpft bleibt. Sprachliche Ausdrücke referieren mithin auf Ausschnitte der projizierten Welt so, wie es in einer Sprachgemeinschaft üblich ist. Mit *referieren* ist hierbei die sprachliche Bezugnahme auf eine kognitiv konstruierte Repräsentation gemeint, die entweder auf ein perzipiertes Wahrnehmungsobjekt zurückgehen kann (etwa im Fall einer Zeigegeste zusammen mit der Äußerung *Da ist ein Pferd*) oder kein perzipierbares Korrelat aufweist und mithin allein der Vorstellungskraft entspringt.[25] Fehlen außersprachliche

---

25 Vgl. hierzu Schwarz (1992, 45).

Korrelate und kommt es infolgedessen zu keiner intermodalen Verknüpfung zwischen sprachlich gegebenen Informationen und nicht-sprachlichen (etwa visuellen oder auditiven) Daten, so bildet allein eine Vorstellungseinheit den Referenzbereich.[26] In beiden Fällen referieren sprachliche Ausdrücke auf kognitive Einheiten. Aus der Perspektive der Kognitiven Linguistik ist dies als eine konstruktivistische Verhältnisbestimmung von sprachlichen Kategorien und ihren Referenten in der ‚projizierten Wirklichkeit' zu bewerten.

3.3 Dritte These: Konzeptuelle Metaphern präfigurieren den sprachlichen Zugang zu dem, was als ‚Wirklichkeit' wahrgenommen wird

Lange Zeit wurde Sprache als ein Modul im menschlichen Gehirn betrachtet, das losgelöst von anderen Kognitionsprozessen existiert (Rickheit/Weiss/Eikmeyer 2010, 153–156). Sprache, so zeigen empirische Untersuchungen, ist jedoch mit sämtlichen Aspekten menschlicher Kognition verbunden (Carter u. a. 2009; Meier/Robinson/Clore 2004; Wilson/Gibbs 2007); diese Position wird als Holismus bezeichnet.[27] Während modularistische Ansätze annehmen, dass Sprachverarbeitung auch in semantischer Hinsicht unabhängig vom sensomotorischen neuronalen System prozediert, gehen Embodimentansätze davon aus, dass sprachliche Bedeutungen auf der Aktivierung neuronaler Schaltkreise basieren, die multimodal angelegt sind und auch den sensomotorischen Kortex involvieren (Dreyer/Pulvermüller i. Dr., 2). Der Embodimentansatz stützt sich auf die so genannte Hebb'sche Lernregel *Firing together wires together* (Hebb 1949, 62), der zufolge sich semantische Schaltkreise aufgrund neuronaler Aktivitätsmuster bilden. Wenn beispielsweise Wörter wiederholt oder kookkurrent auftreten bzw. perzipiert werden, bilden sich flexible Schaltkreise, welche die Basis für subsekutive semantische Lernprozesse sind.[28]

Anders als im modularistischen Ansatz, demzufolge so genanntes sprachliches Wissen (etwa das lexikalische Wissen, dass ein Apfel eine Frucht ist und

---

26 Diese Vorstellungseinheit zeichnet sich wesentlich durch ihre kognitive Manipulierbarkeit aus. Wird etwa von einem Dobermann namens Bobby berichtet, mag man sich darunter einen schwarzen Hund mit einer Schulterhöhe von 50 cm vorstellen, wobei jedes vorgestellte Charakteristikum (fast) nach Belieben manipuliert werden kann. Eine solche Manipulation ist nicht möglich, wenn der Dobermann Bobby visuell wahrgenommen wird.
27 Vgl. hierzu die ausführliche Darstellung in Ziem (2008, 51–57, 103–172) und auch in Schwarz (2008, 53–56).
28 Vgl. Dreyer/Pulvermüller (i. Dr., 2).

eine Schale hat) in einem funktional isolierten, autonom agierenden Sprachmodul verarbeitet und repräsentiert wird, geht der holistische Ansatz davon aus, dass auch damit verbundenes nicht-sprachliches Erfahrungswissen (etwa darüber, wie ein Apfel schmeckt, riecht oder sich anfühlt) bei der Sprachverarbeitung mitaktiviert wird und die semantische Repräsentation des Konzeptes APFEL mitkonstituiert.

Die Relevanz sensomotorischer Areale bei der Sprachverarbeitung wurde in experimentellen Studien durch bildgebende Verfahren (fMRI, EEG, MEG) nachgewiesen. So haben Wörter aus dem visuellen, gustatorischen, olfaktorischen oder auditiven Bereich auch jeweils diejenigen Gehirnareale aktiviert, die funktional für die jeweilige Sinnesmodalität spezialisiert sind (Kemmerer u. a. 2008; Barrós-Loscertales u. a. 2012). Auch gibt es zunehmend empirische Evidenz dafür, dass Analoges für Wörter, die motorische Aktivitäten kodieren, gilt. Bei der Perzeption eines Handlungsverbs wie *greifen* werden nachweislich auch jene auf Motorik spezialisierten Gehirnareale aktiviert, die an der motorischen Aktivität des Greifens beteiligt sind, und zwar auch dann, wenn diese Handlung nicht motorisch ausgeübt, sondern nur sprachlich benannt, durch ein Bild gezeigt oder anderweitig perzipiert wird (Gallese/Lakoff 2005, 2–3; Gibbs/Matlock 2008; Carota/Moseley/Pulvermüller 2012).[29] Solche Aktivierungen lassen sich auch feststellen, wenn Probanden/-innen die entsprechenden Sprachsymbole nur nebenbei, d. h. ohne ihre Aufmerksamkeit gezielt darauf zu richten, perzipiert haben (Shtyrov u. a. 2014). Semantische Aktivierungsprozesse werden also automatisch, d. h. ohne bewusste Steuerung initiiert.

Eine Theorie, die in besonderem Maße den erläuterten *Embodiment*-Effekt berücksichtigt, ist die *Theorie konzeptueller Metaphern* von George Lakoff und Mark Johnson (2008), die diesen als zugrundeliegenden Mechanismus für viele abstrakte Kognitionsprozesse ansieht; insgesamt sei der menschliche Körper grundlegend an Kognitionsprozessen beteiligt.[30] Metaphorisches Denken basiert nach der Theorie konzeptueller Metaphern auf der Übertragung von Informationen aus einem konzeptuellen Quellbereich zu einem konzeptuellen Zielbereich, der mit ersterem – im Gegensatz zur Metonymie – in keiner inhaltlichen oder

---

29 Von großer Signifikanz hierfür ist die Existenz sog. Spiegelneuronen, die dazu führen, dass durch „das lediglich Beobachten anderer Personen bei einer motorischen Handlung, beim Wahrnehmen oder bei emotiven Reaktionen [...] ein großer Teil derjenigen Neuronen beim Betrachter aktiv [wird], die bei ihm auch bei der tatsächlichen Durchführung der entsprechenden Handlung, der effektiven Wahrnehmung oder des emotionalen Zustands aktiviert werden. Spiegelneuronen werden sogar [...] durch verbale Beschreibung aktiviert" (Rickheit/Weiss/Eikmeyer 2010, 108).
30 Vgl. Rickheit/Weiss/Eikmeyer (2010, 103).

kausalen Relation steht. Ein bekanntes Beispiel für eine konzeptuelle Metapher ist ein Verständnis von *Beziehung* als *Sackgasse*, so etwa in dem Satz *Diese Beziehung ist eine Sackgasse*. Hierbei wird Wissen aus dem konzeptuellen Quellbereich VERKEHR, der durch das metaphorisch verwendete Lexem *Sackgasse* aktiviert wird, auf den konzeptuellen Zielbereich LIEBESBEZIEHUNG – denotiert durch das Lexem *Beziehung* – übertragen. Nach Lakoff und Johnson bildet diese konzeptuelle Metapher, zumindest im angloamerikanischen Sprachraum, ein Paradigma für eine Vielzahl an Beziehungen zwischen dem Quell- und Zielbereich. Diese Beziehungen, realisiert in Sätzen wie *Wir müssen jetzt einfach getrennte Wege gehen* oder *Wir sind am Scheideweg*, erlauben es, das abstrakte Konzept der Liebesbeziehung zu erschließen und darüber zu kommunizieren. Lakoff und Johnson (2008, 57) sehen solche Metaphern letztlich durch die konzeptuelle Metapher LIEBE IST EINE REISE motiviert.

Ausgehend von einer Vielzahl unterschiedlicher Beispiele, erstmalig systematisch dokumentiert in einer großen Datenbank,[31] postuliert die Theorie konzeptueller Metaphern, dass die Systematizität metaphorischer Wissenskonzeptualisierungen in der Alltagssprache ein Indiz dafür ist, dass auch das menschliche Konzeptsystem weitestgehend metaphorisch strukturiert ist (Lakoff/Johnson 2008, 15).[32] Lakoff und Johnson widerlegen hiermit die lange vertretene Annahme, dass Metaphern im Sinne eines rhetorischen oder poetischen Stilmittels nur ein Ausnahmephänomen der Sprache seien (Richards/Smuda 1936/1996, 31–33).

Für den Bereich des Embodiments sind besonders so genannte *primäre Metaphern* relevant (Lakoff/Johnson 1999, 56–58). Primäre Metaphern sind Metaphern, die zumeist bereits in früher Kindheit durch physische Erfahrungen erworben werden, so etwa das metaphorische Konzept ZUNEIGUNG IST WÄRME, das aufgrund der physischen Wärme, die ein Baby z. B. empfindet, wenn es eng an der Brust der Mutter gehalten wird, entstanden (Lakoff/Wehling 2008, 21) und in sprachlichen Äußerungen wie *Die Wärme der Leidenschaft hat ihn ergriffen* immanent ist. Zu den primären Metaphern zählen auch so genannte Orientierungsmetaphern, wie etwa die komplementären konzeptuellen Metaphern GLÜCKLICH SEIN IST OBEN und TRAURIG SEIN IST UNTEN. Sie entstehen und verfestigen sich auf der Basis von physischen Erfahrungen, wie etwa der, dass man mit einem gebeugten Kopf durch die Welt geht, wenn man traurig ist, und mit einem erhobenen Kopf, wenn man stolz oder froh ist (Lakoff/Johnson 2008, 23).[33]

---

[31] Vgl. [https://metaphor.icsi.berkeley.edu/pub/en/].
[32] Eine gute Übersicht über Studien, welche die Theorie konzeptueller Metaphern stützen und diese kritisieren, findet sich u. a. in Kövecses (2008) und Gibbs (2011).
[33] Zur Relevanz für den politischen Diskurs vgl. Wengeler/Ziem (2010, 346–352).

Ergebnisse experimenteller Studien legen nahe, dass Metaphern, bei denen physisch-körperliche Handlungen als konzeptuelle Quellbereiche fungieren und, auf nicht-körperliche konzeptuelle Zielbereiche übertragen werden, trotz des abstrakt-metaphorischen Mapping diejenigen Muskelgruppen aktivieren, welche für die Steuerung der entsprechenden Bewegungen zuständig sind (Wilson/Gibbs 2007, 728–730). Beim Hören einer Phrase wie „ein Problem begreifen", bei der das Verb *begreifen* metaphorisch verwendet wird, weil der abstrakte konzeptuelle Zielbereich „Problem" keine physische Entität ist (Gibbs 2006, 441 ff.), werden demnach u. a. neuronale Schaltkreise aktiviert, die für die Steuerung der Muskeln zuständig sind, die bei der Handlung des Greifens benötigt werden. Sprachliche Ausdrücke, so der Befund, aktivieren motorische Areale des Gehirns auch dann, wenn die durch sie jeweils denotierten motorischen Tätigkeiten ‚nur' metaphorischer Natur sind.

In Bezug auf die menschliche Kognition haben Metaphern zudem eine wissensgenerierende, epistemische Funktion, indem sie abstrakte Konzepte, wie LIEBE oder HASS, inhaltlich konstituieren und zu einem festen Bestandteil der Wirklichkeitswahrnehmung machen, da sie konkrete Erfahrungserlebnisse auf diese abstrakten Konzepte, die kein Korrelat in der ‚Wirklichkeit' haben, übertragen. Abstrakte Kategorien haben daher den Status von kognitiven Konstrukten, die durch metaphorische Verschiebungen von konkreten Kategorien der Erfahrung entstehen (Lakoff/Wehling 2008, 21–22). Metaphern erfüllen mithin eine epistemische Funktion, weil sie abstrakte Konzepte erschließbar machen und zugleich zu ihrer Konstruktion konstitutiv beitragen.

Murphy (1996; 1997) und Glucksberg (2001) hinterfragen allerdings die kognitive Realität konzeptueller Metaphern kritisch und führen an, dass das Vorkommen von Metaphern in natürlichen Diskursen kein hinreichender Indikator dafür sei, dass Menschen metaphorisch denken. Weiterhin sei fraglich, ob Metaphern, wenn sie konventionalisiert sind (es sich also um so genannte ‚tote Metaphern' handelt), noch Mapping-Prozesse erfordern. Auch sei es, um den Einfluss von Metaphern auf das menschliche Denken und deren Ubiquität im menschlichen Denken nachzuweisen, nötig, das Vorkommen konzeptueller Metaphern außerhalb von Manifestationen in der Sprache nachzuweisen.[34] Eine weitere, häufig geäußerte Kritik ist nach Gibbs (2011, 533–534), dass von Lakoff und Johnson oftmals keine hinreichenden Details zu den Metaphernanalysen genannt werden. Weitestgehend unbeantwortet bliebe daher, (a) wie eine Metapher in der Sprache auf Wort- und Satz-Ebene identifiziert wird, (b) wie Systematizität eines abstrakten Zielbereichs hergestellt wird, (c) warum eine konzeptuelle Metapher im Gegensatz

---

34 Vgl. Gibbs (2011, 537).

zu einer anderen konkurrierenden konzeptuellen Metapher gewählt wird sowie (d) wie repräsentativ die ausgewählten Beispiele für wirkliche Diskurse sind.

Trotz dieser sicherlich zu recht monierten empirischen Unzulänglichkeiten wird die kognitive Validität der Theorie konzeptueller Metaphern, die auf der Interaktionstheorie von Richards und Black aufbaut (Richards/Smuda 1936/1996; Black 1954/1996; 1977/1996) und sich dezidiert gegen die Vergleichs- und Substitutionstheorie der Metapher richtet, in vielen empirischen Untersuchungen bestätigt. Williams, Huang und Bargh (2009) zeigen beispielsweise, dass metaphorische Wissenskonzeptualisierungen aus konkreten Erfahrungen von Zusammenhängen der physikalischen außersprachlichen Wirklichkeit – wie der Verbindung physikalischer Wärme mit der Emotion Zuneigung – resultieren. Zu ähnlichen Ergebnissen gelangen auch andere Studien (Bargh 2006; Mandler 2004). Die These von Lakoff und Johnson, dass metaphorisches Mapping auch unabhängig von sprachlich realisierten Metaphern stattfindet, wird durch eine Studie von Boot und Pecher (2010) zur konzeptuellen Metapher ÄHNLICHKEIT IST NÄHE bestätigt, in der gezeigt wird, dass Probanden/-innen die farbliche Ähnlichkeit von Quadraten schneller identifizieren, wenn diese nah beieinanderliegen, als wenn diese weiter voneinander entfernt sind. Zudem konnte bestätigt werden, dass dieser Effekt, wie von Lakoff und Johnson angenommen, unidirektional ist: Die Distanzbewertung zweier Quadrate wurde nicht dadurch beeinflusst, dass diese die gleiche oder eine unterschiedliche Farbe hatten. Giessner und Schubert (2007) liefern zudem empirische Evidenz für die Annahme, dass Macht im Sinne einer Orientierungsmetapher mit *oben* und Schwäche mit *unten* assoziiert wird. Dies wird auch durch Keefer u. a. (2011) bestätigt. Weiterhin ist die Omnipräsenz von Metaphern in alltagssprachlichen Diskursen in der Forschung mittlerweile anerkannt (Gibbs 2011) und kann als Indiz dafür erachtet werden, dass Metaphern keinen kognitiven Zusatzaufwand erfordern, sondern viele Bereiche der menschlichen Kognition bereits durch Metaphern (vor-)strukturiert sind und somit die Wirklichkeitswahrnehmung sowie -konstruktion eines Menschen prägen. Da metaphorische Konzepte durch metaphorischen Sprachgebrauch in der Alltagssprache entstehen, lässt sich hier ein Effekt der Sprache auf Wirklichkeitswahrnehmung und -konstruktion konstatieren (Lakoff/Johnson 2008, 168–169):

> Veränderungen in unserem Konzeptsystem verändern auch das, was für uns real ist, und nehmen Einfluß darauf, wie wir die Welt wahrnehmen und wie wir nach diesen Wahrnehmungen handeln. [...] Weil wir unsere soziale Realität auf weiten Strecken metaphorisch verstehen und weil unsere Wahrnehmung der physischen Welt partiell metaphorisch ist, spielt die Metapher eine sehr wichtige Rolle, wenn wir bestimmen, was für uns real ist.

Konzeptuelle Metaphern sind demnach kognitive Mechanismen der sprachlichen Konstruktion von dem, was als ‚Wirklichkeit' erfahren wird. Sie sind folglich ein wichtiger Indikator für die Annahme, dass sprachliche Kategorien konkrete Auswirkungen auf kognitive Prozesse der Wahrnehmung und Konstruktion von ‚Wirklichkeit' haben.

3.4 Vierte These: Framing ist eine sprachinhärente Perspektivierungsleistung, ohne die ein Zugang zu dem, was als ‚Wirklichkeit' wahrgenommen wird, nicht möglich ist

Ohne Framing sind ein sprachbezogen-verstehensbasierter Zugang zur Welt und eine sprachvermittelte Verständigung über die außersprachliche ‚Wirklichkeit' nicht möglich (Barsalou 1992, 21; Busse 2012, 549). Framing ist eine Form des sprachlichen Handelns, die eng mit kognitiven Leistungen verknüpft ist (Klein 2018, Abschnitt 1). Konkret bezeichnet Framing einen Prozess, bei dem Frames – d. h. erfahrungsbasierte Wissensstrukturen im menschlichen Langzeitgedächtnis mit einer prototypischen Informations-Hierarchie – bei Vorgängen der Sinnkonstitution aktiviert und auf ‚externe' Gegenstände der Kognition transferiert werden (Busse 2012, 803–804; Konerding 1993, 82). Frames sind in Anlehnung an die Typologie von Peirce als *Types*, also als typisierte Wissensstrukturen, kognitiv verfügbar. Auf sie wird im Zuge des Framing-Prozesses, d. h. der zumeist sprachlich evozierten Verbindung von im Langzeitgedächtnis gespeicherten Wissensrahmen mit vorgestellten oder perzipierten Objekten sowie außersprachlichen Ereignissen, auf der *Token*-Ebene aktiv zugegriffen (Ziem 2008, 400–406).

In Anlehnung an Weisgerbers Theorie der sprachlichen Zwischenwelt (Weisgerber 1949, 15) kann diese sprachinhärente Perspektivierungsleistung mit einem mentalen Filter verglichen werden, der Wahrnehmungsdaten sortiert und framesemantisch vordefinierten Rollen zuordnet, bevor sie dem Bewusstsein zugänglich werden. Die sprachlich aktivierte Rahmung fungiert hierbei als Filter, der aus den Wahrnehmungsdaten diejenigen Informationen extrahiert, die prototypischen Frame-Bestandteilen zugeordnet werden können. Wenn beispielsweise über einem Bild in einer Zeitung die Überschrift *Tatort* steht, wird hierdurch ein TATORT-Frame aktiviert und das Bild hinsichtlich derjenigen Bestandteile fokussiert, die dem konventionellen Wissen über einen Tatort entsprechen, so etwa, dass dort ein Verbrechen geschehen sein muss. In der Folge wird auf dem Bild beispielsweise nach Spuren für ein Verbrechen (z. B. Blut oder zerstörte Gegenstände, die sonst ignoriert oder nicht im Fokus der Aufmerksamkeit stehen) gesucht.

Bei einem solchen Framing werden Aspekte eines Kognitionsobjektes, die ambivalent gedeutet werden können, derart modifiziert, dass sie als Instanzen der eingesetzten sprachlichen Rahmung dekodiert werden (Wehling 2016, 32–33), wie z. B. ein abgebrochener Ast oder aufgewühlter Boden als Zeichen einer physischen Auseinandersetzung zwischen Mörder und Opfer anstatt, z. B., als mögliches Resultat eines Unwetters. Dieser kognitive Deutungs- und Anpassungsprozess findet oftmals unbewusst statt und hat eine konstitutive Wirkung darauf, wie ein außersprachlicher Stimulus im Langzeitgedächtnis des Kogitanten verarbeitet und gespeichert wird (Fritsche i. Dr.).

Ein weiteres Beispiel: Wenn Terroranschläge, z. B. in Europa durch den Islamischen Staat (IS), als Kriegsakte statt als Verbrechen bezeichnet werden, führt dies dazu, dass Terroristen aufgrund des KRIEGS-Framings als Soldaten (statt als Kriminelle) und Tote als Verluste (statt als Opfer) enkodiert werden (Lakoff/Wehling 2008, 126). Diese durch den Frame aktivierten Vorannahmen über die Beschaffenheit sowie die erwartete konzeptuelle Natur des Zielgegenstandes basieren nicht auf konkreten Informationen, welche die Rezipienten über die Anschläge erhalten haben, sondern werden aufgrund des Framings hinzugefügt bzw. prädiziert und meistens solange als ‚wahr' erachtet, bis diese entweder widerlegt werden oder ein *Re-Framing* erfolgt, d. h., in diesem Paradigma, der KRIEGS-Frame durch einen alternativen Frame ersetzt wird.

Framing-Prozesse sind im Sprachgebrauch immer im Spiel und stehen der Auffassung einer objektiven, sprachunabhängigen kognitiven Erfassung der außersprachlichen Realität diametral entgegen (Busse 2012, 549), denn durch sprachliche Rahmungen werden präexistente Wissensstrukturen derart mit neuen Ereignissen und Wahrnehmungsdaten verknüpft, dass ein kognitiver Ergänzungsprozess einsetzt, der Sinneswahrnehmungen durch Erwartungen über die Beschaffenheit damit verbundener Betrachtungsgegenstände im Sinne prototypischer Vorannahmen ergänzt, die auf die Kognitionsgegenstände projiziert werden (Busse 2012, 551; Minsky 1974, 1; 1988, 254). Beim KRIEGS-Framing wären typische Prädikationen, die aus dem KRIEGS-Frame auf Terroristen übertragen werden, dass diese etwa wie Soldaten eine Strategie verfolgen, es eine militärische Rangordnung unter den Terroristen gibt, sie eine militärische Ausbildung hatten, rekrutiert worden sind usw.[35] Auch Minsky argumentiert, dass zu jedem Frame prototypische Slots mit festen Werten gehören, die nicht immer durch konkrete Wahrnehmungsdaten besetzt, aber, wenn diese zentral für die jeweilige Frame-Struktur sind, trotzdem aktiviert und in Form so genannter Standard-

---

35 Vgl. Fritsche (i. Dr.)

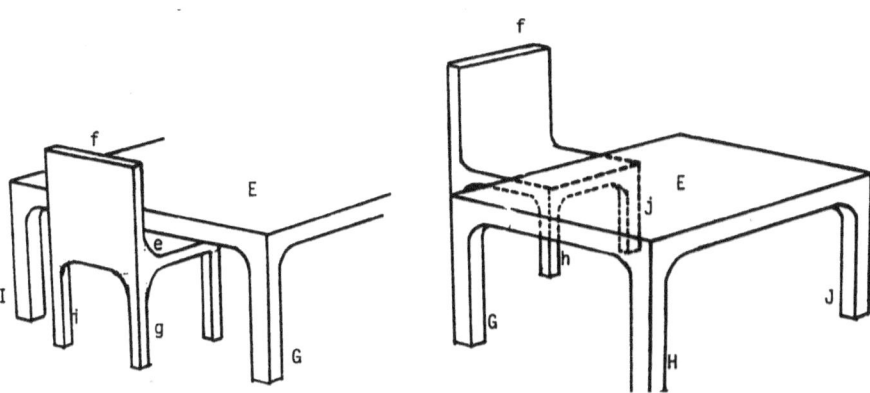

Abbildung 1: Tisch mit Stuhl (Quelle: Minsky 1974, 19)

werte in den Kognitionsprozess integriert werden.[36] Wenn beispielsweise, wie in Abbildung 1 illustriert, das Stuhlbein j aufgrund der Tischplatte e visuell nicht erfassbar ist, wird nach Minsky trotzdem davon ausgegangen, dass das Stuhlbein j existiert, anstatt von einem Stuhl mit nur drei Beinen auszugehen.

Ähnlich verhält es sich bei der Aktivierung eines RAUM-Frames (Minsky 1974, 19). Auch wenn, wie in Abbildung 2 veranschaulicht, keine Tür zu sehen ist, wird diese kognitiv ergänzt, weil eine Tür oder ein Eingang ein prototypischer Bestandteil eines RAUM-Frames ist (Minsky 1974, 13).

Framing-Prozesse können auch substantielle Effekte auf Bewertungen ausüben. Levin und Gaeth (1988) kommen in ihrer Studie zu dem Ergebnis, dass unterschiedliches sprachliches Framing von Rindfleisch zu divergierenden Geschmacksbewertungen bei den Probanden/-innen führt. Rindfleisch, das als „75 % mager" gerahmt wurde, wurde hinsichtlich des Geschmacks besser bewertet und als weniger fettig eingestuft, als dies bei einem alternativen Framing desselben Fleisches als „25 % fetthaltig" der Fall war. Framing kann also auch die Geschmackswahrnehmung latent beeinflussen und Hintergrundinformationen (*default knowledge*) auf Kognitionsobjekte übertragen, die das idiosynkratrische Erfahrungsspektrum des jeweiligen Kogitanten mit dem Wahrnehmungsstimulus übersteigen (Fillmore 1976, 29; Klein 2002, 73; Minsky 1974, 21).

Die kognitive Aktivierung und Übertragung eines Frames auf ein Zielobjekt führt dazu, dass bewährte prototypische Lösungsstrategien aus dem Bereich des Frames zur Lösung von Problemen aus dem Zielbereich verwendet werden (Flanik 2011, 423). So zeigen u. a. empirische Untersuchungen von Thibodeau

---

36 Vgl. auch Ziem (2018, Abschnitt 3).

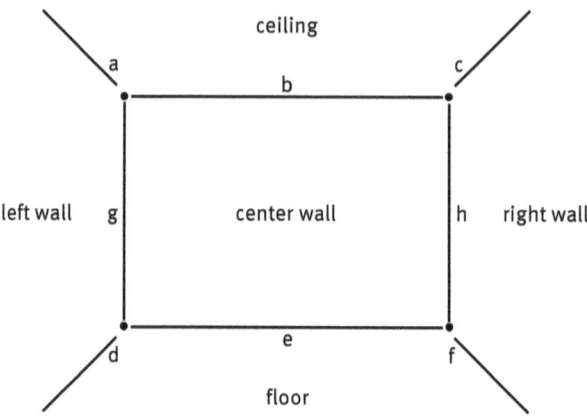

Abbildung 2: Raum (nach: Minsky 1974, 13)

und Boroditsky, dass ganz unterschiedliche Maßnahmen zur Bekämpfung von Kriminalität befürwortet werden, je nachdem, ob KRIMINALITÄT mit dem Frame VIRUS oder BIEST verbunden wird (Thibodeau/Boroditsky 2011, 9–10).[37] Konkret erklärt sich dieser Framing-Effekt dadurch, dass die Wahl der zu ergreifenden Maßnahmen maßgeblich durch den aktivierten Frame gesteuert wird: Um einen Virus zu bekämpfen, ist etwa die Isolierung infizierter Menschen ein probates Mittel, während die von einem gefährlichen Biest ausgehende Gefahr eher durch den Einsatz von Gewalt abgewendet werden kann. Thibodeau und Boroditsky stellen zudem fest, dass oftmals kein reflexives Bewusstsein darüber vorherrscht, dass Entscheidungen durch Framing beeinflusst werden; so bestehe kaum die Möglichkeit, sich dem latenten Framing-Effekt zu entziehen (Thibodeau/Boroditsky 2013, 7). Auch Fritsche (i. Dr.) gelangt in empirischen Untersuchungen über divergierende sprachliche Framings von IS-Mitgliedern, Flüchtlingen, Salafisten sowie radikalem Islamismus zu dem Ergebnis, dass Framing-Effekte die Meinungsbildungsprozesse der Probanden/-innen signifikant beeinflussen und die erzielten Wirkungen in der Regel unbewusst bleiben. Die Untersuchungsergebnisse legen nahe, dass sowohl die kognitive Wirkung als auch die Akzeptanz von sprachlichem Framing in einem kausalen Zusammenhang zu dem Framing stehen, welches die ProbandInnen bei vorherigen Kognitionsprozessen mit der jeweiligen Zielthematik am häufigsten aktiviert haben.

Der verhaltenssteuernde Effekt von Framing konnte auch in einer Studie von Jasper u. a. (2001) im Bereich der Medizin bestätigt werden. Schwangere Frauen,

---

[37] Vgl. ergänzend auch die Folgestudien von Thibodeau/Boroditsky (2013; 2015).

denen gesagt wurde, dass die generelle Gefahr, während einer Schwangerschaft ein missgebildetes Kind zu gebären, 1–3 % beträgt (= negatives Framing), haben daraufhin die Gefahr der Einnahme eines Allergiemedikamentes, das nachweislich keinen Effekt auf diese Wahrscheinlichkeit hat, als größer bewertet (9–14 %) und das Medikament weniger häufig eingenommen als Frauen, denen gesagt wurde, dass die Wahrscheinlichkeit, ein normales Kind zu bekommen, 97–99 % beträgt (= positives Framing). Hier lag die Einstufung des teratogenen Risikos nur zwischen 3–8 %. D. h., obwohl die Einnahme eines Medikamentes keinen Effekt auf die Möglichkeit teratogener Risiken hat, beeinflusste ein positives oder negatives Framing nicht nur die Einschätzung der Gefahr teratogener Risiken, sondern führte damit verbunden auch zu einer veränderten Einnahme des Medikamentes. Der hier aufgetretene Effekt kann auf eine Perspektivenänderung durch Framing zurückgeführt werden: Beim negativen Framing ist der Fokus auf die drohende Gefahr gerichtet, während positives Framing hier mit einer Art Beruhigung assoziiert wird. Framing kann also durch Perspektivenänderungen menschliches Entscheidungsverhalten latent beeinflussen. Dies zeigt, dass die gleichen Fakten in Verbindung mit verschiedenen Frames zu unterschiedlichen Bewertungen und Handlungen führen können.

Framing-Effekte sind auch im Bereich der öffentlichen Meinungsbildung von großer Relevanz (Chong/Druckmann 2007, 637). Wenn beispielsweise eine Demonstration des Ku-Klux-Klans mit dem Frame RECHT AUF FREIE MEINUNGSÄUSSERUNG verbunden wird, denken Menschen nach einer Studie von Nelson/Clawson/Oxley (1997) über die Demonstration positiver und befürworten sie eher, als wenn sie mit dem Frame GEFAHR FÜR DIE ÖFFENTLICHE SICHERHEIT verbunden wird. Dies ist als starker Beleg dafür zu bewerten, dass die öffentliche Meinungsbildung durch divergierende mediale Rahmungen desselben Themas, d. h. desselben objektiven Sachverhalts, signifikant beeinflusst werden kann. Auch das Framing von Krisensituationen, wie Autounfällen oder Umweltkatastrophen und dadurch entstandenen Notständen bzw. Schäden, kann die Annahme der Öffentlichkeit darüber beeinflussen, welche Person oder Organisation dafür verantwortlich ist (Cho/Gower 2006; Schultz u. a. 2012).

Der letzte Aspekt, der in Bezug auf Framing relevant ist, betrifft den so genannten kognitiven Prävalenz-Effekt von semantischen Frames. Der kognitive Prävalenz-Effekt bezieht sich auf das neuronale Korrelat von Frames, genauer auf denjenigen Frame, der mit einem Zielgegenstand auf neuronaler Ebene am stärksten verbunden ist.[38] Die neuronale Verbindung eines Frames mit einem

---

38 Zur Rolle von neuronalen Verknüpfungen für komplexe Informationsstrukturen vgl. Johnson/Lakoff (2009, 16) und Pulvermüller (2002, 28).

Zielgegenstand basiert auf einem Prozess, der in der Kognitiven Linguistik als neuronale *Rekrutierung* bezeichnet wird (Lakoff 2013, 17). Neuronale Rekrutierung und damit verbundene Lernprozesse entstehen, wenn Neuronen synchron aktiviert werden. Bei der Metapher *Flüchtlingswelle* werden beispielsweise neuronale Netze, die nachweisbar durch die Ausdrücke *Flüchtling* und *Welle* erregt werden, gleichzeitig aktiviert und hierdurch neuronal miteinander verbunden. Das Gehirn ‚lernt' also, zwischen den beiden Konzepten neuronal eine Verbindung zu knüpfen (Lakoff 2009, 103–104). Die Stärke der Verbindung ist etwa dafür verantwortlich, wie schnell man im Zusammenhang mit dem Lexem *Flüchtlinge* an Wellen denkt. Die Verbindungsstärke korreliert mit der Häufigkeit synchroner Frame-Aktivierungen, also hier mit der Frequenz synchroner Aktivierungen jener neuronalen Frame-Strukturen, die *Flüchtlinge* und *Wellen* aktivieren (Wehling 2016, 34–35).

Diesen Prozess der *neuronalen Stärkung/Schwächung* bezeichnen Lakoff und Johnson – im Anschluss an die entsprechenden kognitionswissenschaftlichen Termini – als *long-term potentiation* bzw. *neuronal recruitment* (Lakoff/Johnson 2008, 128). Lakoffs und Johnsons Stärkungs-Schwächungs-Hypothese illustriert, dass neuronale Aktivitätsmuster abhängig von der Aktivierungshäufigkeit (bzw. dem Synchronismus neuronaler Muster) physische Veränderungen und Re-Modulationen der neuronalen Strukturen herbeiführen können. Wenn Nervenzellen rekurrent gleichzeitig in bestimmten Konstellationen erregt werden, kommt es zu physischen Bahnungen, d. h. zu konsolidierten Neuronenverbänden zwischen diesen Nervenzellen (Ziem 2008, 348–356, auch: Schwarz 2008, 88–89). Sobald ein Frame auf solche Weise neuronal dominant mit einem Zielbereich verbunden worden ist, werden alternative Sichtweisen aus den Kognitionsprozessen der Rezipienten auf neuronaler Ebene weitestgehend ausgeschlossen und hierdurch das Denken der Kogitanten über den Zielgegenstand nachhaltig beeinflusst. Unterschiedliche sprachliche Rahmungen können somit zu divergierenden Bewertungen, Wahrnehmungen und Erinnerungen an damit korrelierte Sachverhalte führen – zumeist ohne, dass diese Effekte bewusst wahrgenommen oder unterbunden werden können.

Untersuchungen zu Framing-Effekten demonstrieren, so kann resümierend festgehalten werden, dass aus kognitiver Perspektive Wahrnehmungs- und Inferenzprozesse sowie damit verbundene Anschlusshandlungen durch sprachliches Framing latent beeinflusst werden können. Besonders im Bereich des politischen Framings wird sich dies oftmals zunutze gemacht, um Meinungsbildungsprozesse ideologisch zu steuern.[39] Mit Blick auf die Frage, inwiefern Sprache Wirklichkeits-

---

[39] Vgl. Fritsche (i. Dr.); Klein (2018, 292); Matthes (2014, 12–14).

wahrnehmung beeinflusst bzw. beeinflussen kann, zeigt sich, dass ‚Wirklichkeit' nicht abgebildet, sondern qua kognitiven Effekt sprachlicher Rahmungen konstruiert wird und in der Folge modifiziert werden kann.

4 Linguistische Diskursforschung und die ‚Wirklichkeit' des soziokognitiven Konstruktivismus: Schlussbemerkungen

In dem vorliegenden Beitrag wurden zentrale Forschungsstränge der modernen Kognitiven Linguistik aufgegriffen und auf der Basis einschlägiger empirischer Forschungsergebnisse mit dem Ziel diskutiert, eine Verhältnisbestimmung von Sprache und dessen, was als ‚Wirklichkeit' wahrgenommen wird, vorzunehmen. Im Zentrum stand dabei die Frage, inwiefern sich daraus Parameter zur Verhältnisbestimmung von Sprache und Wirklichkeit ableiten lassen.

Festzuhalten bleibt zunächst, dass sprachliche Zeichen nicht auf extramentale Entitäten referieren können, vielmehr evozieren ihre Ausdrucksseiten komplexe konzeptuelle Einheiten (Frames, konzeptuelle Metaphern, mentale Modelle), die außersprachliche Referenten nicht abbilden, sondern diese in einer Weise konstruieren und konstituieren, wie es innerhalb einer Sprachgemeinschaft konventionalisiert ist. Sprachliche Kategorien fungieren mithin als Ausgangspunkte für den Aufbau mentaler Modelle, die ihrerseits als ‚Wirklichkeit' erfahren werden. Die Struktur und Ausgestaltung dieser mentalen Modelle hängt dabei nicht nur maßgeblich von den sprachlichen Triggern ab, die einen je spezifischen Wirklichkeitsausschnitt unter einer je spezifischen Perspektive sowie mit einer je spezifischen begrifflichen Granularität erfassen, sondern kodeterminieren im Sinne eines schwachen sprachlichen Relativitätsprinzips darüber hinaus auch die sprachlichen Kategorien und Strukturen einer Ausgangssprache sowie – zu einem gewissen Grad – deren konzeptuellen Gehalt. Sie legen mithin den Bereich des Sagbaren und ‚Denkbaren' innerhalb einer Sprache fest.

Das System der Kategorien einer Sprache trägt unabhängig von den außersprachlichen Bezugsgrößen zur Gegenstandskonstitution bei: Sprachliche Zeichen referieren auf soziale – da innerhalb einer Sprachgemeinschaft konventionalisierte – Konstrukte dessen, was in dieser Sprachgemeinschaft als Wirklichkeit gilt. Der Bezug zwischen sprachlichen Zeichen und Bezeichnetem ist dabei stets perspektivisch gebrochen; es gibt kein objektives Framing.

In Anbetracht der dargelegten kognitionslinguistischen Forschungsergebnisse und der sich daraus ableitenden Verhältnisbestimmung von Wort und Welt bzw. Sprache und Wirklichkeit nimmt die Kognitive Linguistik die Position eines gemäßigten soziokognitiven Konstruktivismus ein, nach der sprachliche Kategorien keinen direkten Zugang zur Wirklichkeit erlauben, sondern außersprachliche Referenten durch die Sprache vielmehr stets soziokognitiv überformt sind und den Sprachteilnehmern nur kontextualisiert zugänglich gemacht werden. Von radikalen Spielarten des Konstruktivismus unterscheidet sich diese soziokognitive Variante dadurch, dass sie zwischen Kognition und (diskursiver) Wirklichkeit keinen wie auch immer gearteten Dualismus sieht. Ganz im Gegenteil: Beide gelten als wechselseitig voneinander abhängige Größen. Wäre dem nicht so, müsste man sprachlichen Zeichen entweder ihre konstitutiv soziale Dimension und Funktion absprechen (wie im Radikalen Konstruktivismus) oder ihre irreduzibel kognitive Gestalt, nämlich als form- und bedeutungsseitige *Types*, abstreiten (wie im radikalen Antikognitivismus).

Aus der dargestellten konstruktivistischen Position der Kognitiven Linguistik leiten sich wichtige Forschungsperspektiven für die linguistische Diskursforschung ab. Wenn sprachliche Kategorien und Strukturen Anleitungen zum Aufbau mentaler Modelle sind, die ‚Wirklichkeit' nicht abbilden, sondern diese erst als kognitive Größen entstehen lassen, müsste eine der Kernaufgaben der Diskursforschung darin bestehen, die Determinanten bzw. Parameter der kognitiven Konstruktion in konkreten Diskursen zu identifizieren und hinsichtlich ihrer funktionalen Eigenschaften auszuweisen. Dies kann dadurch gelingen, dass die Konstruktionsmechanismen selbst als analytische Werkzeuge der Sprachanalyse eingesetzt werden. Tatsächlich ist dies bei komplexen Referentialisierungen und Konzeptualisierungen im Diskurs bereits vielfach erfolgreich geschehen; so sind etwa Frames und konzeptuelle Metaphern zur Untersuchung des politischen Sprachgebrauchs verwendet worden.[40] Ein auffälliges Desiderat besteht allerdings darin, dass bislang der Fokus der kognitiv ausgerichteten Diskursforschung einseitig auf lexikalischen Kategorien (wie Schlüsselwörtern, Schlagwörtern, kontroversen Begriffen usw.) und deren semantischer Prägung im Diskurs liegt; stark unterbelichtet bleibt indes ein kognitiv-diskursanalytischer Zugang zu grammatischen Kategorien und Strukturen sowie deren – auch strategischer – Einsatz in Diskursen.[41] Weiterhin gibt es bislang jenseits von eher heuristischen Untersuchungen (etwa Klein 2018) keine systematische diskursanalytische Studie, die sprachliches Framing im öffentlichen Sprachgebrauch untersucht. Hier müsste nach unserer Überzeugung die Diskursforschung in Zukunft ansetzen.

---

40 Vgl. jüngst Kuck (i. Dr.) sowie den Überblick über einschlägige Studien in Ziem (2013) und Reisigl/Ziem (2014, 93–96).
41 Vgl. aber Hart (2014) sowie Ziem (i. Dr.).

Bibliographie

Anderson, John R. (2013): Kognitive Psychologie. 7. Aufl. Berlin.
Bargh, John A. (2006): What have we been priming all these years? On the development, mechanisms, and ecology of nonconscious social behavior. In: European Journal of Social Psychology 36/2, 147–168.
Barrós-Loscertales, Alfonso u. a. (2012): Reading salt activates gustatory brain regions: fMRI evidence for semantic grounding in a novel sensory modality. In: Cerebral Cortex 22/11, 2554–2563.
Barsalou, Lawrence W. (1992): Frames, concepts, and conceptual fields. In: Adrienne Lehrer/Eva Feder Kittay (Hg.): Frames, fields and contrasts. New Essays in Semantic and Lexical Organisation. Hillsdale, 21–74.
Beller, Sieghard/Bender, Andrea (2010): Allgemeine Psychologie – Denken und Sprache. Göttingen u. a.
Black, Max (1954/1996): Die Metapher. In: Anselm Haverkamp (Hg.): Theorie der Metapher. Darmstadt, 55–79.
Black, Max (1977/1996): Mehr über die Metapher. In: Anselm Haverkamp (Hg.): Theorie der Metapher. Darmstadt, 379–413.
Boot, Inge/Pecher, Diane (2010): Similarity is closeness. Metaphorical mapping in a conceptual task. In: Quarterly Journal of Experimental Psychology 63/5, 942–954.
Boroditsky, Lera/Schmidt, Lauren A./Phillips, Webb (2003): Sex, syntax, and semantics. In: Dedre Gentner/Susan Goldin-Meadow (Hg.): Language in Mind. Advances in the Study of Language and Thought. Cambridge, 61–79.
Boroditsky, Lera (2001): Does language shape thought? Mandarin and English speakers' conceptions of time. In: Cognitive Psychology 43/1, 1–22.
Boroditsky, Lera (2011): How Languages Construct Time. In: Stanislas Dehaene/Elizabeth Brannon (Hg.): Space, Time and Number in the Brain. Searching for the Foundations of Mathematical Thought. Amsterdam, 333–341.
Bowerman, Melissa (1996): The origins of children's spatial semantic categories. Cognitive versus linguistic determinants. In: John J. Gumperz/Stephen C. Levinson (Hg.): Rethinking Linguistic Relativity. Cambridge, 145–176.
Busse, Dietrich (1995): Sprache – Kommunikation – Wirklichkeit. Anmerkungen zum „Radikalen" am Konstruktivismus und zu seinem Nutzen oder seiner Notwendigkeit für die Sprach- und Kommunikationswissenschaft. In: Hans Rudi Fischer (Hg.): Die Wirklichkeit des Konstruktivismus. Zur Auseinandersetzung um ein neues Paradigma. Heidelberg, 253–265.
Busse, Dietrich (2005): Architekturen des Wissens. Zum Verhältnis von Semantik und Epistemologie. In: Ernst Müller (Hg.): Begriffsgeschichte im Umbruch. Konferenzschrift 2004. Hamburg, 43–57.
Busse, Dietrich (2012): Frame-Semantik. Ein Kompendium. Berlin/Boston.
Carota, Francesca/Moseley, Rachel L./Pulvermüller, Friedemann (2012): Body-part-specific representations of semantic noun categories. In: Journal of Cognitive Neuroscience 24/6, 1492–1509.
Carter, Margaret S. u. a. (2009): ‚Hot-headed' is more than an expression: the embodied representation of anger in terms of heat. In: Emotion 9/4, 464–477.
Casasanto, Daniel/Fotakopoulou, Olga/Boroditsky, Lera (2010): Space and time in the child's mind: evidence for a cross-dimensional asymmetry. In: Cognitive Science 34/3, 387–405.

Cassirer, Ernst (1959/1983): Wesen und Wirkung des Symbolbegriffs. 7. unveränd. Aufl. Darmstadt.
Cho, Seung/Gower, Karla (2006): Framing effect on the public's response to crisis: human interest frame and crisis type influencing responsibility and blame. In: Public Relations Review 32/4, 420–422.
Chong, Dennis/Druckmann, James N. (2007): Framing Public Opinion in Competitive Democracies. In: American Political Science Review 101/4, 637–655.
Dreyer, Felix R./Pulvermüller, Friedemann (i. Dr.): Abstract semantics in the motor system? – An event-related fMRI study on passive reading of semantic word categories carrying abstract emotional and mental meaning. Cortex. doi: 10.1016/j.cortex.2017.10.021.
Eysenck, Michael W./Keane, Mark T. (2015): Cognitive Psychology. A Student's Handbook. 7. Aufl. London/New York.
Fausey, Caitlin M./Boroditsky, Lera (2011): Who dunnit? Cross-linguistic differences in eye-witness memory. In: Psychonomic Bulletin & Review 18/1, 150–157.
Fauconnier, Gilles (1999): Methods and generalizations. In: Theo Janssen/Gisela Redeker (Hg.): Cognitive Linguistics: Foundations, Scope, and Methodology. Berlin/New York, 95–128.
Fillmore, Charles J. (1976): Frame semantics and the nature of language. In: Annals of the New York Academy of Sciences: Conference on the Origin and Development of Language and Speech 280/1, 20–32.
Fischer, Hans R. (1998): Abschied von der Hinterwelt? Zur Einführung in den Radikalen Konstruktivismus. In: Ders. (Hg.): Die Wirklichkeit des Konstruktivismus: Zur Auseinandersetzung um ein neues Paradigma. 2. Aufl. Heidelberg, 11–34.
Flanik, William (2011): Bringing FPA back home: cognition, constructivism, and conceptual metaphor. In: Foreign Policy Analysis 7/4, 423–446.
Friederici, Angela D. (1987): Kognitive Strukturen des Sprachverstehens. Berlin u. a.
Fritsche, Björn (i. Dr.): Politisches Framing – Instrumentarium zur ideologischen Konstruktion des Wissens.
Gallese, Vittorio/Lakoff, George (2005): The brain's concepts: the role of the sensory-motor system in conceptual knowledge. In: Cognitive Neuropsychology 21, 1–25.
Geeraerts, Dirk/Cuyckens, Hubert (Hg.) (2007): The Oxford Handbook of Cognitive Linguistics. Oxford.
Gibbs, Raymond W. Jr. (2006): Metaphor interpretation as embodied simulation. In: Mind & Language 21/3, 434–458.
Gibbs, Raymond W. Jr./Matlock, Teenie (2008): Metaphor, imagination, and simulation: psycholinguistic evidence. In: Raymond W. Gibbs (Hg.): Cambridge Handbook of Metaphor and Thought. Cambridge, 161–176.
Gibbs, Raymond W. Jr. (2011): Evaluating conceptual metaphor theory. In: Discourse Processes 48/8, 529–562.
Giessner, Steffen/Schubert, Thomas W. (2007): High in the hierarchy. How vertical location and judgments of leaders' power are interrelated. In: Organizational Behavior and Human Decision Processes 104, 30–44.
Gipper, Helmut (1969): Bausteine zur Sprachinhaltsforschung. Neuere Sprachbetrachtung im Austausch mit Geistes- und Naturwissenschaft. Düsseldorf.
Glasersfeld, Ernst von (1992): Konstruktion der Wirklichkeit und des Begriffs der Objektivität. In: Heinz Gumin (Hg.): Einführung in den Konstruktivismus. München/Zürich, 1–26.
Glasersfeld, Ernst von (1996): Der Radikale Konstruktivismus. Ideen, Ergebnisse, Probleme. Frankfurt a. M.

Glucksberg, Sam (2001): Understanding Figurative Language. From Metaphors to Idioms. New York.
Harder, Peter (2010): Meaning in Mind and Society. A Functional Contribution to the Social Turn in Cognitive Linguistics. Berlin/Boston.
Hart, Christopher (2014): Discourse, Grammar and Ideology. Functional and Cognitive Perspectives. London.
Haspelmath, Martin (2002): Grammatikalisierung: von der Performanz zur Kompetenz ohne angeborene Grammatik. In: Sybille Krämer/Ekkehard König (Hg.): Gibt es eine Sprache hinter dem Sprechen? Frankfurt a. M., 262–286.
Hebb, Donald O. (1949): The Organization of Behavior. A Neuropsychological Theory. New York.
Herder, Johann Gottfried von (1772/1969): Abhandlung über den Ursprung der Sprache. In: Bibliothek Deutscher Klassiker (Hg.): Herders Werke. Bd. 2. 4. Aufl. Berlin/Weimar, 77–190.
Humboldt, Wilhelm von (1820/1968): Über das vergleichende Sprachstudium in Beziehung auf die verschiedenen Epochen der Sprachentwicklung [1820]. In: Albert Leitzmann (Hg.): Wilhelm von Humboldts gesammelte Schriften. Bd. 4. 1820–1822. Berlin, 1–34
Humboldt, Wilhelm von (1836/1968): Über die Verschiedenheiten des menschlichen Sprachbaues und ihren Einfluß auf die geistige Entwicklung des Menschengeschlechts. [1830–1835]. In: Albert Leitzmann (Hg.): Wilhelm von Humboldts gesammelte Schriften. Bd. 7/1. Berlin, 1–344.
Imai, Mutsumi/Gentner, Dedre (1997): A cross-linguistic study of early word meaning: universal ontology and linguistic influence. In: Cognition 62/2, 169–200.
Jackendoff, Ray (1983): Semantics and Cognition. Cambridge.
Jasper, J. D. u. a. (2001): Effects of framing on teratogenic risk perception in pregnant women. In: Lancet 358/9289, 1237–1238.
Keefer, Lucas A. u. a. (2011): Exploring metaphor's epistemic function: uncertainty moderates metaphor-consistent priming effects on social perceptions. In: Journal of Experimental Social Psychology 47/3, 657–660.
Kemmerer, David u. a. (2008): Neuroanatomical distribution of five semantic components of verbs: evidence from fMRI. In: Brain and Language 107/1, 16–43.
Klein, Josef (2002): Topik und Frametheorie als argumentations- und begriffsgeschichtliche Instrumente, dargestellt am Kolonialdiskurs. In: Dieter Cherubim/Karlheinz Jakob/Angelika Linke (Hg.): Neue deutsche Sprachgeschichte: Mentalitätsgeschichtliche, kultur- und sozialgeschichtliche Zugänge. Berlin/New York, 167–181.
Klein, Josef (2018): Frame und Framing: Frametheoretische Konsequenzen aus der Praxis und Analyse strategischen politischen Framings. In: Alexander Ziem/Lars Inderelst/Detmer Wulf (Hg.): Frames interdisziplinär: Modelle, Anwendungsfelder, Methoden. Düsseldorf, 289–330.
Konerding, Klaus-Peter (1993): Frames und lexikalisches Bedeutungswissen. Untersuchungen zur linguistischen Grundlegung einer Frametheorie und zu ihrer Anwendung in der Lexikographie. Tübingen.
Kövecses, Zoltán (2008): Conceptual metaphor theory: some criticisms and alternative proposals. In: Annual Review of Cognitive Linguistics 6/1, 168–184.
Kuck, Kristin (i. Dr.): Krisenszenarien. Metaphern in wirtschafts- und sozialpolitischen Diskursen. Berlin/Boston.
Lakoff, George/Johnson, Mark (1999): Philosophy in the Flesh. The Embodied Mind and Its Challenge to Western Thought. New York.

Lakoff, George/Johnson, Mark (2008): Leben in Metaphern. Konstruktion und Gebrauch von Sprachbildern. 6. Aufl. Heidelberg.
Lakoff, George/Wehling, Elisabeth (2008): Auf leisen Sohlen ins Gehirn. Politische Sprache und ihre heimliche Macht. Heidelberg.
Lakoff, George (2009): The Political Mind. A Cognitive Scientist's Guide to Your Brain and Its Politics. New York.
Lakoff, George (2013): Neural Social Science. In: David D. Franks/Jonathan H. Turner (Hg.): Handbook of Neurosociology. Dordecht u. a., 9–25.
Levin, Irwin P./Gaeth, Gary J. (1988): How consumers are affected by the framing of attribute information before and after consuming the product. In: Journal of Consumer Research 15/3, 374–378.
Levinson, Stephen C. u. a. (1996): Frames of reference and Molyneux's question: crosslinguistic evidence. In: Paul Bloom/Mary A. Peterson (Hg.): Language and space. Cambridge, 109–169.
Lucy, John A. (2016): Recent advances in the study of linguistic relativity in historical context: a critical assessment. In: Language Learning 66/3, 487–515.
Mandler, Jean M. (2004): Thought before language. In: TRENDS in Cognitive Sciences 8/11, 508–513.
Matthes, Jörg (2014). Framing. Baden-Baden.
Meier, Brian P./Robinson, Michael D./Clore, Gerald L. (2004): Why good guys wear white. Automatic inferences about stimulus valence based on brightness. In: American Psychological Society 15/2, 82–87.
Minsky, Marvin (1974): A Framework for Representing Knowledge. Artificial Intelligence Memo No. 306. Massachusetts.
Minsky, Marvin (1988): The Society of Mind. New York.
Murphy, Gregory L. (1996): On metaphoric representation. In: Cognition 60/2, 173–204.
Murphy, Gregory L. (1997): Reasons to doubt the present evidence for metaphoric representation. In: Cognition 62/1, 99–108.
Nelson, Thomas E./Clawson, Rosalee A./Oxley, Zoe M. (1997): Media framing of a civil liberties conflict and its effect on tolerance. In: American Political Science Review 91/3, 567–583.
Olson, David R. (1974): Sprache und Denken. Aspekte einer kognitiven Theorie der Semantik. In: Helen Leuninger (Hg.): Linguistik und Psychologie. Ein Reader. Bd. 1: Psycholinguistische Untersuchungen sprachlicher Performanz. Frankfurt a. M., 179–207.
Pederson, Eric (2007): Cognitive linguistics and linguistic relativity. In: Geeraerts/Cuyckens 2007, 1012–1044.
Pörksen, Bernhard (Hg.) (2015): Schlüsselwerke des Konstruktivismus. Mit einem Nachwort von Siegfried J. Schmidt. 2. erw. Aufl. Wiesbaden.
Pulvermüller, Friedemann (2002): A brain perspective on language mechanisms: from discrete neuronal ensembles to serial order. In: Progress in Neurobiology 67/2, 85–111.
Reisigl, Martin/Ziem, Alexander (2014): Diskursforschung in der Linguistik. In: Johannes Angermüller u. a. (Hg.): Diskursforschung: ein interdisziplinäres Handbuch. Bd. 1: Theorien, Methodologien und Kontroversen. Bielefeld, 70–110.
Richards, Ivor Armstrong/Smuda, Margit (1936/1996): Die Metapher. In: Anselm Haverkamp (Hg.): Theorie der Metapher. Darmstadt, 31–52.
Rickheit, Gert/Weiss, Sabine/Eikmeyer, Hans-Jürgen (2010): Kognitive Linguistik. Theorien, Modelle, Methoden. Tübingen.

Roberson, Debi/Davies, Ian/Davidoff, Jules (2000): Color categories are not universal: replications and new evidence from a stone-age culture. In: Journal of Experimental Psychology: General 129/3, 369–398.
Rorty, Richard (1987): Der Spiegel der Natur. Eine Kritik der Philosophie. Frankfurt a. M.
Sapir, Edward (1921/1949): Language. An Introduction to the Study of Speech. New York.
Saussure, Ferdinand de (1916/1967): Grundfragen der allgemeinen Sprachwissenschaft. Cours de linguistique générale. Hg. v. Charles Bally u. Albert Sechehaye. 2. Aufl. Berlin.
Schmidt, Siegfried J. (1987): Der Diskurs des Radikalen Konstruktivismus. Frankfurt a. M.
Schultz, Friederike u. a. (2012): Strategic framing in the BP crisis: a semantic network analysis of associative frames. In: Public Relations Review 38, 97–107.
Schwarz, Monika (1992): Kognitive Semantiktheorie und neuropsychologische Realität. Repräsentationale und prozedurale Aspekte der semantischen Kompetenz. Tübingen.
Schwarz, Monika (2008): Einführung in die Kognitive Linguistik. 3. vollst. überarb. u. erw. Aufl. Tübingen.
Slobin, Dan I. (1987): Thinking for speaking. In: Proceedings of the Annual Meeting of the Berkeley Linguistic Society 13, 435–445.
Slobin, Dan I. (1996): From „thought and language" to „thinking for speaking." In: John J. Gumperz/Stephen C. Levinson (Hg.): Rethinking linguistic relativity. Cambridge, 70–96.
Sulin, Rebecca A./Dooling, James D. (1974): Intrusion of a thematic idea in retention of prose. In: Journal of Experimental Psychology 103/2, 255–262.
Taylor, John R. (2002): Cognitive Grammar. Oxford.
Teubert, Wolfgang (2005): My version of corpus linguistics. In: International Journal of Corpus Linguistics 10/1, 1–14.
Teubert, Wolfgang (2013): Die Wirklichkeit des Diskurses. In: Ders./Dietrich Busse (Hg.): Linguistische Diskursanalyse: Neue Perspektiven. Wiesbaden, 55–146.
Thiering, Martin/Debus, Stephan/Posner, Roland (2013): Die Neo-Whorfian Theorie: Das Wiedererstarken des Linguistischen Relativitätsprinzips. In: Zeitschrift für Semiotik 35/1–2, 3–28.
Tomasello, Michael (2003): Constructing a Language. A Usage-Based Theory of Language Acquisition. Cambridge.
Wehling, Elisabeth (2016): Politisches Framing. Wie eine Nation sich ihr Denken einredet – und daraus Politik macht. Köln.
Weisgerber, Leo (1949): Die Sprache unter den Kräften des menschlichen Daseins. Düsseldorf.
Wengeler, Martin/Ziem, Alexander (2010): „Wirtschaftskrisen" im Wandel der Zeit. Eine diskurslinguistische Pilotstudie zum Wandel von Argumentationsmustern und Metapherngebrauch. In: Achim Landwehr (Hg.): Diskursiver Wandel. Wiesbaden, 335–354.
Whorf, Benjamin Lee (1941/1959): Language, Thought, and Reality. Selected Writings of Benjamin Lee Whorf. Hg. v. John Bissell Carroll. 4. Aufl. Massachusetts.
Williams, Lawrence E./Huang, Julie Y./Bargh, John. A. (2009): The scaffolded mind. Higher mental processes are grounded in early experience of the physical world. In: European Journal of Social Psychology 39, 1257–1267.
Wilson, Nicole L./Gibbs, Raymond W. (2007): Real and imagined body movement primes metaphor comprehension. In: Cognitive Science 31/4, 721–731.
Wimmer, Rainer (1979): Referenzsemantik. Untersuchungen zur Festlegung von Bezeichnungsfunktionen sprachlicher Ausdrücke am Beispiel des Deutschen. Tübingen.
Ziem, Alexander (2008): Frames und sprachliches Wissen. Kognitive Aspekte der semantischen Kompetenz. Berlin/Boston.

Ziem, Alexander (2013): Wozu Kognitive Semantik? In: Dietrich Busse/Wolfgang Teubert (Hg.): Linguistische Diskursanalyse: Neue Perspektiven. Wiesbaden, 217–242.
Ziem, Alexander (2015): Desiderata und Perspektiven einer *Social Construction Grammar*. In: Ders./Alexander Lasch (Hg.): Konstruktionen als soziale Konventionen und kognitive Routinen. Konstruktionsgrammatik IV. Tübingen, 1–22.
Ziem, Alexander (2018): Der sprachbegabte Mensch ist doch nicht kopflos: Einige Probleme eines radikalen Antikognitivismus. In: Ders./Martin Wengeler (Hg.): Diskurs, Wissen, Sprache. Linguistische Annäherungen an kulturwissenschaftliche Fragen. Berlin/Boston, 63–88.
Ziem, Alexander (i. Dr.): Diskurslinguistik und (Berkeley) Construction Grammar. In: Ingo Warnke (Hg.): Handbuch Diskurs. Berlin/New York (HSW, Bd. 6).

Online-Quellen

„MetaNet Metaphor Wiki" [https://metaphor.icsi.berkeley.edu/pub/en/; letzter Zugriff am 27. 12. 2017].
Shtyrov, Yury u. a. (2014): Automatic ultrarapid activation and inhibition of cortical motor systems in spoken word comprehension
[http://www.pnas.org/cgi/doi/10.1073/pnas.1323158111; letzter Zugriff am 19. 12. 2017].
Teubert, Wolfgang (2006): Korpuslinguistik, Hermeneutik und die soziale Konstruktion der Wirklichkeit. In: Linguistik online 28/3, 41–60 [https://doaj.org/article/8e58f9d98cf844339564d745f498dbf6; letzter Zugriff am 19. 12. 2017].
Thibodeau, Paul H./Boroditsky, Lera (2011): Metaphors we think with: the role of metaphor in reasoning. In: PLOS ONE 6/2: e16782 [http://journals.plos.org/plosone/article?id=10.1371/journal.pone.0016782; letzter Zugriff am 19. 12. 2017].
Thibodeau, Paul H./Boroditsky, Lera (2013): Natural Language Metaphors Covertly Influence Reasoning. In: PLOS ONE 8/1: e52961 [http://journals.plos.org/plosone/article?id=10.1371/journal.pone.0052961; letzter Zugriff am 19. 12. 2017].
Thibodeau, Paul H./Boroditsky, Lera (2015): Measuring Effects of Metaphor in a Dynamic Opinion Landscape. PLOS ONE 10/7: e0133939 [http://journals.plos.org/plosone/article?id=10.1371/journal.pone.0133939; letzter Zugriff am 19. 12. 2017].

Max Düsterhöft/Robert Jacob/Marco Lehmann-Waffenschmidt
Konstruiert oder real?

Die konstruierte Alltagswirklichkeit des Geldes

1 Einleitung

Geld spielt in unserer Gesellschaft eine Doppelrolle. Einerseits wird es ständig in Transaktionen mit Bargeld oder elektronischen Zahlungsmedien als Realität erfahren und als ‚natürlich' empfunden, sodass es mit jeder erfolgreichen Geldtransaktion in bestätigender Weise ein Stück Alltagswahrheit gewinnt. Zudem verkörpert das Geld die Recheneinheit, in der Preise, Besitzstände und Verbindlichkeiten ausgedrückt werden, und wird damit zum Maßstab des materiellen Lebensstandards. Andererseits aber entzieht sich für die meisten Menschen das Wesen des stoffwertlosen Papiergeldes und des materielosen, elektronischen Geldes trotz dieser ständigen Alltagserfahrung einer Erklärung. Was die Natur des modernen Geldes wirklich ausmacht, wie es geschöpft wird und sich in der Welt verbreitet und wie sich sein Wert bestimmt, bleibt daher für die meisten Menschen eine ‚Alltagskonstruktion'. Sie beruht auf einer ‚eigenen Erklärung', die nicht systematisch theoretisch oder empirisch fundiert, sondern von subjektiven sowie von kollektiven Befindlichkeiten und Wahrnehmungsverzerrungen geprägt sein kann und daher nicht die tatsächliche Entstehung und Wertbestimmung des Geldes abbilden muss.[1]

Da der funktionierende Zahlungsverkehr das dahinterliegende Geld-, Kredit- und Verschuldungssystem als unsichtbar und dadurch letztlich in den Augen der Bevölkerung auch als unwichtig erscheinen lässt, gewinnt das Geld aus dieser Alltagserfahrung und der substantiellen Unwissenheit der Menschen über seine wirklichen Entstehungsbedingungen und Wertbestimmungsprozesse einen Vertrauensstatus in der Bevölkerung – die wichtigste Eigenschaft in den Augen der heutigen Zentralbanken. Damit stellt sich aber die Frage, ob und wie gegebenen-

---

[1] An der mangelnden ökonomischen Bildung der Bevölkerung zynisch Kritik zu üben, empfiehlt sich nicht, denn selbst unter Praktikern des Bankenbereichs und in der wissenschaftlichen Fachcommunity scheint man sich nicht einig darüber zu sein, wie die Geldschöpfung wirklich funktioniert, wie also Geld in modernen Volkswirtschaften in die Welt kommt (s. zu einer Übersicht Häring (2017a; 2017b) sowie die Informationsschriften zum Wesen der Geldschöpfung der Britischen Nationalbank (McLeay/Radia/Thomas 2014) und der Deutschen Bundesbank (Bundesbank 2017)). Zur Problematik wertender Beurteilungen von Alltagstheorien s. Abschnitt 2 unten.

Open Access. © 2018 Max Düsterhöft/Robert Jacob/Marco Lehmann-Waffenschmidt, publiziert von De Gruyter. [CC BY-NC-ND] Dieses Werk ist lizenziert unter der Creative Commons Attribution-NonCommercial-NoDerivatives 4.0 Lizenz.
https://doi.org/10.1515/9783110563436-013

falls das Alltagswissen der Menschen über ökonomische Vorgänge allgemein, und über Geld insbesondere, mit den Verlautbarungen von Zentralbanken über ihr Geldverständnis und ihre Geldpolitik miteinander in Verbindung steht.

Zur Untersuchung dieser Frage sollen in diesem Beitrag zwei in den letzten Jahren gewachsene Forschungsschwerpunkte der Wirtschaftswissenschaften und Sozialpsychologie zusammengeführt werden – einmal die Forschung über das Alltagswissen der Bevölkerung über ökonomische Prozesse und Zusammenhänge und zum anderen die Forschung über die Erwartungssteuerung der Bevölkerung durch Zentralbanken.

Der erste Forschungsschwerpunkt analysiert das ökonomische Wissen der Bevölkerung und untersucht deren Alltagstheorien über wirtschaftliche Prozesse und Institutionen. Der zweite Forschungsschwerpunkt befasst sich mit der Dynamik makroökonomischer Erwartungsbildung im Zusammenhang mit Geld, kurz gesagt geht es darum, wie Zentralbanken diese Erwartungen kontrollieren und steuern können. Beide Themenfelder sind eng miteinander verwoben: Moderne Zentralbanken greifen mittlerweile aktiv Alltagserfahrungen und -theorien der Bevölkerung auf und damit auch ‚Alltagsmythen', die unzutreffende Erklärungsmuster enthalten, und nutzen diese, um ihre Geldpolitik zu unterstützen. Zentralbanken machen ihre Kommunikation also anschlussfähig, indem sie den geldpolitischen Laien gezielt ansprechen. Sie betreiben ein bewusstes „Erwartungsmanagement", das zusammen mit anderen geldpolitischen Praktiken einen integralen Bestandteil des modernen Zentralbank-Instrumentariums darstellt (Braun 2015; 2016).

Der Beitrag stellt in Abschnitt 2 zunächst Konzepte und Resultate der Forschung zu ökonomischem Alltagswissen vor und zeigt anschließend in Abschnitt 3, wie Alltagstheorien der Bevölkerung durch die Wirtschaftspolitik aufgegriffen werden, also durch Wahlpolitiker, die mittels einer ‚volksnahen' Sprache für sich werben und durch den Wunsch nach Wiederwahl eine Motivation zu opportunistischem Verhalten gegenüber der Wahlbevölkerung haben. Abschnitt 4 schildert, inwiefern die in der Bevölkerung vorherrschende Konzeption des Geldes als ‚exogenes Geld', das nur von der Zentralbank generiert und gesteuert wird, tatsächlich eine falsch informierte Alltagskonstruktion und damit ein Mythos ist. Dieser Mythos steht zudem in enger Verbindung mit einem weiteren Mythos zum Wesen des Geldes – dem des ‚Nicht-Hierarchischen Geldes'. Abschnitt 5 greift beide Mythen auf und schildert, wie sich die aktuelle Literatur der politischen Ökonomie zur Zentralbankkommunikation in kritischer Weise mit der internen Logik und der Machtausübungspraxis von Zentralbankinstitutionen auseinandersetzt, und zeigt in einer zeithistorischen Betrachtung, wie Zentralbanken gezielt mit Hilfe von Konstruktionen und Mythen auf die Öffentlichkeit einwirken.

Methodisch geht der vorliegende Beitrag zunächst von der Existenz einer ontologisch wahren Form der Generierung und Funktionsweise des Geldes aus, sodass sich Alltagskonstruktionen vor diesem Hintergrund als mehr oder weniger realitätstreu beurteilen lassen. Allerdings gehen die weiteren Überlegungen des Beitrags deutlich über diese naturalistische Position hinaus und passen damit in den relativistischen Duktus des vorliegenden Bandes. Denn es ist das Ziel dieses Beitrags, deutlich zu machen, dass das Funktionieren des Geldes in einer Volkswirtschaft oder in einem supranationalen Währungsverbund nicht allein von einer möglichst konsistenten und effizienten Konzeption und ihrer ontologisch wahren Beschreibung abhängt, sondern wesentlich von den Alltagskonstruktionen und Alltagsmythen der Bevölkerung. Sie bestimmen den alltagspraktischen Umgang mit Geld und prägen damit maßgeblich die Entwicklung des Geldsystems.[2]

2 Ökonomisches Alltagswissen: Alltagstheorien und Alltagsmythen der Bevölkerung

Menschen sind tagtäglich Situationen und Entscheidungen ausgesetzt, die im weiteren Sinne ökonomisches Wissen erfordern. Damit ist nicht nur das anwendungsorientierte Wissen gemeint, das für eine konkret anstehende Entscheidungssituation relevant ist, sondern auch Hintergrundwissen über grundlegende Kenntnisse zur Funktionsweise des Wirtschaftssystems, das für die konkrete Entscheidungssituation ebenso eine Bedeutung hat. Die eher routinemäßigen Konsumentscheidungen des Alltags können in der Regel allerdings ohne dieses Hintergrundwissen getroffen werden. Relevanz gewinnt Hintergrundwissen bei komplexeren Entscheidungen wie z. B. der Entscheidung über eine Wertpapieranlage des Ersparten oder eine Immobilienfinanzierung, aber auch bei demokratischen Wahlen, in denen wirtschaftspolitische Alternativen beurteilt werden sollen. Die ökonomische Theorie des Wählerverhaltens (Downs 1957) lässt allerdings kaum erwarten, dass sich die Bürger auf Grund des damit verbundenen Zeitaufwands und der Kosten umfassend über die zur Wahl stehenden Parteiprogramme sowie die zu Grunde liegenden wirtschaftlichen Zusammenhänge informieren, und postuliert daher die ‚rationale Ignoranz' des Wählers.

---

[2] Stellvertretend für die sozialkonstruktivistische Denkrichtung sei hier Berger/Luckmann (1966/1969) genannt. Hörisch (2013) zeigt, dass die Alltagskonstruktionen des Geldes sprachlich und sozialkonstruktivistisch eine große Nähe zu theologischen Konstruktionen aufweisen.

Auch wenn sich der Einfluss des Einzelnen auf den Wahlausgang als verschwindend gering erweist, informieren sich Individuen dennoch über wirtschaftspolitische Themen: im Rahmen der „routinemäßigen Umweltüberwachung" (Hagen 2005, 300), aus sozialen Gründen, um z. B. am Stammtisch oder bei der Podiumsdiskussion mitreden zu können, oder aus Erkenntnisinteresse. Die Informationskosten bleiben angesichts der komplexen und häufig eher trockenen Materie jedoch hoch (Kirsch 2004, 238). Daher beziehen die meisten den Großteil ihrer Informationen aus den Medien, die häufig stark vereinfachend und negativ verzerrend berichten (Hagen 2005; Kiefer/Steininger 2013). Zudem lassen die Erfahrungen der letzten Jahre vermuten, dass sich diese Vereinfachungen und Verzerrungen bei der Produktion und Verteilung von Informationen über internetbasierte soziale Netzwerke eher noch verstärken.

Da Medieninformationen von den Rezipienten größtenteils heuristisch verarbeitet werden, kann es durch die individuellen vereinfachenden kognitiven Filter zusätzlich zu Verzerrungen und Urteilsfehlern kommen (Hagen 2005; Schenk 2002), die den Erwerb akkurater ökonomischer Kenntnisse erschweren, wenn nicht sogar unmöglich machen.[3] Verschiedene Untersuchungen zeigen, dass Individuen makroökonomische Indikatoren sogar systematisch negativ verzerrt schätzen (Hagen 2005; Noelle-Neumann/Köcher 1997). Sie beurteilen z. B. die gesamtwirtschaftliche Entwicklung grundsätzlich schlechter als ihre eigene,[4] schätzen die Umverteilung über das Einkommensteuersystem zu niedrig ein oder den Anteil der Entwicklungshilfe an den Staatsausgaben im Vergleich zu den Verteidigungsausgaben als zu hoch (Caplan 2003).

Ungeachtet möglicher inhaltlicher Unzulänglichkeiten erzeugen Menschen „eigene" Theorien des Wirtschaftsgeschehens (Kirchler 1995; Williamson/Wearing 1996). Denn aus der täglichen Konfrontation mit wirtschaftlichen Entscheidungsproblemen sowie den Auswirkungen wirtschaftspolitischer Maßnahmen erwächst das Bedürfnis, die ökonomische Umwelt mit eigenen mentalen Modellen (Denzau/ North 1994) zu strukturieren. Deren Korrektheit und Konsistenz hängt ab von der Komplexität des Gegenstands, der Informationsverfügbarkeit und der Motivation des Individuums. Die Motivation wird wiederum maßgeblich von den möglichen persönlichen Auswirkungen sowie dem unmittelbaren negativen Feedback aus

---

3 Über den Stand der ökonomischen Bildung der Bevölkerung s. Wobker u. a. (2014). In dieser Studie wurden das „Minimal-Wissen"-Konzept von G. Gigerenzer auf den Sektor der ökonomischen Bildung übertragen und der „minimal economic-knowledge"-Indikator (MEK) mehrfach durch repräsentative Umfragen gemessen – mit dem Befund eines gleichbleibend schwachen Wertes.

4 Dieses Phänomen wird in der demoskopischen Forschung als *sozialoptische Täuschung* bezeichnet.

einem eventuell fehlerhaften Modell beeinflusst. So verwundert es nicht, dass die den ökonomischen Alltagstheorien zu Grunde liegenden mentalen Modelle weniger logisch strukturiertes Expertenwissen darstellen als vielmehr „Vorstellungen, Meinungen und Mythen von ökonomischen Phänomenen" (Kirchler 1995, 97) und „komplexe Produkte von Erfahrungen, emotional gefärbten Urteilen und wahrgenommenen, transformierten und kognitiv verfügbaren Informationen" (Kirchler 1995, 98).

Kruglanski (2012) hat gezeigt, dass Individuen bei komplexen Erkenntnisgegenständen und niedriger Motivation ein starkes Bedürfnis nach „kognitiver Energieeinsparung" durch die sogenannte „Cognitive Closure" (wörtlich übersetzt etwa *Einstellen der kognitiven Verarbeitung*) beim Bilden von Alltagstheorien haben. Sie konstruieren Kausalhypothesen basierend auf den ihnen aktuell zur Verfügung stehenden Informationen („seize"), stoppen die Informations-Suchprozesse aber in einem relativ frühen Stadium, um kognitive Ressourcen für überlebensnotwendigere Dinge zu sparen, und halten dann möglichst lange unter Ignoranz weiterer und möglicherweise konträrer Informationen an diesen mentalen Modellen fest („freeze").[5]

Verzerrte Urteile und logisch inkonsistente Einstellungen zu wirtschaftspolitischen Fragen sind daher in der Wahlbevölkerung weit verbreitet. So sprechen sich regelmäßig die Mehrheit der Deutschen für Steuersenkungen und einen schlanken Staat aus, in dem die Bürger mehr für sich selbst verantwortlich sind, fordern aber gleichzeitig einen weiteren Ausbau des Sozialsystems.[6] Dieser immer wieder zu beobachtende offensichtliche Widerspruch löst sich selbst dann nicht auf, wenn beides in derselben Frage thematisiert wird. Immerhin 40 % der von Allensbach Befragten waren zur Anfangszeit des Euro der Meinung, dass umfassende Absicherung auch ohne hohe Steuern möglich sein müsste.[7] Verschiedene Untersuchungen in den USA aus demselben Zeitraum fördern kaum unterschiedliche Ergebnisse zu Tage (Caplan 2002).

Zur Einführung des Euro als alleiniges Zahlungsmittel im Januar 2002 hielt sich hartnäckig die Wahrnehmung, dass damit erhebliche Preissteigerungen ein-

---

[5] Aus einer allgemeineren sozialpsychologischen Perspektive ist es sehr plausibel, dass bei der Verarbeitung von Informationen zu ökonomischen Zusammenhängen und Wirtschaftspolitik kognitive Heuristiken eine erhebliche Rolle spielen, die häufig Verzerrungen („Biases") zur Folge haben. Die mittlerweile sehr umfangreiche Forschung dazu wurde maßgeblich von Kahneman und Tversky geprägt (z. B. Kahneman/Slovic/Tversky 1982; Kahneman 2011). Bei der Bildung von Alltagstheorien spielen in diesem Sinne dabei insbesondere die für schnelle und intuitive Verarbeitung zuständigen kognitiven Ressourcen eine Rolle (Kahneman 2003).
[6] S. für einen Befund aus der Anfangszeit des Euro Noelle-Neumann/Köcher (2002).
[7] Vgl. Noelle-Neumann/Köcher 2002, 640.

hergingen („Teuro"). Im Verbraucherpreisindex spiegelte sich dies in der Breite jedoch nicht wider. In einem Experiment mit in DM und EUR ausgewiesenen Speisekarten konnten aber sehr wohl „Teuro-Effekte" als Wahrnehmungsverzerrung nachgewiesen werden:[8] Bei exakt zum gesetzlichen Kurs in Euro umgerechneten Preisen schätzten die Teilnehmer im Experiment subjektiv eine Preiserhöhung von fast 10 %. Christandl u. a. (2011) konnten für angebliche Preissteigerungen im Rahmen der Erhöhung der Mehrwertsteuer von 16 % auf 19 % ähnliche Fehleinschätzungen nachweisen.[9]

Alles in allem kann als unbestritten gelten, dass Alltagstheorien der Bevölkerung häufig systematisch von den Theorien der ökonomischen Profession abweichen[10] und dann als problematisch gelten können, wenn sie nachweisbar Fehler aufweisen und im Hinblick auf Effizienz- und Verteilungsfragen zu nachteiligen Entscheidungen beitragen. Fehleranfällig ist eine Alltagstheorie insbesondere dann, wenn das Thema von starken normativen Vorstellungen oder Emotionen geprägt ist oder Alltagserfahrungen fehlen, die konkret mit dem Wirkungsmechanismus der Alltagstheorie zusammenhängen und die sie im Alltag empirisch überprüfbar machen könnten (Caplan/Miller 2010). Solche Alltagstheorien oder -konstruktionen, die empirisch falsifiziert und/oder theoretisch widerlegt sind, bezeichnen wir als „Alltagsmythen".

Abweichungen von den Theorien der ökonomischen Profession werden in der Literatur in einer langen Tradition als „Do-it-yourself-economics" (Henderson 1986) oder „Economic Fallacies" (Thorpe 1940; Wood 1997; Caplan 2004; Slembeck 2003) bezeichnet. Da die ökonomischen Alltagstheorien der Bevölkerung häufig auf ähnliche Basis-Denkstrukturen und -konstruktionen zurückzuführen sind, bietet sich eine Klassifizierung an (Tabelle 1; Henderson 1986; Caplan 2004).

---

[8] Vgl. Traut-Mattausch u. a. 2004.

[9] Wenn bereits bei solchen alltagsrelevanten konkreten Fragestellungen derart deutliche Fehleinschätzungen auftreten, sind bei abstrakteren Fragen wie der Definition von Geld oder der Ausrichtung der Zentralbankpolitik a fortiori keine realistischen Alltagskonstruktionen und -theorien zu erwarten.

[10] Eklatante Unterschiede zwischen Wirtschaftswissenschaftlern und Normalbevölkerung ergab z. B. schon der „Survey of Americans and Economists on the Economy" (ausgewertet bei Blendon u. a. 1997 und Caplan 2002). Deutsche Untersuchungen kommen regelmäßig zu ähnlichen Befunden, z. B. zu den Ursachen von Arbeitslosigkeit (Noelle-Neumann/Köcher 1997, 1017; 2002, 829) oder der gesellschaftlichen Funktion von Unternehmensgewinnen (BDB 2005, 24).

Tabelle 1: Wichtige Verzerrungs-Kategorien ökonomischer Alltagstheorien

Nullsummenspiel (Fixed-Pie-Mythos)	Es gibt eine fixe Menge an ökonomischen Gewinnen bzw. an Arbeit, die zwischen Konsumenten und Produzenten bzw. unter den Arbeitswilligen verteilt werden kann.
Marktskepsis	Der Preismechanismus ist häufig schlechter als andere Allokationsverfahren geeignet, um Angebot und Nachfrage effizient auszugleichen. Manche Marktakteure erbringen keinen ökonomischen Nutzen.
Zentralismus	Der Staat ist bei vielen Gütern besser als der Markt geeignet, Angebot und Nachfrage zusammenzuführen.
	Regulative Eingriffe des Staates verbessern die Performance und die Kundenfreundlichkeit auf Märkten.
reich&böse	Große Unternehmen oder reiche Individuen in der Gesellschaft handeln aus niederen Motiven, haben zu viel Macht und richten ökonomischen Schaden an.
Merkantilismus, Protektionismus	Die Förderung von Exporten und der Kauf einheimischer Produkte bei gleichzeitiger Beschränkung der Importe wirken sich positiv auf den Wohlstand im Inland aus.
Auslandsskepsis	Bei überlebenswichtigen Gütern sollte man nicht von Importen abhängig sein.
	Ausländische Konkurrenz schadet der einheimischen Wirtschaft.
Arbeit ist gut	Arbeitsplätze müssen erhalten werden, da Arbeitsplatzabbau den Wohlstand reduziert.
Tangibilität	Sichtbare Güter und Kosten besitzen einen höheren Wert oder sind relevanter als Dienstleistungen bzw. Opportunitätskosten.
Tiefere ökonomische Bestimmung	Einige Sektoren der Wirtschaft und bestimmte ökonomische Aktivitäten sind prinzipiell ökonomisch besser und sinnvoller als andere.

Es wird sich in den Abschnitten 4 und 5 zu Alltagstheorien über das Geld zeigen, dass dort insbesondere die Kategorien Nullsummenspiel (Fixed-Pie-Mythos), Marktskepsis, Reich&Böse-Heuristik sowie Tangibilität relevant sind.

Unserer Beispielsammlung in Tabelle 1 zeigt eine offensichtliche Ambivalenz von Alltagsüberzeugungen. So sind die Aussagen „Manche Marktakteure erbringen keinen ökonomischen Nutzen" und „Einige Sektoren der Wirtschaft und bestimmte ökonomische Aktivitäten sind prinzipiell ökonomisch besser und sinnvoller als andere" grundsätzlich natürlich nicht falsch, wie Negativbeispiele wie z. B. Darknet-Aktivitäten oder das organisierte Verbrechen zeigen. Sie werden aber zu Verzerrungen, wenn sie einseitig und unzulässig verallgemeinernd verwendet werden – einer ideologischen Voreinstellung folgend, anstatt den realen Tatsachen Rechnung zu tragen. So wird z. B. das privatwirtschaftliche Kreditwesen von Teilen der Bevölkerung auf Grund der Erfahrungen seit dem Sichtbarwerden der

Finanzkrise als Ausbeutungsprozess und Krisenbeschleuniger vollständig abgelehnt, obwohl es als funktionierendes System für eine entwickelte Ökonomie zweifelsohne unerlässlich ist.

Wenn man den Bogen zurück zur *rationalen Ignoranz* des Wählers schlägt, die von der ökonomischen Theorie der Politik postuliert wurde,[11] stellt man fest, dass Individuen weniger ignorant und unwissend sind als vielmehr halbwissend und gewissermaßen aus rationalen Kosten-Nutzen-Erwägungen heraus irrational (Caplan 2001). Im Gegensatz zu privaten Konsumentscheidungen entstehen den Individuen aus irrationalen Wahlentscheidungen oder inkonsistenten politischen Einstellungen nämlich keine Kosten (Kirchgässner 1992). Schumpeter schrieb dazu schon 1942 (S. 262):

> The typical citizen drops down to a lower level of mental performance as soon he enters the political field. He argues and analyzes in a way which he would readily recognize as infantile within the sphere of his real interests. He becomes a primitive again. His thinking is associative and affective.

Dieser Einschätzung der *rationalen Irrationalität* und des „lower level of mental performance" bei der Beurteilung der Einstellungen zur Wirtschaftspolitik der Wahlbevölkerung und ihres Wählerverhaltens liegen jedoch zwei starke Prämissen zu Grunde: 1. Individuen bevorzugen eine Wirtschaftspolitik, die den Wohlstand ihres Landes (und idealerweise ihren eigenen) erhöht, und 2. Es gibt eine objektive (,ontologische') Wahrheit im Sinne empirisch seriös und nachprüfbar bestätigter ökonomischer Theorien, an denen sich Alltagstheorien konsistent messen und als Verzerrungen oder Alltagsmythen bewerten lassen.

Zum ersten Punkt ist zu sagen, dass die Erhöhung des allgemeinen Wohlstands, kurz das Kriterium der ökonomischen Effizienz, zwar von Ökonomen als das wichtigste zur Beurteilung von Wirtschaftspolitik gesehen wird (Jacob/Christandl/Fetchenhauer 2011a; 2011b; Haferkamp u. a. 2009; Kirchgässner 2005), nicht jedoch von ökonomischen Laien. Diese basieren ihre wirtschaftspolitischen Urteile (und natürlich nicht nur diese) auf eher intuitiv abgeleiteten Fairnesskriterien. Die Mehrzahl der Menschen fragt sich also bei einer wirtschaftspolitischen Frage in erster Linie „Ist das gerecht?", und nicht „Ist das für die Gesamtwirtschaft auf lange Sicht effizient?" (Haferkamp u. a. 2009; Davidson/Matusz/Nelson 2006; Haidt 2001).

Der zweite Punkt bedarf einer epistemischen Differenzierung. Eindeutige Begriffsbestimmungen wie die Höhe der Staatsverschuldung, die Inflationsrate oder das Wesen der Geldschöpfung (s. Einleitung) können als quasi objektiv

---

11 Vgl. Downs 1957.

gesehen werden, was sie nicht vor gelegentlicher Verunglimpfung als ‚Fake News' schützt. Mit bereits etwas größerer epistemischer Unsicherheit behaftet sind zahlreiche empirisch gut fundierte volkswirtschaftliche Theorien, z. B. zur negativen Wirkung von Monopolen auf die Wettbewerbsstruktur und Konsumentenrente einer Volkswirtschaft oder zur Bedeutung von Bildung für die ökonomische Entwicklung. Die wirtschaftspolitische Praxis ist in ihren Kausalzusammenhängen jedoch oft komplexer. Dadurch ist der Versuch, alltagstheoretische Ansichten und Konstruktionen im Hinblick auf ihren Wahrheitsgehalt zu bewerten und eventuell als Mythos zu entlarven, mit dem systematischen Problem der möglichen Unentscheidbarkeit konfrontiert.

So ist z. B. nicht einmal die klar umrissene Frage nach der makroökonomischen Gesamtwirkung der Einführung eines Mindestlohns in einer Volkswirtschaft im Voraus eindeutig beantwortbar – trotz vorliegender empirischer Evidenz in anderen Ländern und theoretischer Ergebnisse –, wie die Diskussion vor der Einführung des Mindestlohns in Deutschland gezeigt hat. Dabei wurde in der öffentlichen Diskussion vor allem die Abhängigkeit von Alltagstheorien von der (ideologischen) Interessenlage ihrer Vertreter deutlich, da naturgemäß Arbeitgeber aus dem Niedriglohnsektor gegen Mindestlohnregelungen und solche aus dem Hochlohnsektor dafür sind wie natürlich auch die betroffenen Arbeitnehmer. Ein anderes Beispiel bietet die seit dem Sichtbarwerden der Finanzkrise 2007 virulente Frage nach der Berechtigung einer staatlich organisierten und finanzierten Rettung einer als „systemrelevant" eingestuften Geschäftsbank.

Bei der Konzeption geeigneter (wirtschafts-)politischer Maßnahmen entstehen systematische Probleme auf zwei Ebenen: Im Vorhinein gibt es bei der Entscheidungsfindung für eine Maßnahme das Problem, die künftigen Wirkungen möglichst zutreffend abzuschätzen. Nach Einführung einer Maßnahme entsteht bei der Bewertung das Problem der „kontrafaktischen Ex-Post-Vergleichs-Analyse". Denn schließlich muss man zur Bewertung des Erfolgs oder Misserfolgs einer Maßnahme nicht nur ihre Wirkung beobachten und mit der erwarteten Wirkung aus der Ex-ante-Analyse vergleichen, sondern auch mit den kontrafaktischen Wirkungen möglicher anderer, aber zugunsten der faktischen Maßnahme unterlassener alternativer Maßnahmen („was wäre, wenn ..."). Natürlich gibt es seriöse wirtschaftswissenschaftliche Methoden für kontrafaktische Analysen dieser Art, aber es bleibt in realen Fallbeispielen häufig ein Residuum der Ungewissheit, das letztlich den Befürwortern anderer wirtschaftspolitischer Maßnahmen die Möglichkeit zur Kritik lässt.[12]

---

12 In der Geschichtswissenschaft gibt es eine Tradition der „kontrafaktischen Geschichte" (auch Quasi-Geschichte oder virtuelle Geschichte) zur Analyse von Kausalitäten und Verantwortungs-

Als Beispiel dafür bietet sich die Wirkung der sogenannten „Hartz-Reformen" des bundesdeutschen Arbeitsmarktes an, die auf Grundlage der Empfehlungen der von Peter Hartz geleiteten Kommission vom Kabinett Schröder zwischen 2003 und 2005 umgesetzt wurden: Von der politischen Gegnerseite wurden die Hartz-Reformen von Anfang an als eine verteilungspolitisch motivierte Sozialkürzung diskreditiert. In Wahrheit sind die Ausgaben für Sozialleistungen der Bundesrepublik ab 2005 kontinuierlich angestiegen. Aus theoretischer und empirischer volkswirtschaftlicher Sicht ist eine positive Wirkung des Hartz-Reformpakets auf die Arbeitslosenzahlen zu konstatieren. Es wurde und wird jedoch von der Gegnerseite argumentiert, dass sich hier methodisch sauber keine Effekte zeigen ließen, da z. B. Konjunkturschwankungen, Strukturaufholeffekte im Osten, Lohnzurückhaltung (insbes. in Relation zu anderen EU-Ländern) sowie die EZB-Geldpolitik als interferierende Faktoren eine eindeutige Kausalitätsaussage verhindern würden.

3 Alltagstheorien der Bevölkerung in der Wechselwirkung zwischen Öffentlichkeit und Politik

Welche Wechselwirkungen zwischen dem ökonomischen Alltagswissen der Bevölkerung und der Wirtschaftspolitik lassen sich erwarten bzw. tatsächlich beobachten? In der Public-Choice-Theorie werden Politiker in erster Linie als Wählerstimmenmaximierer (Office Seeker) modelliert (Downs 1957). Andere Motive wie öffentliche Anerkennung oder die Umsetzung präferierter Politikbündel (Policy Seeking) würden demnach nur dann relevant, wenn Politiker auch in der Regierungsverantwortung stehen. Mit dem reinen Machtmotiv des Office Seeker-Ansatzes lässt sich allerdings z. B. nicht erklären, warum sich ein Individuum politisch engagiert und einer Partei beitritt.[13] Ebenso unerklärbar bleiben Situationen, in denen Politiker Rücktritt oder Opposition der Beteiligung an einer ihren Überzeugungen zuwiderlaufenden Politik vorziehen. Grundsätzlich sind Politiker ebenso wie die Wähler beschränkt rationale Individuen, teilen also durchaus auch –

---

zurechnung, die schon in der klassischen Antike mit Thukydides u. a. begann. Für die aktuelle Literatur sei stellvertretend A. Demandt (2011; 2017) genannt, eine methodologische Einordnung und methodische Analyse aus Sicht der Wirtschaftswissenschaft gibt Lehmann-Waffenschmidt (2010).

13 Als Mitglied einer kleinen Partei ist die Chance, zur Macht zu gelangen, relativ klein, in großen Parteien ist dagegen die Zahl der möglichen Ämter im Verhältnis zur Mitgliederzahl gering (Elff 2004, 57).

wenn auch vielleicht in geringerem Maße – die ökonomischen Alltagstheorien der Bevölkerung. Zudem können eigene ideologische Überzeugungen in Politik umgesetzt werden, weil sich bei langfristigen und multikausalen Wirkungszusammenhängen eine objektive Erfolgsmessung als schwierig erweist (Kalt/Zupan 1984; Caballero/Soto-Oñate 2016). Außerdem besitzen die Wähler wie oben erläutert kaum Anreize, sich politisch umfassend zu informieren.

Aus diesen Gründen müssen Politiker nicht notwendig rationale Erwartungen über die von ihnen implementierte Wirtschaftspolitik in Form tiefergehender Kenntnisse ökonomischer Zusammenhänge besitzen. Solche Kenntnisse können sogar hinderlich sein, da sie den Blick für die mentalen Modelle der Wähler einschließlich ihrer ökonomischen Alltagstheorien verstellen oder zum ständigen Zynismus zwingen (Caplan 2002). Wichtiger für opportunistische Wahlpolitiker ist, das Verhalten an der Wahlurne richtig zu antizipieren sowie die politischen Spielregeln und Machtgeflechte zu kennen. Für die öffentliche Beurteilung von Politikern, und damit auch für die Selektion in politischen Karrieren, spielen ohnehin weniger ein ökonomischer Sachverstand, als vielmehr Kriterien wie Charisma und rhetorisches Geschick eine Rolle. Caplan fasst aus Sicht des Wählers zusammen: „Economic issues are important to voters, but they don't want politicians with economic expertise – especially not those who will lecture them and point out their confusions" (Caplan 2002, 234). Auch wenn sich Politiker ökonomischer Alltagstheorien, heuristischer Informationsverarbeitung und Urteilsfehlern sowie der im Vergleich zu professionellen Ökonomen anderen Urteilskriterien (Effizienz vs. Gerechtigkeit) durchaus bewusst sind, nutzen sie dennoch ‚Framing'-Methoden. Das heißt, Politikvorschläge werden möglichst positiv formuliert, enthalten markt- und auslandsskeptische Positionen und betonen, dass alles ‚gerechter' zugehen solle.

Die Wirkungen von Verzerrungen in der politischen Praxis unterscheiden sich von Fall zu Fall und hängen insbesondere vom gesellschaftlich-politisch-historischen Kontext ab sowie von den Werte- und Anreizsystemen einer Gesellschaft (Frey/Eichenberger 1994). Praktisches Anschauungsmaterial liefern u. a. die Brexit-Entscheidung der britischen Wähler im Juli 2016 und die Wahl Trumps zum 45. US-amerikanischen Präsidenten im November 2016. Im Jahr nach der Brexit-Entscheidung und der US-Präsidentenwahl ist es derzeit naturgemäß zwar noch zu früh, die (wirtschafts-)politischen Auswirkungen der beiden Abstimmungsresultate abzusehen und zu beurteilen. Aber sowohl aus theoretischer Perspektive als auch durch die bisherige empirische Evidenz sind die antiquierten merkantilistischen Vorstellungen einer für das eigene Land vorteilhaften protektionistischen und isolationistischen (Wirtschafts-)Politik eindeutig als überholt und unhaltbar erkennbar. Trotzdem hat sich der Alltagsmythos des *vorteilhaften Merkantilismus* im Jahr 2016 in zwei der fortschrittlichsten und wertschöpfungsstärksten Volkswirtschaften der Welt in demokratischen Wahlentscheidungen durchgesetzt.[14] Zusätzlich irritiert den Beobachter die offensichtliche Paradoxie, dass sich auf der politischen Bühne bei beiden Entscheidungen Vertreter des ‚Establishments' bzw. der ‚Elite' mit einer elitefeindlichen Politikankündigung durchgesetzt haben.[15]

Ein anderes Beispiel für die politische Instrumentalisierung von Alltagstheorien der Bevölkerung findet man im Bundestagswahlkampf 2005. Angela Merkels ‚Schatten-Finanzminister' Paul Kirchhof wurde vom amtierenden Bundeskanzler Schröder wegen seines Steuervereinfachungsvorschlags einer einheitlichen Besteuerung auf der Grundlage eines konstanten Grenzsteuersatzes (*flat tax rate*) mit Grundfreibetrag (Kirchhof 2004; BMF-Beirat 2004; Schlick 2005) und ohne alle Sondertatbestände öffentlichkeitswirksam erfolgreich mit dem Argument diskreditiert, er sei „nur ein Professor aus Heidelberg", dem man eine so praktische und wichtige Aufgabe wie die Leitung der bundesrepublikanischen Finanzpolitik nicht übertragen dürfe (Birnbaum 2005). Schröder nutzte dabei gezielt die Alltagskonstruktion breiter Wählerschichten, dass Professoren außerordentlich gut bezahlte und auf Grund ihrer abstrakten beruflichen Tätigkeit hoffnungslos weltfremde Lebenszeitbeamte mit deutlichen Defiziten im Gerechtigkeitsempfinden gegenüber geringer Verdienenden seien – die Sekretärin des Klinikdirektors zahle dann ja so viel Steuern wie ihr Chef. Und das romantisch verträumte Heidelberg verstärke das alles noch. Da solche Professoren für ihre Verlautbarungen nicht zur Verantwortung gezogen werden könnten, müsse das zu dem Schluss führen, dass so jemand ungeeignet sei für verantwortungsvolle politische Positionen.

Die Wahrheit war, dass Paul Kirchhofs Konzept eine progressive (wegen des Grundfreibetrags) und zukunftsweisende Besteuerung bedeutete (Kirchhof 2004), die für den Klinikdirektor natürlich nicht nur eine höhere absolute Steuerzahlung im Vergleich mit seiner Sekretärin gebracht hätte, sondern – wegen des

---

14 Es wird berechtigter Weise argumentiert, dass sich sowohl bei der Brexit-Volksabstimmung als auch bei der Wahl Trumps auf Grund der Wahlordnung und -beteiligung jeweils nur eine rechnerische Minderheit der Wahlbevölkerung durchgesetzt hat und dadurch die Resultate und Auswirkungen der beiden Wahlentscheidungen nicht repräsentativ für die Bevölkerungen der beiden Länder zu werten seien. Aber für eine konsequentialistische Wissenschaft wie die Ökonomik spielt dieses Argument letztlich keine Rolle.
15 May, Johnson und Farage entstammen der britischen Upper-Class, haben entsprechende Bildungsbiographien und gehörten schon vor dem Brexitreferendum zur politischen Elite ihres Landes. Trump entstammt zwar keiner bildungs-, aber finanzelitären Familie und hat sich von Beginn seiner Amtszeit an u. a. mit Vertretern aus der US-amerikanischen Militär- und Wirtschaftselite umgeben.

Grundfreibetrags – auch eine Progression im Steuersatz – was leicht nachzurechnen ist.[16]

Ökonomische Alltagstheorien wirken also potentiell über zwei Kanäle auf die Politik: Politiker müssen sie erstens in ihr Kalkül einbeziehen, um eine mehrheitliche Zustimmung der Bevölkerung für ihre Politik zu erreichen, haben aber zweitens Spielräume zur Einbringung eigener, mithin ebenfalls von Alltagstheorien geprägter, Vorstellungen in die Politik. Dabei wirken Alltagstheorien umso stärker auf die Politik, je relevanter das Thema für die Wähler ist, was neben der persönlichen Betroffenheit vor allem die individuell empfundene gesellschaftliche Bedeutung adressiert, und je stärker die politikgestaltenden Institutionen von der Zustimmung der Bevölkerung direkt abhängen. Bei Alltagstheorien des Geldes und geldpolitischen Fragen, um die es in folgenden Abschnitten gehen wird, sind die politikgestaltenden Zentralbanken weitgehend unabhängig von der direkten Zustimmung der Bevölkerung. Allerdings hängt der Erfolg der Geldpolitik wesentlich vom alltagspraktischen Umgang mit Geld und damit von den Alltagskonstruktionen und Alltagsmythen der Bevölkerung ab.

4 Alltagstheorien über Geld

Die Qualität einer Währung wird letztlich durch den Emittenten bestimmt. Derzeit sind die initialen Geld-Emittenten in modernen Volkswirtschaften die Zentralbanken, die das höchstqualitative Geld im Sinne einer Wertgarantie emittieren – das Zentralbankgeld oder ‚Außengeld' (engl. legal tender), also das durch die Zentralbank als gesetzliches Zahlungsmittel definierte und autorisierte Geld. Es ist das einzige zur rechtswirksamen Erfüllung von Schuldverhältnissen erlaubte Geld. Zu diesem Außengeld gehören in erster Linie die Einlagen der Kreditbanken bei der Zentralbank und staatliches Bargeld, private Wirtschaftssubjekte können in der Regel keine Guthaben bei der Zentralbank halten. Das Außengeld bekommt seine Qualität maßgeblich durch die institutionellen Rahmenbedingungen, unter denen die Notenbank Geld schöpft und die als vertrauenswürdigste Instanzen am oberen Ende einer institutionellen Hierarchie stehen – über den Geschäftsbanken, Firmen und Haushalten und – zumindest im Selbstverständnis der Deutschen Bundesbank – über dem Staat (Mehrling 2013).

---

16 Damit war Gerhard Schröders öffentliche Darstellung des Sachverhalts entweder eine gezielte ‚Fake News', oder er und seine Berater hatten Kirchhofs vereinfachendes Steuerkonzept tatsächlich nicht verstanden.

Dem gegenüber steht das sogenannte ‚Innengeld' (oder Geschäftsbanken-, Giral- oder Buchgeld), das durch Kreditschöpfungsprozesse zwischen privaten und öffentlichen Wirtschaftsakteuren auf der einen und Geschäftsbanken auf der anderen Seite generiert wird. Hier variiert die Geldqualität mit der Kreditwürdigkeit der beteiligten Schuldner und Gläubiger und dem entsprechenden Zeithorizont des Schuldenbegleichens. Dieses „Innengeld", welches also maßgeblich durch Kreditschöpfung und einer damit einhergehenden Verschuldung entsteht, nimmt den Großteil des zirkulierenden Geldvolumens ein, insbesondere des berühmten Geldmengenaggregats M3. Dieses Geldmengenaggregat, von jeder Zentralbank leicht unterschiedlich definiert, beinhaltet verschiedene Schuldtitel (Sichteinlagen der Nichtbanken, Anteile an Geldmarktfonds, Depotverbindlichkeiten, Geldmarktpapieren und Bankschuldverschreibungen mit einer Laufzeit bis zu zwei Jahren) sowie das durch die Zentralbank emittierte Bargeld, das jedoch nur einen geringen Anteil des Gesamtaggregats M3 ausmacht (Issing 2011; Jarchow 2010a; 2010b).[17]

Der Unterschied von Innen- und Außengeld ist insbesondere in normalen Zeiten wirtschaftlicher Entwicklung kaum wahrnehmbar. Sowohl der staatlich-institutionelle Rückhalt als auch die Bezahlsysteme schaffen die Unsichtbarkeit der Geldhierarchie. Die Bevölkerung setzt daher in ihrem Alltagsverständnis notenbankgeneriertes Bargeld mit dem von Geschäftsbanken geschöpften Kreditgeld gleich.[18]

Dieser Irrglaube einer nicht existierenden Geldqualitätshierarchie hängt eng mit dem Unwissen über die Geldschöpfung durch Kreditschöpfung zusammen. So besagt die alltagskonstruierte Denkart, dass alle Geldmittel direkt von der Zentralbank emittiert seien und sich daher ausschließlich Zentralbankgeld im Umlauf befindet. Dieses wird dann von Sparern in Geschäftsbanken angelegt, sodass

---

[17] Geldmengenaggregate zu bestimmen ist keine schwierige Aufgabe, da es sich dabei im Wesentlichen um addierte Positionen von Passivseiten von Geschäfts- und Zentralbankbilanzen handelt, die ja grundsätzlich kein komplexes Konzept darstellen. Allerdings zeigte die öffentliche Debatte um die Target2-Salden der EZB seit 2011, dass selbst im Fall einer unter den Augen der Weltöffentlichkeit neu gegründeten und mit den modernen Informationstechnologien genauestens beobachtbaren Zentralbank Streitigkeiten über bedeutende Bilanzpositionen wie eben die Target2-Salden entstehen können. Hier ist die Mythenkonstruktion der EZB-Führung, es handele sich um einen temporären Salden-Ausgleichsmechanismus, deswegen ärgerlich, weil es sichtlich keine temporären Salden sind und zudem die Target2-Salden der Deutschen Bundesbank eine deutlich gefährdete Forderung an das Eurosystem darstellen, die durch ihre Höhe von ca. 900 Mrd. Euro (August 2017) ein brisantes Gewicht erreicht haben.

[18] Sogar Generationen von ökonomischen Lehrbüchern arbeiteten dieses Thema bis vor kurzem nicht auf, wodurch das Bewusstsein über die Natur der Geldschöpfung auch unter professionellen Ökonomen gering ausgeprägt ist (s. dazu Fußnote 1 oben und Werner 2014; 2016).

diese lediglich als neutrale Finanzintermediäre agieren, indem sie das Geld an Kreditnehmer weiterverleihen (engl. loanable funds-theory). Diese verzerrende Alltagstheorie der Geldentstehung, die übrigens nicht nur in der öffentlichen Wahrnehmung vorherrscht, sondern irritierenderweise auch in der wissenschaftlichen Community und sogar unter Bankern diskutiert wird (s. Fußnote 1 oben), ist damit also eindeutig als Mythos, also als sachlich fehlgeleitete Alltagskonstruktion bzw. -theorie identifizierbar (Binswanger 2015).[19]

Würde diese Alltagstheorie tatsächlich zutreffen, hätte die Zentralbank einen direkten Einfluss auf die zirkulierende Geldmenge und damit die direkte Kontrolle über Preisniveausteigerungen und die Kaufkraft der von ihr emittierten Währung. Tatsächlich findet jedoch, wie beschrieben, in einem Intermediationsprozess zwischen Geschäftsbanken und privaten und öffentlichen Wirtschaftsakteuren eine Kreditschöpfung und damit eine endogene Geldschöpfung in hohem Ausmaß statt.[20]

Das in der Kreditschöpfung durch neue Schuldverhältnisse entstandene Innengeld hat keinesfalls dieselbe Geldqualität wie das Außengeld der Notenbank, da Geschäftsbanken, anders als Zentralbanken, einem Kreditausfallrisiko unterliegen und damit aus Sicht der Einleger grundsätzlich fallible Schuldner sind. Dies folgt unmittelbar aus der Tatsache, dass die Kreditgeldschöpfung aus einem initialen Verschuldungsprozess entsteht: Leiht sich z. B. ein Unternehmen von einem Finanzinstitut eine bestimmte Geldsumme, so besitzt das Finanzinstitut diese Summe in der Regel nicht in liquider Form als Zentralbanksichtguthaben. Es verlängert stattdessen einfach seine Bilanz, was es als Geschäftsbank darf – und vollzieht so eine „Geldschöpfung aus dem Nichts".[21] So wird deutlich, dass durch einen Kreditkontrakt Innengeld aus dem Nichts geschöpft wird, indem eine Verschuldung stattfindet. Dass dieser tatsächliche Prozess im Mythos der exogenen Außen-Geldschöpfung in keiner Weise abgebildet wird, führt zu einer groben Verzerrung des Verständnisses der wahren Natur einer Währung. Denn der Wert einer Währung bestimmt sich durch die Qualität des gesamten in dieser

---

19 Es wäre interessant, das in den Internetauftritten der verschiedenen Notenbanken des Eurosystems jeweils deutlich werdende Selbstverständnis mit einander zu vergleichen.
20 Im Währungsraum des Euro macht das endogen geschöpfte Innengeld über 90 % an der gesamten Geldmenge aus.
21 Eine Begrenzung dieser Geldschöpfung aus dem Nichts besteht in der Mindestreservepflicht der Geschäftsbanken, die 1956 zu einer Pflicht-Zentralbankgeld-Einlage von 30 % des kreditierten Betrages bei der Deutschen Bundesbank geführt hatte – also zu einer proportionalen Einlage des Geschäftsbankensystems bei der Zentralbank in Außengeld, das nur die Zentralbank selbst schaffen kann. Inzwischen beträgt die Mindestreservepflicht im Euro-Währungsraum (August 2017) weniger als 1 % des im Geschäftsbankensystem kreditgeschöpften Geldbetrags.

Währung existierenden Geldes und hängt damit also nicht nur von der ursprünglichen Wertgarantie des Außengeldes durch die Zentralbank ab, sondern zu genau dem Prozentsatz auch von der Qualität der giralgeldschöpfenden Schuldverhältnisse ab, den die Innengeldschöpfung am gesamten umlaufenden Geldvolumen ausmacht – also im Euro-Raum zu über 90 %.

5 Zentralbanken als politische Akteure im Umgang mit Alltagstheorien über Geld

In der makroökonomischen Forschung seit John Maynard Keynes spielen Erwartungen der Wirtschaftsakteure eine Schlüsselrolle als Determinanten für die Entwicklung makroökonomisch relevanter Größen wie Zinsen, Wechselkurse, Inflationsraten oder Unterbeschäftigungsraten etc. Aus verschiedenen Diskursen in der Makroökonomik über die Beschaffenheit und Wirkungen der Erwartungen von Marktakteuren ging Ende der 1990er Jahre ein neuer Diskurs darüber hervor, inwieweit Erwartungen der Marktakteure durch Zentralbanken beeinflussbar sind. So entstand aus der makroökonomischen Theorie eine Theorie der Zentralbankkommunikation, in deren Mittelpunkt Modelle der Beeinflussbarkeit ökonomischer Erwartungen standen. Dieser neu entstandene Diskurs transformierte Zentralbanken in einer „Quiet Revolution" (Blinder 2004, 69) in kommunikative Institutionen, die seitdem eine aktive strategische Rolle im wissenschaftlichen wie im öffentlichen Diskurs über geldpolitische Entwicklungen spielen (Blinder u. a. 2008; Holmes 2014; Horvath/Katuscakova 2016).

Während die Literatur über Zentralbankkommunikation in den ersten Jahren hauptsächlich deren Wirkungen auf finanzökonomische Experten untersuchte, ist der Fokus mittlerweile hin zu ökonomischen Laien[22] gerückt (Hayo/Neuenkirch 2014; Crespy/Schmidt 2014; Dräger/Lamla/Pfajfar 2016). Für Letztere ist nicht die Transparenz der Zentralbank von Interesse, also das Offenlegen der makroökonomischen Ziele, von Entscheidungsfindungsprozessen oder von Finanzberichten (Best 2005). Ökonomische Laien verarbeiten das Kommunizierte vielmehr assoziativ und reagieren stärker auf kurzgefasste Aussagen, sodass für sie die systematische Aufarbeitung aller Informationen über die Zentralbank einen geringen Stellenwert hat. Im Unterschied zum Experten, der ein wesentlich größeres und strukturierteres Wissen besitzt, geht es dem Laien vordringlich um die Frage seines grundsätzlichen ‚gefühlten' Vertrauens in das Geldsystem. Dieses

---

22 Im Sprachgebrauch dieses Beitrags synonym mit „Öffentlichkeit" oder „Bevölkerung".

Vertrauen wird eher durch eine aktive Überzeugungsarbeit der Zentralbank hergestellt als durch eine wissenschaftliche ‚passive' Transparenz tatsächlicher Bedingungen und Prozesse im Zusammenhang mit der Geldschöpfung und Geldpolitik.

Die kommunikative Überzeugungsarbeit der Öffentlichkeit ist eine Aufgabe, bei der sich eine Zentralbank auf einer halb-politischen und einer halb-wissenschaftlichen Bühne bewegt. Dabei ist Glaubwürdigkeit ein hohes Gut moderner Zentralbanken, sozusagen das unanfechtbare Prinzip ‚guter' Geldpolitik. Die konventionelle stil-rhetorische Überzeugungsarbeit eines Wahlpolitikers ist allerdings für Zentralbanker undenkbar. Dennoch muss wirksame Zentralbankkommunikation deutlich über die Fakten hinausgehen, sodass Reden, Interviews und Internetauftritte auf Basis strategischer Vorüberlegungen zu einer in den Augen des Sprechenden ‚gelingenden Kommunikation' stattfinden. Politökonomische Forschungs-Arbeiten zeigen, wie Zentralbanken entlang des Alltagswissens der Bevölkerung kommunizieren[23] – nämlich indem sie spezifische Alltagstheorien über das Wesen, den Ursprung und die Wirkungen des Geldes der Bevölkerung aufgreifen und für ihre Interessen instrumentalisieren (Braun 2015; 2016).

Die deutsche Bundesbank ist durch eine Stabilitätskultur geprägt, die in der Literatur hauptsächlich auf die (speziell deutsche) Angst vor hoher Inflation zurückgeführt wird. Auf der Suche nach einer vorgeblich kontrollierbaren Geldmengen-Größe zur Vertrauensbildung der Bevölkerung einigte man sich in der bundesdeutschen Geldpolitik in den 1970er Jahren auf die oben erwähnten M-Aggregate (insbesondere M3), und die Deutsche Bundesbank betrieb von 1975 bis 1998 die Strategie einer Steuerung der so definierten Geldmenge in Richtung auf ein vorgegebenes Geldmengenziel. Ein stetiges Geldmengenwachstum galt dabei lange Zeit als Referenzwert für erfolgreiche Geldpolitik. Die EZB übernahm diese Orientierung am Referenz-Aggregat, musste diese aber gegen Kritiker verteidigen. Die Kritik beinhaltete im Kern das Argument, dass die Komplexität des Geldsystems mit seinen diversen Transmissionsmechanismen in Form des Geldmengenaggregats unzulässig reduziert werde und damit ein prätentiöses Scheinerklärungskonzept darstelle. Denn M3 besteht, wie gesagt, zum größten Teil aus endogenem Geld und wird lediglich mittelbar durch die Zentralbank kontrolliert.

Wegen dieser prinzipiell eingeschränkten Kontrollierbarkeit des M3-Aggregats verfolgt die EZB seit 2003 statt einer Strategiekombination aus Geldmengen- und Inflationsziel ausschließlich eine Inflationszielstrategie.[24] Trotzdem kann gezeigt werden, dass die EZB in ihrer Außendarstellung weiterhin ihre Kontrolle

---

23 Insbesondere die Arbeit von Braun 2016.
24 So spielt in der Außendarstellung der EZB die magische Zahl „2 %" als Inflationsziel eine prominente Rolle.

über M3 betonte. 2010 startete die EZB auf Grund der manifest gewordenen Staatsschuldenkrise im Euroraum das *Security Market Program* (SMP) – ein europaweites geregeltes Aufkaufprogramm von Staatsanleihen, mit dem die EZB mehr Zentralbankgeld in Umlauf bringt und dabei ihre Bilanz verlängert.

Diese Verlängerung der Zentralbankbilanz wurde an anderer Stelle wieder ‚sterilisiert', d. h. durch *Depositenauktionen* verkürzt. Obwohl diese Adjustierung lediglich ein enger gefasstes anderes Geldmengenaggregat, die sogenannte ‚Geldbasis', betraf und nicht direkt die Geldmenge M3, wurde diese Gegenmaßnahme breit kommuniziert, um der Bevölkerung auf diese Weise die klassische Angst der direkten und unkontrollierten Ausweitung der Geldmenge zu nehmen. So betonte der damalige EZB-Präsident Trichet in der kommunikativen Außendarstellung nachdrücklich, dass die EZB kein Geld „drucke" (Trichet 2010, eigene Übersetzung), was als eindeutiger Bezug auf den Alltagsmythos des ausschließlich exogenen Geldes zu verstehen ist.[25]

Diese prätentiöse Kontrollfähigkeit der Bundesbank und der EZB über M3 kann man als ein subtiles Spiel mit der öffentlichen Wahrnehmung verstehen, um inflationären Tendenzen mittels einer geeigneten Kommunikationsstrategie des ‚Herunter-Redens' vorzubeugen. Weitaus weniger subtil war allerdings die Kommunikationsoffensive der Bank of England aus dem Jahr 2014 (McLeay/Radia/Thomas 2014), bei der das Kalkül der Zentralbankkommunikation nicht auf die Vermeidung inflationärer Tendenzen, sondern auf die Vermeidung deflationärer Tendenzen gerichtet war. Entsprechend argumentierte die Bank of England in die Gegenrichtung, indem der Öffentlichkeit die endogene Geldschöpfung des Geschäftsbankensystems erklärt wurde. Genauer gesagt, war der Mythos des exogenen Geldes in der neuen Situation der Sorge um deflationäre Tendenzen für die britische Zentralbank strategisch nicht von Vorteil, und so stellte sie (McLeay/Radia/Thomas 2014) den Gegnern der Quantitativen Lockerung eine aktive Kommunikation gegenüber, welche die Außengeld-Alltagskonstruktion als Mythos entlarven sollte. Print- und Internet-Veröffentlichungen sowie Lehrvideos sollten der Öffentlichkeit Zentralbankaußengeld, Innengeld, die Funktionsweise endogener Kreditschöpfung sowie die exakte Funktionsweise des Quantitative Easing näherbringen.[26] Dieses Thema war zuvor in keiner vergleichbaren Form von einer Zentralbank angesprochen worden, inzwischen haben sich jedoch mehrere Zen-

---

25 Diese isolierte Aussage ist gleich in mehrfacher Hinsicht falsch: Erstens druckt bzw. prägt die EZB natürlich Geld, indem sie ja Bargeld emittiert, und zweitens kann sie natürlich Außengeld auch als elektronisches Geld emittieren, so daß neues Geld in die Welt kommt ohne einen Druckvorgang.

26 S. Häring 2017a; 2017b.

tralbanken sowie der Internationale Währungsfonds selbst dieser Aufklärungskampagne angeschlossen.

Mittlerweile wurden durch die EZB-Aufkaufprogramme historisch einmalige Höhen der Bilanzverlängerungen einer Zentralbank erreicht.[27] Dies führte in der Bevölkerung zu einem Unbehagen, das hauptsächlich durch das Bild der ‚Geldpresse' befeuert wird, das wie gesagt, maßgeblich auf dem Mythos des exogenen Geldes beruht. Die Quantitative Lockerung wird hier, ähnlich einer direkten Staatsfinanzierung, in der Alltagskonstruktion als eine direkte Erhöhung der Geldmenge der Zentralbank verstanden. Basierend auf diesem politisierenden Effekt haben sich über den gesamten Globus Geldinitiativen mit dem Ziel gegründet, die Innengeldschöpfung zu bekämpfen. Letztlich stellen diese Initiativen auf einer politisierten Ebene aber die Legitimität der Zentralbanken, ihrer Politik und des gesamten Geldsystems insgesamt in Frage.[28]

Zentralbanken arbeiten also im Umgang mit der Öffentlichkeit offensichtlich aktiv mit Alltagstheorien und -mythen des Geldes. Die prätentiöse Kommunikation der Bundesbank und der EZB einer vorgeblichen Kontrolle über die Geldmenge war genauso kalkuliert eingesetzt wie die explizit kommunizierte Nicht-Kontrollmöglichkeit über die Geldmenge der Bank of England. Die von den Zentralbanken ausgehenden ökonomischen Bildungsinitiativen werden aber offensichtlich nicht uneigennützig bereitgestellt, sondern stellen kalkulierte Strategien der Zentralbanken dar, um die Bevölkerung in die jeweils geldpolitische Richtung zu erziehen und dadurch geldpolitische Legitimität (zurück) zu gewinnen. Solange Alltagsmythen der Öffentlichkeit einer Zentralbank in die Hände spielen, ist ihr nicht primär an einer Aufklärung der Bevölkerung gelegen, sondern an der Nutzung der *biased mental maps* der Menschen für ihre währungspolitischen Zwecke.

6 Schlussbemerkungen

Das Geldsystem und die Kommunikation der Zentralbanken mit der Öffentlichkeit geben ein durchaus brisantes Beispiel dafür, wie Alltagstheorien und Alltagsmythen entstehen und von den Hauptakteuren strategisch instrumentalisiert werden können. In nicht durch Krisensymptome geprägten Zeiten erreichen es Zentral-

---

27 S. dazu Braun 2016.
28 Beispielsweise in England die Bewegung *Positive Money*, die Initiative *Monetative Austria* in Österreich oder die *Vollgeldinitiative* in Deutschland und der Schweiz. S. z. B. [internationalmoneyreform.org], [vollgeld/de] oder [monetative.at/de].

banken, das Geldsystem hinter den Bezahlsystemen des Alltags im Unsichtbaren zu halten. In diesen Zeiten kann Geld als ‚naturalisiert' bezeichnet werden im Sinne einer nicht zu hinterfragenden Selbstverständlichkeit, die das kollektive Vertrauen der Bevölkerung besitzt und dadurch Legitimität gewinnt. Vor allem in Krisenzeiten wie seit 2007, in denen in der Öffentlichkeit Systemfragen zur Geldverfassung in den Vordergrund treten, wird aber das Geldsystem im medialen Diskurs deutlich sichtbar politisiert, indem Zentralbanken aktiv mit der partiellen Unwissenheit der Bevölkerung arbeiten, um das Vertrauen in das Geldsystem zu stärken bzw. zumindest nicht zu gefährden. Dies entspricht der Überzeugung, daß ein ausgeprägtes und spezifiziertes Wissen der Bevölkerung über das Geldsystem nicht notwendigerweise das Vertrauen in dieses steigern würde.

Damit konnte deutlich gemacht werden, daß die Funktionsweise des Geldes nicht allein von seiner Konzeption und einer ontologisch zutreffenden Beschreibung abhängt, sondern ganz wesentlich von den Alltagskonstruktionen und Alltagsmythen der Bevölkerung und deren Wahrnehmung durch die Zentralbanken geprägt ist. Ein rein naturalistisches Verständnis der wirklichen Funktionsweise des Geldsystems kann demnach für die Akteure im (Zentral-)Bankenbereich keine viable Grundlage ihres Umgangs mit Geld sein. Damit ist die im Titel des Beitrags gestellte Frage zugunsten der Konstruktion beantwortet – sogar im Sinne einer ‚doppelten Konstruktion', da auch die Zentralbanken ihre Wahrnehmung der Alltagskonstruktion der Bevölkerung konstruieren.[29]

Da das Vertrauen der Bevölkerung der Euroländer in den Euro seit dem Sichtbarwerden der Krise abgenommen hat, sieht sich die EZB in einer immer aktiveren Rolle, in den öffentlichen Diskurs über Geld einzugreifen und sich darin die Deutungshoheit zu erhalten. Insbesondere stehen alle bedeutenden Zentralbanken vor dem Problem, die bis jetzt (September 2017) praktizierte Niedrig- bzw. Nullzinspolitik irgendwann beenden und die ausgereichte Liquidität wieder neutralisieren zu müssen, um ihre Bilanzvolumina wieder in Richtung des status quo ante zu reduzieren. Daher muss in Zukunft das Augenmerk insbesondere auch auf die Aussagen, Deutungen und Versprechungen der US-amerikanischen Zentralbank FED gelegt werden. Denn diese besitzt einen außerordentlichen Stellenwert in den weltweiten Finanz- und Geldnetzwerken und verfügt damit über eine so herausragende (Deutungs-)Macht im internationalen Geld-System, dass sich selbst die EZB maßgeblich an ihren Entscheidungen ausrichtet und

---

[29] Konsequent weiter gedacht kann man sich dann auch Alltagskonstruktionen der Bevölkerung ‚2. Ordnung' vorstellen – als Alltagskonstruktionen der Bevölkerung über die Art und Weise, wie die Zentralbank die Alltagskonstruktionen der Bevölkerung ‚1. Ordnung' in ihrer Wahrnehmung konstruiert.

Kommunikationsinhalte der FED spürbare Auswirkungen auf Europas Volkswirtschaften haben können.

Bibilographie

Berger, Peter/Luckmann, Thomas (1966/1969): Die gesellschaftliche Konstruktion der Wirklichkeit. Eine Theorie der Wissenssoziologie. Frankfurt a. M.
Best, Jaqueline (2005): The Limits of Transparency: Ambiguity and the History of International Finance. Cornell.
Binswanger, Mathias (2015): Geldschöpfung aus dem Nichts: Wie Banken Wachstum ermöglichen und Krisen verursachen. Weinheim.
Birnbaum, Robert (2005): Ihr Wahlkampf, ihre Mehrwertsteuer, ihr Kirchhof – ihre Niederlage. Der Schock der Angela Merkel. In: Der Tagesspiegel, Nr. 18960 vom 19. 09. 2005, 3.
Blendon, Robert u. a. (1997): Bridging the gap between the public's and economist's views of the economy. In: Journal of Economic Perspectives 11/3, 105–118.
Blinder, Alan (2004): The Quiet Revolution. Yale.
Blinder, Alan u. a. (2008): Central Bank communication and monetary policy: A survey of theory and evidence. In: Journal of Economic Literature 46/4, 910–945.
BMF-Beirat (2004): Flat Tax oder Duale Einkommensteuer? Zwei Entwürfe zur Reform der deutschen Einkommensbesteuerung. Gutachten des Wissenschaftlichen Beirates beim Bundesministerium der Finanzen. BMF-Schriftenreihe 74.
Braun, Benjamin (2015): Governing the future: the European Central Bank's expectation management during the great moderation. In: Economy and Society 44/3, 367–91.
Braun, Benjamin (2016): Speaking to the people? Money, trust, and Central Bank legitimacy in the age of quantitative easing. In: Review of International Political Economy 23/6, 1064–1092.
Caballero, Gonzalo/Soto-Oñate, David (2016): Why transaction costs are so relevant in political governance? A new institutional survey. In: Brazilian Journal of Political Economy 36/2 (143), 330–352.
Caplan, Bryan (2001): Rational ignorance versus rational irrationality. In: Kyklos 54/1, 3–26.
Caplan, Bryan (2002): Systematically biased beliefs about economics: robust evidence of judgemental anomalies from the "Survey of Americans and Economists on the Economy". In: The Economic Journal 112, 433–458.
Caplan, Bryan (2003): The logic of collective belief. In: Rationality and Society 15/2, 218–242.
Caplan, Bryan/Miller, Stephen C. (2010): Positive versus normative economics: what's the connection? Evidence from the survey of Americans and economists on the economy and the general society survey. In: Public Choice 150, 241–261.
Christandl, Fabian/Fetchenhauer, Detlef/Hölzl, Erik (2011): Price perception and confirmation bias in the context of a VAT increase. In: Journal of Economic Psychology 32/1, 131–141.
Crespy, Amadine/Schmidt, Vivien (2014): Speaking to the markets or to the people? A discursive institutionalist analysis of the EU's sovereign debt crisis. In: Journal of European Public Policy 21/8, 1085–1101.
Davidson, Carl/Matusz, Steve/Nelson, Doug (2006): Fairness and the political economy of trade. In: World Economy 29/8, 989–1004.

Demandt, Alexander (2011): Ungeschehene Geschichte. Ein Traktat über die Frage: Was wäre geschehen, wenn ...?. Göttingen.
Denzau, Arthur/North, Douglass (1994): Shared mental models: ideologies and institutions. In: Kyklos 47/1, 3–31.
Downs, Anthony (1957): An Economic Theory of Democracy. New York.
Dräger, Lena/Lamla, Michael/Pfajfar, Damjan (2016): Are survey expectations theory-consistent? The role of Central Bank communication and news. In: European Economic Review 84/C, 84–111.
Elff, Martin (2004): Politische Ideologien, Sozialstruktur und Wahlverhalten. Inauguraldissertation an der Sozialwissenschaftlichen Fakultät der Universität Mannheim. Mannheim.
Frey, Bruno/Eichenberger, Reiner (1994): Economic incentives transform psychological anomalies. In: Journal of Economic Behavior and Organization 23, 215–234.
Haferkamp, Alexandra u. a. (2009): Efficiency versus fairness: The evaluation of labor market policies by economists and laypeople. In: Journal of Economic Psychology 30, 527–539.
Hagen, Lutz (2005): Konjunkturnachrichten, Konjunkturklima und Konjunktur. Köln.
Haidt, Jonathan (2001): The emotional dog and its rational tail: a social intuitionist approach to moral judgment. In: Psychological Review 108/4, 814–834.
Hayo, Bernd/Neuenkirch, Matthias (2014): The German public and its trust in the ECB: the role of knowledge and information search. In: Journal of International Money and Finance 47, 286–303.
Henderson, David (1986): Innocence and Design: The Influence of Economic Ideas on Policy. Oxford.
Hörisch, Jochen (2013): Man muss dran glauben. Die Theologie der Märkte. München.
Holmes, Douglas (2014): The Economy of Words. Communicative Imperatives in Central Banks. Chicago.
Horvath, Roman/Katuscakova, Dominika (2016): Transparency and trust: the case of the European Central Bank. In: Applied Economics 48/57, 5625–5638.
Issing, Otmar (2011): Einführung in die Geldtheorie. 15. Aufl. München.
Jacob, Robert/Christandl, Fabien/Fetchenhauer, Detlef (2011a): Economic experts or laypeople? How teachers and journalists judge trade and immigration policies. In: Journal of Economic Psychology 32, 662–671.
Jacob, Robert/Christandl, Fabien/Fetchenhauer, Detlef (2011b): A parochialistic public and cosmopolitan economists? Different views on immigration and job relocation. In: Wirtschaftspsychologie 13, 36–49.
Jarchow, Hans-Joachim (2010a): Grundriss der Geldtheorie. 12. Aufl. Stuttgart.
Jarchow, Hans-Joachim (2010b): Grundriss der Geldpolitik. 9. Aufl. Stuttgart.
Kahneman, Daniel (2003): A perspective on judgement and choice: mapping bounded rationality. In: American Psychologist 58/9, 697–720.
Kahneman, Daniel (2011): Thinking, Fast and Slow. New York.
Kahneman, Daniel/Slovic, Paul/Tversky, Amos (1982): Judgment Under Uncertainty: Heuristics and Biases. Cambridge.
Kalt, Joseph P./Zupan, Mark A. (1984): Capture ideology in the economic theory of politics. In: American Economic Review 74, 279–300.
Kiefer, Marie-Luise/Steininger, Christian (32013): Medienökonomik. 3. Aufl. München/Wien.
Kirchgässner, Gebhard (1992): Towards a theory of low-cost decisions. In: European Journal of Political Economy 8, 305–320.

Kirchgässner, Gebhard (2005): (Why) are economists different? In: European Journal of Political Economy 21, 543–562.
Kirchhof, Paul (2004): Der sanfte Verlust der Freiheit. Für ein neues Steuerrecht – klar, verständlich, gerecht. München.
Kirchler, Erich (1995): Wirtschaftspsychologie. Grundlagen und Anwendungsfelder der ökonomischen Psychologie. Göttingen.
Kirsch, Guy (2004): Neue politische Ökonomie. Stuttgart.
Kruglanski, Arie W. (2012): Lay epistemic theory. In: Ders./Paul A. M. van Lange/E. Tory Higgins (Hg.): Handbook of Theories of Social Psychology. London, 201–223.
Lehmann-Waffenschmidt, Marco (2010): Contingency and causality in economic processes – conceptualizations, formalizations and applications in counterfactual analysis. In: European Review 18/4, 481–505.
McLeay, Michael/Radia, Amar/Thomas, Ryland (2014): Money creation in the modern economy. In: Bank of England (Hg.): Quarterly Bulletin Q1, 14–27.
Mehrling, Perry (2013): The inherent hierarchy of money. In: Lance Taylor/Armon Rezai/Thomas Michl (Hg.): Social Fairness and Economics: Economic Essays in the Spirit of Duncan Foley. London/New York, 394–403.
Noelle-Neumann, Elisabeth/Köcher, Renate (Hg.) (1997): Allensbacher Jahrbuch der Demoskopie 1993–1997. Bd. 10. München.
Noelle-Neumann, Elisabeth/Köcher, Renate (Hg.) (2002): Allensbacher Jahrbuch der Demoskopie 1998–2002. Bd. 11. München.
Schenk, Michael (2002): Medienwirkungsforschung. 2. vollst. überarb. Aufl. Tübingen.
Schlick, Gregor (2005): Die Flat Tax als gerechtigkeitsförderndes Einkommensteuermodell. In: Wirtschaftsdienst 85/9, 582–589.
Schumpeter, Joseph Alois (1942): Capitalism, Socialism, and Democracy. New York.
Slembeck, Tilman (2003): Ideologies, beliefs and economic advice – a cognitive evolutionary view on economic policy-making. In: Pavel Pelikan/Gerhard Wegner (Hg.): The Evolutionary Analysis of Economic Policy. Cheltenham, 128–163.
Thorpe, Merle (1940): Economic fallacies: political magic won't work. In: Vital Speeches of the Day 6/14, 436–439.
Traut-Mattausch, Eva u. a. (2004): Expectancy confirmation in spite of disconfirming evidence: the case of price increases due to the introduction of the Euro. In: European Journal of Social Psychology 34/6, 739–760.
Werner, Richard A. (2014): Can banks individually create money out of nothing? The theories and the empirical evidence. In: International Review of Financial Analysis 36/1, 1–19.
Werner, Richard A. (2016): A lost century in economics: Three theories of banking and the conclusive evidence. In: International Review of Financial Analysis 46, 361–379.
Williamson, Maureen/Wearing, Alexander (1996): Lay people's cognitive models of the economy. In: Journal of Economic Psychology 17, 3–38.
Wobker, Inga u. a. (2014): What do consumers know about the economy? A test of minimal economic knowledge in Germany. In: Journal für Verbraucherschutz und Lebensmittelsicherheit 9/3, 231–242.
Wood, Geoffrey (1997): Economic Fallacies Exposed. London.

Online-Quellen

Bundesbank (2017): Die Rolle von Banken, Nichtbanken und Zentralbank im Geldschöpfungsprozeß. In: Monatsbericht April 2017, 15–36 [http://www.bundesbank.de/Redaktion/DE/Downloads/Veroeffentlichungen/Monatsberichtsaufsaetze/2017/2017_04_geldschoepfungsprozess.pdf?__blob=publicationFile; letzter Zugriff am 12. 03. 2018].

Caplan, Bryan (2004): Straight Talk About Economic Literacy. Working Paper [http://www.mercatus.org/publications/pubid.3320/pub_detail.asp; letzter Zugriff am 02. 05. 2006].

Demandt, Alexander (2017): Zukunft, die keine war – unverwirklichte Möglichkeiten in der Geschichte. [http://www.ardmediathek.de/tv/Tele-Akademie/Prof-Dr-Alexander-Demandt-Zukunft-di/SWR-Fernsehen/Video?bcastId=37622032&documentId=43097500; letzter Zugriff am 18. 11. 2017].

Häring, Norbert (2017a): Die Erfindung des Geldes. Handelsblatt [http://www.handelsblatt.com/my/finanzen/geldpolitik/streit-ueber-geldschoepfungstheorie-die-erfindung-des-geldes/20120230.html; letzter Zugriff am 17. 08. 2017].

Häring, Norbert (2017b): Die Bundesbank versucht über Geldschöpfung aus dem Nichts aufzuklären – vergeblich. [http://norberthaering.de/de/27-german/news/818-bundesbank-geldschoepfung; letzter Zugriff am 12. 03. 2018].

Trichet, Jean-Claude (2010): The ECB's response to the recent tensions in financial markets, 38th Economic Conference of the Oesterreichische National Bank, Wien, 31 Mai [www.ecb.europa.eu/press/key/date/2010/html/sp100531_2.en.html; letzter Zugriff am 12. 03. 2018].

Ludwig Jäger
„Outthereness"
Über das Problem des Wirklichkeitsbezugs von Zeichen

1 Die ‚Wiederkehr des Realen'

In seinem 1998 erschienenen Buch *Geist, Sprache und Gesellschaft*, dem er den Untertitel *Philosophie in der wirklichen Welt* gab, beklagte der Sprachphilosoph John Searle den Niedergang dessen, was er die „Aufklärungsvision" der westlichen Zivilisation nannte (Searle 2001, 10). Die lange gehegte Überzeugung, – so Searles Charakterisierung dieser Vision – dass das Universum vollständig verständlich sei und wir deshalb zu einem systematischen Verständnis seiner Natur gelangen könnten, dass es „eine wirkliche Welt" gebe, „die von allen unseren Repräsentationen, von all unsern Gedanken, Gefühlen, Meinungen, Sprachen, Diskursen, Texten usw. total und absolut unabhängig" sei (Searle 2001, 24), habe in den ersten Jahrzehnten des 20. Jahrhunderts durch eine Reihe von intellektuellen Entwicklungen eine tiefgreifende Erschütterung erfahren:

Zu diesen Entwicklungen zählt er etwa Einsteins Relativitätstheorie, die unsere fundamentalsten Annahmen über Raum und Zeit, über Materie und Energie in Frage gestellt habe, Freuds Psychoanalyse, die als Evidenz für die Unmöglichkeit eines rationalen Bewusstseins verstanden worden sei sowie schließlich – als vielleicht entscheidendste intellektuelle Infragestellung des realistischen Weltbildes – die Heisenbergsche Quantenmechanik, die – so Searle – zu zeigen schien, „daß die materielle Wirklichkeit auf ihrer fundamentalsten Ebene indeterministisch ist und daß der Beobachter durch den Beobachtungsvorgang selbst die von ihm beobachtete Wirklichkeit teilweise mitschafft" (Searle 2001, 10 f.).[1] Searle beklagt hier eine grundlegende Irritation des realistischen Weltbildes, die Popper in seiner Logik der Forschung mit Blick auf Heisenberg so formuliert hatte (Popper 1973, 169):

> Noch immer entzieht die Natur in raffinierter Weise gewisse in der Theorie auftretende Größen der Beobachtung. Das hängt mit den von Heisenberg aufgestellten sogenannten Unbestimmtheitsrelationen zusammen. [...] Jede physikalische Messung beruht auf einem Energieaustausch zwischen dem zu messenden Objekt und dem Meßapparat (eventuell

Anmerkung: Vortrag (Heidelberg, 16. 10. 2015)

1 Vgl. hierzu auch Popper (1973, 169).

ⓐ Open Access. © 2018 Ludwig Jäger, publiziert von De Gruyter. [CC BY-NC-ND] Dieses Werk ist lizenziert unter der Creative Commons Attribution-NonCommercial-NoDerivatives 4.0 Lizenz.
https://doi.org/10.1515/9783110563436-014

dem Beobachter); [...]. Der Energieaustausch wird den Zustand des Objekts verändern, so dass dieser nach der Messung ein anderer sein wird als vorher.

Searle selbst vervollständigt seine, ihn „trübsinnig stimmende Liste" (Searle 2001, 12) der Verfallssymptome der westlichen ‚Aufklärungsvision' durch Kuhns und Feyerabends Hypothese der Beobachtungsabhängigkeit jeweiliger ‚Wirklichkeiten' von den Forschungsparadigmen, in denen sie untersucht werden,[2] weiterhin durch die von ‚einigen Anthropologen' konstatierte ‚Kulturrelativität' der Rationalität sowie schließlich durch den Postmodernismus insgesamt, der sich – so Searle – fälschlicherweise „als Überwinder der Aufklärungsvision" ansehe. Searle seinerseits hält – im Rahmen dessen, was er „externen Realismus" nennt – nichts von dieser Überwindungsannahme (Searle 2001, 12):

> Um meine Karten gleich von Anfang an auf den Tisch zu legen: Ich teile die Aufklärungsvision. Ich denke, daß das Universum völlig unabhängig vom menschlichen Geist existiert und daß wir – im Rahmen von Grenzen, die durch unsere evolutionäre Ausstattung gesetzt sind – dazu gelangen können, die Natur des Universums zu begreifen.

Natürlich könnte man dem Ensemble der Erschütterungen des realistischen Weltbildes noch weitere Beispiele hinzufügen, etwa Quines Destruktion der beiden Dogmen des Empirismus: (1) des Dogmas der prinzipiellen Bindung sinnvoller Aussagen an ihre Rückführbarkeit auf Erfahrungsaussagen sowie (2) desjenigen der strikten Unterscheidung synthetischer und analytischer Sätze.[3] Quines Umsturz der empiristischen Dogmen sowie die breite Entdeckung der Theoriedurchsetztheit der Beobachtung schienen in der Tat die Fundamente des ‚Realis-

---

[2] Vgl. Kuhn (1973, 96 ff.). „Paradigmenwechsel" der „normalwissenschaftlichen Tätigkeit" sind deshalb für Kuhn nicht nur mit der Einführung neuer Theorien, sondern auch mit „Wandlungen des Weltbildes" verbunden: „Es ist fast, als wäre die gelehrte Gemeinschaft plötzlich auf einen anderen Planeten versetzt worden, wo vertraute Gegenstände in einem neuen Licht erscheinen und auch unbekannte sich hinzugesellen. [...] Paradigmenwechsel veranlassen die Wissenschaftler tatsächlich, die Welt ihres Forschungsbereichs anders zu betrachten. [...] Was in der Welt des Wissenschaftlers vor der Revolution Enten waren, sind nachher Kaninchen" (Kuhn 1973, 151).
[3] Vgl. van Orman Quine (1951); vgl. hierzu auch Putnam (1962); der Unterscheidung lag „eine saubere Arbeitsteilung zwischen Philosophie und empirischen Wissenschaften" zugrunde: „Die Philosophie hat die Aufgabe, unsere Begriffe zu analysieren, die empirische Wissenschaft dagegen beschreibt und erklärt für Welt. [...] Der neuen Interpretation zufolge handelt es sich dabei um eine *relative* Unterscheidung, die jeweils nur für einen bestimmten Wissensstand gilt. [...] Und das bedeutet, daß es keine strikte Trennung zwischen Begriffsanalyse und empirischer Wissenschaft gibt: Was als eine begriffsanalytische Auskunft gilt, hängt vom Stand unseres empirischen Wissens ab" (Bieri 1981, 19).

mus' ins Wanken gebracht zu haben und nährten – wie Rorty formulierte – ‚die Furcht', es könne einen theoretisch unvermittelten Kontakt mit der Wirklichkeit als ‚Prüfstein der Wahrheit' nicht geben und es sei der Naturwissenschaft das Privileg abhandengekommen, das sie lange Zeit gegenüber den ‚weichen Diskursen' ausgezeichnet hatte, nämlich evident zu machen, „daß es *da draußen* sehr wohl etwas gibt", dass „die ‚objektive Referenz' auf Dinge ‚*da draußen*' möglich sei", das Privileg, herauszufinden, „was für Gegenstände es in der Welt gibt und welche Eigenschaften ihnen zukommen" (Rorty 1994, 294 f.).[4]

Wenn also die Möglichkeit des unmittelbaren Wirklichkeitskontaktes mit den Objekten *out-there* bereits im Rahmen der Forschungsparadigmen der Naturwissenschaften problematisch geworden zu sein scheint, um wie viel abhängiger von Vorannahmen, Modellen, Hypothesen und Theorien sind dann die narrativ und semiologisch verfassten ‚Objekte', die die Geistes-, Sozial- und Kulturwissenschaften ‚beobachten'? Von Poppers Satz, dass „Beobachtung [...] stets Beobachtung im Lichte von Theorien" (Popper 1973, 31) sei, bis etwa zu Manfred Riedels Feststellung, dass sich Geschichte im transzendentalen Rahmen des Wissens von ihr konstituiere,[5] reichen die Markierungen eines epistemologischen Habitus, der sich zum einen sowohl in den Naturwissenschaften und in der Wissenschaftsforschung zu den Sciences, als auch zum anderen in den Geistes- und Kulturwissenschaften etablierte, eines Habitus, der den wissenschaftlichen Beschreibungs- und Untersuchungssystemen eine konstitutive Rolle für die ‚Wirklichkeit' des jeweils Untersuchten zuweist. Seine Durchschlagskraft schien dieser Habitus insbesondere aus dem Umstand zu gewinnen, dass er sich nicht nur im Horizont poststrukturalistischer Kulturtheorien artikulierte, wie etwa in Derridas Feststellung, dass es einen Referenten jenseits des Textes, „ein Signifikat, dessen Gehalt außerhalb der Sprache [...] seinen Ort" habe, nicht geben könne – „Ein Text-Äußeres gibt es nicht" (Derrida 1974, 274), sondern dass er getragen wurde durch ein intellektuelles Netzwerk von Überzeugungen, in dem sich mathematische, physikalische und philosophische Argumentcluster zu einem *antirealistischen Meinungsklima* zusammengeschlossen hatten, in dem nicht nur die Konzeptualisierungen im engeren Sinne ‚kultureller', sondern auch die ‚wissenschaftlicher' Tatsachen[6] in den Bann einer konstruktivistischen Epistemologie gerieten: auch wissenschaftliche Fakten schienen nun dem Erkenntnisprozess nicht mehr als ‚objektives So-und-so-Sein der Dinge' vorauszuliegen: denn – so Goodman –

---

4 Meine Kursivierung.
5 Vgl. Riedel 1971, 89.
6 Dass auch naturwissenschaftliche Fakten kulturelle Tatsachen sind, hat Lorraine Daston gezeigt: Vgl. etwa Daston (1998).

„Realität in einer Welt sei größtenteils eine Frage der Gewohnheit" (1984, 35) und „Realismus" eine Sache der „Impfung" (1998, 46). Latour und Woolgar vertraten in ihrer berühmten anthropologischen Untersuchung der Labortätigkeit eines Forschungslabors bei der Entdeckung der sog. Peptidhormone die These, es sei ein „irreführender Eindruck, dass die Präsenz eines bestimmten Objektes [dem Untersuchungsprozess] vorausliege und dass solche Objekte nur darauf warteten, rechtzeitig durch Wissenschaftler in ihrer Existenz entdeckt zu werden":[7] „[...] ‚Dadraußenheit' [‚*out-there-ness*'] ist eher die Folge wissenschaftlicher Arbeit, als deren Ursache" (Latour/Woolgar 1986, 128 f.).[8]

In den letzten Jahren scheint sich nun freilich in den Kulturwissenschaften ganz im Sinne Searles ein Wandel, gleichsam ein *realistic turn*, anzukündigen, der sich gegen das lange vorherrschende ‚antirealistische Meinungsklima' in der kulturwissenschaftlichen Theoriebildung wendet, für dessen Entstehung insbesondere der *linguistic turn*[9] und seine poststrukturalistischen Filiationen verantwortlich gemacht werden. Von einer Epoche „nach den Zeichen" ist die Rede, in der die „Krise des Poststrukturalismus" im Begriffe sei, zu einer „Wiederkehr der Wirklichkeit" zu führen.[10] Die ‚Wiederkehr des Realen'[11] wird nun zum Leitspruch einer epistemologischen Neuverortung, die als ‚realistische Wende' – wie Assmann, Jeftic und Wappler formulieren – „aus dem selbstgenügsamen Symbolsystem der Postmoderne hinausweist – auf Gegenstände, empirische Evidenz, Emotionalität, Wahrheitsgehalt und harte Fakten" (Assmann/Jeftic/Wappler 2014, 15).[12] Hatte Searle 1998 seinen Versuch einer Rückverpflichtung der Philosophie auf eine realistische Epistemologie unter die Maxime eines *externen Materialismus*[13] gestellt, so möchten – scheint es – in zunehmendem Maße auch

---

7 Die Übersetzungen aus diesem Buch stammen von mir.
8 Vgl. Latour/Woolgar (1986, 182); Die ethnomethodologische Studie Latours und Woolgars „bezieht sich auf die Art und Weise, in der die täglichen Aktivitäten der arbeitenden Wissenschaftler zur Konstruktion wissenschaftlicher Tatsachen (facts) führen." Vgl dies. (1986, 40). Vgl. hierzu auch Latour (2002, 12).
9 Vgl. hierzu Rorty (1967/1992; 1979); vgl. hierzu auch unten Abschnitt 2.
10 Vgl. etwa das Programm einer Graduierten-Konferenz, die unter dem Thema „Nach den Zeichen. Die Wiederkehr der Wirklichkeit und die Krise des Poststrukturalismus" (2007) an der FU Berlin stattfand.
11 Vgl. etwa Foster 1996; Assmann/Jeftic/Wappler 2014.
12 Die Autorinnen stellen ihre These von einer Rückkehr des Realen in dem von ihnen herausgegebenen Band in den Kontext der Reflexion traumatischer Erfahrungen in den Künsten. Sie schließen dabei an eine Überlegung Fosters an, der feststellt, es habe den Anschein, „als sei das Reale, das die poststrukturale Postmoderne verdrängt" habe, „als Trauma zurückgekehrt" (Foster 1996, 166).
13 Vgl. Searle 1998/2001, 23 ff, 45 ff.

die Kulturwissenschaften ihre Theoriebildung wieder dezidiert ‚in der wirklichen Welt' jenseits der Zeichen situieren. Es komme gegenwärtig – wie Koschorke und Vogel 2008 diagnostizierten – „ein offenbar unausrottbares Bedürfnis zum Vorschein, doch auch der Abhängigkeit der Signifikanten von der bezeichneten Realität Gerechtigkeit widerfahren zu lassen" (Koschorke/Vogel 2008, 2).

Nun könnte es freilich sein, dass die Verhältnisse zwischen Erkenntnisinstrumenten und Erkenntniswirklichkeit, zwischen ‚Signifikanten und bezeichneter Realität' unüberschaubarer sind, als es die eine oder andere plakative begriffliche Opposition nahelegt. Dies zeigt geradezu exemplarisch ein Beispiel, das 2010 Europa einige Zeit in Atem gehalten hat. In welcher Weise es nämlich Simulationsmodelle, Medienbilder und Narrative sind, in deren Rahmen Messdaten erhoben und Wirklichkeiten konstituiert werden, die ihrerseits auf ihre ‚realen' Beschreibungen zurückwirken, kann kaum eindrücklicher demonstriert werden, als durch das kulturelle Szenario, das den Ausbruch des Vulkans Eyjafjallajökull und die von ihm hervorgebrachte *Aschewolke* rahmte. Obgleich diese Aschewolke – wie nicht zuletzt der europaweite Stillstand des Flugverkehrs[14] zeigte – außerordentlich wirklichkeitskonstitutiv war, wurde sie von der FAZ eine *Datenwolke* genannt und Flugkapitäne der Lufthansa, die auf Erkundungsflügen nach ihr Ausschau hielten, nannten sie eine *Fiktion*. Sicher konstituierte sich diese Aschewolke vor allem im Rahmen der Datenerhebungen und Messergebnisse etwa eines Forschungsflugzeuges des DLR, das die Wolke durch-, über- und unterflog und sie mit seinen Messgeräten gleichsam in eine ‚Datenwolke' verwandelte.[15] Aber auch wenn sich die Aschewolke in gewissem Sinne erst in methodisch komplexen Datenerhebungsprozessen konstituierte, konnte auf der Basis dieser Daten doch festgestellt werden: „Die Summe aller Befunde belegt, dass die Aschewolke des Vulkan Eyjafjallajökull auf Island Deutschland zumindest vom 16. April bis in die Folgewoche überquert hat."[16] Sicher lässt sich die Datenerhebung nicht auf die Detektierung von realen Staubpartikeln *out there* beschränken. Sie setzt vielmehr theoretische Modelle – etwa Simulationsmodelle

---

14 Vgl. etwa ZEIT-ONLINE vom 25. 05. 2011[http://www.zeit.de/news-052011/25/iptc-bdt-20110525-339-30559418xml].
15 Vgl. hierzu den Bericht über den Messflug des Forschungsflugzeugs „Falcon 20E" des Deutschen Zentrums für Luft- und Raumfahrt (DLR) zur Charakterisierung von Partikelschichten über Deutschland nach dem Ausbruch des Eyjafjallajökull -Vulkans am 19. April 2010 [http://www.dlr.de/Portaldata/1/Resources/portal_news/newsarchiv2010_3/Bericht-zum-Falcon-Messflug-am-19.-April-2010.pdf].
16 Vgl. [http://www.dlr.de/desktopdefault.aspx/tabid-6449/10620_read-23963/].

über die Ausbreitung der Aschewolke[17] – voraus, in deren Rahmen die Daten erst als Bestätigungen von Modellvoraussagen genutzt werden können.[18] Die Daten entfalten ihre realitätsvalidierende Wirkung erst im Rahmen von theoretischen Modellierungen, die ihnen vorausgehen. Gleichwohl wäre es doch absurd, den Clash von Magma und Gletschereis und seine eruptiven Folgen in der Atmosphäre für eine Medienfiktion oder ein wissenschaftliches Artefakt übereifriger Simulationsprogramme zu halten. Wie auch immer man das Eyjafjallajökull-Natur- und Kultur-Ereignis einschätzt, in jedem Falle illustriert es die *hybride* Verfasstheit der ‚Realität',[19] die von Narrativen, Mythologien, Messdaten und Computersimulationen, von kartografischen und anderen Visualisierungen[20] ebenso wie von Bildern der Massenmedien[21] durchsetzt ist. Was uns hier eindrucksvoll vor Augen geführt wird, ist die Einsicht, dass sich Darstellungssysteme und Forschungsgegenstände nicht diesseits und jenseits einer Demarkationslinie bewegen, die Signifikant und Signifikat, Erkenntnis und Realität, Zeichensysteme und Wirklichkeit säuberlich trennt.

2 Wie ‚wirklichkeitsvergessen' ist die Zeichentheorie?

Für die von Koschorke und Vogel so genannte ‚epistemologische Unbewohnbarkeit des Realen in der Moderne',[22] für den ‚Verlust des Realitätsbezugs' in den poststrukturalistischen Theorien, für die propagierte ‚Suspendierung der außersprachlichen Referenz' und die Postulierung einer ‚Selbstgenügsamkeit' und

---

17 Zur Beteiligung von Simulationsmodellen vgl. den Bericht des DLR „Simulation der Ausbreitung der Aschewolke" [https://www.zki.dlr.de/de/article/1349].
18 Die erhobenen Messdaten dienten der Falcon – wie das DLR mitteilte – vor allem zur Validierung von Vorhersagen, die aus verschiedenen Modellen des DLR-Instituts für Physik der Atmosphäre und anderer Institutionen abgeleitet worden waren [vgl. http://www.dlr.de/desktop default.aspx/tabid-6449/10620_read-23963/].
19 Vgl. zu diesem Begriff der Hybridität Latour (2002, 8): „[...] es häufen sich die Hybridartikel, die eine Kreuzung sind aus Wissenschaft, Politik, Ökonomie, Recht, Religion, Technik und Fiktion."
20 Für die Konstitution der datengestützten Befunde spielen *Visualisierungen* und *Farbcodierungen* eine wesentliche Rolle. Vgl. etwa „Meteosat-9 Visualisierung der Zugbahn von Staub- und SO2-Wolke" [https://www.zki.dlr.de/de/article/1349].
21 Ein eindrucksvolles Beispiel der ‚Bildproduktion des Vulkans' gibt die Bilderstrecke, die der Namensaufruf „Eyjafjallajökull" bei Google zur Verfügung stellt.
22 Vgl. Koschorke/Vogel 2008, 2.

Autonomie der Symbolsysteme wird in der Regel – wie oben bereits angedeutet wurde – eine Bewegung der neueren Philosophie verantwortlich gemacht, die Richard Rorty als „linguistic turn" bezeichnet hat.[23] Für Rorty zeichnet sich diese „sprachanalytische Kehre" (Rorty 1994, 284)[24] der Philosophie, die er eine „neue Variante des Kantianismus" nennt, vor allem dadurch aus, „daß sie sich das Vorstellen nicht als eine mentale, sondern als eine sprachliche Tätigkeit denkt [...] und die Sprachphilosophie für die Disziplin hält, die die Grundlegung der Erkenntnis leistet" (Rorty 1994, 18). Der sprachanalytische Ansatz geht von der erkenntnistheoretischen Prämisse aus, „daß wir keinen epistemischen Zugang zu den Phänomenen haben, der unabhängig von Sätzen ist" (Bieri 1981, 14). Die Phänomene – so Bieris Kennzeichnung – sind uns nicht „zunächst unabhängig von allen Beschreibungen" und vorgängig zu diesen gegeben. Sie enthüllen sich nicht als sie selbst, wenn wir die jeweiligen Beschreibungen „einklammern" (ebd.), weil sie mit diesen Beschreibungen epistemologisch verwoben sind. Die sprachanalytische Wende der Philosophie führt so zu einer Aufwertung der Rolle der Sprache bzw. semiologischer Ordnungen und Systeme überhaupt, eine Aufwertung freilich, die bereits für den sprachphilosophischen Diskurs des frühen neunzehnten Jahrhunderts charakteristisch war, der Sprache von einem ‚Kustos' einem ‚abbildenden Werkzeug' des Denkens[25] (und hierdurch vermittelt der Realität), zum ‚bildenden Organ des Gedankens',[26] zu einem wirklichkeitskonstitutiven Medium, hatte werden lassen. ‚Bezeichnen' heißt deshalb für Humboldt nicht ein vom Zeichenprozess unabhängiges, vorgängiges zu Bezeichnendes, ein Signifikat, ‚abzubilden', zu ‚repräsentieren', sondern vielmehr „erst das Entstehen des zu Bezeichnenden vor dem Geiste" zu vollenden.[27] Dass es ‚die Phänomene selbst' ohne ihre sprachliche Vermittlung nicht gibt, ist deshalb eine Grundüberzeugung der mit dem linguistic turn einsetzenden philosophischen Bewegung,[28] eine Überzeugung, aus der sich bei oberflächlichem Besehen in der Tat der poststrukturalistische Gedanke, dass es ‚ein Signifikat, dessen Gehalt außerhalb

---

23 Vgl. oben Anm. 9.
24 Vgl. Searle 2001, 24 (hier auf S. 1); Dummett bezeichnete sie als „Wende zur Sprache" (1992, 11 ff.).
25 Für Kant fungieren sprachliche Zeichen lediglich als Instrumente der reproduzierenden Einbildungskraft, die dadurch bestimmt sind, dass sie – wie von Humboldt formuliert, „etwas, das früher da ist, nachzubilden" streben (Humboldt 1880, 27). Sprachliche Zeichen sind „Charakterismen", die „den Begriff nur als Wächter (custos)" begleiten, [...] „um ihn gelegentlich zu reproduzieren" (Kant 1959, 497).
26 Humboldt GS 5, 374; GS 7, 53.
27 Vgl. Humboldt GS 5, 436.
28 Vgl. Bieri 1981, 14.

der Sprache seinen Ort habe, nicht geben könne', zu legitimieren scheint. Insofern sind es nicht zufällig *linguistic turn* und Poststrukturalismus, gegen die sich der *realistic turn* in einer epistemologischen Gegenbewegung wendet, indem er eine ‚Epoche nach den Zeichen' ausruft, in der Sprache und Zeichen nun von ihrem erkenntniskonstitutiven Amt suspendiert werden und ‚der Abhängigkeit der Signifikanten von der bezeichneten Realität wieder Gerechtigkeit widerfahren soll'.

Freilich legitimieren die epistemologischen Prämissen der Philosophie des *linguistic turn* nur scheinbar die poststrukturalistische ‚Wirklichkeitsvergessenheit'. Aus der sprachanalytischen Überzeugung, Sprache und semiologischen Systemen käme eine erkenntniskonstitutive Funktion zu, folgt nämlich keineswegs, dass mit diesen eine ‚objektive Referenz' auf Dinge ‚da draußen' nicht möglich sei.[29] Aus Rortys These, dass „unsere Gewissheit [...] eine Funktion des Miteinandersprechens von Personen" und nicht eine „ihrer Interaktion mit einer nichtmenschlichen Realität" (Rorty 1994, 176) sein werde, folgt nicht, dass Erkenntnisverfahren, die – so noch einmal Rorty – „nicht nach einem unerschütterlichen Fundament Ausschau halten, sondern nach unanfechtbaren Argumenten" (ebd.), notwendigerweise mit einer Desavouierung des Realen verbunden wären. Auch wenn wir davon ausgehen, dass Prozesse der Generierung von Erkenntnisevidenz diskursiver, zeichenvermittelter Natur sind, heißt das nicht, dass das Wirkliche im erkenntniskonstitutiven Spiel der Zeichen keine bedeutende Rolle spielte. Hierfür möchte ich im Folgenden argumentieren und dabei zugleich einen kleinen Beitrag zur Stützung der Koschorke/Vogelschen These leisten, dass sich das *Reale* in der Moderne als eine *Grenzfigur*[30] erweise, die weder ganz innerhalb, noch ganz außerhalb symbolischer Ordnungen beheimatet sei.

Die Zeichentheorie sieht sich – insbesondere nach ihrer Renaissance in Strukturalismus und Poststrukturalismus – nicht selten dem Vorwurf ausgesetzt, dass sie nicht nur dazu tendiere, die Frage der Bezugnahme von Zeichensystemen auf die ‚Dinge' einer transsemiotischen Realwelt aus ihrem Theorierahmen auszublenden, sondern dass sie diese Frage darüber hinaus deshalb für epistemologisch naiv halte, weil Wirklichkeit sich ohnehin nur als konstruktiver Effekt von Zeichenprozessen verstehen lasse. Diese nicht nur im Horizont der Diskurse des realistic turn vorgetragene Kritik trifft ohne Zweifel auf weite Teile der strukturalistischen und der poststrukturalistischen Zeichentheorie zu, nicht allerdings auf einen Typus von Zeichentheorie, der mit Namen wie Peirce, Mead und Saussure

---

29 Rorty 1994, 295; meine Kursivierung.
30 Als „Grenzbegriff" bezeichnet bereits Kant das „Ding an sich selbst" (KrV, B 310).

verbunden ist.[31] In der Tat schließen Theorien dieses Typs in ihrer Modellierung der Semiose die Dimension des Realitätsbezugs von Zeichen keineswegs aus. Das Problem der Referenz läßt sich in einem zeichentheoretischen Theorierahmen durchaus auch dann angemessen entfalten, wenn man Zeichen (insbesondere Sprachzeichen) eine erkenntniskonstitutive Rolle zuweist. Freilich kann die Idee der Referenz nur dann epistemologisch überzeugend ausgeführt werden, wenn – wie Brandom feststellt – jener ‚repräsentationale Sumpf ausgetrocknet wird', in dem das Referenzproblem lange situiert war.[32] Ein Kern dieses Sumpfes besteht in dem, was Putnam das ‚aristotelische Schema' nennt, ein Schema, das sich – so Putnam – „als erstaunlich strapazierfähig erwiesen hat": „Sobald wir ein Wort oder sonst ein ‚Zeichen' verstehen, verknüpfen wir das Wort nach diesem Schema mit einem ‚Begriff', und dieser Begriff bestimmt, worauf sich das Wort bezieht" (Putnam 1999, 52).[33] Wie sich zeigen wird, lässt sich ein angemessener Begriff von Referenz nicht im Rahmen dieses Schemas, sondern nur im Raum dessen konzeptualisieren, was Brandom „inferentiellen Holismus" nennt.[34] Ehe es Sprachzeichen im Zuge eines „extralinguistischen Bezugs" (Brandom 2000, 442) möglich ist, Gegenstände aus dem Feld des Wirklichen herauszugreifen und auf sie zu referieren, müssen diese Zeichen ihrerseits auf andere Zeichen des sprachlichen Netzwerkes in „intralinguistischer Referenz" (ebd.) Bezug nehmen können. Bedeutung ist eine Angelegenheit holistischer Zeichennetzwerke, die durch inferentielle Praktiken aufeinander bezogen sind. Das Verfügen über die Bedeutung eines Zeichens – sie ist es, die es erlaubt, auf Gegenstände einer Realwelt Bezug zu nehmen – ist keine Angelegenheit der Kenntnis singulär-autonomer semantisch-kognitiver Entitäten, die im mentalen Lexikon aufbewahrt sind, sondern vielmehr eine Angelegenheit des Vermögens, die Bedeutung von Zeichen zu erläutern, zu paraphrasieren, zu explizieren oder zu kommentieren etc., oder – kurz: des Vermögens, die Bedeutung von Zeichen in Mikro-Narrationen[35] – oder, wie ich sie nennen möchte, in *Transkriptionen*[36] – zu entfalten. Eine im weitesten Sinne ‚sprachanalytische' Zeichentheorie schließt also die referentielle Dimen-

---

[31] Dabei ist freilich nicht der Saussure des *Cours de linguistique générale* gemeint, der nichts weniger ist, als eine Erfindung des Strukturalismus. Vgl. etwa Jäger 2010.
[32] Vgl. Brandom 2001, 20; Brandom hält diesen ‚Sumpf' unberechtigterweise für einen, der „mehr oder weniger Saussurescher Provenienz" sei. Selbst im *Cours*, erst recht aber in den ‚Notes' ist die Zeichen-Idee Saussures dezidiert gegen das repräsentationalistische Paradigma gewendet. Siehe hierzu unten.
[33] Vgl. ebenso Putnam 1980, 85.
[34] Vgl. Brandom 2000, 666.
[35] Vgl. hierzu Jäger 2016.
[36] Vgl. zum Transkriptionsbegriff Jäger (2012) sowie die hier weiter angegebene Literatur.

sion der Semiose, den Wirklichkeitsbezug des Zeichens, nicht aus, sondern situiert ihn in einem inferentiellen Rahmen. Sie weist einen Referenzbegriff zurück, der im Denkraum des aristotelischen Schemas heimisch ist.

Dieses konzeptualisiert das Beziehungsgefüge von Sprache, Geist und Wirklichkeit im Lichte eines Modells der ‚doppelten Repräsentation': Bewusstseins- und Erkenntnissysteme fungieren wie Spiegel, in denen auf einer ersten Stufe der Repräsentation eine von den erkennenden Subjekten unabhängige Wirklichkeit abgebildet wird. Zeichensysteme dienen dann dazu, auf einer zweiten Stufe der Repräsentation diese erststufigen geistigen Repräsentationen der Wirklichkeit ihrerseits zu repräsentieren. Als Ort der ‚Wirklichkeitsberührung' fungieren also der ‚Geist' und seine peripheren Sinnessysteme, über die sich die Wirklichkeit in den Geist einschreibt, die dann über Signifikantensysteme bei Bedarf zum Ausdruck gebracht werden kann. Der Sprache kommt in diesem Modell, wie Brandom formuliert, „eine sekundäre, zeitlich nachgeordnete, bloß instrumentelle Rolle" (Brandom 2001, 14) zu, nämlich die, im Geist vorliegende mentale Repräsentationen in einem zweiten Schritt noch einmal semiotisch zu repräsentieren. Der Geist repräsentiert die Wirklichkeit und die Sprache repräsentiert den Geist.

Lange bevor nun *linguistic turn* und *Poststrukturalismus* die Bühne geisteswissenschaftlicher Diskurse betreten haben, hatten Erkenntnistheorie und Sprachphilosophie des auslaufenden 18. und beginnenden 19. Jahrhunderts das Modell der doppelten Repräsentation grundlegend kritisiert: Kant etwa tat dies dadurch, dass er die erste Stufe der Repräsentation aus den Angeln hob: der Geist spiegelt nicht einfach die Wirklichkeit. Auch wenn unsere Erkenntnis mit der Erfahrung ‚anhebt', ‚entspringt' sie doch nicht aus ihr.[37] Das, was uns ‚berührt', wenn uns die Wirklichkeit berührt, ist nichts, was im Modus der Berührung bereits begriffen wäre, weil – wie Kant formulierte, „Erscheinungen eine notwendige Beziehung auf den Verstand haben."[38] Zwar müsste der Verstand ohne die Anschauung ‚leer' bleiben, aber diese ihrerseits bliebe ‚blind' ohne die begreifenden Leis-

---

37 Vgl. KrV: „Wenn aber gleich alle unserer Erkenntnis mit der Erfahrung anhebt, so entspringt sie darum doch nicht eben alle aus der Erfahrung."
38 Vgl. KrV, 175a. Kant nennt deshalb „Wahrnehmung" eine „Erscheinung wenn sie mit Bewußtsein verbunden ist" (KrV, 175a): „Daß die Einbildungskraft ein notwendiges Ingredienz der Wahrnehmung selbst sei, daran hat wohl noch kein Psychologe gedacht. Das kommt daher, weil man dieses Vermögen teils nur auf Reproduktion einschränkte, teils, weil man glaubte, die Sinne lieferten uns nicht allein Eindrücke, sondern setzten solche sogar zusammen, und brächten Bilder der Gegenstände zuwege, wozu ohne Zweifel, außer der Empfänglichkeit der Eindrücke, noch etwas mehr, nämlich eine Funktion der Synthesis derselben erfordert wird" (KrV, 176a Anmerkung).

tungen des Verstandes.³⁹ Insofern ist also auf der ersten Stufe des Modells der doppelten Repräsentation, der erkenntnistheoretischen, bereits in das kantische Denken ein konstruktivistisches Moment eingeschrieben. Auf der zweiten Stufe des Modells freilich, der semiotischen, lässt Kant dann weiterhin alles beim Alten: Sprachliche Zeichen sind für ihn „bloße [...] Bezeichnungen der Begriffe [...], die [...] jenen nach dem Gesetze der Assoziation der Einbildungskraft, mithin in subjektiver Absicht zum Mittel der Reproduktion dienen."⁴⁰ Als ‚Bezeichnung der Gedanken' kommt der Sprache nur die Aufgabe der nachträglichen Repräsentation der zuvor aus der Synthesis von Sinnlichkeit und Verstand hervorgegangenen Erkenntnisse zu. Diese Marginalisierung der Sprache ändert erst Humboldt, der ihr eine wesentliche Rolle bei den Strukturierungsleistungen des Geistes zuweist: Es sind die Sprachen und die mit ihnen vermittelten „eigenthümliche[n] Weltansichten" (Humboldt GS 7, 60), die die Bedingungen dafür festlegen, auf welche Weise uns die Welt ‚berührt': Die Sprache ist – wie Humboldt formuliert – „das bildende Organ des Gedanken" (Humboldt GS7, 53) – oder wie wir auch sagen könnten, eine Vielfalt individualisierter ‚Organe', in denen die Weltbezugnahme der Sprachsubjekte organisiert ist. Es sind die kulturellen Erzählungen, in denen je individuelle Weltentwürfe und damit je individuelle Welten⁴¹ als verschiedene „Weisen der Welterzeugung" (Goodman 1984) generiert werden. Auch wenn es also gleichsam inferentielle Sprach- und Zeichensysteme sind, durch die die referentiellen Weltbezugnahmen bestimmt sind, bleiben diese letzteren doch ein wesentliches Moment der Semiose bzw. dessen, was Humboldt das „Verfahren der Sprache" (Humboldt GS7, 53) nennt: „Der Mensch lebt mit den Gegenständen [...] so, wie die Sprache sie ihm zuführt" (ebd., 60).

Bereits für Humboldts sprachphilosophische Position, die in vieler Hinsicht eine Antizipation der später von Dummett als „Wende zur Sprache" (1992, 11 ff.) bezeichneten epistemologischen Kehre darstellt, wäre es also unangemessen, in ihr eine theoretische Legitimation für jene erkenntnistheoretischen Positionen zu vermuten, die die ‚Wirklichkeit' zu einem bloßen Derivat von Zeichenprozessen erklären. Gerade vor dem Hintergrund der jüngeren Debatten über *linguistic turn*, *Poststrukturalismus* und *konstruktivistische* Erkenntnistheorie ist es vielleicht angebracht, darauf hinzuweisen, dass sich die Tradition des sprach- und

---

39 Vgl. KrV, B 75: „Gedanken ohne Inhalt sind leer, Anschauungen ohne Begriffe sind blind. Daher ist es ebenso notwendig, seine Begriff sinnlich zu machen [...], als seine Anschauungen sich verständlich zu machen (d. i. sie unter Begriff zu bringen)."
40 Vgl. Kant KU § 59, 211 f; vgl. auch Kant, Anthropologie in pragmatischer Hinsicht, WZB 10, 498: „Alle Sprache ist Bezeichnung der Gedanken und umgekehrt die vorzüglichste Art der Gedankenbezeichnung ist die durch Sprache, diesem größten Mittel, sich selbst und andere zu verstehen."
41 Zum Begriff der Individualität in Humboldts Sprachphilosophie vgl. Jäger (1988).

zeichentheoretischen Denkens, die von Humboldt über Saussure und Peirce bis zu Cassirer und Mead reicht, keineswegs dafür instrumentalisieren lässt, das Wirkliche für nichts weiter zu halten, als für ein Derivat von Zeichenordnungen. Weder diese Tradition, noch ihre Ausläufer bei der sprachanalytischen Philosophie können dafür verantwortlich gemacht werden, dass – um eine Formulierung Koschorkes zu verwenden – „die Realität epistemologisch unbewohnbar geworden" (Koschorke/Vogel 2008, 2) ist. Wie für Peirce bleibt für das semiologisch-sprachanalytische Denken insgesamt die Einsicht wesentlich, dass eine Sprach- und Zeichentheorie nicht die Konsequenz haben darf, dass unentscheidbar wird, ob Zeichen „sich auf das Universum der Realität oder ein fiktionales Universum" (Peirce CP 8, 368) beziehen.[42] Die Operationen des semiologischen Systems sind nicht notwendig mit einer Exklusion von Referenz und extralinguistischer Bezugnahme verbunden. Sie entfalten vielmehr nur die inferentiellen Bedingungen, die extralinguistische Referenz erst ermöglichen.

3 Referenz und Inferenz: Bezugnahmeformen

Wie Brandom gezeigt hat, muss die Fähigkeit von Subjekten, mit Zeichen auf Gegenstände einer transsemiotischen Welt Bezug zu nehmen, in Begriffen der Fähigkeit erklärt werden, mit Zeichen auf Zeichen Bezug zu nehmen. Brandom hat seine Maxime so formuliert, dass „in der Reihenfolge semantischer Erklärungen der Inferenz Vorrang vor der Referenz eingeräumt werden muß" (Brandom 2001, 9). Mit dieser Priorisierung inferentieller vor referenziellen Bezugnahmen bindet Brandom den repräsentationalen Gehalt von Begriffen und Behauptungen an den Raum sprachlicher Diskursivität.[43] Kognitive Operationen, die Bezugnahmen auf Gegenstände und Sachverhalte einer externen Welt organisieren, sind für ihn auf einen kommunikativen Raum angewiesen, in dem Subjekte durch den inferentiellen Bezug von Zeichen auf Zeichen die Semantiken verhandeln, mit denen referentielle Bezugnahmen erst möglich werden.[44]

---

42 Zitiert wird wie folgt: CP 8, 368 bezieht sich auf den Paragraphen 368 in Bd. 8.
43 Vgl. Brandom 2001, 207 ff.; vgl. etwa auch Brandom 2000, 399 f: „Die für uns charakteristische Verstandesfähigkeit ist ein Status, der im Rahmen einer Struktur wechselseitigen Anerkennens gewonnen wird [...]. Der spezifisch diskursive Charakter dieser normativen sozialen Struktur [...] besteht in der inferentiellen Gliederung dieser Anerkennungspraktiken. Wir sind diejenigen, die Gründe für das, was wir sagen und tun, geben und verlangen."
44 Das Verfügen über begriffliche Gehalte, das eine zentrale Voraussetzung der Bezugnahme auf transsemiotische Sachverhalte darstellt, ist – so Brandom – eine „sprachliche Angelegen-

Die Konstitution und Beglaubigung von Sinn lässt sich nicht auf dem Wege der jeweiligen referentiellen Abgleichung von Zeichensystemen mit einer medientranszendenten Realwelt bzw. ihren kognitiven Repräsentationen vollziehen. Hier hat die ‚Aufklärungsvision' des ‚externen Realismus' Searlescher Provenienz irreparablen Schaden genommen. Eine „beobachtungsinvariante Welt" steht – wie Luhmann (1992, 75) bemerkt – für die Prüfung des Adäquationsgrades semiologischer Darstellungssysteme nicht zur Verfügung. Die Geltung und die semantische Evidenz von kulturellem Sinn verdanken sich einem Prinzip, das man Inferentialitäts-Prinzip oder auch Interpretations-Prinzip nennen könnte. Das referentielle Verwenden von Zeichen zur Bezugnahme auf eine (zeichen-transzendente) Welt ist allein kein denkbares Fundament für die sinnkonstitutiven Leistungen von Zeichensystemen. Referenz (ohne Inferenz) ist, anders als dies Searle in seiner Sprechhandlungstheorie vor dem Hintergrund seines ‚externen Realismus' vertreten hat, keine autonome Sprechhandlung. Von den beiden Leistungen, die bei Searle den ‚propositionalen Akt' ausmachen – ‚Referenz' und ‚Prädikation' – hält Searle allein Referenz, d.h. das Herausgreifen von Gegenständen aus dem Universum der Gegenstandswelt für einen selbständigen Akt, während Prädikation nur unselbständig auf die vorgängige Referenz bezogen bleibt.[45] Nun ist freilich Referenz ohne inferentielle Rahmung nicht möglich. Ohne prädikative Bestimmung wäre ein Referenzobjekt als Objekt möglicher Bezugnahme nicht identifizierbar. Dies gilt – wie Saussure gezeigt hat – selbst für die Bezugnahme auf materielle Gegenstände, weil auch hier „das Wesen des Gegenstandes selbst tatsächlich [nicht] so beschaffen ist, dass es dem Wort eine positive Bedeutung gibt" (Saussure 2003, 142).[46] Der „Eindruck, der von einem materiellen Gegenstand herrührt, [kann] selbst niemals auch nur eine einzige sprachliche Kategorie hervorbringen" (Saussure 2003, 143). Auch materielle Gegenstände „berührt – wie Saussure formuliert – das Wort [...] nur gemäß einem Begriff", der seinerseits freilich seine Bedeutung in jenem inferentiellen Spiel erhält, das von der Sprache

---

heit, nicht in dem Sinn, das man sprechen muß, um es zu tun, sondern in dem Sinn, daß man ein Mitspieler im wesentlich sprachlichen Spiel des Gebens und Verlangens von Gründen sein muß, um [zum Verfügen über begriffliche Gehalte] in der Lage zu sein." Vgl. Brandom 2000, 26. Brandom geht hier davon aus, „daß die Eigenschaft, über propositionale Gehalte zu verfügen, anhand der Praktiken des Lieferns und Forderns von Gründen zu verstehen [ist]. Eine zentrale Behauptung lautet, daß diese Praktiken als soziale Praktiken zu verstehen sind – ja als sprachliche" (Brandom 2000, 219).

45 Vgl. Searle 1971, 187: Searle vertritt hier die These, „daß die Prädikation in einem sehr entscheidenden Sinne überhaupt keinen selbständigen Sprechakt darstellt und sich dadurch von der Referenz [...] unterscheidet."

46 Vgl. hierzu Saussures Überlegungen in den Gartenhausnotizen (Saussure 2003).

als der „großartige[n] Maschine ihrer negativen Kategorien" (ebd.) fortwährend in Gang gehalten wird. Sprach- und Zeichensysteme, die auf eine semantische Referenzfunktion eingeschränkt blieben, könnten deshalb keine Sprach- oder Mediensysteme im definitorischen Sinne sein. Für Sprachen gilt, dass sie in einem für sie konstitutiven Sinne über die Möglichkeit verfügen müssen, die semiologischen Mittel, mit denen ihre Verwender interagieren und durch die sie sich auf die Welt beziehen, jederzeit als solche Mittel zu fokussieren, zu thematisieren und sie im Interesse der Selbst- und Fremdverständigung in autoreferentiellen oder interaktiven semiologischen Aktivitäten semantisch zu bearbeiten.[47] Die Fähigkeit, selbst hervorgebrachte oder kommunikativ vorgefundene Zeichenvorkommnisse (Skripturen) zu zitieren, zu paraphrasieren, zu explizieren, zu erläutern oder zu interpretieren, um auf diese Weise ihren Verwendungssinn fortzuschreiben, ihn zu transkribieren, muss als ein Vermögen angesehen werden, das für das operative Wissen der Akteure als semantisches Netzwissen[48] konstitutiv ist, die sich in der Sphäre der Zeichenordnungen bewegen. Die medienimmanente Genese des Sinns folgt einem semiotischen Gesetz, das Peirce so formuliert hat (Peirce 1867–1871/1984, 173):

> Aus der Tatsache, daß jeder Gedanke ein Zeichen ist, folgt, daß der Gedanke einen weiteren Gedanken adressieren muß, weil darin das Wesen des Zeichens besteht. [...] jeder Gedanke muß durch einen anderen Gedanken interpretiert worden sein.

Es gibt – so Peirce – „keine Ausnahme von dem Gesetz, daß jedes Gedanken-Zeichen durch ein folgendes übersetzt oder interpretiert worden sein muß [...]."[49]

Mit sprachlichen Ausdrücken auf die Welt Bezug nehmen zu können, setzt also voraus, dass die semantischen Gehalte der sprachlichen Äußerungen, mit denen Sprecher einen solchen Bezug herstellen, in ihrer Implizitheit expliziert, in ihrer Unklarheit erläutert, in ihrer Unverständlichkeit paraphrasiert sowie gegenüber Zweifeln legitimiert und begründet werden können etc., es setzt voraus, dass die Sprecher in einen Diskurs transkriptiver – in gewissem Sinne interpretieren-

---

[47] Vgl. Brandom 2001, 210 f.: „Auf der Seite der propositional gehaltvollen Sprechakte [...], schlägt sich die wesentliche inferentielle Gliederung des Propositionalen in der Tatsache nieder, daß das Spiel des Gebens und Verlangens von Gründen das Herzstück der spezifisch sprachlichen Praxis ist [...] Ansprüche bzw. Behauptungen dienen als Gründe und bedürfen ihrerseits der Begründung oder Rechtfertigung. Sie verdanken ihre Gehalte teilweise der Rolle, die sie in einem Netzwerk von Inferenzen spielen."
[48] Vgl. hierzu etwa Saussures Theoriefragment *Notes Item*, in dem die Netzverwobenheit sprachlicher Zeichen theoretisch entfaltet wird; Saussure 1916/1974, 35 ff. (3306–3324 = N 15.1–19); vgl. hierzu etwa Jäger (2010, 144 ff.).
[49] Vgl. *Some Consequences of Four Incapacities*. In: Peirce 1984, 224.

der Bezugnahme auf ihren eigenen Sprachgebrauch einzutreten vermögen. Ein solches transkriptives Vermögen ist ein Grundprinzip der Prozessierung von kultureller Semantik.

Semantiken verdanken sich also epistemologisch nicht einem Reich medienfreier Kognition oder einer ontologischen Ordnung der ‚Welt selbst'. Ihre Funktion kann sich nicht darin erschöpfen, Weisen bereitzustellen, in denen eine prämediale (‚ontologische') Welt dargestellt, abgebildet, gespiegelt zu werden vermag. Wir verfügen über keinen exzentrischen archimedischen Punkt, der es uns erlaubte, die Adäquatheit unserer Bezugnahmen auf die Welt unabhängig von medialen Darstellungssystemen zu beurteilen,[50] was im Übrigen die Wahrheitsfrage nicht obsolet werden lässt.[51] Wir müssen uns also auf Semantiken stützen, für die das Interpretations-Prinzip konstitutiv ist. Die Genese, Fortschreibung und Geltungsauszeichnung von Sinn operiert über verschiedene Arten der Bezugnahme, die sich in einem erkenntnistheoretischen Sinn nicht vorgängig zwischen Zeichensystemen und der ‚Dadraußenheit' der Welt abspielen,[52] sondern sich prioritär einmal zwischen verschiedenen (medialen) Zeichensystemen und zum Zweiten auch innerhalb desselben Zeichensystems, also inferentiell vollziehen, wenn sie auch – wie sich noch zeigen wird, auf ein referentielles Moment durchaus konstitutiv angewiesen sind.

4 Indexikalität: Das Reale und die Semiose

Kern der bislang skizzierten Hypothese besteht in der Annahme, dass medienimmanente Bezugnahmen als die Bedingung der Möglichkeit medientranszendierender Bezugnahmen von Zeichen auf außersprachliche Objekte und Sachverhalte angesehen werden müssen, wobei allerdings Semiosen ohne zeichentranszendierende Referenzfunktion nicht als vollständige Semiosen gelten könnten. Die Hypothese folgt der von Peirce inspirierten Einsicht Jakobsons, dass

---

50 Vgl. Rorty 1994, 321.
51 Freilich kann sie nicht im Rahmen einer Korrespondenztheorie gelöst werden, weil – wie Putnam formuliert – „die Vorstellung verfehlt ist, Gegenstände existierten ‚unabhängig' von Begriffsschemata [...]. Wenn man von »Tatsachen« redet, ohne die verwendete Sprache anzugeben, spricht man von gar nichts" (vgl. Putnam 1999, 201). Vgl. hierzu insgesamt etwa das Kapitel 4 von Putnam (1999 („Gibt es so etwas wie Bezugnahme und Wahrheit?"), 114–136) sowie das Kapitel VI von Rorty (1994 (*Erkenntnistheorie und Philosophie der Sprache*), 283–340), insbesondere 312 ff und 323 ff.
52 Natürlich kann man mit Zeichensystemen auf die Welt Bezug nehmen, aber nicht auf eine, die ohne Zeichensysteme strukturiert wäre.

Bedeutung nur insoweit die Bezugnahme auf Außersprachliches ermöglicht, als sie sich vorgängig in Formen der „Übersetzung" von Zeichen durch Zeichen konstituiert.⁵³ Bislang hat allerdings unsere Skizze noch nicht deutlich gemacht, wie es referentiellen Bezugnahmen, unabhängig davon, dass sie in einer gewissen Weise erst von inferentiellen Bezugnahmen ermöglicht werden, gelingen kann, tatsächlich ihre Referenzgegenstände in der realen Welt zu erreichen. Es muss also geklärt werden, was es mit der referentiellen Macht von Zeichen auf sich hat, was Zeichen- und Mediensysteme trotz ihrer intra- und intermedialen Geschlossenheit instand setzt, auf die ‚wirkliche' Welt Bezug zu nehmen und diese von einer ‚imaginären' Welt zu unterscheiden.

Peirce hat diese Leistung bekanntlich nicht unwesentlich den indexikalischen Zeichen als einer Klasse „direkt" referierender Zeichen zugeschrieben, bei denen es sich – so Peirce – um „reaktionshafte Zeichen" handelt, „welche dies kraft einer realen Verbindung mit ihrem Objekt sind."⁵⁴ Nur in ihrer Funktion als Indices sind Zeichen mit der Realität hier und jetzt verknüpft. „Die wirkliche Welt kann von einer imaginären Welt nicht durch irgendeine Beschreibung unterschieden werden."⁵⁵ Allein die Zeichenart des Indexes ermöglicht den Bezug auf eine ‚wirkliche' Welt ‚da-draußen', und erlaubt deshalb eine Entscheidung darüber, ob Zeichen „sich auf das Universum der Realität oder auf ein fiktionales Universum" beziehen.⁵⁶ Der Index macht diese Entscheidung möglich, weil er als ein Zeichen angesehen werden muß, „das sich auf das von ihm denotierte Objekt bezieht, indem dieses Objekt faktisch auf es einwirkt."⁵⁷ Er wird von seinem Objekt affiziert und teilt genau deshalb „notwendigerweise auch mit dem Objekt einige gemeinsame Qualitäten, und im Hinblick auf diese Qualitäten bezieht er sich auf das Objekt."⁵⁸ Er übt – so Peirce – „wie ein zeigender Finger eine reale

---

53 Vgl. Jakobson 1977/1992, 99–107, besonders 104.
54 Vgl. Peirce 1970, Bd. II, 325; die folgenden Überlegungen beziehen sich zunächst auf die noch nicht auf Sprachzeichen eingegrenzte Klasse der Zeichen überhaupt.
55 Vgl. Peirce, CP 3, 363. 1958. An anderer Stelle formuliert Peirce: „[...] man beschreibe und beschreibe und beschreibe, und man wird niemals ein Datum oder eine Position beschreiben [...]. Man mag einwenden, daß eine Landkarte ein Diagramm ist, das Örtlichkeiten darstellt. Zweifellos, doch nicht, bevor die Projektionsmethode verstanden wurde, und nicht einmal dann, wenn nicht zuvor irgendwie zwei Punkte auf der Karte mit Punkten in der Wirklichkeit identifiziert wurden" (vgl. CP 3, 419; (hier zitiert nach Charles S. Peirce, Schriften, Bd. II, S. 104).). Vgl. hierzu auch Pape 1999, 6.
56 Vgl. Peirce CP 8, 368.
57 Vgl. Peirce CP 2, 248; Der Index vermag sich – wie Apel formuliert – „an der sinnlich erfahrbaren Realität der hier und jetzt begegnenden individuellen Fakten" fest zu machen. Vgl. Peirce/Apel 1970, 85.
58 Vgl. Peirce CP 2, 305; vgl. hierzu insgesamt Sebeok 2000, 93 ff.

physische Kraft, die der eines Magnetisieurs ähnlich ist, auf die Aufmerksamkeit aus [...] und [lenkt] sie auf ein partikulares Sinnesobjekt [...]" (Peirce 1970, Bd. II, 218 f.). Er organisiert insofern – wie man sagen könnte – *die Evidenz im Augenblick* (Sommer 1996), d. h. den aller symbolisch/begrifflichen Bezugnahme vorausgehenden „aufblitzenden Augenblick" (Sommer 1996, 205), in dem die Indices von ihren Objekten affiziert werden und – wie Peirce formuliert – die „Aufmerksamkeit durch blinden Zwang auf ihre Objekte" (Peirce CP 1, 558) lenken.

Indices scheinen also in ihrer Zeichenfunktion durch ein Moment prä-reflexiver, prä-semiotischer und prä-inferentieller Augenblicksverstricktheit und Dingnähe charakterisiert zu sein, das allein es Zeichen ermöglichen, die Welt ‚unmittelbar' und unvermittelt zu ‚berühren' und durch diese Berührung so von ihr affiziert zu sein, dass sie in gewissem Sinn als sie selbst zum Vorschein kommt. Es hat deshalb den Anschein, als gehörten Indices zu einer Klasse *direkt referentieller* Zeichen, „in der Gegenstände dem Bewußtsein unmittelbar gegenwärtig sind und nicht durch Begriffe dargestellt werden" (Brandom 2000, 764). Man könnte geradezu meinen, Indices seien mit einer semantischen Momentaneitäts-Aura ausgestattet, die zugleich die Aura epistemischer Evidenz[59] ist: auch diese ‚magnetisiert' die Aufmerksamkeit und erzeugt den ‚aufblitzenden Augenblick' subjektiver unmittelbarer Gewissheit, in der das Signifizierte unvermittelt zum Ausdruck kommt.

Sind also Indizes – wie man sagen könnte – im Gegensatz etwa zu Symbolen, die als beschreibende Zeichen die ‚Realität' selbst niemals erreichen können, Zeichen der Evidenz par excellence, oder genauer, repräsentieren sie im Horizont der Semiose jene Zeichenfunktion, die als direkt-referentielle Bezugnahme jeder Form von inferentieller Bezugnahme als indexikalische Evidenz zuvorkommt? Spielen sie im Zuge der Generierung von semantischer Evidenz in Zeichensystemen eine prämierte Rolle im Verhältnis zu inferentiellen Bezugnahmen von Zeichen auf Zeichen?[60]

---

59 Vgl. zur Unterscheidung von epistemischer, diskursiver und semantischer Evidenz Jäger (2015, 39–62).
60 Ein paradigmatischer Fall indexikalischer Priorität des Referentiellen vor dem Inferentiellen scheint der Fall der analogischen Fotografie zu sein, die Roland Barthes in seinem Essay *Die helle Kammer* als eine „reine Hinweissprache" (Barthes 1989, 13) charakterisierte, in der Bilder als deiktische Gesten, derart auf sich selbst zeigen, dass die Bezugnahmeobjekte indexikalisch – und das heißt unvermittelt – als sie selbst zum Vorschein kommen: „Im Bild gibt sich der Gegenstand als ganzer zu erkennen und sein Anblick ist gewiß – im Gegensatz zum Text oder anderen Wahrnehmungsformen, die mir das Objekt in undeutlicher, anfechtbarer Weise darbieten, und mich auffordern, dem zu mißtrauen, was ich zu sehen glaube. Diese Gewißheit ist unanfechtbar [...]" (Barthes 1989, 117).

Peirce hat diese Präferenz-Frage insofern geklärt, als er einerseits die Unverzichtbarkeit des referentiellen Momentes in der Semiose hervorhebt: „Für was steht ein Gedankenzeichen, was benennt es, was ist sein suppositum? Zweifellos der Gegenstand außerhalb von uns, wenn man an einen realen Gegenstand außerhalb von uns denkt" (Peirce W 2, 224).[61] Zugleich hat er aber auch deutlich gemacht, dass dieser referentielle Bezug auf einen Gegenstand ‚da-draußen', außerhalb von uns, ohne den inferentiellen Horizont der Semiose nicht möglich ist: „Aber da der Gedanke durch einen vorhergehenden Gedanken über dasselbe Objekt bestimmt ist, bezieht er sich dennoch nur auf den Gegenstand, indem er diesen vorhergehenden Gedanken bezeichnet" (Peirce W 2, 224).[62] Die drei Modi des Objektbezuges, Indexikalität, Ikonizität und Symbolizität sind auf ihr Zusammenwirken in der Semiose angewiesen. Sie wären als je selbständige nicht in der Lage, irgendeine Form des Bezugs zu einer transsemiotischen Welt herzustellen: Symbole hätten kein Vermögen, den inferentiellen Horizont ihrer Weltbeschreibungen zu einer wirklichen Weltberührung hin zu überschreiten und so zwischen einem ‚Universum der Realität' und einem ‚fiktionalen Universum'[63] zu unterscheiden; und Indices wären nicht in der Lage, die Objekte ihrer Bezugnahme *als* Referenzobjekt herauszugreifen. Ein referentieller Weltbezug von Zeichen wäre also ohne Indices nicht möglich, diese ihrerseits wären aber zu ihrem Geschäft der Weltberührung ohne eine Situierung in den inferentiellen Netzwerken der Symbole nicht in der Lage. Sie sind bei ihrer ‚direkten' referentiellen Bezugnahme gezwungen, auf inferentielle Leistungen des symbolischen Systems zurückzugreifen.

Dies ist auch ein wesentliches Kennzeichen sprachlicher Indices. Auch für diese gilt, „daß sie erst in überindexikalischen Kontexten, die das je gemeinte ‚dies', ‚hier' und ‚jetzt' situieren, verstehbar werden. Pronomina, die auf Ort und Zeit verweisen, tun dies in Abhängigkeit von der Sprechsituation" (Nagl 1992, 47). Indexikalische bzw. deiktische Zeichen sind – so Bühler – von einem Koordinatensystem abhängig, das „Orientierung im Bereich der Situationsumstände" (Bühler 1978, 106) ermöglicht. „Aussagen mit Indikatoren drücken – wie Pape formuliert – einen unmittelbaren Bezug auf gegenwärtige Gehalte der Erfahrung in der Situation ihrer Verwendung aus" (Pape 1997, 61 f.), wobei der so ausgedrückte Sinn strikt an diese Verwendungssituation gebunden bleibt. Da indexikalische

---

61 Vgl. Peirce W 2, 224; Writings of 1982.
62 Vgl. hierzu auch Nagl (1992, 33): „Semiotische Verstehensprozesse sind keine bloß ‚innertextuellen' Prozesse, in denen wir, ohne einen Wahrheits- und Objektbezug, frei interpretierend ‚von einem Text zum nächsten driften' können."
63 Vgl. Peirce, CP 8, 368.

Zeichen in ihrer Semantik situationsrelativ sind, bezahlen sie den Preis für die Unmittelbarkeit und Direktheit ihrer Referenz mit der Abhängigkeit von „transindexikalischen Bezügen" (Nagl 1992, 47). Die Berührung des Zeichens mit seinem Objekt findet in einem ‚aufblitzenden Augenblick' statt, der für sich, ohne den Bezug auf ein überindexikalisches Bezugssystem, keine Bedeutung hervorzubringen vermag: „Der Augenblick kennt keine Identität und keine Distinktionen, nicht Dieses als unterschieden von jenem, nicht Ich und nicht Welt [...]. All dies [...] kommt später: als Reflexionsprodukt, nachträgliche Verständigung dessen, dem etwas geschehen ist, über das was ihm geschehen ist" (Sommer 1996, 207). In diesem Sinne hatte bereits Hegel in seiner Analyse der sinnlichen Gewissheit in der Phänomenologie des Geistes darauf aufmerksam gemacht, daß indexikalische Zeichen ohne den Bezug auf einen situationalen Rahmen semantisch leer bleiben (Hegel 1972, 84):

> Auf die Frage: Was ist das Jetzt? antworten wir also zum Beispiel: das Jetzt ist die Nacht. Um die Wahrheit dieser sinnlichen Gewissheit zu prüfen, ist ein einfacher Versuch hinreichend. Wir schreiben diese Wahrheit auf; eine Wahrheit kann durch das Aufschreiben nicht verlieren; ebenso wenig dadurch, daß wir sie aufbewahren. Sehen wir jetzt, diesen Mittag, die aufgeschriebene Wahrheit wieder an, so werden wir sagen müssen, daß sie schal geworden ist.

Wir können hier ein kleines Resümee ziehen. Mit dem Peirceschen Modell der Semiosis können wir davon ausgehen, dass unabhängig davon, in welchem medialen Format Zeichen prozessiert werden –, weder ikonische, noch indexikalische Zeichen ohne den Resonanzraum symbolischer Zeichen zu Bezugnahmen auf ihre Objekte in der Lage wären, wobei allerdings umgekehrt auch gilt, dass insbesondere ohne Indices eine lediglich imaginierte Welt von einer realen Welt nicht zu unterscheiden wäre.[64] Diese Feststellung ist von einiger Bedeutung für eine theoretische Erwägung des Verhältnisses von Zeichen und Realität: Sie macht nämlich einmal deutlich, dass die theoretische Modellierung einer inferentiellen Semantik ohne eine referenztheoretische Teiltheorie[65] nicht auskommt, und zum anderen, dass es einen Begriff der Referenz als Begriff der Bezugnahme von Zeichen auf die *Dadraußenheit* einer zeichentranszendente Welt ohne eine inferentielle Theorie der Bezugnahme von Zeichen auf Zeichen nicht geben kann.

Auch wenn – um noch einmal Bühler heranzuziehen – die Zeichen im ‚Symbolfeld' der Sprache ihre Darstellungen und Beschreibungen der Welt ohne Zuhilfenahme des indexikalisch-deiktischen ‚Zeigfelds' nicht authentifizieren

---

64 Vgl. Peirce CP 3, 363.
65 Vgl. hierzu etwa Johnson 1976; Van Orman Quine 1976.

könnten, sind umgekehrt indexikalische und deiktische Objektbezüge ihrerseits unabhängig von einem symbolischen Diskursraum nicht möglich. Der – von Bühler so genannte – „Mythos vom deiktischen Quellpunkt der darstellenden Sprache" (Bühler 1978, 86) ist deshalb trügerisch, weil wir uns – wie Nagl mit Blick auf Peirce formuliert – die Sprache nicht so vorstellen können, „als enthalte sie zunächst ikonische und indexikalische ‚Elemente', die ‚direkt' bei den Objekten sind, sie in ‚Ähnlichkeitsrelationen ‚darstellen oder berühren' und dadurch die Basis abgeben, von der konventionelle Symbole abgleitet sind" (Nagl 1992, 45). Ohne das Gesamtsystem der Semiosis als operativen Rahmen von Zeichenprozessen vermöchten weder einerseits Ikone, Indices und Symbole als zeichenförmige Entitäten, noch andererseits Objekte als Adressen möglicher Referenz zu existieren. Die verschiedenen semiotischen Modi der Objektreferenz sind also miteinander verwoben und sind zugleich nicht aufeinander reduzierbar.

Ohne Zweifel ist das Indexikalische in gewissem Sinne der Ort, an dem das Reale ‚da draußen' in die Semiose einbricht, die Art – um Helmut Pape zu zitieren – wie die Welt in der Sprache anwesend ist.[66] Freilich vermag dieser *Einbruch* niemals seine semiologische Zeichnung abzuschütteln, die Referenzialität sich nie von Inferentialität zu befreien. Es ist die Welt selbst, die uns als handelnde Subjekte im Horizont unserer ‚Ich-Jetzt-Hier-Origo' (Bühler 1978, 102 ff., 107 ff., 126 ff.) als je aktuelle, situationale Erfahrungswelt umschließt. Aber wir vermögen uns als geschichtliche und soziale Wesen in ihr nur zu bewegen, weil wir mit den inferentiellen Netzen symbolischer Ordnungen verwoben sind, die sich in uns eingeschrieben haben und in die wir uns unsererseits (mehr oder minder wirkungsmächtig) einschreiben.

Bibliographie

Assmann, Aleida/Jeftic, Karoline/Wappler, Friederike (Hg.) (2014): Rendezvous mit dem Realen. Die Spur des Traumas in den Künsten. Bielefeld.
Barthes, Roland (1989): Die helle Kammer. Bemerkung zur Photographie. Frankfurt a. M.
Bieri, Peter (1981): Generelle Einführung. In: Ders. (Hg.): Analytische Philosophie des Geistes. Königstein/Ts., 1–28.
Brandom, Robert B. (2000): Expressive Vernunft. Begründung, Repräsentation und diskursive Festlegung. Frankfurt a. M.
Brandom, Robert B. (2001): Begründen und Begreifen. Eine Einführung in den Inferentialismus. Frankfurt a. M.
Bühler (1978): Sprachtheorie. Die Darstellungsfunktion der Sprache. Stuttgart.

---

66 Vgl. zu der Wendung „Anwesenheit der Welt in der Sprache" Pape 2002.

Daston, Lorraine (1998): Die Kultur der wissenschaftlichen Objektivität. In: Otto Gerhard Oexle (Hg.): Naturwissenschaft, Geisteswissenschaft, Kulturwissenschaft. Einheit – Gegensatz – Komplementarität? Göttingen, 9–39.
Derrida, Jacques (1974): Grammatologie. Frankfurt a. M.
Dummett, Michael (1992): Ursprünge der analytischen Philosophie. Frankfurt a. M.
Foster, Hal (1996): The Return of the Real. The Avant-Garde at the End of the Century. Cambridge.
Goodman, Nelson (1984): Weisen der Welterzeugung. Frankfurt a. M.
Goodman, Nelson (1998): Sprachen der Kunst. Ein Ansatz zu einer Symboltheorie. 2. Aufl. Frankfurt a. M.
Hegel, Georg Wilhelm Friedrich (1972): Phänomenologie des Geistes. Werke in zwanzig Bänden. Bd. 3. Frankfurt a. M.
Humboldt, Wilhelm von (1880): Ansichten über Ästhetik und Literatur. Seine Briefe an Christian Gottfried Körner 1793–1830. Herausgegeben von Fritz Jonas. Berlin.
Humboldt, Wilhelm von (1986): Gesammelte Schriften. Bd. 5 (1823–1826). Hg. v. Albert Leitzmann. Berlin (zitiert als GS 5).
Humboldt, Wilhelm von (1986): Gesammelte Schriften. Bd. 7 (1. Hälfte. Einleitung zum Kawiwerk. Paralipomena). Hg. v. Albert Leitzmann. Berlin (zitiert als GS 7).
Jäger, Ludwig (1988): Über die Individualität von Rede und Verstehen. Aspekte einer hermeneutischen Semiologie bei Wilhelm von Humboldt. In: Manfred Frank/Anselm Haverkamp (Hg.): Poetik und Hermeneutik XIII, Individualität. München, 76–94.
Jäger, Ludwig (2010): Ferdinand de Saussure. Zur Einführung. Hamburg.
Jäger, Ludwig (2012): Transkription. In: Ders./Christina Bartz/Marcus Krause/Erika Linz (Hg.): Handbuch der Mediologie. Signaturen des Medialen. München, 306–315.
Jäger, Ludwig (2015): Semantische Evidenz. Evidenzverfahren in der kulturellen Semantik. In: Ders./Helmut Lethen/Albrecht Koschorke (Hg.): Auf die Wirklichkeit zeigen. Zum Problem der Evidenz in den Kulturwissenschaften. Ein Reader. Frankfurt, 39–62.
Jäger, Ludwig (2016): Die ‚Apartheit' der Semantik. Bemerkungen zum narrativen Fundament der Referenz. In: Axel Rüth/Michael Schwarze (Hg.): Erfahrung und Referenz: Erzählte Geschichte im 20. Jahrhundert. Paderborn, 11–26.
Jakobson, Roman (1977/1992): Peirce, Bahnbrecher in der Sprachwissenschaft. In: Semiotik. Ausgewählte Texte 1919–1982. Hrsg. von Elmar Holenstein. Frankfurt a. M., 99–107.
Johnson, F. Grant (1976): Referenz und Intersubjektivität. Beitrag zur philosophischen Sprachpragmatik. Frankfurt a. M.
Kant, Immanuel (1956): Kritik der reinen Vernunft. Nach der ersten und zweiten Originalausgabe neu herausgegeben von Raymund Schmidt. Hamburg. B 1 [= KrV].
Kant, Immanuel (1959): Werke in zehn Bänden. Bd. 10. Werke zur Anthropologie, Geschichtsphilosophie, Politik und Pädagogik. Zweiter Teil. Hrsg. von Wilhelm Weischedel. Darmstadt.
Koschorke, Albrecht/Vogel, Juliane (2008): Einbruch des Realen. Konzept für eine Tagung am IFK Wien 11./12. Dezember 2008.
Kuhn, Thomas Samuel (1973): Die Struktur wissenschaftlicher Revolutionen. Frankfurt a. M.
Latour, Bruno/Woolgar, Steve (1986): Laboratory Life. The Construction of Scientistic Facts. Introduction by Jonas Salk. With a New Postscript by the Authors. Princeton.
Latour, Bruno (2002): Wir sind nie modern gewesen. Versuch einer symmetrischen Anthropologie. 2. Aufl. Frankfurt a. M.
Luhmann, Niklas (1992): Die Wissenschaft der Gesellschaft. Frankfurt a. M.
Nagl (1992):

Orman Quine, Willard van (1951): The two dogmas of empiricism. In: Philosophical Review 60, 20–43.
Orman Quine, Willard van (1976): Die Wurzeln der Referenz. Übersetzt von Hermann Vetter. Frankfurt a. M.
Pape, Helmut (1997): Die Unsichtbarkeit der Welt. Eine visuelle Kritik neuzeitlicher Ontologie. Frankfurt a. M.
Pape, Helmut (1999): Indexikalität der Erfahrung oder Objektivität des Wissens? In: Zeitschrift für Semiotik 21, 3–14.
Pape, Helmut (2002): Indexikalität und die Anwesenheit der Welt in der Sprache. In: Ders./ Matthias Kettner (Hg.): Indexikalität und sprachlicher Weltbezug. Paderborn, 91–120.
Peirce, Charles Sanders (1985): Collected Papers of Charles Sanders Peirce. Volumes I–VI. Edited by Charles Hartshorne and Paul Weiss. Cambridge (1931–1935); Volume VII/VIII. Edited by Arthur W. Burks. Cambridge. (Zitiert wird wie folgt: CP 8, 368 bezieht sich auf den Paragraphen 368 in Band 8).
Peirce, Charles Sanders (1867–1871/1984): Writings of Charles S. Perice. A Chronological Edition. Edited by the Peirce Edition Project. Vol. 2. Bloomington. (W 2, 223 bezieht sich auf die Seite 223 in Band 2).
Peirce, Charles S./Apel, Karl-Otto (1970): Charles Sanders Peirce. Schriften Teil 2. Vom Pragmatismus zum Pragmatizismus. Frankfurt a. M.
Popper, Karl (1973): Logik der Forschung. 5. Aufl. Tübingen.
Putnam, Hilary (1962): The analytic and the synthetic. In: Minnesota Studies in the Philosophy of Science 3, 358–397.
Putnam, Hilary (1980): Vernunft, Wahrheit und Geschichte. Frankfurt a. M.
Putnam, Hilary (1999): Repräsentation und Realität. Frankfurt a. M.
Riedel, Manfred (1971): Positivismuskritik und Historismus. Über den Ursprung des Gegensatzes von Erklären und Verstehen im 19. Jahrhundert. In: Jürgen Blühdorn/Joachim Ritter (Hg.): Positivismus im 19. Jahrhundert. Beiträge zu seiner geschichtlichen und systematischen Bedeutung. Frankfurt a. M., 81–104.
Rorty, Richard (1967/1992): Introduction. Metaphilosophical difficulties of linguistic philosophy. In: Ders. (Hg.): The Linguistic Turn. Essays in Philosophical Method with Two Retrospective Essays. Chicago, 1–39.
Rorty, Richard (1979): Philosophy and the Mirror of Nature. Princeton.
Rorty, Richard (1994): Der Spiegel der Natur: Eine Kritik der Philosophie. 3.Aufl. Frankfurt a. M.
Saussure, Ferdinand de (1916/1974): Cours de linguistique générale. Édition critique par Rudolf Engler. Wiesbaden.
Saussure, Ferdinand de (2003): Wissenschaft der Sprache. Neue Texte aus dem Nachlaß. Herausgegeben und mit einer Einleitung versehen von Ludwig Jäger, übersetzt und textkritisch bearbeitet von Elisabeth Birk und Mareike Buss. Frankfurt a. M.
Searle, John R. (1971): Sprechakte. Ein sprachphilosophisches Essay. Frankfurt a. M.
Searle, John R. (1998/2001): Geist, Sprache und Gesellschaft. Philosophie in der wirklichen Welt. Frankfurt a. M.
Sebeok, Thomas A. (2000): Indexikalität. In: Uwe Wirth (Hg.): Die Welt als Zeichen und Hypothese. Perspektiven des semiotischen Pragmatismus von Charles Sanders Peirce. Frankfurt a. M.
Sommer, Manfred (1996): Die Evidenz im Augenblick. Eine Phänomenologie der reinen Empfindung, Frankfurt a. M.

Online-Quellen

Programm der Graduierten-Konferenz zum Thema „Nach den Zeichen. Die Wiederkehr der Wirklichkeit" an der FU Berlin 2007 [nicht mehr verfügbar].

ZEIT-ONLINE vom 25. 05. 2011 [http://www.zeit.de/news-052011/25/iptc-bdt-20110525-339-30559418xml; letzter Zugriff am 13. 08. 2017].

Bericht über den Messflug des Forschungsflugzeugs „Falcon 20E" des Deutschen Zentrums für Luft- und Raumfahrt (DLR) zur „Charakterisierung von Partikelschichten über Deutschland nach dem Ausbruch des Eyjafjallajökull-Vulkans am 19. April 2010" [http://www.dlr.de/Portaldata/1/Resources/portal_news/newsarchiv2010_3/Bericht-zum-Falcon-Messflug-am-19.-April-2010.pdf; letzter Zugriff am 10. 08. 2017].

Bericht des DLR „Simulation der Ausbreitung der Aschewolke" [https://www.zki.dlr.de/de/article/1349; letzter Zugriff am 10. 08. 2017].

Messdaten [vgl. http://www.dlr.de/desktopdefault.aspx/tabid-6449/10620_read-23963/; letzter Zugriff am 10. 08. 2017].

Bericht „Zweiter Einsatz des DLR-Forschungsflugzeuges ‚Falcon 20E' erfolgreich beendet" vom 23. 04. 2010 [http://www.dlr.de/desktopdefault.aspx/tabid-6449/10620_read-23963/; letzter Zugriff am 10. 08. 2017].

„Meteosat-9 Visualisierung der Zugbahn von Staub- und SO2-Wolke" [https://www.zki.dlr.de/de/article/1349; letzter Zugriff am 10. 08. 2017].

Matthias Attig
Begriffsrealismus als sprachwissenschaftliches Problem

Überlegungen zur kategorialen Eigenart von Termini

1 Terminologieforschung und die Dichotomie von Realismus und Konstruktivismus

Die hier vorgelegte Studie befasst sich mit dem Problem des Begriffsrealismus und seiner Relevanz für die linguistische Terminologieforschung. Dies heute bisweilen ein wenig stiefmütterlich behandelte Teilgebiet der Sprachwissenschaft – es wird für gewöhnlich unter die Fachsprachenforschung rubriziert – verdient in Zeiten, da jene Disziplin sowohl ihren Gegenstand als auch die sie kennzeichnenden Prozeduren der Theoriebildung in einen ideen- und kulturgeschichtlichen Zusammenhang einzurücken sucht[1] und zudem das Bedürfnis verspürt, sich in aktuelle Debatten um die Voraussetzungen menschlicher Erkenntnis und das Wesen des Erkannten einzuschalten, wie jüngst wieder Gabriel mit seinem Paradigma des Neuen Realismus sie angestoßen hat,[2] verstärktes Interesse: Mag sie auch nicht von vornherein als eine solche angelegt sein, so kann man der Begriffslehre gleichwohl Merkmale einer transdisziplinären Metawissenschaft attestieren, insofern sie eine Vorstellung oder zumindest eine Ahnung davon gibt, wie sich das formale Inventar, insbesondere aber die Lexik von Fachsprachen – nota bene auch der linguistischen – systematisch und analytisch stringent an ideologisch-weltanschauliche und institutionelle Kontextfaktoren rückkoppeln lässt. Zum Zweiten hat sich die linguistische Analyse von Termini bei der

---

[1] Diese Tendenz findet bei Kuße (2012) einen kanonischen Ausdruck. Um ihre Fundierung im Sinne einer sprach-, medien- und kommunikationswissenschaftlichen Metakritik hat Metten (2014) sich verdient gemacht. Neuerdings sind auch Bestrebungen zur Schaffung organisatorischer und institutioneller Strukturen zu verzeichnen, die vor allem von jüngeren Sprachwissenschaftlerinnen und Sprachwissenschaftlern ausgehen (siehe etwa das Positionspapier von Schröter/Tienken (2016)). Der fälligen Auseinandersetzung mit der Frage, wie die Fachsprachenforschung angelegt sein müsse, damit sie kulturspezifische Wirkfaktoren ins Blickfeld rücken könne, haben Galtung (1983/1985) und Clyne (1991; 1993) bereits in den achtziger Jahren des vorigen Jahrhunderts präludiert. Die diesem thematischen Komplex gewidmete Literatur ist mittlerweile unüberschaubar; es sei hier lediglich auf die Synopse von Kalverkämper (1998) verwiesen.
[2] S. hierzu Gabriel 2014.

Open Access. © 2018 Matthias Attig, publiziert von De Gruyter. Dieses Werk ist lizenziert unter der Creative Commons Attribution-NonCommercial-NoDerivatives 4.0 Lizenz.
https://doi.org/10.1515/9783110563436-015

Bestimmung von deren gnoseologischer Funktion dem Antagonismus zwischen konstruktivistischen und (neo-)realistischen Positionen exponiert, wie er derzeit den akademischen Diskurs durchzieht und in dem der antike Universalienstreit wieder aufzuleben scheint. Auch wenn sie die Frontlinie bloß selten deutlich konturiert, so darf man doch von ihr einige Winke erwarten, wie man einen Ausgleich zwischen den gegensätzlichen Haltungen erzielen und damit ihrer wechselseitigen Bedingtheit, die für ihre jeweilige Ausformung strukturelle Bedeutung besitzt, Rechnung tragen könnte. Die Begriffswissenschaft darf so mit Blick auf die durch Polarisierung charakterisierte Diskussion, wie sie heute geführt wird und die doch einer langen, niemals abgerissenen Tradition entspringt, als eine Art Korrektiv ante rem gelten. Inwieweit und unter welchen Gesichtspunkten eine solche Einschätzung gerechtfertigt ist, sollen die nachfolgenden Überlegungen aufzeigen.

2 Der semiotische Stellenwert von Termini

Die frühe linguistische Terminologieforschung, für die das 1973 erschienene Kompendium von Drozd und Seibicke dokumentarisch ist, proklamierte noch gänzlich undialektisch den Primat des Gegenstandes vor der Sprache und bekannte sich somit just in einer Periode, in der sich eine pragmatische Neuausrichtung der Sprachwissenschaft anbahnte, zu einem orthodoxen Positivismus, wie er damals noch weitgehend unangefochten in den Naturwissenschaften vorherrschte, auch wenn ihm Ansätze und Paradigmen der neueren Physik – so etwa die Unschärferelation Heisenbergs – letztlich bereits auf der Phänomenebene den Boden entzogen haben: „Eine präzise Verständigung durch die nichtformalisierte Sprache", so dekretieren Drozd/Seibicke (1973, 88), „ist nicht auf die Genauigkeit der Sprache, sondern auf die Genauigkeit des behandelten Gegenstandes, seines Begriffsinhalts, zurückzuführen". Dieser Bescheid deckt sich inhaltlich mit einer Bemerkung Carl Friedrich von Weizsäckers zur Fachsprache der Physik, auf die sich die Autoren in einer anderen Passage berufen (von Weizsäcker 1960, 138):

> [N]icht daran, daß diese Leute (gemeint sind die Physiker, M. A.) eine bestimmte Sprache sprechen, liegt es, daß sie sich über diese Sache verständigen können, sondern daran, daß die Sachen so beschaffen sind, daß man sich über sie verständigen kann, liegt es, daß es ihnen glückt, eine gemeinsame Sprache zu sprechen.

Daraus wird weiterhin der Schluss gezogen, dass in der Fachsprache Exaktheit des Ausdrucks oberstes Gebot sei und die sprachliche Darbietung der vorgeblich an sich seienden und damit unhintergehbaren Facta sich das mathematische

Kalkül zum Vorbild nehmen, das Begriffszeichen[3] folglich wie eine Rechengröße handhaben solle, die einen genau festgelegten Wert vertritt. Dem „anzustrebenden Eineindeutigkeitsprinzip" (Drozd/Seibicke 1973, 95), das besagt, ein Terminus solle so gewählt werden, dass er auf einen einzigen Gegenstand referiert und dass dieser Gegenstand einzig durch ihn adäquat bezeichnet ist, seien alle übrigen Ansprüche an die Sprache, namentlich das Verlangen nach Eingängigkeit und Gefälligkeit, hintanzustellen. Es ergeht gar das apodiktische Urteil, dass „[d]ie Maßstäbe der Poetik oder der Rhetorik [...] für die FS [i. e. Fachsprache] oder WS [i. e. Wissenschaftssprache] ohne Bedeutung" seien und sich „mit den grundlegenden Anforderungen des Fachstils" nicht vereinbaren ließen (ebd.).[4]

---

3 Die Lexeme *Begriffszeichen*, *Terminus* und *Fachwort* werden im Weiteren synonym verwendet; mit ihnen ist die Versprachlichung eines „Begriffs" als „eines Denkelement[s]" (Wüster 1979, 7) bzw. die semiotische Einheit aus materiellem Ausdruck und geistig-kognitivem Inhalt in einer ihrer Realisierungsstufen gemeint. Es stehen hierbei also Repräsentationen zweiten Grades (Oeser/Budin 1998, 2173) oder, wie man in Rekurs auf Wüster formulieren könnte, Surrogate für ein präzise umrandetes, gewissermaßen abgezirkeltes konzeptuelles Elaborat (vgl. Wüster 1959/60, 187) in Rede. *Terminus* wiederum hat das Implikat, dass das Zeichen von einem übergeordneten systemischen Zusammenhang umfangen ist, welcher bei der Konstituierung seiner Bedeutung mitwirkt. Es soll nicht verschwiegen werden, dass es in der praktischen Terminologiearbeit noch eine andere Richtung gibt, die unter dem *Terminus* (*term*) lediglich den materiellen Repräsentanten eines Begriffskonzepts, die Ausdrucksseite des Begriffszeichens oder der „Benennung" versteht (s. ISO/DIS 1087 [1988,7]). Der Kontroverse zwischen den beiden Definitionen billigt auch die vorwiegend praktisch ausgerichtete Einführung von Arntz/Picht (1989) einiges Gewicht zu (s. ebd., 40). Die letztere Position schließt an Wüster an, laut dem das Zeichen qua sprachliche Form oder Benennung und seine Bedeutung (i. e. sein Signifikat) „sich gegenseitig bedingen" (Wüster 1959/60, 189) und sie demnach beide als „Korrelate" (ebd.), nicht aber von vornherein als Konstituenten eines semiotischen Integrals zu fassen sind, welche letztlich nur gedanklich und damit auf künstliche Weise voneinander gesondert werden können. Diese vom Saussureschen Modell abweichende Zeichenidee ist in der Prämisse fundiert, dass „das Reich der Begriffe" „als unabhängig vom Reich der Benennungen" (Wüster 1979, 1) zu gelten habe und beide lediglich durch „bleibende Zuordnung" (ebd., 53) ihrer Elemente miteinander in Kontakt träten; diesem für Wüster zentralen Dogma ist es geschuldet, dass Zeichen und Referenzobjekte bei ihm recht deutlich gegeneinander profiliert sind. Es wird gleichwohl keine kategoriale Unterscheidung zwischen ihnen getroffen, sondern das Zeichen seinerseits als materialisierter, nämlich als „Laut-" oder „Schriftbildbegriff" apostrophiert (s. Wiegand 1979a, 111), so dass man auf die Idee verfallen könnte, dass zwischen ihm und seinem Signifikat womöglich doch ein engeres Verhältnis besteht, als ein Ausdruck wie „Zuordnung" nahelegt.
4 Arntz und Picht relativieren dies Prinzip zwar nicht unverhohlen, schränken es aber doch in seiner Verbindlichkeit ein (entsprechende Tendenzen deuten sich vorsichtig bereits bei Wüster (1979, 79) an); es scheint, als wollten sie dafür plädieren, dass Fachexperten die „große Flexibilität der Sprache" nicht einfach als Fehlerquelle auszuschalten suchen, sondern für ihre Zwecke produktiv machen sollten (vgl. Arntz/Picht 1989, 118). Diese Veränderung gegenüber Drozd und Seibicke zeugt von einer partiellen Neuausrichtung der Terminologieforschung, die wesentlich

Für die Terminologieforschung ergibt sich daraus als doppelte Konsequenz, dass sie „der semantischen Sicht Priorität zumutet" und sich bei der Ermittlung des kategorialen Status der „semantischen Seite" auf den theoretischen Grundlagen der „mathematische[n] Logik" bewegt (ebd., 115), indem sie die semantische Bestimmtheit des Ausdrucks letztlich als eine Art formaler Emanation „eindeutiger Wahrheitswertzuordnungen" (Wilss 1979, 183) qualifiziert. Es wird der Fachsprache vollkommene Kongruenz von Ausdruck und Sache zugleich als Prärogativ zuerkannt und als Verpflichtung aufgebürdet; die Beschreibung ihrer faktischen Beschaffenheit erfolgt letztlich zumeist von der normativen Voreinstellung her, dass sie sich wenigstens tendenziell der Mathematik als einem „sprachlose[n] System von Signa" (Adorno 1973a, 441) anzuähneln habe.

Drozd und Seibicke unterstellen, dass wissenschaftliches Denken in der Verkettung von Zeichen besteht, die auf exakt umrissene, aus den Ereigniszusammenhängen herauspräparierte Objekte geeicht und aus denen sämtliche semantische Informationen, die von diesen materiellen Signifikaten ablenken, entfernt sind. Dabei scheint den Begriffen gegenüber die Art der Verknüpfung, die Schlussfiguren etwa, in die sie eingesetzt werden, lediglich eine sekundäre Rolle zu spielen, was denn auch impliziert, dass ihre Konfigurierung sowohl von ihnen selbst wie von ihrem terminologischen Referenzsystem vorgegeben ist, also auf eine relationale Logik rekurriert, die sich gewissermaßen aus ihnen herausspinnen lässt. Eben auf diesem Verständnis von Denken beruht die Überzeugung, dass man theoretische Konstruktionen bildlich umsetzen und reflexive Prozesse durch

---

auf Einflüsse zurückzuführen sein dürfte, die sie seitens der linguistischen Pragmatik wie der Kommunikations- und der Übersetzungswissenschaft erfuhr; die opinio communis der neueren Forschung geht dahin, dass die Linguistik auch der gesellschaftlichen Bedingtheit eines wissenschaftlichen Fachs und kommunikativen Usancen, die für die Fachkulturen nicht bloß konsolidierende, sondern auch identitätsstiftende Funktion besitzen, Aufmerksamkeit schenken müsse. Kalverkämper kommt dem nach, indem er Fachsprachen als „soziale Varietäten" (Kalverkämper 1998, 34) definiert, für die gewisse kommunikative Konstellationen wesentlich sein sollen; er nimmt bei der Betrachtung ihrer formalen Eigenschaften denn auch deren funktionale Leistungen zum Ausgangspunkt. Werden indes Fachsprachen konsequent auf ihre pragmatischen Zwecke hin angesehen, so gilt es, außersprachliche Parameter, die eine systematische Differenzierung der Lekte nach ihrer Form- wie nach ihrer Funktionsseite hin erforderlich machen, also zum Beispiel den Kommunikationskanal und den Adressaten ins Kalkül mit einzubeziehen. In der Folge treten Spielarten der interdisziplinären oder fachübergreifenden Verständigung in den Gesichtskreis, welche die Forschung veranlassten, die rigide Trennung von Fach- und Standardsprache, die zum axiomatischen Kernbestand der frühen Terminologiewissenschaft rechnete, zu problematisieren (s. Kalverkämper 1990; Becker 2001, 83; Felder 2008, 46 f.); damit wird ipso facto auch die vormals übliche Kontrastierung von fach- und gemeinsprachlichen Ausdrücken anfechtbar (s. hierzu auch Anm. 8).

elementare graphische Operatoren wie Pfeile oder dergleichen veranschaulichen könne. Man kann sich des Eindrucks nicht erwehren, als sei für die Ratifizierbarkeit einer Reflexionsfigur innerhalb, wohl erst recht aber außerhalb der Wissenschaften entscheidend, dass sie sich abbilden und ihre sprachliche Fassung wie eine Hülle von ihr abstreifen lasse. Das dürfte damit zusammenhängen, dass auch komplexe grafische Systeme, in denen ikonische und indexikalische Zeichen dominieren und Symbole, soweit sie überhaupt noch vorkommen, nur mehr den Stellenwert von Residuen besitzen,[5] dem Betrachter suggerieren, dass das Bezeichnete unmittelbar in ihnen aufgehe und es in seiner Repräsentation unverstellt zutage trete. Ist es jedoch ihre semiotische Qualität – dies nämlich, dass sie gegen das Gemeinte transparent ist –, was der bildlichen Darstellung den Vorrang vor der sprachlichen sichert, so liegt die Vermutung nahe, dass das nominalistische oder auch positivistische Sprachverständnis, wonach die Sprache lediglich einen sich ausschließlich nach logischen Gesetzen entfaltenden Sachgehalt veräußerlicht, ohne ihn zu färben, geschweige denn zu lenken, nicht eben auf ungeteilte Zustimmung stößt. Tatsächlich dürfte das, was man erfährt, wenn man eine Grafik in Worte zurückzuübersetzen sucht, besagter Auffassung nicht selten zuwiderlaufen. So hat, um ein Beispiel aus der Sprachwissenschaft heranzuziehen, ein derart elementares Schema wie das semiotische Dreieck von Ogden und Richards Reformulierungen erfahren, die nicht bloß in Nuancen divergieren, bzw. den Grundriss für höchstens nach außen hin gleichsinnige, das heißt lediglich über den gleichen gedanklichen Stützpunkten errichtete, in manchen Aspekten jedoch durchaus disparate Theoriemodelle abgegeben.[6]

Die Verbalisierung bringt geradezu zwangsläufig Differenzierungen mit sich, für die in einer Grafik kaum Platz ist; sie schattiert einen Gedanken, der völlige Klarheit für sich in Anspruch nimmt, oder biegt ihn sogar ab in Richtung auf etwas, das noch nicht gedacht wurde. Die Sprache ist mithin nicht bloß materialisierende Reproduktion eines vor- oder nichtsprachlichen Gemeinten; sie nimmt vielmehr darauf Einfluss, in welcher Weise es sich ausprägt, und strahlt dadurch unmit-

---

[5] Man kann freilich auch mit Roman Jakobson die Position vertreten, dass Ikonen und Indizes ihrerseits eine symbolische Komponente inhärent sei. Das setzt im Sinne von Peirce voraus, dass man die unterschiedlichen Zeichenarten nicht als ontologische, sondern funktionelle Größen versteht, die, anstatt sich gegenseitig auszuschließen, miteinander in Konjunktion treten (s. Jakobson 1988 und Attig 2016). Für eine vertiefende Betrachtung dieses Themas ist hier jedoch nicht der Ort.

[6] Die prominentesten Theoretiker, die es verwenden, sind bei Wüster (1979, 76) vermerkt. Dessen Aussage, dass es einfach „von Autor zu Autor gewandert sei" (ebd.), ist in dieser Form problematisch, da sie insinuiert, dass es gleichsam an sich bestehe und die Denker sich damit begnügten, es ohne substantielle Eingriffe zu tradieren.

telbar auf es zurück. Als Formativ wird sie dergestalt vor allem dann wirksam, wenn es darum geht, einzelne Momente zueinander ins Verhältnis zu setzen, also die prima vista unmissverständlichen grafischen Junktoren zu umschreiben und den visualisierten, zur Figur verwandelten Gedanken zu instaurieren. Diese Überlegung ist einer Äußerung Adornos verpflichtet, der zufolge ein reflexiver Prozess, dessen Ganzes ebenso wie seine einzelnen Stufen durch den begrifflichen Zusammenhang designiert ist, der somit in diesem sein Rückgrat hat, sich allererst in der sprachlichen Darstellung oder – um eine dezidiert philosophische Schlüsselkategorie von Adorno anzuführen – im Stil entrollt:[7] Die gedankliche Dynamik, wie sie sich in der Auseinandersetzung mit Gehalten aufbaut, für die die Termini als Platzhalter fungieren, lässt sich nicht über diese Termini selbst, sondern über ihre wechselseitige Vermittlung durch die Syntax in das sprachliche Ausdruckssystem hinüberretten oder zumindest nachvollziehbar machen. Einem Gedanken geben die Begriffszeichen demnach nur insoweit Raum, als sie zusammengehören und miteinander kommunizieren, also zumindest virtuell eine Relationsgestalt entwerfen.

Im Folgenden soll nun dargelegt werden, inwiefern dieses Theorem, durch das Adorno das Proprium der Philosophie fassbar zu machen versucht, die er grundsätzlich aus dem Verbund der Fach- oder Einzelwissenschaften ausklammert, entgegen seiner Absicht gerade auch für diese Letzteren Gültigkeit besitzen könnte. Das Ziel dabei ist auch, einige der Thesen, wie sie die einseitig auf die Termini fixierte Fachsprachenlinguistik à la Drozd und Seibicke zur Begriffssemantik aufgestellt hat, durch Synchronisierung mit einem gegenläufigen Ansatz einer Differenzierung zuzuführen. Dass Adorno zwischen der Konfigurierung der Begriffe durch die Syntax und deren Semantik eine Verbindung gewahrt hat, wird aus dem bislang nur sinngemäß wiedergegebenen Diktum, das den ideellen Horizont dieser Ausführungen bildet, klar ersichtlich; es sei hier daher vollständig dargeboten (Adorno 1973b, 56):

> Wenn eine Philosophie von sehr großem und emphatischem Anspruch auf Klagen darüber stößt, sie mute durch ihre Darstellung zu viel zu, oder gar, durch ihre Darstellung werde das verdeckt, was eigentlich gemeint sei, so ist außer in Fällen von Scharlatanerie die Differenz zwischen der rein begrifflichen Bedeutung der Worte und dem, was die Sprache mit ihnen ausdrückt, in Wahrheit das Medium, in dem erst der philosophische Gedanke gedeiht.

In der Philosophie sei es nicht statthaft, „wie in den Einzelwissenschaften mit fertigen Begriffen umzugehen und die Dinge bei einem festgesetzten Namen zu

---

[7] Dieses Diktum wird weiter unten im Text zitiert und bibliographisch ausgewiesen.

nennen; vielmehr kann das geleistet werden nur in einem Medium, das eigentlich nicht der Begriff, das aber sprachlich ist – der Stil oder die Darstellung" (ebd.).

Wenn Adorno hier insinuiert, dass die Termini in den Fachsprachen mit Namen vergleichbar seien, so ruft er – freilich nur, um es sogleich als für die Philosophie unzuständig zu verwerfen und zu dekonstruieren – das bereits berührte positivistische Ideal eines eindeutigen, das heißt auf eine einzige semantische Information beschränkten Begriffs- oder Fachwortes auf. Diesem Ideal hat, wie oben dargetan, die frühe linguistische Terminologieforschung zu einem Zeitpunkt die Treue gehalten, da die Entwicklung ihres eigenen Faches sie eigentlich dazu hätte veranlassen sollen, es zumindest kritisch zu hinterfragen; dass es für sie hingegen gerade bei der Bestimmung elementarer Eigenschaften ihres Gegenstandes leitend war, wird namentlich daran deutlich, dass sie statuiert, der Begriff solle per definitionem, das heißt in diesem Falle als Ergebnis einer intentionalen semantischen Konditionierung lediglich auf eine genau umrissene „außerlinguistische Wirklichkeit" ausgerichtet und somit im Gegensatz zu den Lexemen in anderen Varietäten „monosemantisch" sein (Drozd/Seibicke 1973, 45).[8] Vor diesem Hintergrund bringt die Begriffswissenschaft wie Adorno Termini und Namen in Parallele und macht als Unterscheidungsmerkmal lediglich dies geltend, dass der Wirklichkeitsaspekt, auf den sie „hinzielen", im Falle der Ersteren ein Begriff als mentales Substrat, im Falle der Letzteren ein „Individuum" sei (ebd.).

Aus ihrer vorgeblichen Monosemie folgert indes auch dieses Paradigma nicht, dass Termini auf ihre Funktion als Medium ihres außersprachlichen Korrelats zu reduzieren wären bzw. dass man ihnen als einzige Information entnehmen könnte, welchem Konzept sie zur Materialisierung verhelfen sollen. Es wird vielmehr konzediert, dass ein Terminus sich nicht von selbst zur Wirklichkeit ins Verhältnis setzen könne und dass seine Bezugnahme auf das Repräsentierte, wie man bei Drozd und Seibicke liest, durch einen mentalen Begriff als „ein Produkt des Denkprozesses" oder, um einige weitere Umschreibungen zu zitieren, durch „eine Abstraktion" bzw. „ein Konstrukt" „vermittelt" sei (ebd.). Die reflexive Prozedur, die das Zeichen und seinen Referenzbereich aufeinander zuschneidet, sedimentiert sich im Begriffsapparat, also in der Terminologie einer Fachwissenschaft oder eines Teilgebietes innerhalb einer übergreifenden Disziplin,[9] in der Art, dass

---

[8] Dass hiermit weit eher ein Ideal oder auch ein Postulat denn ein Sachverhalt ausgezeichnet ist, liegt auf der Hand; bereits Wiegand (1979b, 44) bringt neben dem in seiner Bedeutung klar umrissenen Begriffszeichen den „nicht definierten, pragmatisch eingespielten" Fachausdruck als zweite, recht dehnbare terminologische Kategorie aufs Tapet.

[9] Unter *Terminologie* wird hier dementsprechend nach Budin (1991) die „strukturierte Gesamtheit von Begriffen und Benennungen eines Fachgebietes" verstanden.

die Termini eines Faches etwa durch formale Gemeinsamkeiten als Indizes einer bestimmten Praxis der Formatierung und Formalisierung wissenschaftlicher Objekte gestempelt sind und im Ganzen ein Koordinatensystem errichten, das die in ihm eingetragenen Größen auf den gleichen Nenner bringt: Der gedankliche Zug, dem diese Größen sich fügen und der eine hierarchische Ordnung unter ihnen schafft, hat sich ihnen in Gestalt einer rein formalen Kennung, gleichsam eines Siegels, eingeprägt. Mit diesen Überlegungen wird den kurrenten Richtlinien zur Sprachnormung, wie sie im sogenannten „Pariser Code" der Botanik von 1954 (Lanjouw 1956) zur Anwendung kommen, eine semiotische Drehung gegeben: Daraus, dass die Forscherin oder der Forscher bei der Benennung von Pflanzen nomenklatorische Konventionen oder gar Zwänge berücksichtigen und die botanische Taxonomie zur Richtschnur nehmen muss,[10] ziehen wir den Schluss, dass in den Namen, soweit diese die Regeln der Klassenbildung beachten, sich mittelbar auch Prozeduren der wissenschaftlichen Konstruktion von Natur auskristallisieren und dass an ihnen elementare Konstitutionsbedingungen der Botanik, die die Wahrnehmung der Expertin oder des Experten lenken, kenntlich werden. Im Zeichen konkretisieren sich die theoretischen Setzungen, durch die es auf sein Referenzobjekt orientiert ist. Der Grafik von Drozd und Seibicke (Abb. 1) lässt sich als Komplement eine zweite (Abb. 2) zur Seite stellen; dabei ist unter *Abstraktionsstufe* (A) in beiden Fällen die wissenschaftliche Ausmodellierung des vom Begriffszeichen (S) designierten Objekts in der Realität (O) zu verstehen, wie sie im Vorigen beschrieben wurde.[11]

Indem ein Terminus das terminologische System mitbezeichnet, in das er eingegliedert ist, steht er virtuell zu anderen Ausdrücken in Relation, denen er hinzugefügt werden kann. Es scheint, als strebe er bereits an sich auf diese anderen als auf Größen zu, durch welche er eine passende oder organische Ergänzung erfährt, denn der reflexive Gehalt, der in ihm fixiert, jedoch auch stillgestellt ist, drängt auf seine Entfaltung: Der Gedanke, den die Terminologie punktiert, will sagen: in stationäre Einzelglieder abgeteilt hat, bleibt gegen die reflexive Bewegung transparent, aus welcher die Fachsprache ihn allererst herausprozessiert. Unter diesem Gesichtspunkt betrachtet trifft der Positivismus, wenn er statuiert,

---

10 Vgl. Drozd/Seibicke 1973, 45.
11 Das hier Ausgeführte lässt sich an sprachwissenschaftlichen Fachausdrücken veranschaulichen: Dass zum Beispiel Termini wie *Phonem, Morphem, Graphem* usw. ein formales Merkmal miteinander gemein haben, deutet darauf hin, dass in ihnen jeweils die gleiche Perspektive auf sprachliche Phänomene involviert ist. In dem Paradigma der Begriffszeichen mit dem Suffix -em, das sich als terminologisches Sub- oder Teilsystem der Linguistik ansehen lässt, findet somit eine bestimmte Art der reflexiven Verarbeitung der Sprache eine formale Ausprägung, durch die sie sich von anderen Betrachtungsweisen inner- wie außerhalb der Sprachwissenschaft abhebt.

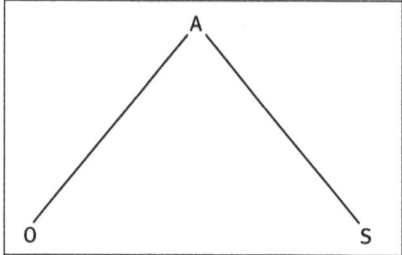 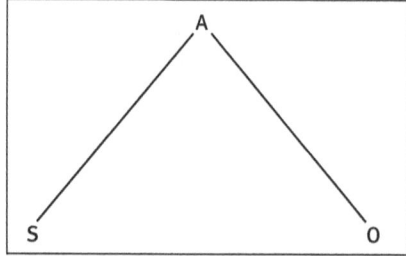

Abb. 1: Drozd/Seibicke 1973, 45   Abb. 2

dass eine Terminologie kombinatorische Regeln für die Zeichenverbindung mitliefere, insofern etwas Richtiges, als er an das latente aufeinander Verwiesensein der Termini gemahnt. Problematisch ist daran indes die Supposition, der Reflexionsprozess gehorche der terminologisch geronnenen Verknüpfungslogik so sehr, dass er ihr gegenüber jede Selbständigkeit einbüßt und somit lediglich die in den Begriffszeichen aufgespeicherten gedanklichen Impulse freisetzt. Pointiert gesprochen hieße das nichts anderes, als dass man mittels der überkommenen Termini lediglich dasjenige denken könne, was in ihnen und in den Konstellationen, die sie miteinander eingehen, angelegt ist, oder, um es positiv zu wenden, dass alles Denken nur die den Fachausdrücken eingesenkten Gedanken reproduziere. Damit aber erklärte man wissenschaftliche Innovation pauschal für unmöglich. So empfiehlt es sich, die eben formulierte Position in der Weise zu differenzieren, dass man den terminologischen ordo, anstatt ihn zu verabsolutieren oder aber zu verneinen, als eine strukturelle Größe interpretiert, an der die Fachsprachenforschung ebenso wenig vorbeigehen kann wie das reflexive Subjekt, das etwas mittels Fachwörtern mitzuteilen bzw. in sie hineinzulegen gedenkt.

Dass die Ausdrucksintention des Subjekts in den Begriffszeichen auf ein Vorgedachtes stößt, das noch von deren sprachlicher Gestalt abstrahlt und auf ihre Konfigurierung Einfluss übt, ist eine These, die man im Paradigma eines gemäßigten, weil dialektisch gebrochenen Begriffsrealismus verorten kann, dessen Rahmen Adorno in seiner „Philosophischen Terminologie" absteckt. Diese Richtung sieht den sprachlichen Begriff im Gegensatz zum Nominalismus nicht als bloßen flatus voci, als rein ideellen, obendrein statischen Platzhalter eines letztlich unverfügbaren Ontischen an, sondern konzediert ihm „ein Moment von Selbständigkeit" (Adorno 1973b, 113), das sich darin äußern soll, dass einem Gehalt durch seine Verbegrifflichung ein reflexives Gepräge zuwächst, das nicht einfach nur äußerlich an ihm haftet, sondern ihn im Innersten verwandelt (ebd.):

> Wir haben überhaupt nichts, uns ist nichts gegeben, nicht einmal die einfachste und schlichteste sinnliche Erfahrung, ohne daß sie durch den Begriff hindurchfiltriert wäre; denn wir können uns aus der Apparatur der Begriffe, in die wir gewissermaßen eingeschlossen sind, gar nicht herausbegeben. Deshalb ist es eine Fiktion, so zu tun, als ob es nun ein ganz Wirkliches gäbe, das nicht seinerseits auch das Moment des Begriffs in sich hat.

Ein solches Verständnis des Begriffsrealismus hat sein Spezifisches daran, dass es das Reale qua kategoriale Zuschreibung von den Sachen oder Referenten auf die Signifikanten überträgt; wenn also das Paradigma in seiner klassischen Ausgestaltung lehrt, dass es sich bei Begriffen um „Entitäten" handle, die „unabhängig von ihren sprachlichen Repräsentationen gegeben" seien (von Kutschera 1975, 32), so gesteht die Adornosche Adaption den sprachlichen Begriffen seinerseits einen gewissen Realitätsgehalt in dem Sinne zu, dass sie auf apperzeptive Vorgänge einwirken oder aber als in sich geregeltes Gefüge ein bestimmtes Ordnungsprinzip in der Wirklichkeit inaugurieren.[12] Die Termini partizipieren an der Existenz ihrer Signifikate[13] und beziehen aus dieser Art von subsidiärer Realität zumindest partiell performative Kraft bzw. das Vermögen, die Logik, die sie beurkunden, als Schema auf die Sachen zurückzuspiegeln. Die Sprengkraft dieser Gedankenfigur liegt darin, dass sie wie in einem salto mortale die Kluft zwischen Realismus und Konstruktivismus überbrückt, indem sie darin, dass die Sprache kognitive Abläufe zu affizieren imstande ist, also in ihrem genuin Konstruktiven einen spezifischen Realitätsmodus gewahrt.

Was Adorno als *Apparatur der Begriffe* tituliert, lässt sich zwanglos mit der Terminologie als in sich abgerundetes System identifizieren, in welchem ein Sachzusammenhang in einen sprachlich materialisierten und darum auch statisch gewordenen, verhärteten Reflexionszusammenhang hineingeschoben ist. Das bedeutet erstens, dass die Dinge in die doppelte Armatur des mentalen Begriffs und seiner sprachlichen Repräsentation eingeschlossen sind, aus der sie nicht herausgenommen werden können, ohne dass sie zerfasern. Das Zweite ist, dass ein Gedanke in seiner Durchführung der Terminologie Tribut zu zollen

---

12 Dies dürfte etwa bei ökonomischen Kategoriesystemen oder aber beim Geld der Fall sein, in dem gänzlich abstrakte und für den Einzelnen undurchschaubare Zusammenhänge, die primär begrifflicher Natur sind, eine unmittelbar-konkrete Gestalt angenommen haben. Siehe hierzu den problemgeschichtlichen Beitrag von Backhaus (2004). Die Wirklichkeit des Begriffs, wie der Begriffsrealismus sie stipuliert, ist der ökonomischen und damit eo ipso auch der sozialen gerade insofern analog, als sie nicht unmittelbar erfahrbar und damit depotenziert scheint.

13 „Daß der Begriff Begriff ist, auch wenn er von Seiendem handelt, ändert nichts daran, daß er seinerseits in ein nichtbegriffliches Ganzes verflochten ist, gegen das er durch seine Verdinglichung einzig sich abdichtet, die freilich als Begriff ihn stiftet" (Adorno 1973a, 24).

hat, vermittels deren er seine Knotenpunkte festlegt. Der Begriff und sein Zeichen sind zwar Träger der Reflexion, bewahren sich jedoch ihr gegenüber eine gewisse Autarkie, insofern sie das Gedachte derart einhegen, dass sich der Eindruck einstellt, als ob das Letztere niemals eine vorbegriffliche Größe gewesen wäre. Es kommt noch hinzu, dass das terminologische Referenzsystem, wie oben dargetan, die semiotische Gerichtetheit, das heißt die Verweisart seiner Konstituenten mitbedingt. Als in sich stimmige, in manchen Zügen gewiss auch autopoietische Konstruktion hält die Terminologie zuletzt auch den Maßstab bereit, unter dem die Form des begrifflichen Denkens sich herausbildet; das reflexive Subjekt wird, zumal wenn es sich um einen Wissenschaftler handelt, durch die modellhafte Kohärenz der Terminologie konditioniert und sucht ihr durch Entwicklung einer bruchlos-stringenten Konzeption zu entsprechen. Häufig wird, um diese Absicht zu begründen, von der Sache her argumentiert, doch liegt die Vermutung nahe, dass die begriffliche Prozesslogik, die dem Denken seine Bahn vorzeichnet, sich ihrerseits unreflektiert, im Sinne einer schlichtweg verbindlichen Anweisung, wie die Dinge sein müssten, auf die Reflexionsobjekte projiziert. Das rationale Denken kippt ins Irrationale, insofern es seine Gegenstände den Regeln unterwirft, die für es selbst von unbedingter Gültigkeit sind und die eben darum, weil sie nicht auf den Prüfstand gestellt werden, permanent auf eine Erweiterung ihres Anwendungsbereichs hinwirken.[14]

3 Subjektivität und Objektivität in der Fachsprache

Im Weiteren soll der Akzent der Betrachtung, der soeben ein wenig einseitig auf den autopoetischen Zügen des abgezirkelten terminologischen Apparates lag, in Richtung auf das Problem verschoben werden, wie sich etwas Neues, noch nicht Gedachtes in ihn einspeisen und das Fachwort einer Ausdrucksabsicht dienstbar machen lässt, die nicht bereits in ihm verkapselt ist. Es war oben davon die Rede, dass es darauf ankommt, den subjektiven Gedanken, der mit Hilfe des Fachwortes objektiviert werden soll, mit den reflexiven Gehalten zu synchronisieren, die dem Terminus innewohnen. Es drängt sich die Frage auf, wie das konkret geschehen solle, da man ein Begriffszeichen nicht nach Belieben in seiner Bedeutung umwidmen kann, ohne dies durch metasprachliche Bemerkungen zur Kenntnis zu geben; solche Annotierungen semantischer Transkriptionen dürften jedoch

---

[14] S. Adorno 1973a, 44.

erstens die argumentative Entfaltung des Textes hemmen bzw. verunmöglichen[15] und zweitens den Sanktions- und Disziplinierungsmechanismen der wissenschaftlichen Institutionen verfallen, da diese eine Verletzung der von ihr ausgegebenen Sprachregel als Insubordination ahnden würden. Es muss also gelingen, den terminologischen Sinn eines Begriffszeichens so zu modifizieren, dass er um einen sekundären, temporären Bedeutungswert ergänzt werden kann. Erreichen lässt sich das auf dem Wege einer semantischen Transfiguration der Termini, die sie gewissermaßen aufsperrt, das heißt ihr Definiens, ohne es auszustreichen, mit anderen Bedeutungsmomenten in Konjunktion treten lässt und sie so ihres monadologischen Grundcharakters benimmt. Ein solches Korrelat, von welchem der Terminus in manchen Fällen kaum freizuhalten ist, auch wenn er in fachsprachlichen Kontexten tatsächlich nur einen einzigen semantischen Wert besitzen mag, macht Adorno in seiner oben zitierten Einlassung namhaft, wenn er die „rein begriffliche[] Bedeutung der Worte" von dem abgrenzt, „was die Sprache mit ihnen ausdrückt", und die „Differenz" zwischen beiden zum „Medium" erhebt, „in dem erst der philosophische Gedanke gedeiht".[16] Diese Äußerung behält ihre Stichhaltigkeit, wenn man sie aus dem philosophischen Kontext herauslöst. Dass an einem Terminus, wenn man ihn mit seinem standardsprachlichen Homonym und dessen Gebrauchsbedeutung konfrontiert, mehr abzulesen ist, als er an sich aussagt, das gelangt zum Beispiel an einem sprachwissenschaftlichen Fachwort wie *Wurzel* zur Evidenz: In dem Sinne verstanden, den es im alltäglichen Sprechen hat, gewährt es Aufschluss über die der Romantik verpflichtete Grundidee der historischen Sprachwissenschaft im (frühen) 19. Jahrhundert, dass Sprache etwas organisch-natürlich Gewachsenes sei, das sich auf seine ursprüngliche Einheiten wie auf Keimzellen zurückführen lasse. Von der Metaphorisierung des standardsprachlichen Lexems „Wurzel" her, durch die es zum Begriffswort wird, empfängt der Abstraktionsprozess Beleuchtung, in dessen Verlauf eine wissenschaftliche Disziplin sich von ihren ideellen Voreinstellungen emanzipiert; die standard- und die fachsprachliche Bedeutung markieren den Ausgangs- und den Endpunkt der Entwicklungsbahn eines theoretischen Konzeptes.

Der Terminus weist also, insoweit sich ihm eine standardsprachliche Referenzgröße zuordnen lässt, in seiner Semantik ein zumindest residuales konfiguratives Moment auf, an welchem die Ausdrucksabsicht des Subjekts angreifen kann. Diese kommt aber nicht in den einzelnen Begriffszeichen, sondern in ihrer syntaktischen Verkettung zum Austrag; anders gesagt, hat die semantische Transfigurierung des Fachwortes allein im Satz oder im Text einen materiellen Anhalt. Sie

---

15 S. hierzu auch Felder 2009, 19.
16 S. oben.

vollzieht sich im syntaktischen und textuellen Arrangement, in dem der zunächst „bloß subjektiv bedeutungsverleihende Akt" (Adorno 1973a, 495) sich selbst als Figur ausprägt und die Akkommodierung des Zeichens an das zu Bezeichnende und des zu Bezeichnenden an das Zeichen zu einer Art Prozessgestalt veräußerlicht ist, welche den terminologischen Zusammenhang – als strukturelle Schablone, von der sie sich nicht dispensieren kann – in sich enthält. Unter anderem auf die syntagmatische Verschaltung der Termini, die sie allererst aktualisiert und dadurch von ihrer systemischen Unterlage abhebt, um sie in eine gedankliche Bewegung einzubringen, dürfte bei Adorno der Ausdruck „Konstellation" (ebd., 164 u. a.) gemünzt sein, den er von Benjamin (1974, 215) übernimmt, welcher ihn freilich in einem anderen, primär gnoseologischen Kontext gebrauchte. Gruppiert man die Fachwörter in eine Konstellation ein, will heißen: ordnet man sie syntaktisch so einander zu, dass sie ein gestalthaftes Gefüge ergeben, so soll es sich laut Adorno erreichen lassen, dass sie „ganz anders sich darstellen" (Adorno 1973b, 44) als in der Terminologie, die sie definiert, dass sie von der Sprache selbst einen neuen „Stellenwert" empfangen (ebd., 56). Eine derartige Verschiebung der Begriffsbedeutung, so Adorno, ist im Übrigen tatsächlich weniger an der philosophischen Praxis denn an „bedeutenden wissenschaftlichen [lies: nicht-philosophischen, fachwissenschaftlichen, M. A.] Untersuchungen" zu konstatieren (Adorno 1973a, 166).

Als Beispiel für einen Fachwissenschaftler, in dessen Schriften man in der Tat auf konstellative Züge trifft, insofern in ihnen die syntaktische Konstruktion und die textuelle Faktur den einzelnen Termini an Gewicht nachgerade gleichkommen, wäre Max Weber zu nennen; Adorno selbst nimmt ihn als Gewährsmann für seine begriffstheoretische Konzeption in Anspruch. Seiner positivisch getönten Grundhaltung ungeachtet, möchte Weber seine Termini offenkundig solcherart justieren, dass sie etwas von dem Oszillierenden der Empirie, von dem, was sich nicht in sie einhegen lässt, spürbar machen.[17] Dieses Bedürfnis

---

[17] Vgl. hierzu Adorno (1973a, 167f.) und Attig (2015, 34), Anm. 8. – Adorno statuiert, dass das begriffliche Denken und Sprechen dasjenige an den empirischen Gegenständen nivelliert, was ihre Besonderheit ausmacht und darum gerade in ihre wissenschaftliche Repräsentation eingebracht werden müsste, damit diese ihnen gerecht werde: ihr „Nichtidentisches" (Adorno 1973a, 164). Indessen leitet er daraus nicht etwa ab, dass die Philosophie zu einer nicht-begrifflichen Diktion überwechseln sollte: Er proklamiert im Gegenteil die Unverzichtbarkeit des Begriffs, der als Zeichen wie als dessen mentales Substrat zentrales Aufbauelement einer jeden validen Theoriebildung sei, und fordert lediglich, dass er einer funktionellen Transformation zugeführt und auf dasjenige abgestimmt werden solle, wovon er seiner ursprünglichen Bestimmung nach abstrahiert. Pointiert gesprochen, handelt es sich darum, „mit den Mitteln des Begriffs das zu sagen, was mit den Mitteln des Begriffs eigentlich nicht sich sagen läßt, das Unsagbare eigentlich

sucht er durch eine besondere Form der Definition zu befriedigen, die einen Text wie die „Vorbemerkung" zu den *Gesammelten Aufsätzen zur Religionssoziologie* (Weber 1920/1988) in seiner inneren Faktur bestimmt. Das Definitorische tritt hier als kompositorisches Prinzip in Erscheinung und wird zugleich durch den Rückschlag seiner formalen Durchführung, die den Akt der Setzung zu einem tendenziell unendlichen Prozess zerdehnt, in dessen Verlauf der Diskurs seinen Gegenstand umkreist, ohne ihn tatsächlich fassbar machen zu können, zu einem gewissen Grad ausgehebelt. Die Begriffsbildung wird nicht zuletzt syntaktisch als ein kompositorischer Vorgang inszeniert, der nicht stringent voranschreitet, dem vielmehr planvoll eingeschaltete, leitmotivische Rekursionen, welche wiederum als strukturelle Knotenpunkte für den Bau des Textes von Bedeutung sind, ein zirkuläres Moment zuteilen. Indem der Text immer nur Teilschritte zur Klärung des Wesens des Kapitalismus unternimmt und stets an einem bestimmten Punkt die Richtung der Argumentation neu einstellt, breitet er eine Fülle von Aspekten aus, ohne sie einem geschlossenen Ganzen zu subsumieren; dergestalt macht er ebenso die analytisch nicht zu bewältigende Vielschichtigkeit des Kapitalismus als eines Phänomens wie dessen prozessualen Grundcharakter augenfällig.

Ein Blick auf die Abhandlung selbst fördert noch weitere formale Spezifika zutage; so ist etwa der hypertrophe Fußnotenapparat auffällig, der nicht einfach Belege für im Haupttext lancierte Thesen oder dergleichen bietet, sondern diese weiter vertieft oder nach einer anderen Seite hin wendet und somit einen integralen Bestandteil der Argumentation bildet, deren Zusammenhang er zugleich zerreißt. Diese dissoziative Wirkung erklärt sich daraus, dass die einzelnen Anmerkungen häufig oder sogar in der Regel formal nur locker mit dem Textteil verknüpft sind, den sie erläutern sollen, so dass sie aufgrund ihres schieren Umfangs den textuellen Progress abschneiden: In ihnen entfaltet sich ein Paratext, der mit dem Haupttext parallelläuft, ihn durchkreuzt und sich zugleich ihm gegenüber verselbständigt.

Zusammenfassend lässt sich festhalten, dass den Begriffszeichen hinsichtlich ihrer Bedeutung ein virtuelles oder latentes konfiguratives Moment eignet,

---

doch zu sagen" (Adorno 1973b, 56). Das soll dadurch möglich werden, dass in der sprachlich auskonkretisierten Konfiguration von Termini ein rein virtueller Gesamtbegriff konturiert ist, der den Verbund ersetzen könnte und eben das bezeichnet, was keiner der gegebenen Termini als einzelner auszudrücken vermag: „Konstellationen allein repräsentieren, von außen, was der Begriff im Innern weggeschnitten hat, das Mehr, das er sein will so sehr, wie er es nicht sein kann. Indem die Begriffe um die zu erkennende Sache sich versammeln, bestimmen sie potentiell deren Inneres, erreichen denkend, was Denken notwendig aus sich ausmerzte" (Adorno 1973a, 164 f.). Eine schlüssige Exemplifizierung dieses Gedankens anhand eines konkreten Textes bleibt Adorno, der sich gelegentlich nachgerade als Antiphilologe gebärdet (vgl. etwa Adorno 1973b, 56), schuldig.

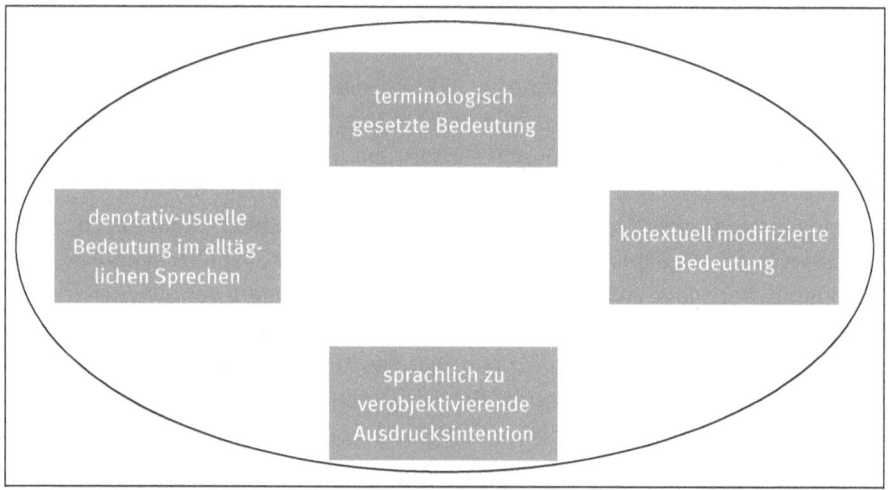

Abb. 3

das sich durch ihre syntaktische Konfigurierung aktualisieren lässt. Hierbei sind folgende semantische Komponenten voneinander zu unterscheiden: (1) die (wissenschaftlich) definierte und (2) die standardsprachliche Begriffsbedeutung sowie (3) die kotextuelle Spezifizierung der ersteren, die im Idealfalle, nicht aber notwendig mit der Ausdrucksintention des Sprechers (4) zusammenfällt. Es ergibt sich Abb. 3.

4 Konstruktive und realistische Züge an der Sprache

Abschließend sei noch einmal darauf eingegangen, inwieweit der hier abgeschrittene Stoffkreis für die Debatte um das Verhältnis konstruktivistischer und realistischer Ansätze von Relevanz ist; konkret soll die Betrachtung sich mit der Frage auseinandersetzen, ob an der Sprache neben Zügen, durch die sie an der epistemischen und konzeptuellen Prozessierung der Realität teilhat und welche die linguistische Spielart des Konstruktivismus somit für sich verbuchen kann, auch solche auszumachen sind, durch die sie der individuellen oder auch intersubjektiven Erfahrung von Wirklichkeit im Alltag korrespondiert. Vorab muss geklärt werden, welchen Realitätsbegriff man als den für Sprache oder für das Sprechen zuständigen ansieht. Hier kommt von einer ganzen Reihe verschiedener

Wirklichkeitskonzeptionen nicht bloß die kognitive, welche für die Naturwissenschaften maßgeblich ist und die der Realismus zu präferieren scheint, sondern auch die soziale in Betracht, da Sprache in ihrer Eigenschaft als Vehikel öffentlicher Kommunikation die Vergesellschaftung bzw. die gesellschaftliche Normung jeder individuellen Ausdrucksabsicht leistet. Das bedeutet, dass man durch die Sprache oder eben sprechend soziale Wirklichkeit an sich erfährt, denn jene ist nach Adorno „Medium der Begriffe, das, was die unabdingbare Beziehung auf Allgemeines und die Gesellschaft herstellt" (Adorno 1974, 56), und wird zugleich bis in ihre formalen Aufbauelemente hinein vom öffentlichen Gebrauch affiziert, den ihr oktroyierten pragmatischen Funktionen angepasst: Sprache ist ein „Zeichensystem", „das durch sein pures Dasein vorweg alles in ein von der Gesellschaft Bereitgestelltes überführt" und „noch vor allem Inhalt" (Adorno 1973a, 441), also bereits durch seine strukturelle Disposition der Konsolidierung der sozialen Praxis den Weg bereitet.

Selbstredend verhält es sich jedoch mitnichten so, dass Sprache nur einem kollektiven, gesellschaftlich verobjektivierten Reflexionsschema zum Ausdruck verhülfe und der Übermittlung von Privatem, auch einer Absage an den sozialen convenu keinen Raum böte: Vielmehr scheint es, dass sie etwa in poetischen Werken sich vollends den zu artikulierenden Gefühlen und Gedanken anschmiegt oder gar deren Nährboden abgibt. „Sie bildet", so liest man wiederum bei Adorno, „den sozialen Regungen gänzlich sich ein; ja wenig fehlt, und man könnte denken, sie zeitigte sie überhaupt erst" (Adorno 1974, 56). Gleichwohl kann sich noch die idiosynkratischste Äußerung nicht oder zumindest nicht gänzlich von der funktionalen Standardform der Sprache mit ihrem operationellen Charakter verabschieden, der sich ihr auf der elementarsten materiellen Stufe als rationaler ordo eingesenkt hat; selbst dort, wo alle kommunikativen Regeln außer Kurs gesetzt sein mögen, bleibt die Sprache virtuell auf die diskursive Rede als auf ihren Gegenpol verwiesen: Sie hat überdies nach Saussure schon dadurch, dass sie etwas bezeichnet, eine allgemein-gesellschaftliche Übereinkunft zur Grundlage, die ihren Merkmalen eine semiotische Funktion und ihr somit im Ganzen Sinn zuteilt, ist also bereits von ihren Konstitutionsbedingungen her betrachtet Träger eines überpersönlich-sozialen Allgemeinen, das über sie disponiert und zugleich durch sie seine abstrakteste Gestalt gewinnt. Das Subjektive kann sich in der Sprache nur unter der Bedingung manifestieren, dass es zu dem in ihr geronnenen objektiven oder gesellschaftlichen Moment in Beziehung tritt; hierfür ist, wie oben herausgearbeitet wurde, gerade die Fachsprache exemplarisch, weil der Gebrauch von Termini in einem besonderen Maße durch ein intersubjektiv verbindliches Regelwerk gesteuert wird, das sich als in der Terminologie niedergeschlagen hat und auf dessen Einhaltung der Wissenschaftsbetrieb insistiert.

Die Abstimmung des eigenen Ausdrucksbedürfnisses mit den vorgegebenen Normen des Sprechens ist eine Prozedur, die ein Individuum regelmäßig als Handlungsträger in der gesellschaftlichen Wirklichkeit verrichtet und durch die es wohl allererst zu einem sozialen Subjekt wird. Denn das Individuum genießt zwar in Demokratien westlicher Prägung sehr weitgehende Rechte, die ihm obendrein gesetzlich garantiert sind, doch ist seine Freiheit durch eine Vielzahl von – ebenfalls juristisch definierten – Pflichten wie auch von Zwängen gesellschaftlicher, beruflicher und ökonomischer Art begrenzt. Die Behauptung, dass man frei erst dann sei, wenn man in manchen Bereichen Zwang erfährt oder zumindest Regeln befolgen muss, dass man keinen Sinn für Freiheit hätte, wenn man nicht zugleich auch Mangel an ihr litte, mag allzu pointiert anmuten, doch dürfe sie durchaus etwas Triftiges haben. Auch in offenen Gesellschaften ist man gehalten, einem praktisch unaufkündbaren Konsens als deren wichtigster Säule Achtung zu zollen, und so hat der Einzelne seine privaten Bedürfnisse mit den Forderungen in Einklang zu bringen, denen er als juristische und gesellschaftliche Person nachkommen muss. Er hat die Aufgabe, das, was er möchte, zu dem ins Verhältnis zu setzen, was das Gemeinwesen von ihm verlangt. Mag diese soziale Wirklichkeit auch derart unkonkret und vielfach in sich vermittelt sein, dass sie in manchem wie ein bloßes Gedankenkonstrukt oder gar wie eine Fiktion anmutet, so lässt sich nicht leugnen, dass sie über unmittelbar nötigende Geltungskraft verfügt; auch ein kompromissloser Konstruktivist kann etwa einem amtlichen Bescheid, der ihn erreicht, Realität nicht absprechen, insofern dieser ihn unabweislich zu einer bestimmten Handlung veranlasst oder auch gleich spürbare Konsequenzen nach sich zieht: Dass ihre performative Kraft solchen amtlichen Dokumenten nicht inhärent ist, als ob sie aus einem Naturgesetz resultierte, sondern durch Zuschreibung seitens anonymer Instanzen zufließt und sich damit ein Stück weit kollektiver Suggestion oder auch Manipulation verdankt, das tut ihrer Autorität und damit auch ihrer Wirksamkeit keinen Abbruch. Ebenso wird der Realitätsgehalt komplexer bürokratischer Strukturen dadurch, dass sie nicht an sich gegeben, sondern administrativen Einheiten entwachsen sind, nicht entkräftet; dass gesellschaftliche Institutionen ein höchst abstraktes Wirkungsgefüge bilden, das von seinen Repräsentanten entkoppelt ist, bedeutet keinesfalls, dass sie nur mehr Realität zweiten oder dritten Grades prätendieren dürften. Dass die gesellschaftliche Ordnung sich in der sprachlichen sedimentiert hat, zeigt sich gerade daran, dass man der letzteren Objektivität konzedieren muss, ohne dass deren Rechtsgrund klar ersichtlich wäre; ihre Verbindlichkeit ist als absolute ihre wohl wesentlichste Konstitutionsbedingung. Das realistische Moment der Sprache ist darin beschlossen, dass in jedem kommunikativen Akt die gleiche unhintergehbare Dialektik von Subjektivität und Objektivität zum Austrag kommt, in deren Zeichen jedwedes realgesellschaftliche Handeln steht; die Sprache stellt sich in diesem Sinne als das natürliche Medium von dessen Reflexion dar und ist als Widerspiegelung sozialer Erfahrung unmittelbar und so denn eben auch realiter, in ihrer strukturellen Beschaffenheit mit derselben verwoben.

Bibliographie

Adorno, Theodor W. (1973a): Negative Dialektik/Jargon der Eigentlichkeit. In: Rolf Tiedemann (Hg.) unter Mitwirkung v. Gretel Adorno/Susan Buck-Morss und Klaus Schultz: Gesammelte Schriften. Bd. 6. Frankfurt a. M.: Negative Dialektik, 7–412/Jargon der Eigentlichkeit, 413–526.

Adorno, Theodor W. (1973b): Philosophische Terminologie. Zur Einleitung. Hg. v. Rudolf zur Lippe. 2 Bde. Frankfurt a. M.

Adorno, Theodor W. (1974): Rede über Lyrik und Gesellschaft. In: Rolf Tiedemann (Hg.): Noten zur Literatur. Gesammelte Schriften 11. Frankfurt a. M., 48–68.

Arntz, Reiner/Picht, Heribert (1989): Einführung in die Terminologiearbeit. Hildesheim/Zürich/New York.

Attig, Matthias (2015): Faktizität als Schein. Peter Szondis Hermeneutik und die Korpuslinguistik. In: Jochen A. Bär/Jana-Katharina Mende/Pamela Steen (Hg.): Literaturlinguistik – philologische Brückenschläge. Frankfurt a. M., 31–46.

Attig, Matthias (2016): Sprachliche Physiognomie als linguistische Kategorie. Möglichkeiten einer linguistischen Operationalisierung des Physiognomiebegriffs. In: Hans-Georg von Arburg/Benedikt Tremp/Elias Zimmermann (Hg.): Physiognomisches Schreiben. Stilistik, Rhetorik und Poetik einer gestaltdeutenden Kulturtechnik. Freiburg i.Br./Berlin/Wien, 67–84 (Das unsichere Wissen der Literatur, Bd. 3).

Backhaus, Hans-Georg (2004): Adorno und die metaökonomische Kritik der positivistischen Nationalökonomie. In: Andreas Gruschka/Ulrich Oevermann (Hg.): Die Lebendigkeit der kritischen Gesellschaftstheorie. Dokumentation der Arbeitstagung aus Anlaß des 100. Geburtstages von Theodor W. Adorno. 4.–6. Juli 2003 an der Johann Wolfgang Goethe-Universität, Frankfurt a. M. Wetzlar, 27–64.

Becker, Andrea (2001): Populärmedizinische Vermittlungstexte. Studien zu Geschichte und Gegenwart fachexterner Vermittlungsvarietäten. Tübingen.

Benjamin, Walter (1974): Ursprung des deutschen Trauerspiels. In: Gesammelte Schriften. Unter Mitw. v. Theodor W. Adorno u. Gershom Scholem. Hg. v. Rolf Tiedemann u. Hermann Schweppenhäuser. Bd. i.1. Frankfurt a. M., 203–430.

Budin, Gerhard (1991): Wissensdarstellung in der Fachkommunikation. In: VAKKI-Seminaari, Vöyri 9.–10. 02. 1991. Vaasa, 28–35.

Clyne, Michael (1991): Zu kulturellen Unterschieden in der Produktion und Wahrnehmung englischer und deutscher wissenschaftlicher Texte. In: Informationen Deutsch als Fremdsprache 18, 376–383.

Clyne, Michael (1993): Pragmatik, Textstruktur und kulturelle Werte. Eine interkulturelle Perspektive. In: Hartmut Schröder (Hg.): Fachtextpragmatik. Tübingen, 3–18 (Forum für Fachsprachen-Forschung, 19).

Drozd, Lubomir/Seibicke, Wilfried (1973): Deutsche Fach- und Wissenschaftssprache. Wiesbaden.

Felder, Ekkehard (2008): Sprachliche Formationen des Wissens. Sachverhaltskonstitution zwischen Fachwelten, Textwelten und Varietäten. In: Ders./Marcus Müller (Hg.): Wissen durch Sprache. Theorie, Praxis und Erkenntnisinteresse des Forschungsnetzwerkes „Sprache und Wissen". Berlin/New York, 21–77.

Felder, Ekkehard (2009): Sprache – das Tor zur Welt!? Perspektiven und Tendenzen in sprachlichen Äußerun-gen. In: Felder, Ekkehard (Hg.): Sprache. Im Auftrag der Universitätsgesellschaft Hei-delberg. Berlin u. a.: Springer Verlag, 13–57 (Heidelberger Jahrbücher, Bd. 53).

Gabriel, Markus (Hg.) (2014): Der neue Realismus. Frankfurt a. M.

Galtung, Johan (1983/1985): Struktur, Kultur und intellektueller Stil. Ein vergleichender Essay über sachsonische, teutonische, gallische und nipponische Wissenschaft. In: Leviathan 2, 303–338. (Wieder erschienen in: Alois Wierlacher (Hg.) (1985): Das Fremde und das Eigene. München, 151–193.)

ISO/DIS 1087 (Daft 1988): Terminology – Vocabulary. Revision of ISO/R 1087.

Jakobson, Roman (1988): Suche nach dem Wesen der Sprache. In: Elmar Holenstein (Hg.): Roman Jakobson. Semiotik. Ausgewählte Texte 1919–1982. Frankfurt a. M., 77–98.

Kalverkämper, Hartwig (1998): Rahmenbedingungen für die Fachkommunikation. In: Ders./ Lothar Hoffmann/Herbert Ernst Wiegand (Hg.): Fachsprachen. Ein internationales Handbuch zur Fachsprachenforschung und Terminologiewissenschaft. 1. Halbbd. Berlin/New York, 24–47 (Handbücher zur Sprach- und Kommunikationswissenschaft, Bd. 14/1).

Kuße, Holger (2012): Kulturwissenschaftliche Linguistik. Eine Einführung. Göttingen.

Kutschera, Franz von (1975): Sprachphilosophie. 2., völlig neu bearb. u. erw. Aufl. München.

Lanjouw, Joseph (Hg.) (1956): International Code of Botanical Nomenclature = Code international de la nomenclature botanique: adopted by the Eighth International Botanical Congress, Paris, July 1954. Utrecht.

Metten, Thomas (2014): Kulturwissenschaftliche Linguistik. Entwurf einer Medientheorie der Verständigung. Berlin/Boston.

Oeser, Erhard/Budin, Gerhard (1998): Grundlagen der Terminologiewissenschaft. In: Lothar Hoffmann/Hartwig Kalverkämper/Herbert Ernst Wiegand (Hg.): Fachsprachen. Ein internationales Handbuch zur Fachsprachenforschung und Terminologiewissenschaft. 2. Halbbd. Berlin, 2171–2183 (Handbücher zur Sprach- und Kommunikationswissenschaft, Bd. 14/2).

Schröter, Juliane/Tienken, Susanne (2016): KULI 1 – Vorläufige Positionsbestimmung [http://kulturlinguistik.org/Files_KULI/KULI_1_Positionsbestimmung.pdf; letzter Zugriff am 16. 03. 2018].

Weber, Max (1920/1988): Gesammelte Aufsätze zur Religionssoziologie. Photomech. NachDr. Bd. 1: Die protestantische Ethik und der Geist des Kapitalismus. Tübingen.

Weizsäcker, Carl Friedrich von (1960): Die Sprache der Physik. In: Sprache und Wissenschaft. Vorträge gehalten auf der Tagung der Joachim Jungius-Gesellschaft der Wissenschaften, Hamburg, am 29. u. 30. Oktober 1959. Göttingen, 137–153.

Wiegand, Herbert Ernst (1979a): Definition und Terminologienormung. Kritik und Vorschläge. In: Helmut Felber/Friedrich Lang/Gernot Wersig (Hg.): Terminologie als angewandte Sprachwissenschaft. Gedenkschrift für Univ.-Prof. Dr. Eugen Wüster. München u. a., 101–148.

Wiegand, Herbert Ernst (1979b): Kommunikationskonflikte und Fachsprachengebrauch. In: Wolfgang Mentrup (Hg.): Fachsprachen und Gemeinsprache. Jahrbuch 1978 des Instituts für deutsche Sprache. Düsseldorf, 25–58 (Sprache der Gegenwart, 46).

Wilss, Wolfram (1979): Fachsprache und Übersetzung. In: Wolfgang Mentrup (Hg.):
   Fachsprachen und Gemeinsprache. Jahrbuch 1978 des Instituts für deutsche Sprache.
   Düsseldorf (Sprache der Gegenwart, 46), 177–191.
Wüster, Eugen (1959/1960): Das Worten der Welt, schaubildlich und terminologisch dargestellt.
   In: Sprachforum 3, 183–204.
Wüster, Eugen (1979): Einführung in die Allgemeine Terminologielehre und Terminologische
   Lexikographie. 2 Teile. Wien.

Josef Klein
‚Betrachten der Wirklichkeit' und politisches Framing

Am Beispiel der CDU-Wahlkampagne 2013

1 Politik beginnt mit dem Betrachten der Wirklichkeit – Framing und Kampagne

Politische Diskurse, vor allem, wenn sie sich anschicken metadiskursiv zu werden, sind voll von Begriffen, die sich auf das Problem ‚Wirklichkeit' beziehen – von der *politischen Realität* bis zur *Realitätsverweigerung* angeblich *wirklichkeitsfremder* politischer Gegner. Auf die knappste Formel gebracht hat Kurt Schumacher, der legendäre Vorsitzende der SPD der ersten Nachkriegsjahre, das politiktypische Realitätskonzept mit dem ihm zugeschriebenen salienten Satz: *Politik beginnt mit dem Betrachten der Wirklichkeit.* Dieser Blick auf ‚Realität' ist handlungspraktisch und normativ bestimmt. Er besagt:

– Es gibt eine unabhängig von wahrnehmenden und deutenden Subjekten vorhandene Realität.
– Man muss sich von falschen Vorstellungen über diese Realität freimachen.
– Das ist die Basis für Politik als Gestaltungsaufgabe mit realisierbarer Programmatik.

Um historisch bei der Politikergeneration Kurt Schumachers zu bleiben: Wenn man die frühe Nachkriegszeit studiert, ist allerdings offenkundig, dass Schumachers Bild der politischen ‚Wirklichkeit' in wichtigen Hinsichten ein anderes war als das Konrad Adenauers (CDU) und erst recht das seines Gegners auf der linken Seite, des KPD-Vorsitzenden Max Reimann. Also doch alles Konstrukt(ion)? Sicherlich nicht alles. Für die genannten ebenso wie die Nachgeborenen war bzw. ist es bspw. *Tatsache,* dass die deutsche Wehrmacht im Mai 1945 bedingungslos kapituliert hat – eine Tatsache im alltagssprachlichen Sinne ebenso wie im Sinne von John Searles *institutionellen Tatsachen* (Searle 1997) oder, um eine Kategorie des ‚neuen Realisten' Markus Gabriel zu verwenden, eine Tatsache als *Erschei-*

Anmerkung: Der empirischen Seite dieses Beitrags liegen Erfahrungen des Verfassers als wissenschaftlicher Berater der Projektgruppe „Framing" der CDU für den Bundestagswahlkampf 2013 zugrunde.

nung im Sinnfeld der politischen Geschichte.[1] Insofern steht das politiktypische Wirklichkeitskonzept erkenntnistheoretisch dem Realismus nahe.

In dieser Denktradition beginnt das Konstruieren damit, politisch-historische Tatsachen wie die deutsche Kapitulation in Abhängigkeit von Bezugssystemen und Relevanzordnungen perspektivisch zu deuten und zu bewerten, z. B. aus deutsch-nationaler Perspektive als *Tag der Niederlage* oder – spätestens seit den Reden des Bundespräsidenten Richard von Weizsäcker am 8. Mai 1985 und (zuvor, aber weniger beachtet) des Bundeskanzlers Helmut Kohl am 21. April 1985 dominierend – aus demokratisch-rechtsstaatlicher Perspektive als *Tag der Befreiung*.[2] In der Terminologie der neueren Kommunikationswissenschaft handelt es sich dabei um unterschiedliches Framing.

Die primär medienwissenschaftlich orientierte Framing-Forschung teilt solchen politiktypischen Realismus. Sie orientiert sich an Entmans klassischer Definition (Entmann 1993, 52):

> To frame is to select some aspects of a perceived reality and make them more salient in a communicating text, in such a way as to promote a particular problem definition, causal interpretation, moral evaluation and/or treatment recommendation for the item described.

Da gibt es also zunächst den realen Sachverhalt und dann das Framing, den kognitiv-sprachlichen Zugriff, der das factum brutum unter Herausgreifen und Betonen bestimmter Aspekte zum perspektivisch bestimmten, Wertungen enthaltenden oder suggerierenden Konstrukt innerhalb eines bestimmten Sinnhorizontes werden lässt.

Demgegenüber ist das aus der Theorie der kognitiven Metapher entwickelte Framing-Konzept des Linguisten Lakoff eher konstruktivistisch orientiert, insofern der Zugang zur Welt, insbesondere zur politisch-sozialen Welt unhintergehbar durch „Deep Seated Frames" bestimmt sei (Lakoff/Wehling 2008, 73):

> Deep Seated Frames sind in unserem Gehirn tiefverankerte Frames, die unser generelles Verständnis von der Welt strukturieren, unsere Annahmen von der Welt zum Beispiel aufgrund unserer moralischen und politischen Prinzipien, und die für uns schlicht ‚wahr' sind.

---

[1] Vgl. Gabriel 2013, 87 ff.
[2] In der DDR war – neben der sowjetischen Bezeichnung ‚Tag des Sieges (der Roten Armee)' – die offizielle Sprachregelung ‚Tag der Befreiung'. Zur gleichlautenden bundesrepublikanischen Bezeichnung ergibt sich dabei eine partielle Bedeutungskonkurrenz: Zwar ist jeweils die Befreiung von der NS-Herrschaft gemeint, doch aufgrund unterschiedlicher Freiheitsbegriffe und der sie fundierenden unterschiedlichen ideologischen Deutungsrahmen besteht Uneinigkeit in der Ziel-Dimension: Parlamentarische Demokratie vs. Kommunistische ‚Diktatur des Proletariats'.

Allerdings ist man für Lakoff nicht einfach Gefangener von „Deep Seated Frames". Menschen haben solche Deutungsrahmen vielfach nicht in idealtypischer Radikalität verinnerlicht. Oder sie sind in der Lage, sich von konkurrierenden Frames affizieren zu lassen.[3] Das ist die Chance für strategisches politisches Framing mittels „‚Surface Frames', durch die wir die Bedeutung einzelner Worte und Sätze erfassen, also Frames auf der sprachlichen Ebene" (ebd., 73). In diesem Sinne wirkt Lakoff seit vielen Jahren als Politikberater des linken Flügels der US-Demokraten. Ausgehend von der Erkenntnis, „die Sprache aktiviert die eine Metapher im Gehirn, während sie zeitgleich die andere ausblendet" (ebd., 63), propagiert er bspw. Steuern nicht ‚konservativ' als Last für den Einzelnen, sondern ‚progressiv' als Beitrag für die Gemeinschaft zu konzeptualisieren.[4]

Die Hoch-Zeit strategischen politischen Framings ist die Wahlkampagne. In ihrer grundlegenden Untersuchung definiert Bartels (2015, 52) *Kampagnen* als

> im Rahmen einer strategischen Kommunikationsanstrengung erstellte Mengen von Kommunikaten, die sich in Gestalt verschiedener Textsorten und Kommunikationsformen an die Öffentlichkeit (bzw. Teilöffentlichkeiten) richten und vom Kampagnenakteur klar definierte Kernbotschaften zu einem bestimmten Thema transportieren. Kampagnen sind dabei unbedingt zeitlich befristet und von variierender kommunikativer Intensität. Insgesamt reichen sie deutlich über das alltägliche kommunikative Engagement eines Akteurs bezüglich eines Themas hinaus.

Spezifika von *Wahl*kampagnen sind:
- „Kampagnenakteure" sind in institutioneller Hinsicht Parteien, in personaler Hinsicht die in diesem Rahmen an der Konstituierung der Kampagne Beteiligten, insbesondere die Parteiführung, Planungs- und Kommunikationsabteilungen der Partei, politische Berater und Agenturen. Sie bilden eine Art Kollektiv mit intern unterschiedlichen Zuständigkeiten bei gleicher Zielausrichtung.
- Ziel ist die Mobilisierung einer möglichst hohen Zahl von Wählern/-innen zur Wahl der eigenen Partei und ihrer Kandidaten/-innen.
- Die „Kernbotschaften" sind politischer Natur.
- Multimodale Markierung soll die Wahrnehmung der Kampagne als einheitlichen Gegenstand sichern:
    - textlich durch den Claim (= Haupt-Slogan) samt Parteilogo,
    - visuell durch einheitliches Farb- und Formen-Design
    - personell durch die (Spitzen-)Kandidatin/den (Spitzen-)Kandidaten.

---

3 Vgl. Lakoff/Wehling 2008, 61–64.
4 Vgl. Lakoff 2004, 3 f.; 24–26; auch Wehling 2016, 84–100.

- Die Möglichkeit unerwarteter Entwicklungen erfordert gegebenenfalls Flexibilität bei der Kampagnensteuerung.[5]
- Gleichzeitig mit der eigenen Wahlkampagne laufen die Wahlkampagnen der konkurrierenden Parteien („Wahlkampf").
- Daher sind Wahlkampagnen nicht nur auf die Propagierung eigener Positionen und Kandidaten/-innen ausgerichtet, sondern auch auf die (stärkere oder schwächere) Abwertung gegnerischer Konzepte und/oder Kandidaten/-innen.

Die zuletzt genannten Spezifika der Wahlkampagne markieren einen relevanten Unterschied zu Kampagnen gesellschaftlicher Organisationen und Verbände, wie Bartels sie untersucht hat, und auch zu Werbekampagnen von Unternehmen: In *Wahl*kampagnen wird die dyadische Konstellation ‚Kampagnenakteur – Adressaten' überlagert durch die triadische eines Wahl*kampfs*, in dem (mindestens) zwei Parteien aufeinandertreffen und sich an das Elektorat wenden. Das entspricht der – schon von Aristoteles in der ‚Rhetorik' thematisierten – Ursituation demokratischer politischer Rhetorik: Kampf zwischen Proponent und Kontrahent um die Zustimmung der Stimmberechtigten als Entscheider.

Aus all dem ergeben sich Konsequenzen für strategisches politisches Framing:
- Aufgabe der Akteure von Wahlkampagnen ist nicht nur, die eigene Seite vorteilhaft zu profilieren, sondern auch die politische Konkurrenz kritisch und die potentielle Wählerschaft freundlich zu modellieren.
- Framing in Wahlkampagnen bezieht sich in linguistischer Hinsicht nicht allein – wie gelegentlich nahegelegt wird[6] – auf den Einzelbegriff (Mikro-Ebene), sondern mindestens ebenso sehr auf Texte[7] und Begriffsnetze[8] (Meso-Ebene) sowie auf die Ausrichtung der Kampagne als ganzer[9] (Makro-Ebene).

---

[5] In der Endphase des Bundestagswahlkampfs 2013 war das bspw. die NSA-Spähaffäre, die von den Kampagnenakteuren der SPD aufgegriffen und zeitweise fokussiert wurde, während die Union das Thema aus der Kampagne heraushielt, indem sie es nie von sich aus aufgriff und mit Verweis auf Verhandlungen mit den USA als außenpolitisches Thema zu normalisieren und damit zu marginalisieren versuchte.
[6] So über weite Strecken in Wehling 2016.
[7] (Journalistische) Texte sind die wichtigsten Gegenstände der medienwissenschaftlichen Framing-Forschung.
[8] Begriffsnetze sind vielfach Gegenstand framesemantischer germanistische Forschung, z. B. Böke 1997; Klein 2002; Ziem 2008.
[9] Beim Framen der Kampagne als Ganzer ergeben sich am ehesten Beziehungen zu Lakoffs Idee der „Deep Seated Frames" (Lakoff/Wehling 2008).

2 „Betrachten der Wirklichkeit" und das Wissen der Kampagnen-Akteure

Kampagnenakteure pflegen – vor allem im Stadium der Planung – für sich in Anspruch zu nehmen im Sinne des Schumacher-Satzes die ‚Wirklichkeit zu betrachten', um auf dieser Basis die Kampagne samt Framingstrategien aufzubauen. Die Metapher ‚Betrachten' suggeriert, dass die politisch relevante ‛Wirklichkeit` ähnlich einem materialen Gegenstand offen vor Augen liege. Dem ist aber nicht so. Was Kampagnenakteure da ‚betrachten', ist Ergebnis von Reduktion und Selektion der überkomplexen ‚Wirklichkeit' auf das (vermeintlich) politisch Relevante im Kombination mit dem Aufbau von *Wissensbeständen unterschiedlicher Sicherheitsgrade*.[10] Diese reichen von wissenschaftlich basiertem, institutionenspezifischem u./o. massenmedial vermitteltem Wissen über alltagsweltliches Erfahrungswissen, Wahrscheinlichkeitsannahmen, *Deep Seated Frames* und politisch-ideologischen Relevanzeinschätzungen bis zu spekulativen, z. B. von Wunschdenken getriebenen Annahmen. Bei der Frage, was sie als Wissen um die politische ‚Wirklichkeit' zugrunde legen, d. h. von welcher Wirklichkeitskonstruktion sie selber ausgehen, gilt auch für Kampagnenakteure das Charakteristikum aller Politik, Entscheidungen auf der Basis unvollständiger u./o. partiell unsicherer Informationen treffen zu müssen. Konsequenz ist ein *Konstrukt erster Ordnung* – im Unterschied zu *Konstrukten zweiter Ordnung*, d. h. zu den Framing-Produkten, die sie im Hinblick auf den Wahlerfolg konstruieren und der Wählerschaft als parteispezifisches Bild politischer Wirklichkeit präsentieren. Beide Konstrukte entstehen im intertextuellen Geflecht aus Beschlüssen oberster Parteigremien als strategischer Basis, Texten und Workshops der Planungs- und Kommunikationsabteilungen, Ergebnissen empirischer Forschung, Expertisen und Vorschlägen von Beratern und Agenturen u. Ä.

Spezifiziert und exemplifiziert wird das bisher Ausgeführte an der Kampagne der CDU zur Bundestagswahl 2013, bei der die Union 41,5 % der Stimmen errang. Als *methodische Grundlage* dient dabei eine *Mischung aus teilnehmender Beobachtung* (s. Anmerkung) und *Textanalyse* – stets im Bewusstsein des hermeneutischen Charakters jeden Zugriffs auf sozio-kommunikative Wissensgenerierung und deren Ergebnisse.

---

[10] Es handelt sich um ‚Wissen' im Sinne des sozialwissenschaftlichen Terminus ‚Knowledge' und nicht im Sinne der deutschen Standardsprache, bei der in der Verwendung des Substantivs „Wissen" – entsprechend der Bedeutung des Verbs „wissen" – die Anerkennung des Wissensinhalts als ‚wahr' zumindest mitschwingt.

3 Konstrukt erster Ordnung: die politische Wirklichkeit der Kampagnenakteure.

Die von den Akteuren als kampagnenrelevant wahrgenommen ‚Daten' betreffen vor allem
- die Einschätzung der Profile von CDU und SPD durch die Wählerschaft,
- die Zustimmung zu Bundeskanzlerin Merkel im Vergleich zum SPD-Kanzlerkandidaten Steinbrück,
- die Situation in Politikfeldern, die von der Öffentlichkeit als wichtig erachtet werden,
- Eigenschaften der für die CDU relevanten Teile der Wählerschaft.

Im Frühjahr 2013 liegen der CDU folgende Umfrageergebnisse zu parteibezogenen Begriffs-Assoziationen vor:[11]
Primär der CDU zugeordnet:

führungsstark	(CDU 47 %, SPD 14 %)
gutes Regieren	(CDU 33 %, SPD 16 %)
Wohlstand	(CDU 37 %, SPD 13 %)
Sicherheit	(CDU 37 %, SPD 16 %)
Leistung	(CDU 33 %, SPD 15 %)

Primär der SPD zugeordnet:

sozial	(SPD 47 %, CDU 14 %)
soziale Marktwirtschaft	(SPD 33 %, CDU 24 %)
Leistungsgerechtigkeit	(SPD 24 %, CDU 18 %)

Was die Relevanz dieser Begriffe für die Wählerschaft betrifft, ist die Lage nicht eindeutig. Einerseits beurteilen in einer Umfrage der TNS-Infratest-Sozialforschung 51,4 % der Befragten ihre eigene wirtschaftliche Lage als gut oder sehr gut,[12] und auf einer 10er Skala zur Lebenszufriedenheit ordnen sich sogar 71,5 % bei den Skalenwerten 7–10 (= ziemlich zufrieden – ganz und gar zufrieden) ein.[13] Die damit zusammenhängenden Begriffe *Wohlstand*, *Sicherheit* und *Leistung* werden laut Umfrage vorrangig mit der CDU assoziiert. Gleiches galt

---

[11] Im Hinblick auf den Wahlkampf interessierten vor allem die Unterschiede zwischen CDU- und SPD-Zuordnung und weniger der (durchaus bemerkenswerte) Umstand, dass viele Befragte keine parteispezifische Zuordnung vornahmen.
[12] [http://de.statista.com/statistik/daten/studie/176847/umfrage/beurteilung---eigene-wirtschaftliche-lage/].
[13] [http://de.statista.com/statistik/daten/studie/180045/umfrage/gegenwaertige-lebenszu

für *gutes Regieren*. In allen Umfragen hatte Bundeskanzlerin Merkel stabil die besten Zustimmungswerte.[14] Laut ARD-Deutschlandtrend sind im Februar 2013 71% der Befragten „mit ihrem Wirken [...] zufrieden – ihr bester Wert in der laufenden Legislaturperiode".[15] In den Medien werden Merkel immer wieder die Eigenschaften ‚nüchtern' und ‚unprätentiös' zugesprochen. Während ihrer Kanzlerschaft ist die Arbeitslosigkeit von 11,7% im Jahr 2005 auf 6,8% im Jahresdurchschnitt 2012 gesunken. Merkel gilt in der Euro-Krise, die die Bevölkerung seit 2011 beunruhigt, als Politikerin, die es – bei aller europäischen Orientierung – versteht die deutschen Interessen gegen Begehrlichkeiten der sog. Krisenländer zu wahren.

Andererseits ist in der Zeit der schwarz-gelben Koalition 2009–2013 das primär der SPD zugeordnete Thema *soziale Gerechtigkeit* vor allem unter dem Aspekt diesbezüglicher Defizite immer mehr zu einem beherrschenden politischen Thema in den Medien geworden. Die Assoziation der Begriffe *sozial* und *gerecht* mit der SPD ist – im Vergleich mit der CDU – laut oben zitierter Umfrage so eng, dass selbst die Begriffe *Marktwirtschaft* und *Leistung*, die isoliert weit mehr mit der CDU assoziiert werden, in den Zusammensetzungen *soziale Marktwirtschaft* und *Leistungsgerechtigkeit* primär der SPD zugeordnet wurden. In einer am 12. Februar 2013 veröffentlichten repräsentativen Umfrage des Instituts für Demoskopie Allensbach zum Gerechtigkeitsbegriff heißt es im Fazit:

> Die große Mehrheit der Bürger hat einen umfassenden, anspruchsvollen Gerechtigkeitsbegriff, der Chancen- und Leistungsgerechtigkeit genauso umfasst wie Familien- und Generationengerechtigkeit sowie Verteilungsgerechtigkeit. In allen Gerechtigkeitsdimensionen sehen die Bürger erheblichen Handlungsbedarf. [...] Entsprechend ist die Politik mit hohen Erwartungen konfrontiert.[16]

Die von der SPD geforderten Konkretisierungen im Bereich der Verteilungsgerechtigkeit wie Mindestlohn und Maßnahmen zur Schaffung von Steuergerechtigkeit finden mit je 76% die höchsten Zustimmungswerte.[17]

Gleichzeitig sind die Werte für den SPD-Kanzlerkandidaten Steinbrück schwach: Laut ARD-Deutschlandtrend würden sich bei einer Kanzler-Direktwahl

---

friedenheit/]. Zu einem beinahe identischen Befund kommt eine Umfrage von Allianz und Universität Hohenheim (Der Tagesspiegel 21. 03. 2013).
14 Mit Merkel „zufrieden"/„sehr zufrieden": 71% (ARD-DeutschlandTREND Februar 2013).
15 [http://www.infratest-dimap.de/umfragen-analysen/bundesweit/ard-deutschlandtrend/2013/februar/].
16 Vgl. [http://www.insm.de/insm/kampagne/gerechtigkeit/was-denkt-deutschland-ueber-gerechtigkeit.html; letzter Zugriff: 6. Juli 2015].
17 Vgl. ebd.

im Februar 2013 nur „28 Prozent für Peer Steinbrück entscheiden" gegenüber „59 Prozent für die Amtsinhaberin".[18] Immer wieder wird ein Widerspruch zwischen dem sich abzeichnenden ‚linken' Wahlprogramm der SPD und dem als wirtschaftsnah geltenden Kanzlerkandidaten thematisiert. Monatelang hatte es kritische Berichterstattung wegen sehr hoher Honorare für Steinbrück als Redner im Kontext ‚der Wirtschaft' gegeben. Dazu kommen Nichtigkeiten, die vor allem von der Boulevardpresse skandalisiert werden. Steinbrücks Reaktionen gelten vielfach als ungeschickt und/oder dünnhäutig.

Für Wahlkampagnen ist von zentraler Bedeutung, welches Bild von der Wählerschaft sich die Akteure machen.[19] Man konzentriert sich auf den Teil des Elektorats, bei dem man eine Chance sieht, sie als Wähler/innen zu gewinnen. Für eine *Volkspartei* ist dieses Spektrum ziemlich breit.[20] Es gibt Kampagnen, bei denen Zielgruppendifferenzierung eine dominante Rolle spielt. Anders in der CDU-Kampagne 2013: Man zielt sozusagen auf *den/die* CDU- Durchschnittswähler/in.

Dabei entsteht ein Meta-Konstrukt: das Konstrukt der Kampagnenakteure, in dessen Zentrum Annahmen über das Bild stehen, das die potentielle Wählerschaft in den kampagnenrelevanten Kategorien *Selbsteinschätzung, Themenprioritäten, Kanzlerpriorität* und *Ansprüche an Politikerinnen und Politiker* konstruiert – ergänzt um die damit mutmaßlich verknüpften *Standard-Emotionen* sowie um das unterstellte Niveau *politischer Kenntnisse* (Übersicht 1). Dabei werden die emotionalen Reaktionen nicht als stets übereinstimmend vermutet, so wenn bei einer thematischen Schwerpunktsetzung auf *sozialer Gerechtigkeit* (im Sinne von weiterem Ausbau des Sozialstaats) bei der CDU-relevanten Wählerschaft mit unterschiedlichen emotionalen Reaktionen zu rechnen ist.

---

18 [http://www.infratest-dimap.de/umfragen-analysen/bundesweit/ard-deutschlandtrend/2013/februar/; letzter Zugriff: 6. Juli 2015].
19 Es handelt sich um das, was Hannappel/Melenk 1979, 17 ff., in einem noch heute lesenswerten Buch „Partnerhypothesen" genannt haben.
20 Außerhalb bleiben diejenigen, von denen man annimmt, dass sie grundsätzlich anderen Prinzipien und Positionen anhängen.

Übersicht 1: Wähler/innen-Konstrukt

Konstrukt: (CDU-relevante) Wahlberechtigte		
Kategorie	Befund	Unterstellte Standard-Emotionen
SELBSTEINSCHÄTZUNG	gute wirtschaftliche Lage	→ Zufriedenheit, Freude
POLITISCHE KENNTNISSE	ungenau, defizitär	→ ...
THEMENPRIORITÄTEN	1. Wirtschaft/Arbeitsmarkt	→ Zufriedenheit, Zuversicht
	2. Eurokrise,	→ Ärger, Sorge
	3. Soziale Gerechtigkeit	→ Ärger, Begehren, Mitleid, Gleichgültigkeit
KANZLERPRIORITÄT	Merkel	→ Vertrauen
ANSPRÜCHE AN POLITIKER	(s. Übersicht 2)	

Übersicht 1 enthält den Teil politisch-gesellschaftlicher ‚Wirklichkeit', dessen Betrachten für Kampagnenakteure mit besonders hoher Ungewissheit verbunden ist. Als Quellen dieses Wissen mischen sich:
- demoskopische Daten, so bei der SELBSTEINSCHÄTZUNG zur eigenen wirtschaftlichen Lage, bei der KANZLERPRIORITÄT und bei der THEMENPRIORITÄT *soziale Gerechtigkeit* (s. o.),
- Medienberichterstattung, wo monatelang *soziale Gerechtigkeit* und zuvor jahrelang *Euro-Krise* als mediale THEMENPRIORITÄTEN dominierten,
- Erfahrungswissen als Grundlage der Annahme, oberste THEMENPRIORITÄT stelle für die CDU-relevante Wählerschaft angesichts der Wirtschafts- und Arbeitsmarktdaten sowie hoher Zufriedenheitswerte der Bereich Wirtschaft/Arbeitsmarkt dar – getreu Bill Clinton's Motto: „It's the economy, stupid!" und entgegen demoskopischer und medialer Priorität für *soziale Gerechtigkeit*,
- expertentypische Stereotype so bei der Einschätzung geringer POLITISCHER KENNTNISSE beim Gros der Wählerschaft,
- *Common sense*, so bei den ANSPRÜCHEN AN POLITIKERINNEN UND POLITIKER.

Im Hinblick auf das Framing der Kanzlerin und ihres Herausforderers war wichtig, sich die in der Wählerschaft vorherrschenden normativen Ansprüche an Politiker klar zu machen. Als Common Sense wurde eine Art Katalog angenommen, der in Übersicht 2 im Frame-Format dargestellt ist.[21]

---

21 Zu Frame-Formaten s. Busse 2012.

Übersicht 2: Ansprüche von Wählerinnen und Wählern an Politikerinnen und Politiker

Ansprüche an Politikerinnen und Politiker

Kategorie	Erwünschte Ausprägung	Emotion
KÖNNEN	sachkundig, durchsetzungsfähig	
MORAL	glaubwürdig, skandalfrei	
GRUNDHALTUNG	ausgeglichen (= weder zu rational noch zu emotional), nicht abgehoben, unprätentiös	Achtung, Wohlwollen
ARBEITSHALTUNG	pflichtbewusst, leistungsorientiert	
KOMMUNIKATION	dialogorientiert, verständlich, rhetorisch fesselnd	

Wenn man die Vorstellungen skizzieren will, die Akteure einer Partei an der Startlinie von nationalen Wahlkampagnen als politische Wirklichkeit betrachten, so liegt nahe – über das bisher Erläuterte hinaus – die Frage zu stellen, ob bzw. inwieweit die Wählerschaft von *Deep Seated Frames* im Lakoff'schen Sinne beherrscht werden, die das Bild von Politik und Gesellschaft grundlegend prägen. Für die USA geht Lakoff davon aus, dass dieses Bild von zwei konkurrierenden Vorstellungen von der Nation als Familie beherrscht ist: dem Modell der *strong father family* bei den *conservatives* und dem Modell der *nurturant parents family* bei den *liberals*.[22] In welchem Ausmaß dies für die Wählerschaft in den USA empirisch nachweisbar ist, mag dahingestellt sein.

Für Deutschland ist dies jedenfalls nicht als prägend nachweisbar.[23] Allerdings ist für die SPD in ihren programmatischen Texten seit je – lediglich durchbrochen durch Texte zur Rechtfertigung der *Agenda 2010* – ein Muster nachweisbar, das einem *Deep Seated Frame* zumindest nahe kommt:[24] Dominant ist die OBEN-UNTEN-Orientierungsmetapher[25] für die Gesellschaftsstruktur mit normativer Präferenz für UNTEN und für die Herstellung *sozialer Gerechtigkeit* durch Beseitigung oder Milderung der OBEN-UNTEN-Struktur als staatliche Daueraufgabe.

---

22 Vgl. Lakoff 1996; 2004, 5 ff.; ders./Wehling 2008, 34 ff.
23 Nicht einmal Lakoffs Schülerin Wehling, die sich ansonsten zahlreiche Lakoff'sche Analyseergebnisse zu Nutze macht, übernimmt für Deutschland die Vorstellung der konkurrierenden Familienmodelle (Wehling 2016).
24 Ausführlich in Klein 2016, 236 ff.
25 Zur Kategorie „Orientierungsmetapher" Lakoff/Johnson 1980, 14 ff.

Eine ähnlich klare tiefenframe-artige Struktur findet sich bei der CDU und ihren Kampagnenakteuren nicht.[26] Ein gemeinsamer Nenner besteht am ehesten in der Priorität von Personalität vor sozialer Gruppenzugehörigkeit. Politik hat in der pluralistischen Gesellschaft für Kompromiss zwischen Interessen zu sorgen, wobei sozialhierarchische Verhältnisse zwar nicht geleugnet, gegebenenfalls auch kritisch gesehen, aber für weniger relevant als bei den Sozialdemokraten gehalten werden.

4 Strategisches Framing – Konstrukte zweiter Ordnung:

4.1 Makro-Ebene: Die Gesamtkampagne

4.1.1 Formate, Textsorten, Methodisches

Framing auf der Makroebene betrifft die Generallinie einer Kampagne. Sie wird bei großen Parteien in Kommunikationsformaten und Textsorten manifest, die viele Wähler/innen direkt u./o. per medialer Resonanz erreichen:
- Wahlprogramm (zugleich Bezugstext und Fundgrube für nachrangige Texte wie Flyer zu Einzelthemen und Texten auf Wahlkreisebene),
- TV-Duell der Kanzleraspiranten,
- Standard-Wahlrede der Kanzleraspiranten,
- ‚Duelle' der Kanzleraspiranten in Bundestagsdebatten während des Wahlkampfs,
- Wahlplakate,
- TV-Spots,
- Homepages der Kanzleraspiranten[27]
- Broschüren o. ä. zu Person und politischen Schwerpunkten der Kanzleraspiranten.

---

26 Dies dürfte nicht zuletzt Folge des ideologischen Misch-Charakters der *Volkspartei* CDU mit ihren christlich-sozialen, liberalen und konservativen Wurzeln sein.

27 Da das Internet 2013 von Wahlkampfexperten überwiegend als Medium der Resonanz auf das Geschehen in den politischen Leitmedien Fernsehen und Zeitung betrachtet wurde, war die Homepage das einzige internettypische Format, dem in der zentralen CDU-Kampagne einige Bedeutung zugemessen wurde.

Um die Generallinie als Hauptbotschaft deutlich und leicht erinnerbar zu machen, bedarf es nicht nur adressatengerechter Verständlichkeit, sondern auch auffälliger Platzierung. Dem kommen *Plakat*, *TV-Spot* und *Homepage* aufgrund ihrer Textsortenmerkmale eo ipso entgegen. Anders steht es mit umfangreiche Texten. So werden in Wahlprogrammen über die Schwerpunktthemen der Kampagne hinaus zahlreiche weitere Themen und Einzelfragen behandelt – oft ergänzt durch Flyer zur Verteilung im Straßenwahlkampf.[28] Auch in der Wahlkampfrede, mit der die Kanzleraspiranten über die Plätze und durch die Stadthallen der Republik ziehen, pflegen Einzelthemen – wenn auch meist als Spezialaspekte der Hauptthemen – angesprochen zu werden. In Bundestagsdebatten werden u. U. aktuelle Ereignisse – wie 2013 ein Giftgasangriff in Syrien – neben Haupt- und Nebenthemen des Wahlkampfs thematisiert. Und im – meist 90-minütigen – TV-Duell müssen die Kandidaten damit rechnen, von Kontrahent und Journalisten in die Auseinandersetzung um unliebsame u./o. abweichend geframte Themen verwickelt zu werden. In solch umfangreichen Kommunikationsformaten und Texten konzentriert sich Framing auf der Makroebene daher vor allem in salienten Textelementen und -segmenten: beim TV-Duell auf das *Eingangsstatement* als Antwort auf die erste Journalistenfrage und auf das *Schluss-Statement*. Ähnliches gilt für die Wahlrede mit dem – meist der Begrüßung folgenden – *Grundsatzteil* und der im Wahlappell endenden *Schlusssequenz*. Bei Wahlprogrammen verfügen vor allem *Titel* (*Haupt-*, *Unter-* und *Zwischentitel*) sowie *Einstiegs-* und *Schlusspassagen* – bspw. im Regierungsprogramm 2013 von CDU/CSU: *Präambel*, *Erstes Kapitel* und *Schlusskapitel* (sog. *Wahlaufruf*) – über Salienz- Potenzial.

In diesen auf Salienz hin orientierten (kursiv markierten) Formaten und Textelementen findet sich die dichteste Manifestation des Makroebenen-Framing. Indem man dies als dominante Datengrundlage nimmt, vermeidet man in methodischer Hinsicht die Schwäche mancher quantitativen Korpus-Analysen Salienz nicht zu erfassen und auf diese Weise Wichtiges und Unwichtiges ununterscheidbar zu verrechnen.

4.1.2 Gesellschaft und politische Grundausrichtung

In Kampagnen zu nationalen Wahlen bezieht sich Framing nicht isoliert auf prioritäre Sachthemen und Kandidatenprofilierung, sondern integriert sie in eine bestimmte Konzeptualisierung von Staat und/oder Gesellschaft. Dabei spielt die

---

28 Vgl. [www.cdu.de/artikel/flugblaetter-und-argumente-zum-regierungsprogramm; letzter Zugriff am 28. 05. 2017].

Einschätzung vorherrschender Diskurse durch die Akteure eine wichtige Rolle. Der – weitgehend von der Logik und Begrifflichkeit der Bundeskanzlerin Merkel geprägte – Eurokrisen-Diskurs hatte seit Spätsommer 2012 durch Einführung des European Stability Mechanism (ESM) und durch Maßnahmen der Europäischen Zentralbank Einiges an Brisanz eingebüßt. Mehr und mehr wird *soziale Gerechtigkeit* zum vorrangigen Gegenstand öffentlicher Diskussionen.

Das beunruhigt die Kampagnenakteure der CDU sehr. Es wird entschieden, die SPD-Kampagne zu konterkarieren und gleichzeitig zu marginalisieren: Konterkarieren durch Modellieren eines überaus harmonischen Bildes der deutschen Gesellschaft, Marginalisieren durch Verdrängen des Schlagwortes – weniger des Themas – *Soziale Gerechtigkeit* aus dem Fokus des Wahlkampfs. Die Hauptthemen der Union werden in das harmonische Bild eingebaut, und zwar mit Priorität für Ökonomie (Wirtschaft/Arbeitsmarkt/Finanzen), dann – damit verknüpft – Europapolitik, gefolgt von sozialpolitischen Aspekten. Im Einzelnen bedeutet das: starke Wirtschaft, hoher Beschäftigungsgrad, solide Finanzen, in der Eurokrisenpolitik erste Reformen und Erfolge. Wo sozialpolitische Schwachpunkte „nicht in Ordnung sind" (Merkel), soll durch Vorhaben wie tariflicher Mindestlohn, Mütterrente und Mietpreisbremse Abhilfe geschaffen werden. Brisante Themen wie Afghanistan-Krieg, Migration und der von manchen Stammwählern der Union kritisch gesehenen Atomausstieg nach der Katastrophe von Fukushima bleiben möglichst ausgeblendet – außer in Spezialkapiteln des Wahlprogramms, für die man geringe Beachtung vermutet.

Die positive Modellierung der so reduzierten ‚politischen Wirklichkeit' geschieht sprachlich, indem über die eigene Politik ein Füllhorn von Lob-Vokabeln ausgeschüttet wird. Allein auf der Einstiegsseite des Wahlprogramms finden sich – teils mehrfach – die deontisch positiven Adjektive *ausgewogen, beliebteste, demokratisch, erfolgreich, einflussreich, frei, friedlich, gleichberechtigt, gut, international geachtet, klug, leistungsfähig, nachhaltig, sozial, stabil, stark, überragend*. Oberflächlich betrachtet handelt es sich um den – für Wahlkampagnen von Regierungsparteien typischen – simpelsten Modus sprachlicher Selbstaufwertung: thematisch unspezifisch und stilistisch penetrant. Doch schon vorher, auf Seite 1 der von den Vorsitzenden Merkel (CDU) und Seehofer (CSU) unterschriebenen Präambel zeigt sich in der Häufung der Spitzenreiter unter den aufwertenden Adjektiven – *stark/stärker/stärkste* (5x), *gut* (4x), *erfolgreich* (3x), *stabil* (3x) –, dass der Selbstlob-Fokus spezifischer ausgerichtet ist. Die Kampagne profiliert drei semantische Dimensionen:
– Stärke,
– Leistung,
– Gemeinsamkeit/Zusammenhalt.

Die dichteste Manifestation erfahren sie in den salienten Formaten und Textelementen: Überschriften sowie Präambel/Eingangs-/Schlusskapitel des Wahlprogramms, Eingangs-/Schluss-Statement des TV-Duells, Einleitender Grundsatzteil/ Schlusssequenz der Wahlrede, Schlusssequenzen der Merkel'schen Bundestagsreden während des Wahlkampfs, Großplakate, TV-Spot, Merkel-Homepage (text- und bildidentisch mit der Merkel-Broschüre). Dort sind die drei Dimensionen jeweils ohne Ausnahme präsent, überwiegend in identischer oder sehr ähnlicher Formulierung, gelegentlich mehrfach:

- Stärke: *starker/starke/starkes; wirtschaftliche Stärke; als Land stark; stark sein/stark dastehen/stark bleiben.*
  Referenzobjekte:[29] *Wirtschaft, Deutschland, Wachstum und Beschäftigung;* als Ziele: *stabiler Euro, starkes Europa.*
- Leistung: *erfolgreich (sein); erfolgreiches Land; Erfolg unseres Landes; das schaffen können; [...] geschafft haben; viel erreichen; etwas leisten; gelingen; auf diesem Weg schon sehr weit gekommen; sich anstrengen [...] zu erreichen; die belohnen, die etwas leisten; Haushalt konsolidieren; Rekordbeschäftigung; keine Schulden mehr machen.*
  Handlungssubjekte: *wir* (= *wir Deutsche*); *wir* (= Bundeskanzlerin + CDU/CSU + die Deutschen); *wir* (= Bundeskanzlerin + CDU/CSU); *Unternehmer; Arbeitnehmer und Arbeitgeber; Deutschland* als *Wachstumsmotor* und *Stabilitätsanker* in der *krisen*bedrohten EU.
- Gemeinsamkeit/Zusammenhalt: *wir gemeinsam* (= Bundeskanzlerin + CDU/ CSU + die Deutschen); *gemeinsam erreichen; gemeinsam schaffen; gemeinsame Verantwortung für ein menschliches Miteinander; Land des Zusammenhalts; Deutschlands Zusammenhalt; Zusammenhalt der/unserer Gesellschaft; gesellschaftlicher Zusammenhalt; Zusammenhalt zwischen den Generationen; jeder Einzelne zählt* in seinem *Verschieden*-Sein in der Gesellschaft; *die Soziale Marktwirtschaft* als institutionalisierte Kooperation von *Arbeitnehmern, Arbeitgebern und Politik* mit *gelebter Sozialpartnerschaft von Gewerkschaften und Arbeitgeberverbänden; Familie* als Basisinstitution der Gesellschaft mit *ganz unterschiedlichen Lebensentwürfen und Wünschen.*

---

29 Stärke wird hier – anders als vielfach in anderen größeren Staaten – nicht auf militärische Potenz bezogen, sondern beschränkt sich innenpolitisch auf Ökonomie und Finanzwirtschaft sowie außenpolitisch auf die Rolle Deutschlands in der EU.

Strategischer Hintergrund für diese Framing-Priorität ist eine Art handlungslogisches Modell:[30] Das Erreichen eines wünschenswerten Zustands (Stärke) ist an notwendige Bedingungen gebunden (Leistung und – bei einer Großgruppe – Gemeinsamkeit/Zusammenhalt). Sprachlich werden die drei Dimensionen eng verzahnt. Am kompaktesten geschieht das im Claim, dem intertextuell und intermedial verknüpfenden Identitätsmarker der Kampagne: *Gemeinsam erfolgreich*.

Dabei hat *erfolgreich* an zwei Dimensionen Anteil: Stärke und Leistung. Den Erfolg reklamieren die Kampagnenakteure nicht für die Union allein, sondern konzeptualisieren ihn mittels des Adverbs *gemeinsam* als Kooperationsleistung von Volk, Regierung bzw. Union und Kanzlerin.[31] Im Schluss-Statement des TV-Duells macht Merkel das besonders explizit: *Wir können das nur gemeinsam schaffen, erfolgreich zu sein*. Den TV-Spot beendet sie mit dem Satz *Gemeinsam schaffen wir das*. Das Wahlprogramm der Union enthält den Claim in erweiterter Form als Titel: *Gemeinsam erfolgreich für Deutschland*.

Im Framing der CDU wird auf Makroebene das Modell einer kooperativen Leistungsgesellschaft sichtbar. Es unterscheidet sich deutlich vom OBEN-UNTEN-metaphorischen Tiefenframe. Allerdings unterlässt Merkel es nicht, an salienter Stelle das Plädoyer für *Stärke* u. a. damit zu rechtfertigen, dass nur so *die Stärkeren den Schwächeren helfen* könnten.[32] Damit profiliert sie das Konzept als kooperativ-*solidarische* Leistungsgesellschaft. Visuell werden deren Angehörige als aktiv und fröhlich „geframed": Die erste Plakatwelle der CDU zeigt gut gelaunte Junge und Alte, Frauen und Männer in Situationen voller Lebendigkeit – Repräsentanten der gemeinsam Erfolgreichen.

Die handlungslogisch verknüpfte Trias *Stärke-Leistung-Gemeinsamkeit/Zusammenhalt* leistet für die Kohärenz der Kampagne Ähnliches wie in der Lakoff-Tradition eine durchgängige kognitive Metapher. Die Akteure der CDU waren überzeugt, dass die politische ‚Realität', wenn auch kampagnenbedingt auf wenige Themen reduziert, zu heterogen ist, um sie mittels *einer* kognitiven Metapher überzeugend zu modellieren. Auch mit einzelbegrifflicher Metaphorik

---

30 Es entspricht dem *praktischen Schluss* in der Interpretation der analytischen Handlungstheorie. Vgl. von Wright 1974, 93 ff.

31 Das *Yes, we can* der ersten Obama-Kampagne (2007/2008) schwingt in dem Claim mit, allerdings nicht als Aufbruchssignal, sondern als Kontinuitätsversprechen.

32 So die Formulierung im Schluss-Statement des TV-Duells. In der Eingangs- und Grundsatzpassage ihrer Standard-Wahlrede intensiviert sie diesen Gedanken sogar rhetorisch durch eine *Figura etymologica*, indem sie den Wortstamm *stark* dreifach variiert: „Und ich möchte gerne, dass es gelingt, dass wir möglichst viel von unseren Stärken noch stärker machen, damit wir dann als Land stark sind. Und dass wir die Chance haben, und die Kraft haben, denen die schwächer sind, auch wirklich Hilfe zu leisten."

ist die CDU-Kampagne höchst sparsam und uneinheitlich (Nautikmetapher *Stabilitätsanker*, Natur- und Maschinenmetapher *Wachstumsmotor*).

4.1.3 Emotionales Framing

Emotionen spielen bei Wahlentscheidungen eine wichtige Rolle. Daher bezieht strategisches Framing Überlegungen zu emotionalen Einstellungen und Wirkungen ein.[33] Emotionen strategisch zu nutzen bedeutet nicht notwendig durch Hochpeitschen starker, aggressiver Gefühle zu ‚emotionalisieren'. Die Emotionspsychologie unterscheidet *positive* (als angenehm empfundene) und *negative* (als unangenehm empfundene) Emotionen. Sie können von unterschiedlicher Intensität (stark, moderat, schwach) sein und unterscheiden sich nach ihrem Bezug (auf situative Faktoren, auf die eigene Person, auf andere Personen).[34]

Die Kampagne der CDU 2013 setzt systematisch und ausschließlich auf moderate Gefühle, weit überwiegend auf positive und nur sehr sparsam – mit Bezug auf den politischen Gegner – auf negative Emotionen. Man zielt auf die Auslösung oder Stärkung von
- Zufriedenheit und Selbstvertrauen im emotionalen Selbstbezug der Wählerinnen und Wähler,
- Zuversicht hinsichtlich der Entwicklung von Politik und Gesellschaft unter der Führung von Merkel und der Union,
- Vertrauen in Merkel und die Union sowie Sympathie gegenüber der Kanzlerin.

Soweit negative Gefühle überhaupt aktiviert werden sollen, handelt es sich um:
- Befürchtungen hinsichtlich rot-grüner Steuer- und Eurokrisen-Politik und generelle Skepsis gegenüber Rot-Grün. (Mit emotionsbezogenen Äußerungen zum SPD-Kanzlerkandidaten Steinbrück hielt man sich zurück. Das Auslösen von Antipathie und Unmut bis zur Wut besorgte eine skandalisierende Medienberichterstattung über Verhaltensweisen und Äußerungen Steinbrücks.)

---

33 Da die Frameforschung Emotionen bislang nicht in ihren Gegenstandsbereich einbezieht und sowohl die Lakoff-Schule als auch die vorwiegend medienwissenschaftliche Framing-Forschung den Zusammenhang zwischen Framing und emotionalen Wirkungen weitestgehend unbeachtet gelassen hatte (vgl. Kühne/Schemer 2014; Matthes 2014), waren die Kampagnenakteure der CDU weitgehend auf Ergebnisse der psychologischen Emotionsforschungen als auch auf eigenes Erfahrungswissen angewiesen.
34 Vgl. Schwarz-Friesel 2007, 66 ff.

Die *Strategie der moderaten Emotionen* manifestiert sich vor allem sprachlich. Es dominiert ein Vokabular emotionaler Wohlgestimmtheit (s. o.). Kein Wunder, dass in den Medien mehrfach von „Wohlfühlkampagne" die Rede war. Dramatisierende oder polarisierende Sprechakte fehlen. Enthusiastische Attitüden kommen ebenso wenig vor wie eifernde Rechtfertigungen der eigenen Politik und wütende Vorwürfe oder Hasstiraden gegen die politische Konkurrenz. Dabei lassen die Akteure sich von folgenden Überlegungen leiten:

1. Starke Emotionen (Euphorie für die eigene Sache, Angst vor dem politischen Gegner oder gar Hass auf ihn) lassen sich, abgesehen von ethischen Bedenken, nur erzeugen, wenn es in der Bevölkerung ‚gärt'. Dagegen sprechen die hohen Zufriedenheitswerte (s. o.).
2. Eine Kampagne mit starken Emotionen provoziert den politischen Gegner leicht zu emotional heftigen Reaktionen.
3. Solche Polarisierung bedeutet für eine Regierungspartei/Kanzlerin das Risiko, dass ein bislang relativ schwacher Gegner als ebenbürtig wahrgenommen wird.
4. Polarisierung motiviert wahlmüde Sympathisanten des politischen Gegners doch zur Wahl zu gehen.[35]
5. Die Kampagne muss zu Merkels Image als emotional eher zurückhaltende Kanzlerin passen.

Wahlkampagnen mit ausschließlich moderaten Emotionen sind die Ausnahme. Die Union hatte damit Erfolg: 41,5 % der Wählerstimmen, darunter laut Infratest Dimap 1,25 Millionen bisherige Nichtwählerinnen und -wähler.

4.1.4 Die Kanzlerin

Vorgabe für das Kampagnen-Framing ist die zentrale Stellung von Angela Merkel als Bundeskanzlerin. Sprachliches und visuelles Framing soll vorhandene Stärken ihres Images betonen und etwaige Schwächen korrigieren. Bei *Image* handelt es sich um ein – in öffentlichen Kommunikationsprozessen entstandenes – Konstrukt über eine physisch reale Person. Wissen über die ‚politische Realität' bedeutet in einem solchen Falle Image-Kenntnis. Hier stützt sich Wissen auf Umfragedaten, Medien-Auswertung und persönliche Eindrücke vom Bild der

---

35 Dem durch moderaten Ton und inhaltlich-programmatische Nähe bei populären Themen entgegenzuwirken, dabei aber das Wählerinteresse bei der eigenen potenziellen Wählerschaft relativ hoch zu halten, wird vielfach als Strategie der ‚asymmetrische Demobilisierung' bezeichnet.

Kanzlerin in der CDU-relevanten Wählerschaft. So ergibt sich 2013 ein Konstrukt, das in den skizzierten Kategorien des Katalogs der Ansprüche an Politikerinnen und Politiker (Übersicht 2) Achtung und Vertrauen begünstigende Werte enthält – mit Einschränkungen in der Kategorie Kommunikation:

> KÖNNEN: kompetent, durchsetzungsfähig, erfolgreich in der Wirtschafts-, Arbeitsmarkt- und Eurokrisen-Politik;
> MORAL: skandalfrei, glaubwürdig;
> TEMPERAMENT: gelassen, rational, ohne gefühllos zu wirken;
> ARBEITSHALTUNG: pflichtbewusst, leistungsorientiert;
> AUSSTRAHLUNG: unprätentiös, beherrscht, seriös;
> KOMMUNIKATION: nüchterne Rhetorik, Dominanz institutionsbezogenen Kommunizierens.

Die Schwerpunkte Wirtschaft/Arbeitsmarkt und Eurokrise bieten die Möglichkeit einer permanenten Bestärkung der Positiv-Werte für Merkel insbesondere in der Kategorie KÖNNEN. Um Schwächen in der Kategorie KOMMUNIKATION zu begegnen, war es wichtig Merkel als ‚normalen Menschen' sichtbar zu machen. Neben dem weithin vorhandenen Vertrauen in die Kanzlerin soll Sympathie für die Person Angela Merkel aufgebaut bzw. gestärkt werden. So wird im TV-Spot der CDU Merkels Leistungsbereitschaft und Pflichtbewusstsein (Kategorie ARBEITSHALTUNG) visuell indiziert: Man sieht eine Frau, deren Falten vom Einsatz für die *Menschen in Deutschland* zeugen, über den sie spricht, und die das in einem nüchternen Raum tut, wie ihn Millionen aus ihrem Arbeitsalltag kennen – insgesamt eine Situation, mit der Viele sich identifizieren können.[36]

Merkels weithin geschätzte Eigenschaft, unprätentiös zu sein, erleichtert Framing in Richtung ‚Normalisierung'. Das geschieht primär in Texten, aber auch in Bildern. In Merkels eigens für die Wahlkampagne eingerichteter sog. Homepage[37] – weitgehend text- und bild-identisch mit einer Broschüre[38] für den Straßenwahlkampf – wird die Merkel-Story erzählt: Teils biographisch, teils programmatisch angelegt, wird einerseits die entscheidungsstarke, durchsetzungsfähige Politikerin nicht verleugnet („ich will [...]"; „ich entscheide [...]"), andererseits ist sie, wenn es um Privates geht, eine ‚wie du und ich': „Ich koche sehr gern, am liebsten Rouladen und Kartoffelsuppe." Ihr Ehemann, ein Konditorsohn, beschwert sich: „Auf dem Kuchen sind immer zu wenig Streusel." Dies bleibt der

---

36 [www.cdu.de/artikel/tv-und-radio-spots-der-cdu-deutschlands-zur-bundestagswahl-2013, letzter Zugriff am 28. 05. 2017].
37 [www.angela-merkel.de; letzter Zugriff am 28. 05. 2017] Seit 2013 ist die Homepage unverändert geblieben.
38 CDU-Bundesgeschäftsstelle: Broschüre Bundeskanzlerin Angela Merkel. Berlin 2013.

einzige textliche Hinweis auf Weiblichkeit im traditionellen Sinne. Eine stärkere Signalisierung von Geschlechtsspezifik barg die Gefahr, das Identifikationspotential zum einen für männliche Wähler, zum anderen für Anhängerinnen und Anhänger eines ‚modernen' Frauenbildes zu schmälern.

Ähnlich wichtig wie die Präsentation in kampagnenspezifischen Schriftmedien sollten für den Eindruck, die Kanzlerin sei (auch) ‚eine von uns', sprachstilistische Mittel in der Standard-Wahlrede sein, mit der sie über die Plätze der Republik zog. Darin stellt sie ihre Politik in einfachster Sprache dar und thematisiert persönliches Erleben und Gefühle, um politische Zusammenhänge nachvollziehbar zu machen, etwa zum Thema Europa – so am 16. 08. 2013 in Waren an der Müritz:

> Und als ich auch mal 'n bisschen verzweifelt über die Streitereien der Regierungschefs war, hab' ich mich gefragt: Was machst Du da eigentlich die vielen Stunden? Da hab' ich mir mal überlegt, worüber wir uns nicht streiten in Europa: Wir streiten uns nicht darüber, dass wir Demokratie haben. Wir streiten uns nicht darüber, dass wir Pressefreiheit haben. Wir streiten uns nicht darüber, dass wir Meinungsfreiheit haben, dass wir Reisefreiheit haben. Und wir streiten uns auch nicht darüber, dass wir Religionsfreiheit haben. Das alles ist selbstverständlich in allen 28 Ländern Europas. Und diese Gemeinsamkeit, worüber wir uns nicht streiten, die ist unglaublich viel wert, wenn Sie mal daran denken, was in Ägypten, in Syrien und in anderen Ländern los ist. Das ist unser Europa, und das ist unsere Stärke.[39]

Mit diesem Stil zielt sie, wie ein leitender Mitakteur es ausdrückt, primär auf die vielen politisch wenig sachkundigen Zuhörer/innen, die gekommen sind, um Deutschlands prominenteste Frau live zu sehen und zu hören. Die kleine Erzählung über Befindlichkeiten bei Brüsseler Sitzungen ist zugleich Arbeit an der Story von der hart, zuverlässig und verantwortungsvoll für Deutschland arbeitenden Kanzlerin, die alles andere als abgehoben ist.

Alltagssprachlich und alltagslogisch rechtfertigt sie in dieser Rede auch ihren konfrontationsarmen Wahlkampfstil: „Ich hab' meine Zeit heute im Wesentlichen darauf verwandt, Ihnen zu sagen, was wir wollen. Ich hab' keine Lust den ganzen Wahlkampf damit zu verbringen zu erklären, was die anderen alles falsch machen." (Dafür erhält sie stets besonders starken Applaus.)

Merkel beendet die Standardrede mit Dank für den Besuch der Veranstaltung, nachdem sie zuvor nicht nur auf die Wichtigkeit des Wählens, sondern auch – verbunden mit einer unaufdringlichen *Empfehlung* der CDU die Stimme zu geben – auf die Freiheit des Wahlakts hinweist. Da wird vermittelt, dass das Volk der Souverän ist.

---

39 [www.youtube.com/watch?v=7–kmuylfLQ; letzter Zugriff am 28. 05. 2017].

Die Kommunikatorin Merkel ist auch Gegenstand visuellen Framings: Eines der beiden Merkel-Großplakate zeigen sie aufmerksam und freundlich im Gespräch. Auch die Fotos in Merkel-Homepage und -Broschüre betonen lockere Kommunikativität stärker als Amtswürde.

Das alles begünstigt das Konstrukt der Gemeinschaft Volk-Merkel-CDU. Da erscheint es nicht zu gewagt, wenn Merkel in der Schlusssequenz des TV-Duells die Nähe der Zuschauer, sprich des Volkes zu ihr behauptet: „Sie kennen mich."

4.1.5 Der politische Gegner

Ziel des gegnerbezogenen Framing war, die Kampagnen der Gegenseite, insbesondere die der SPD, zu marginalisieren – primär durch Ignorieren und dort, wo das nicht möglich ist, durch Vermeiden scharfer Konfrontation. Nur 1 % des Wahlprogramms und weder Plakate noch TV-Spot thematisieren den politischen Gegner und seine Konzepte. Die kurzen Passagen des Programms zur Politik der Oppositionsparteien enthalten kaum Empörungs-Indikatoren. Meist bleibt es beim deontisch blassen Verb *ablehnen*. Nur zweimal wird stärker formuliert: Die rot-grüne Steuerpolitik sei *verantwortungslos*, und bei der Vermögenssteuer würde Bürgern *Sand in die Augen gestreut*. Dazu kommen einige altbekannte Stigmabegriffe, um die man im Wahlprogramm nicht herumkam: *rot-grüne Umverteilungspolitik, rot-grüne Steuererhöhungspolitik, rot-grüne Bevormundungspolitik* sowie mit Bezug auf die Eurokrisenpolitik *Schuldenunion* und *Transferunion*.

Auch jenseits der politischen Konkurrenz wird Konfrontation mit gesellschaftlichen Gruppen, auch mit weithin unbeliebten, vermieden. Schmähvokabeln, wie sie sich im Wahlprogramm der SPD finden – *Finanzjongleure, Spekulanten, Steuerbetrüger* – kommen bei der Union nicht vor, auch dort nicht, wo sich das Wahlprogramm kritisch mit den Auswüchsen der Finanzwirtschaft beschäftigt und Schritte dagegen ankündigt.

Der Kanzlerkandidat der SPD wird möglichst ignoriert. Man überlässt es den Medien, seine Pannen, seinen Charakter und auch sein Programm kritisch zu behandeln. Die Kanzlerin nimmt bis zum TV-Duell nicht einmal seinen Namen in den Mund. Steinbrücks Attacken, auch heftige, spielt sie ostentativ herunter. Typisch sind zwei Passagen aus dem ZDF-Sommerinterview und aus einem FAZ-Interview im August 2013:

> Schausten: „Warum ignorieren Sie Peer Steinbrück?"
> Merkel: „... Es ist ja bekannt, wer der Kanzlerkandidat der SPD ist."
> Schausten: „Und Sie haben nur seinen Namen vergessen?"

Merkel: „Ich hab' seinen Namen nicht vergessen. Ich habe gut mit ihm vier Jahre als Finanzminister zusammengearbeitet und habe die allerbesten Erinnerungen daran."[40]

FAZ: „Hat es Sie erbost, dass der Kanzlerkandidat der SPD, Peer Steinbrück, Ihnen im Zusammenhang mit der Datensicherheit eine Verletzung Ihres Amtseids vorgeworfen hat?"
Merkel: „Nein. Das ist Opposition."[41]

Im TV-Duell am 1. 9. 2013 versucht sie etliche der Vorwürfe Steinbrücks abzufangen, indem sie ihn ruhig, fast freundlich auf Übereinstimmungen mit der SPD und gemeinsames Handeln hinweist. Auch hier keine Spur von *negative campaigning*.

4.2 Meso-Ebene. Beispiel Eurokrisen-Politik

Die konzeptuelle Gestaltung bestimmter Politikfelder ist Gegenstand von Framing auf der Meso-Ebene. Sprachlich sind Argumentationstopik und Begriffsnetze, akzentuiert durch markante Sätze, zentral. Als Beispiel dient hier das Thema Eurokrisen-Politik. Es ist schon lange vor der Wahlkampagne von der Bundeskanzlerin geprägt. Dabei folgt sie dem klassischen Muster der Legitimierung politischen Handelns durch ein Ensemble von Topoi (= Argument*typen*).[42] Es besteht aus Situationsdaten (DATENTOPOS), deren Bewertung (VALUATIONSTOPOS), den handlungsleitenden Prinzipien/Normen/Werten (PRINZIPIENTOPOS), den Zielen (FINALTOPOS), häufig ergänzt um die Ursachen und Verantwortlichkeiten für die Lage (URSACHENTOPOS) und um die Konsequenzen, die sich bei Unterlassen politischen Handelns ergeben würden (KONSEQUENZTOPOS).

Seit das Thema Eurokrise für sie virulent wurde, hatte die Kanzlerin die Legitimierung ihrer Politik in dem Satz zugespitzt: „Scheitert der Euro, scheitert Europa." Damit stellt sie den KONSEQUENZTOPOS in den Mittelpunkt ihrer Argumentationskette. Indem sie den salienten Satz in fünf Regierungserklärungen zwischen dem 19. 5. 2010 und dem 14. 6. 2012 jeweils an zentraler Stelle formuliert,[43] macht sie ihn zu ihrem europapolitischen Mantra.

---

[40] [www.zdf.de/politik/berlin-direkt/zdf-sommerinterview-mit-angela-merkel-102.html; letzter Zugriff am 28. 05. 2017].
[41] [fazarchiv.faz.net/document?id=FAZN__20130816_2535198#start; letzter Zugriff am 28. 05. 2017].
[42] Vgl. Klein 1995; 2000; 2016, 77 ff.; Kuhlmann 1999, 118–124; Römer 2012; ders./Wengeler 2013.
[43] Dazu Klein 2014, 123–126.

Doch mit der Wahlkampagne 2013 verschwindet der Satz aus der Begründung Merkel'scher Europa- und Eurokrisen-Politik. Die Möglichkeit eines Scheiterns auch nur zu erwähnen, passt nicht in das ‚positive Denken' der Feel-good-Kampagne. Statt negative Konsequenzen zu beschwören, werden in den Kampagnentexten erste Reformerfolge, Deutschlands Rolle im Euro-Raum sowie das handlungsleitende Prinzip der ‚*Solidarität* mit Krisenländern nur bei *Gegenleistung*' betont (Fettdruck in Übersicht 3). Neutrale Formulierungen von Daten finden sich in der Kampagne kaum – lediglich bei Merkel selbst in ihrer volkspädagogischen Wahlrede, wenn sie die Refinanzierungsprobleme der Krisenstaaten plastisch und einfach formuliert. Übersicht 3 enthält die topische Argumentationsstruktur in ihrer Gesamtheit (wörtlich zitierte Begriffe und Sätze *kursiv*).

Übersicht 3: Topische Argumentationsstruktur zur Legitimierung der Merkel'schen Eurokrisen-Politik

---

DATENTOPOS:
- Hoher Schuldenstand u. Haushaltsdefizite verhindern in Griechenland und tendenziell in anderen Euro-Staaten eine Refinanzierung auf den Finanzmärkten. (Merkel: *„Niemand hat sich mehr gefunden, der gesagt hat: ‚Für die Schulden dieser Länder stehen wir ein. Wir glauben nicht, dass die das zurückzahlen können'."*).
- Globaler *Wettbewerbs*druck auf Europa.

URSACHENTOPOS:
- Zu lange *auf Pump gelebt*.
- *Fehler* bei der *Einführung des Euro*.
- Aufnahme Griechenlands in Euro-Zone *bei fehlenden Voraussetzungen*.

VALUATIONSTOPOS:
- Eurokrise ist *Staatsschuldenkrise*.
- **Reformen erfolgreich auf den Weg gebracht** (Rettungsschirm ESM, ...)
- **Deutschland** als **Stabilitätsanker** und **Wachstumsmotor**

PRINZIPIENTOPOS:
- **Solidarität bei Eigenverantwortung, Leistung und Gegenleistung**
  (= Hilfe für Krisenländer nur bei *eigener Leistung*)

FINALTOPOS:
- Stabilitätsunion, Euro als *starke und stabile Währung*,
- *Wettbewerbsfähigkeit*,
- mehr *Wachstum und Beschäftigung*,
- (abgelehnt: *Transferunion/Schuldenunion*)

POLITISCHES HANDELN: *Strukturreformen, Haushaltssanierung, Schuldenbremse, Bankenunion, Finanztransaktionssteuer,* (abgelehnt: *Eurobonds*)

Das Merkel'sche Argumentationsnetz war im Rahmen von Debatten und Verhandlungen im professionellen Bereich politischer Institutionen entstanden. Interessierten Bürgerinnen und Bürgern war es durchaus vertraut, weil die politischen Medien es transportierten und weitgehend übernommen hatten. In der Wahlkampagne 2013 splittet die Kanzlerin beim Thema Europa Begrifflichkeit und Sprachstil adressatenspezifisch:
- In Bundestagsreden, auch in TV- und Presse-Interviews, wo sie mit politisch überdurchschnittlich interessiertem Publikum rechnen kann, bleibt sie (mit der skizzierten inhaltlichen Verschiebung) bei dem seit 2010 entwickelten Begriffsinventar.[44]
- In der Standardwahlrede verzichtet sie weitgehend auf Spezifizierung der Maßnahmen zur Eurorettung. In der oben (4.1.4) zitierten Passage rechtfertigt sie ihr Bemühen um Europa verständlicher. In knappstem, nicht-ökonomischem Framing kontrastiert sie das Europa der *Streitereien der Regierungschefs* mit dem Europa unstrittiger Werte (*Demokratie, Pressefreiheit, Meinungsfreiheit, ...*) und betont die weit größere Relevanz dieser *Gemeinsamkeit* – unterstrichen durch den Hinweis auf das, *was in Ägypten in Syrien und in anderen Ländern los ist*.

4.3 Mikro-Ebene. Beispiel „Soziale Gerechtigkeit"

Framing auf der Mikro-Ebene betrifft vorrangig Einzelbegriffe. Defizite in Sachen ‚soziale Gerechtigkeit' sind schon vor der Jahreswende 2013 seit längerem ein vorrangiges Medienthema. Aus Meinungsumfragen ist bekannt, dass Gerechtigkeit, vor allem soziale Gerechtigkeit von einer großen Mehrheit für wichtig gehalten wird, dass der Begriff aber deutlich mehr der SPD als der CDU zugeordnet wird (s. o.). Die SPD würde ihn zum alleinigen Wahlkampfthema machen. Was tun? Versuchen, den Begriff selber zu besetzen? Das erscheint chancenlos. Denn aus den Ergebnissen der kognitiven Linguistik und Psychologie weiß man:[45] Wenn die CDU ihn lauthals verwenden würde – auch dann würde die SPD damit assoziiert (oder andere ‚linke' Parteien). Doch kommt man in Deutschland als Sozialstaat an dem verfassungsnahen Hochwertwort nicht vorbei.

---

44 Vgl. [www.zdf.de/politik/berlin-direkt/zdf-sommerinterview-mit-angela-merkel-102.html; letzter Zugriff am 28. 05. 2017] und [fazarchiv.faz.net/document?id=FAZN__20130816_2535198#start; letzter Zugriff am 28. 05. 2017].
45 Z. B. Lakoff 2004; Kahneman 2012.

Wie lässt man einen Begriff gleichzeitig verschwinden und nicht verschwinden? Dazu wird eine lexikalische Strategie durch Kombination dreier Verfahren entwickelt:

1. Minimalübernahme (= einmalige, aber relevante Verwendung im Grundsatzteil des Wahlprogramms): „*So verbindet die Soziale Marktwirtschaft in einzigartiger Weise die Vorteile einer Marktwirtschaft mit der Verpflichtung zur sozialen Gerechtigkeit.*"[46] Der Satz klingt im Rahmen eines Bekenntnisses zur *Sozialen Marktwirtschaft* als *Leitbild* der CDU (und der CSU) ideologisch gewichtig. Man schützt sich so vor dem Vorwurf *soziale Gerechtigkeit* gering zu schätzen. Aber in der Masse der Sätze und Texte geht er unter, zumal der Begriff in der Kampagne nirgendwo sonst auftaucht.
2. Umgehung durch Konkretisierung: Statt *soziale Gerechtigkeit* als Oberbegriff den einschlägigen (durchaus sozialpolitischen) Programmpunkten der Union überzuordnen, wird einfach auf einen Oberbegriff verzichtet. Stattdessen vertraut man allein auf die Schlagwort-Kraft der jeweiligen programmatischen Konkreta wie *Mütterrente, tariflicher Mindestlohn, Mietpreisbremse*.[47] Hier wird deutlich, dass es den Akteuren nicht darum ging, das Konzept, das mit dem Ausdruck „Soziale Gerechtigkeit" verbunden ist und dem die genannten Initiativen der CDU durchaus entsprechen, grundsätzlich in Frage zu stellen, sondern einen weithin positiv besetzten Ausdruck in den eigenen Texten und Reden zu meiden, weil er mit der politischen Konkurrenz assoziiert wird.
3. Diffundierende Bezeichnungskonkurrenz: Es bleibt nicht beim Vermeiden des gegnerischen Fahnenwortes. Die Vermeidungsstrategie trifft auch die Bestandteile *sozial* und *gerecht*. Sie werden zwar nicht völlig aus dem Sprachgebrauch der CDU verbannt, aber überwiegend durch bedeutungsähnliche Wörter ersetzt: Statt *sozial* heißt es meist *anständig, sicher, verantwortungsvoll, ordentlich* u. Ä. und statt *gerecht* überwiegend *fair, anständig*.[48] Es ist der Versuch, Markenwörter aus dem Ideologievokabular der SPD zu ertränken in bedeutungsähnlichen Allerweltswörtern mit emotional positiver Anmutung.

---

46 CDU/CSU (2013): Gemeinsam erfolgreich für Deutschland. Regierungsprogramm 2013–2017, 17.
47 Besonders deutlich z. B. in [www.zdf.de/politik/berlin-direkt/zdf-sommerinterview-mit-angela-merkel-102.html; letzter Zugriff am 28. 05. 2017].
48 Die entsprechende Empfehlung des „Leitfadens für gute Sprache im Wahlkampf" der CDU (S. 13) wurde im Wahlprogramm und anderen Texten so praktiziert.

5 Resümee

Über den Einzelfall der hier vorgestellten Wahlkampagne hinaus ergeben sich für die Framingforschung vor allem drei Befunde:
1. Gegenstand strategischen politischen Framings sind Makro-, Meso- und Mikroebene einer Kampagne – und nicht nur das Mikroebenenphänomen Einzelbegriff.
2. Politisches Framing bezieht sämtliche deontisch positiv oder negativ aufladbaren sprachlichen Strukturtypen ein, insbesondere Wörter, Sätze, Sprechakttypen, Stories und Argumentationsnetze sowie neben den sprachlichen auch visuelle Operationen.
3. Erfolgreiches politisches Framing ist – anders als in den Arbeiten von Lakoff und Wehling nahegelegt – weder auf die Dominanz einer kognitiven Metapher noch auf den Vorrang des Operierens mit sprachlichen Metaphern angewiesen. Mindestens so wichtig sind handlungslogische Kohärenz, die Ausrichtung auf situationsangemessene Emotionen und die Wahl der entsprechenden sprachlichen Manifestationen, zu denen gegebenenfalls, aber keineswegs zwingend Metaphern gehören.

Bezogen auf das Rahmenthema ‚Realität oder Konstruktion' ist deutlich geworden: Die Vorstellung von politischem Framing als Verfertigen (verzerrender) parteilicher Konstrukte mit der (unverzerrten) Wirklichkeit als Ausgangspunkt ist zu simpel. Denn der Ausgangspunkt ist unhintergehbar ebenfalls ein Konstrukt. Ob bzw. inwieweit diesem wiederum subjektive u./o. *gesellschaftliche Konstruktion* (Berger/Luckmann 1966) zugrunde liegt oder – in letzter Instanz – eine von Deutung unabhängige Wirklichkeit im Sinne des erkenntnistheoretischen Realismus, mag für Politik und Politikwissenschaft dahin gestellt bleiben. Für sie sind die Kategorie ‚Wissen' und die Standards für Gewinnung, Überprüfbarkeit und Wahrscheinlichkeit der ‚Richtigkeit' des Wissens von größerem Belang.

Für demokratische Kultur ist obendrein charakteristisch, beim Anspruch auf Richtigkeit – etwa angesichts der Unvollständigkeit zugrundeliegender Informationen – letztlich einzuräumen, dass andere Positionen nicht nur möglich und auf der Basis von Meinungsfreiheit legitim sind, sondern sich gegebenenfalls als – partiell oder komplett – richtig herausstellen können. Hinweise auf diese implizite Basis demokratischer pluralistischen Gesellschaften begegnen in Wahlkampagnen nur ausnahmsweise, etwa wenn Angela Merkel in ihrer Standard-Wahlrede einräumt: *Wir machen nicht alles richtig.*

Bibliographie

Kampagnen-Korpus[49]

Angela Merkel: *Standard-Wahlrede* (Waren an der Müritz) [www.youtube.com/watch?v=7—kmuylfLQ].

Angela Merkel: *Regierungserklärung zu den Ergebnissen des G-8-Gipfels und zum Europäischen Rat am 27./28. Juni 2013 in Brüssel*. In: Plenumprotokoll Deutscher Bundestag. 11. Wahlperiode, 250. Sitzung. ... 27.Juni 2013, 31883 D – 31888 B.

Angela Merkel: *Debattenrede ´Zur Situation in Deutschland`*. In: Plenumprotokoll Deutscher Bundestag. 11. Wahlperiode, 253. Sitzung. ... 3. September 2013, 32621 A D – 32627 D.

CDU-Bundesgeschäftsstelle: Broschüre Bundeskanzlerin Angela Merkel. Berlin 2013

CDU-Bundesgeschäftsstelle: *Die richtigen Worte finden. Leitfaden für gute Sprache im Wahlkampf*. Berlin 2013

CDU/CSU: *Gemeinsam erfolgreich für Deutschland. Regierungsprogramm 2013–2017*. Berlin 2013

Das TV-Duell: Merkel – Steinbrück – komplette Sendung | ARD [ww.youtube.com/watch?v=FYXxBS6lOVc].

FAZ-Interview: fazarchiv.faz.net/document?id=FAZN__20130816_2535198#start.

Homepage Angela Merkel [www.angela-merkel.de].

Plakate der CDU [www.cdu.de/plakate] und [www.google.de/search?q=wahlkampf+2013+cdu+plakate&safe=strict&tbm=isch&tbo=u&source=univ&sa=X&ved=0ahUKEwjN_JGV9pLUAhXQLVAKHePaB0gQsAQIUA&biw=1536&bih=759.]

SPD: *Das WIR entscheidet. Das Regierungsprogramm 2013–2017*. Berlin 2013.

Themenflyer der CDU [www.cdu.de/artikel/flugblaetter-und-argumente-zum-regierungsprogramm].

TV-Spot der CDU [www.cdu.de/artikel/tv-und-radio-spots-der-cdu-deutschlands-zur-bundestagswahl-2013].

ZDF-Sommerinterview [www.zdf.de/politik/berlin-direkt/zdf-sommerinterview-mit-angela-merkel-102.html].

Wissenschaftliche Literatur

Bartels, Marike (2015): Kampagnen. Zur sprachlichen Konstruktion von Gesellschaftsbildern. Berlin.

Berger, Peter L./Luckmann, Thomas (1966): The Social Construction of Reality. Garden City

Böke, Karin (1997): Die „Invasion" aus den „Armenhäusern" Europas. Metaphern im Einwanderungsdiskurs. In: Matthias Jung/Martin Wengeler/Karin Böke (Hg.): Die Sprache des Migrationsdiskurses. Opladen, 164–193.

Busse, Dietrich (2012): Frame-Semantik. Ein Kompendium. Berlin/Boston.

Entman, Robert M. (1993): Framing: toward clarification of a fractured paradigm. In: Journal of Communication 43/4, 51–58.

Gabriel, Markus (2013): Warum es die Welt nicht gibt. 3. Aufl. Berlin.

---

[49] Letzter Zugriff auf die Internet-Quellen jeweils am 28. 05. 2017.

Hannappel, Hans/Melenk, Hartmut (1979): Alltagssprache. München.
Hermanns, Fritz (1986): Appellfunktion und Wörterbuch. Ein lexikographischer Versuch. In: Herbert Ernst Wiegand (Hg.): Studien zur neuhochdeutschen Lexikographie VI.1. Hildesheim/Zürich/New York, 151–182 (Germanistische Linguistik 84–86).
Kahneman, Daniel (2012): Schnelles Denken, langsames Denken. München.
Klein, Josef (1995): Asyl-Diskurs. Konflikte und Blockaden in Politik, Medien und Alltagswelt. In: Ruth Reiher(Hg.): Sprache im Konflikt. Berlin/New York, 15–71.
Klein, Josef (2000): Komplexe topische Muster: Vom Einzeltopos zur diskurstyp-spezifischen Topos-Konfiguration. In: Thomas Schirren/Gert Ueding (Hg.): Topik und Rhetorik. Tübingen, 623–649.
Klein, Josef (2002): Topik und Frametheorie als argumentations- und begriffsgeschichtliche Instrumente, dargestellt am Kolonialdiskurs. In: Dieter Cherubim/Karlheinz Jakob/ Angelika Linke (Hg.): Neue deutsche Sprachgeschichte: Mentalitätsgeschichtliche, kultur- und sozialgeschichtliche Zugänge. Berlin/New York, 167–181.
Klein, Josef (2014): Grundlagen der Politolinguistik. Berlin.
Klein, Josef (2016): Von Gandhi und al-Qaida bis Schröder und Merkel. Politolinguistische Analysen, Expertisen und Kritik. Berlin.
Kühne, Rinaldo/Schemer, Christian (2014): Emotionale Framing-Effekte auf politische Einstellungen und Partizipationsbereitschaft: In: Frank Marcinkowski (Hg.): Framing als politischer Prozess. Baden-Baden, 195–210.
Kuhlmann, Christoph (1999): Die öffentliche Begründung politischen Handelns. Zur Argumentationsrationalität in der politischen Massenkommunikation. Opladen/Wiesbaden.
Lakoff, George (1996): Moral Politics. How Liberals and Conservatives Think. Chicago/London.
Lakoff, George (2004): Don't Think of an Elefant. Know Your Values and Frame the Debate. Vermont.
Lakoff, George/Johnson; Marc (1980): Metaphors We Live By. Chicago.
Lakoff, George/Wehling, Elisabeth (2008): Auf leisen Sohlen ins Gehirn. Politische Sprache und ihre heimliche Macht. Heidelberg.
Matthes, Jörg (2014): Framing. Baden-Baden.
Römer, David (2012): „Politikversagen!" – Relationale Toposanalyse: Überlegungen zu einem Verfahren linguistischen Interpretierens und dessen sprachkritischer Anwendbarkeit am Beispiel eines Diskursausschnitts zu „Krisen". In: aptum. Zeitschrift für Sprachkritik und Sprachkultur 8/3, 193–216.
Römer, David/Wengeler, Martin (2013): „Wirtschaftskrisen" begründen/mit „Wirtschaftskrisen" legitimieren. Ein diskurshistorischer Vergleich. In: Martin Wengeler/Alexander Ziem (Hg.): Sprachliche Konstruktionen von Krisen. Bremen, 269–288.
Schwarz-Friesel, Monika (2007): Sprache und Emotionen. Tübingen/Basel.
Searle, John R. (1997): The Construction of Social Reality. New York.
Wehling, Elisabeth (2016): Politisches Framing. Wie eine Nation sich ihr Denken einredet – und daraus Politik macht. Köln.
Wright, Georg Henrik von (1974): Erklären und Verstehen. Frankfurt a. M.
Ziem, Alexander (2008): Frames und sprachliches Wissen Berlin/New York.

Ekkehard Felder
Wahrheit und Wissen zwischen Wirklichkeit und Konstruktion: Freiheiten und Zwänge beim sprachlichen Handeln

1 Einleitende Überlegungen

Menschen müssen sich in einer als komplex wahrgenommenen Welt orientieren und ständig Entscheidungen treffen. Schon deshalb streben sie nach objektiviertem Wissen oder gar Wahrheit – hier vorerst verstanden als Freisein von subjektiven Einflüssen. Die Sehnsucht, unbeeinflusst von einer subjektiven Sicht zu entscheiden, scheint in einer pluralistischen Gesellschaft mit vielschichtigen Deutungsangeboten besonders vordringlich zu sein. Menschen müssen entscheiden (auch nicht zu entscheiden kommt einer Entscheidung gleich). Entscheiden verlangt Wissen zwecks Orientierung. Anders ist das zur Entscheidung gezwungene Individuum gar nicht adäquat handlungsfähig, wenn es sich beispielsweise für oder gegen eine Impfung entscheidet. Das Individuum will wissen, wenn es sich für oder gegen eine Impfung entscheidet, was wirklich ist; es will einen direkten Zugang zur Wirklichkeit. Konstruktionen von Dingen und Sachverhalten wecken hingegen die Assoziation des Subjektiven; wir erahnen ein verdächtiges Individual- oder Kollektivinteresse eines Diskursakteurs – also das Gegenteil dessen, wonach wir in schwierigen Erkenntnisprozessen streben.

Jedoch wollen aufgeklärte Bürgerinnen und Bürger im Normalfall niemandem folgen, der behauptet, die Wahrheit gefunden zu haben. Allenfalls Katholiken folgen noch dem Unfehlbarkeitsgebot des Papstes in Glaubensfragen – nota bene: aber nur in Fragen des Glaubens. Außerhalb dieser Sphäre wird jedem Wahrheitsverkünder mit großer Skepsis begegnet, obgleich uns die Wahrheit doch alle anzieht. Vielleicht übernehmen wir einzelne Teile eines Gedankengebäudes eines Diskursakteurs – allerdings nur bzw. viel lieber dann, wenn er unprätentiös auftritt und eng an der Sache orientiert argumentiert. Selbstzuschreibungen von Wahrheit irritieren uns in der Regel. Wir suchen also die Wahrheit (oder die ‚wirkliche' Wirklichkeit, nicht die ‚konstruierte'), gestehen aber den Fund derselben niemandem zu. Wie geht das zusammen?

In diesem Zusammenhang wird ein – angeblicher oder tatsächlicher – Kollateralschaden dieses Befunds diskutiert: Der Verzicht auf einen absoluten Wahrheitsanspruch führe zu einem zügellosen Relativismus. Wenn wir niemandem – nicht einmal uns selbst – die Möglichkeit einräumen, in einer bestimmten

---

Open Access. © 2018 Ekkehard Felder, publiziert von De Gruyter. Dieses Werk ist lizenziert unter der Creative Commons Attribution-NonCommercial-NoDerivatives 4.0 Lizenz.
https://doi.org/10.1515/9783110563436-017

Sach- und Streitfrage *die* Wahrheit gefunden zu haben, lohnt es sich dann überhaupt zu suchen?

Philosophen wie z. B. Maurizio Ferraris (2012) werfen der sogenannten Postmoderne vor, durch ihre Kritik an der Moderne habe sie nicht nur dem Relativismus, sondern auch dem politischen Populismus Tür und Tor geöffnet: „Das, wovon die Postmodernisten geträumt haben, haben die Populisten verwirklicht", sagt der italienische Philosoph und Verfasser des *Manifesto del nuovo realismo* Maurizio Ferraris (2012) laut ZEIT ONLINE am 27. August 2015 in der Realismus-Debatte.[1]

Um dies zu verstehen, muss man die Kritik der Postmoderne an der Moderne resümieren: Der Vorwurf der monolithisch modellierten Postmoderne an die Moderne lautet, dass die „Fetische" ihres Denkens – nämlich die Begriffe *Vernunft, Aufklärung, Wissenschaft, Fortschritt* – im 20. Jahrhundert angesichts von Kriegen, Hungerkatastrophen und Naturzerstörungen ihres Versagens überführt worden seien. Die selbst zugeschriebene autonome Vernunft der Moderne, die Wahrheit finden und Irrtum identifizieren könne, habe Fortschritt versprochen. Deshalb konnte die vernunftgeleitete Wissenschaft zum Garanten des Fortschritts avancieren. Damit einher ging das Bestreben nach einer wie auch immer gearteten besseren Welt. Fast scheint es so, als ob die Enttäuschung darüber, dass Wissenschaft nicht alle Probleme der Menschheit gelöst hat, ihr und der von ihr propagierten Vernunft zum Vorwurf gemacht wird.

Postmoderne Vertreter wie z. B. Jean-François Lyotard verdichteten ihren Ansatz in der These vom „Niedergang der vereinheitlichenden und legitimierenden Macht der großen Spekulations- und Emanzipationserzählungen" (Lyotard 1979/1986, 112). So wurde – unter anderem aus einer sprachtheoretischen Sicht – die Möglichkeit *einer* verbindlichen Wahrheitsermittlung aufgegeben. Dies war möglich, weil Vernunft als *das* Kriterium aufklärerischen Denkens ihre Strahlkraft und Reputation verloren hatte. „Die Zeiten der Postmoderne sind längst vorbei, und doch hat sich der Vorbehalt gegenüber der Wahrheit gehalten", bilanziert der Berliner Philosoph Volker Gerhardt (2016, 132) und ermittelt zurückblickend eine wichtige Zäsur (ebd., 133):

> Die nachhaltigsten Zweifel an der Geltung der Wahrheit stammen aus dem Historismus des 19. Jahrhunderts. Denn mit dem angeblichen Zerfall einer universalhistorischen Perspektive ging auch der Anspruch auf eine *geschichtliche Wahrheit* verloren. Jede Epoche scheint in ihrem begrenzten Horizont befangen. Dass allein diese Diagnose einen Erkenntnisanspruch mit sich führt, der ohne Wahrheitserwartung nicht einmal zu denken ist, wurde in den meisten den Historismus fortführenden Theoriekonstruktionen einfach beiseite gesetzt.

---

1 [http://www.zeit.de/2015/33/us-wahlkampf-donald-trump-wladimir-putin].

2 Schlechtbestimmter Wahrheitsbegriff

Somit sind wir bei einem Kernproblem angelangt, dem schlechtbestimmten Wahrheitsbegriff bzw. einem eher alltagsweltlichen Wahrheitsverständnis auf der einen Seite und einem wissenschaftlichen auf der anderen Seite. Es gilt zu unterscheiden zwischen der (metaphysischen) Wahrheit („absolute", „letzte" Wahrheit, von Putnam mit der Bezeichnung „Gottesstandpunkt"[2] zugespitzt) und dem Geltungsanspruch bzw. Wahrheitsanspruch einer Aussage. Viele Diskussionen und Streitschriften scheinen sich darum zu drehen. Natürlich beanspruche ich als Sprecher – wenn metasprachlich nicht anders markiert – den Wahrheitsanspruch meiner Aussagen, auch wenn ich nicht in einem metaphysischen Sinne die Wahrheit deklamiere. Darin ist keinerlei Widerspruch enthalten, mitnichten ein Relativismus. Schließlich stehe ich für die Geltungsbedingungen meiner Aussagen ein, kämpfe semantisch für die Akzeptanz meiner Propositionen (s. Felder 2006 zum Paradigma des Semantischen Kampfes[3] und in der gesellschaftlichen Vermittlungspraxis[4]).

Der Soziologe Armin Nassehi (2015) beschäftigt sich mit diesen Aspekten in seiner Monographie *Die letzte Stunde der Wahrheit* und führt dazu in einem resümierenden Aufsatz aus (Nassehi 2017, 766):

> Die Wahrheit, über die die Wissenschaften streiten, ist nicht die letzte Wahrheit im Sinne religiöser Erlösungs- und Glaubensfragen. Es ist eine Wahrheit, der eine merkwürdige Doppelgesichtigkeit attestiert werden muss: Einerseits besteht die ideale Vorstellung einer beobachtungsfrei bereits vorliegenden Wahrheit, der man sich asymptotisch wissenschaftlich nähern könne, andererseits scheint der Beobachter eine wichtige Rolle zu spielen, tragen wissenschaftliche Texte bzw. Aussagen doch stets Autorennamen, was im Übrigen auch eine Reaktion darauf ist, dass spätestens mit der Ausdifferenzierung eines Wissenschaftssystems unterschiedliche wissenschaftliche Aussagen über denselben Gegenstand bzw. Sachverhalt möglich und erwartbar sind. Wissenschaftliche Kommunikation prüft Aussagen im Hinblick darauf, ob das Gesagte wahr ist oder nicht, aber das Kriterium fürs Wissenschaftliche ist nicht Wahrheit in einem emphatischen Sinne, sondern die Wahrheitsförmigkeit der Aussagen.

---

2 Gabriel in diesem Band; vgl. zu „God's eye point of view" Hilary Putnam (1981, 48; 1983; 1990).
3 Vgl. zur Agonalität im Diskurs und zu semantischen Kämpfen Felder (2006; 2010) und zu agonalen Zentren vgl. Felder (2015a).
4 [https://scilogs.spektrum.de/semantische-wettkaempfe/].

3 Fragestellung und Grundproblem: Wahrheitsgehalt von Wissen

In Anbetracht des Umstands, dass wir beim Entscheiden (vgl. zur Linguistik des Entscheidens Jacob (2017) und den SFB „Kulturen des Entscheidens"[5]) nach objektiviertem Wissen trachten, stellt der vorliegende Beitrag die Frage, welche Formen des objektivierten Wissens (im Sinne von ‚den Anteil subjektiver Aspekte so weit wie möglich verringernd') aus linguistischer Sicht ermittelbar sind.

Dazu bedarf es einer kurzen Explikation des zugrunde gelegten linguistischen Wissensbegriffs. Zunächst lässt sich mit Konerding (2009, 79 f.) *Wissen* gemeinsprachlich unter Konsultation von Wörterbüchern als die „Gesamtheit der Kenntnisse, die jemand (auf einem bestimmten Gebiet) hat", beschreiben. Dazu abgrenzend wird *Kenntnis* als das „Kennen einer (Tat)sache, das Wissen von etwas", weiterführend als „(Fach)wissen, Sach- und Erfahrungswissen" präzisiert. Konerding (2009, 80) entfaltet die „Verwobenheit zwischen Wissen und Können, oder, modern gesprochen die Verwobenheit von *Deklarativität* und *Prozeduralität*" wie folgt:

> *Wissen* und *Kennen* sind letztlich zwei Verbalabstrakta, die über ihre Nominalisierung auf zwei zugrunde liegende Prozess- und Zustandsqualitäten verweisen. Folgt man diesem Indiz, so erhält man unter dem Verbum *wissen* die Auskunft, dass *wissen* etwa so viel bedeute wie „durch eigene Erfahrung oder durch Mitteilung von außen Kenntnis von etwas/ jemandem haben, so dass zuverlässige Aussagen gemacht werden können". Wichtig ist hier der Hinweis auf „zuverlässige Aussagen", mithin auf symbolisch-sprachliche Modellierungen von Ausschnitten der „Welt", „Welt" als kosmisch-existentieller Erfahrungsraum des Menschen verstanden. […]. *Kennen*, das zweite Verbalabstraktum, ist danach sprachhistorisch mit *können* verwandt; […]. In diesem Sinne erhält *kennen* historisch die Bedeutungskontinuität einer passivischen Variante von *wissen* im Sinne von *bekannt geworden sein mit, teilhaftig geworden sein, in Berührung gekommen/gebracht worden sein mit, etwas erfahren haben, vertraut (gemacht worden) sein mit* etc.

Mit dem Hinweis auf „zuverlässige Aussagen" über modellierte Weltausschnitte wird dem Wissensbegriff die Bedeutungskomponente des Mitgeteilten von Erfah-

---

[5] Vgl. den Sonderforschungsbereich 1150 „Kulturen des Entscheidens" an der Universität Münster, der die „soziale Praxis und die kulturellen Grundlagen des Entscheidens in historisch vergleichender und interdisziplinärer Perspektive vom Mittelalter bis zur Gegenwart" [https://www.uni-muenster.de/SFB1150/] untersucht. Am SFB 1150 sind die Fächer Geschichte, Literaturwissenschaft, Rechtswissenschaft, Philosophie, Ethnologie, Judaistik und Byzantinistik beteiligt. Aus sprachwissenschaftlicher Sicht liegt bisher nur vor die Untersuchung von K. Jacob 2017.

renem bzw. Gedachtem und – falls kollektiv akzeptiert – idealiter des Unstrittigen oder zumindest des relativen Konsenses zugedacht. Konsens basiert zunächst auf der Geltung einzelner Aussagen, die durch Begründen und Erklären um Akzeptanz werben. Werden Aussagen tatsächlich kollektiv akzeptiert, so wird der zugehörige propositionale und modale Gehalt als „Wissen" qualifiziert. Auf der Ebene der Äußerungseinheiten kann mit Bezug auf die in Propositionen evozierten Sachverhalten zwischen (1) Konstituierung und damit Klassifizierung von Sachverhalten, (2) Verknüpfung von Sachverhalten und (3) Bewertung von Sachverhalten unterschieden werden (Felder 2007, 361; Felder 2013, 24).

Auch Warnke (2009, 115 ff.) verankert *Wissen* im Zusammenhang von Sprache und Wissen und setzt dezidiert auf den Diskursbegriff: Er präzisiert den Begriff „Wissenskonstituierung", indem er auch eine dreifache Subgliederung vorschlägt: Konstruktion als assertive Herstellung von Faktizität, Argumentation als Rechtfertigung von Faktizität durch Begründung oder Widerlegung von konstruiertem Wissen und Distribution als Streuung von Geltungsansprüchen auf Wahrheit im Diskurs.

All diese Modellierungen lassen sich für die hier anvisierte Fragestellung wie folgt zusammenfassen (Konerding 2009, 82):

> Die Form des zugehörigen Wissens ist entsprechend prinzipiell als propositional bestimmt; es ist seiner Natur nach verbal-medial geprägt und geht auf symbolische Interaktionen und entsprechende Kategorisierungen bzw. Qualifizierungen zurück.

Von diesem Wissensbegriff ausgehend versuche ich im Folgenden über den linguistischen Wissensbegriff das Wahrheitsproblem bzw. den Wahrheitsgehalt von Aussagen transparenter zu machen. Die im Buchtitel erwähnte Alternative (Entweder-oder) zwischen direktem Wirklichkeitszugang und mentalen Konstruktionen werde ich als eine vermeintliche zu verwerfen versuchen und bezweifeln, dass wir diese Frage im Hinblick auf zwei sich ausschließende Optionen beantworten müssen! Denn einfach gefragt: Haben wir es tatsächlich *entweder* mit einem direkten Zugang zur Wirklichkeit *oder* mit mentalen Konstruktionen von Wirklichkeit zu tun? Und wofür ist diese Unterscheidung überhaupt relevant? Was können wir gewiss oder approximativ wissen (Graduierung von Geltungsansprüchen des Wissens), und welchen Status der Verbindlichkeit haben einzelne Komponenten unseres Wissensbestandes? Da sprachwissenschaftliche und philosophische Betrachtungen sich gegenseitig häufig mit Nicht-Beachtung begegnen, erscheint es mir sinnvoll aufzuzeigen, dass die im Weiteren dargelegten sprachwissenschaftlichen Überlegungen einen direkten Konnex zu dem von Koch eingebrachten hermeneutischen Realismus aufweisen (Koch 2014, 230 ff.).

Zentrales Anliegen der folgenden Ausführungen ist die Frage, wie Geltungsbedingungen von Aussagen im Spannungsfeld von Wirklichkeit und Konstruktion zu modellieren sind. Wissen und die damit verbundenen Geltungsansprüche sind für das Erkennen und die Analyse sozial-, geistes- und naturwissenschaftlicher Sachverhalte und ihrer Verflochtenheit grundlegend ebenso wie die damit verbundene Kritik (Gabriel in diesem Band):

> Die Quelle aller legitimen Kritik besteht in Wahrheit und Wissen. Deswegen sagte Kant ja auch, die Maxime der Aufklärung sei „sapere aude" [AA VIII: 35], also ein Mut zum Wissen und nicht etwa die Vermeidung von Wissensansprüchen im Namen einer leeren kritischen Verdachtshaltung.

4 Begriffserklärung und Eingrenzung der Grundproblematik

Ein paar grundlegende Begriffe müssen für die Entfaltung des hier intendierten Gedankengebäudes profiliert werden. Was ist Wahrheit und welche Rolle spielt dabei das epistemische Subjekt? Schaut man zunächst – um das alltagsweltliche Vorverständnis ins Bewusstsein zu rufen – in verschiedene Wörterbücher, so findet man neben dem unspezifischen Hinweis auf die Richtigkeit einer Aussage das Merkmal, dass eine Aussage mit einem Sachverhalt, über den etwas gesagt wird, übereinstimmen muss – oder anders formuliert, dass die Referenzobjekte (auf die mittels Sprache verwiesen wird) mit der Wirklichkeit korrespondieren oder mit den Tatsachen übereinstimmen. Und die Philosophie unterscheidet cum grano salis im Bereich der Wahrheitstheorien zwischen drei verschiedenen Ansätzen: (1) die **ontische Wahrheitstheorie** (Seinswahrheit, Wahrheit als Unverborgenheit), (2) die **Korrespondenztheorie der Wahrheit** (Adäquatheitstheorie als Oberbegriff sprachanalytischer Theorien) und (3) die subjektimmanenten Wahrheitstheorien wie die **Kohärenztheorie** (z. B. die sprachpragmatische Theorie und die Berücksichtigung logisch-sprachlicher Strukturen sowie das Einbeziehen von Sprechhandlungen[6]). Letztlich verfolgen die Wahrheitstheorien ein „szientifisches Methodenideal", weil „sie sich letztlich auf die Erkenntnisrelation zwischen dem Relat ‚Subjekt' und dem Relat ‚Objekt' beziehen und sich aus dieser Relation herleiten lassen" (Gloy 2004, 9).

---

[6] Vgl. dazu Gloy (2008, 4) und auch Bude in diesem Band.

Der Philosoph Anton Friedrich Koch präzisiert diese Problematik unter Bezugnahme auf Kant als Anschauungsproblem und fokussiert entsprechend das Raum-Zeit-System mit dem Aspekt *principium individuationis*: „Raum und Zeit sind die allgemeinen Formen der Anschauung" (Koch 2014, 231). Und in Bezug auf die Frage, was es heißt, „ein Ding epistemisch zu individuieren [...], es aus der Menge aller Dinge im Universum in Gedanken eindeutig herauszugreifen" (Koch 2014, 230), legt er den Blick von der begrifflichen Bestimmung auf Deiktika und Demonstrativa wie *hier, dort, jetzt, dann, ich, du, dies*, um das Zusammenspiel begrifflicher und indexikalischer Gehalte von Sprachspielen wie folgt zu formulieren (Koch 2014, 230 ff.):

> Ein Wahrnehmungsfeld ist ein Ausschnitt des raumzeitlichen Universums, so dass wir durch Extrapolation beliebige Dinge oder zumindest Raumzeitstellen in beliebiger Entfernung im Universum indexikalisch individuieren können.

Vor diesem Hintergrund sind die folgenden Überlegungen anschlussfähig mit Kochs „Subjektivitätsthese als Grundlage eines hermeneutischen Realismus" (ebd.). Seine Ausführungen folgen einer klaren Programmatik (ebd., 242 f.):

> Die Philosophie muss sich von dem Gedanken verabschieden, eine theoretische, standpunkttranszendente Wissenschaft sein zu wollen. Sie muss erkennen, dass sie wie die üblichen historischen und hermeneutischen Disziplinen wesentlichen Gebrauch von indexikalischen Ausdrucksmitteln macht, sich also wesentlich aus einer je endlichen Perspektive artikuliert. Mit einem Wort: Die Erste Philosophie ist Hermeneutik, nicht Metaphaysik.

Koch (ebd., 231) beantwortet die Frage nach der ontischen Individuation der Dinge damit (*individuare*, ‚sich unteilbar/untrennbar machen', also die Aufteilung eines Allgemeinen in Besonderheiten gemäß dem *principium individuationis*), dass wir neben (1) Allgemeinbestimmungen (allgemeinen Eigenschaften) und (2) Raumzeitstellen (Raum-Zeit-System) „als Drittes noch Subjektivität, erkennende, fühlende, handelnde, *verkörperte* Subjektivität" (ebd., 232 f.) benötigen. Somit kann er der ontischen Individuation die epistemische Individuation als Kontrastbegriff an die Seite stellen (ebd., 230). Neben Raum und Zeit präzisiert er auch das Verhältnis von Wahrheit, Diskurs und Raum. Raum ist für Koch eine Grundbedingung der epistemischen Individuation und damit grundlegend bei der Wissenskonstitution. Dabei ist folgende Voraussetzung erforderlich: „Die epistemische Individuation der Dinge im Raum setzt eine ursprüngliche Selbstidentifikation und Selbstlokalisation *a priori* des sich auf die Dinge beziehenden Subjekts voraus" (ebd., 237). Mit dieser Annahme präzisiert er das Verhältnis von Wahrheit, Diskurs und Raum wie folgt (ebd., 238):

Subjektivität erkennt sich *a priori* als körperlich und als asymmetrisch in drei räumlichen Dimensionen. Die begrifflichen Ressourcen zur ursprünglichen Unterscheidung von drei Dimensionen mit sechs Richtungen stammen aus unserer Kenntnis des Wahrheitsbegriffs, denn Wahrheit hat drei wesentliche Aspekte: a) einen realistischen oder objektiven, b) einen pragmatischen oder normativen und c) einen epistemischen oder phänomenalen Aspekt. Unter dem realistischen Aspekt erscheint sie, kurz und grob gesprochen, als Korrespondenz, unter dem pragmatischen als Behauptbarkeit (dank Begründung, Verifikation, Kohärenz oder Konsens usw.) und unter dem phänomenalen Aspekt als Unverborgenheit (dessen, was der Fall ist).

Warum ist Kochs Gedanke der verkörperten Subjektivität – „mein Körper markiert die Ursprungsregion, das *Hier*" (ebd., 236) – als Nullpunkt des epistemischen dreidimensionalen Koordinatensystems (0/0/0 mit *ich, hier, jetzt*) von grundlegender Bedeutung? Weil **Menschen** im Diskurs mit ihren Aussagen Geltung und Wahrheit beanspruchen und kein standpunkttranszendenter „Gott" im Putnam'schen Sinne (ebd.):

> In objektiven Wahrheitsansprüchen aber sind wir fehlbar; darin besteht ihre Objektivität, ihre partielle Meinungsunabhängigkeit. Also werden objektive Wahrheitsansprüche mittels Gehalten erhoben, die *alethisch zweiwertig* sind: Sie *sollen* wahr und *können* falsch sein, sind also wahr oder falsch.

Kochs Plädoyer für einen hermeneutischen Realismus mit der oben zitieren Annahme, dass dieser Ansatz im Rahmen „hermeneutischer Disziplinen Gebrauch von indexikalischen Ausdrucksmitteln macht, sich also wesentlich aus einer je endlichen Perspektive artikuliert" (ebd., 242 f.), ist kompatibel mit dem Gedanken der Perspektivenselektion angesichts von Multiperspektivität (Felder 2013, 16) und „Faktizitätsherstellung" (ebd., 13), da er einen transzendenten „Gottesstandpunkt" in Wahrheitsfragen zurückweist. Die Gefahr eines standpunktlosen Relativismus ist damit ebenfalls obsolet.

5 Was zeichnet Perspektive aus, was ist eine Zentralperspektive und in welchem Verhältnis steht sie zur Multiperspektivität?

„Perspektivität ist der *Realismus* der Wahrnehmung" (Rombach 1980, 187). Eine eingenommene Zentralperspektive bei der Versprachlichung von Wissen offenbart sich in der Präsupposition, die eingenommene Perspektive als die einzig sinnvolle im Diskurs darzustellen.⁷ Die Durchsetzung spezifischer Versprachlichungsformen in diskursiv ausgetragenen

> Auseinandersetzungen mit sozial-, geisteswissenschaftlichen und naturwissenschaftlichen Sachverhalten stellen so gesehen den Versuch dar, die Welt bzw. einen Weltausschnitt zentralperspektivisch als Systemraum von einem spezifischen Sehepunkt aus durchzustrukturieren (Felder 2006, 14).

René Zimmer (2006) illustriert den Problemzusammenhang am Beispiel der Bezeichnungskonkurrenz zwischen *therapeutischem Klonen* und *Forschungsklonen* als einem Paradebeispiel eines semantischen Kampfes um Durchsetzung einer Perspektive als Zentralperspektive, indem er herausstellt, dass – trotz identischem naturwissenschaftlichem Referenzobjekt bzw. ontischem Korrelat – in der Bezeichnung *therapeutisches Klonen* ein Versprechen impliziert wird, während die Bezeichnung *Forschungsklonen* die Offenheit – also auch den Fehlschlag der Forschung – konzeptionell miterfasst. Kurz gesagt: Aus einem Referenzobjekt in der Welt oder einer (ontischen) Wirklichkeit werden zwei ähnliche, aber je perspektiven-nuancierte Sachverhalte („Konstruktionen"), sobald wir beginnen, darüber zu kommunizieren. Ähnliches zeigt Zimmer (2009) am Beispiel des Diskurses über Nanotechnologie, der in Deutschland im Unterschied zum Gentechnikdiskurs überraschend unkritisch bis konformistisch geführt wird, obwohl „Nanotechnologie und Gentechnik strukturell vergleichbar sind und die Akzeptanz der Nanotechnologie im Wesentlichen von denselben Faktoren bestimmt werden dürfte" (Zimmer 2009, 304).

Was ist Multiperspektivität und in welchem Verhältnis steht sie zur Zentralperspektive? Die soeben erwähnte explizit beanspruchte oder präsupponierte Zentralperspektive kontrastiere ich mit dem Terminus der Multiperspektivität (= alle denkbaren Perspektiven berücksichtigend). Die Durchsetzung einer Perspektive durch Diskursakteure ist angesichts der Unerreichbarkeit eines standpunkttranszendenten Sehepunktes (Köller 2004, 9) quasi sprach- und diskursimmanent („Gottesstandpunkt"). Die Perspektiveneinnahme der Sprache bzw. von Sprechern beim Sprechen scheint eingeschrieben zu sein (Barthes 2005, 88 f.):

> [D]ie Sprache ist von Natur aus assertiv, behauptend [...]. Ebenso ist jede Proposition behauptend (konstativ), und die Modi des Zweifels, der Negation, müssen durch besondere Marken angezeigt werden [...].⁸

---

7 Vgl. grundlegend zur „Perspektivität und Sprache" Köller (2004).
8 Diesen Hinweis verdanke ich Matthias Attig.

Mit dieser Problemskizzierung sei in Erinnerung gerufen, dass Sprache kein neutrales Medium ist, das 1:1 den (sprachlich unabhängig existierenden bzw. sprachunabhängigen) Sachverhalt der Welt widerspiegelt.[9] Sprache wohnt vielmehr ein Perspektivierungspotential inne, weil mit jeder Entscheidung für eine Formulierung[10] indirekt eine Entscheidung gegen eine andere mögliche Formulierung einhergeht. Theoretisch besteht natürlich die Möglichkeit der metasprachlichen Reflexion im Hinblick auf den eigenen Sprachgebrauch, in der Kommunikationspraxis kann dieses Verfahren allerdings aufgrund sprachökonomischer Restriktionen nur dosiert eingesetzt werden – das heißt, dass wir in Texten nicht unbegrenzt jede gewählte Formulierung sofort metasprachlich reflektieren können, weil unsere Texte dadurch unleserlich würden. Es kann also bilanziert werden (Felder 2009, 32):

> Mit einer Entscheidung für eine sprachliche Formulierung geht nämlich gleichsam eine Entscheidung für eine Perspektive einher (bewusst oder unbewusst) und gegen eine andere potentielle Formulierungsvariante mit einer divergenten Perspektive. Dieser Umstand rechtfertigt es, von „semiotischer Gefangenschaft" zu sprechen.

Mit einer Perspektiveneinnahme ist damit unvermeidbar eine spezifische Wissensformation verbunden.

6 Semiotische Gefangenschaft und Wirklichkeitskonstitution

Unter *semiotischer Gefangenschaft* (Felder 2009, 32) fasse ich den Umstand, dass wir beim Referieren (Bezugnehmen auf Sachverhalte und Objekte) und Prädizieren (den referierten Sachverhalten Eigenschaften zuzuschreiben) theoretisch zwischen verschiedenen Formulierungsmöglichkeiten wählen können, in der Praxis aber aufgrund kontextueller Vorgaben in der Regel nur eine oder wenige Formulierungsvarianten realisieren können. Selbst wenn ohne begrenzende Faktoren beliebig viele Formulierungsvarianten generiert werden könnten, so wären die Kommunikationsteilnehmer im Wesentlichen auf das bereits konventionalisierte

---

9 Vgl. dazu Felder (2006, 22 und 37).
10 Vgl. z. B. den semantischen Kampf um die Ausdrücke *loyale Zusammenarbeit, Gemeinschaftstreue, Unionstreue* in Bezug auf die Interaktionsformen zwischen dem Europäischem Gerichtshof und den nationalen Gerichten in Felder (2010, 568).

Zeicheninventar angewiesen und könnten nur auf dieser Basis neue Zeichen in die Sprachspiele einführen.

Das Bild der semiotischen Gefangenschaft (zum Ausdruck „gefangen" und seiner Verwendung bei Wilhelm v. Humboldt vgl. Gardt in diesem Band) soll diesen Umstand pointiert demonstrieren, es will aber keinen statischen Charakter insinuieren. Ganz im Gegenteil: Sprache ist in dieser Denkfigur kein hermetisch abgeschlossenes und fixiertes System mit unveränderbaren Strukturen und ohne soziale Praxis, sondern hat in sich selbst ein semiotisch-dynamisches Veränderungspotential angelegt, das in diversen gesellschaftlichen Praktiken je spezifisch zur Geltung kommt.[11] Die vermeintliche Enge des Bildes der semiotischen Gefangenschaft wird aufgelöst durch die sozio-kulturelle und pragmasemiotische Neuerungskraft des Zeichensystems: Ein System wird durch seinen regelkonformen Gebrauch in den Grundlinien gefestigt, allerdings durch ad-hoc-Abweichungen und deren Akzeptanz auch moderat modifiziert, wenn diese Modifikationen sich in der Sprachgemeinschaft durchsetzen. Statik (im Sinne von Orientierung gewährender Stabilität) und Dynamik (im Sinne von Erneuerungs- und Veränderungsfähigkeit) sind somit genuiner Bestandteil sozio-kultureller Praxis und deren Entwicklungen.

Die Überlegungen zur semiotischen Gefangenschaft gelten nur für das deklarative Wissen (das Wissen über Sachverhalte), nicht aber für prozedurales Wissen (also das Können in einer bestimmten Handlungspraxis, auch Verarbeitungsroutinen). Denn „eine Fähigkeit [ist] etwas, was gerade nicht in einem symbolisch-propositionalen Format seine primäre Existenz hat" (Konerding 2009, 84). Von daher expliziert Konerding den Bezug beider Wissensarten wie folgt (ebd.):

> Prozedurales Wissen umfasst nicht zuletzt die Fähigkeit der Verwendung von Sprache selbst, ist aber prinzipiell nicht an Sprachgebrauch und symbolische Repräsentation gebunden und von diesen seiner Natur nach prinzipiell unabhängig. [...]
> Deklaratives Wissen hingegen ist ein Wissen, das ausschließlich durch ein symbolisch vermitteltes Repräsentationsformat bestimmt ist, genauer, ein Wissen in propositionaler Form, das einen Ausschnitt aus einer Lebenspraxis oder aus der Welterfahrung vermittels des symbolischen Mediums einer Sprache selektiv modelliert und darüber hinaus ‚re-präsentiert'. Deklaratives Wissen bleibt damit prinzipiell auf prozedurales Wissen bezogen.

---

11 Vgl. dazu grundlegend Konerding (2009). Konerding entfaltet in seinem Aufsatz mit dem vielschichtigen Titel *Sprache – Gegenstandsbereiche – Wissensbereiche. Überlegungen zu (Fach-) Kulturen, kollektiven Praxen, sozialen Transzendentalien, Deklarativität und Bedingungen von Wissenstransfer* den Wissensbegriff aus einer praxeologischen Perspektive.

Und umgekehrt greift prozedurales Wissen auf das konventionalisierte deklarative Wissen zurück. Daraus folgt: Wir haben es mit sprachlichen Zeichen zu tun, die in einem System von Zeichen eingebettet sind, wobei dieses System nicht dauerhaft fixiert ist, sondern über ein in sich selbst angelegtes Innovationspotential verfügt, das geplante, aber nur teilweise kontrollierbare Veränderungen bzw. Neuerungen zulässt. Wenn Diskursakteure also mit Zeichen dieser Art Wissen generieren, so lässt sich resümieren: „Wissen ist eine kollektiv verbreitete Sinnformation, die je spezifisch von Individuen adaptiert wird" (Felder 2013, 14). Mitunter entwickeln Diskurse und ihr Zeichenrepertoire allerdings eine Eigendynamik, die keinem Diskursakteur – mag er oder sie vordergründig noch so mächtig sein – eine umfassende Kontrolle ermöglicht.

Dessen ungeachtet steht außer Frage – das sei hier nur als Exkurs vermerkt –, dass es außerhalb von Sprache etwas gibt, das in der Philosophie als das wirklich Seiende in seiner Individualität oder raum-zeitlichen Tatsächlichkeit, d. h. als das vom Geist zwar (z. B. phänomenal) bereits erfasste, aber rational noch nicht erschlossene Seiende bezeichnet wird. Dies zeigt sich eindrücklich in der terminologischen Unterscheidung von *ontisch* und *ontologisch*, die Heidegger in der ontisch-ontologischen Differenz 1927 profilierte.[12]

Aufgrund des enormen Stellenwerts von Sprachzeichen beim Referieren und Prädizieren (Eigenschaften zuschreiben) kann von einer – durch sprachliche Mittel prädisponierten – perspektivierten Weltwahrnehmung durch verkörperte Subjekte mit epistemischer Kraft der Individuation gesprochen werden (Koch 2014, 233).[13] Die Wahrnehmung bezieht sich auf identische bzw. ähnliche Sachverhalte der Wirklichkeit – weist also als den gleichen Sachbezug auf.

> Diesen verbindlichen Sachbezug nennen wir Erkenntnis, die ihren Zusammenhang im Wissen hat. Sie ist die bislang nur beim Menschen auffällig gewordene Fähigkeit, einen Sachverhalt als solchen auszuzeichnen und ihm, wenn er sich nicht ändern lässt, Vorrang vor gegenläufigen Ansichten zu geben. Darin liegt die Leistung der völlig zu Unrecht in Misskredit geratenen Objektivität, die wir nur schätzen können, weil jeder für sich selbst über Subjektivität verfügt (Gerhardt 2016, 137).

Da in der Regel keine Wirklichkeitsperspektive intersubjektiv als einzig gültig akzeptiert wird, können in Weiterführung von Lyotard (1987), Assmann (1999) und Warnke (2009) in Diskursanalysen agonale Zentren als handlungsleitende Konzepte herausgearbeitet werden.[14] Sie stellen widerstreitende Kristallisations-

---

12 Vgl. dazu die Ausführungen zur alten und neuen Ontologie in Störig (1987, 576 ff.).
13 S. zum „verkörperten Wesen" auch Fuchs in diesem Band.
14 Vgl. zum pragma-semiotischen Ansatz Felder (2015a, 87 ff.).

punkte im Diskurs dar. Aus diesem Blickwinkel haben wir es mit einem Wettstreit diskursiv geprägter Weltausschnitte zu tun, die alle um möglichst breite Akzeptanz und Gültigkeit werben.[15]

Erwartungen und Hoffnungen auf Neutralität bzw. Überindividualität können somit kommunikationsanalytisch überführt werden in Konzepte wie das der Multiperspektivität, das davon ausgeht, dass eine bestimmte Anzahl von Perspektiven in Form von sprachlichen Formulierungen, also Zugriffsweisen, explizierbar ist im Hinblick auf identische oder ähnlich modellierte Referenzobjekte. Die Vielzahl der Perspektiven gibt uns einen recht aspektreichen Eindruck von den Konstitutionsmöglichkeiten identischer Sachverhalte (z. B. im semantischen Kampf die Bezeichnungsalternativen oder konkurrierenden Ausdrücke *Leitkultur* und *Metakultur* hinsichtlich eines gesamtgesellschaftlich modellierten Ist- oder Soll-Zustandes in Felder (2010, 551)). Multiperspektivität ist also ein bescheidener Quasi-Ersatz für den unerreichbaren „Gottesstandpunkt" (also den standpunkttranszendenten Blick auf Wirklichkeit) bzw. für erwünschte Neutralität (= einen möglichst geringen Anteil an subjektiven Aspekten aufweisend).

Damit rücken Schlüsselwörter wie *Perspektivenselektion*, *Wissen im Spiegel der Daten-Fakten-Abgrenzung* (siehe dazu das folgende Kapitel) und *Faktizitätsherstellung* (Felder 2006; 2013; Warnke 2009) in den Aufmerksamkeitsfokus. Es lässt sich mit Gerhard Roth folgendes Resümee ziehen (Roth in diesem Band):

> Wir sind also im Rahmen eines vernünftigen erkenntnistheoretischen Konstruktivismus gezwungen, das Vorhandensein einer Realität anzunehmen, selbst wenn wir dabei wissen, dass diese Annahme nur ein Denkmodell ist. Immerhin setzt wissenschaftliches Tun zumindest die Annahme der Existenz anderer Menschen und damit anderer Wissenschaftler als Basis einer intersubjektiven Erkenntnissuche voraus, und dies tut auch jeder Skeptiker, Positivist und radikale Konstruktivist.

Diese Position ist mit der (hier in den Blick genommenen) „Subjektivitätsthese als Grundlage eines hermeneutischen Realismus" (Koch 2014, 230) vereinbar. Dabei steht das „erkennende, fühlende, handelnde, *verkörperte* Subjekt" (ebd., 232f.) im Mittelpunkt, das im Wesentlichen „Gebrauch von indexikalischen Ausdrucksmitteln macht" (ebd., 243), wenn ein Ding epistemisch zu individuieren ist – das heißt durch allgemeine Eigenschaften in einem Raum-Zeit-System bestimmt wird (ebd., 232). Diese Gesichtspunkte sind nahtlos anschlussfähig an eine These von Thomas Fuchs in diesem Band:

---

15 Vgl. ganz grundsätzlich dazu die Monographie *Wettstreit in der Sprache* von Anna Mattfeldt (2018).

Daraus ergibt sich die dritte These: Die grundlegende Realität ist für uns nicht die von den Spezialwissenschaften, insbesondere der Physik abstrahierte Welt mathematisch beschreibbarer Größen und Teilchen, sondern die durch implizite Intersubjektivität konstituierte, gemeinsame Realität der Lebenswelt. Das „Für-Wahr-Nehmen" der menschlichen Wahrnehmung beruht nicht nur auf der Verlässlichkeit des sensomotorischen Umweltkontakts, sondern auch auf einem kollektiven Verweisungszusammenhang, in den jede einzelne Wahrnehmung eingebettet ist. An die Stelle eines naiven tritt damit ein lebensweltlicher Realismus.

7 Wissen im Spannungsfeld von Statik und Dynamik

„Wissen ist nicht, Wissen wird gemacht" (Felder 2013, 13). Der hier erörterte Problemkreis des Wissens im Spannungsverhältnis von Wirklichkeit und Konstruktion ist nicht nur von grundlegendem sprachtheoretischem und kommunikationspraktischem Interesse, sondern auch von epistemologischem.

Wissen und seine sprachliche Verfasstheit werden im Folgenden als die zentralen Ankerpunkte der oben skizzierten Problematik verstanden. Hinzu kommen die diskursiven Durchsetzungsstrategien von Geltungsansprüchen durch Akteure in ihren jeweiligen sozialen Rollen.[16] Wenn hier von objektiviertem Wissen als zentralem Ankerpunkt für individuelle Urteile und Entscheidungshandlungen ausgegangen wird, so soll zunächst mit Hilfe einer terminologischen Bewusstmachung und Differenzierung der Problemzusammenhang strukturiert werden. Dazu möchte ich die Ausdrücke *Tatsache*, *Datum* und *Faktum* begrifflich abgrenzen.[17]

8 Daten – Fakten – Tatsachen – Wissen: eine terminologische Differenzierung

Beginnen wir mit dem in diesem Kontext wichtigen Wort *Tatsache*, das menschliches Tun (*Tat-*) und ontisch gegebene Entitäten (*-sache*) vereint. Der Ausdruck ist laut *Duden – Das Herkunftswörterbuch* (2014) im 18. Jahrhundert durch Inspiration des englischen *matter of fact* aufgekommen, das wiederum auf die lateinische Bezeichnung *res facti* rekurriert. Soziale Tatsachen bilden dabei einen

---

16 Vgl. zu sprachlichem Rollenverhalten Müller (2015).
17 Vgl. dazu die Darlegungen in Felder (2013, 13 f.), die im Folgenden aufgegriffen werden.

Sonderfall, weil sie ausschließlich per Übereinkunft akzeptiert und dadurch sukzessive konventionalisiert werden – sie werden als gesellschaftlich akzeptierte Wirklichkeit konstituiert (Searle 1997). Wissen als Orientierungsgröße menschlichen Verhaltens und Denkens ist auf zweierlei angewiesen: auf Unumstößliches und auf daraus gewonnene Schlussfolgerungen.

Aus diesem Grund sind die beiden Termini *Daten* und *Fakten* (als die beiden zentralen Komponenten des Wissensbegriffs) voneinander abzugrenzen und eine synonyme Verwendung ist möglichst zu vermeiden, obwohl gerade eine solche Synonymität (beides steht für Unumstößliches) sich schon seit einiger Zeit im Sprachgebrauch auszubreiten scheint. Ein Blick auf die Infinitive *facere* (lat. „machen") und *dare* (lat. „geben"), die den Verbalabstrakta *Faktum* und *Datum* (lat. „Gegebenes") zugrunde liegen, stellt Wissen in den epistemologisch schwierigen Zusammenhang von (Vor)Gegebenem (Daten) und Gemachtem (Fakten). Damit wird zugleich deutlich, dass Wissen einerseits aus intersubjektiv unstrittig Gegebenem besteht – also aus Daten als nach allgemein akzeptierten Kriterien gewonnenen, oft gemessenen Größen. Andererseits basiert Wissen auch auf Gedeutetem – also auf beobachteten Ereignissen sowie anschließend abstrahierten und damit hergestellten Tatsachen als Fakten mit breitem Gültigkeitsanspruch. Streng genommen existieren Daten nur dann, wenn diese intersubjektiv von allen Menschen als existent anerkannt werden, also auf der Basis konventionalisierter Intersubjektivität (z. B. Akzeptanz von Himmelsrichtungen als die Richtung von einem Bezugspunkt (z. B. Standort) zu einem anderen Punkt auf der Erdoberfläche).

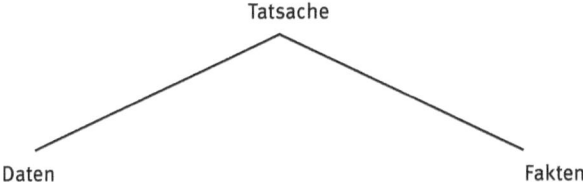

Heuristisch ist die folgende Trennung nützlich: **Fakten** sind von Diskursakteuren sinnvoll Gemachtes und von hoher und breit akzeptierter Plausibilität, die – dessen ungeachtet – aber dennoch von Diskursbeteiligten bestritten werden können (z. B. „Kriege sind die Hauptursache für die gestiegene Zahl der Flüchtlinge im Jahre 2015", „Wirtschaftswachstum trägt zum Wohlstand der Menschen bei"). **Daten** dahingegen sind unstrittig, also allseits akzeptiert (z. B. „Im Jahr 2014 wurden in der Bundesrepublik Deutschland laut Bundesamt für Migration und Flüchtlinge 202.834 Asylanträge gestellt", „Die Bundesrepublik Deutschland gliedert sich in 16 Bundesländer" oder „Das Phänomen des Stalking („Nachstellung") ist rechtlich seit 2007 durch § 238 StGB geregelt" oder „Paris ist die Hauptstadt Frankreichs").

Der diskurslinguistische Beitrag im Tableau gesellschaftspolitisch inspirierter Diskuranalysen besteht darin, Kontroversen in Diskursen darauf zurückzuführen, welche Aussagen (Propositionen) als unstrittige Daten im Diskurs allgemein akzeptiert werden und welche Faktizitätsherstellungen (Fakten) umstritten sind.[18] Eine Formulierung wie „Paris ist die Hauptstadt Frankreichs" dürfte als intersubjektiv unstrittig gelten, während ein als Faktum etikettierter Satz wie „Wirtschaftswachstum trägt zum Wohlstand der Menschen bei" in dieser allgemeinen Form Kontroversen auslösen dürfte. Der im Duktus von Objektivität konventionalisierte Sprachgebrauch des Lexems *Fakt* oder *Faktum* zeigt sich eindrücklich bei dem in manchen Medienformaten propagierten sogenannten Faktencheck (z. B. in der Fernsehtalkshow *hart aber fair*). Man könnte sagen: Ein „Faktencheck" trägt zur Durchleuchtung, nicht aber zur Lösung der Streitfrage bei, ob eine bestimmte Aussage (Proposition) intersubjektiv als gültig klassifiziert werden kann. Der Anspruch der „Faktizitätsüberprüfung" (kann also eine Aussage als Fakt bezeichnet werden und sind die entsprechenden Überprüfungen möglich?) ist schwierig, aber nicht unmöglich, wie hier zu zeigen ist.

9 Möglichkeiten der Faktizitätsüberprüfung

Die Faktizitätsherstellung aus unstrittigen Daten birgt viele Probleme und erklärt, warum Fakten als strittig gelten können. Dazu seien drei kurze Exempel zur Illustrierung angeführt.[19] (1) Ein Problem besteht in der Kontextualisierung von Daten: Das Anerkennen der gemeinsamen Datenbasis (z. B. Flüchtlingszahlen in einem bestimmten Jahr) kann die unterschiedliche Faktizitätsherstellung und Kontextualisierung nicht lösen, aber für Diskursakteure und Rezipienten transparent machen. Daten für sich können im Diskurs nur dann etwas bewirken, wenn sie in Fakten eingebunden werden. (2) Ein weiteres Problem besteht in der Behauptung von Diskursakteuren im Duktus eines Faktums, dass eine politische Maßnahme in Form einer Gesetzesinitiative „umgesetzt" sei (z. B. Umsetzung eines Zehn-Punkte-Planes gegen Steueroasen). Die Verabschiedung eines in einem bestimmten Zusammenhang stehenden Gesetzes wird als unstrit-

---

18 Zu Agonalität im Diskurs vgl. Felder (2015a) und Mattfeldt (2018).
19 Die Beispiele hat Sven Bloching (2018) in seiner Bachelorarbeit mit dem Titel *Fakten als Garanten für Wahrheit? Faktizitätsherstellung in Texten am Beispiel des Faktenchecks* dargelegt.

tiges Datum von den Diskursakteuren in der Regel akzeptiert, die Zuschreibung „Umsetzung eines angekündigten Planes" wird allerdings bezweifelt (z. B. von unterschiedlichen Experten). Das identische Datum – nämlich das der Gesetzesverabschiedung – wird zu divergierenden Faktenherstellungen genutzt. Und abschließend (3) sei darauf verwiesen, dass komplexe Sachverhalte (seien sie in ihrer Existenz unstrittig) nie in ihrer Ganzheit, sondern immer nur partikular und fokussiert im Diskurs verarbeitet werden können. Partikulares Referieren auf komplexe Sachverhalte trägt selbstredend den Vorwurf der Komplexitätsreduktion ein: Eine intersubjektiv akzeptierte Faktizitätsherstellung ist hierbei so gut wie ausgeschlossen. Dabei wird offensichtlich, dass die epistemischen Subjekte auf die Konventionen, Assoziationen und Implikationen sprachlicher Zeichen angewiesen sind, ohne aus der damit verbundenen Perspektivensetzung ganz heraustreten zu können.

Wenn also ein Individuum nach objektiviertem Wissen trachtet, so lassen sich – aus theoretischer Sicht – individuell angeeignete Wissensbestände in intersubjektiv unstrittig Vorgegebenes (Daten) und in durch Deutung gewonnenes Gemachtes (Fakten) unterteilen. Wissen ist in seinen sprachlich gebundenen Darstellungsformen idiomatisch und einzelsprachlich perspektiviert und unterliegt den bewussten oder unbewussten Interessen der kommunizierenden Akteure. In diesem epistemologischen Zusammenhang ist zu bedenken, dass bestimmte Wissensformate je nach Adressatengruppierung (Hoffmann 1984; Kühn 1995) und deren Vorwissen mitunter nur vorübergehend, eingeschränkt oder gar nicht gültig und von daher nicht für alle Menschen von gleicher Relevanz sind. Wissen ist nicht nur ontisch vom Gegenstand oder Sachgebiet her auf der Sachebene zu sehen,[20] sondern vor allem vom Menschen und von der kognitiven (Konerding 1993; Ziem 2008) und zeichengebundenen (Jäger 2004) Formungskapazität der Diskurse her, die das Wissen hervorbringen.[21] Die Formung der (Lebens-)Sachverhalte mittels diverser Zeichensysteme beschreibt Jeand'Heur (1998) in der Rechtssprache als Zubereitungsfunktion, aber auch die Sachverhalte anderer Wissensdomänen werden auf die eigene Lebenswelt zugepasst und sinnvoll gemacht (Hörmann 1978). Deswegen vertrete ich die These, dass Wissen nicht *ist*, sondern *gemacht wird* (Felder 2013, 13).

Wissen ist demzufolge nicht als abstrakte Idee zu verstehen, sondern „die Konstitution von Bedeutung und damit von Wissen in der kommunikativen Interaktion ist ein sozialer Prozess", der als „Vollzug einer gesellschaftlich-diskursi-

---

20 Vgl. dazu die Wissensdomänen im Forschungsnetzwerk „Sprache und Wissen" [www.sprache-und-wissen.de].
21 Vgl. Barthes 1964/1983; Foucault 1969/1973 und Spitzmüller/Warnke 2011.

ven Praxis" die „Vermitteltheit jeglichen Sinns" (Busse 1987, 273) herausstellt. Die Wissensgenese („*episodisches* vs. *generisches* Wissen, *autobiographisches* vs. *kollektives* Wissen, *semantisches* vs. *enzyklopädisches* Wissen, [...] *Können* vs. *Wissen* bzw. *implizites* vs. *explizites* Wissen" sowie „prozedurales und deklaratives Wissen" (Konerding 2009, 83)) ist die Voraussetzung für Faktizitätsherstellung und unterliegt einer Sinnstiftungspraxis oder -kultur (vgl. auch *Erinnern und Vergessen. Zwei transkriptive Verfahren des kulturellen Gedächtnisses* bei Ludwig Jäger (2013)). Sinn bezeichnet schon Hörmann (1978) immer als Sinn *für* jemanden – und dieser Sinn wird in Anlehnung an Wittgensteins (1958/1997) Sprachspiele in einer kommunikativen Praxis sowohl kollektiv hergestellt als auch gemäß der vorgegebenen Wissens-, Handlungs- und Erfahrungsdisposition des Individuums je spezifisch konstituiert.

10 Das Medium der Wissenskonstitution – die Sprache – ist unterbestimmt

Das Medium der Wissenskonstitution und Wissensvermittlung bedarf von daher gesteigerter Aufmerksamkeit. Wie verlässlich ist das Medium überhaupt, wenn die zeichengebundenen Effekte in den jeweiligen individuellen Wissensdispositionen keine identischen mentalen Korrelate hervorzurufen vermögen? Wenn wir von objektiviertem Wissen sprechen, müssen wir demnach über die epistemische Zuverlässigkeit des Mediums nachdenken, wie also die Größen *Sprache* und *Erkenntnis* zueinander in Beziehung stehen (Felder/Gardt 2015).

Zur Behandlung dieses Komplexes arbeite ich – wie bereits erwähnt – mit der Gedankenfigur der *semiotischen Gefangenschaft* (Felder 2009, 32). Unter *semiotischer Gefangenschaft* haben wir den Umstand gefasst, dass wir beim Referieren (Bezugnehmen auf Sachverhalte und Objekte) und Prädizieren (den referierten Sachverhalten Eigenschaften zuschreiben) theoretisch zwischen verschiedenen Formulierungsmöglichkeiten wählen können. Wie oben dargelegt geht mit einer Entscheidung für eine Formulierungsvariante unvermeidbar eine spezifische Perspektivierung einher (ob Sprecherinnen und Sprecher sich dessen nun bewusst sind oder nicht). Anders formuliert bedeutet dies, dass die Entscheidung für eine Formulierungsvariante, sprich Perspektive, gleichermaßen eine Entscheidung gegen eine oder mehrere andere Formulierungsoptionen oder Perspektiven darstellt (z. B. die je spezifisch nuancierten Sachverhaltskonstitutionen über das Lexem *Genmanipulation* – das fachsprachlich zwar neutral, aber gemeinsprachlich negativ konnotativ verwendet wird – oder der Ausdruck *Genveränderung* bei identischem ontischem Korrelat).

Die Kapazität zur Orientierung in diskursiven Formationen und das Sondieren vielfältiger Perspektiven sind unabdingbare Voraussetzung für ein Individuum, lebenspraktisch agieren zu können.[22] Das Problem und der Gedanke der vielen Perspektiven in einer Sprache verschärfen sich im Kontext der Mehrsprachigkeit internationalisierter Diskurse (z. B. über die europäische Schuldenkrise oder die Nichtregierungsorganisation *Attac*). Eine Analogie dieses Gedankens findet sich im sprachphilosophischen Idealismus der deutschen Frühromantik (vor allem August Wilhelm Schlegels) und Wilhelm von Humboldts. Diesem Ansatz zufolge sind die unterschiedlichen Sprachen unterschiedliche Manifestationen des menschlichen Geistes, „der, ‚an sich' unfassbar, nur in der Gesamtheit seiner Erscheinungsformen ex negativo gefasst werden kann" (Bär 1999, 88). Jede Sprache entspricht nach Humboldt einer spezifischen „Weltansicht", die jeweils gedacht werden kann wie der Blick von einem bestimmten Punkt einer Kreislinie hin auf den Kreismittelpunkt, dessen genaue Position aber unbekannt ist.[23] Je mehr unterschiedliche, einander überschneidende Weltansichten einem Menschen zur Verfügung stehen (Multiperspektivität!), desto schärfer kann er den gleichwohl letztlich unbestimmbar bleibenden Mittelpunkt (die Welt ‚an sich') eingrenzend in den Blick nehmen. Diese Sichtweise ist durchaus kompatibel mit der Position, dass alle Diskursakteure bei der Suche nach dem Mittelpunkt interessengeleitet agieren. In diesem Zusammenhang stellt sich nur die Frage, wie offen oder versteckt diese Interessen zum Ausdruck kommen.

Was können wir daraus schlussfolgern? Wir müssen eine gewisse kommunikative Unterbestimmtheit des Mediums Sprache aufgrund seiner semiotischen Eigenschaften akzeptieren.[24] Das ist zum einen die Arbitrarität (Willkürlichkeit) des Zusammenhangs von Ausdrucksseite und Inhaltsseite, deren Nachteile nur dadurch kompensiert werden können, dass wir uns auf das Präzisierungspotential verlassen, das durch die Konventionalisierung (als zweite semiotische Eigenschaft) entsteht (dass also die große Mehrheit der Kommunikationsteilnehmer sich an bestimmte sprachlich-kommunikative Gepflogenheiten des Referierens auf Dinge hält und damit zu relativ einheitlichen Wort-Welt-Referenzfixierungsakten (Wimmer 1979 und Felder 2015b, 237) beiträgt). In der Folge und in der Kommunikation gehen wir davon aus, dass die in den Köpfen jeweils evozierten mentalen Korrelate möglichst große Überschneidungen und nur wenige Diver-

---

22 Vgl. dazu Felder (2013, 16 ff.).
23 Diesen Hinweis verdanke ich Jochen A. Bär.
24 Vgl. dazu Attig in diesem Band und auch Wolski (1980) zu Schlechtbestimmtheit und Vagheit sowie Pinkal (1985) zum Unbestimmten und Gardt (1998) zu sprachtheoretischen Grundlagen der Fachsprachenforschung.

genzen aufweisen (semiotische Eigenschaft der Repräsentativität). Zudem benötigt Kommunikation Vertrauen in eine gewisse Unterbestimmtheit der sprachlichen Zeichen und die Bereitschaft der Interaktanten, zunächst einmal von einer gemeinsamen semantischen Minimalbasis auszugehen. Wo Divergenzen vorhanden sein könnten, müsste im Duktus des Grice'schen (1993) Kooperationsprinzips eine gemeinsame Klärung herbeigeführt werden. Eine Klärung beinhaltet gegebenenfalls auch eine dezidierte Abgrenzung und einen konstruktiven bzw. fairen Wettkampf um divergierende Geltungsansprüche.

Aufgrund der semiotischen Eigenschaften symbolischer Zeichen – nämlich Arbitrarität, Konventionalität und Repräsentativität – ist grundsätzlich die Unterbestimmtheit sprachlicher und bildlicher Zeichen in Äußerungsakten zu bedenken (Felder 2007, 361). Der Terminus der *semiotischen Gefangenschaft* verweist auf den sprachgebrauchsgenuinen und daher unvermeidbaren Umstand, dass mit jeder Entscheidung für eine bestimmte Wortwahl und Perspektive gleichermaßen eine Entscheidung gegen weitere potentielle Formulierungsoptionen und Perspektiven getroffen wird.

11 Wirklichkeit und Konstruktion im Spiegel von unmittelbar wahrgenommener Wirklichkeit im Unterschied zu zeichenvermittelter Realität

Die in den Medienwissenschaften von S. J. Schmidt geprägte Unterscheidung zwischen Wirklichkeit und Realität[25] ist hier fruchtbar zu machen. Unter *Wirklichkeit* wird die subjektive, mit den originären Sinnen erfahrbare und begreifbare Welt verstanden, *Realität* ist das im Medium Sprache konstituierte, zeichengebundene und damit zwangsläufig gestaltete Szenario davon, also die zeichengebundene Realität als vermittelte Welt. Vor diesem Hintergrund der Differenzierung sind wir als Kommunizierende im sogenannten Informationszeitalter in erheblichem Maße mit Realität konfrontiert, also mit sprachlichen Produkten, die Wirklichkeit zu zeigen vorgeben (die sprachliche Formung bei der Sachverhaltskonstitution bzw. die „Zubereitung" (Jeand'Heur 1998, 1292) der Wirklichkeit und Gestaltung der Realität). In der Rezeption von gesellschaftspolitisch relevanten Ereignissen und Wissensbeständen in Geschichte und Gegenwart haben wir es demnach mit gestalteten Materialien in sprachlicher Form zu tun, die individuelle und idio-

---

[25] Vgl. Schmidt 1996.

lektal instruierte Wirklichkeiten in kollektiv rezipierte Realität mit großem Verbreitungsgrad verwandelt haben. Sprach- und Bildzeichen in kontextualisierten Zeichenverkettungen sind daher ein perspektivierter Ausschnitt von Welt zur interessengeleiteten Konstitution von Realität im Spektrum verschiedener Wirklichkeiten (die es gibt und die grundsätzlich wahrheitsfähig sind).

Was ist eine wahre Aussage? Eine Äußerung und Formulierungsperspektive, deren Realitätskonstruktion als Weltzuschnitt die größte Plausibilität aufgrund objektivierter Datendichte und stringenter Faktizitätsherstellung erreicht und damit für eine Entsprechung zwischen zeichenvermittelter Realität und mit primären Sinnen wahrgenommener Wirklichkeit steht.

Und wie sind die Streitfragen und Zweifelsfälle von Irrtum und Wahrheit zu behandeln? Diese sind diskursiv zu lösen – und zwar in der Form, dass es einen Wettstreit um Geltungsansprüche von adäquaten Formulierungen und Perspektiven gibt. Bestimmte Formulierungen als eine Form der Wirklichkeitszubereitung stehen für eine Realitätskonstruktion, die wiederum aus Wirklichkeitswahrnehmungen gespeist wird. Im Diskurs gibt es also eine Auseinandersetzung um Formulierungs- und Perspektivenrelevanz, um angemessene Realitätskonstruktionen.

12 Mehrwert der vorliegenden Überlegungen: Wahrheitsaussagen im Spiegel von Wirklichkeit und Realität sowie Daten und Fakten

Die Unterscheidung von Wirklichkeit und Konstruktion sowie Daten und Fakten hat den Vorteil, strittige Fragen um den faktischen Gehalt einer Sachverhalts- oder Realitätskonstruktion nicht nur im Sinne einer ontischen Entsprechung (also als ontologisch-metaphysische Korrespondenztheorie im Sinne von Wahrheit als Übereinstimmung von erkennendem Verstand und Sache) beantworten zu wollen (bei Koch (2014, 238) der realistische oder objektive Aspekt). Ein ausschließliches Stützen auf ontische Entsprechung greift zu kurz, weil deren Überprüfbarkeit mitunter an Grenzen stößt. Die vollständige Übereinstimmung mit dem ontischen Korrelat als einziges Kriterium zugrunde zu legen, ist daher nicht zielführend.

Stattdessen kann das Spektrum dahingehend erweitert werden, dass der faktische Gehalt auch anhand einer aussagenlogischen „Kohärenztheorie der Wahrheit" (Gloy 2004, 8) überprüft werden muss (Wahrheit als Integration einer Aussage in ein Gesamtsystem von Aussagen). Damit reicht die philosophische Frage in die Diskurslinguistik hinein oder vice versa. Koch (2014, 238) spricht hierbei vom „pragmatischen oder normativen Aspekt" und meint damit die Behauptbarkeit von Sachverhalten durch Begründung, Verifikation, Kohärenz oder Konsens usw. Als Drittes kommt noch die ontische Komponente ohne das Relat ‚Subjekt' ins Spiel, also bei Koch der epistemische oder phänomenale Aspekt als „Unverborgenheit (dessen, was der Fall ist)" (Koch 2014, 238). Im Resultat ist das Zusammenspiel der Komponenten und Wahrheitsaspekte zu berücksichtigen. Dadurch wird Wahrheit graduell modelliert – im Sinne einer Wahrheitswahrscheinlichkeit auf der Grundlage unstrittiger Daten und der größtmöglichen Plausibilität von Fakten. Das Plausibilitätskriterium ist schließlich die harte Währung diskursiv ausgetragener Argumentationen.

All dies wurde hier zusammengetragen, um das diskursive Durchsetzen von Geltungsansprüchen im Spannungsfeld von ontischer Wirklichkeit und zeichengebundener Realität stark zu machen und den im Titel dieses Sammelbandes angedeuteten Gegensatz zwischen Wirklichkeit und Konstruktion als einen vermeintlichen aufzulösen.

Meine Ausführungen möchte ich nun in die folgenden Thesen münden lassen, die das Verhältnis von (primärsinnlich wahrgenommener) Wirklichkeit und (zeichengebundener diskursiver) Realitätskonstruktion in Bezug auf Daten und Fakten bei der Wissenskonstitution zuspitzen:

1. Real ist, worauf referiert wird!
2. Und wirklich ist, was einen primärsinnlichen Zugang aufweist und durch originäre Sinneswahrnehmung instruiert ist!
3. Wissenskonstitution bewegt sich zwischen Wirklichkeit und Realität im Sinne S. J. Schmidts (1996).
4. Wissen konstituiert sich aus Daten und Fakten. Die unstrittige Datenbasis ist in diskursiven Auseinandersetzungen erfahrungsgemäß klein. Sie zu identifizieren ist daher umso dringlicher.
5. Je mehr Aussagen von Diskursakteuren eine als Tatsache hypostasierte Proposition (Wissensformation) bestätigen, desto überindividuell gültiger (im Sinne von ‚Subjektives minimierend') werden die im Verdacht der subjektiven Voreingenommenheit stehenden Individualaussagen wahrgenommen.
6. Aussagen werden also durch das Vorkommen gleicher oder ähnlicher Aussagen im Diskurs als repetitive und serielle Aussagenketten zur Tatsache objektiviert. Der Objektivierungsgehalt von Tatsachen (aus Daten und Fakten bestehend) ist von daher graduell zu denken.
7. Behauptungen mit standpunkttranszendenten Wahrheitsansprüchen sind obsolet, assertorische Aussagen mit objektiviertem Wahrheits- und Gültigkeitsanspruch sind von höchster Relevanz. Diese Aussageformen sind das

Schmiermittel demokratischer Diskurse im Paradigma der strukturellen Dialogizität.[26]

Wir haben es meines Erachtens mit einem Paradoxon und einem Faszinosum zu tun. Objektivität ist ohne jeden Zweifel ein anzustrebender Zielpunkt (ohne den Subjektivität nicht zu denken ist). Die diskursive Herausforderung beginnt dort, wo jemand behauptet, objektive Aussagen zu vertreten – und es widerspricht jemand. Dieser Fall ist genuiner Bestandteil einer vernunftorientierten und auf Plausibilität setzenden Diskurskultur. Die zivilisatorische Errungenschaft manifestiert sich in kollektiven und individuellen Kulturpraktiken, die je nach Fachkultur unterschiedlich ausfallen. Allen Unterschieden der sozialen Praxis zum Trotz ist den Fächerkulturen gemein, dass Diskursakteure in der Regel in Aushandlungsprozessen um Objektivierung ringen, wobei beispielsweise in der Debatte über Populismus zu beachten ist: Die Wahrhaftigkeit einzelner Diskursakteure kann selbst zum Diskursgegenstand werden.

Die Wahrhaftigkeit der Diskursakteure oder die Akzeptanz des Grice'schen (1993) Kooperationsprinzips (als übergeordneter Grundsatz seiner Konversationsmaximen) wird in den Auseinandersetzungen um Schlagwörter wie „postfaktisches Zeitalter" oder „alternative Fakten" diskutiert. In unserem Zusammenhang sei damit auf Äußerungen verwiesen, die zurecht oder zu Unrecht als „postfaktisch" etikettiert werden und die holzschnittartig als Diskursbeiträge zu charakterisieren sind, die das individuelle Gefühl als einzigen Maßstab der Erkenntnis betonen, die eben dieses Gefühl als identitätsstiftendes Gruppenzugehörigkeitsmerkmal stark machen und die dadurch die grundsätzliche Skepsis gegenüber Daten zum Ausdruck bringen, die von einer sogenannt liberalen Elite erhoben wurden. Letztlich wird diesen Diskursakteuren vorgeworfen, dass sie jede Form von Expertise als verdächtig zu diskreditieren versuchen und jeder Datengrundlage die Legitimation entziehen wollen.[27]

13 Und was bleibt?

Linguistisch gesprochen stellen Referieren (Bezugnehmen auf Gegenstände und Sachverhalte), Prädizieren (Eigenschaften zuschreiben und etwas aussagen über

---

26 Vgl. dazu Felder (2018, 236).
27 [https://scilogs.spektrum.de/semantische-wettkaempfe/bewaeltigung-von-unerwuenschtem-was-neue-woerter-ueber-den-zeitgeist-aussagen/].

die Gegenstände und Sachverhalte, auf die Bezug genommen wird), Quantifizieren und das Herstellen von Relationen (Aussageverknüpfung) die elementaren sprachlichen Handlungen des Sprechens dar (von Polenz 1988, 91 ff.). Eine sprachwissenschaftliche Analyse kann diese Bestandteile einer Äußerung, also ihren Aussagegehalt, identifizieren und analysieren. Philosophisch gesprochen kann Erkennen und Herstellen eines Sachbezugs und Wissensgenese mit Koch (2014) als epistemische Individuation verkörperter Subjekte (hermeneutischer Realismus) gesehen werden. Dem Subjekt ist zum einen ein individueller, auf den originären Sinnen beruhender Wirklichkeitszugang (Schmidt 1996) möglich. Zum anderen vollzieht sich die Wissensgenese durch die Rezeption sprachlich und multimedial instruierter Realitätskonstruktionen, die als sprachlich konstituierte, zeichengebundene und damit zwangsläufig gestaltete Szenarien von Weltausschnitten zu sehen sind. Diese Realitätskonstruktionen können gegebenenfalls auf primärsinnlichen Wahrnehmungen fußen und auf Ontischem basieren. Wirklichkeit wird demnach im Medium Sprache in Realität überführt (so die Unterscheidung bei Schmidt (1996)).

Dabei ist die Unterbestimmtheit des Mediums Sprache in der kommunikativen Interaktion zu berücksichtigen, die aufgrund der semiotischen Eigenschaften der Arbitrarität, Konventionalität und Repräsentativität jeder sprachlichen Interaktion innewohnt. Die korrespondierenden oder divergierenden Realitätskonstruktionen (bei gleichem Wirklichkeitsbezug) entspringen der sozio-kommunikativen Praxis und lassen sich als individuelle oder kollektive Gepflogenheiten des Referierens und Prädizierens beschreiben. Solche Wort-Welt-Referenzfixierungsakte sind hermeneutisch fruchtbar zu machen, indem die Agonalität konkurrierender Positionen hinsichtlich ihrer sprachlich gebundenen Perspektivensetzung mit Gültigkeits- oder Wahrheitsanspruch transparent gemacht wird. Die Perspektivensetzung manifestiert sich in Lexik und Grammatik einer Sprache (Felder 2015a) bzw. verschiedener Sprachen (Mattfeldt 2018).

Die Unterbestimmtheit des Mediums Sprache ist bei der Realitätskonstruktion angemessen zu reflektieren. Die Identifizierung von Daten im Diskurs ist eine unabdingbare Voraussetzung, bevor man analytisch die Faktizitätsherstellung transparent machen kann. Die Unterscheidung von Wirklichkeit und Konstruktion ist dabei hilfreich, sofern beide nicht als sich ausschließende Alternativen (Entweder-oder) gegenseitig ausgespielt werden.

Was leistet diese Frage im Kontext aufgeregter Debatten über Populismus und über das, was unscharf als „postfaktisch" bezeichnet wird? Mittels der Daten-Fakten-Trennung kann klarer und schneller herausgearbeitet werden, welche Diskursakteure bestimmte Daten (z. B. Statistiken, Beweisfotos, Messungen, Befragungen usw.) zu akzeptieren bereit sind und wo die Faktizitätsherstellung auf der Basis unstrittiger Daten divergiert. Wirklichkeit als subjektive Sinneserfahrung wird in einen hermeneutischen Bezug zur zeichengebundenen Realitätskonstruktion gestellt.

Somit bleibt zum Titel des Bandes *Wirklichkeit oder Konstruktion? Sprachtheoretische und interdisziplinäre Aspekte einer brisanten Alternative* zu sagen: Es handelt sich um eine vermeintliche Alternative: Daten haben einen objektivierten Status, weil intersubjektiv unstrittig, Fakten sind die daraus plausibel gemachten Sachverhalte (also Konstruktionen), die wiederum auf Wirklichkeit zurückwirken. Unser Wissen ist durch Daten und Fakten konstituiert (Tatsachen) und letztlich auf dieser Grundlage graduell durch Plausibilität objektivierbar. Mit dieser Auffassung gibt es keine Gefahr des standpunktlosen Relativismus, der auf Wahrheit zugunsten eines Alles-ist-irgendwie-gültig verzichtet. Vielmehr lohnt sich in diesem Gedankengebäude das Ringen um wahre Aussagen. Wettstreit und Agonalität im Diskurs werden zum gesellschaftlichen Programm und zum Zielpunkt wissenschaftlicher Methodologie.

Bibliographie

Assmann, Jan (1999): Das kulturelle Gedächtnis. München.
Bär, Jochen A. (1999): Sprachreflexion der deutschen Frühromantik. Konzepte zwischen Universalpoesie und grammatischem Kosmopolitismus. Mit lexikographischem Anhang. Berlin/New York (Studia Linguistica Germanica 50).
Barthes, Roland (1964/1983): Elemente der Semiologie. Frankfurt a. M. (frz. Originaltitel: Éléments de sémiologie. In: Communications 4).
Barthes, Roland (2005): Das Neutrum. Vorlesung am Collège de France 1977–1978. Frankfurt a. M.
Busse, Dietrich (1987): Historische Semantik. Analyse eines Programms. Stuttgart.
Duden – Das Herkunftswörterbuch (2014). 5. Aufl. Berlin.
Felder, Ekkehard (2006): Semantische Kämpfe in Wissensdomänen. Eine Einführung in Benennungs-, Bedeutungs- und Sachverhaltsfixierungs-Konkurrenzen. In: Ders. (Hg.): Semantische Kämpfe. Macht und Sprache in den Wissenschaften. Berlin/New York, 13–46 (Linguistik – Impulse und Tendenzen 19).
Felder, Ekkehard (2007): Text-Bild-Hermeneutik. Die Zeitgebundenheit des Bild-Verstehens am Beispiel der Medienberichterstattung. In: Fritz Hermanns/Werner Holly (Hg.): Linguistische Hermeneutik. Theorie und Praxis des Verstehens und Interpretierens. Tübingen, 357–385 (Reihe Germanistische Linguistik, Bd. 272).
Felder, Ekkehard (2009): Sprachliche Formationen des Wissens. Sachverhaltskonstitution zwischen Fachwelten, Textwelten und Varietäten. In Ders./Marcus Müller (Hg.): Wissen durch Sprache. Theorie, Praxis und Erkenntnisinteresse des Forschungsnetzwerks „Sprache und Wissen". Berlin/New York, 21–77 (Sprache und Wissen 3).
Felder, Ekkehard (2010): Semantische Kämpfe außerhalb und innerhalb des Rechts. In: Der Staat. Zeitschrift für Staatslehre und Verfassungsgeschichte, deutsches und europäisches öffentliches Recht 4, 543–572.

Felder, Ekkehard (2013): Faktizitätsherstellung mittels handlungsleitender Konzepte und agonaler Zentren. Der diskursive Wettkampf um Geltungsansprüche. In: Ders. (Hg.): Faktizitätsherstellung in Diskursen. Die Macht des Deklarativen. Berlin/Boston, 13–28 (Sprache und Wissen 13).

Felder, Ekkehard (2015a): Lexik und Grammatik der Agonalität in der linguistischen Diskursanalyse. In Heidrun Kämper/Ingo H. Warnke (Hg.): Diskurs – interdisziplinär. Zugänge, Gegenstände, Perspektiven. Berlin/Boston, 87–121 (Diskursmuster – Discourse Patterns 6).

Felder, Ekkehard (2015b): Wes Geistes Kind oder Von der Sprache der Eigentlichkeit zur sprachgebundenen Authentizität. Überlegungen zum Verhältnis von Sprache und Wahrheit. In: Claudia Brinker-von der Heyde u. a. (Hg.): Eigentlichkeit – zum Verhältnis von Sprache, Sprechern und Welt. Berlin/Boston, 221–240.

Felder, Ekkehard (2018): Anmaßungsvokabeln: Sprachliche Strategien der Hypertrophie oder der Jargon der Anmaßung. In: Martin Wengeler/Alexander Ziem (Hg.): Diskurs, Wissen, Sprache. Berlin/Boston, 215–240 (Sprache und Wissen 29).

Felder, Ekkehard/Gardt, Andreas (2015): Sprache – Erkenntnis – Handeln. In: Dies. (Hg.): Handbuch Sprache und Wissen. Berlin/Boston, 3–33 (Handbücher Sprachwissen 1).

Ferraris, Maurizio (2012): Manifesto del nuovo realismo. Rom.

Foucault, Michel (1969/1973): Archäologie des Wissens. Frankfurt a. M. (frz. Originaltitel: L'Archéologie du savoir).

Gardt, Andreas (1998): Sprachtheoretische Grundlagen und Tendenzen der Fachsprachenforschung. In: Zeitschrift für germanistische Linguistik (ZGL) 26, 31–66.

Gerhardt, Volker (2016): Der Wert der Wahrheit wächst. In: Julian Nida-Rümelin/Jan-Christoph Heilinger (Hg.): Moral, Wissenschaft und Wahrheit. Berlin/Boston, 131–144 (Humanprojekt – Interdisziplinäre Anthropogie, Bd. 13).

Gloy, Karen (2004): Wahrheitstheorien. Eine Einführung. Tübingen/Basel.

Grice, Paul (1993): Logik und Konversation. In: Georg Meggle (Hg.): Handlung, Kommunikation, Bedeutung. Frankfurt a. M., 243–265.

Hoffmann, Ludger (1984): Mehrfachadressierung und Verständlichkeit. In: Zeitschrift für Literaturwissenschaft und Linguistik 14/55, 71–85.

Hörmann, Hans (1978): Meinen und Verstehen. Grundzüge einer psychologischen Semantik. Frankfurt a. M.

Jacob, Katharina (2017): Linguistik des Entscheidens. Eine kommunikative Praxis in funktionalpragmatischer und diskurslinguistischer Perspektive. Berlin/Boston (Sprache und Wissen 27).

Jäger, Ludwig (2004): Störung und Transparenz. Skizze zur performativen Logik des Medialen. In: Sybille Krämer (Hg.): Performativität und Medialität. München, 35–74.

Jäger, Ludwig (2013): Erinnern und Vergessen. Zwei transkriptive Verfahren des kulturellen Gedächtnisses. In: Ekkehard Felder (Hg.): Faktizitätsherstellung in Diskursen. Die Macht des Deklarativen. Berlin/Boston, 265–285 (Sprache und Wissen 13).

Jeand'heur, Bernd (1998): Die neuere Fachsprache der juristischen Wissenschaft seit der Mitte des 19. Jahrhunderts unter besonderer Berücksichtigung von Verfassungsrecht und Rechtsmethodik. In: Lothar Hoffmann/Hartwig Kalverkämper/Herbert Ernst Wiegand (Hg.): Fachsprachen. 1. Halbbd. Berlin/New York, 1286–1295.

Koch, Anton Friedrich (2014): Wir sind kein Zufall. Die Subjektivitätsthese als Grundlage eines hermeneutischen Realismus. In: Markus Gabriel (Hg.): Der Neue Realismus. Frankfurt a. M., 230–243.

Köller, Wilhelm (2004): Perspektivität und Sprache. Zur Struktur von Objektivierungsformen in Bildern, im Denken und in der Sprache. Berlin/New York.
Konerding, Klaus-Peter (1993): Frames und lexikalisches Bedeutungswissen. Untersuchungen zur linguistischen Grundlegung einer Frametheorie und zu ihrer Anwendung in der Lexikographie. Tübingen (Reihe Germanistische Linguistik 142).
Konerding, Klaus-Peter (2009): Sprache – Gegenstandskonstitution – Wissensbereiche. Überlegungen zu (Fach-)Kulturen, kollektiven Praxen, sozialen Transzendentalien, Deklarativität und Bedingungen von Wissenstransfer. In: Ekkehard Felder/Marcus Müller (Hg.): Wissen durch Sprache. Theorie, Praxis und Erkenntnisinteresse des Forschungsnetzwerks „Sprache und Wissen". Berlin/New York, 79–111 (Sprache und Wissen 3).
Kühn, Peter (1995): Mehrfachadressierung. Untersuchungen zur adressatenspezifischen Polyvalenz sprachlichen Handelns. Tübingen (Reihe Germanistische Linguistik 154).
Lyotard, Jean-François (1979/1986): Das postmoderne Wissen. Ein Bericht. Graz/Wien.
Lyotard, Jean-François (1987): Der Widerstreit. München.
Mattfeldt, Anna (2018): Wettstreit in der Sprache. Ein empirischer Diskursvergleich zur Agonalität im Deutschen und Englischen am Beispiel des Mensch-Natur-Verhältnisses. Berlin/Boston (Sprache und Wissen 32).
Müller, Marcus (2015): Sprachliches Rollenverhalten. Korpuspragmatische Studien zu divergenten Kontextualisierungen in Mündlichkeit und Schriftlichkeit. Berlin/Boston (Sprache und Wissen 19).
Nassehi, Armin (2015). Die letzte Stunde der Wahrheit. Warum rechts und links keine Alternativen mehr sind und Gesellschaft ganz anders beschrieben werden muss. Hamburg.
Nassehi, Armin (2017): Kommunikative Spannung. Wahrheitsfragen in der Wissenschaft. In: Forschung und Lehre (9/2017), 766–767.
Pinkal, Manfred (1985): Logik und Lexikon. Die Semantik des Unbestimmten. Berlin.
Polenz, Peter von (1988): Deutsche Satzsemantik. Grundbegriffe des Zwischen-den-Zeilen-Lesens. 2. Aufl. Berlin/New York.
Putnam, Hilary (1981): Reason, Truth and History. Cambridge.
Putnam, Hilary (1983): Realism and reason. In: Proceedings and Addresses of the American Philosophical Association 50/6, 483–498.
Putnam, Hilary (1990): Vernunft, Wahrheit und Geschichte. Frankfurt a. M.
Rombach, Heinrich (1980): Phänomenologie des gegenwärtigen Bewusstseins. Freiburg.
Schmidt, Siegfried J. (1996): Die Welten der Medien. Grundlagen und Perspektiven der Medienbeobachtung. Braunschweig.
Searle, John R. (1995/1997): Die Konstruktion der gesellschaftlichen Wirklichkeit. Zur Ontologie sozialer Tatsachen. Reinbek (Originaltitel: The Construction of Social Reality. New York).
Spitzmüller, Jürgen/Warnke, Ingo H. (2011): Diskurslinguistik: eine Einführung in Theorien und Methoden der transtextuellen Sprachanalyse. Berlin/New York.
Störig, Hans Joachim (1987): Kleine Weltgeschichte der Philosophie. Frankfurt a. M.
Warnke, Ingo H. (2009): Die sprachliche Konstituierung von geteiltem Wissen in Diskursen. In: Ekkehard Felder/Marcus Müller (Hg.): Wissen durch Sprache. Themen, Methoden und Theorie des Forschungsbereichs „sprachliche Wissenskonstitution". Berlin/New York, 113–140 (Sprache und Wissen 3).
Wimmer, Rainer (1979): Referenzsemantik. Untersuchungen zur Festlegung von Bezeichnungsfunktionen sprachlicher Ausdrücke am Beispiel des Deutschen. Tübingen (Reihe Germanistische Linguistik Band 19).
Wittgenstein, Ludwig (1958/1997): Philosophische Untersuchungen. 11. Aufl. Frankfurt a. M.

Wolski, Werner (1980): Schlechtbestimmtheit und Vagheit. Methodologische Untersuchungen zur Semantik. Tübingen (Reihe Germanistische Linguistik Band 28).
Ziem, Alexander (2008): Frame-Semantik. Kognitive Aspekte des Sprachverstehens. Berlin/New York (Sprache und Wissen 2).
Zimmer, René (2006): Zwischen Heilungsversprechen und Embryonenschutz – Der semantische Kampf um das therapeutische Klonen. In: Ekkehard Felder (Hg.): Semantische Kämpfe. Macht und Sprache in den Wissenschaften. Berlin/New York, 73–97 (Linguistik – Impulse und Tendenzen 19).
Zimmer, René (2009): Die Rahmung der Zwergenwelt. Argumentationsmuster und Versprachlichungsformen im Nanotechnologiediskurs. In: Ekkehard Felder/Marcus Müller (Hg.): Wissen durch Sprache. Theorie, Praxis und Erkenntnisinteresse des Forschungsnetzwerks „Sprache und Wissen". Berlin/New York, 279–308 (Sprache und Wissen 3).

Online-Quellen[28]

Felder, Ekkehard (28. 06. 2017): Bewältigung von Unerwünschtem: Was neue Wörter über den Zeitgeist aussagen! [https://scilogs.spektrum.de/semantische-wettkaempfe/bewaeltigung-von-unerwuenschtem-was-neue-woerter-ueber-den-zeitgeist-aussagen/].
Felder, Ekkehard (31. 03. 2018): Der „Faktencheck" als Ersatzwahrheit? Von Daten und Fakten auf der Suche nach Objektivität [https://scilogs.spektrum.de/semantische-wettkaempfe/].
Forschungsnetzwerk „Sprache und Wissen": [www.sprache-und-wissen.de].
Sonderforschungsbereich 1150 „Kulturen des Entscheidens" an der Universität Münster: [https://www.uni-muenster.de/SFB1150/].
ZEIT ONLINE am 27. 08. 2015 in der Realismus-Debatte: [http://www.zeit.de/2015/33/us-wahlkampf-donald-trump-wladimir-putin].

---

28 Letzter Zugriff jeweils am 11. 04. 2018.

Kurzbiographien

Dr. **Matthias Attig** ist als Lehrkraft für besondere Aufgaben an der Universität Vechta und als Lehrbeauftragter an der Universität Kassel tätig. Schwerpunkte seiner Arbeit sind Literaturlinguistik, Sprachtheorie, Sprachkritik, Terminologieforschung, Text-, Textsorten- und Diskurslinguistik.

Professor Dr. **Heinz Bude** lehrt Makrosoziologie an der Universität Kassel. Er beschäftigt sich vor allem mit der Bedeutung von Generationen in der Sozialgeschichte sowie mit dem Formwandel sozialer Ungleichheit in der Gegenwartsgesellschaft. Zuletzt erschien von ihm »Adorno für Ruinenkinder. Eine Geschichte von 1968« (München 2018).

Maximilian Düsterhöft, M. Sc., ist wissenschaftlicher Mitarbeiter und Doktorand an der Technischen Universität Dresden unter der Betreuung von Prof. Marco Lehmann-Waffenschmidt. In seiner Dissertation befasst er sich mit den Legitimationsstrategien und der Marktbeeinflussung von Zentralbanken mittels sprachlicher Inszenierung.

Professor Dr. **Ekkehard Felder** ist Professor für Germanistische Lingusitik an der Universität Heidelberg und einer der Direktoren des Europäischen Zentrums für Sprachwissenschaft (EZS). Schwerpunkte seiner Arbeit sind die Varietäten-/Soziolinguistik und die Linguistische Diskursanalyse (LDA) in Fachsprachen (z. B. Recht, Medizin) und Vermittlungssprachen (z. B. in Medien). Gemeinsam mit Andreas Gardt gibt er die »Handbücher Sprachwissen – HSW« heraus.

Björn Fritsche, M. A., lehrt Germanistische Sprachwissenschaft sowie Theorie und Praxis mündlicher Kommunikation an der Heinrich-Heine-Universität Düsseldorf und ist, gemeinsam mit Prof. Dr. Peter Tepe, Herausgeber der wissenschaftlichen Online-Publikationsplattform Mythos-Magazin (www.mythos-magazin.de). Schwerpunkte seiner Arbeit sind Sprachphilosophie, kognitive Modelle sprachlicher Bedeutungskonstruktion, politische Diskursanalyse und psycholinguistische Experimente sowie Analysen im Bereich Framing und Konzeptuelle Metapherntheorie.

Professor Dr. Dr. **Thomas Fuchs**, Psychiater und Philosoph, ist Karl-Jaspers-Professor für Philosophische Grundlagen der Psychiatrie an der Universität Heidelberg. Schwerpunkte seiner Forschung sind die Phänomenologische Psychologie und Psychopathologie sowie Theorien der Verkörperung und des Enaktivismus.

Professor Dr. **Markus Gabriel** ist Inhaber des Lehrstuhls für Erkenntnistheorie, Philosophie der Neuzeit und der Gegenwart sowie Direktor des Internationalen Zentrums für Philosophie NRW und des Center for Science and Thought. Schwerpunkte seiner Arbeit sind die Erkenntnistheorie, Metaphysik/Ontologie sowie die Geschichte der Philosophie (insbesondere Neuzeit und Gegenwart).

Professor Dr. **Andreas Gardt** lehrt Germanistische Sprachwissenschaft an der Universität Kassel und ist Präsident der Akademie der Wissenschaften zu Göttingen. Schwerpunkte seiner Arbeit sind die Geschichte der Sprachtheorie, darunter die Bezüge zwischen Sprache und Erkenntnis, sowie die Theorie und Praxis der Analyse von Texten und gesellschaftlichen Diskursen. Gemeinsam mit Ekkehard Felder gibt er die Reihe der »Handbücher Sprachwissen – HSW« heraus.

Dr. **Robert Jacob** studierte und forschte an der Technischen Universität Dresden sowie an der Universität zu Köln in VWL und Sozialpsychologie und ist heute als Geschäftsbereichsleiter in der Charité – Universitätsmedizin Berlin tätig.

Professor Dr. **Ludwig Jäger** war bis 2011 Inhaber des Lehrstuhls für Deutsche Philologie an der RWTH Aachen. Er ist Senior Advisor des Zentrums für Gebärdensprache und Gestik (SignGes) an der RWTH Aachen, des Centers for Advanced Studies »Morphomata« der Universität zu Köln sowie Mitglied des Hochschulrates der Justus Liebig Universität Gießen. Schwerpunkte seiner Arbeit sind Medientheorie, Sprach- und Zeichentheorie, Fachgeschichte sowie Theoriegeschichte der Sprachwissenschaft.

Professor Dr. Dr. Dres h. c. **Paul Kirchhof** ist Seniorprofessor distinctus der Universität Heidelberg für Staats- und Steuerrecht und Bundesverfassungsrichter a. D.. Er war Präsident der Heidelberger Akademie der Wissenschaften, Präsident des Deutschen Juristentages, langjähriger Vorsitzender der Deutschen Steuerjuristischen Gesellschaft. Er ist zusammen mit Josef Isensee Herausgeber des dreizehnbändigen Handbuchs des Staatsrechts, dritte Auflage, sowie eines Kommentars zum Einkommensteuergesetz.

Professor emeritus Dr. **Josef Klein** lehrte Germanistische Linguistik an der Universität Koblenz-Landau und Politolinguistik am Otto-Suhr-Institut der FU Berlin. Seine Forschungsschwerpunkte sind Sprache in der Politik, Rhetorik, Argumentations- und Frame-Forschung. Ferner arbeitet er als Autor und Politikberater. (www.politikundsprache-klein.de)

Professor Dr. **Paul-Gerhard Klumbies** ist Professor für Biblische Wissenschaften unter besonderer Berücksichtigung des Neuen Testaments am Institut für Evangelische Theologie der Universität Kassel. Im Zentrum seiner Forschung und Lehre steht die Hermeneutik des Neuen Testaments.

Professor Dr. **Marco Lehmann-Waffenschmidt** ist Professor für Volkswirtschaftslehre, insbes. Managerial Economics (Angewandte Mikroökonomik), an der Fakultät Wirtschaftswissenschaften der TU Dresden seit 1993. Sein Werdegang führte ihn vom Diplomstudium der Mathematik an der Universität Heidelberg und der ETH Zürich zur Promotion und Habilitation in Volkswirtschaftslehre an der Universität Karlsruhe und schließlich über weitere akademische Stationen an die TU Dresden. Seine besonderen Interessensgebiete sind die Evolutorische Ökonomik sowie die Verhaltensökonomik.

Professor Dr. **Wolf-Andreas Liebert** lehrt Germanistische Sprachwissenschaft an der Universität Koblenz-Landau, Campus Koblenz. Schwerpunkte seiner Arbeit sind die kulturwissenschaftliche Sprachforschung sowie die Religionslinguistik. Er ist Editor-in-chief der Kulturwissenschaftlichen Zeitschrift bei De Gruyter Open.

Professor Dr. **Bernhard Pörksen** lehrt Medienwissenschaft an der Universität Tübingen. Er veröffentlichte Dialogbücher zur Kybernetik (u. a. mit Heinz von Foerster), zur Systemtheorie (u. a. mit Humberto Maturana) und erforscht die Dynamik von Empörungsprozessen unter den Bedingungen digitaler Vernetzung (siehe u. a. »Der entfesselte Skandal. Das Ende der Kontrolle im digitalen Zeitalter«, 2012 im Herbert von Halem-Verlag, gemeinsam mit Hanne Detel). Kürzlich ist sein aktuelles Buch »Die große Gereiztheit. Wege aus der kollektiven Erregung« im Hanser-Verlag erschienen.

Professor Dr. Dr. **Gerhard Roth** war bis 2018 als Professor für Verhaltensphysiologie und Entwicklungsneurobiologie an der Universität Bremen tätig. Er ist gegenwärtig Direktor des Roth-Instituts Bremen. Seine Schwerpunkte sind kognitive und emotionale Neurobiologie, neurobiologische Grundlagen von Psyche und Persönlichkeit sowie neurophilosophische Fragestellungen.

Univ.Professor Dr. Dr. h. c. **Siegfried J. Schmidt** arbeitete von 1970 bis 2005 als Professor für Texttheorie, Theorie der Literaturwissenschaft, Allgemeine Literaturwissenschaft, Kommunikationstheorie und Medienkultur an den Universitäten Bielefeld, Siegen und Münster. Er war Initiator der Texttheorie und der Empirischen Literaturwissenschaft sowie einer der Hauptvertreter des Radikalen Konstruktivismus in Deutschland.

Professor **John Searle**, D. Phil., ist Professor Emeritus für Philosophie an der University of California in Berkeley. Seine Forschung befasst sich mit zahlreichen Themen der Philosophie des Geistes und der Sprachphilosophie. Sein jüngstes Buch ist 2015 erschienen: *Seeing Things As They Are: A Theory of Perception*.

Professor Dr. **Alexander Ziem** ist Inhaber des Lehrstuhls Germanistische Sprachwissenschaft an der Heinrich-Heine-Universität Düsseldorf und leitet das Integrierte Graduiertenprogramm zum Sonderforschungsbereich »The Structure of Representations in Language, Cognition, and Science«. Seine Forschungsschwerpunkte liegen in der Kognitiven Semantik, der Konstruktionsgrammatik und der Linguistischen Diskursforschung.

www.ingramcontent.com/pod-product-compliance
Lightning Source LLC
Chambersburg PA
CBHW051204300426
44116CB00006B/429